本书受中国历史研究院学术出版经费资助

本书为国家社科基金重点项目"中国早期都邑的形成与都邑形态研究"(项目批准号:15AKG001)研究成果

学术出版资助

中国早期都邑的形成与都邑形态研究

张国硕 等著

中国社会科学出版社

图书在版编目(CIP)数据

中国早期都邑的形成与都邑形态研究 / 张国硕等著. —北京：中国社会科学出版社，2023.12

ISBN 978 – 7 – 5227 – 2783 – 7

Ⅰ.①中… Ⅱ.①张… Ⅲ.①都城(遗址)—研究—中国—古代 Ⅳ.①K928.5

中国国家版本馆 CIP 数据核字(2023)第 231503 号

出 版 人	赵剑英
责任编辑	马 明 郭 鹏
责任校对	李名扬
责任印制	王 超
出 版	中国社会科学出版社
社 址	北京鼓楼西大街甲 158 号
邮 编	100720
网 址	http://www.csspw.cn
发 行 部	010 – 84083685
门 市 部	010 – 84029450
经 销	新华书店及其他书店
印 刷	北京君升印刷有限公司
装 订	廊坊市广阳区广增装订厂
版 次	2023 年 12 月第 1 版
印 次	2023 年 12 月第 1 次印刷
开 本	710×1000 1/16
印 张	41.5
字 数	578 千字
定 价	198.00 元

凡购买中国社会科学出版社图书，如有质量问题请与本社营销中心联系调换
电话：010 – 84083683
版权所有　侵权必究

中国历史研究院学术出版
编 委 会

主　　任　高　翔

副 主 任　李国强

委　　员　(按姓氏笔画排列)
　　　　　　卜宪群　王建朗　王震中　邢广程　余新华
　　　　　　汪朝光　张　生　陈春声　陈星灿　武　力
　　　　　　夏春涛　晁福林　钱乘旦　黄一兵　黄兴涛

"中国历史研究院学术出版资助项目"
出版说明

　　为了贯彻落实习近平总书记致中国社会科学院中国历史研究院成立贺信精神，切实履行好统筹指导全国史学研究的职责，中国历史研究院设立"学术出版资助项目"，面向全国史学界，每年遴选资助出版坚持历史唯物主义立场、观点、方法，系统研究中国历史和文化，深刻把握人类发展历史规律的高质量史学类学术成果。入选成果经过了同行专家严格评审，能够展现当前我国史学相关领域最新研究进展，体现了我国史学研究的学术研究水平。

　　中国历史研究院愿与全国史学工作者共同努力，把"中国历史研究院学术出版资助项目"打造成为中国史学学术成果出版的高端平台；在传承、弘扬中国优秀史学传统的基础上，加快构建具有中国特色的历史学学科体系、学术体系、话语体系，推动新时代中国史学繁荣发展，为实现"两个一百年"奋斗目标、实现中华民族伟大复兴的中国梦贡献史学智慧。

中国历史研究院
2020 年 4 月

目　录

第一章　绪论 …………………………………………………（1）

　第一节　相关概念的阐释与界定 …………………………（1）

　　一　国家与方国 …………………………………………（1）

　　二　早期文明与早期国家 ………………………………（3）

　　三　城市与早期城市 ……………………………………（6）

　　四　都邑、早期都邑与都邑形态 ………………………（8）

　第二节　研究历史与研究现状 ……………………………（10）

　　一　研究历史 ……………………………………………（10）

　　二　研究现状 ……………………………………………（12）

　第三节　研究目的、意义与研究思路、方法 ……………（17）

　　一　研究目的与研究意义 ………………………………（17）

　　二　研究思路与研究方法 ………………………………（18）

　第四节　中国早期国家的形成轨迹 ………………………（19）

　　一　社会复杂化的加剧 …………………………………（19）

　　二　邦国的形成 …………………………………………（29）

　　三　王国的形成 …………………………………………（33）

第二章　早期都邑的形成发展与类属 ………………………（36）

　第一节　早期都邑认定的标准 ……………………………（36）

  一 学界有关早期都邑标准的争议……………………(37)
  二 本书所确定的早期都邑标准…………………………(42)
 第二节 都邑的起源……………………………………………(45)
  一 大型遗址的发现……………………………………(46)
  二 遗址性质分析………………………………………(56)
 第三节 早期都邑的形成………………………………………(61)
  一 大型城址的发现……………………………………(62)
  二 城址性质分析………………………………………(74)
 第四节 早期都邑的发展………………………………………(95)
  一 大型城址的发现……………………………………(95)
  二 城址性质分析………………………………………(115)
 第五节 早期都邑的类属………………………………………(144)
  一 邦国都邑………………………………………………(145)
  二 王国都邑………………………………………………(158)
  三 方国都邑………………………………………………(170)

第三章 早期都邑的延续年代……………………………………(180)

 第一节 如何确定早期都邑的延续年代？……………………(180)
  一 早期都邑年代判定的复杂性………………………(181)
  二 确定早期都邑延续年代的方法……………………(184)
 第二节 龙山时代主要都邑的延续年代………………………(186)
  一 陶寺都邑………………………………………………(186)
  二 王城岗都邑……………………………………………(191)
  三 石峁都邑………………………………………………(195)
  四 良渚都邑………………………………………………(197)
  五 石家河都邑……………………………………………(200)
  六 宝墩都邑………………………………………………(204)
  七 尧王城都邑……………………………………………(206)
 第三节 夏代主要都邑的延续年代……………………………(207)

一　新砦都邑 …………………………………………… (207)
　　二　二里头都邑 ………………………………………… (209)
　　三　望京楼都邑 ………………………………………… (216)
　　四　大师姑都邑 ………………………………………… (217)
　第四节　商代主要都邑的延续年代 ……………………… (218)
　　一　郑州商城都邑 ……………………………………… (219)
　　二　偃师商城都邑 ……………………………………… (228)
　　三　洹北商城都邑 ……………………………………… (233)
　　四　小屯殷墟都邑 ……………………………………… (236)
　　五　盘龙城都邑 ………………………………………… (239)
　　六　吴城都邑 …………………………………………… (242)
　　七　三星堆都邑 ………………………………………… (244)
　　八　垣曲商城都邑 ……………………………………… (248)
　　九　老牛坡都邑 ………………………………………… (250)

第四章　早期都邑的设都制度 ……………………………… (253)
　第一节　一都制 …………………………………………… (254)
　　一　一都制分析 ………………………………………… (254)
　　二　一都制的特点 ……………………………………… (261)
　第二节　主辅都制 ………………………………………… (265)
　　一　主辅都制分析 ……………………………………… (265)
　　二　主辅都制的特点 …………………………………… (278)
　　三　主辅都制推行的原因 ……………………………… (283)
　第三节　都邑离宫别馆的配置 …………………………… (286)
　　一　夏代的离宫别馆 …………………………………… (287)
　　二　商代前期的离宫别馆 ……………………………… (289)
　　三　商代后期的离宫别馆 ……………………………… (292)
　　四　离宫别馆的功用及朝歌地位的嬗变 ……………… (293)

第五章　都邑选址与规划布局形态 (297)

第一节　都邑选址 (297)
一　区位的选择 (297)
二　具体位置的选择 (303)

第二节　都邑规划 (312)
一　城垣规划 (312)
二　功能区规划 (318)

第三节　都邑布局 (339)
一　宫殿宗庙区布局 (339)
二　城门布局 (350)
三　道路布局 (353)

第四节　都邑规划布局特点 (359)
一　宫殿宗庙区与平民区分离 (359)
二　都邑设施的封闭性 (361)
三　因地制宜性 (365)
四　规划布局的发展变化性 (369)

第六章　都邑军事防御形态 (373)

第一节　军事防御设施的种类 (373)
一　城垣 (373)
二　城垣附属设施 (376)
三　护城壕与壕沟 (384)
四　自然屏障 (389)

第二节　军事防御模式 (394)
一　城郭之制 (394)
二　守在四边之制 (403)
三　早期都邑是否为"大都无城" (409)

第三节　主要都邑的军事防御体系 (411)
一　邦国都邑 (412)
二　新砦早夏都邑 (415)

三　二里头晚夏都邑 ………………………………………… (418)
　　　四　郑州商城早商都邑 ……………………………………… (424)
　　　五　小屯殷墟晚商都邑 ……………………………………… (426)

第七章　都邑建造技术形态 ………………………………………… (430)
第一节　城垣与护城壕的建造技术 ………………………………… (430)
　　　一　城垣的建造 …………………………………………… (430)
　　　二　城垣附属设施的建造 ………………………………… (449)
　　　三　护城壕的建造 ………………………………………… (459)
第二节　房屋建筑的建造技术 ……………………………………… (463)
　　　一　宫殿建筑的建造 ……………………………………… (464)
　　　二　民居建筑的建造 ……………………………………… (470)
第三节　墓葬的建造技术 …………………………………………… (475)
　　　一　大型墓葬的建造 ……………………………………… (476)
　　　二　中小型墓葬的建造 …………………………………… (480)
第四节　仓储建筑的建造技术 ……………………………………… (484)
　　　一　窖穴的建造 …………………………………………… (484)
　　　二　囷仓的建造 …………………………………………… (488)
　　　三　府库的建造 …………………………………………… (490)
第五节　水利设施的建造技术 ……………………………………… (493)
　　　一　都邑供水设施的建造 ………………………………… (493)
　　　二　都邑排水设施的建造 ………………………………… (499)

第八章　都邑生活形态 ……………………………………………… (505)
第一节　手工业形态 ………………………………………………… (505)
　　　一　手工业种类 …………………………………………… (506)
　　　二　手工业技术 …………………………………………… (542)
　　　三　手工业组织管理 ……………………………………… (550)
　　　四　手工业的地位和作用 ………………………………… (554)
第二节　农业形态 …………………………………………………… (560)

一　农业在都邑经济中的地位 …………………………………… (560)
　　二　主要粮食作物 ………………………………………………… (570)
　　三　都邑居民的饮食习惯 ………………………………………… (574)
　第三节　货物流通与商业形态 ……………………………………… (577)
　　一　物物交换 ……………………………………………………… (577)
　　二　货物配给 ……………………………………………………… (579)
　　三　进贡与赏赐 …………………………………………………… (581)
　　四　战争掠夺 ……………………………………………………… (583)
　　五　商业萌生 ……………………………………………………… (584)
　第四节　精神文化形态 ……………………………………………… (587)
　　一　信仰与崇拜 …………………………………………………… (587)
　　二　祭祀与占卜 …………………………………………………… (589)
　　三　文字与典册 …………………………………………………… (593)
　　四　音乐与舞蹈 …………………………………………………… (599)
　　五　绘画与雕塑 …………………………………………………… (605)

第九章　结语 …………………………………………………………… (611)
　　一　有关概念定义 ………………………………………………… (611)
　　二　中国早期都邑的孕育形成与都邑类属 …………………… (613)
　　三　早期都邑的发展阶段与延续年代 ………………………… (615)
　　四　早期都邑的设都制度 ………………………………………… (617)
　　五　早期都邑的选址与规划布局形态 ………………………… (619)
　　六　早期都邑的军事防御形态 ………………………………… (622)
　　七　早期都邑的建造技术形态 ………………………………… (625)
　　八　早期都邑的都市生活形态 ………………………………… (627)

主要参考文献 …………………………………………………………… (630)

后　　记 ………………………………………………………………… (652)

第 一 章
绪 论

中国是世界四大文明古国之一，是古代文明产生、发展的重要地区。城市作为社会政治、经济、文化发展的中心，往往成为探索古代文明的主要对象。都邑是一个国家或早期国家的中心，又是城市群中的翘楚。因此，对都邑尤其是早期都邑进行深入研究，无疑是探索中国古代文明的重要途径和切入点。作为中国考古学的重要组成部分，都邑考古成为学界长期关注的焦点。中国早期都邑研究有着独特的学科定义、研究思路和研究方法。

第一节 相关概念的阐释与界定

都邑或都城研究是中国考古学的重要组成部分，多年来一直是考古学界和历史学界研究的热点，也是争议较多的领域。其中，对都邑以及相关概念的理解就存在较大偏差。为了避免歧义和便于研究工作，这里对本书研究所涉及的重要概念加以阐释和界定。

一 国家与方国
（一）国家
现代意义上的"国家"，含义相对简单。一般来讲，国家是政治地理学名词，主要是指较大范围内的人群所形成的共同体形式，由领土、人民（民族、居民）、文化和政府四个要素组成。

在古代文献中，"国家"的含义较为复杂。一般来讲，国家可以简称为"国"（國），与"邦"含义接近，是实施统治的组织。如《说文解字》："国，邦也。从囗从或。"《周礼·天官·太宰》："太宰之职，掌建邦之六典，以佐王治邦国。"郑玄《注》："大曰邦，小曰国，邦之所居亦曰国。"《尚书·立政》："继自今立政，其勿以憸人，其惟吉士，用劢相我国家。"此"国家"是指西周王朝。《韩非子·爱臣》："社稷将危，国家偏威。"此"国家"当指诸侯国。另外，"国"亦有"都城"的含义。如《周礼·冬官·考工记》称"匠人营国，方九里，旁三门"中的"国"，《礼记·杂记下》"一国之人皆若狂"之"国"，皆应是"都城"之意。此外，"国家"有时是指封地、封邑、食邑。如《战国策·齐策四》"孟尝君就国于薛"之"国"，《周礼·春官·典命》"上公九命为伯，其国家、宫室、车旗、衣服、礼仪，皆以九为节；侯伯七命，其国家、宫室、车旗、衣服、礼仪，皆以七为节"中的"国家"，则指诸侯、卿大夫等封地范围内建造的城邑。封邑可区分为"国"和"家"，诸侯称"国"，卿大夫称"家"。如《孟子·离娄上》："人有恒言，皆曰天下国家。天下之本在国，国之本在家，家之本在身。"赵岐注："'国'谓诸侯之国，'家'谓卿大夫家也。"需要指出的是，中国古代偶尔也称皇帝为"国家"。如《晋书·陶侃传》："侃厉色曰：'国家年小，不出胸怀。'"此"国家"则专指东晋成帝司马衍。

本书所指的"国家"，专指较大范围内的人群所形成的共同体形式，一般可解释为由人口、土地、军队、统治机构等构成的政治实体。国家是一个历史范畴，其产生是社会复杂化发展到一定程度的必然结果，是文明社会形成的最终标志。国家具备强制性的制裁权力、完善的政治结构、明确的阶级分层和专门化的手工业[1]。中国古代国

---

[1] 陈淳：《考古学研究入门》，北京大学出版社2009年版，第210页。

家发展经历了邦国—王国—帝国共三大阶段[①]。

(二) 方国

"方国"一词由孙诒让在《契文举例》一书中最先提出[②],后被学界广泛采纳使用。在本书中,方国是指社会发展进入文明阶段的区域性的政治实体,是与某一国家(中央王朝)相对应的地方国家。

夏商时期,在夏商王朝直接控制区周围,还存在诸多受其控制或关系密切的区域性政权——方国。这些方国有一定的独立性或自决性,设置有政治军事活动中心。文化面貌与夏商文化有较大的一致性,但也有诸多地方特点。

与周代及之后的诸侯封国相比,方国是一种不成熟的、带有部族性质且与中央王朝的关系较为松散的国家。方国有同姓(族)和异姓(族)之分:如"来国""宋国"等都是商王朝的同姓方国,而"商"则是夏王朝的异姓方国。异姓(族)方国与中央王朝之间的关系或为臣服或为敌对。在其弱小时,臣服于中央王朝;而当其力量强大时,则很可能反叛中央王朝,商之于夏,周之于商均是如此。且"某某方国"之称是有时间限制的,如"商方国"仅存在于夏王朝时期,在商取代夏王朝之后,商便不再是方国而成为商王朝。方国之称,主要存在于夏商时期,西周以后演变为诸侯或封国。

二 早期文明与早期国家

(一) 早期文明

文明指人类在物质、精神和社会结构方面所达到的进步状态。文化与文明是两个不同的概念。文化是人类社会在一定时期所取得成就的总和,而文明则是文化发展的高级阶段。应区别"文明起源"与"文明形成"两个不同概念。文明起源是文化向文明发展的一个过程,文明形成则是文化发展的一个结果,是各种文明因素的长期

[①] 王巍:《中国古代国家形成论纲》,《中原地区文明化进程学术研讨会文集》,科学出版社2006年版。

[②] (清)孙诒让:《契文举例》,齐鲁书社1993年版,第43—52页。

积累和文化发展过程的质变。文明与国家有着密切的联系,可以说"国家是文明的概括"。

关于文明形成的标志,欧美学者主要是以城市、人口、文字、复杂的礼仪性建筑的出现为标准①,中国学者也提出了城市、文字记载、青铜器铸造等"文明三要素"②。一般来讲,早期国家的出现、以青铜冶铸为代表的手工业技术的进步以及金属工具的广泛应用、文字的产生等现象,寓示着文明的最终形成③。近年有学者认为中华文明的形成有自己的特殊规律,符合中华文明特质的判断社会是否进入文明的标准有四个:一是生产力获得发展,出现社会分工;二是社会出现明显的阶级分化,出现王权;三是人口显著增加和集中,出现都邑性城市,并成为政治、经济、文化中心;四是出现王所管辖的区域性政体和凌驾于全社会之上、具有暴力职能的公共权力——国家④。显然,都邑的出现是文明形成的主要标志。

早期文明是文明社会的早期阶段。在这个阶段,文明因素初步形成和发展,还具有诸多原始性,如城市初步形成,文字记载体系还不十分完善,青铜器制作较为原始,等等。

(二) 早期国家

关于早期国家的定义和特征,学界多有界定。如有学者将古代国家定义为:拥有一定的领土范围和独立的主权,存在阶级、阶层和等级之类的社会分层,具有垄断特征的凌驾于全社会之上的政权组织与社会体系⑤。另有学者认为早期国家的主要特征包括从原始社会直接演化而来、中央集权的最高权力中心、行政和政治管理机构、

---

① 陈星灿:《文明诸因素的起源与文明时代——兼论红山文化还没有进入文明时代》,《考古》1987年第5期。
② 夏鼐:《中国文明的起源》,文物出版社1985年版,第83—90页。
③ 张国硕:《论中国古代文明的形成》,《文明起源与夏商周文明研究》,线装书局2006年版。
④ 王巍:《中华5000多年文明的考古实证》,《求是》2020年第2期。
⑤ 王震中:《中国古代国家的起源与王权的形成》,中国社会科学出版社2013年版,第15页。

社会分层和阶级分化、领土观念、国家意识形态六个方面①。

早期国家是指社会发展已经进入国家形态，但处在国家形成之后的早期阶段，与后世成熟的国家体制相比具有初创性特点。主要表现在：其有一定的国土范围或统治范围，但对这个范围之内的政治、经济、军事并没有绝对的控制权，即统治权较为薄弱，控制力量不足。特别是对于统治范围之内的方国更是如此，方国力量较为薄弱时臣服于中央王朝，方国力量强大时可以随时反叛中央王朝。换句话说，早期国家的统治权较为分散，很多权力掌握在各方国统治者手里。

"早期国家"包括邦国和王国两个阶段。中国古代王权国家尽管与帝国在国家形态上有明显的差异，国家机器尚不完善和规范，但其归入早期国家行列当无异议。而那些早于王权国家、高于部落之上的、独立的政治实体，学界或称之为"酋邦"②，或称之为"古国"③"万国"④"邦国"⑤。这里采信"邦国"一词。邦国时期虽然仍保留某些原始氏族部落社会的特性，如首领继承为所谓的"禅让"制而非世袭制，尚未形成较为稳固的统治和从属关系，控制范围有限，影响力也不十分强烈，但国家的雏形已基本形成，如王的出现、一定的官僚机构、神权突出、阶层分化严重、战争频仍等，理应也被纳入早期国家的范畴。无论是王权国家，还是邦国，皆共同具备有一定的政治权力、统治区域和政治中心、发明文字、礼制形成等特征，只是二者发展程度不同而已。

在时间方面，中国早期国家的年代是指新石器时代文化末期至夏商时代，考古学年代主要涵盖龙山时代（或涉及仰韶时代晚期）、二里头时代、二里岗时期和殷墟时期，绝对年代范围在公元前3000

---

① 谢维扬：《中国早期国家》，浙江人民出版社1995年版，第51页。
② 张光直：《古代世界的商文明》，《中原文物》1994年第4期。
③ 苏秉琦：《中国文明起源新探》，生活·读书·新知三联书店1999年版，第130页。
④ 李民：《中国古代文明进程中的"万邦"时期》，《中原文物》2005年第1期。
⑤ 王巍：《中国古代国家形成论纲》，《中原地区文明化进程学术研讨会文集》，科学出版社2006年版。

年前后至前11世纪中叶。其中，距今4300—3900年的龙山时代晚期，中原地区是以王湾三期文化为代表的河南龙山文化时期，与古史对应的大约是尧舜禹时代。关于夏王朝的起始，学界有两种不同的看法：一是认为禹创建了夏王朝，夏王朝从禹开始[1]；二是认为夏王朝始于夏启，大禹时期不能算作夏王朝时期，而应属于尧舜时代或尧舜禹时代[2]。这里采信后一种观点，即夏王朝始于夏启时期。关于何遗存为夏文化，学界有一定的争议，主要集中在河南龙山文化晚期和二里头文化是夏文化，或是二里头文化即是全部的夏文化，抑或新砦期遗存和二里头文化属于夏文化。我们持最后一种观点，即以夏启建立夏王朝为标志，夏王朝时期的夏族群文化包括新砦期遗存和二里头文化遗存[3]。关于商文化，学界也有一定的分歧。我们认为商王朝时期的商族群文化，包括年代为公元前1600年至前1300年之间的商代前期文化（以二里岗文化为代表）和年代为公元前1300年至前1046年之间的商代后期文化（以殷墟文化为代表）[4]。

三　城市与早期城市

（一）城与城市

城最初的意思为"城垣"或"城墙"，是指聚落四周用土垒筑、用作防御的墙垣。古代文献中有诸多有关"城"的记载。如《管子·权修》称"地之守在城"；《墨子·七患》认为城的主要作用是"自守"；《说文解字》解释城的用途是"盛民"。从这些记载可以看出，城是建造在聚落周围用于保护城内居民生命、财产安全的一种重要防御设施，与"城垣"同义。但随着时间的推移，诸多区域的最高统治者及各级管理者逐渐把有城垣的大型聚落作为其政治活动

---

[1]　朱绍侯主编：《中国古代史》，福建人民出版社1982年版，第43页。
[2]　吕思勉：《先秦史》，上海古籍出版社2005年版，第79—88页；吕振羽：《史前期中国社会研究》，河北教育出版社2000年版，第105—149页。
[3]　张国硕：《夏纪年与夏文化遗存刍议》，《中国文物报》2001年6月20日。
[4]　张国硕：《商文化阶段划分探索》，《先秦历史与考古研究》，科学出版社2016年版。

中心，或者是后期建造高大的墙垣用于围护政治活动中心，而城垣又是聚落最主要的建筑。因此，城垣就逐渐成为一个城市聚落最突出的标志，"城"的含义逐渐扩大，由最初的"城垣"向"有城垣的大型聚落"即城市转变。

一般认为，"城"最初是作为政治、军事中心，但随着生产力的发展和剩余产品的出现，产品交换成为经常发生的事情之后，人们就会有意、无意地将一些经常有大量人口流动、方便产品交换之地逐渐固定下来，形成最初的"市"，而有城垣的大型聚落作为大量人口集中之地就是设立固定市场的极好场所。这样，"城"与"市"便逐渐结合起来成为一定范围内的政治中心和经济中心。但应该注意的是，早期、特别是史前至夏商时期的市在城市中的表现和作用并不突出，尤其是在没有或缺乏文献记载的情况下，仅靠有限的考古遗存很难判定哪些城址有市、哪些城址无市。因此，本书将有城垣的大型聚落均称为"城市"或"城"，把那些具有城垣的大型聚落遗址通称为"城址"。

在实际考古工作中，一些大型遗址虽然没有发现大型城垣，但却发现有大型宫殿基址、高规格的手工业作坊遗存、大型墓葬和居住遗存，出土铜器、玉器及其他精美遗物，遗址面积较大，规格较高，具备大型都邑聚落的性质，如河南偃师二里头遗址、安阳小屯殷墟遗址等，理应也归为城市的范畴。

总之，在中国古代，尤其是在城市商业不甚发达的先秦时期，"城"与"城市"二者含义应较接近，有时甚至等同，二者无法截然区分开，通常都是指有城垣的大型聚落[1]。其区别在于："城"有城垣，但"城市"不一定要有城垣。

(二) 早期城市

为叙述、研究方便，也为了强调中国古代城市发展的阶段性和早、晚城市之差别，故对城市要进行阶段划分。其中"早期城市"

---

[1] 张国硕：《中原先秦城市防御文化研究》，社会科学文献出版社2014年版，第4—9页。

是指中国古代先民在城市初创阶段建造的城市，这一阶段的城市在形态、布局等方面与后世的城市相比具有一定的原始性。由于史前至夏商时期为中国古代城市的初创阶段和早期阶段，具有独特的文化发展特点，故本书把这个阶段的城市统称作"早期城市"。在具体研究过程中，早期城市的年代涵盖仰韶时代、龙山时代以及夏商时代，绝对年代上限可追溯到距今6000年，下限至距今3000年前后。

四　都邑、早期都邑与都邑形态

（一）都邑

都邑，即"都城"，可简称为"都"。在现代汉语中，主要是指一个国家的最高行政机关所在地（首都），通常是国家的政治、军事、经济和文化中心。

中国古代"都"或"都邑""都城"的含义有一定的复杂性[①]。主要有三个方面：一是国都。如《尚书·说命中》"明王奉若天道，建邦设都"，《左传·闵公元年》"大子不得立矣，分之都城，而位以卿，先为之极，又焉得立"，《汉书·段会宗传》"若子之材，可优游都城而取卿相"等文献中的"都城"均是此意。二是城邑、城市。如《商君书·算地》："故为国任地者，山林居什一，薮泽居什一，溪谷流水居什一，都邑蹊道居什四，此先王之正律也。"三是都邑之城垣。如《左传·隐公元年》："都城过百雉，国之害也。"这里的"雉"是计算城垣面积的计量单位。

通常来讲，中国古代的"都邑"是国家之最高首领统治国家和生活的地方，都邑内有宫殿宗庙建筑，伴随有大量的普通居民。《左传·庄公二十八年》解释："凡邑，有宗庙先君之主曰都，无曰邑。"《说文解字》曰："有先君之旧宗庙曰都。"《释名》称："都者，国君所居，人所都会也。"这些文献记载表明，某地之所以称作"都"，是因为这里有宫殿建筑，天子在此居住，宗庙在此设立，并

[①] 张国硕：《夏商时代都城制度研究》，河南人民出版社2001年版，第6页。

且有大量的居民在此地生活。都邑一般设置有大型城垣等防御设施，但部分都邑因特殊原因自始至终未建造大型城垣。

简言之，本书所确认的都邑或都城，是指一种特殊类型的城市和高等级城市，通常为一个国家或早期国家的政治、军事、经济、文化中心。

(二) 早期都邑

早期都邑指中国古代早期国家阶段的都邑。早期国家是国家的初期阶段，区分为邦国和王国，时间上包括龙山时代至夏商时期，那么早期都邑则是专指新石器时代末期至夏商时期的都邑，涵盖五帝时代的邦国都邑、夏商王朝的都邑以及夏商时期的方国都邑。

早期都邑乃一个国家或邦国、方国的行政管理中心，具备政治和军事中心的功能。而长期作为政治和军事中心之地，必然会吸引各方、各领域人才在此汇聚并使得各方文化在此交流、碰撞、融合。伴随着大量政治、军事、文化等非农业人口在都邑的聚集，也会吸引各类从事物品交换和手工业生产的人员来都邑谋求发展。此时，都邑就不仅仅是一个国家的政治、军事中心，也程度不同地成为经济和文化中心。除此之外，都邑还可能是都邑所属早期国家与其他国家之间交往的中心，成为族群迁徙、文化交流与互动的主要汇集之地。

与后期都邑相比，早期都邑具有一定的原始性和初创性，如城市平面形状不甚规整、都邑防御设施复杂多样、都邑功能区划不甚完善、都城制度不完备、城市建造技术相对落后等。

(三) 方国都邑

从前文可知，方国是指早期国家时期与王国相对应的区域性政治实体。都邑是早期国家的政治、军事、经济、文化中心，而方国都邑则是指夏商王朝时期诸区域性政治实体的政治、军事、经济、文化中心。方国都城一般位于夏商都城之外围周边地区，地理位置重要。其遗址规模大，有大型城垣、大型宫殿建筑、大型墓葬、铸铜等高规格的手工业作坊以及精美的青铜器、玉器等珍贵遗物。但值得注意的是，夏商时期的部分方国是中央王朝出于某种政治或军事目的而有意设置的，经济、文化中心的作用并不十分明显。

（四）都邑形态

"形"指形象、样子，指空间尺度；"态"即姿势或状态，指发生着什么。"形态"即形式或状态，是指事物存在的样貌，或在一定条件下表现出的形式。一般来讲，形态可以被把握、感知和理解。"形态"一词的应用领域十分广泛，如思维、意识、语言、文学等形态，社会、天体、自然等形态，细胞、货币、经济等形态，还有都邑形态。

"都邑形态"即都邑的样貌和表现形式，是指一个都邑的全面实体组成，是都邑产生、成长、形式、结构、功能和发展的综合反映。中国早期都邑的形态主要包括都邑的形成与发展、都邑的延续年代、设都制度以及都邑的选址与规划布局、军事防御、建造技术、都市生活等形态。

第二节　研究历史与研究现状

学界对中国早期都邑的深入讨论与研究，多是伴随着新的都城遗址的考古发现而进行的。自1928年商代后期都邑遗址——小屯殷墟的考古发掘至今，学界对都邑的相关研究已有90年的历程。这期间，许多学者在都邑研究方面付出了巨大的心血与汗水，取得了丰硕的成果。我们在为这些成果感到欣慰的同时，也应注意到在中国古代都邑研究方面仍然存在诸多不足或缺憾。

一　研究历史

一般而言，都城是一个国家（包括早期国家）政治、经济和文化的中心，是同时期整个社会面貌和生产力发展状况的最好缩影。因此，自中国考古学诞生以来，都城研究一直是学界关注和争论的焦点。

　　学界对中国早期都邑遗址的深入研究，应始于1928—1937年间对安阳殷墟的考古发掘。通过对殷墟遗址的15次发掘，揭示出由53座夯土基址及若干车马坑和祭祀坑构成的宗庙宫殿区，发现由10多座大墓、1200多座中小型墓和祭祀坑组成的王陵区，获取大量的青铜器、陶瓷器（白陶、硬陶、原始瓷）、玉石器、漆器等文化遗物及海贝、鲸骨等自然遗物，得到有明确出土地点、层位关系、共存关系的甲骨卜辞24900多片，使学者认识到殷墟遗址绝非一般聚落遗址，而是商代晚期的都邑遗址[①]。

　　1937年以后，由于日本发动全面侵华战争，使得包括殷墟在内的诸多考古发掘工作被迫中断，有关中国古代都邑遗址的研究也几乎处于停滞状态。直到1950年殷墟发掘得到恢复，之后近70年间的考古工作，取得了一批又一批重要发现和研究成果，如殷墟范围的勘定、手工业作坊的发现，以及商代"族墓地""家族墓地"观点的提出，等等。而1999年洹北商城的发现是殷墟考古又一具有里程碑意义的重大发现，不仅为早商文化的去向及晚商文化的来源提供了重要思路，也更清晰地展示了商文明的发展历程。此外，围绕洹北商城的属性及其与小屯殷墟的关系，学界进行了深入的研讨。

　　1959年开始发掘的偃师二里头遗址、20世纪50—70年代发掘确认的郑州商代都城遗址以及1983年发现的偃师商城遗址，将学界关于夏文化、商文化、夏商都城及夏商交替等问题的研究推向了高潮，形成了"西亳说"与"郑亳说"两大学术体系和学派。20世纪80年代初之前，学界普遍认为二里头遗址是商汤所建之"西亳"，郑州商城是仲丁所迁之"隞都"；偃师商城发现之后，原认为二里头为"西亳"的学者，多数转向认为偃师商城为西亳，二里头是夏代晚期的都城"斟寻"。而20世纪70年代晚期之后形成的"郑亳说"，

[①] 中国社会科学院考古研究所编著：《中国考古学·夏商卷》，中国社会科学出版社2003年版，第2页。

主张郑州商城为商汤"亳都",偃师二里头遗址为夏都,偃师商城则是"伊尹放太甲"之"桐宫"或商王朝的军事重镇、陪都或辅都。20世纪90年代后期至今,二里头遗址为夏代中晚期都邑、郑州商城为汤之亳都,偃师商城为辅都或陪都的观点较为流行。关于夏代早期都城研究,随着1979年新密新砦遗址的发掘以及2004年新砦城址的发现,这一问题又成为新的学术热点,多数学者认为该城址是夏代早期都城或夏启之都。

自1977年至今,王城岗城址与禹都阳城问题一直是学界关注的主要焦点。1977年11月在登封召开的王城岗遗址发掘现场会,以及随后多年进行的夏商文化论战,学界关于王城岗小城址到底是大禹避居之地,还是禹都阳城,甚或是鲧都阳城的争论甚是激烈。而2002年王城岗大城的发现,再次引起学界的关注,许多学者重点探讨王城岗大城与小城的关系及各自的性质或属性问题。

此外,20世纪80年代至今,石家河、古城寨、良渚、陶寺、石峁、宝墩、尧王城等史前古城以及垣曲商城、东下冯商城、焦作府城和大师姑、望京楼、盘龙城、吴城、三星堆、李家崖等夏商时期城址的发现与发掘,激起了学界对龙山时代都邑和夏商时代方国都邑问题的重视,逐渐开展了相关问题的研究,成果丰硕。如2010年发现的新郑望京楼夏商城址,一经公布迅速引起了诸多学者的关注,其中对该城址的属性问题的研讨尤为热烈,形成不同的观点和认识。

二 研究现状

多年来,尽管诸多学者在对文献所载古代都邑和考古发现古代城址进行分析、甄别的基础上,就中国古代都邑的一些问题进行了较为深入的探讨,取得较为丰富的阶段性成果,但总体来看仍然存在诸多有待解决的重要问题,涉及中国早期都邑的研究范围、研究视野、研究内容需要大幅度扩展,研究的深度和力度也应该进一步强化。

(一) 关于城市和都邑的起源、发展、布局及形态探讨

马世之先生通过对2000年之前中国发现的60余座史前城址进行考察，认为城的起源是环境、社会等多种因素促成的，不同地区的史前城址有着各自的布局和形态特点[1]。钱耀鹏先生认为手工业专业化、集团冲突加剧、集团扩大、集团内部裂变、首领权力加强、经验与技术的成熟是城发生、发展的原因；龙山时期城址为雏形城市，分城堡与早期城市两阶段；先秦城市分城堡、都邑与城市三阶段，不同地区的史前城址布局和形态各异[2]。许宏先生考察先秦秦汉时期的都城之发展历程，依据城郭形态的不同，把中国古代都城历史划分为两大阶段，一是防御性城郭阶段，二是礼仪性城郭阶段；二里头时代至三国曹魏时期"大都无城"是都城空间构造的主流[3]。曲英杰先生认为中国最早的都城出现于五帝时期。他考证了文献记载中先秦都城的地望和方位，并将考古发现的城市遗址与之对照，探求了先秦都城的布局和特点[4]。刘庆柱先生通过对2000年之前中国发现的古代城址的分析，认为偃师二里头遗址、偃师商城、安阳殷墟遗址、丰镐遗址、汉长安城当属中国古代统一王朝或帝国时期的都城遗址；偃师商城是中国古代都城中最早出现宫城与郭城布局的。他还探讨了中国古代都城城门与道路、礼制建筑等问题[5]。李鑫先生认为中国早期城市的起源与经济交换中心的形成有关。他还详细探究了城市的发展与地理环境之间存在的某些稳定关系[6]。此外，日本、韩国、美国、英国以及中国香港、台湾等地学者也有诸多有关古代都邑起源与发展方面的研究成果。

(二) 都邑数量、名称和属性的考述

朱士光等先生曾以北京、西安、洛阳、南京、开封、杭州、安

---

[1] 马世之：《中国史前古城》，湖北教育出版社2003年版。
[2] 钱耀鹏：《中国史前城址与文明起源研究》，西北大学出版社2001年版。
[3] 许宏：《大都无城：中国古都的动态解读》，生活·读书·新知三联书店2016年版，第15—18页。
[4] 曲英杰：《先秦都城复原研究》，黑龙江人民出版社1991年版。
[5] 刘庆柱：《中国古代都城考古学研究的几个问题》，《考古》2000年第7期。
[6] 李鑫：《商周城市形态的演变》，中国社会科学出版社2012年版，第314—319页。

阳和郑州八大古都所在城市的演变过程为时间范围，以城市规划布局、宫殿苑囿、礼制建筑的营建和手工作坊、里坊市场为空间范围，全面、深入地分析了历史都城建筑特色、兴衰演变等问题①。史念海先生认为中国的古都有广义和狭义之分，广义的古都指凡作为王朝或政权的都城都包含在内，狭义的古都只是指作为重点保护和研究的对象；广义的古都有187处，狭义的古都有64处②。张驭寰先生认为截至2003年，中国发现的史前至至明清时期城址有5000余座，可分为都城和一般城池两种；中国古城址形状绝大多数为方形，且是以龙山文化时期藤花落城址为蓝本建造的。此外，他还讨论了选址、城垣城门系统、城内道路的规划方式、城池建设与用水等问题③。徐龙国先生在对中国境内考古调查与发掘的630余座秦汉城址进行分区、分级研究的基础上，对秦汉城邑与秦汉政治体制、社会生活、人口、环境等方面的关系进行了探讨，并考察了城邑的发展历程，研究了中国古代城邑与文明产生发展进程的关系等问题④。周长山先生认为史前古城已不是单纯的军事城堡，而是一个社会权力和经济的中心；龙山文化时期陆续建立的城邦制国家，带动着整个社会进入了文明时代⑤。

（三）都城制度研究

杨宽先生认为中国都城制度发展可以分为两大阶段：先秦到唐代是封闭式时期，北宋到明清是开放式时期；前一阶段按照城郭连接的不同布局还可以划分为三个时期：商代为有城无郭时期，西周至西汉为西城连接东郭时期，东汉至唐代为东、西、南三面郭区环抱中北部城区时期⑥。丁海斌先生认为中国古代的陪都是一种具有客

---

① 朱士光主编：《中国八大古都》，人民出版社2007年版。
② 史念海：《中国古都概说（一）》，《陕西师范大学学报》1990年第1期。
③ 张驭寰：《中国城池史》，百花文艺出版社2002年版。
④ 徐龙国：《秦汉城邑考古学研究》，中国社会科学出版社2013年版。
⑤ 周长山：《汉代城市研究》，人民出版社2001年版。
⑥ 杨宽：《中国古代都城制度史研究》，上海古籍出版社1993年版。

观规律性和普遍意义的存在①。姜波先生通过对汉唐都城礼制建筑的建筑结构、分布状况、分布规律、祭祀现象的探讨,认为汉唐礼制存在两个发展趋势:礼制逐步简化、规范的趋势和礼制逐步沦为政治附庸的趋势②。张国硕认为都城是社会进入文明阶段和国家产生之后形成的政治中心;在都城制度上,夏商时代一段时期施行一都制,另一段时期施行多都制,夏商时代都城制度的核心是主辅都制③。

(四) 都邑的兴建、废弃与王朝更替关系的论证

关于王城岗遗址,学界一般认为其与夏朝和大禹有着密切的关系。安金槐先生认为王城岗小城可能是"禹都阳城"或"禹居阳城"的夏代阳城遗址④。京浦先生认为阳城并非禹都,而是大禹避居之地⑤。杨宝成先生认为王城岗城堡的规模太小,不宜作为禹都阳城⑥。李绍连先生也认为王城岗小城仅为"防御性城堡"⑦。而林沄先生认为"王城岗城址所保护的可能只是中心邑之中的一群重要的祭祀建筑。……这样的中心邑,便具备'都'的雏形,是形成国家的核心"⑧。在王城岗大城发现之后,程平山先生认为王城岗小城属村落性质,王城岗大城则为鲧都且非夏人的宗邑⑨。发掘者在发掘报告中指出,王城岗小城可能是"鲧作城",王城岗大城可能是"禹都阳城"⑩。杨肇清先生认为王城岗大、小城址是同时期修建的,是中国古文献所说的禹都阳城,小城就是当时的宗庙建筑⑪。马世之先

---

① 丁海斌:《中国古代陪都史》,中国社会科学出版社2012年版。
② 姜波:《汉唐都城礼制建筑研究》,文物出版社2003年版。
③ 张国硕:《夏商时代都城制度研究》,河南人民出版社2001年版,第246页。
④ 安金槐:《试论登封王城岗龙山文化城址与夏代阳城》,《中国考古学会第四次年会论文集(1983)》,文物出版社1985年版。
⑤ 京浦:《禹居阳城与王城岗遗址》,《文物》1984年第2期。
⑥ 杨宝成:《登封王城岗与"禹都阳城"》,《文物》1984年第2期。
⑦ 李绍连:《淮阳"龙山城"与登封"小城堡"》,《中州学刊》1984年第4期。
⑧ 林沄:《关于早期国家形式的几个问题》,《吉林大学学报》1986年第6期。
⑨ 程平山:《登封王城岗遗址性质分析》,《考古与文物》2009年第5期。
⑩ 北京大学文博考古学院等:《登封王城岗考古发现与研究(2002—2005)》,大象出版社2007年版,第788页。
⑪ 杨肇清:《略论登封王城岗遗址大城与小城的关系及其性质》,《中原文物》2005年第2期。

生认为"王城岗小城为鲧作之城，是禹避舜子商均所居的阳城，而王城岗大城则是禹都阳城"①。

关于陶寺遗址的性质，马世之先生认为其规模巨大，布局合理且时代和地望与尧舜所建之都平阳符合度较高②。张国硕认为陶寺早期小城为陶唐氏尧都和豫陕晋相邻地区联盟政治中心的可能性比较大③。而潘继安先生则认为该遗址为黄帝及帝喾之都④。黄石林先生认为是尧舜禹的都城⑤。程平山先生认为，陶寺小城为有唐氏之都，陶寺大城为尧舜禹之都⑥。

关于新砦遗址的性质，学界大多认为其规格较高，与夏启之都关系密切⑦。

此外，学界对二里头遗址、偃师商城、郑州商城三者的性质以及三者之间关系进行了长期、大规模的研讨，亳都与隞都的争议，洹北商城、小屯殷墟与朝歌关系研究等，学界也着笔颇多。

(五) 存在的问题

从上可知，尽管学界对中国古代都邑的研究取得了较大进展，但也存在一些不足和缺憾。如在研究时段上，受材料所限，多数学者重点探讨两周秦汉以后都邑而对早期都邑关注较少，乏见对中国早期都邑尤其是史前时期都邑进行系统、综合研究的成果。在中国早期都邑研究上，一般偏重都邑的某一方面，如城址基本情况叙述与属性推断，都邑与历史事件的关系，城垣、宫殿等设施的分析等，

---

① 马世之：《登封王城岗城址与禹都阳城》，《中原文物》2008年第2期。
② 马世之：《虞舜的王都与帝都》，《中原文物》2006年第1期。
③ 张国硕：《陶寺文化性质与族属探索》，《考古》2010年第6期。
④ 潘继安：《陶寺遗址为黄帝及帝喾之都考》，《考古与文物》2007年第1期。
⑤ 黄石林：《陶寺遗址乃尧至禹都论》，《文物世界》2001年第6期。
⑥ 程平山：《论陶寺古城的发展阶段与性质》，《江汉考古》2005年第3期。
⑦ 张国硕：《夏纪年与夏文化遗存刍议》，《中国文物报》2001年6月20日；赵春青：《新密新砦城址与夏启之居》，《中原文物》2004年第3期；马世之：《新砦遗址与夏代早期都城》，《中原文物》2004年第4期；马世之：《新砦城址与启都夏邑问题探索》，《考古与文物》2007年第3期；杨建敏：《新砦城址是夏代早期都城》，《中国古都研究》第二十一辑，三秦出版社2007年版；张国硕：《夏都探寻》，《中国古都研究》第二十三辑，三秦出版社2008年版。

且对都邑年代、性质和功能的判定过于笼统，而对早期都邑的形成过程以及都邑形态的探讨多是浅尝辄止，尤其是对确定早期都邑的标准、确定都邑延续年代的原则、都邑的演变轨迹、每一都邑的具体延续年代、都城制度的复杂性、城郭之制的判断标准、都邑的防御体系、都邑与周边地区关系等课题的探究则相对欠缺或探索深度不够，亟待进行更深层次的全方位的研究。

第三节 研究目的、意义与研究思路、方法

中国早期城市研究是先秦史研究的重要组成部分，而早期都邑又是先秦史研究最重要的切入点和关键所在。开展中国早期都邑研究，不仅具有重要的学术意义，而且也有一定的现实意义和应用价值。综观学界许多重要课题的研究可以发现，不同学者的研究思路和研究方法不同，得出的结论就会有所不同。因此，这里也有必要对本书的研究目的、研究意义、研究思路与研究方法加以探讨。

一 研究目的与研究意义

都邑，通常是一个国家的政治、经济和文化中心，是当时国家社会生产力发展状况和社会结构最集中的缩影。本书通过对中国早期都邑形成轨迹和都邑形态的深入研究，解决学界在有关都邑研究理论、方法和在都邑形态判断标准上的诸多争议问题，进而对中国早期都邑形态有一个较为清晰、全面的认识，澄清一些涉及早期都邑的模糊或错误认识，从而填补系统研究中国早期都邑的空白，进而推动先秦都邑和中国古代都邑研究问题的向前发展，以期对中国古代文明起源与形成课题的研究有所裨益。

史前夏商时期，随着文明的孕育形成、早期国家的出现，早期都邑也逐步形成，并得到初步发展，形成了独具特色、灿烂辉煌的

中国早期都邑文化遗产。诸多早期都邑的建造，奠定了中国古代都邑文化的基础，对后世都邑的发展产生了重大而深远的影响。

早期都邑研究是先秦考古最为重要的组成部分，是打开先秦历史之谜的一把金钥匙。通过对此课题进行深入探讨，不仅能够系统全面了解中国早期都邑历史文化面貌，而且也将有助于解决中国古代文明与国家起源、形成等重大课题，廓清学界在文明起源与形成、国家产生与发展等问题上的一些或模糊或错误的认识，进一步推动学界对中国古代都邑课题的深入研究。同时，其对弘扬中华优秀传统文化，增强民族自信心和自豪感，优化现代城市和都城建设，加强和巩固国防，都具有积极的现实意义和借鉴作用。

二　研究思路与研究方法

本书的研究思路，应是在全面了解、分析国内外有关早期都邑研究历史与现状的基础上，通过对考古发现的史前至夏商时期城址与大型遗址材料的系统梳理，对有关文献材料进行认真的甄别，并对主要都邑遗址进行实地踏查，探索有关早期都邑研究的理论、方法，制定出判断早期都邑的具体标准和相关概念，进而对中国早期都邑的形成轨迹以及都邑形态的各个方面进行深入研究。

本书采取的研究方法，是在广泛汲取国内外相关研究成果的基础上，以考古材料所反映的基本情况为主导，以相对可靠的文献材料提供的线索为依据，遵循考古发现与文献材料相结合、多学科相互交叉和多角度给予支持等原则；全面搜集考古与文献材料，并参考其他相关学科之研究成果，具体运用信息检索分析、文献整理甄别、不同的观点辨析、考古实物观摩与遗址实地勘察、调研咨询、讨论争论等手段完成本课题项目研究工作。

中国早期都邑形态的研究，在时间跨度上包括史前时期和历史时期的夏商王朝。史前都邑形态的研究主要依据考古学材料，辅之以少量的文献材料和民族学材料。有关史前史的文献记载内容带有一定的神话色彩，需要尽可能地透过神话的外衣提取出真实信息来还原历史的本来面貌。与史前都邑形态研究相比，夏商时期都邑形态的研究与之稍有不同，该阶段的文献记载稍多于史前时期，但仍较为简略，其中也不乏神话色彩。因此我们在对夏商都邑形态进行研究时依然主要依靠考古学材料，同时重视文献材料的引导作用。需要注意的是，当考古材料与文献记载发生抵牾时，应以考古材料所显示的信息为准绳。这是由于考古材料反映的是当时社会的真实情况，不存在后代更改、作伪的可能性，而文献材料在人们手中经历了几千年，难免存在真假掺杂的现象[①]。

多学科的结合与多角度支持是研究中国早期都邑的必由之路。在对中国早期都邑形态进行研究时，除了主要运用考古学材料与文献记载相结合的方法，还应广泛吸收城市学、古都学、地理学、古文字学、经济史学、民族学、军事学、建筑学、水利学等诸多相关学科的研究成果，并借鉴国外学界在都邑形态研究方面的成果，力争使研究成果能够得到多角度支持。

第四节　中国早期国家的形成轨迹

国家是一个复杂的社会综合体，是社会复杂化发展到一定程度的必然结果，是社会进入文明阶段的标志。国家的出现，经历了漫长的过程。根据相关定义，综合考察考古调查发掘资料和研究成果可以发现，中国早期国家的形成大致经历了新石器时代晚期社会复杂化的加剧、新石器时代末期邦国的形成、二里头时代王国的形成等三个阶段。

一　社会复杂化的加剧

社会复杂化是经济、社会结构、意识形态等诸方面从简单到复

[①] 张国硕：《如何进行三代文明研究》，《文明起源与夏商周文明研究》，线装书局 2006 年版。

杂，由平等向不平等转变的一种进程。而经济、社会结构和意识形态在考古学当中可以通过墓葬、聚落形态、祭祀性遗存等表现出来。通过分析、对比中国各地这几类考古遗存可知，中国古代社会的复杂化是从新石器时代晚期的仰韶文化时代开始的，且在之后有愈演愈烈之势，区域范围涉及黄河流域、长江中下游地区和北方地区。社会复杂化的加剧，主要表现在贫富分化（等级）现象的出现、区域性社会实体的形成、神权的产生、人殉和人祭的推行等四个方面。

（一）贫富分化（等级）现象的出现

从墓葬情况看，中国境内贫富分化现象是从新石器时代晚期开始出现的，但不同区域出现的时间并不完全一致。以黄河流域和长江流域为代表的史前社会，新石器时代晚期部分地区已经出现了明显的贫富分化现象。

黄河中下游地区在新石器时代晚期已经出现了贫富分化，社会等级现象也开始显现。黄河上游的马家窑早中期文化及黄河中游地区的仰韶文化尚未表现出明显的贫富分化现象，但在"中原地区庙底沟文化二期阶段出现贫富分化和社会地位高低差别应是毫无疑问的"[1]。黄河下游地区在大汶口文化中期贫富分化已经十分明显，如山东泰安大汶口墓地[2]发现的大汶口文化中期墓葬，不仅规模有大、中、小型之分，而且各类型墓葬的随葬品种类和数量也有较大差别。大型墓葬的随葬品种类有陶器、石器、骨器、象牙、猪头等，制作精美，数量达几十件；而小型墓葬的随葬品种类较少，制作粗糙，数量不足10件。同为大汶口文化中期的江苏新沂花厅墓地[3]贫富分化也较严重。该墓地可以明显分为南、北两个墓区，两个墓区之间在墓葬规模和随葬品方面有明显的差异，出现了大、中、小型各类墓葬，其中大型墓葬中还出现了殉人现象，表现出人与人之间地位

---

[1] 中国社会科学院考古研究所编著：《中国考古学·新石器时代卷》，中国社会科学出版社2010年版，第524页。

[2] 山东省文物管理处等编：《大汶口：新石器时代墓葬发掘报告》，文物出版社1974年版。

[3] 南京博物院编著：《花厅——新时器时代墓地发掘报告》，文物出版社2003年版。

的差别。属于大汶口文化晚期的山东莒县陵阳河墓地[①]亦是如此。该墓地不仅可以划分为四个组，而且这四个组的墓葬在位置、墓穴大小、随葬品种类和数量、葬具方面都存在较大差别。如大型、中型墓葬均集中在第一组，其他三个组均为小型墓。第一组墓葬79M6，长4.55米、宽3.8米，随葬160多件器物和21件猪下颌骨；与79M6同时期的第三组墓葬63M6，大小仅可容身，随葬品只有5件。由此可以看出，大汶口文化墓地大中型墓葬与小型墓葬分开埋葬的趋势，从大汶口文化中期就开始显现出来，大汶口文化晚期已经固化下来，说明墓葬制度上的等级制已经得到了社会的认可[②]。随着氏族社会贫富分化现象的出现，人们已经滋生出一定的等级观念，之前那种氏族成员不分贵贱的平等局面开始被打破。

长江流域史前社会的贫富分化现象也是从新石器时代晚期阶段出现的。如分布在长江中游地区的大溪文化，在属于其晚期阶段的重庆巫山大溪墓地[③]、湖北公安王家岗墓地[④]、湖南安乡划城岗墓地[⑤]中，均出现了随葬品种类和数量差别较大的现象。之后的屈家岭文化、石家河文化时期，在墓葬随葬品方面表现出的贫富分化现象与之前相比有过之而无不及。长江三角洲地区的崧泽文化和长江下游西部地区的北阴阳营文化及之后考古发现的墓葬中，都不同程度地出现了随葬品种类和数量的较大差别。

（二）区域性社会实体的形成

新石器时代晚期的较晚阶段，在中国范围内古文化发展的重点区域，尤其是黄河流域、长江流域，普遍涌现出诸多规模较大的聚落群。这些聚落群内可以分为若干等级，有地位显赫的中心聚落遗

[①] 山东省文物考古研究所等：《山东莒县陵阳河大汶口文化墓葬发掘简报》，《史前研究》1987年第3期。
[②] 张江凯、魏峻：《新石器时代考古》，文物出版社2004年版，第130—131页。
[③] 四川省博物馆：《巫山大溪遗址第三次发掘》，《考古学报》1981年第4期；杨华：《三峡远古时代考古文化》，重庆出版社2007年版，184—188页。
[④] 湖北省荆州地区博物馆：《湖北王家岗新石器时期遗址》，《考古学报》1984年第2期。
[⑤] 湖南省博物馆：《安乡划城岗新石器时代遗址》，《考古学报》1983年第4期。

址，且各级聚落之间关系密切，一改之前单个聚落自给自足封闭式的发展模式，表明当时的社会结构发生了重大变化，区域性的社会实体已经产生，为文明社会的产生和早期国家的出现奠定了基础。

　　黄河流域是古代文明的发祥地之一，在仰韶文化中晚期阶段普遍出现了规模宏大的聚落群，且聚落群内部一般都有一个面积达几十万甚至百万平方米的中心聚落遗址，如黄河下游地区出现了以山东泰安大汶口[1]、邹城野店[2]，江苏新沂花厅[3]等遗址为中心的聚落群，黄河中游地区自西向东出现了以甘肃庆阳西峰南佐[4]、陕西扶风案板[5]、华县泉护村[6]、河南灵宝北阳平[7]、巩义双槐树[8]、郑州大河村[9]等遗址为代表的聚落群。南佐遗址是泾渭地区一处仰韶文化晚期大型聚落，遗址面积约600万平方米。遗址核心区由9座大型夯土台围合，面积约30万平方米，紧邻夯土台外侧发现2道环壕，核心区外围东、南、北三面约1000米处还发现有外环壕。核心区北部发现大型建筑基址、联排房屋等重要遗迹，其中大型建筑F1为一座占地面积800多平方米的大型殿堂式建筑，包括前厅、后堂。主殿东

---

[1] 山东省文物管理处、济南市博物馆编：《大汶口：新石器时代墓葬发掘报告》，文物出版社1974年版；山东省文物考古研究所编：《大汶口续集：大汶口遗址第二、三次发掘报告》，科学出版社1997年版。

[2] 山东省博物馆等：《邹县野店》，文物出版社1985年版。

[3] 南京博物院编著：《花厅——新石器时代墓地发掘报告》，文物出版社2003年版。

[4] 李瑞：《"考古中国"发布5项重要考古成果聚焦新石器时代重要考古发现和研究》，《中国文物报》2021年12月3日；韩建业：《位于黄土高原的南佐都邑性遗址》，《人民日报》2022年12月24日。

[5] 西北大学文博学院考古专业编著：《扶风案板遗址发掘报告》，科学出版社2000年版。

[6] 北京大学考古学系著、中国社会科学院考古研究所编：《华县泉护村》，科学出版社2003年版。

[7] 中国社会科学院考古研究所河南第一工作队等：《河南灵宝市北阳平遗址试掘简报》，《考古》2001年第7期；魏兴涛等：《河南三门峡市仰韶文化遗址考古勘探取得重要成果》，《中国文物报》2020年4月3日。

[8] 顾万发：《文明之光——古都郑州探索与研究》，科学出版社2016年版，第16—23页；郑州市文物考古研究院：《河南巩义双槐树遗址考古发掘取得阶段性重要成果》，《中国文物报》2021年1月1日；郑州市文物考古研究院：《河南巩义市双槐树新石器时代遗址》，《考古》2021年第7期。

[9] 郑州市文物考古研究所编著：《郑州大河村》，科学出版社2001年版；杨猛：《郑州大河村遗址考古发掘新收获》，河南郑州"2022年度河南考古工作成果交流会"，2023年1月。

西两侧还各有一列夯土墙侧室，东、西侧室之外的东、南、西面都有厚约1.5米的夯土墙，墙外还有宽约15米、深约10米的两侧壁有夯土防护的壕沟。案板遗址面积达70万平方米，文化遗存自仰韶文化庙底沟类型开始，经西王村类型，一直发展、延续至庙底沟二期文化阶段，发现有祭祀性质的大型房址，出土有极具特色的陶塑人像。北阳平遗址现存面积大约72万平方米，遗址主体为仰韶中期庙底沟类型遗存，文化内涵丰富，发现有大型房基和中小型房基、壕沟、陶窑、墓葬区。大河村遗址面积约40万平方米，文化堆积达10余米，独一无二的彩陶双联壶和绘有星象图案的彩陶极具特色。双槐树遗址面积超过100万平方米，设置有三重环壕，发现有大型夯土基址。此外，在河南郑州西北郊地区出现了以西山城址为中心的荥阳仰韶文化聚落群①。

　　长江中游地区在新石器时代晚期的大溪文化时期已经出现了城址聚落，到了屈家岭文化时期更是形成了多处以城址为中心的大型聚落群②。湖南澧县城头山城址平面略呈圆形，外圆直径325米，内圆直径310米，城垣外围的护城河宽30—50米。城内发现有夯土台基、砾石路面、设施齐全的制陶作坊等。该城址从大溪文化早期至屈家岭文化时期经过多次筑造，一直被使用至石家河文化中期，是中国境内目前发现年代最早的城址。以城头山城址为中心分布着数百处大溪、屈家岭至石家河文化时期的文化遗址③。到了屈家岭文化时期，长江中游地区城址普遍出现，并形成了以石家河④、门板湾⑤等城址为中心的聚落群。此外，长江下游的太湖地区在崧泽文化晚

---

① 许顺湛：《河南仰韶文化聚落群研究》，《中原文物》2001年第5期。
② 张绪球：《屈家岭文化古城的发现和初步研究》，《考古》1994年第7期。
③ 湖南省文物考古研究所：《澧县城头山——新时器时代遗址发掘报告》，文物出版社2007年版。
④ 北京大学考古系等：《石家河遗址群调查报告》，《南方民族考古》第五辑，1992年；石河考古队：《湖北省石河遗址群1987年发掘简报》，《文物》1990年第8期。
⑤ 陈树祥、李桃元：《应城门板湾遗址发掘获重要成果》，《中国文物报》1999年4月4日；湖北省文物考古研究所：《应城市门板湾新石器时代遗址》，《中国考古学年鉴（1999）》，文物出版社2001年版。

期阶段，也已经出现聚落成群集聚现象，充分显现出聚落群发展的态势①。

北方地区在红山文化中期也可能出现了以某些大型聚落为中心的聚落群。据内蒙古敖汉旗博物馆的普查结果，在敖汉旗蚌河西岸发现了面积2000平方米至21万平方米不等的23处红山文化中期聚落遗址②。有学者认为倘若这23处遗址曾经是共存过的话，那么在当时的蚌河下游可能存在过具有三级结构聚落形态的社会集团③。另有学者指出，虽然这些遗址没有经过正式发掘，无法了解各种聚落之功能差别，但一些中心遗址如份子地、风水山、千斤营子等采集到石钺、玉斧、筒形玉器等器物，说明这些聚落部分特殊人物拥有礼器，在聚落群中可能处于中心聚落地位④。

（三）神权的产生

神权即神所拥有的权力，包括对宇宙的控制和人间命运的掌握。而神权的存在往往是通过祭坛、神庙、祭祀坑等具体形式表现出来的。考古发现表明，祭祀神权遗存早在新石器时代中期的黄河流域和北方地区已经出现，到了新石器时代晚期已经成为较为普遍的现象，中国各地先后出现了规模大、结构复杂、耗费大量人力、物力的非生产性祭祀遗址，说明当时宗教已经成为上层权力控制人们思想的一种重要手段⑤。而通过宗教活动来规范社会成员的行为，就是神权的体现。

黄河流域在裴李岗文化时期已经出现了崇拜祭祀现象。如河南舞阳贾湖遗址的某些房址中发现有用完整的鳖甲和龟壳奠基、墓葬中随葬龟甲的现象，发掘者认为这是龟灵崇拜，属于动物崇拜的一

---

① 王芬：《崧泽文化聚落形态分析》，《华夏考古》2010年第1期。
② 邵国田：《概述敖汉旗的红山文化遗址分布》，《中国北方古代文化国际学术研讨会论文集》，中国文史出版社1995年版。
③ 崔岩勤：《红山文化聚落探析》，《赤峰学院学报》2012年第8期。
④ 张星德、金仁安：《红山文化聚落的层次化演变与文明起源》，《理论界》2006年第1期。
⑤ 王芬：《中国新石器时代的宗教遗迹》，《四川文物》2004年第4期。

部分①。到了仰韶文化时期，一些遗址中发现有祭祀性质的房屋建筑。如陕西临潼姜寨遗址发现多组仰韶文化早期的房屋基址，每组建筑都有大、中、小型房屋，大房子的面积均在 70 平方米以上。其中房基 F1 面积达 128 平方米，门道内侧发现紧接或相连的方形小坑、内凹小平台和灶坑，房内西北角和西南角还发现两个对称的平台，房址内未发现生产和生活器具（图 1-1），其性质很可能是一处大家庭祭祀的场所②。甘肃秦安大地湾遗址发现的大型房址 F901，是由前殿、后室、东西厢房及附属建筑、场地组成的多间复合式建筑（图 1-2），面积 700 平方米，房址内出土有四足鼎、条形盘、带环形把手的异形器等非实用性大型陶器，且房址周围近千平方米

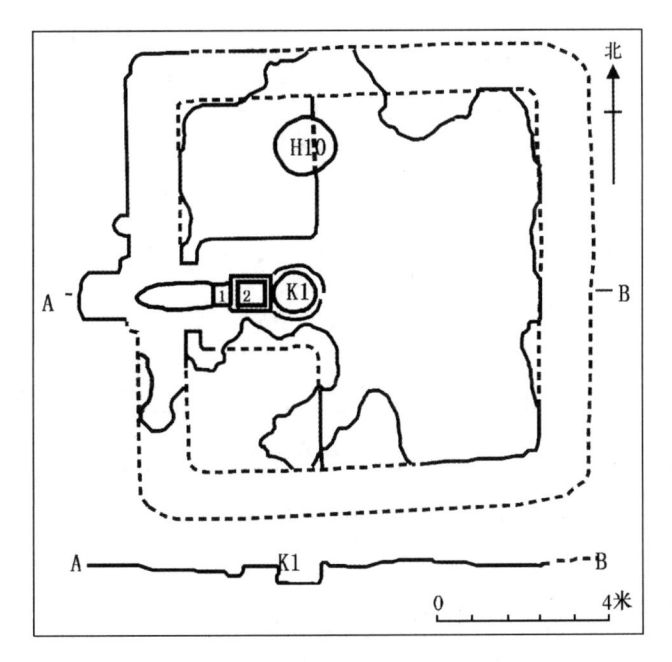

图 1-1 姜寨遗址房址 F1 平剖面图

1. 方形小坑 2. 内凹平台

---

① 河南省文物考古研究所编著：《舞阳贾湖》，科学出版社 1999 年版，第 966—969 页。
② 西安半坡博物馆等：《姜寨——新石器时代遗址发掘报告》，文物出版社 1988 年版，第 25、352—357 页。

范围内未发现有同期房屋建筑，表明该建筑并非一般居住性质的房址，很可能是用于举行宗教仪式的公共建筑①。另外，在陕西扶风案板遗址发现的仰韶文化晚期房址 F3②也属于此类建筑，表明建造祭祀性质的房屋现象并非偶然。

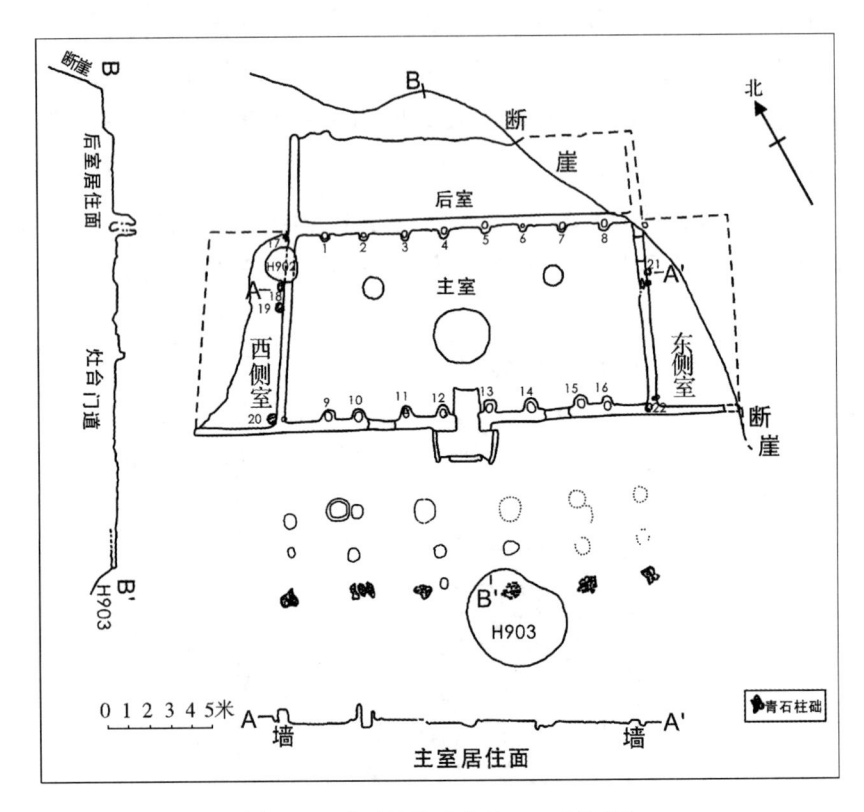

图 1-2　大地湾遗址房址 F901 平面图

北方地区也发现有较多的新石器时代中晚期祭祀遗存，比较著

---

①　甘肃省博物馆文物工作队：《甘肃秦安大地湾第九区发掘简报》《秦安大地湾 405 号新石器时代房屋遗址》《甘肃秦安大地湾遗址 1978 至 1982 年发掘的主要收获》，《文物》1983 年第 11 期；甘肃省文物工作队：《甘肃秦安大地湾 901 号房址发掘简报》，《文物》1986 年第 2 期；甘肃省文物考古研究所：《甘肃秦安县大地湾遗址仰韶文化早期聚落发掘简报》，《考古》2003 年第 6 期。

②　西北大学文博学院考古专业编著：《扶风案板遗址发掘报告》，科学出版社 2000 年版，第 63—120 页。

名的有兴隆洼文化的石圆圈遗迹与"石龙",红山文化晚期的女神庙、祭祀积石冢、金字塔式的巨型建筑等,其中以辽宁阜新查海遗址发现的兴隆洼文化时期的祭祀遗迹为代表。该遗存有一处120平方米的房址,房址内发现超大型石铲和成组的陶石器。房址南的基岩上,发现一条用大小相等的红褐色石块堆塑而成的石龙,全长19.7米,宽1.8—2米。石龙附近发现与祭祀有关的3座祭祀坑和10座墓葬[①]。该石龙及其相关遗存所在地被认为是当时人们祭祀龙神的场所。

长江流域的新石器时代晚期也出现了规模较大的祭祀遗存。属于大溪文化的湖南澧县城头山遗址发现有三处祭台,其中一号祭台面积最大,达200平方米,用纯净黄土夯筑而成,平面大体呈不规则椭圆形,中间高,周边低,高约0.8米。祭台上有5个圆形浅坑、15座墓葬。祭坛周围还发现有68座墓葬、49个祭祀坑。祭祀坑多呈长方形,少数为圆形和方形,个别为不规则形。坑内情况不一,有的填满草木灰或一层草木灰、一层黄土,有的堆满完整的或可复原的陶器,有的放置大块兽骨,有的堆满红烧土块等[②]。屈家岭文化和石家河文化中也发现与祭祀有关的遗存,如湖北天门石家河遗址群邓家湾遗址发现屈家岭文化晚期的祭祀遗存,见有大型筒形器、土台、灰烬、红烧土、柱洞等,并发现有石家河文化时期的陶缸套接、陶管套接的遗迹,以及大量陶塑动物、红陶杯等[③]。

(四)人殉、人祭的推行

人殉、人祭的出现,是社会发展到一定程度的结果。人殉是史前社会的族群首领、家长及奴隶制社会的奴隶主死后埋葬时,把活着的人埋进墓室中,成为墓主人的殉葬品。人殉者身份一般为死者的妻妾、亲信、侍从和生前为其支使的奴仆、武士。人祭是把人作

---

① 辛岩:《阜新查海新石器时代遗址》,《中国考古学年鉴·1995》,文物出版社1997年版。
② 湖南省文物考古研究所:《澧县城头山》,文物出版社2007年版,第266—283页。
③ 湖北省文物考古研究所等:《邓家湾》,文物出版社2003年版,第28—33页;王巍总主编:《中国考古学大辞典》,上海辞书出版社2014年版,第271页。

为祭品进行祭祀、祈求鬼神保护祭祀者或相关人员现实生活中的利益和安全的祭祀现象。其人牲多是战俘或奴隶（多用砍头来供俸祭祀对象），很少用死者的亲信侍从去作为祭祀时的牺牲。祭祀的对象可以是人，也可以是天、地、河湖、山岳等自然神。另外，如果祭祀的对象是人，那么杀人祭祀可在死者埋葬时进行，亦可在其死后陆续进行，而主要是死后追祭的。杀祭的活动场所既可在死者墓葬附近，亦可在其他特定场所进行。有学者研究认为，人殉和人祭的含义有一定差别。前者是社会生产力获得一定程度的发展、私有制逐渐明朗化之后产生的一种现象，殉人的实质当是墓主人私有财产的组成部分。而后者属于意识形态的范畴，是当时先民基于某种信仰而形成的习俗或宗教行为，内涵更丰富，反映的社会现象更复杂[1]。

　　考古发现表明，人殉现象产生于新石器时代晚期。大汶口文化中晚期的江苏新沂花厅墓地北区发现的10座大型墓葬，其中8座有殉人，一般殉1人，也有殉3—5人的。这些殉人多有被捆绑着下葬的迹象，且有殉人的墓葬随葬品也较多，多者达百件以上[2]。山东枣庄建新大汶口文化墓地发现有2座男女合葬墓，其中M80合葬一对成年男女，女性头顶被锐器洞穿，很可能是男性先死亡，后将女性击打致死，以随男性去另一个世界[3]。另外，在良渚文化的江苏吴县张陵山、草鞋山，上海青浦福泉山等遗址也发现有人殉的墓葬[4]，说

---

[1] 赵晔：《良渚文化人殉人祭现象试析》，《南方文物》2001年第1期。

[2] 南京博物院编著：《花厅——新石器时代墓地发掘报告》，文物出版社2003年版，第47—190页。

[3] 山东省文物考古研究所：《山东枣庄建新第一、二次发掘简报》，《考古》1995年第1期；中国社会科学院考古研究所编著：《中国考古学·新石器时代卷》，中国社会科学出版社2010年版，第413页。

[4] 南京博物院：《江苏吴县草鞋山遗址》，《文物资料丛刊》第3辑，文物出版社1980年版；南京博物院：《江苏草鞋山良渚文化墓葬》，徐湖平主编：《东方文明之光——良渚文化发现60周年纪念文集（1936—1996）》，海南国际新闻出版中心1996年版；南京博物院：《江苏吴县张陵山遗址发掘简报》，《文物资料丛刊》第6辑，文物出版社1982年版；孙维昌：《福泉山良渚文化墓地论析》，徐湖平主编：《东方文明之光——良渚文化发现60周年纪念文集（1936—1996）》，海南国际新闻出版中心1996年版。

明新石器时代晚期较广泛地存在人殉现象。

从目前的考古发现来看，人祭现象早在新石器时代晚期的仰韶文化遗址就有发现。陕西西安半坡遗址一号房址的居住面下发现一个被砍下的人头骨，与一个陶罐共出，有学者认为这颗人头骨就是用作奠基的人祭。此外，陕县庙底沟、郑州大河村、郑州西山等仰韶文化遗址中都发现有人、兽同出一灰坑或窖穴的现象，当为人祭属性[①]。

二 邦国的形成

庙底沟二期文化以后，中国各地的文化发展迅速，不同地区相继形成了独具特色的龙山时代文化，长江三角洲地区的良渚文化、长江中游的屈家岭—石家河文化、临汾盆地的陶寺文化、以石峁遗址为代表的河套地区龙山时代文化都在各自的分布范围内迅速发展，以汇集政治、经济、文化发展成就并具有地区权力中心的大中型聚落或城市为基点，在各种文明要素相互碰撞交融中，分别形成不同的邦国实体。

以良渚遗址群为代表的良渚文化，主要分布在浙江省北部和江苏省南部太湖周围地区。有学者从宏观观察，认为良渚文化分布区内部可进一步分为良渚、嘉兴、苏沪和湖北等四个小区，每个小区内都分布有数量不等的聚落群，每个聚落群同一时期有一个（个别两个）一级聚落，1—3个二级聚落，若干三级聚落、四级聚落、五级聚落，说明良渚文化内部社会已经严重分化[②]。从微观观察，良渚遗址群分布在余杭市瓶窑、安溪、良渚三镇内，面积约34平方千米，包括单纯良渚文化遗址和含良渚文化遗址100多处[③]。其中良渚城址是良渚遗址群中最为重要的遗址，是一处包括8平方千米范围的核心区域、拥有庞大复杂水利系统、范围达100平方千米的超大

[①] 王克林：《试论中国人祭和人牲的起源》，《文物》1982年第10期。
[②] 郭明建：《良渚文化宏观聚落研究》，《考古学报》2014年第1期。
[③] 费国平：《浙江余杭良渚文化遗址群考察报告》，《东南文化》1995年第3期；浙江省文物考古研究所：《余杭良渚遗址群调查简报》，《文物》2002年第10期。

型城市系统。城址平面略呈圆角长方形，总面积约290万平方米，城垣宽20—145米，城垣内外均有护城河。城内有明显的功能区划，位于中心区域的莫角山为宫殿区，位于莫角山遗址西北部的反山为王和贵族墓地。城址外围遗址分布密集，具有外郭城的性质，居住着从事非农行业的居民[1]。

石家河文化分布于长江中游地区以江汉平原为中心的区域。通过多年的考古工作，属于石家河文化的遗址目前已发现逾千处，形成多个以大型聚落或城址聚落为中心的聚落群，其中湖北天门石家河镇北的遗址最为密集，形成了一个密集的石家河遗址群[2]。该遗址群由石家河城址和其他30处遗址组成[3]。石家河城址规模大，有一定的规划布局。城址平面略呈圆角长方形，面积348.5万平方米，城外侧有护城河。遗址群中部的谭家岭遗址，面积20万平方米，发现有石家河文化早期的大型房址，可能为居住区。这里还发现有属于油子岭文化晚期的谭家岭城址，城内面积17万平方米[4]。石家河城内西北部的邓家湾遗址，发现有屈家岭文化时期和石家河文化时期的墓葬和明显的祭祀遗迹，推测该遗址自屈家岭文化开始至石家河文化一直作为专门的祭祀区和墓葬区而存在，其中墓葬的规模、随葬品数量及种类悬殊较大，形制也不一致[5]。城内西南部三房湾遗址可能为手工业作坊区[6]。城外中小型聚落环城一周成片分布，主要有罗家柏岭遗址[7]、肖家屋

---

[1] 刘斌、王宁远：《2006—2013年良渚古城考古的主要收获》，《东南文化》2014年第2期。
[2] 中国社会科学院考古研究所编著：《中国考古学·新石器时代卷》，中国社会科学出版社2010年版，第657页。
[3] 中国社会科学院考古研究所编著：《中国考古学·新石器时代卷》，中国社会科学出版社2010年版，第664页；湖北省文物考古研究所等：《湖北天门市石家河遗址2014—2016年的勘探与发掘》，《考古》2017年第7期。
[4] 湖北省文物考古研究所等：《湖北天门石家河谭家岭城址2015—2016年发掘简报》，《江汉考古》2017年第5期。
[5] 湖北省文物考古研究所等：《邓家湾》，文物出版社2003年版，第289—290页。
[6] 王银平：《长江中游新石器时代晚期的聚落级差及城市萌芽》，《中国历史文物》2008年第6期。
[7] 湖北省文物考古研究所等：《湖北石家河罗家柏岭新石器时代遗址》，《考古学报》1994年第2期。

脊遗址①等近20处，其中罗家柏岭遗址可能是玉石器作坊区。

　　以陶寺遗址为代表的陶寺文化，主要分布在临汾盆地一带。据早年相关考古资料，该范围内发现陶寺文化遗址238处②，其中特级聚落（≥50万平方米）11处，一级聚落（30万—49万平方米）9处，二级聚落（10万—29万平方米）47处，三级聚落（≤9万平方米）171处，可以分为尧都区、霍州、曲沃、翼城、襄汾等共11个聚落群，多数聚落群都有一到两个或多个特级聚落，若干一、二级聚落和多个三级聚落，少数如安泽、蒲县和汾西聚落群仅由三级聚落组成③。从这200多处聚落的分布和规模看，陶寺文化时期明显形成了近似金字塔式的社会结构。陶寺城址面积280万平方米，是临汾盆地同时期最大的聚落，也是唯一一处城址聚落。城内已经有了居住区、手工业作坊区、祭祀区、仓储区、墓葬区等明确的功能区划分，具有完备的都邑功能④。居住区又可细分为上层贵族居住区、下层贵族居住区、平民居住区，等级分化明显。从墓葬区发现的墓葬的规模、随葬品情况观察，陶寺文化时期人与人之间等级差别明显，贫富分化严重。该文化是分布于中原地区龙山时期的考古学文化，年代为公元前2300至前1900年之间⑤，大约与文献记载的尧舜时代相当⑥。

　　以石峁遗址为代表的考古学文化呈现出河套地区新石器时代末期社会发展的高度。从聚落规模观察，石峁属于同时期河套地区的中心聚落遗址，周围分布着诸多大大小小的聚落。近年的考古发现显示，在石峁城址周围数10平方千米范围内分布着10余座石城遗

---

① 湖北省荆州博物馆等：《肖家屋脊》，文物出版社1999年版，第99—349页。
② 国家文物局主编：《中国文物地图集·山西分册》，中国地图出版社2006年版，第86页。
③ 许顺湛：《临汾龙山文化陶寺类型聚落群研究》，《中原文物》2010年第3期。
④ 何驽：《尧都何在——陶寺城址发现的考古指证》，《史志学刊》2015年第2期。
⑤ 何驽：《陶寺文化谱系研究综论》，北京大学中国考古学研究中心、北京大学震旦古代文明研究中心编：《古代文明》第3卷，文物出版社2004年版。
⑥ 李民：《尧舜时代与陶寺遗址》，《夏商史探索》，河南人民出版社1985年版。

址，面积多在几万至几十万平方米之间，个别达到 200 万平方米[1]。这个地区的各类型聚落中，一般都有一个像皇城台那样的核心区，因聚落不同致使各核心区大小有差异。这种现象可能意味着当时是依据统一的模式建造聚落，反映出其背后当有社会组织结构方面的原因[2]。石峁城址面积逾 400 万平方米，由皇城台、内城和外城三部分构成。城内发现大型宫殿建筑、房址、墓葬、祭坛、手工业作坊等龙山时代至夏代早期遗迹，出土丰富的玉石器、铜器等高规格遗物[3]。如此大规模、功能区划明显的城址聚落，且在河套地区仅发现这一处，显然非一般人群所能居住，应是该地区当时最高统治者居住生活和处理政务的地方。

从以上四区域文化遗存可知，在龙山时代，在宏观聚落方面形成了以大型城址为中心聚落、围绕中心聚落的多等级聚落群；在微观聚落方面表现出中心聚落功能区划明显、贫富分化悬殊、阶层分化严重。大型中心聚落的存在，表明当时有掌握政治权力的王，但大型城垣、宫城垣的存在，又表明王对统治范围内人员的控制力还不够强大，还在时刻提防着内部人员的反叛。各文化都有一定的分布范围，表明王有一定的控制区域。从陶寺文化只分布在临汾盆地内、良渚文化只分布在以太湖为中心的地区等情况看，这时王的统治范围还相对较小，且此时王的统治范围可能还没有明确的界限划分，或者只是依据山体或河流为界；各等级聚落围绕中心聚落分布的现象说明此时已具备雏形的官僚机构，尤其是在以石峁为中心的聚落群中大都发现有类似皇城台的核心区域更能证明这个问题；各考古学文化中心聚落内都发现有规模宏大的祭祀遗迹，表明神权在当时的社会生活中仍占据十分重要的地位；大、中、小各等级墓葬

---

[1] 陆航：《石峁并非一座孤城》，《中国社会科学报》2016 年 1 月 22 日。
[2] 赵辉：《陕西神木石峁遗址考古发掘研究的进展及学术意义》，《中国文物报》2016 年 8 月 23 日。
[3] 陕西省考古研究院等：《陕西神木县石峁遗址》，《考古》2013 年第 7 期；孙周勇、邵晶等：《石峁遗址：2016 年考古纪事》，《中国文物报》2017 年 6 月 30 日。

分布于同一墓地表明血缘政治仍然存在。这些无不展示着这些文化所代表的社会已经进入了文明社会和早期国家阶段，只是还处在初级阶段即邦国时期。

相比较而言，尽管目前材料显示黄河流域的马家窑文化晚期、客省庄二期文化、王湾三期文化、后岗二期文化、山东龙山文化以及北方的辽西及辽东半岛、南方区域的长江上游地区等地龙山时代社会的文明化进程相对要缓慢一些，且这些地区也有发展程度的高低之分，但不可否认的是，这些地区的考古学文化大都在前期的基础上有较大发展，聚落之间的分化也呈现出日益明显的趋势，城市群出现，形成中心聚落，大型聚落居民贫富分化严重，社会发展当也进入邦国时期。

三　王国的形成

中原地区自龙山时代各区域文化之后，逐步过渡到二里头文化时代。其中以嵩洛地区为中心分布的二里头文化二里头类型，是在吸收诸多外来文化因素的基础上，由王湾三期文化经新砦期发展而来。这个时代社会发展开启了新的国家形态，正式进入了王国时期，形成夏王朝国家。继二里头文化之后的二里岗文化、殷墟文化时期，文化发展有了质的飞跃，社会发展无疑属于王国时期，形成商王朝国家。

二里头文化能够充分展现出当时社会的文化面貌和发展水平。首先，二里头时代进入了城市文明时期。在二里头类型分布范围内发现了都邑性质的二里头遗址[1]，军事方国性质的大师姑[2]、望京楼

---

[1] 中国社会科学院考古研究所编著：《偃师二里头：1959 年—1978 年考古发掘报告》，中国大百科全书出版社 1999 年版，第 39—346 页；中国社会科学院考古研究所编著：《二里头（1999—2006）》，文物出版社 2014 年版，第 465—1129 页。

[2] 郑州市文物考古研究所编著：《郑州大师姑（2002—2003）》，科学出版社 2004 年版，第 16—275 页。

城址①，军事重镇性质的蒲城店城址②，政治与物质储备中心的东赵中城城址③（图1-3）。其次，二里头文化进入了青铜时代。在二里头等遗址，发现有大型铸铜作坊遗址，墓葬中出土爵、斝、鼎、盉以及铃、牌饰、生产工具、兵器等青铜器。青铜容器和合范技术的推广，表明青铜制作技术的进步。再次，二里头文化形成了广域王权国家的政治中心。二里头遗址规模宏大，发现有墙垣圈围的大型夯土建筑基址群（宫城）、绿松石和铸铜作坊、大型"坛墠"类祭祀遗存、随葬铜器与玉器的贵族墓葬等丰富的遗存，其规模之大、规格之高、遗存之丰富无以伦比，完全具备都邑的性质④。最后，王的权力得到加强，形成了较为固定的管理机构，控制范围增大。从二里头文化的分布范围和影响范围可以看出，其对广大地区实施着有效控制，文化影响广泛而深远。以二里头遗址为代表的二里头文化，在社会发展方面独占鳌头，已经进入文明社会和国家状态，这几乎已成为学界的基本共识。关于二里头文化的性质，学界多数学者认为其与夏文化有关⑤，即二里头文化是夏王国时期的文化遗存。

夏王朝之后的商王朝，社会发展进入了较为成熟的王国时期。这个时期，出现了像郑州商城、偃师商城、洹北商城、小屯殷墟那样的大型都邑遗址和其他城邑（图1-3），宫殿群与宫城宏伟壮观。各类墓葬等级差别分明，殷墟遗址还发现有专门的王陵区。社会经

---

① 郑州市文物考古研究院编著：《新郑望京楼——2010—2012年田野考古发掘报告》，科学出版社2016年版，第69—693页。
② 河南省文物考古研究所等：《河南平顶山蒲城店遗址发掘简报》，《文物》2008年第5期；魏兴涛：《蒲城店二里头文化城址若干问题探讨》，《中原文物》2008年第3期。
③ 雷兴山、张家强：《夏商周考古的又一重大收获——河南郑州东赵遗址发现大中小三座城址、二里头祭祀坑和商代大型建筑遗址》，《中国文物报》2015年2月27日；张家强、郝红星：《沧海遗珠 郑州东赵城发现记》，《大众考古》2015年第8期。
④ 张国硕：《论二里头遗址的性质》，杜金鹏、许宏主编：《二里头遗址与二里头文化研究》，科学出版社2006年版。
⑤ 邹衡：《试论夏文化》，《夏商周考古学论文集》，文物出版社1980年版；赵芝荃：《论夏文化起、止年代的问题》，中国先秦史学会、洛阳市第二文物工作队编：《夏文化研究论集》，中华书局1996年版；高炜、杨锡璋、王巍、杜金鹏：《偃师商城与夏商文化分界》，《考古》1998年第10期；夏商周断代工程专家组：《夏商周断代工程1996—2000年阶段成果报告》，世界图书出版公司2000年版，第75页。

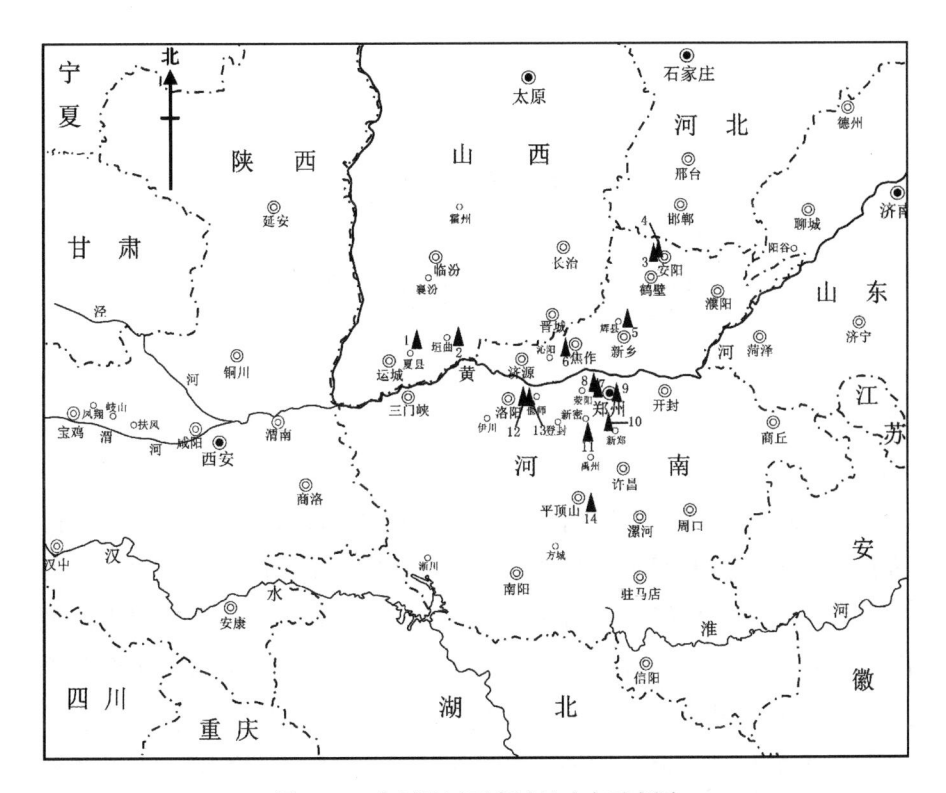

图 1-3 中原地区夏商城址分布示意图

1. 东下冯 2. 垣曲商城 3. 殷墟 4. 洹北商城 5. 孟庄 6. 府城 7. 东赵 8. 大师姑 9. 郑州商城 10. 望京楼 11. 新砦 12. 二里头 13. 偃师商城 14. 蒲城店

济发展繁荣，手工业门类多，生产技术进步。文化发达，文字广泛使用。玉器、青铜器等礼器种类多，制作精美，形成了一定的礼制。专门的管理机构、官僚机构日趋完善，建立起庞大的军队。商王的权力得到进一步强化，商王朝控制范围更加广大。以商都为中心，其对周围广大地区实行有效的控制，对周边地区的文化影响广泛而深远，从而形成了光辉灿烂的殷商文明，成为古代东方的一颗璀璨明珠。

第 二 章

早期都邑的形成发展与类属

早期都邑是社会发展到一定阶段的产物，具有独特的认定标准。随着社会生产力的发展，早期都邑伴随早期国家的形成而出现，并在形制、区划、功能、建造等方面逐渐发生变化。中国早期都邑的形成过程，从时间上看应为新石器时代晚期到夏商时期，在聚落形态上表现出从部落中心演变为邦国都邑、王国都邑；在建筑形态上主要表现在大型城垣、宫殿宗庙建筑、大型墓葬、高规格手工业作坊的出现。早期都邑的出现主要基于当时社会政治和军事的需要，具备政治、军事、经济、文化等多个方面的功能。这些早期都邑可区分为不同的类别，分属不同政治实体的都邑。

第一节　早期都邑认定的标准

中国早期国家建造有诸多都邑，同时在周边地区也形成一些区域性的方国都邑。文献虽然有少量早期国家都邑的记载，但其地望、年代大多并不清晰，故这个时期都邑的认定主要依靠考古材料。多年来，随着考古工作的不断开展，属于新石器时代晚期至夏商时期的大型聚落遗址不断发现，为探索这个时期的都邑面貌奠定了基础。在历年的研究实践中，学界对何遗址具备都邑性质及相关问题争议较大，主要原因之一就是未形成统一的早期都邑认定标准。确定早期都邑的物化标准是对其展开深入研究的前提和基础。鉴于此，有必要制订出符合中国考古实际的早期都邑认定的物化标准。

一 学界有关早期都邑标准的争议

关于都邑（或都城）的物化标准，学界早有涉及，但一直存在争议。这项讨论始自1928年安阳殷墟的发掘。1928—1937年，通过对安阳小屯殷墟遗址的15次发掘，出土了大量有明确出土地点和较清楚层位关系的甲骨，发现了规模宏大的宫殿区、王陵区等遗迹，还出土了大量的青铜器、陶器、漆器、玉石器等遗物，使商代晚期都邑遗址得到确认[1]。由殷墟遗址确认为都邑的过程可以看出，学界此时是将宫殿、王陵和高等级的遗物作为判定都邑的物化标准。

二里头遗址被认定为都邑的过程，体现了学界判定都邑遗址物化标准的变化。1959年徐旭生等人在调查二里头遗址时，看到其规模时就说"我们看见此遗址颇广大……那在当时实为一大都会"[2]。当时徐旭生先生认为二里头遗址的规模是判断其为都邑的一个重要依据，并对后来的考古工作者对遗址性质的认定产生了重要影响。之后至1964年前，考古发掘队先后对二里头遗址进行了9次发掘，确定遗址南北长1.5千米、东西宽2.5千米，二里头文化层个别厚达3米，出土了少量铜器、玉石器等高等级遗物，发现并发掘了面积达10000平方米、结构复杂的一号宫殿建筑基址，为判断二里头遗址的性质提供了实物证据。在这一阶段，发掘者显然认为大型宫殿建筑是作为都邑的重要物化标志[3]。1959—1976

---

[1] 中国社会科学院考古研究所编著：《中国考古学·夏商卷》，中国社会科学出版社2003年版，第2页。

[2] 徐旭生：《1959年夏豫西调查"夏墟"的初步报告》，《考古》1959年第11期。

[3] 中国科学院考古研究所洛阳发掘队：《1959年河南偃师二里头试掘简报》，《考古》1961年第2期；中国科学院考古研究所洛阳发掘队：《河南偃师二里头遗址发掘简报》，《考古》1965年第5期；中国科学院考古研究所二里头工作队：《河南偃师二里头早商宫殿遗址发掘简报》，《考古》1974年第4期。

年，二里头遗址发现了具有奴隶、平民和奴隶主性质的不同墓葬。其中奴隶的墓葬多属于灰坑葬，无任何随葬品，葬式不一，个别死者可能是被活埋的[①]；平民墓葬一般都有墓坑和随葬品，但墓坑较小，随葬品不多且多为普通的陶器[②]；而奴隶主墓葬墓坑大，有棺，随葬品丰富，有青铜器、玉器等贵重物品[③]。这些不同类型墓葬的发现，证明了二里头遗址所代表的社会已经进入了阶级社会，也显示出该遗址的较高等级，为二里头遗址属都邑性质提供了侧面材料。此外，二里头遗址发现了铸铜、绿松石等高等级手工业作坊，出土有精美的青铜器、玉石器等贵重物品，还发现有几十种刻划符号，这些现象在同时期其他遗址中少见或不见，表明该遗址是当时社会经济中心和文化中心[④]。因此，到20世纪80年代之时，学界对二里头遗址属于都邑性质已无大的争议，其主要依据就是二里头遗址发现有大型宫殿建筑，存在不同类型的墓葬、铸铜等高等级手工业作坊，出土有青铜器、玉器等高等级遗物。

郑州商城都邑性质的判定也依据一定的物化标准。1961年安金槐先生在论证郑州商城属于都邑遗址时，依据郑州商代夯土城垣的分布范围、城垣夯土结构与地层叠压关系等资料，结合当时在郑州商代城外附近发现的二里岗期铸造青铜器、烧制陶器、制作骨器等手工业作坊遗址以及墓葬、灰坑（多为水井）、窖穴等遗存，认为郑州商代遗址属于商代二里岗期的一处都邑遗址，并将其与仲丁隞都

[①] 中国科学院考古研究所洛阳发掘队：《河南偃师二里头遗址发掘简报》，《考古》1965年第5期；中国科学院考古研究所二里头工作队：《河南偃师二里头遗址三、八区发掘简报》，《考古》1975年第5期。

[②] 中国科学院考古研究所洛阳发掘队：《河南偃师二里头遗址发掘简报》，《考古》1965年第5期。

[③] 中国科学院考古研究所二里头工作队：《偃师二里头遗址新发现的铜器和玉器》，《考古》1976年第4期。

[④] 陈旭：《二里头是商都还是夏都》，中国先秦史学会编：《夏史论丛》，齐鲁书社1985年版。

相联系①。这篇文章引起了学界的普遍关注与重视，并由此展开了一些讨论。如安志敏先生认为安金槐《试论郑州商代城址——隞都》所公布的有些材料与之前公布的材料不符，个别文图不符，城垣本身存在矛盾，所以关于郑州商城的性质和年代还须进一步探讨②。刘启益先生从郑州商城遗址夯土城垣及其年代、相关文献记载、布局、地理条件四个方面质疑安金槐的"隞都说"③。20世纪70年代以后，郑州商城属于商代都城的观点已被绝大多数学者认可，其主要依据有四个方面：发现的夯土城垣建造于商代二里岗文化时期；商代遗址规模大，总面积达25平方千米，城垣宏伟壮观；文化遗存丰富；遗址规格高，有专门的宫殿区，发现有大量的青铜器，出土有多种制作精美的玉石器和较多的原始瓷尊、罍、象牙觚和梳及罕见的夔龙纹金叶片等④。

偃师商城自1983年发现至今学界关于其性质的讨论颇为热烈，先后提出了"西亳说"⑤、"太甲桐宫说"⑥、"商初别都或军事重镇说"⑦、"太戊新都说"⑧、"两京之一说"⑨、"夏桀都邑说"⑩和"辅都说"⑪等观点，依据同样的文化遗存却得出不同的遗址性质之结论。认为偃师商城是一处都邑遗址的观点，主要证据在于该城址规模庞大且不断扩建，遗址规格高，有宫殿宗庙区、祭祀遗迹、池苑府库类建

---

① 安金槐：《试论郑州商代城址——隞都》，《文物》1961年第4、5期。
② 安志敏：《关于郑州商城的的几个问题》，《考古》1961年第8期。
③ 刘启益：《"隞都"质疑》，《文物》1961年第10期。
④ 张国硕：《郑州商都文化》，河南人民出版社2008年版，第42—44页。
⑤ 黄石林、赵芝荃：《偃师商城的发现及其意义》，《光明日报》1984年4月4日；赵芝荃、徐殿魁：《河南偃师商城西亳说》，《全国商史学术讨论会论文集》，《殷都学刊》增刊1985年版。
⑥ 邹衡：《偃师商城即太甲桐宫说》，《北京大学学报》1984年第4期；《西亳与桐宫考辨》，《纪念北京大学考古专业三十周年论文集》，文物出版社1990年版；《桐宫再考辨》，《考古与文物》1998年第2期。
⑦ 郑杰祥：《关于偃师商城的年代和性质问题》，《中原文物》1984年第4期。
⑧ 杜金鹏：《偃师商城始建年代与性质的初步推论》，田昌五主编：《华夏文明》三，北京大学出版社1992年版。
⑨ 许顺湛：《中国最早的"两京制"——郑亳与西亳》，《中原文物》1996年第2期。
⑩ 张锴生：《"偃师商城"为夏桀都邑说》，《夏文化研究论集》，中华书局1996年版。
⑪ 张国硕：《夏商时代都城制度研究》，河南人民出版社2001年版，第77页。

筑群、贵族居住址及铸铜作坊①。其他观点则主要是依据文献记载判断遗址的性质，也有学者依据自己对遗址年代的认识而判定遗址的性质。

有部分学者对判断都邑的标准有专门论述。韩忠厚先生认为都邑（都城）的标准有五点，其中可作为考古学现象的物化标准有城郭宫寝、宗庙社稷等②。张学海先生认为"都城主要依据它在群内的中心地位、相对宏大的规模、中等规模以上的宫室殿堂建筑基址、大贵族墓葬以及城内较丰富较高的物质文化总体水平来确认"③。许宏先生早年谈及夏商周三代城市的特质时指出，中国早期城市最核心的内涵在考古学上表现为大型夯土建筑基址，宫殿宗庙建筑成为判别城市与否的决定性标志物，而城垣并非必要条件④。近年又提出要分析研究大型建筑、城壕、墓葬、各类手工业作坊等遗迹，礼仪用品、奢侈品等遗物，以及文字刻符和纹样母题等考古学现象，以辨识和论证城市（都邑）⑤。刘庆柱先生则强调城垣对于都邑的重要性，认为"城垣是构成都城的基本政治要素，没有'城垣'的都城实际上是不存在的"⑥。董琦先生通过分析已知的夏商城址归纳出早期都邑的特点，即早期都邑中应有成规模的宫殿区或宫城，周围还分布有贵族聚居区、祭祀区、铸铜作坊区等⑦。王明德先生提到判断一个遗址是否为都邑的四条标准，包括遗址所在地为地域集团的活动中心、在层级系统中地位最高、建筑形式与规格及体量具有独占性、宗庙宫殿和高台化建筑的出现等⑧。何驽先生认为都邑"应具有

---

① 中国社会科学院考古研究所：《中国考古学·夏商卷》，中国社会科学出版社2003年版，第10页。
② 韩忠厚：《洛阳建都朝代考略》，《河洛春秋》1995年第1期。
③ 张学海：《对推进文明起源研究的几点意见》，《中国文物报》1999年9月1日。
④ 许宏：《先秦城市考古学研究》，北京燕山出版社2000年版，第79、82页。
⑤ 许宏：《先秦城邑考古》，金城出版社、西苑出版社2017年版，第135—136页。
⑥ 刘庆柱：《中国古代都城考古学史述论》，《考古学集刊》第16集，科学出版社2006年版。
⑦ 董琦：《论早期都邑》，《文物》2006年第6期。
⑧ 王明德：《中国古代都城的起源》，《殷都学刊》2008年第4期。

容纳宫殿区、王陵区、礼制建筑区、平民住宅区、手工业作坊区、仓储区等功能区所需的必要大型空间规模",并提出都城应符合"规整的城市形态(含城垣问题)、排他的宫庙区的存在(含宫城问题)、排他的王族墓地、排他的祭祀区(含观象授时设施)、官营手工业作坊区、政治宗教寡头垄断的大型仓储区、初具规模的规范的道路系统和城门系统、明确的城市布局理念、多样性的都市文化面貌"等九项指标①。王恩田先生认为有无城垣不是判断都城的标准,提出"以宗庙的有无作为是否是都城的标准",并"增加带有墓道的大墓作为另一标准"②。

综上所述,多年来,学界对以何遗存的发现为标准确定早期都邑有不同的选择,主要有大型城垣、宫殿宗庙、带有墓道的大墓,或以遗址的较大规模面积,有的学者还将大型仓储区、道路和城门系统、城市布局理念等当作确定都邑的"指标"。分析发现,虽然这些选择标准都有一定的合理性,但在实际操作中也存在诸多弊端。如判断大型夯土建筑是否为宗庙宫殿难度较大。部分都邑未设置大型城垣,一些都邑晚期阶段才建造城垣,早期阶段不见城垣。所谓的遗址面积大,有时往往具有主观性和不准确性,不同的调查者、不同时期的调查数据,很可能是不一样的。多数学者对遗址所具有的高规格手工业作坊遗存没有引起足够的重视。有的学者制订出多项指标,强调全部"达标"才算是都邑,且把不属于都邑独有、其他城市也可能具备的大型仓储区、道路系统和城门系统、城市布局理念等纳入判断都邑的指标范围之内。因此,确定出一个能够被多数学者接受、符合考古实际的都邑物化标准势所必然。

---

① 何驽:《都城考古的理论与实践探索——从陶寺城址和二里头遗址都城考古分析看中国早期城市化进程》,中国社会科学院考古研究所夏商周考古研究室编:《三代考古》(三),科学出版社2009年版。

② 王恩田:《高青陈庄西周遗址与齐都营丘》,《管子学刊》2010年第3期。

二　本书所确定的早期都邑标准

在早期都邑判断标准的设定上，不能一味地强调没有某种遗存就不是都邑性质，也不能以某一种遗存的发现为唯一标准。要注重构建证据链，观察分析各类遗存情况综合判断，更要具体问题具体分析。总体来讲，应遵循四项主要标准和三项参考标准。一个遗址只要符合四项主要标准，就可将其定性为都邑。在考古实际工作中，要注重灵活性，个别主要标准的缺少而其他标准又具备的，并不影响我们将其定性为早期都邑①。

（一）主要标准

以大型城垣、宫殿宗庙、王陵（大墓）、高等级手工业作坊等作为主要标准。其中，宫殿宗庙是必备条件，高等级作坊如铸铜、制玉也较为常见，大型城垣多见但并非一定要具备。

1. 大型城垣

大型城垣是城市区别于环壕聚落的关键要素，是城市重要的防御设施，对都邑的形成与发展具有至关重要的作用。中国早期都邑作为早期国家的政治中心，以行政管理为其主要职能，是国家最高统治者及统治阶级日常处理政事和生活之地。为了保障城内最高统治者的安全，需要构筑大型城垣等一系列有效的防御设施。

从早期都邑考古实际出发，这个时期的大型城垣应是夯筑或版筑而成，坡度尤其是外坡一般应较陡立，宽度一般为15—20米，设置有城垣基槽或依坚实地面而建的城垣。城垣圈围面积应数十万平方米以上，乃至数百万平方米。遗址中心区域还应建造有宫城城垣。

2. 宫殿宗庙

宫殿是古代都邑内最高统治者举行政治活动和居住之所。《广韵》云："天子所宫曰都。"《释名》曰："都者，国君所居，人所都

---

① 张国硕、缪小荣：《试论夏商都城遗址的认定方法》，《江汉考古》2018年第5期。

会也。"文献记载及考古发掘证明，宫殿基址大多夯筑而成，规模宏大、布局严谨、结构复杂，且在此类基址内多发现有高等级的建筑材料、生活用品及礼器等；宫殿的修建需要强大的社会组织动员能力和耗费大量的人力、物力；宫殿区具有"排他性"[1]，即这一区域为王族所专享。由此可见，宫殿是最高统治者权力的象征，亦是最高统治者组织构筑的，其所在地点即为都邑中心所在。

而宗庙则是中国古代都城的必备设施，通常是最高统治者祭祀祖宗的地方，亦是举行大型礼仪活动的场所。《释名》解释："宗，尊也；庙，貌也，先祖形貌所在也。"由此可知宗庙是祖先的亡灵寄居之所，也是祖先崇拜的具体场所。《左传·庄公二十八年》解释有"宗庙先君之主"的城邑是都。《说文解字》曰："有先君之旧宗庙曰都。"这里是说都邑要建造有宗庙设施。文献记载夏都建造有宗庙，并用于供奉祖先和进行祭祀活动，也是举办重要政治、军事活动的场所。如《尚书·甘誓》："用命，赏于祖；弗用命戮于社，予则孥戮汝。"文意是说执行命令的将士，将在祖庙得到赏赐，不执行命令的人，将在神社受到惩罚，把你们沦为奴隶，或加以刑杀。此外，宗庙又是一个国家政权的象征。中国古代灭人之国，往往毁其宗庙。宗庙的毁灭，往往标志着一代政权的覆灭或转移。如《墨子·非命下》："不顾其国家百姓之政，繁为无用，暴逆百姓，遂失其宗庙。"是说三代暴君桀、纣等不顾百姓的死活，昏庸腐朽，最终失其宗庙，王朝灭亡。

3. 王陵（大墓）

王陵即国王或帝王之陵墓，往往以大型墓葬形式显现。王陵区具有排他性，即这一区域为王族专享，象征着王族从生到死都有着空间控制权，体现"唯我独尊"的理念。古人"事死如事生"，为方便经常性的祭祀活动，墓地一般距死前生活区不远，排他性王陵

---

[1] 何驽：《都城考古的理论与实践探索——从陶寺城址和二里头遗址都城考古分析看中国早期城市化进程》，《三代考古》（三），科学出版社2009年版。

区的存在可作为王族在此居住生活的佐证。因此，王陵是都邑的主要标志之一。

考古实践表明，殷墟时期的王陵规模较大，墓室平面形状为矩形或"亚"字形。墓室面积大，规格高，随葬品丰富，有大量殉人和祭祀坑。考古发现有一些史前至商代前期阶段的大型墓葬，其规模、规格、随葬品等方面与殷墟王陵区相比有较大差异，但其总体特征仍然要高于一般墓葬，如陶寺遗址中期元首级大墓ⅡM22，不排除其为王陵的可能性[①]。虽然一些早期国家的王陵区还有待探寻，如二里头遗址、郑州商城的王陵区目前尚难确定，但这个时期已进入王国社会，理应存在专门的王陵区。

需要强调的是，由于考古发掘力度和后期破坏或其他原因，致使一些大型遗址未发现王陵遗存，但只要其具备都邑的其他主要标准，也可判定其为都邑性质。

4. 高等级手工业作坊

是否存在高等级的手工业作坊是都邑与普通聚落或一般城市的主要差别。高等级手工业作坊是都邑遗址的常见标志。所谓高等级手工业作坊，是指大型铸铜作坊、制玉作坊、绿松石作坊等，一般由一个国家或方国的最高统治者根据需要设立，所制作的精美青铜礼器、玉器、绿松石器等多为满足王室贵族生活、祭祀等方面的需要。因此，若一个遗址中发现有分工细、规格高、规模大的铸铜、玉石器作坊，出土有一定数量珍贵的产品，那么该遗址是都邑的可能性就较大。

（二）参考标准

所谓参考标准，是指这些遗存有一定的不确定性，抑或其他非都邑类遗址也可能存在，在判断遗址性质时只能作为主要标准具备或部分主要标准缺失前提下的一些参考。这些参考标准包括"重器"的使用、遗址的较大规模、辐射力与影响力三项。

---

① 何驽：《尧都何在——陶寺城址发现的考古指证》，《史志学刊》2015年第2期。

1. "重器"（珍贵遗物）的使用

在早期国家阶段，大型青铜礼器和精美玉器、金器，铜铃（铙）、鼓和石磬等乐器，一般应为国王、高级贵族或方国内最高统治者所拥有的"重器"。这些珍贵遗物的主要分布地是都邑，可以作为判断都邑遗址的参考。

2. 遗址的较大规模

都邑遗址属于一级聚落或特大型聚落，规模宏伟，通常分布面积较大。考古发现的那些面积大、规模宏伟并经实际验证无误的大型遗址很可能与都邑有关。从中国考古实际出发，早期都邑的面积一般在百万平方米左右，小的都邑遗址面积大约有四五十万平方米，大的都邑遗址面积可达二三十平方千米。

3. 辐射力和影响力

聚落的辐射力和影响力是判断都邑遗址的重要参考因素。聚落规模不同，等级不同，其对周边地区的影响力也不同。都邑一级的特大型聚落，一般是一定区域内的中心聚落，其周围还分布着数量较多、规模大小不等的次级聚落，它们共同组成一个多层次的聚落群。一般而言，都邑不仅是国家的政治中心，还是经济、文化中心，集聚了大量从事手工业生产和货物交易的人员，是各界人才荟萃之地。人口繁多且人才汇聚，也就意味着都邑的规模较大，且对国内外经济、文化的影响也较大。因此，如果一个遗址的规模较大且对一定范围内其他聚落的经济、文化影响较大，那么该遗址就有可能属于都邑性质。

第二节 都邑的起源

考古材料表明，都邑的出现不是一蹴而就的，而是经历了长时期的孕育过程。由于社会复杂化进程的深入，大型夯土建筑、城垣建造、手工业技术的长期积累和进步，以及城市规划布局理念的产生、聚落规模的不断上升，一些区域性中心聚落逐渐发展演变而成为都邑。目前材料显示，仰韶文化中晚期是各区域中心聚落朝向早期都邑转变的时期，应属于都邑历史发展的起源期。在这一时期，随着农业的发展、人口的激增、筑城技术的发明应用、区域资源的集中及地区文化之间的交流与碰撞，聚落全面扩张，数量激增，规模变大，出现了大量的环壕聚落，且部分环壕聚落已开始修建城垣，一些都邑因素开始孕育，这就为其后早期城市及早期都邑的形成奠定了基础。

一　大型遗址的发现

新石器时代晚期，特别是仰韶文化中期以后，社会发生了一些新的变化。在聚落方面，此前流行的规模较小且联系较为松散的自给自足型封闭式聚落在这一时期发生了很大变化，在许多地域内形成了规模宏大的聚落群，且这些聚落群中往往存在一个或多个面积达几十万平方米的大型聚落，部分聚落建造有卫护聚落的城垣，规模非一般聚落所能相比。

（一）大型聚落及聚落群

属于新石器时代晚期的仰韶时代，大型聚落和大规模的聚落群在黄河流域、北方地区、淮河流域开始出现，且形成一些典型的中心聚落，如西坡遗址、北阳平遗址、双槐树遗址、牛河梁与东山嘴遗址、尉迟寺遗址等。

1. 黄河流域

黄河中游地区在仰韶文化中期开始出现规模较大的聚落群。以河南灵宝铸鼎塬及其周围地区为例，该聚落群至少由18处聚落遗址组成，又可细分为两个聚落群：一处主要分布在关子沟、阳平河流域，一处分布在沙河及其支流附近[①]（图2-1）。两个聚落群内部均

[①] 河南省文物考古研究所等：《河南灵宝铸鼎塬及其周围考古调查报告》，《华夏考古》1999年第3期。

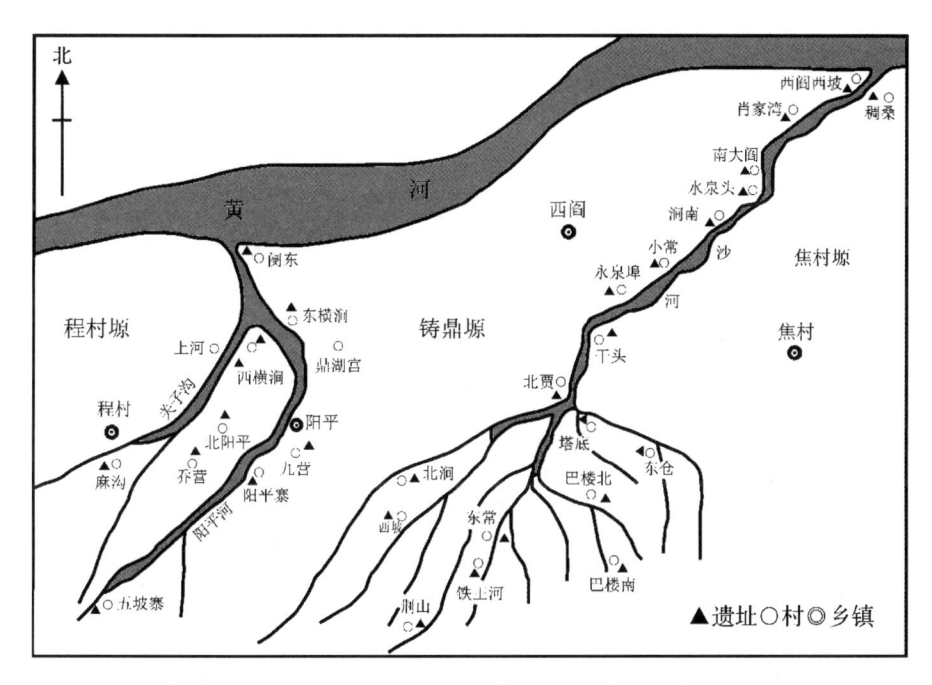

图2-1　河南灵宝铸鼎塬及其周围仰韶文化中期聚落分布示意图

资料来源：河南省文物考古研究所等《河南灵宝铸鼎塬及其周围考古调查报告》，《华夏考古》1999年第3期。

有一个规模非常突出的中心聚落，即北阳平遗址和西坡遗址（图2-2）。

北阳平遗址位于灵宝市北阳平村以西阳平河及其支流关子沟之间的狭长的台地上，为一处仰韶文化中晚期遗址，是灵宝铸鼎塬聚落遗址群中面积最大、等级最高的中心性大型聚落。仰韶文化中期遗存遍布整个遗址区域，是该遗址最为繁盛的时期。遗址略呈西南—东北走向，南北近2000米、东西约300—500米，现存面积72万平方米。在遗址范围内发现大量灰坑、房址、陶窑等遗迹，有壕沟、墓葬区，出土大量的陶器、石器、骨器等遗物。遗址偏南部勘探发现3条东西向壕沟，其中已解剖的G1、G2年代基本一致，很可能在仰韶中期聚落南部有二重或三重环壕，显示该遗址具有较强的防御

(万平方米)

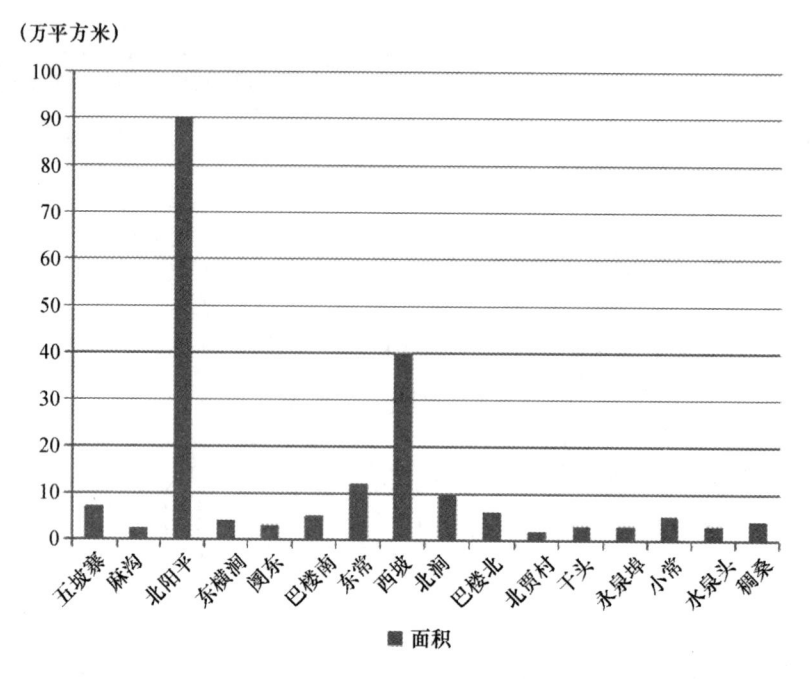

图 2-2　河南灵宝铸鼎塬及其周围仰韶文化中期聚落规模比较

能力①。此遗址房屋基面多经过精细加工，如遗址东北角的一处半地穴式房址，房基坚硬平坦略呈白色，由草拌泥、砂土、黄土等层层铺垫，可达 9 层，距地面约 1 米。遗址南部发现的大型房基规模宏大，结构复杂，居住面加工考究。如 F2 建筑形式为半地穴式，平面略呈弧角方形，含基坑建筑面积约 185.4 平方米，室内面积 120.34 平方米，发现有房基垫土、墙体、火塘、门道、柱洞、室内居住面等遗存。房址内保存大量种类丰富的炭化木构件，有室内中心柱、附壁柱、梁架等，有的类似榫卯结构，对于史前房屋建筑屋架结构的复原研究具有重要意义。另一大型房址 F5 为大型圆角方形半地穴

---

① 河南省文物考古研究所等:《河南灵宝铸鼎塬及其周围考古调查报告》,《华夏考古》1999 年第 3 期；中国社会科学院考古研究所河南第一工作队等:《河南灵宝市北阳平遗址调查》,《考古》1999 年第 12 期；中国社会科学院考古研究所河南第一工作队等:《河南灵宝市北阳平遗址试掘简报》,《考古》2001 年第 7 期；侯俊杰:《河南灵宝铸鼎塬仰韶聚落遗址群考古工作的回顾与思考》,《中国文物报》2005 年 9 月 30 日；魏兴涛等:《河南三门峡市仰韶文化遗址考古勘探取得重要成果》,《中国文物报》2020 年 4 月 3 日。

式建筑，现存面积 172 平方米、房内面积约 150 平方米，复原建筑面积近 250 平方米、房内面积约 200 平方米，是该遗址现已发现的最大房址①。

西坡遗址位于灵宝市阳平镇西坡村西沙河支流夫夫河西的黄土塬上，北距黄河约 6 千米，南依小秦岭，为一处仰韶文化中期遗址，是铸鼎塬周围地区庙底沟类型聚落群中仅次于北阳平遗址的中心性聚落。遗址基本呈方形，面积约 40 万平方米。钻探和发掘显示，该遗址范围内至少有居住区、广场及墓葬区，发现有房基、墓葬、灰坑、灰沟、蓄水池、壕沟等遗迹，出土有陶器、石器、骨器等遗物。房基 F105 是一座半地穴式建筑，以半地穴式的主室为中心，四周设置回廊，东侧有一条斜坡式门道，总面积约 516 平方米，主室面积约 204 平方米。房基坑内用三层夯打的垫土作地基，下层系用生土与带黏性的灰褐土掺和而成，厚约 1.85 米；中层为 3 小层灰白色草拌泥，每层厚 5—8 厘米，非常坚硬致密；上层为居住面，由 5 小层黄灰色夯土构成，每小层表面均抹平，刷抹泥浆并涂成朱红色。墙壁可分为内外两部分，系夯打而成，墙表刷一层细泥，又涂一层朱红色。房基 F106 位于 F105 南约 50 米处，亦是一座半地穴式建筑，大致呈五边形，半地穴部分呈四边形，室内居住面积约 240 平方米。墓葬区分为东、西两区，可划分为四个等级。墓葬基本都有生土二层台，大型墓葬还有脚坑，并用青灰色草拌泥封填，随葬有玉器、象牙器、成对簋形器和成套釜灶明器②。

---

① 李晓燕：《北阳平遗址考古新进展》，河南郑州"2022 年度河南考古工作成果交流会"，2023 年 1 月。

② 河南省文物考古研究所等：《河南灵宝铸鼎塬及其周围考古调查报告》，《华夏考古》1999 年第 3 期；中国社会科学院考古研究所河南一队等：《河南灵宝市西坡遗址试掘简报》，《考古》2001 年第 11 期；河南省文物考古研究所等：《河南灵宝市西坡遗址 2001 年春发掘简报》，《华夏考古》2002 年第 2 期；河南省文物考古研究所等：《河南灵宝西坡遗址 105 号仰韶文化房址》，《文物》2003 年第 8 期；中国社会科学院考古研究所河南一队等：《河南灵宝市西坡遗址发现一座仰韶文化中期特大房址》，《考古》2005 年第 3 期；中国社会科学院考古研究所等：《灵宝西坡墓地》，文物出版社 2010 年版；中国社会科学院考古研究所河南一队等：《河南灵宝市西坡遗址南壕沟发掘简报》，《考古》2016 年第 5 期。

仰韶文化中晚期，郑州地区北部是仰韶文化遗址分布较为密集的区域。据郑州市文物考古研究院调查发掘材料，仰韶文化遗址至少有60多处，大、中、小型各类遗址齐全。其中大中型遗址主要有郑州大河村遗址[①]、郑州西山遗址、荥阳青台遗址、汪沟遗址、点军台遗址、巩义双槐树遗址等[②]。

大河村遗址位于郑州市东北郊柳林镇大河村西南的土岗上。遗址东西长约700米，南北宽约600米，面积40多万平方米。文化层厚4—12米，包括仰韶、龙山、二里头、商代等遗存。遗址中部仰韶文化堆积丰厚，发现有灰坑、房基、墓葬、瓮棺葬等遗迹，出土陶器、石器、骨器等大量遗物。其中房基4组一间的F1—F4保存较好，为"木骨整塑"房屋，墙壁残存1米余。遗物中有罕见的彩陶双连壶，造型优美。彩绘图案30多种，特别是太阳纹、月亮纹、星座纹、日晕纹等天文图像，为研究古代天文史提供了重要材料。

青台遗址位于荥阳市广武镇青台村东北部，为仰韶文化晚期遗址。遗址面积50余万平方米，有三重环壕。中心环壕为东西向的长方形，文化层堆积较厚，发现有房基、墓葬、窖穴、灰坑等遗存。在遗址东部内壕外侧，发现有祭祀遗存。墓葬区位于遗址南部内壕外侧，墓葬分布密集。该遗址曾出土丝织物遗存。

双槐树遗址位于巩义市河洛镇双槐树村南高台上，遗址年代跨越仰韶文化中期、晚期和龙山文化早期。遗址东西长约1500米，南北宽约780米，现存面积约117万平方米。发现有内、中、外三重环壕。三条环壕有沟渠相连，每条环壕均有对外通道。环壕内发现有三处大型公共墓地、封闭式排房布局的大型中心居址、大型夯土基址与院落、活动广场、版筑连片块状夯土遗迹、三处祭祀台遗迹、

[①] 郑州市文物考古研究所：《郑州大河村》，科学出版社2001年版；杨猛：《郑州大河村遗址考古发掘新收获》，河南郑州"2022年度河南考古工作成果交流会"，2023年1月。

[②] 顾万发：《文明之光——古都郑州探索与研究》，科学出版社2016年版，第16—23页；郑州市文物考古研究院：《河南巩义双槐树遗址考古发掘取得阶段性重要成果》，《中国文物报》2021年1月1日；郑州市文物考古研究院：《河南巩义市双槐树新石器时代遗址》，《考古》2021年第7期。

祭台周边的大型墓葬、制陶作坊区、道路系统、器物窖藏坑等遗存，出土大批陶器、石器、骨器等遗物。有十分珍贵的家蚕牙雕出土。

2. 北方地区

新石器时代晚期，北方地区的红山文化中也发现有大型遗址，以东山嘴遗址和牛河梁遗址最具代表性。

东山嘴遗址位于辽宁喀左县东山嘴村周围山梁正中一缓平凸起的台地上，长约60米、宽40米。整个遗址由大型方形基址、石墙基、石圈形台址、多圆形石砌基址组成，出土有龙首玉璜、玉鸮、陶塑人像等珍贵遗物[①]。从其规模及出土遗物的数量和内容看，很可能是附近几个聚落群的祭祀中心。

牛河梁遗址位于辽宁建平、凌源两县交界处的牛河梁一带，由分布于山丘之上的数十处红山文化晚期礼仪性遗址组成，不同遗址之间可以相望，总面积达50平方千米。这些遗址中的大多数应该是互有联系，它们共同构成一个规模庞大的遗址群，牛河梁第一地点可能是这个遗址群的中心性遗址[②]。尽管目前尚未发现以东山嘴、牛河梁为祭祀地点的大型聚落或聚落群，但从这两个遗址的规模、出土遗物的数量、类别及规格方面推断，其背后应该有一个社会发展程度较高的社会群体存在，大型聚落及聚落群也应是存在的。

3. 淮河流域

淮河流域的尉迟寺遗址位于安徽蒙城县许町镇毕集村东约200米处，处于涡河和北淝河分水岭的南坡，背依高地，面向河流，是皖北地区大汶口文化晚期的一处大型聚落遗址（图2-3）。遗址现存面积约10万平方米，中部现为高出地面2—3米的堌堆形堆积，南北宽约230—240米，东西宽约200米，面积约5万平方米。堌堆周围有椭圆形的围沟，沟宽25—30米，深4.5米，其西南部有缺

---

① 郭大顺、张克举：《辽宁省喀左县东山嘴红山文化建筑群址发掘简报》，《文物》1984年第11期。

② 中国社会科学院考古研究所：《中国考古学·新石器时代卷》，科学出版社2010年版，第351—352页。

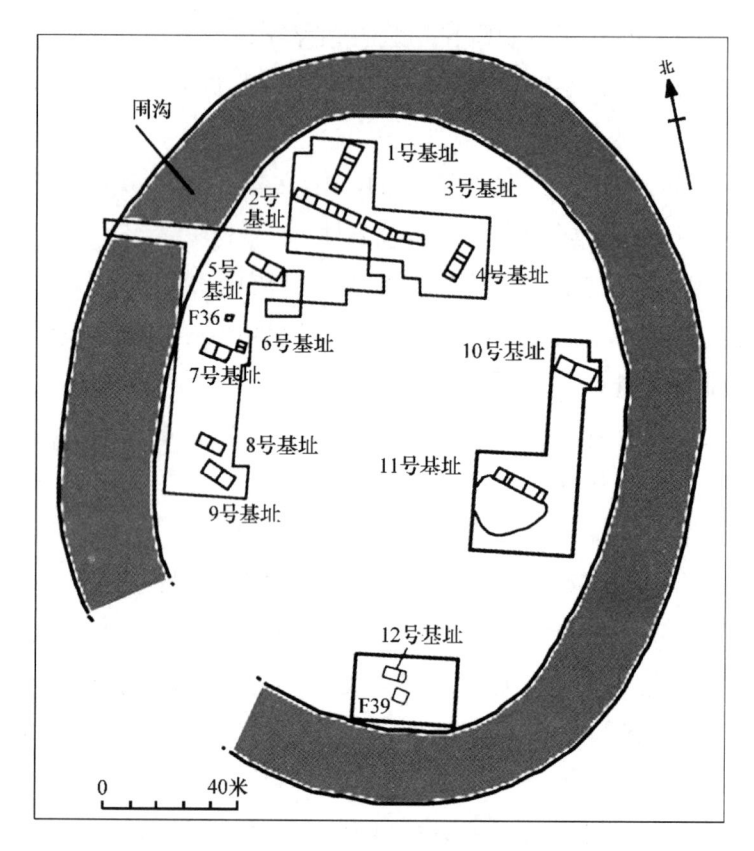

52　中国早期都邑的形成与都邑形态研究

图 2-3　尉迟寺遗址平面图

口，应为"寨门"。遗址中还发现成组、经过规划和排列整齐的红烧土排房建筑，其布局以中部偏北为中心，每间房址门向西南，朝向"寨口"。这些大小成组建筑围成了凹字形院落，并形成3个共用的"活动广场"。壕沟东侧发现有呈弧形分布的兽坑，其可能是用来祭祀和奠基的。发现墓葬200多座，墓向一致，随葬品悬殊明显，少部分墓葬出土玉坠、猪下颌骨和獐牙等贵重物品。发现有出土制陶工具的房屋，说明有专门制陶的作坊[①]。该遗址规模大，文化遗存丰富，且发现环壕、规模较大的排房建筑和多处祭祀坑，显示出该遗

---

① 中国社会科学院考古研究所：《蒙城尉迟寺》，科学出版社2001年版；中国社会科学院考古研究所等：《蒙城尉迟寺》（第二部），科学出版社2007年版。

址并非一般聚落。

(二) 城址聚落

考古发现表明，在新石器时代晚期，城址聚落开始出现，不同地区城址聚落出现的时间稍有早晚，其中以长江中游流域最早，在新石器时代晚期早段已经出现城址聚落，如湖南澧县城头山城址。到了新石器时代晚期晚段，长江流域和黄河流域也分别出现了城址聚落，河南淅川龙山岗、郑州西山等是这一时期较有代表性的城址。此外，荥阳点军台、郑州大河村等遗址也发现有仰韶文化晚期的城垣迹象[1]，说明这个时期城址聚落在逐渐增多。

1. 城头山城址

长江中游的城头山遗址位于湖南澧县县城西北约 10 千米的澹水北岸东溪乡南岳村一处稍平的台地。该遗址自汤家岗文化时期开始，历经大溪文化、屈家岭文化至石家河文化，一直有先民居住。大溪文化一期开始筑城，后又进行了三次筑城，规模不断扩大，筑城技术也在不断提高。到屈家岭文化时期已经成为长江中游洞庭湖平原的一处重要城址。今城垣大部还在，墙体宽 30 米，平面大致呈圆形，南北直径 315 米，东西直径 325 米，城内面积约 8 万平方米（图 2-4）。城垣外为环壕或护城河，宽约 35 米、深 4 米。发现各时期的房址、墓葬、制陶作坊、大型祭坛以及稻田和灌溉设施等大批文化遗存。在城内各个时期的房屋遗存中，有屈家岭文化时期规格较高的房址，筑有四面坡的黄土台基，在台基上挖槽起建房屋。此时期的房屋有作为公共活动场所的大型房屋，也有单独的小型起居室。房屋因使用功能不同，其面积大小以及结构也不同。城内发现的祭坛遗址从中间向四周倾斜，呈不规则椭圆形，有圆形浅坑。在城头山的东北部和南部发现了汤家岗文化时期的稻田遗存以及配套的灌溉设施水塘和水沟，说明此时城头山的农业经济处于高水平发展中[2]。

---

[1] 有关材料存郑州市文物考古研究院。
[2] 湖南省文物考古研究所：《澧县城头山》，文物出版社 2007 年版；湖南省文物考古研究所：《湖南澧县城头山遗址城垣与护城河 2011—2012 年的发掘》，《考古》2015 年第 3 期。

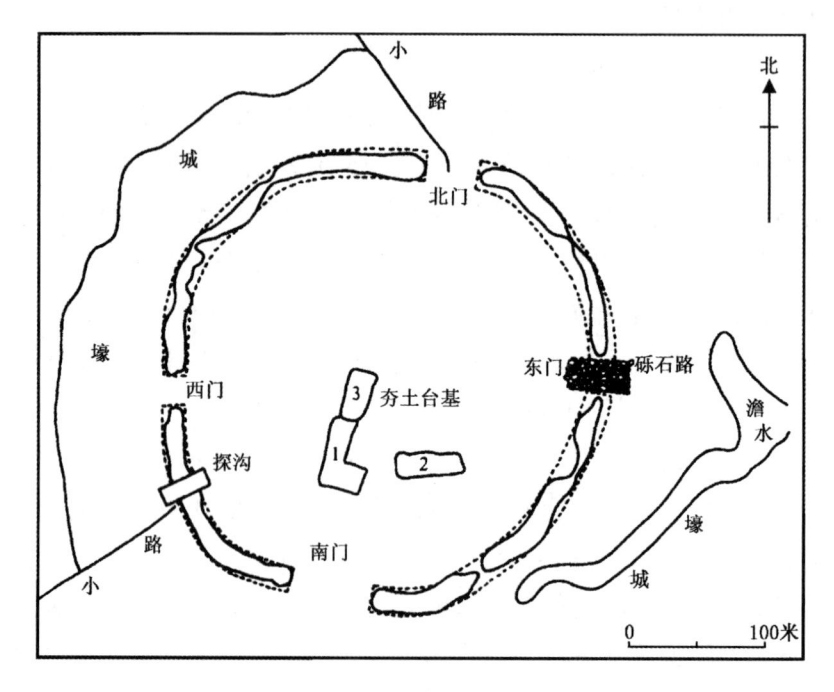

图 2-4 城头山城址平面图

2. 龙山岗城址

龙山岗遗址位于河南省淅川县滔河乡黄楝树村西，东南倚低矮山丘，西北侧有肖河流过，整体东南高、西北低，是汉水中下游地区最早的一座史前城址。遗址现存面积约 14 万平方米。发现两段仰韶文化晚期的城垣，一条东南—西北走向，长约 166.6 米，底宽 14—28 米，现存最高处约 2.1 米；另一条东北—西南走向，长约 165 米，底宽 20—31 米，现存最高处约 1.6 米。两段城垣大体垂直，且城垣外均挖筑有与其走向一致、紧挨城垣的壕沟。城址内发现有宽阔的道路、大型房屋和祭祀区等仰韶文化晚期遗存。大型房址为分间式，共有 3 座，每座面积均在 100 平方米以上。大量同期房屋的发现，表明此时该城址内人口数量多。聚落内房屋为东南—西北或东北—西南向，朝向和位置经过规划。另外，还有疑似祭祀坑的遗迹分布于遗址西部，面积约 600 平方米，坑中出土了大量猪下颌骨，部分经过火烤①。

3. 西山城址

西山城址位于河南省郑州市古荥镇的孙庄村，地处邙山余脉东南坡，分布于枯河北岸二级台地的边缘地带，是一座仰韶文化晚期城址，也是中原地区目前所见最早的垣壕结构城址。城址平面形状近圆形，直径约180米，总长265米，现存中部和北部，估计城内面积约3万平方米。该城址有城垣、紧挨城垣的壕沟和外壕三重防御设施（图2-5）。保存状况好的城垣高度近3米，宽5米，采用的是小方块版筑技术，墙体呈台阶状结构。北城垣东端发现一城门，城门两边城垣向外折，形成"八"字缺口。城门宽约7米，有一道

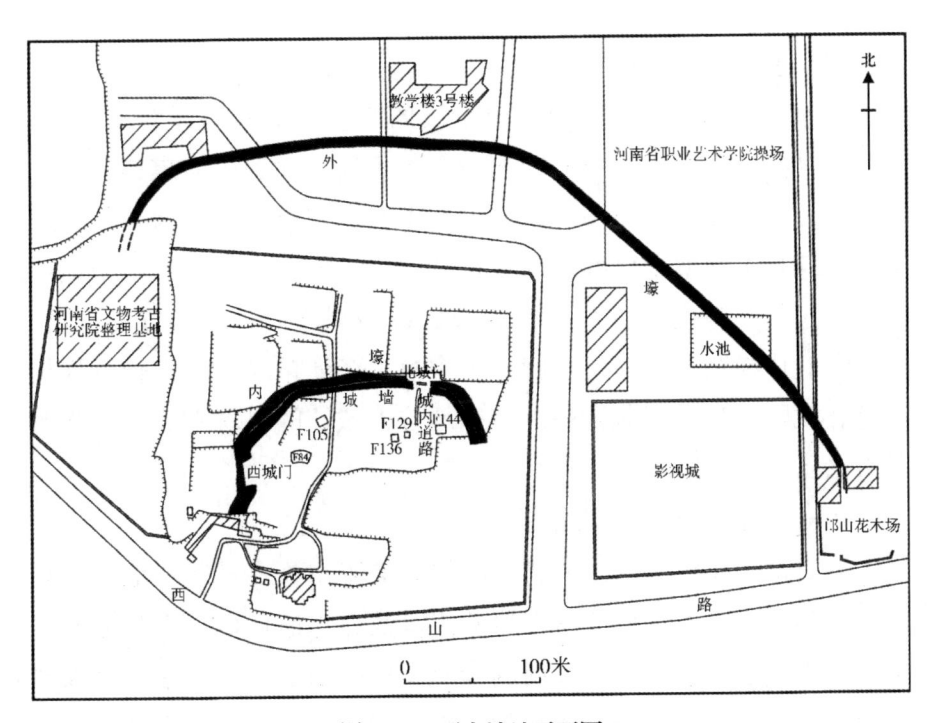

图2-5 西山城址平面图

---

① 梁法伟：《河南淅川龙山岗发掘取得重要收获》，《中国文物报》2009年10月23日；河南省文物考古研究院等：《河南淅川县龙山岗遗址2008—2009年发掘简报》，《华夏考古》2014年第4期。

路直通城内。内壕沟是分段开挖，后经填埋。外壕沟用来防御，宽4—7米，深4米，圈围面积35万平方米。城内发现房基、大型夯土建筑基址、窖穴、墓葬和窑址等遗存。城内发现的200余座房屋，集中分布在中部和东南部。西门东侧有1处大型夯土建筑基址，房屋成片环绕在周围，面积最大的为100平方米左右，推测其可能为最高首领所有。北侧还有数百平方米的广场，应是用于集体活动。在居住区及附近分布着近2000座窖穴和灰坑。墓地集中分布在西城垣外的西侧和北城垣东部内侧，墓葬方向一致、排列有序[①]。另外，城内还分布有大量窑址，烧窑技术较高，说明西山城址是一处重要的制陶中心。

二 遗址性质分析

城市是人类社会发展到一定阶段的产物，是文明社会的标志，代表着某些权力中心的集聚。而都邑是更高层次的权力集合，集政治中心、军事中心、经济中心、文化中心、宗教中心等为一体。都邑的萌芽是由大型聚落的兴起开始的，在地方聚落发展为大型城市后，通过资源整合或者势力扩张成为统治周边、号令一方的都邑。新石器时代晚期，大型遗址的宏大规模、精细布局及出土较高规格的遗存说明了其在聚落群中的特殊地位，城址的出现则反映出当时的社会已经开始出现等级分化。

（一）黄河流域及北方地区

新石器时代晚期，在黄河中游的灵宝铸鼎塬及其周围地区出现北阳平和西坡两处大型聚落，遗址规模及出土遗存显示出其绝非普通的聚落，应为铸鼎塬及其周围仰韶文化中期的中心聚落。西坡遗址面积宏大，遗址内部有明显的功能区划分，文化遗存丰富。遗址东西两侧的夫夫河、灵湖河和南北两条壕沟共同构成聚落的防御体

---

① 国家文物局考古领队培训班：《郑州西山仰韶时代城址的发掘》，《文物》1999年第7期；张玉石、郝红星：《中原大地第一城：郑州西山古城发掘记》，《大众考古》2016年第5期。

系。发现的两座大房子 F105 和 F106 最引人注目，屋内居住面建造考究，由数层夯土构成，表层涂朱。这两座房址位于遗址的中心部位，一个门向东南，一个门向东北，其规模如此之大，绝非普通住房，很可能是一处具有原始殿堂性质的公共活动场所。像 F105、F106 这种特大房屋的建筑，其规模宏大、结构复杂，需要大量的人力、物力以及高超的建筑技术，还需要西坡遗址的领导者具备调动聚落内一切资源的号召力。大型墓葬中随葬的玉石钺、象牙器等贵重器物，不仅彰显了墓主人身份的高贵，更表明了此时社会地位与稀有贵重物品的结合。朱砂一般被用作丧葬或奠基仪式的用品。西坡遗址中发现有生产朱砂的遗迹，在两座房屋中发现了用来磨制朱砂的磨盘，说明此时在聚落中可能已经形成一套具有原始宗教性质的祭祀方式。北阳平遗址保存状况虽不甚好，但从试掘的结果看，其文化遗存也相当丰富，其中大量灰坑的发现显示出周围应当有与其相匹配的房屋遗迹存在，近年考古发现的大型房基证明了这一点。

郑州西北地区发现的郑州大河村、西山、荥阳青台、点军台、巩义双槐树等仰韶文化中晚期聚落，遗址规模大，大多开挖有多重环壕等防御设施，聚落内有大型房基和祭祀遗存。双槐树遗址规模大，有一定的规划布局，设置有三重大型环壕防御系统；遗存丰富，有大型封闭式排房布局的大型中心居址、大型院落、公共墓地、大型墓葬、祭祀台和祭祀坑、制陶作坊区、道路系统等；遗存规格较高，存在用小版筑法夯筑而成的大型连片块状夯土遗迹、家蚕牙雕、可能与天象崇拜有关的"北斗九星"陶罐模拟图案等，整体上凸显其区域中心的地位。大河村仰韶文化时期遗址面积之大，遗物之丰富，延续时间之长，文化内容之广泛，在河洛地区其他遗址少见。西山城址是中原地区发现最早的史前城址之一，拥有外壕、城壕和城垣三重较为完善的防御设施。城内北部发现丰富的房基、夯土建筑、窖穴和墓葬等遗存，南部发现有陶窑，这种布局表明此时出现生活与生产区域区分开这一朴素的规划理念。西山城址位于郑州西北郊仰韶文化聚落群的中北部，与同时期其他聚落相距不远，且背依黄河，东南面朝向大平原，是对周围聚落进行统治管理的最佳位置[①]（图2-6）。此外，西山古城城垣小版筑夯筑技术的进步性决定了它在当时应是最先进发达的城市，已经初步具备作为政治、军事、经济中心的成熟条件，理应为仰韶文化晚期郑州西北郊地区的区域性统治中心。

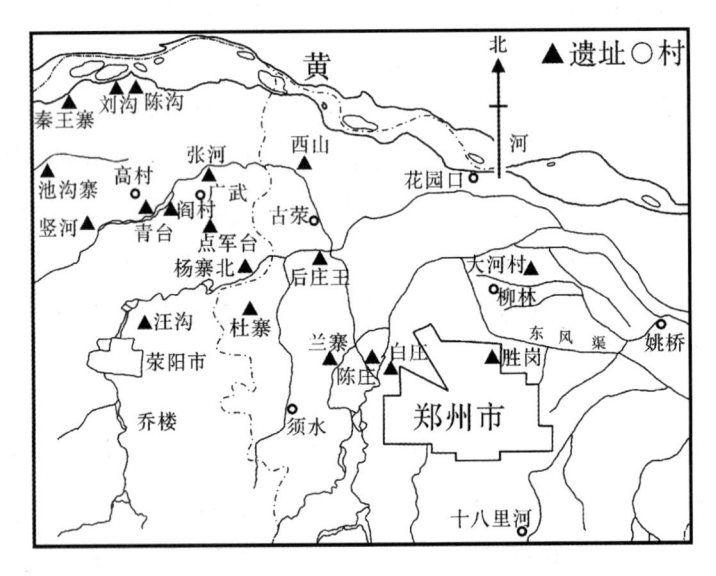

图2-6 郑州西北郊仰韶文化聚落群示意图

北方地区的牛河梁、东山嘴遗址属于红山文化礼仪、祭祀性质的遗存，这已是学界的基本共识。从这两个遗址的规模及出土遗存的丰富程度和规格看，牛河梁的地位应较东山嘴高，应是其背后聚落群大小或地位高低造成的。

（二）淮河流域

尉迟寺遗址周围约20千米的范围内有多个同时期的遗址，其中尉迟寺位于这一聚落群相对的中心位置，其他遗址则主要围绕

---

① 李昶：《中原早期城市与文明研究》，郑州大学博士学位论文，2016年，第88页。

在尉迟寺遗址的东部和南部呈扇形分布。从分布位置看，尉迟寺遗址与其他同时期遗址似乎存在某种联系；从聚落的规模看，尉迟寺遗址面积达 10 万平方米，其他同时期的面积均在 3 万平方米以下。因此，在该聚落群之中，尉迟寺遗址不仅在位置上居于中心，在聚落规模上也处在显要位置。同时，从尉迟寺遗址周围壕沟挖筑所需的工程量推算，修建如此规模的壕沟，仅靠尉迟寺一个聚落完成的可能性不大，应是调用了周边聚落的力量共同完成的[①]。此外，尉迟寺遗址的壕沟有防御、防洪、汲水、排水等功能，与聚落内排列整齐的房屋等遗迹形成一个有机的整体，整个聚落风格一致，明显是经过精心布局、统一规划后再进行整体构筑的。这就表明修建该聚落需要决策者和规划人员，其性质区别于以往自发集聚的普通聚落。

（三）长江中游地区

城头山大溪文化城址是迄今所发现的最早的城址，在城头山城址周围 5 千米范围内分布着 20 多处同时期聚落遗址，但它们在规模与文化内涵方面均无法与城头山城址相比。城头山城址中发现有目前已知年代最早的、不见于同时期其他遗址的城垣，城址中还有礼仪性的祭坛、集中和分散布局的陶窑、取土坑、储水池等重要遗迹。城址内发现的大溪文化时期的墓葬在规模方面有较大差别，随葬品数量悬殊，多的可达 30 余件，少的仅 1—2 件，甚至没有随葬品，反映出当时城内居民有地位之别或贫富之别。这些都反映出城头山城址非一般普通聚落，而应是一处中心聚落遗址。

龙山岗城址发现有两段城垣和紧挨城垣的城壕，城垣底部最宽达 30 余米，城壕宽达 20 米，深约 6 米，可见建造该城址所需完成的工程量非常大。在史前掘土和运输工具原始、人口密度较低的情况下，仅靠本聚落的力量很难完成，理应聚集了周围其他聚落的人

[①] 卢建英：《尉迟寺遗址及小区史前聚落形态分析》，山东大学硕士学位论文，2006 年，第 54 页。

力和物力。城内发现有祭祀、房址等遗迹,祭祀区面积达600平方米,多用猪下颌骨进行祭祀活动,大型房址与小型房址在建造方法上没有区别,但规模却相差数倍。所有这些都反映出仰韶时代晚期这里应是一处拥有相当人口规模和社会动员力、出现贫富分化的区域性中心聚落。

(四) 综合分析

通过对仰韶文化中晚期大型中心性城邑的性质分析,可以看出这一阶段的城邑呈现四个主要特征。

一是城垣的出现,这是城市发展史上的重大变革,也成为后来修建城邑必不可少的组成部分。新石器时代晚期聚落仍以小型聚落为主,有一部分垣墙环壕保护的中型聚落,各地方还分布着有城垣的大型聚落。这些大、中型聚落基本以夯土城垣和环壕作为防御设施,工程建筑技术和领导力达到了新的高度。这一变化也突出了社会组织的改变,即转变为更集中、严格的管理模式。这些城址均在其所在地区占有重要的政治、军事地位,有着控制周边聚落的能力。

二是大型房屋建筑的存在,如西坡遗址F105、双槐树遗址中心居址大型房址及三个院落基址,已初步具备"原始宫殿"的性质。大型房屋一般位于城的中部,一是作为公共活动场所使用,二是属于最高首领个人所有。大型公共建筑除了体现当时的建筑水平较高以外,还反映了此时城址内部的集体性和公共性,是政治集权的一种外在表现。其用作公共场所时,必有相应的活动规范需要城内人员遵守,以及高一级的规则制定者;用作私人住房时,必属于城中最高领导者,用以彰显个人威信。无论怎样,大型房屋建筑暗示了社会中存在明确的等级分化,可能已经出现了最高级的贵族阶层。

三是大型城邑对资源的控制和手工业生产专业化。这些古城地理位置较为便利,或临近水源,或地处平原,对土地、食物、人口、矿物等资源尤其是贵金属等稀有资源的控制,使这些城邑不仅自身得到充足发展,而且还对周边的聚落实现了资源上的控制,从而取得了政治上的控制权。对资源的控制,促进手工业生产专业化程度更进一步,手工业的发达反过来又提高了城邑的控制力,如西山、西坡、尉迟寺等遗址的制陶业。

四是城址整体的较大规模,不仅能表现该城邑的号召力和影响力,还能证明该城邑权力的集中程度。这几个城址中面积最小的也有5万平方米,大的面积超过10万平方米,加上城垣环壕、大型房屋等的大工程建筑,这些都需要征调大量劳动力从事建造活动,足以证明权力中心的形成和强大。此外,大规模的城邑,对周边的聚落也是一种震慑。

总之,随着社会生产力的发展及聚落之间联系的逐步加强,颇具规模的聚落群在仰韶时代逐步形成。这些聚落群内部往往有一个中心聚落,此聚落不仅规模大,出土文化遗存丰富,还往往有专门用于祭祀的场所,体现了地位的特殊。同时,个别地区开始出现建造有城垣的城邑聚落,尽管城址的规模相对较小,但其已经是所在区域的中心,对周边的聚落有向心力作用。此外,城垣建造技术的出现,为早期都邑的出现准备了技术条件。此时社会基本组成单位正在逐渐向小集团转变,社会中日益加剧的贫富分化则为早期国家的出现奠定了物质基础。结合判断都邑的物化标准可以认为,这些中心聚落和城址虽然尚不完全具备早期都邑的物化标准,但已经具备了某些都邑因素,说明中国早期都邑已经在孕育之中。作为先驱者,它们为下一阶段龙山时代城邑的进一步发展和早期都邑的产生奠定了重要基础。

第三节 早期都邑的形成

属于新石器时代末期的龙山时代,伴随着社会贫富分化的进一步加剧，阶层、等级之类的社会分层逐渐产生，各地先后出现了一些政治集团。这些政治集团农业发展水平较高，聚落规模增大，人群更加集中，社会复杂化程度更高。对内方面，集团内部开始出现明显的社会分化，政治权力、礼仪权力、财富占有权力开始由一小部分贵族阶层专享。对外方面，各部族集团之间的交往较之前时代更为频繁，暴力争斗、冲突更加激烈。筑城技术广泛推广，城邑在各地广泛兴起。在此发展态势下，越来越多的城邑具备政治、经济、宗教中心的功能，"都、邑、聚"的金字塔格局逐渐显示出来。此时的中国大地上万城林立，遍布黄河流域、长江流域和北方地区的各个地带，社会发展逐渐步入早期国家的邦国时代。伴随都邑各项因素的出现，中国早期都邑初步形成。

一 大型城址的发现

龙山时代，随着生业、技术、社会、文化等方面的迅速发展，聚落不断壮大，出现了为数众多的大型城邑聚落。据目前资料统计，中国各地发现有 108 座以上的龙山时代城址，分布在山西、陕西、山东、河南、安徽、江苏、浙江、湖南、湖北、四川、内蒙古、河北 12 个省份。其中面积较大、规格较高的城址就有数十座，以陶寺、石峁、王城岗、石家河、宝墩、良渚等城址为代表。

（一）陶寺城址

陶寺城址位于山西襄汾县东北约 7.5 千米处的陶寺村南，坐落于汾河以东，塔儿山西麓。遗址地势东高西低，沟壑纵横，地貌破碎。遗址总面积 430 万平方米，城址位于遗址的中心区域。城址由分属不同时期的宫城、中期小城和中期大城组成。据早年公布材料，"早期小城"位于大城内东北部，平面略呈圆角长方形，面积 56 万平方米，城内发现有夯土城垣、宫殿区、居民区，出土有陶器、木器、石器、铜器等遗物。近年考古新发现显示，所谓的早期小城并不存在，但在其区域内存在一座陶寺文化时期的宫城（图 2-7）。该宫城东西长 470 米，南北宽 270 米，面积 13 万平方米。城内有夯

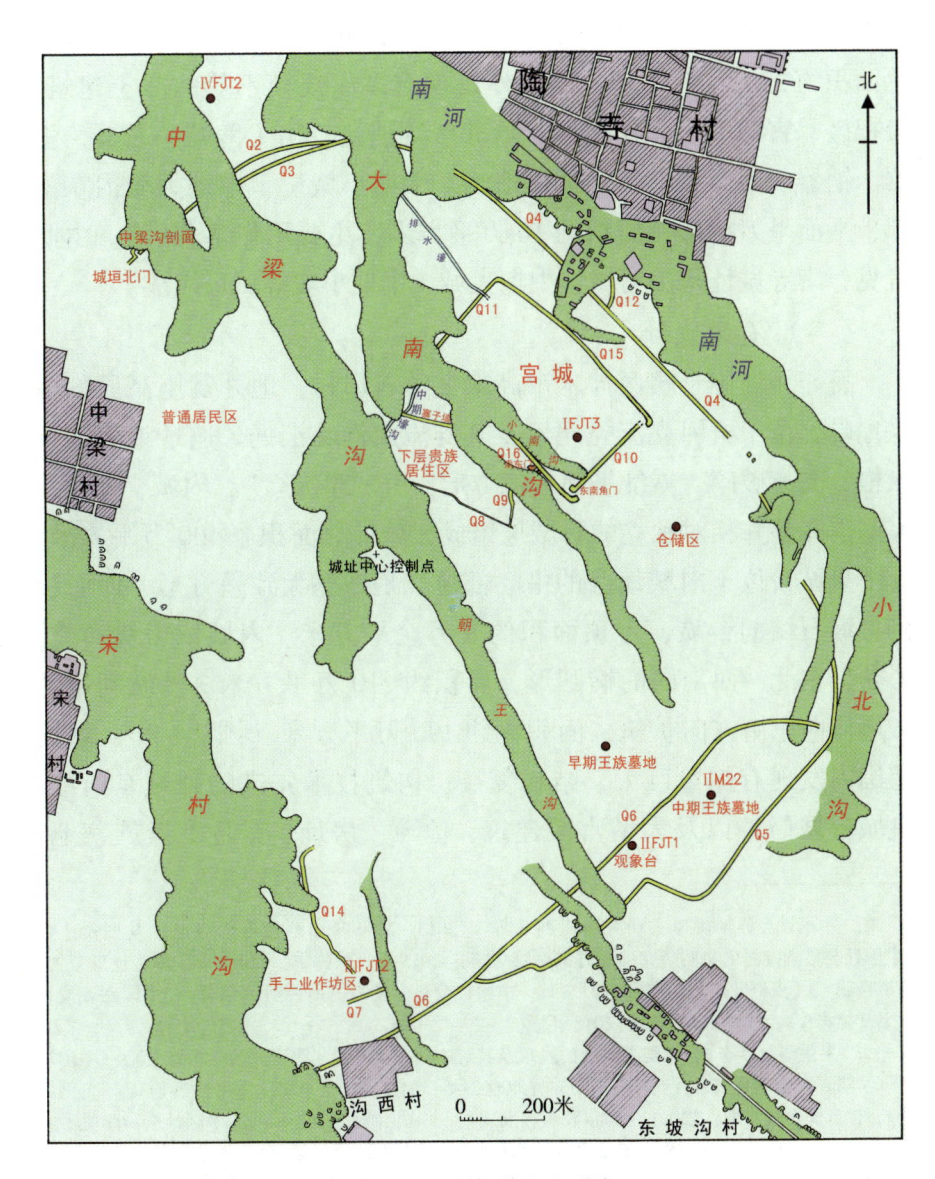

图 2-7 陶寺城址平面图

资料来源：中国社会科学院考古研究所等编著：《中国陶寺遗址出土文物集粹》，天津古籍出版社 2018 年版卷首图。

土基址10余座，已发现东南门、南墙东门等二座城门①。中期大城平面呈不甚规则的圆角方形，长1725—2150米，宽1650米，复原总面积约280万平方米。城内外发现有多座规模不等的夯土建筑、祭祀区、官营手工业作坊区、墓葬区等遗迹，出土陶器、石器、玉器、铜器、漆器和彩绘陶器等遗物。中期小城位于中期大城内东南部，平面呈刀把形，面积约10万平方米，主要用作墓葬区②。由此可见，陶寺城址是由宫城、中期大城、中期小城等城址组成。

（二）石峁城址

石峁城址位于陕西神木市高家堡镇石峁村，地处黄土高原的边缘地带，位于黄河支流秃尾河及其支流川沟交汇处。遗址地表沟壑纵横，支离破碎。城址平面近似方形，由"皇城台"、内城、外城三座基本完整并相对独立的石城址组成，城址总面积逾400万平方米。其中皇城台位于内城偏西的中心部位，是一座大致呈方形、四面包砌护坡石墙的台城，台顶面积约8万余平方米。内城依山势而建，形状呈东北—西南向的椭圆形，面积约210万平方米。外城利用内城墙体向东南方向扩筑，面积大约190万平方米（图2-8）。城址范围内发现有体量巨大、结构复杂、构筑技术先进的外城东门址、皇城台城门址以及大型宫殿建筑、池苑、房址、窑址、贵族墓地、

---

① 中国社会科学院考古研究所山西队等：《2013—2014年山西襄汾陶寺遗址发掘收获》，《中国社会科学院古代文明研究中心通讯》第28期，2015年；张建华：《2017春季陶寺遗址考古：廓清宫城》，《临汾日报》2017年6月7日；中国社会科学院考古研究所等编著：《中国陶寺遗址出土文物集粹》，天津古籍出版社2018年版。

② 梁星彭、严志斌：《陶寺城址的发现及其对中国古代文明起源研究的学术意义》，《中国社会科学院古代文明研究中心通讯》第3期，2002年；梁星彭、严志斌：《山西襄汾陶寺文化城址》，国家文物局主编：《2001中国重要考古发现》，文物出版社2002年版；中国社会科学院考古研究所山西队等：《2003年陶寺城址发掘的新收获》，《中国社会科学院古代文明研究中心通讯》第7期，2004年；中国社会科学院考古研究所山西队等：《山西襄汾县陶寺城址发现陶寺文化大型建筑基址》，《考古》2004年第2期；中国社会科学院考古研究所山西队等：《山西襄汾陶寺城址2002年发掘报告》，《考古学报》2005年第3期；何驽：《2010年陶寺遗址群聚落形态考古实践与理论收获》，《中国社会科学院古代文明研究中心通讯》第21期，2011年；中国社会科学院考古研究所等编著：《襄汾陶寺——1978—1985年考古发掘报告》，文物出版社2015年版；中国社会科学院考古研究所山西队等：《山西襄汾县陶寺遗址Ⅲ区大型夯土基址发掘简报》，《考古》2015年第1期。

祭坛、手工业作坊、哨所等遗存，出土大量陶器、铜器、玉器、骨器等遗物。城址时代为龙山文化晚期至二里头时代早期①。

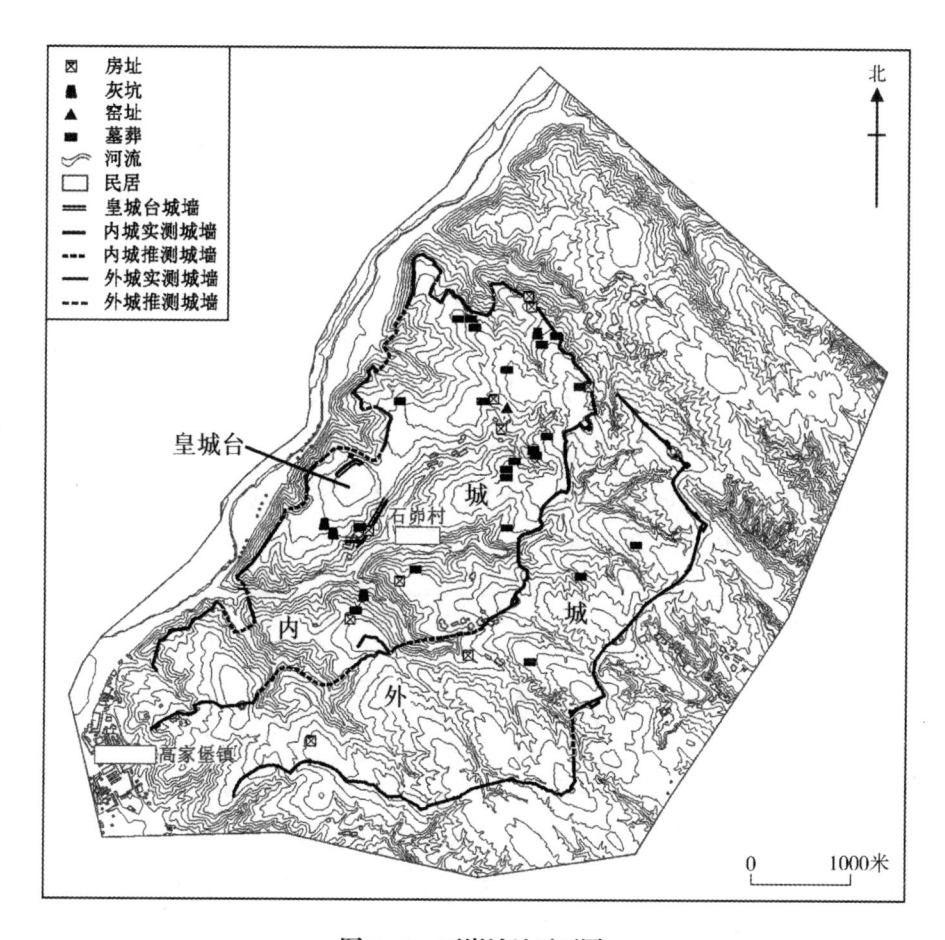

图 2-8 石峁城址平面图

---

① 王炜林、孙周勇、邵晶等：《2012年神木石峁遗址考古工作主要收获》，《中国文物报》2012年12月21日；陕西省考古研究院：《2012年陕西省考古研究院考古发掘新收获》，《考古与文物》2013年第2期；陕西省考古研究院等：《陕西神木县石峁遗址》，《考古》2013年第7期；陕西省考古研究院等编著：《发现石峁古城》，文物出版社2016年版；孙周勇、邵晶等：《石峁遗址2016年考古纪事》，《中国文物报》2017年6月30日；陕西省考古研究院等：《陕西神木县石峁城址皇城台地点》，《考古》2017年第7期；孙周勇等：《石峁城址2018年考古纪事》，《中国文物报》2019年8月23日；陕西省考古研究院等：《陕西神木市石峁遗址皇城台大台基遗迹》，《考古》2020年第7期；陕西省考古研究院等：《石峁遗址皇城台地点2016—2019年度考古新发现》，《考古与文物》2020年第4期。

(三) 王城岗城址

王城岗城址位于河南登封市告成镇八方村东侧的岗地上，东邻五渡河，南抵颍河北岸，总面积达50余万平方米。考古工作者在此遗址共发现2座小城和1座大城。两座小城位于大城的东北部，大小相近，东西并列。其中东城仅保存东南部。西城保存较完整，平面近正方形，边长约100米，总面积近1万平方米。两城年代略有早晚，东城稍早于西城。小城内发现有夯土坑、夯土基址、奠基坑和灰坑等遗迹，出土陶器、石器、骨器、蚌器等遗物。大城位于王城岗遗址的中部，目前保存有北城垣和西城垣部分墙基址和城壕，其面积大约有34.8万平方米（图2-9）。大城内发现有祭祀坑、灰坑、几处大面积的夯土基址等遗迹，出土陶器、石器、骨器、玉器、白陶等遗物。大城的年代晚于小城，其始建时小城已废弃，但三城的年代均属于龙山时代晚期[①]。

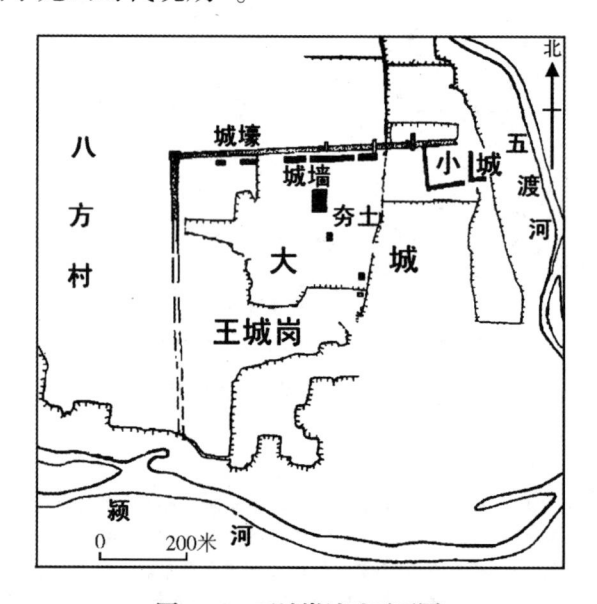

图2-9 王城岗城址平面图

[①] 河南省文物研究所、中国历史博物馆考古部：《登封王城岗与阳城》，文物出版社1992年版；北京大学考古文博学院、河南省文物考古研究所：《登封王城岗考古发现与研究（2002—2005）》，大象出版社2007年版。

（四）石家河城址

石家河城址位于湖北天门市石家河镇北。据新勘探材料，城址由双重城垣和城壕组成，平面略呈南北向的长方形。原推定内侧城垣城内面积120万平方米。2022年新推定城址西北部城垣应为严家山地段堆筑墙体，东西长近1200米，南北宽约1300米，城内面积约132万平方米，加上城垣面积为177.5万平方米，城壕圈围面积224.8万平方米，外城垣圈围面积348.5万平方米。城址西城壕外侧的方形台地印信台发现有台基、套缸等重要遗存，可能为进行祭祀活动的场所。城内西南部的三房湾出土有数以万计的红陶杯残件以及陶窑、黄土堆积、黄土坑、洗泥池、蓄水缸等遗迹，推测为烧制红陶杯的专业窑厂（图2-10）。此外，在城址外东南部发现有多处

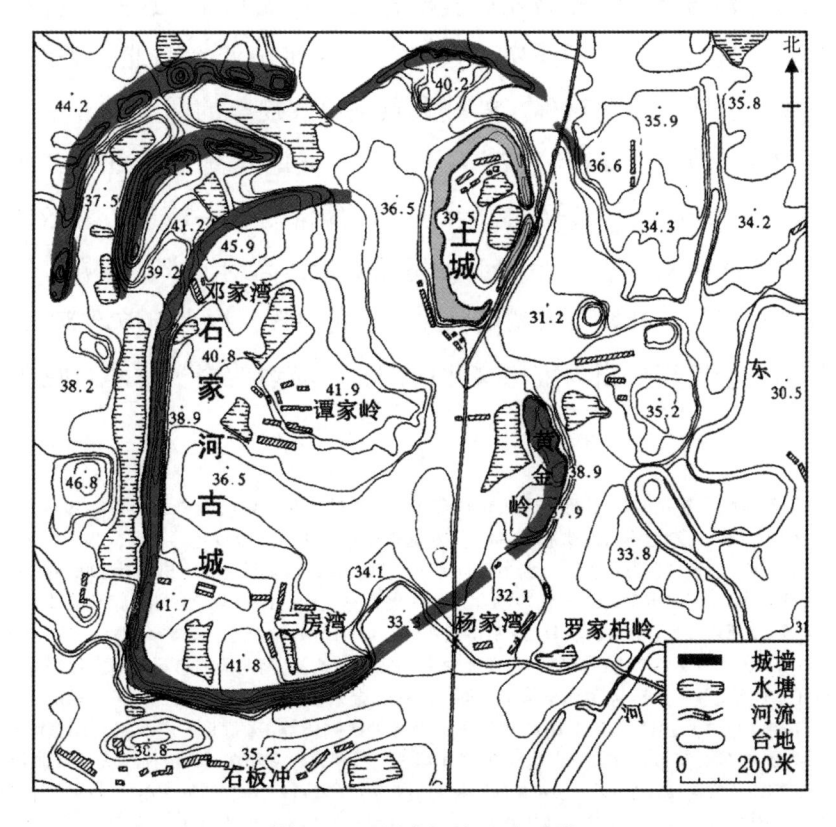

图 2-10 石家河城址平面图

大面积的红烧土堆积和墓地，城址西北部的严家山发现有石器加工场所及瓮棺葬墓地等。城址内出土丰富的陶器、石器、玉器、陶塑动物及铜器残片等遗物①。该城址始建于屈家岭文化晚期，使用至石家河文化时期。

（五）宝墩城址

宝墩城址位于四川新津县县城西北约5千米的龙马乡宝墩村附近的台地上。遗址范围内目前还断续存在较为明显的人工修筑城垣，发现有房址、灰坑、灰沟、墓葬等遗迹，出土有陶器、石器等遗物。城址平面呈不甚规整的圆角长方形，由内城和外城组成（图2-11）。内城平面大致为长方形，面积约60万平方米。内城的鼓敦子、田角林、蒋林等处均发现有大型建筑基址，这些建筑基址规模大、规格高。其中鼓墩子3座建筑基址分布在南北一条线上，布局主次分明、相向对称。外城大致呈不甚规整的圆角长方形，方向与内城一致，总面积约276万平方米。城垣残宽15—25米，残高1.5—4米，城垣周长近6.2千米，墙外壕沟宽10—15米。外城西南发现一夯土台基，残长20余米，宽约6米，高约1米，推测亦是台基礼仪性建筑。外城与内城城垣夯筑方式一致，均为斜坡堆筑。内、外城垣的修筑年代当为宝墩文化时期，外城垣的修筑时间当晚于内

---

① 石河联合考古队：《石河遗址群1987年考古发掘的主要收获》，《江汉考古》1989年第2期；石河考古队：《湖北省石河遗址群1987年发掘简报》，《文物》1990年第8期；北京大学考古系等：《石家河遗址群调查报告》，《南方民族考古》第5辑，四川科学技术出版社1992年版；石河考古队：《湖北天门市邓家湾遗址1992年发掘简报》，《文物》1994年第4期；湖北省文物考古研究所等：《邓家湾》，文物出版社2003年版；湖北省荆州博物馆等：《谭家岭》，文物出版社2011年版；湖北省文物考古研究所、北京大学考古文博学院：《湖北天门市石家河古城谭家岭遗址2011年的发掘》，《考古》2015年第3期；刘辉、余乐：《石家河遗址2015年发掘的主要收获》，《江汉考古》2016年第1期；湖北省文物考古研究所等：《湖北天门石家河谭家岭城址2015—2016年发掘简报》，《江汉考古》2017年第5期；湖北省文物考古研究所、天门市博物馆：《湖北天门市石家河遗址2014—2016年的勘探与发掘》，《考古》2017年第7期；方勤、向其芳：《石家河遗址持续见证长江中游文明进程》，《人民日报》2020年10月31日；湖北省文物考古研究院等：《天门石家河城址及水利系统的考古收获》，《江汉考古》2023年第1期。

城垣,但内外城垣曾同时使用过①。

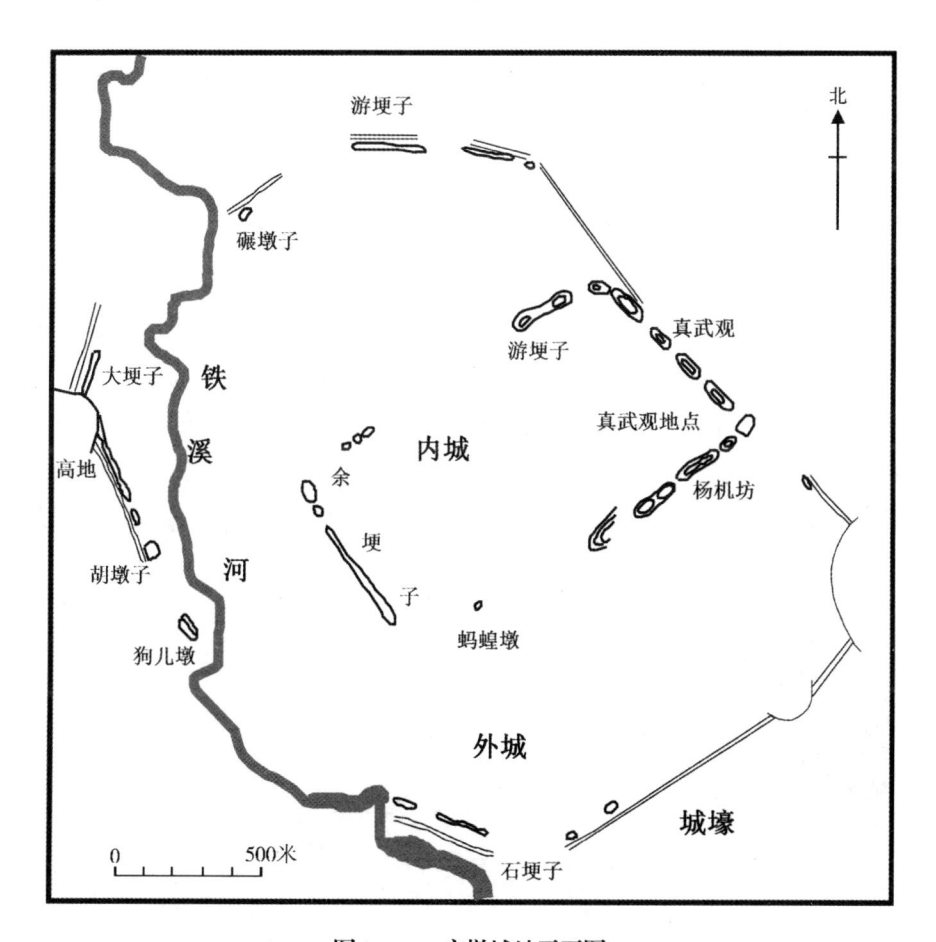

图 2-11 宝墩城址平面图

---

① 成都市文物考古工作队:《四川新津县宝墩遗址调查与试掘》,《考古》1997 年第 1 期;中日联合考古调查队:《四川新津县宝墩遗址 1996 年发掘简报》,《考古》1998 年第 1 期;成都文物考古研究所等:《新津宝墩遗址调查与试掘简报(2009—2010 年)》,成都文物考古研究所编著:《成都考古发现(2009)》,科学出版社 2011 年版;江章华等:《宝墩遗址聚落考古取得重要进展——发现大型建筑基址》,《中国文物报》2012 年 8 月 17 日;祝丹妮:《宝墩遗址新发现"豪华"生活建筑》,《成都日报》2014 年 4 月 25 日;成都市文物考古研究所等:《新津县宝墩遗址鼓墩子 2010 年发掘报告》,成都文物考古研究所编著:《成都考古发现(2012)》,科学出版社 2014 年版;何锟宇:《宝墩古城聚落形态和空间结构更加清晰》,《中国文物报》2016 年 6 月 3 日;成都市文物考古研究所等:《新津县宝墩遗址 2012—2013 年考古发掘简报》,成都文物考古研究所编著:《成都考古发现(2014)》,科学出版社 2017 年版。

（六）良渚城址

良渚城址位于浙江杭州市余杭区瓶窑镇，地处一面积达800平方千米的C形盆地的北部，是一座由外城、内城、宫殿区三重结构组成的大型城址，年代为良渚文化时期，是目前国内发现的同时代最大的城址之一。内城城址平面略呈圆角长方形，城垣宽20—145米，城垣内外均有护城河，总面积达290万平方米。内城中心区域有人工堆筑覆斗状土台——莫角山，台基四边整齐，台顶面积近30万平方米，其上有面积不少于3万平方米的夯土遗存，为城址的宫殿区所在。内城周围形成巨大的良渚遗址聚落群，总面积近8平方千米，为外城区域。内城西北部的反山、姜家山以及城外西北部2千米的汇观山、东北部5千米的瑶山为祭坛和贵族墓地，墓葬都修建在高大的土台上，其中随葬有丰富的琮、璧、钺等玉礼器。外城

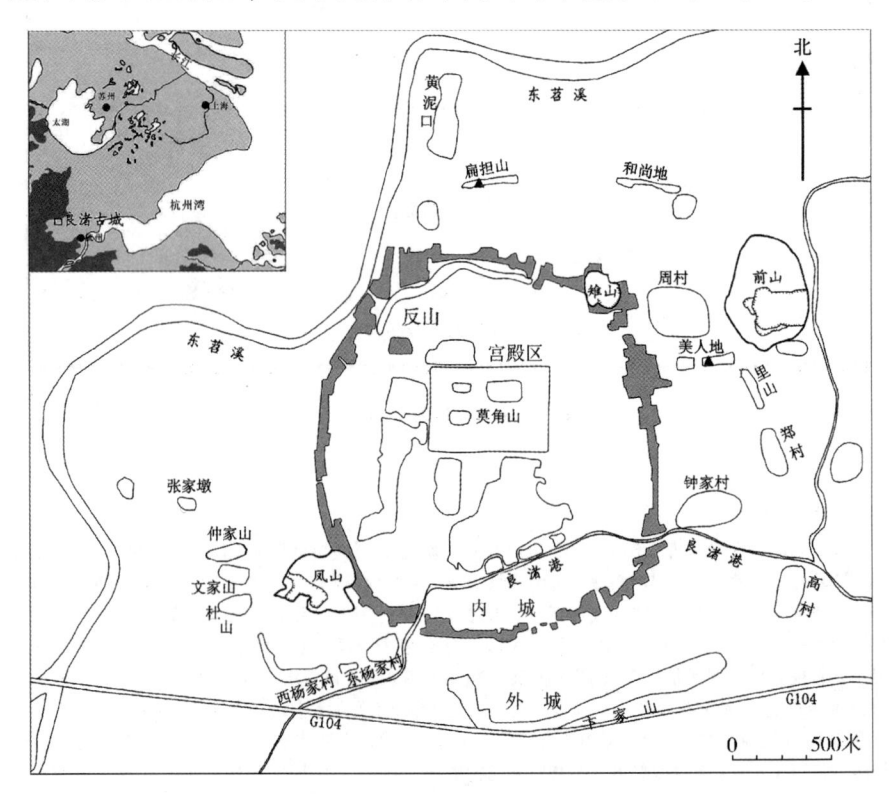

图2-12 良渚城址平面图

内分布着密集的中小遗址，主要居住着从事非农行业的居民。宫殿区、王陵和贵族墓地等核心区以外的台地主要应是手工业作坊区（图2-12）。外城之外的北部和西北部，还存在大型的外围水利系统，并以坝群的形式残存至今①。

（七）其他城址

中国境内其他龙山时期重要遗址还有古城寨城址、瓦店遗址和尧王城城址。

古城寨城址位于河南新密市东南35千米的曲梁乡大樊庄古城寨村附近，地处嵩山东麓的丘陵地带。遗址位于溱水东岸的河旁台地上，总面积达27.65万平方米。城址位于遗址中心区，平面呈长方形，总面积17万平方米（图2-13），发现有城垣、大型夯土建筑基址及奠基坑等遗迹和陶器、石器、玉器、骨器、蚌器及熔炉残块等遗物②。

瓦店遗址位于河南禹州市火龙乡瓦店村东北部和西北部颍河南岸的二级台地上。遗址包括西北、东南台地两部分，面积分别为50万、56万平方米，总面积逾百万平方米（图2-14）。遗址内发现以大型壕沟、大型夯土建筑基址和奠基坑为代表的遗迹，还见有道路、

---

① 浙江省文物考古研究所等：《浙江余杭汇观山良渚文化祭坛与墓地发掘简报》，《文物》1997年第7期；浙江省文物考古研究所：《良渚文化汇观山遗址第二次发掘简报》，《文物》2001年第12期；浙江省文物考古研究所编著：《余杭莫角山遗址1992—1993年的发掘》，《文物》2001年第12期；浙江省文物考古研究所编著：《瑶山》，文物出版社2003年版；浙江省文物考古研究所编著：《反山》，文物出版社2005年版；浙江省文物考古研究所：《杭州市余杭区良渚古城遗址2006—2007年的发掘》，《考古》2008年第7期；刘斌、王宁远：《2006—2013年良渚古城考古的主要收获》，《东南文化》2014年第2期；浙江省文物考古研究所：《杭州市良渚古城外郭的探查与美人地和扁担山的发掘》，《考古》2015年第1期；浙江省文物考古研究所：《杭州市良渚古城外围水利系统的考古调查》，《考古》2015年第1期；张立、吴健平：《浙江余杭瓶窑、良渚古城结构的遥感考古》，《文物》2007年第2期；浙江省文物考古研究所：《良渚古城综合研究报告》，文物出版社2019年版；浙江省文物考古研究所等：《杭州市余杭区良渚古城钟家港中段发掘简报》，《考古》2021年第6期；浙江省文物考古研究所等：《杭州市余杭区良渚古城姜家山墓地发掘简报》，《考古》2021年第6期。

② 河南省文物考古研究所、新密市炎黄历史文化研究会：《河南新密市古城寨龙山文化城址发掘简报》，《华夏考古》2002年第2期；河南省文物考古研究院：《河南新密古城寨城址2016—2017年度发掘简报》，《华夏考古》2019年第4期。

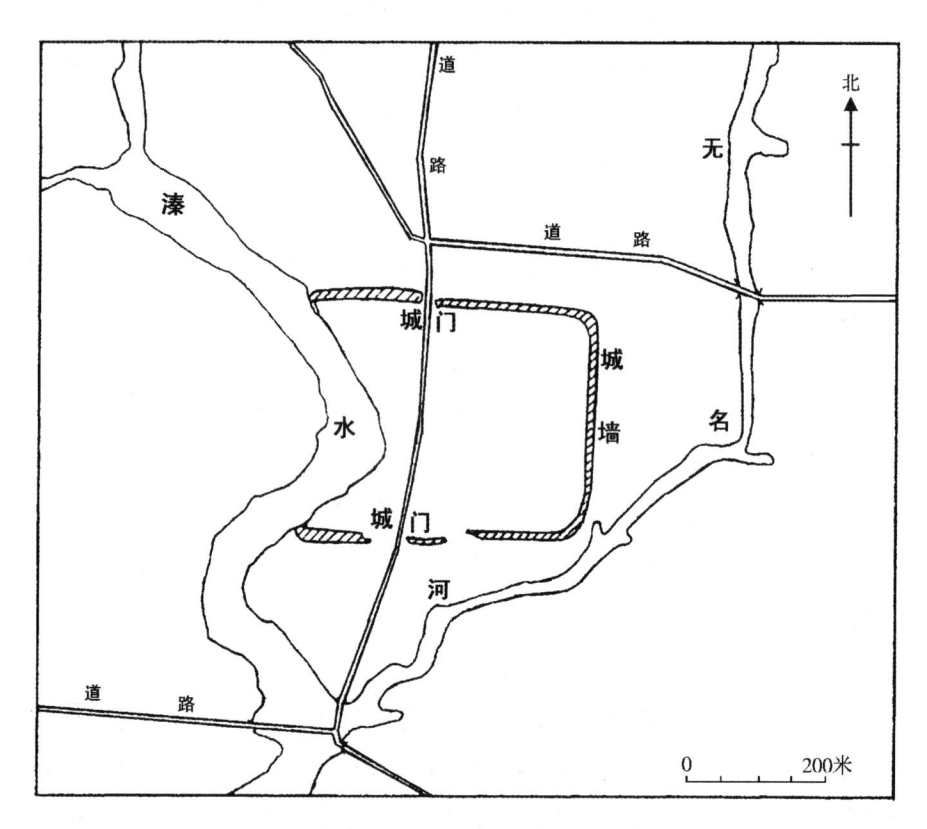

图 2-13　古城寨城址平面图

灰坑、墓葬、房基等重要遗迹，出土大量陶器、石器、骨器以及玉器、卜骨等遗物①。近年，遗址东南部发现有龙山时期城墙、壕沟类大型遗迹，方向呈西北—东南向，其中城墙始建于龙山文化晚期，历经多次修补、修筑②。

---

① 贾洲杰、匡瑜、姜涛：《禹县瓦店遗址发掘简报》，《文物》1983 年第 3 期；河南省文物考古研究所：《河南禹州市瓦店龙山文化遗址 1997 年的发掘》，《考古》2002 年第 2 期；河南省文物考古研究所编著：《禹州瓦店》，世界图书出版公司 2004 年版；方燕明：《河南禹州瓦店龙山文化遗址 2007—2010 年考古工作取得重要收获》，《中国文物报》2011 年 1 月 21 日；刘绪、方燕明、武志江等：《禹州瓦店环壕聚落考古收获》，《华夏考古》2018 年第 1 期。

② 张华贞：《2021 年度禹州瓦店遗址考古发掘新收获》，河南南阳"2021 年度河南考古工作成果交流会"，2021 年 12 月。

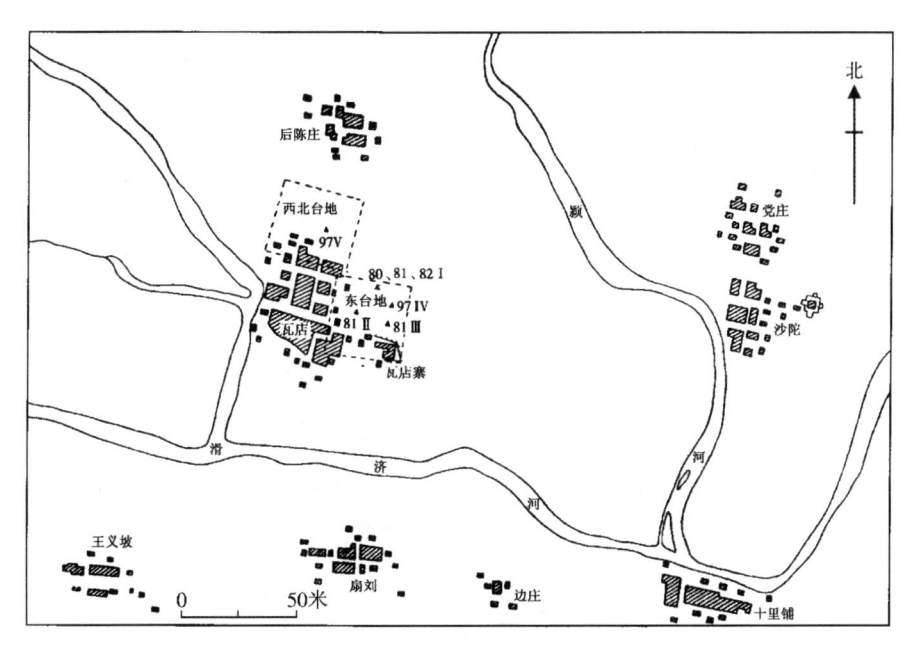

图 2-14　瓦店遗址平面图

尧王城遗址位于山东日照市岚山区高兴镇南辛庄村及其周边。该遗址自大汶口文化晚期至龙山文化中期一直有人群居住，其聚落布局也呈现出动态发展的过程，先后出现内城及护城壕、外城及护城壕、外围环壕及内墙等三圈结构。其中内城位于遗址的中北部，平面呈长方形，边长约300米，包括城垣及环壕在内的面积共约12万平方米，城内面积接近9万平方米。内城北部为居住区，发现大量建筑房址，很多房址自大汶口文化晚期至龙山文化中期反复建造。房址有两种布局形式，一种围绕夯土台基而建，另一种成排分布。外城在内城之东并向南扩展，包含城垣及外壕在内面积逾过40万平方米，其中北墙及壕沟与内城北墙及壕沟相连，走向近同。城垣营建于大汶口文化晚期，至龙山文化早期城外壕沟局部被居住区覆盖。外围环壕范围南北长1880米，东西宽2150米，总面积逾400万平方米。在南外壕西段发现长1300米左右的内侧墙垣（图2-15）。该段墙垣东端与外壕连接处发现面积约0.5万平方米的夯土[①]。

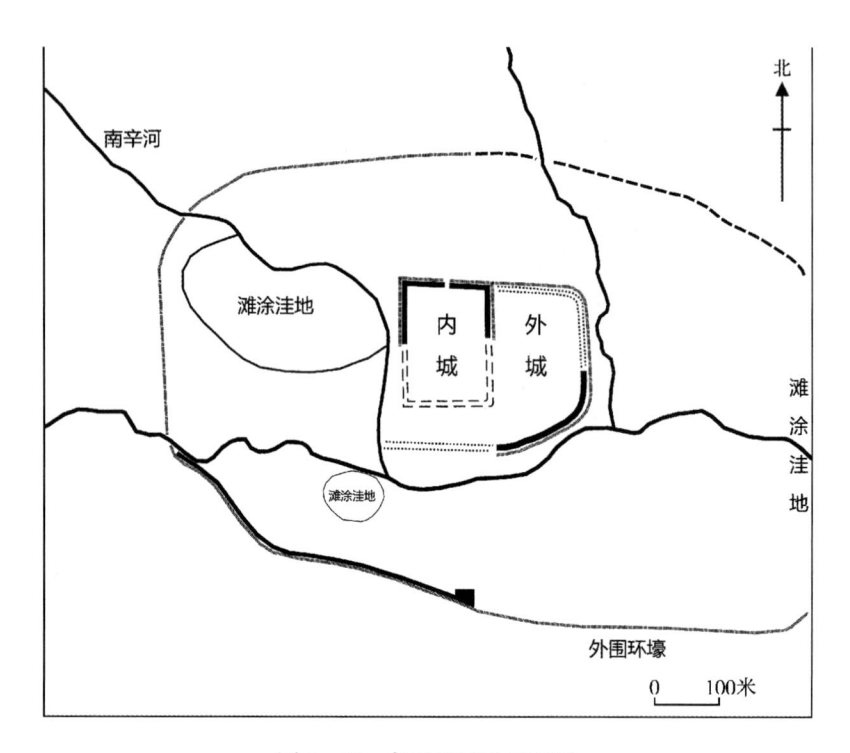

图 2-15 尧王城城址平面图

资料来源：张东：《日照尧王城遗址的考古发掘与收获》，第一届中国考古·郑州论坛，2017 年。

二 城址性质分析

经历了仰韶文化时代中晚期的漫长孵化过程，龙山时代的城市发展已步入较高的水平，大型中心性聚落逐渐向早期都邑方向转变。

[①] 李玉亭、韩树鸣：《日照尧王城龙山文化遗址试掘简报》，《史前研究》1985 年第 4 期；中国社会科学院考古研究所：《尧王城遗址第二次发掘有重要发现》，《中国文物报》1994 年 1 月 23 日；中国社会科学院考古研究所等：《山东日照市尧王城遗址 2012 年的调查与发掘》，《考古》2015 年第 9 期；梁中合：《日照尧王城遗址的新发现、新收获与新认识》，《中国社会科学院古代文明研究中心通讯》第 30 期，2016 年；梁中合：《尧王城：鲁东南史前城址新模式》，《中国社会科学报》2016 年 12 月 22 日；梁中合、张东：《2019 年山东日照尧王城遗址考古新收获》，《中国社会科学院考古研究所田野考古成果汇编（2019 年）》，2019 年。

通过分析考古发现的大型城址及其周围的聚落分布状况，参照前文确定的都邑物化标准对大型城址的性质进行判断，可以发现诸多大型遗址已具备早期都邑性质。

(一) 陶寺城址

从早期都邑认定标准来看，陶寺城址至少已符合大型城垣、宫殿区、王陵等三项主要标准以及"重器"的使用、遗址的较大规模、辐射力与影响力等三项参考标准，其性质当为陶寺文化邦国的政治中心和都邑所在[1]。

1. 大型城垣

陶寺城址发现的中期大城和中期小城均发现有大型城垣。其中中期大城发现北、东、南三面的城垣，城垣平面呈圆角长方形，城垣南北最大距离 2150 米，最小距离 1725 米，东西最大距离为 1650 米。中期小城平面呈刀把形，面积约 10 万平方米。城垣建筑技术先进，多为小版夯筑而成。其中大城东墙（Q4）长 1660 米左右，宽 8—9 米。

2. 宫殿区与宫城

宫城位于陶寺城址东北部，有北、东、南、西四面城垣。城垣平面呈东西向长方形，长约 470 米，宽约 270 米，面积近 13 万平方米。发掘者通过解剖城垣，确认陶寺文化早期已经开始建造宫城城垣，陶寺文化中期继续使用，至陶寺文化晚期时，在早期墙基之上略微错位挖出较浅的晚期墙基槽夯筑城垣，并修建了东南城角的内墩台和东南门的西侧基址[2]。由此可见，陶寺宫城自陶寺文化早期至陶寺文化晚期一直在使用。宫城内发现陶寺文化早、中期的正方形或长方形的夯土建筑基址，面积巨大，应为宫殿宗庙所在。其中大夯土建筑基址ⅠFJT3（后更改为 1 号宫殿基址），面积达 6500 平方米，是迄今发现史前时期最大的夯土建筑基址。在 1 号宫殿基址以

---

[1] 张国硕：《陶寺文化性质与族属探索》，《考古》2010 年第 6 期。
[2] 张建华：《2017 春季陶寺遗址考古：廓清宫城》，《临汾日报》2017 年 6 月 7 日。

西约150米外新探勘发现2号夯土建筑基址，平面呈"凹"字形，东部揭露长度约22米，南部揭露宽度约17米，推测夯土基址整体面积近600平方米[①]。此外，中期小城内大型夯土建筑基址，平面呈大半圆形，总面积约1740平方米，一般认为是与天文观测和祭祀活动有关的遗迹。

3. 大型墓葬（王墓）

陶寺城址内发现早期、中期墓地各一处。早期墓地位于宫城外东南部，面积3万多平方米。中期墓地位于中期小城内，面积约1万平方米。目前，两处墓地已经清理1300多座陶寺文化墓葬，其中大型墓葬8座，墓坑宽大，长2.9—3.2米、宽2—2.75米、深0.7—7米。葬具为木质棺椁，棺内铺撒朱砂，尸骨有殓衾包裹。大型墓葬的随葬品数量多且种类丰富，一般随葬成组的日用陶器和玉器、石器、骨器、蚌器等装饰品，以及成套的彩绘陶器、彩绘木器、玉石礼器及猪排、猪下颌骨、猪蹄等，其中有5座大墓还出土成套的大型礼乐器。如陶寺文化早期M3015出土陶器、木器、骨器、石器、玉器等各类随葬器物178件，另有30件随葬品被扰动，推测此墓原有随葬品当在200件以上。2002年清理的陶寺文化中期墓葬ⅡM22，长5米，宽3.65米，深约7米。墓四壁有五周嵌入式草拌泥宽带，并设置11个壁龛，用于摆放随葬品。葬具为一根整木挖凿的船形棺，长约2.7米、宽1.2米、残高0.16—0.3米，棺内外皆施红彩。棺内出土有绿松石饰件、玉钺碎块、玉璜、贝等46件，棺外未扰动部分出土随葬品72件套，扰坑内清理出20件。这些大型墓建造规整、复杂，随葬品多而丰富，且不乏贵重物品，绝非一般贵族首领所能享用，应为王级别陵墓。

4. 珍贵遗物

陶寺城址范围内出土有铜器、礼乐重器等贵重遗物。

---

① 高江涛：《山西临汾市襄汾陶寺遗址2022年考古新发现》，中国社会科学院考古研究所商周室田野材料汇编。

陶寺遗址至少已发现 4 件铜器，分别是铃形器①、齿轮形器②、环③和口沿残片④。其中铜铃形器横断面为菱形，为纯度较高的含铅红铜。虽然铜铃器型小、制作粗糙，也没有青铜器质地坚硬，但却是目前所见最早的复合范铜器和金属乐器。形似齿轮的铜器，有 29 个齿形凸起，中有大圆孔。铜环属于砷铜器，范铸而成。宫殿区一主殿基址中出土的残铜片，为尖唇口沿，也属于范铸、砷铜器。陶寺遗址出土铜器虽然只有 4 件，但却是同时期遗址中出土铜器数量最多的⑤。

陶寺城址内发现的礼乐重器主要有鼍鼓、特磬和龙盘。鼍鼓是用鳄鱼皮做鼓面的木鼓。特磬属于单件大型石质打击乐器。《诗经》中，《大雅·灵台》有"鼍鼓逢逢"、《商颂·那》有"既和且平，依我磬声"的记载。考古发现的鼍鼓和石磬等乐器均为礼乐重器的表征，用作随葬品是墓主生前身份地位的象征⑥。大型墓葬中随葬的鼍鼓、石磬，一般每墓放鼍鼓 2 件，其旁置石磬 1 件。鼍鼓的鼓腔呈竖立筒状，高 1 米，直径 0.5—0.9 米左右，以树干挖制而成，外壁通体施彩绘。特磬长达 0.8—0.9 米，只是未经琢磨雕刻，略显粗陋。龙盘即彩绘蟠龙纹陶盘，系在陶盘的内壁和盘心绘朱红色盘旋形龙纹。龙纹蛇躯麟身，方首圆目，巨口长舌，无角无爪，应是两种或两种以上动物的合体。该盘只见于几座大型墓中，且每座墓仅有一件，应是用于祭祀的祭器而非实用器。

---

① 中国社会科学院考古研究所山西工作队等：《山西襄汾陶寺遗址首次发现铜器》，《考古》1984 年第 12 期。

② 梁星彭、严志斌：《山西襄汾陶寺文化城址》，国家文物局编：《2001 年中国重要考古发现》，文物出版社 2002 年版。

③ 中国社会科学院考古所等：《2004—2005 年山西襄汾陶寺遗址发掘新进展》，《中国社会科学院古代文明研究中心通讯》第 10 期，2005 年。

④ 何驽、高江涛、王晓毅：《山西襄汾县陶寺城址发现陶寺文化中期大型夯土建筑基址》，《考古》2008 年第 3 期。

⑤ 高江涛、何驽：《陶寺遗址出土铜器初探》，《南方文物》2014 年第 1 期。

⑥ 方建军：《商周时期的礼乐器组合与礼乐制度的物态化》，《音乐与艺术》2007 年第 1 期。

5. 遗址的较大规模

陶寺遗址总面积达400多万平方米，中期大城面积280万平方米，宫城面积也超过10万平方米，与偃师二里头遗址宫城面积基本相当。陶寺宫城与中期大城方向一致，城址内的宫殿区、王墓区、墓葬区、祭祀区、仓储区、手工业区以及住宅区（包括贵族居住区和普通居民区）等功能区划分明确，规划和布局有序，规模宏大。

6. 辐射力与影响力

陶寺城址是陶寺文化分布区内目前已知规模最大的聚落，也是临汾盆地同时期唯一一处城址聚落。陶寺遗址周围分布着大量中小聚落，其中附近20千米的范围内密集分布有14处同期遗址，临汾盆地内同期遗址已达238处[①]。这些遗址根据规模大小可分成不同等级，规模越大数量越少，反之越多，在这一区域形成以陶寺遗址为核心的多层次的聚落群，陶寺遗址"作为聚落中心之都邑的地位"十分显明[②]。

（二）石峁城址

从早期都邑认定标准来看，目前材料显示，石峁城址至少符合大型城垣、宫殿宗庙区、高规格墓葬及"重器"的使用、遗址的较大规模、辐射力与影响力等早期都邑标准，其性质当为一处早期都邑，并在晋陕高原乃至北方文化圈中处于核心地位[③]。

1. 大型城垣

石峁城址的外城、内城和皇城台均为石砌城垣。皇城台为一座四面包砌护坡石墙的台城。内城垣依山势而建，部分建于山脊之上，为高出地面的石砌城垣，现存长5700余米，宽约2.5米，保存最好处现高出地表1米多。外城系利用内城东南部墙体，向东南方向再

[①] 国家文物局主编：《中国文物地图集·山西分册（上）》，中国地图出版社2006年版，第86页。

[②] 高江涛：《中国文明与早期国家起源的陶寺模式》，《三代考古》（五），科学出版社2013年版。

[③] 陕西省考古研究院等：《陕西神木县石峁遗址》，《考古》2013年第7期。

行扩筑的一道弧形石墙，绝大部分墙体为高出地面的石砌城垣，现存长约4200米，宽2.5米左右，保存最好处现高出今地表亦有1米余。城垣城门结构复杂。皇城台门址主要由广场、外瓮城、南北墩台和内瓮城等四部分构成，与外城门址的结构类似。

2. 宫殿区与宫城

皇城台位于内城偏西的中心部位，大致呈方形，为一座四面包砌护坡石墙的台城，台周边为堑山砌筑的多级护坡石墙，台顶面积约8万余平方米。台顶分布着成组的夯土建筑基址，台顶北侧有池苑遗迹，东侧偏南处有上下皇城台唯一的城门[1]。台顶发现的夯土作芯、砌石包边的"石包土"式大型台基，平面形状可能为南北向长方形，台基残高约4米，东西长超过80米。皇城台城门由南北墩台、内外瓮城、门道、广场及广场南北墙等构成。防御设施完备，成组夯土建筑集中，显示出皇城台应为石峁城址的宫殿区，也是宫庙基址、祭祀等礼仪性建筑所在[2]。

3. 贵族墓地

韩家圪旦墓地位于内城中部偏东的一处"舌形"山峁之上，与皇城台隔沟相望。2014年石峁考古队对该地点进行发掘，清理出41座墓葬，主要为竖穴土坑墓和石棺墓。M2为竖穴土坑墓，墓口长3.58米、宽1.94米，墓底长3.84米、宽2.22米、深3.95米。葬具为木棺，长2.8米、宽1米、高0.9米。墓室北壁有1处壁龛。棺外有一殉人。因墓室遭严重盗扰，仅在盗洞内发现少量遗物。根据该处墓地所处的位置以及大型墓葬中有殉人等现象，发掘者认为韩家圪旦地点是石峁遗址晚期一处大型贵族墓地[3]。

4. 珍贵遗物

石峁城址内出土有大量玉礼器、绿松石器、铜器等贵重遗物。

---

[1] 孙周勇等：《石峁遗址2018年考古纪事》，《中国文物报》2019年8月23日。
[2] 孙周勇等：《石峁遗址2015年考古纪事》，《中国文物报》2015年10月9日。
[3] 陕西省考古研究院等：《陕西神木县石峁遗址韩家圪旦地点发掘简报》，《考古与文物》2016年第4期。

自20世纪70年代中期至今，已发现玉器数百件[①]。2012年以来，石峁遗址又陆续出土诸多玉器[②]。玉器磨制十分精细，特色鲜明，其原料主要为墨玉和玉髓，器类主要有钺、璜、牙璋、刀、铲、圭、璧镰、斧、璇玑、人面形雕像等。此外，遗址范围内还发现有小件绿松石坠饰以及刀、锥等铜器。在皇城台瓮城回填土中，还发现有制作青铜武器的石范，表明当时石峁遗址已具备生产和铸造青铜武器的能力。近年考古人员在对"石峁遗址"皇城台遗迹进行发掘时，还发现制作精美的石雕、陶鹰、口簧、卜骨、玉钺等。这些贵重物品，尤其是大量的玉礼器显然是供最高统治阶级使用的。

5. 遗址的较大规模

石峁遗址规模巨大，城址总面积逾400万平方米，其中内城面积约210万平方米，外城面积约190万平方米，成为中国最大的史前城址之一。外城、内城及皇城台均修建有大型石砌城垣，城垣总长度约10千米，宽度不小于2.5米，即便以残存最高处5米计算，总用石料量将达12.5万立方米，其所需的劳动力资源远非本聚落人群可以承担[③]。皇城台城门外广场为一南北走向、面积超过2100平方米的平整场地，是目前我国发现确认的史前时期最大的广场遗存。

6. 辐射力与影响力

以石峁遗址为代表的石峁文化广泛分布于河套地区。在石峁城址周围，分布着大量二级、三级聚落遗址。近年考古工作者在陕北榆林地区的黄甫川、石马川、窟野河、秃尾河、佳芦河等流域进行考古调查，发现20余座龙山时代的石城址。这些城址规模差异明显，从数千平方米到400万平方米不等，以石峁城址规模最大，体现了石峁邦国内部的聚落等级；文化面貌与石峁城址相近，彰显了

[①] 王炜林、孙周勇：《石峁玉器的年代及相关问题》，《考古与文物》2011年第4期；张鹏程、邵晶：《"早期石城和文明化进程——中国陕西神木石峁遗址国际学术研讨会"纪要》，《中国文物报》2016年9月13日。

[②] 孙周勇、邵晶：《石峁是座什么城？》，《光明日报》2015年10月12日。

[③] 孙周勇、邵晶：《石峁是座什么城？》，《光明日报》2015年10月12日。

石峁都邑的辐射力与影响力。其中府谷寨山城址西南距石峁城址约60千米，属于石峁都邑以外的二级聚落，城内面积约60万平方米，发现石砌城墙、马面、核心台基、等级（四类）墓葬[1]，其建造方法、文化形态、年代与石峁城址有较多的一致性。石峁遗址往东黄河东岸的山西保德林遮峪遗址面积约40万平方米，发现有龙山时代的石城墙、房基和墓葬，遗址内含与石峁城址相似[2]。兴县碧村城址位于黄河与蔚汾河交汇处，西距石峁城址51千米，遗址面积75万平方米。南、北、西三面分别以蔚汾河、猫儿河、黄河为天然屏障，东部筑石城墙。以龙山时期遗存最为丰富，发现大型白灰地面石砌房址，出土诸多陶器、玉器等，其文化面貌与石峁遗址有诸多一致性。在碧村周围不到100平方千米的范围内，发现5处龙山时期石城址，相邻城址间距在10千米左右，除碧村遗址外，其他面积多在10万平方米以下，文化面貌基本相同[3]。

（三）王城岗城址

从早期都邑认定标准来看，目前材料显示，王城岗城址至少符合大型城垣、宫庙建筑、"重器"的使用、遗址的较大规模、辐射力与影响力等早期都邑标准，其性质无疑当为早期都邑，应是"嵩山东南部、颍河中上游的重要的中心聚落"[4]。

1. 大型城垣

王城岗遗址早期建造有东西并列的两小城，其中东城东部已被河水冲毁，残存南垣西段长约30米，西垣南段残长约65米。西城的东垣沿用东城的西垣，另外新建南垣、西垣和北墙垣。南垣长

---

[1] 邵晶等：《石峁文化次级聚落：陕西府谷寨山石城考古新发现》，《中国文物报》2020年10月16日。

[2] 马升等：《山西省保德县林遮峪遗址调查试掘有重要发现》，《中国文物报》2005年9月28日；王俊、崔俊俊：《山西林遮峪遗址发现龙山时期石城等重要遗迹》，《中国文物报》2020年8月7日。

[3] 张光辉等：《山西兴县碧村发现龙山石城及大型石砌房址》，《中国文物报》2015年8月28日。

[4] 方燕明：《登封王城岗遗址聚落形态再考察》，《中原文物》2007年第5期。

82.4米，西垣长92米，北垣西段的残存长度为29米，西城的南垣东端与东城西南角之间有一段长9.5米的缺口，似为西城的城门设施。王城岗大城由城垣和城壕构成，城垣复原长600米，宽580米，周长约2360米，城壕可能由人工挖筑壕沟和自然河流组成。对北城垣进行解剖后发现，城垣为平地起建，直接建在生土之上，采用夯筑法修建，夯层之间铺有一层细沙，夯窝清晰。

2. 宫庙建筑基址

王城岗西小城中西部较高处和东北部一带发现多处夯土基址遗存，由于原地面上的夯土基址遭到后期活动的严重损毁，残留下来的夯土基址遗存只是一些填埋有人骨架与人骨的夯土奠基坑、夯土坑和看不出形制的夯土残片。虽然原有的夯土建筑的大小及形状已无从知晓，但经过对奠基坑、夯土坑和夯土残片等的发掘，从其分布区域及相互间距离较近的现象观察，仍可以大体复原出呈方形或长方形、面积数十平方米至150平方米不等的夯土建筑基址。奠基坑基本都处于勾画出的大型建筑基址范围内，表明西城内的夯土建筑应是当时城内重要的建筑遗存[①]。王城岗大城北部正中、中部发现几处面积大小不一的夯土。结合所处位置推测，这几处夯土不排除为宫殿宗庙类建筑基址的可能性。

3. 珍贵遗物

王城岗大城出土有少量石琮、残铜片等珍贵遗物。其中石琮为灰黑色蛇纹石化大理石，方筒状，外方内圆，单节，转角处两侧各有一竖射线，转角处两侧上下两端均下凹，制作十分精美。琮作为古代用于祭祀的重要礼器，象征持有者较高的身份和地位。在西城内西南部一座平面呈椭圆形袋状灰坑内，发现一块铜器残片。铜片残宽6.5厘米，残高5.7厘米，壁厚0.2厘米。发掘者比对王城岗龙山文化陶鬶的形制，推测可能是铜鬶的腹与袋状足的部分残片，

---

① 河南省文物考古研究所、中国历史博物馆考古部：《登封王城岗与阳城》，文物出版社1992年版，第28—42页。

经检测是含锡、铅的青铜铸器。从铸造工艺看，这件青铜容器残片可能并非用单范或双合范铸造，而应是多合范法铸造的容器，说明这一时期的青铜铸造技术已相对成熟[①]。此外，王城岗遗址还发现少量玉器、绿松石器及白陶片，这些遗物因制作技术相对复杂和原料不易获得，其生产、流通和使用一般是被社会上层所掌控，这进一步说明王城岗城址的等级之高。值得注意的是，王城岗城址出土的一件陶杯的底部外侧，发现有一文字符号，系在烧制前刻划而成[②]。文字遗存的发现，表明王城岗文明化进程已进入文明社会。

4. 遗址的较大规模

王城岗遗址规模大，大城和两座小城均发现有大型城垣，大城城垣圈围面积达30多万平方米。通过模拟实验，使用当时的石制生产工具修筑面积30万平方米的城址，1000名青壮年劳动力每天工作8小时，需要连续工作14个月才能完成，而且不包括建造城邑前设计、测量等工作耗费的人力、物力和时间[③]。也就是说建造王城岗大城不可能只单靠城址内部人员的力量，而需要征集更大范围内其他聚落的劳动力来共同完成。

5. 辐射力与影响力

王城岗城址为嵩山地区的大型中心聚落。该城址复原面积为34.8万平方米，是目前中原腹心地区发现的面积最大的龙山文化城址。据早年聚落群调查材料，颍河上游的登封盆地共发现包括王城岗遗址在内的龙山文化晚期聚落12处，从而形成一个小聚落群。这些遗址可分为两类，即分布于颍河主河道北岸的较大聚落和分布于颍河主河道及其支流、位于较大聚落外围的较小聚落。这些聚落中，除王城岗城址的面积在30万平方米之上，超过10万平方米的聚落

[①] 河南省文物考古研究所、中国历史博物馆考古部：《登封王城岗与阳城》，文物出版社1992年版，第99页；李先登：《王城岗遗址出土的陶器残片及其他》，《文物》1984年第11期。

[②] 河南省文物考古研究所、中国历史博物馆考古部：《登封王城岗与阳城》，文物出版社1992年版，第76页。

[③] 河南省文物考古研究所、北京大学考古文博学院：《登封王城岗考古发现与研究（2002—2005）》，大象出版社2007年版，第64、790页。

只有 2 处，其他聚落面积大多为几千平方米[①]。这 12 处聚落明显可分为大、中、小三级，呈金字塔状分布，而王城岗城址因其面积最大、规格最高而处于中心聚落的位置，并对其他次级聚落行使一定的控制权。

（四）石家河城址

从早期都邑认定标准来看，目前材料显示，石家河城址发现有大型城垣、宫殿宗庙区以及高等级墓葬、手工业作坊，还发现大量制作精美的玉器，遗址规模较大，辐射力与影响力明显，已经具备早期都邑的主要特征。

1. 大型城垣

石家河城址发现有大型城垣。内城垣周长超过 4400 米，城墙基本宽 100—80 米。其中西墙中南段及南墙西段保存较好，地表所见墙体宽约 30 米，残高约 4 米，规模宏大。

2. 宫殿宗庙区

2015—2016 年，考古工作人员在谭家岭东部高地发现一处石家河文化早期的建筑台基，残存面积达 144 平方米。由于谭家岭遗址位于石家河遗址的中心，且从油子岭文化晚期建造城垣开始，一直属于居住区。在此发现的这处石家河文化时期的建筑台基可能昭示着谭家岭古城范围是石家河聚落的宫殿宗庙区。

3. 高等级墓葬

在石家河聚落群南端的肖家屋脊遗址，发现有大规模的石家河文化墓葬群，共清理墓葬 109 座，出土各类随葬品 558 件，且这些随葬品出自其中的 32 座。其中有 3 座墓葬规模较大且随葬品较多。石家河文化早期 M7 为长方形竖穴土坑墓，墓坑的足端和两侧均有二层台。坑口长 3.2 米、头端宽 2.35 米，坑底长 2 米、宽 0.9 米，深 0.95 米。该墓出土随葬品 103 件，均为陶器和石器。M7 所在的墓地出现了以

---

① 北京大学考古文博学院、河南省文物考古研究所：《登封王城岗考古发现与研究（2002—2005）》，大象出版社 2007 年版，第 676—678 页。

M7 为中心的分布格局，在 M7 南、北两侧各有 5 座墓，距离 M7 近的墓葬随葬品较多，体现了该墓墓主较高的地位。此外，石家河文化晚期墓葬 W6 发现随葬品 59 件，其中仅玉器就有 56 件，且不乏制作十分精美者。显然，这些大型墓葬墓主生前的地位应较高。

4. 高等级手工业作坊

石家河城址城内邓家湾遗址、城外肖家屋脊遗址都曾出土过铜矿石，再结合城内发现有少量的铜器残片[1]，推测古城内或其附近可能有铸铜作坊。另外，在肖家屋脊遗址发现的瓮棺葬中，有用半成品玉器和玉器边角料随葬的现象，推测这些玉器当为本地生产，也就是说石家河遗址附近很可能还有玉器作坊。

5. 珍贵遗物

石家河城址内及其附近出土有大量的玉器，且这些玉器多为瓮棺葬随葬品。尤其是在谭家岭遗址发现的 5 座瓮棺中随葬了 240 余件精美玉器，如神人头像、双人连体头像玉玦、虎座双鹰玉饰、玉牌饰、虎形玉冠饰、玉虎、玉鹰等，种类丰富，造型非常生动，制作技术精湛，反映出玉器加工工艺的较高水平。虽然这些出土玉器的瓮棺葬的年代多属于石家河城址衰落期（或称"肖家屋脊文化"时期、"后石家河文化"时期），但其位于石家河城址中心区，不排除其在石家河时期也使用大量珍贵玉器的可能性。

6. 遗址的较大规模

石家河城址由大型城垣和城壕组成，城垣内面积约 120 万平方米，城壕圈围面积达 180 万平方米，是目前发现的规模最大的石家河文化城址，也是长江中游地区最大的史前城址。在石家河城址周围密集分布着 30 多处新石器时代遗址，形成以石家河城址为中心、面积达 8 平方千米的石家河聚落群，成为汉江平原地区面积最大、等级最高的石家河时期聚落群。

---

[1] 湖北省文物考古研究所等：《邓家湾》，文物出版社 2003 年版，第 243 页；湖北省荆州博物馆等：《肖家屋脊》，文物出版社 1999 年版，第 296 页。

7. 辐射力与影响力

石家河城址文化积淀丰厚，其中的大型居住址、大型祭祀遗址（印信台）、大型制陶作坊遗址及可能存在的铸铜和制玉作坊遗址，都表明石家河古城中已有较为明确的功能分区，都邑发展水平明显高于周边地区。规模宏大的垣壕设施，以及出土铜器、玉器、孔雀石、带刻划符号的高规格遗物等，充分证明了石家河城址是长江中游地区的文明中心，具有文化引领与文化辐射的重要作用。

（五）宝墩城址

从早期都邑认定标准来看，目前材料显示，宝墩城址至少已符合大型城垣、宫殿宗庙、遗址的较大规模、辐射力与影响力等标准，理应具备都邑性质。学界大多认为宝墩城址具备中心聚落性质①。

1. 大型城垣

宝墩城址由城壕、外城和内城构成，内外城四面皆发现有断续的条埂状的城垣。其中内城城垣南北长 1000 米，东西宽 600 米，周长约 3200 米。其东垣残存底宽 8.4 米，顶宽 3.15 米，高 1.85 米。外城垣周长约 6200 米，残宽 15—25 米，残存高度约 1.5 米—4 米不等，墙体外侧壕沟宽 10—15 米。城垣采用斜坡堆筑法建成，并使用了板或木棍之类的夯筑工具。

2. 宫庙建筑

宝墩内城、外城均发现多组大型建筑基址②。内城鼓墩子地点发现 3 组，其中的 F1 结构以长方形主体房屋为中心，南北两侧为附属建筑，总面积约 360 平方米。主体房屋地面垫有纯净黄土，南北长

---

① 陈云洪、颜劲松：《成都平原宝墩文化史前城址群初步分析》，《中国古都研究》第十九辑，四川大学出版社 2004 年版；段渝、陈剑：《成都平原史前古城性质初探》，《中国古都研究》第十八辑下册，国际华文出版社 2001 年版；刘修兵：《宝墩遗址：4000 年前的王者之城》，《中国文化报》2014 年 5 月 13 日；曾江：《长江上游的文明初曙》，《中国社会科学报》2016 年 1 月 8 日。

② 成都市文物考古研究所等：《新津县宝墩遗址鼓墩子 2010 年发掘报告》，《成都考古发现（2012）》，科学出版社 2014 年版；何锟宇：《宝墩遗址：成都平原史前大型聚落考古新进展》，《中国文化遗产》2015 年第 6 期。

约20米，东西宽约10.5米；北侧附属建筑长约10.5米，东西宽约7.5米，南侧附属建筑南北长约9米，东西宽约8米。F1南、北两端也分别发现一处结构与其相似的大型建筑基址。此外，在内城田角林、蒋林地点也分别发现大型夯土建筑基址，这些建筑基址规模大，单体面积均在200平方米以上。外城西南部还发现一处夯土台基，残长20余米，宽约6米，高约1米。台基东侧发现有600平方米的活动面，台基上还发现排列规律的柱洞。这些建筑建造考究，布局规整，主次分明，规模大，很可能是宝墩文化时期大型礼仪性建筑。而F1所在的建筑群体，处在内城的核心区域，应是宫殿宗庙区所在。

3. 遗址的较大规模

宝墩遗址内城面积约60万平方米，外城（城垣外侧的壕沟外侧边为界）面积约276万平方米，城垣内侧面积也有253万平方米，是成都平原宝墩文化聚落中最大的一座城址，也是中国史前时期最大的城址之一。城内有专门的居住区和墓葬区。大型建筑基址规模大，规格较高。

4. 辐射力与影响力

宝墩文化是龙山时代四川盆地的考古学文化，以成都为中心，以成都平原为基本分布区。成都平原地区目前发现的属于宝墩文化的史前城址有新津宝墩（276万平方米）、郫县古城（即梓路城址，31万平方米）、温江鱼凫村（32万平方米）、都江堰芒城（10万平方米）、崇州双河古城（10余万平方米）与紫竹村（超过20万平方米）、大邑盐店（30万平方米）与高山（34万平方米）等8处城址，另有一般聚落遗址数十处[1]。从城垣和建筑的规模、规

---

[1] 江章华、王毅、张擎：《成都平原早期城址及其考古学文化初论》，宿白主编：《苏秉琦与当代中国考古学》，科学出版社2001年版；成都文物考古研究所等：《大邑县盐店古城遗址2013年发掘简报》，《成都考古发现（2013）》，科学出版社2015年版；成都文物考古研究所等：《2012—2013年度大邑县高山古城遗址调查试掘简报》，《成都考古发现（2013）》，科学出版社2015年版。

格以及城内出土的丰富遗物来看，宝墩古城面积最大，规格较高，文化遗存丰富，有内、外双重城垣，应是成都平原宝墩文化区的一个中心聚落。

（六）良渚城址

从早期都邑认定标准来看，良渚城址符合大型城垣、宫殿宗庙、王陵、高等级手工业作坊等全部主要标准以及"重器"的使用、遗址的较大规模、辐射力与影响力等全部参考标准，完全具备早期都邑性质。

1. 大型城垣

良渚城址建造有大型城垣，包括内城城垣和外城城垣。内城城垣平面略呈圆角长方形，总长约6000米，现存垣宽20—60米，部分地段宽145米，保存最好的北城垣现仍高出所在地面约4米，一般残高2米左右。已发现9座城门，包括陆门1座和8座水门。城垣是在充分利用自然地势基础上，由黄色黏土分层堆筑（垒土）而成，由城垣主体、内外马面及护坡组成。垣体主体底部普遍铺垫有20—40厘米的石块，多数"马面"下也铺垫有石块。尽管良渚城垣有一定的特殊性，如城垣较宽、坡度较缓、城垣内外均有护城河，但这些特点是长江流域早期城址的普遍特点，与主要为防御洪水、次为军事防御的建城目的直接相关。外城城垣由扁担山、和尚地、里山、郑村、高村、卞家山等17处断续分布的人工营造的长垄状台地构成。

2. 宫殿宗庙区

良渚城址内城中北部中心区域的莫角山遗址是在自然山体上加筑而成的规整的长方形台体，规模宏大，筑造讲究。土台呈长方形覆斗状，台基长约630米，宽约450米，面积近30万平方米，高3—17米不等。该台地系人工有意堆筑而成，底部较为规整，台基边缘坡度陡，外围还设置有壕沟，实际上已具备宫城的功能。

宫殿区位于莫角山古尚顶土台。台顶有大片夯筑基址和大型柱洞遗迹，发现莫角山、小莫角山、乌龟山三座宫殿基址。在其东南部发现大面积坡状红烧土堆积，三个小土台南部及莫角山土台之间分布有约3万平方米的砂土层广场。其中大莫角山台基位于古尚顶土台的东北部，是古尚顶土台上三座宫殿台基中面积最大的一个，也是城内最高的地点。土台为覆斗形长方体，台底东西长约175米，南北宽约88米，总面积约1.5万平方米，包括围沟部分东西长约180米，南北宽约110米，面积约2万平方米。该土台文化层地表海拔最高处18米，人工堆筑最厚处16.5米，与古尚顶台面相对高度约6米。发掘者推测莫角山遗址应是良渚城址的礼制建筑中心，即宫殿宗庙区[①]。

3. 贵族墓地

良渚城址发现反山、瑶山、汇观山三处大型祭坛和墓地。它们或为堆土量达数万立方米的人工修筑土台，或修整较高的岩石山丘再堆土筑台，台上分布有成组的墓葬，形成壮观的坟山。反山遗址体量最大、规格最高。该遗址位于莫角山之西，为一长90米、宽30米的人工堆筑土台。土台的顶部发现有长方形的硬面，长约10米，宽约8米，由不规则的小块烧土和黄土夹杂铺成，极其坚实，整个遗迹呈暗红色，应为祭坛遗址。在祭坛上及周围发现大型墓葬11座，其中9座墓葬大致分为南、北两排，另两座偏于西侧一隅，整个墓地墓葬之间不见打破关系，体现出一定的规划和布局。这些墓葬均较宽大，长约3米、宽2米，多数墓深1.3米，发现有棺木痕迹；出土大量的玉器、石器、嵌玉漆器和陶器，其中尤以大量的玉礼器最为引人注目[②]。瑶山遗址位于良渚遗址群的东北角，其布局与反山相似，由祭坛和分布于祭坛周围的大型墓葬组成，面积约400平方米。在遗址的最高处有一略呈方形的红土台，边长在5.9—7.7

---

① 刘斌、王宁远：《2006—2013年良渚古城考古的主要收获》，《东南文化》2014年第2期；浙江省文物考古研究所：《良渚古城城内考古发掘及城外勘探取得重要收获——发掘莫角山宫殿区、姜家山贵族墓地和钟家港古河道》，《中国文物报》2016年12月16日。

② 浙江省文物考古研究所反山考古队：《浙江反山良渚墓地发掘简报》，《文物》1988年第1期；浙江省文物考古研究所：《反山》，文物出版社2005年版。

米之间，表面平整，为祭坛遗存，12座墓葬有规律地分布于祭坛南半部。汇观山遗址位于反山西侧，也由祭坛和大型墓葬组成。祭坛为覆斗状的高土台，顶面基本为长方形，长约45米，宽约33米，祭坛西南部发现4座墓葬。瑶山和汇观山发现的墓葬大多随葬有大量的玉器、陶器和石器。这三处墓地发现的墓葬规模大，随葬品数量多，以玉器为主，墓葬在祭坛之上或周围以一定的规律排列分布，可见墓主的身份地位较高，应为贵族阶级。其中有个别墓葬不乏王者之气，可能属于王陵级别大墓。

4. 高等级手工业作坊

在内城钟家港古河道边缘，出土大量与玉器制作相关的玉料、钻芯、石英片等遗存，还发现有漆木器坯件、骨器残料等遗物，说明附近当存在制作玉器、漆木器、骨器的作坊，手工业出现了专门化、复杂化的分工。

5. 珍贵遗物

良渚城址出土大量玉器，包含琮、钺、璧、璜等礼器以及三叉形器、冠状饰、锥形器、半圆形饰、柱形器、镯、织具、纺轮等，还出土有珍贵的嵌玉漆器。这些物品大都出自大型墓葬，特别是反山和瑶山两处墓地的墓葬中，表明了墓主人的高贵身份。良渚出土的玉器上多有精美的纹饰，其中神秘的神人兽面纹饰可能代表墓主人不仅拥有世俗的权力，也拥有神的权力。

6. 遗址的较大规模

良渚城址由宫殿区（宫城）、内城、外城组成，规模宏伟，是龙山时代长江下游地区规模最大的城址聚落。莫角山所在的宫殿区台基面积近30万平方米。内城由城垣及内外护城河构成防御体系，总面积达290多万平方米，设置有宫殿区、一般居住区、墓葬区、祭祀区、手工业作坊区等。城内古河道纵横交错，形成了复杂的河网系统。内城周围存在着诸多良渚遗址聚落，形成的外郭城总面积近8平方千米。外城之外的北部和西北部，还存在大型外围水利系统，并以坝群的形式分布。整个水坝系统由自然山体间的多段坝体组合而成，其中位于城址北部的塘山水坝群全长约5千米。修建如此大规模的水利系统必然要耗费大量的人力、物力，体现出良渚城址至高无上的地位。

7. 辐射力与影响力

以良渚遗址为代表的良渚文化分布的空间范围较大，涵盖长江下游太湖流域的广大区域，其分布的中心区域便是杭州市余杭区境内（主要集中在瓶窑镇和良渚街道）的良渚遗址。良渚遗址是一处规模宏大、精心规划、布局严整、结构复杂、等级分明、功能分区明确、规格颇高的大型城址，是良渚聚落群的中心聚落，应当是良渚文化邦国的政治、经济、宗教和文化的中心[①]。良渚古城以莫角山宫殿区为中心，向外依次修建城垣、外郭城、外围水利设施，城内分布宫殿、王陵、祭坛、手工业作坊等功能分区，形成了完备的城市格局，成为中国古代都城宫城、皇城、外郭三重结构的滥觞。良渚遗址出土玉器的类型、功能、纹饰与用玉制度以及所反映的礼制，特别是反山墓地"琮王"所展现的良渚玉器最为经典的纹饰"神人兽面纹"，对同时期各文化以及之后的二里头文化为代表的夏代文化产生了重要影响。

（七）其他遗址

从早期都邑认定标准来看，新密古城寨、禹州瓦店、日照尧王城等城址符合部分主要标准和参考标准，具备早期都邑性质的可能性。

古城寨城址发现有大型城垣、大型夯土建筑基址，可能存在铸铜作坊，出土一批精美遗物。该城址南北城垣基长500米，东西城垣基宽370米，城内遗址面积超过17万平方米。其中东城垣地上墙体长345米，底宽36—40米，高13.8—15米。城址发现有南、北两个城门。城外北部和东部有专门的护城壕，宽34—90米，深4.5米。城内中部略偏东北发现一组规模较大、分布密集、规格较高的夯土建筑群。其中F1为南北向长方形高台建筑，长28.4米，宽

[①] 严文明：《良渚随笔》，《文物》1996年第3期。

13.5 米，面积 383.4 平方米，其南、北、东三面皆有回廊，是目前中原地区发现的最高规格的史前大型夯土建筑。此外，还在城内发现有加工精细的陶器、石器、玉器、骨器、蚌器及熔炉残块等遗物。熔炉残块的出土，说明当时金属冶铸业已经存在。古城寨遗址规模大，总面积达 27.65 万平方米。在古城寨城址周围，分布着新碧、五虎庙、人和、金钟寨等面积超过 10 万平方米的聚落遗址，另有数量较多的小型聚落遗址，它们共同构成了一个扇形结构的、以古城寨遗址为中心的"古城寨聚落群"[1]。因此，古城寨遗址应具有早期都邑性质，为当时的一个区域统治中心。

瓦店遗址规模大，发现有大型环壕、大型建筑基址和祭祀遗存，还可能有大型城垣，出土一些精美的遗物，其为早期都邑的可能性很大。该遗址总面积达 100 余万平方米，由西北台地（面积约 50 万平方米）和东台地（面积约 56 万平方米）组成。西北台地发现大型壕沟（HG1），由西壕、南壕和东壕构成，壕沟圈围面积达 40 余万平方米。西北台地环壕内中部偏南处发现两处与南壕走向大体一致并呈东、西相对分布的大型建筑基址，其间距约 300 米，可能为祭祀建筑遗存。其中东部的 WD2F1 夯土建筑基址大体呈"回"字形，面积近千平方米，分块夯筑而成，在基址上发现用于奠基或祭祀的人牲和动物遗骸数具[2]；西部建筑基址的 WD1TJ1 呈长方形，南北长 35 米，东西宽 30 米，面积近千平方米，用纯净黄土多层铺垫基础，铺垫层中发现有人头骨，出土玉鸟、玉铲、残玉璧、鸟形盖陶盉、陶鸟、陶铃、陶列觚、白陶或黑陶（蛋壳）或灰陶的成套酒器、带刻划符号（鸟纹）的陶片、云雷纹陶片、大卜骨等一批精美遗物，充分表明此遗址规格应较高。瓦店遗址所在的颍河上游及其支流沿岸，分布着大量龙山至二里头时代的遗址，其中瓦店遗址为大型聚落，其周围分布着沙陀、董庄、龙池、下毋、谷水河、阎寨等诸多

---

[1] 钱耀鹏：《中原龙山城址的聚落考古学研究》，《中原文物》2001 年第 1 期。
[2] 河南省文物考古研究院、河南省夏文化研究中心、北京大学考古文博学院：《河南禹州瓦店遗址 WD2F1 建筑发掘简报》，《华夏考古》2021 年第 6 期。

小型聚落，凸显其统治中心地位①。

从早期都邑认定标准来看，尧王城城址至少已具备大型城垣、高等级墓葬、高规格遗物、遗址的较大规模、辐射力与影响力等，不排除其龙山文化时期成为都邑的可能性。尧王城遗址是鲁东南地区的中心聚落，内外城总面积已接近 60 万平方米，城址面积超过 400 万平方米，是山东地区目前所见规模最大的史前城址。城墙规模大，内城城垣周长约 1400 米，外城城垣总长约 3200 米，其中北城垣主体宽约 26—28 米。内城东墙发现一处墓地。其中 M26 等级较高，出土陶器 13 件、玉器 2 件、骨器 2 件，葬具可能为独木棺，随葬有方形玉璧、玉斧和骨梳。祭祀遗存主要分布在内城北部，有方形和圆形两种遗迹。方形者台基边长 8 米，以黄色砂黏土夯筑而成，台面平整，局部有火烧痕迹。在台基的一侧有斜坡通道，两侧铺石。在祭祀台的周围通常分布有器物坑，内摆放有大量完整的磨光黑陶和蛋壳黑陶器，出土大量陶器、石器，还出土一定数量的玉器、彩陶和带文字符号的陶器等珍贵遗物。发现有土坯错缝垒砌房屋建筑的现象。出土有铜渣，显示出当时有一定规模的青铜铸造业和对青铜器的使用。该城址正处于东部沿海地区南北重要通道上。从遗址的较大规模和多重城垣、高等级建筑、随葬高等级礼器墓葬可以看出，尧王城遗址在龙山时代当已步入文明社会，并在山东东部广大区域处于领先地位②。

（八）综合分析

通过对考古发现的龙山时代诸大型城址的分析可知，龙山时代各区域城邑建筑形式、结构等具有多样性和同一性，并表现出一些显著特征，已具备形成早期都邑的基本条件。

其一，龙山时代大型城邑广泛建造，规模大，建造技术先进。龙山时代社会冲突较之前更加激烈，其表现在城邑的广泛应用上。

---

① 安金槐：《豫西颍河上游在探索夏文化遗存中的重要地位》，《考古与文物》1997 年第 3 期。

② 梁中合、贾笑冰：《尧王城遗址与尧王城类型再探讨》，《北方文物》2017 年第 3 期。

大型城址面积至少达 30 万平方米以上，几百万平方米城址屡见。开始构建完善的城市防御系统，用城垣、护城壕、环壕等防御设施抵抗外来暴力冲突，而且多数大型城址如陶寺、石峁、良渚、宝墩等城址已基本具备内外城或城郭之制的特点。城市建筑技术达到更高水平，夯筑、版筑技术得到推广。大型城垣、宫室、祭坛与大型墓葬的建造，表明此时期社会组织领导能力以及控制制约能力都进入更高的层次。

其二，城内核心地区有成组的大型夯土建筑组成的宫殿区。宫殿区的设置标志着贵族和平民的真正分化，突出了上层贵族独有的权力和地位。仰韶时代晚期大型城邑中仅出现大型公共礼仪性质的建筑，但普遍没有形成具有"宫殿性质"的大型建筑。与仰韶时代不同，龙山时代的陶寺、石峁、良渚等大型城址，都建造有规模宏大的宫城或宫室区。

其三，城市区域大都已经有较为明确的功能分区，体现出早期都邑城市规划的理念。功能分区是城市向前迈进的重要一步，能有效保证统治者对城邑内部进行统一化、制度化的集中管理，暗示着等级的分化、社会组织结构的变化。陶寺、良渚、石家河、石峁等大型城址发现有内外城、成规模的宫殿区、王陵区、高等级手工业作坊等不同的功能区。

其四，龙山时代大型城址，城市规模宏大，建造技术先进，文化内涵丰富多彩，是较大区域内的政治、军事、文化、经济之中心，对广大区域的辐射力与影响力十分明显。

总体来看，龙山时代的黄河中下游、长江中下游、成都平原以及北方地区，分别出现了陶寺、王城岗、尧王城、石家河、良渚、宝墩、石峁等大型城址。这些城址规模较大，以城址为中心形成了巨大的聚落群，对周围广大区域的控制力和影响力较为突出。城址内普遍发现大型城垣、可能为宫殿宗庙建筑的大型夯土基址、高规格手工业作坊遗存以及高规格的贵族墓葬、祭祀遗存，部分城址还有大型水利工程，出土铜器、玉器等珍贵物品，已具备早期都邑的主要特征，充分说明龙山文化时代属于都邑的形成时期。

当然，由于龙山文化时代社会发展刚刚步入文明社会，属于早期国家的邦国时期，故与夏商王国时期较为成熟的都邑相比，龙山时代都邑在城市规模、功能区划、规划布局、建造技术等方面仍存在一定的原始性和初创性，辐射力与影响力也有一定的局限性。因此，我们可以把龙山时代称作早期都邑的"滥觞期"。

第四节　早期都邑的发展

进入夏商时期以后，社会生产力较之龙山时代有了极大的提高，社会复杂化程度进一步加剧，人口资源更为集中地分布在大型城市周围，社会发展已由邦国阶段进入王国阶段。伴随着广域王权国家的形成与出现，先后兴起了诸多大型王国都邑或区域性方国都邑，且呈现出有别于以往的新特点。

一　大型城址的发现

夏商时期是城市广泛建造时期。在夏商王朝控制区，考古工作者发现了新密新砦、偃师二里头、郑州商城、偃师商城、洹北商城与小屯殷墟等大型中心聚落遗址，还发现了新郑望京楼、郑州大师姑、焦作府城、垣曲商城、夏县东下冯、黄陂盘龙城、樟树吴城、新干牛城、广汉三星堆、西安老牛坡、清涧李家崖等规模稍小的大型遗址以及其他一些城址。

（一）新砦城址

新砦城址位于河南新密市东南约22.5千米的刘寨镇新砦村所属的苏沟、梁家台、煤土沟等自然村。该遗址由外壕、护城河、城垣和内壕构成，遗址总面积达100万平方米。城垣平面略呈方形，现存东、北、西三面城垣，圈围面积约70万平方米。城址以北220米外，有一条人工与自然冲沟相结合形成的外壕。内壕设在城内西南部地势较高的地点周围，现存东、西、北三面壕沟，圈占面积在6万平方米以上（图2-16）。城内发现大型建筑基址、道路、灰坑、制骨作坊等重要遗迹，出土铜容器残片、玉器、卜骨、陶器、石器等遗物①。

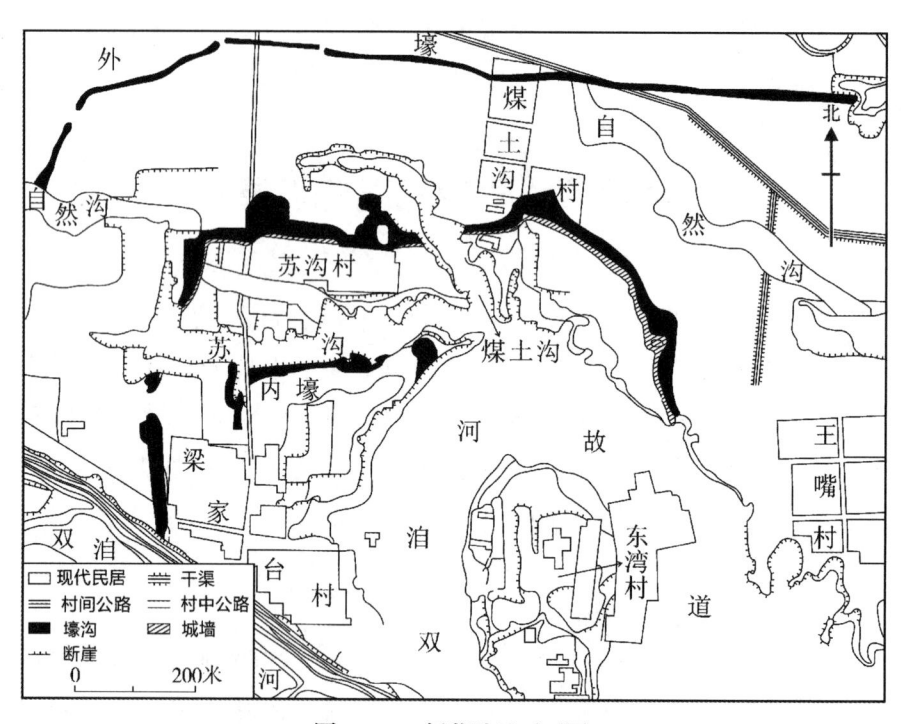

图2-16 新砦城址平面图

（二）二里头遗址

二里头遗址位于河南洛阳市偃师区西南约9千米处的二里头、

---

① 赵春青等：《河南新密新砦遗址发现城垣和大型建筑》，《中国文物报》2004年3月3日；赵春青：《新密市新砦龙山文化至二里头文化时期城址》，（中国考古学会编：《中国考古学年鉴·2004》，文物出版社2005年版）；北京大学震旦古代文明研究中心等：《新密新砦——1999—2000年田野考古发掘报告》，文物出版社2008年版；中国社会科学院考古研究所河南新砦队、郑州市文物考古研究院：《河南新密市新砦遗址东城垣发掘简报》，《考古》2009年第2期；中国社会科学院考古研究所河南新砦队、郑州市文物考古研究院：《河南新密市新砦遗址浅穴式大型建筑基址的发掘》，《考古》2009年第2期；赵春青、顾万发主编：《新砦遗址与新砦文化研究》，科学出版社2016年版；中国社会科学院考古研究所、郑州市文物考古研究院：《河南新砦遗址发掘再获重要发现》，《中国文物报》2017年6月2日。

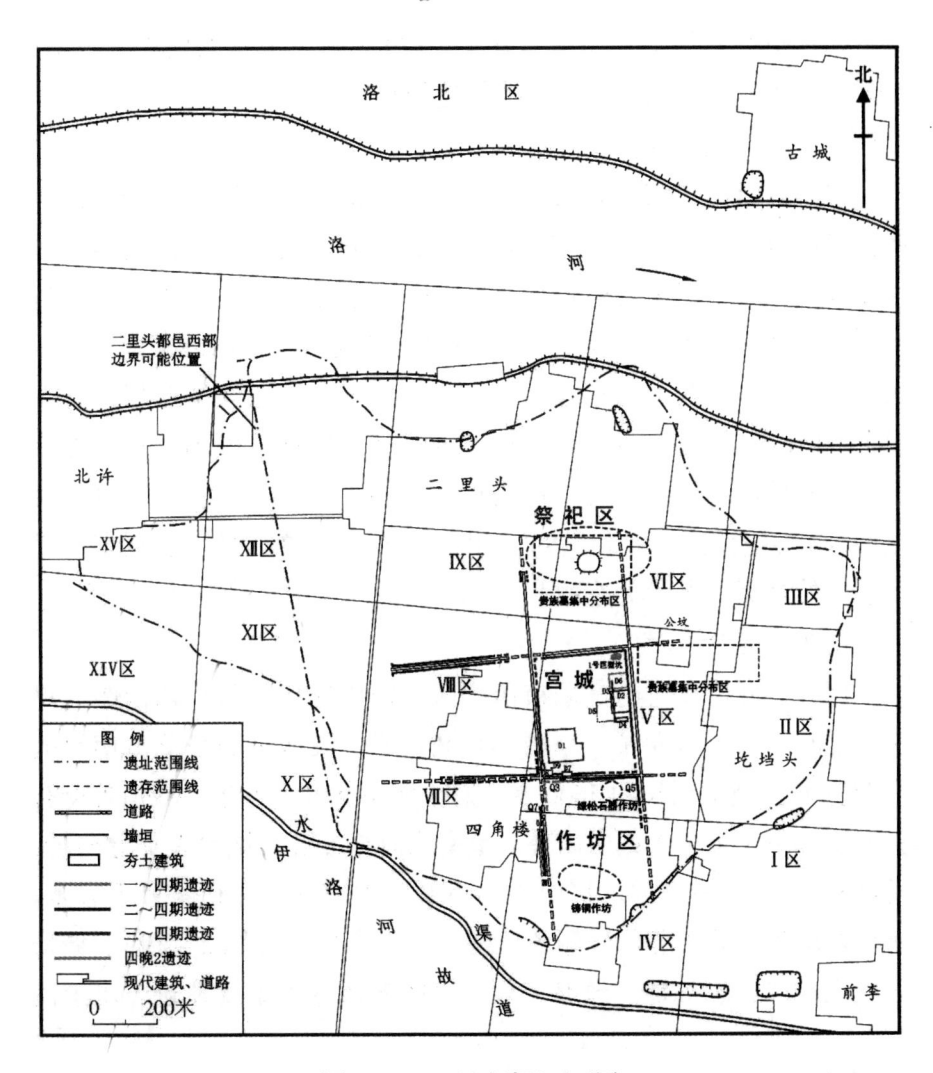

图 2-17 二里头遗址平面图

资料来源：赵海涛：《二里头都邑布局和手工业考古的新收获》，《华夏考古》2022 年第 6 期。

圪垱头、四角楼等村一带，地处洛阳盆地东部，沿古伊洛河北岸大致呈西北—东南向分布。遗址范围大约南北长 2000—2500 米，东西宽 2500 米，总面积约 300 万平方米。遗址未见大型城垣及城壕，发现有宫殿区与宫城、青铜冶铸作坊、绿松石器作坊、骨器作坊、纵横交错的道路网等重要遗迹（图2-17），出土丰富的陶器、石器、骨器、青铜器、绿松石器、玉器等遗物[①]。

（三）郑州商城

郑州商城位于河南郑州市市区偏东南部，大致在京广铁路以东、陇海铁路以北、黄河路以南、未来大道以西的范围内，由内城和外城组成，遗址总面积25平方千米。内城平面近似长方形，周长近7000米，城址面积3平方千米。外城仅发现西、西南、东南、南等段城垣，大体呈西南—东北向包围内城的弧形，已知探明城垣长度超过5000米，圈围面积超过10平方千米。城址范围内发现大型夯土建筑基址群、铸铜作坊、制陶作坊、制骨作坊、青铜器窖藏坑及墓葬等重要遗迹（图2-18），出土陶器、石器、骨器、铜器、玉器、原始瓷器、卜骨等遗物[②]。

（四）偃师商城

偃师商城位于河南洛阳市偃师区西南塔庄村一带，西南距二里头遗址6千米，由大城、小城和宫城构成。大城平面呈北宽南窄的"刀把形"，城垣周长约5500米，总面积190万平方米，城垣外侧有护城壕。小城位于大城中南部，呈南北向长方形，城垣有部分曲折，总面积约80万平方米。宫城位于小城内中南部，面积4万平方米。宫城西南和东墙中北段外侧各发现一处府库遗存（图2-19）。城址内发现大型建筑基址、道路、墓葬、铸铜遗存等重要遗迹，出土陶

[①] 中国社会科学院考古研究所：《偃师二里头——1959年—1978年考古发掘报告》，中国大百科全书出版社1999年版；杜金鹏、许宏主编：《偃师二里头遗址与二里头文化研究》，科学出版社2006年版；中国社会科学院考古研究所：《二里头（1999—2006）》，文物出版社2014年版；中国社会科学院考古研究所二里头工作队：《河南偃师市二里头遗址墙垣和道路2012—2013年发掘简报》，《考古》2015年第1期；赵海涛、许宏：《新探索与新收获：近十年二里头遗址田野考古概述》，《南方文物》2018年第4期；中国社会科学院考古研究所：《二里头考古六十年》，中国社会科学出版社2019年版；赵海涛：《二里头都邑聚落形态新识》，《考古》2020年第8期。

[②] 河南省文物研究所编：《郑州商城考古新发现与研究（1985—1992）》，中州古籍出版社1993年版；河南省文物考古研究所编著：《郑州商城——1953—1985年考古发掘报告》，文物出版社2001年版；河南省文物考古研究所：《郑州商城外郭城的调查与试掘》，《考古》2004年第3期；刘彦锋等：《郑州商城布局及外廓城垣走向新探》，《郑州大学学报》2010年第3期。

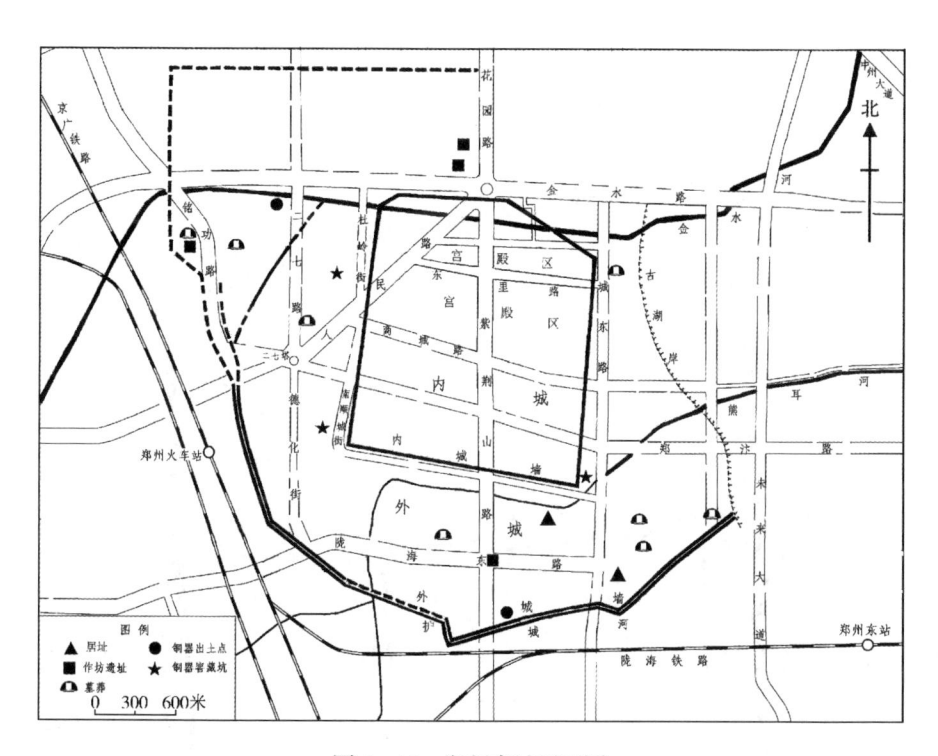

图 2-18 郑州商城平面图

器、石器、骨器、蚌器、铜器、玉器等遗物①。

(五) 洹北商城

洹北商城位于河南安阳市西北郊约 3.5 千米处, 殷墟保护区东北部, 由外城、宫城组成。外城平面基本呈方形, 面积约 470 万平方米。内 (宫) 城位于外城内南部, 平面呈长方形, 面积大约 41 万

---

① 中国社会科学院考古研究所洛阳汉魏故城工作队:《偃师商城的初步勘探和发掘》,《考古》1984 年第 6 期; 杜金鹏、王学荣主编:《偃师商城遗址研究》, 科学出版社 2004 年版; 中国社会科学院考古研究所河南第二工作队:《河南偃师商城西城垣 2007 与 2008 年勘探发掘报告》,《考古学报》2011 年第 3 期; 中国社会科学院考古研究所编著:《偃师商城 (第一卷)》, 科学出版社 2013 年版; 中国社会科学院考古研究所河南第二工作队:《河南偃师商城宫城第三号宫殿建筑基址发掘报告》,《考古》2015 年第 12 期; 谷飞、曹慧奇:《2011—2014 年偃师商城宫城遗址复查工作的主要收获》,《三代考古》(六), 科学出版社 2015 年版; 陈国梁等:《河南偃师商城遗址新发现大型仓储区及囷仓类建筑基址》,《中国文物报》2020 年 8 月 7 日; 中国社会科学院考古研究所河南第二工作队:《2018-2020 年偃师商城小城北城墙发掘简报》,《中原文物》2020 年第 5 期。

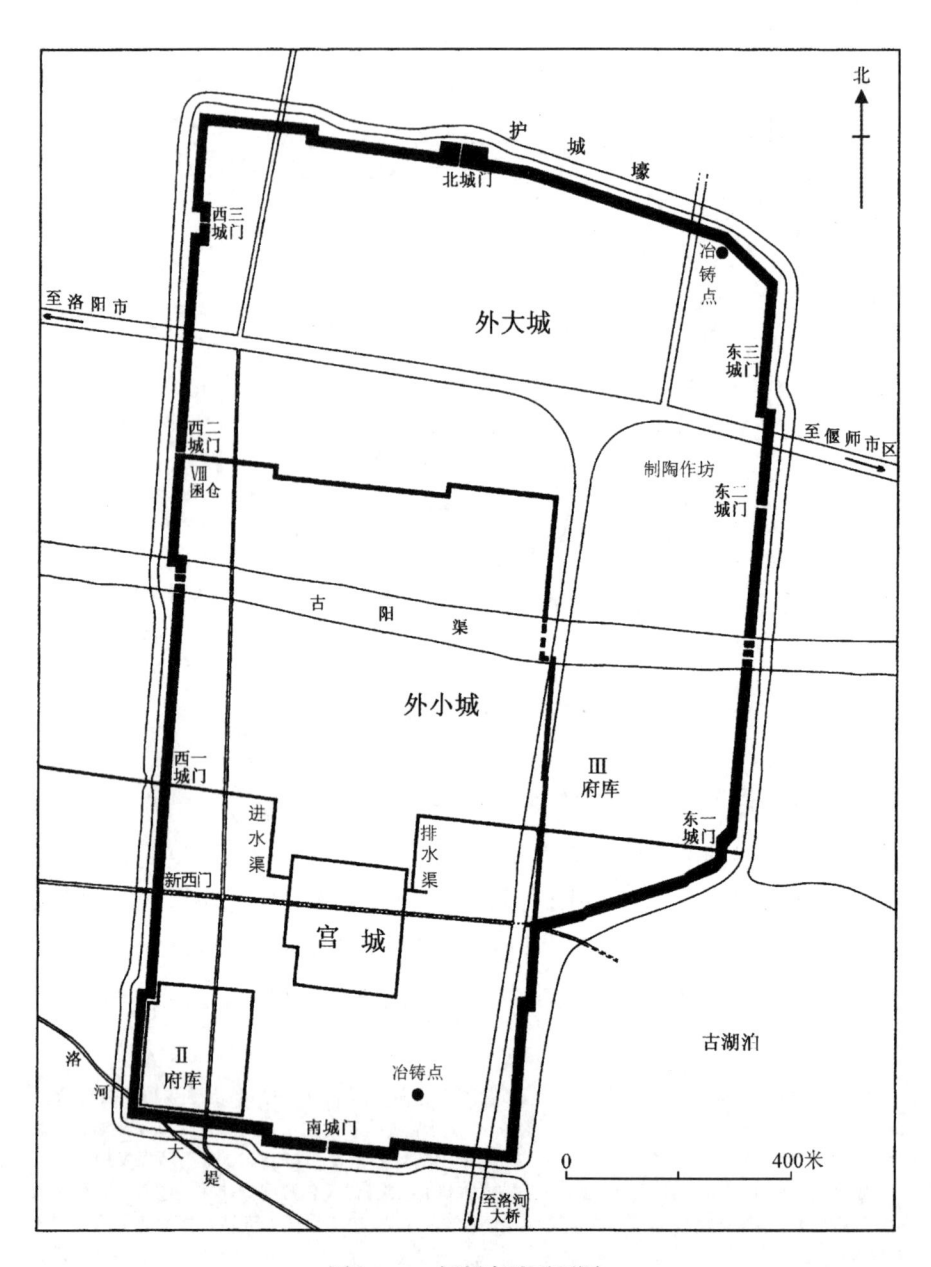

图 2-19 偃师商城平面图

平方米（图2-20）。城址范围内发现多处大型建筑基址、青铜器窖藏坑、铸铜、制陶和制骨作坊等重要遗迹，出土大量陶器、石器、骨器、铜器、卜骨等遗物[①]。

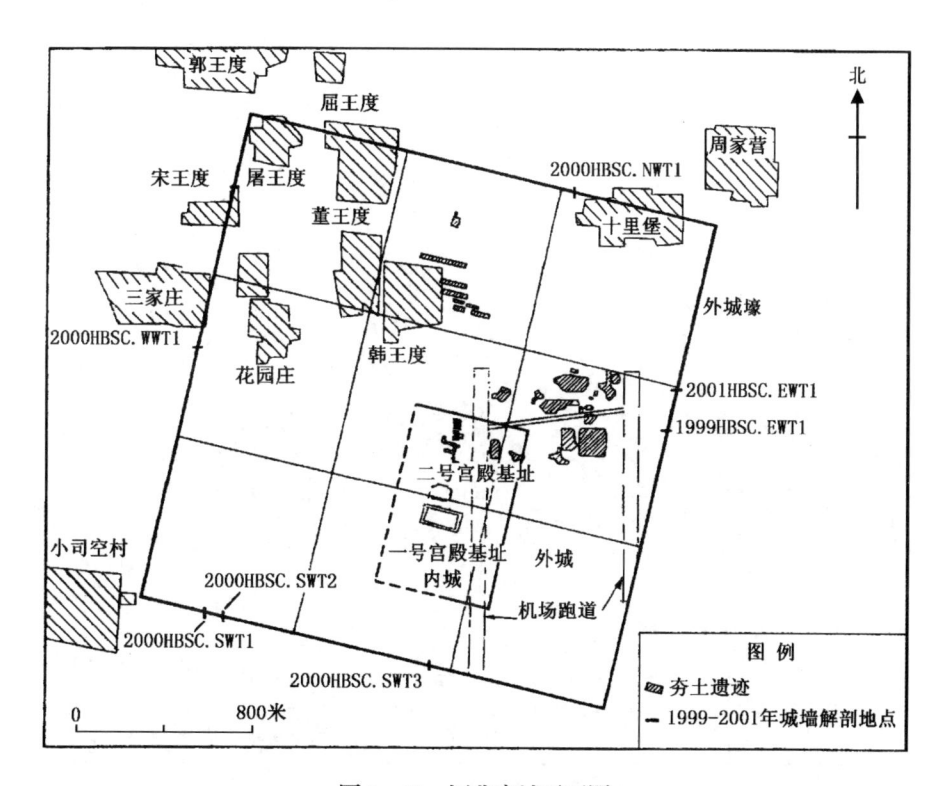

图2-20 洹北商城平面图

（六）小屯殷墟

小屯殷墟遗址位于河南安阳市西北郊的洹河两岸，洹北商城西

[①] 中国社会科学院考古研究所安阳工作队：《安阳殷墟三家庄东的发掘》，《考古》1983年第2期；唐际根等：《安阳殷墟保护区外缘发现大型商代城址》，《中国文物报》2000年2月20日；中国社会科学院考古研究所安阳工作队：《河南安阳市洹北商城的勘察与试掘》，《考古》2003年第5期；中国社会科学院考古研究所安阳工作队：《河南安阳市洹北商城宫殿区1号基址发掘简报》，《考古》2003年第5期；《河南安阳市洹北商城遗址2005—2007年勘察简报》，《考古》2010年第1期；唐际根、岳洪彬、何毓灵等：《洹北商城与殷墟的路网水网》，《考古学报》2016年第3期；何毓灵：《河南安阳洹北商城发现铸铜制骨手工业作坊遗址》，《中国文物报》2016年12月16日。

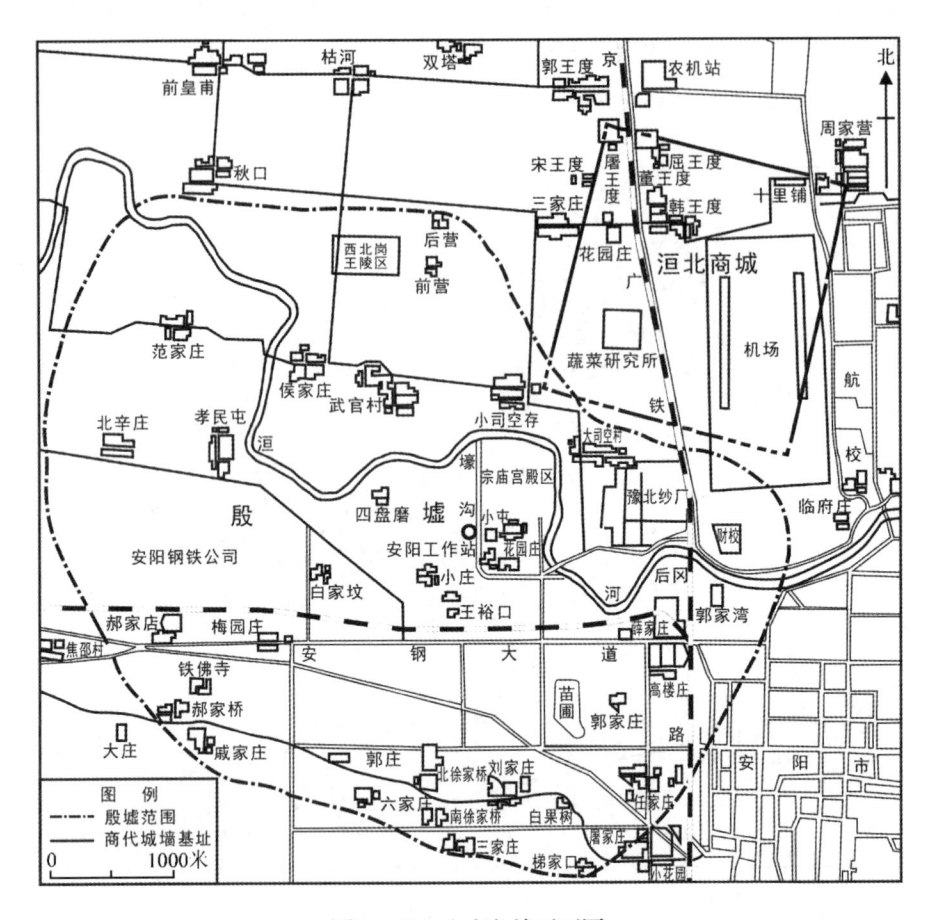

图 2-21 小屯殷墟平面图

南部，东西长约 6 千米，南北长逾 5 千米，总面积超过 30 平方千米。殷墟遗址未发现大型城垣，主要由宫殿宗庙区、王陵区及其周围的居住址、手工业作坊及墓地等构成（图 2-21）。宫殿宗庙区位于小屯村北部，其东、北两面有洹河环绕，西、南两面有人工挖筑的壕沟，形成一面积达 70 万平方米的封闭空间。王陵区位于遗址西北部西北岗一带，共发现 14 座大墓和近 1500 座祭祀坑。该遗址发现多处铸铜、制玉、制骨、制陶等作坊，出土大量陶器、石器、骨器、青铜器、带字甲骨等遗物①。

（七）望京楼城址

望京楼城址位于河南新郑市城区北6千米的望京楼水库东侧，东临黄沟水，西接黄水河。该城址由面积约37万平方米的二里岗文化城址、圈套于商城外侧的二里头文化城址以及面积达168万平方米的外城址组成（图2-22）。夏、商二城址城垣之外均有护城河。在城址北城垣之北300米处有一道人工开挖的壕沟，长约1100米，与东部的黄沟水和西部的黄水河连接，将城址圈围在一个封闭的空间内。二里头文化城址内遗迹几乎均叠压在二里岗文化遗迹之下，在城内的西南角区域发现大型夯土基址、夯土墙基及大型水池。二里岗文化城址内发现有大型夯土基址、祭祀坑、道路、蓄水池等重要遗迹，并出土陶器、石器、骨器、铜器、原始瓷器等遗物②。

（八）大师姑城址

大师姑城址位于河南郑州市西北约22千米的大师姑村和杨寨村南地，今索河河道将城址分成东、西两部分。整个城址平面呈不甚规则的东西向横长方形，由城垣和城壕构成，总面积约51万平方米（图2-23）。城内发现有房址、灰坑、灰沟、墓葬等遗迹，出土陶

---

① 郑振香：《殷墟发掘六十周年概述》，《考古》1988年第10期；中国社会科学院考古研究所：《殷墟的发现与研究》，科学出版社1994年版；中国社会科学院考古研究所安阳工作队：《河南安阳殷墟大型建筑基址的发掘》，《考古》2001年第5期；杨锡璋、刘一曼：《殷墟考古70年的主要收获》，《考古学集刊》第15集，文物出版社2004年版；中国社会科学院考古研究所安阳工作队：《2004—2005年殷墟小屯宫殿宗庙区的勘探和发掘》，《考古学报》2009年第2期；中国社会科学院考古研究所安阳工作队：《河南安阳市殷墟刘家庄北地制陶作坊遗址的发掘》，《考古》2012年第12期；中国社会科学院考古研究所安阳工作队：《河南安阳市铁三路殷墟文化时期制骨作坊遗址》，《考古》2015年第8期；孔德铭等：《河南省安阳市辛店商代铸铜遗址发掘及学术意义》，《三代考古》（七），科学出版社2017年版；孔德铭：《河南安阳发现迄今范围最大的商代晚期铸铜遗址》，《中国文物报》2020年1月3日。

② 张松林、吴倩：《新郑望京楼发现二里头文化与二里岗文化城址》，《中国文物报》2011年1月28日；郑州市文物考古研究院：《望京楼二里岗文化城址初步勘探和发掘简报》，《中国国家博物馆馆刊》2011年第10期；郑州市文物考古研究院：《河南新郑望京楼二里岗文化城址东一城门发掘简报》，《文物》2012年第9期；郑州市文物考古研究院：《新郑望京楼——2010—2012年田野考古发掘报告》，科学出版社2016年版。

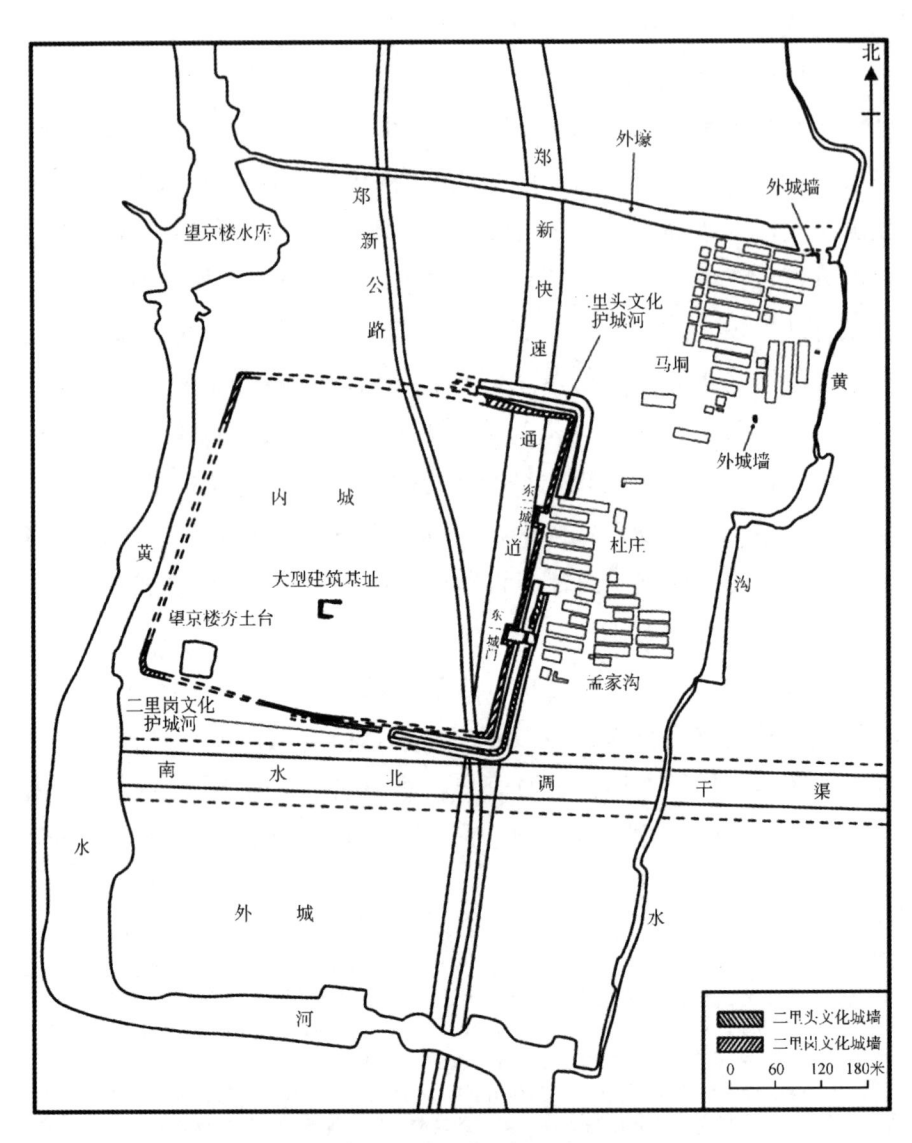

图 2-22　望京楼城址平面图

器、石器、骨器、绿松石、玉器、卜骨等遗物①。

---

① 郑州市文物考古研究所：《郑州大师姑（2002—2003）》，科学出版社 2004 年版。

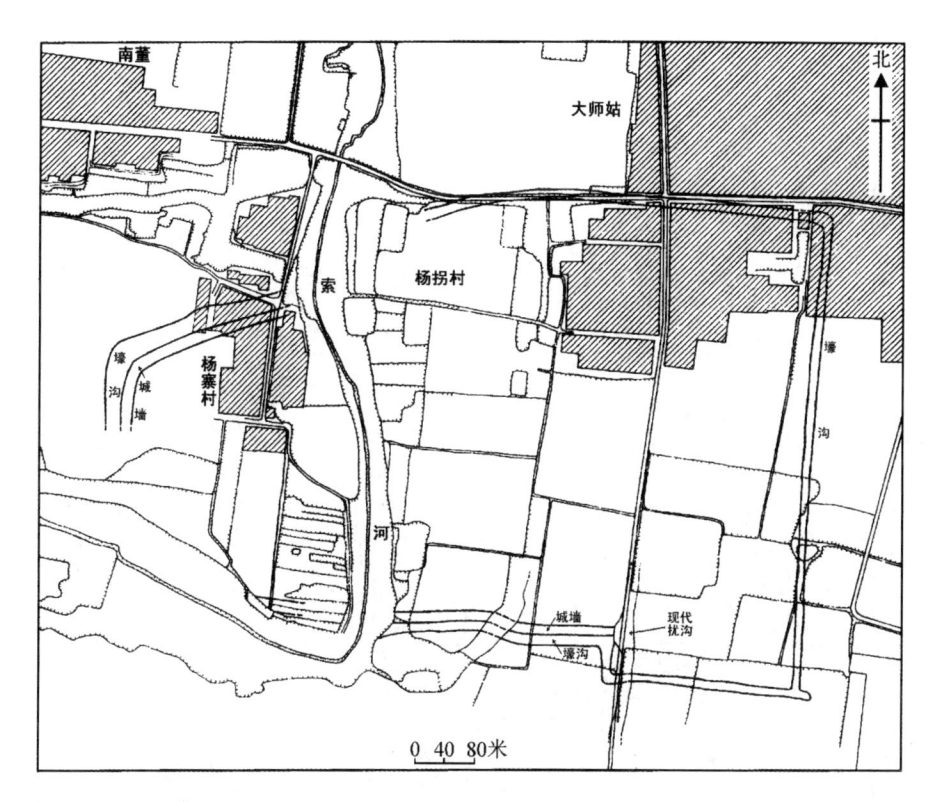

图 2-23　大师姑城址平面图

(九) 盘龙城城址

盘龙城遗址位于湖北武汉市黄陂区盘龙城经济开发区盘龙湖西侧，地处府河北岸高地之上。遗址范围东西长 1100 米、南北宽约 1000 米。城址位于遗址的东南部，城垣平面近方形，南北长约 289 米，东西宽约 284 米，周长 1211 米，城址面积约 8.4 万平方米。在城垣外四周发现宽约 5 米、深 2.7—3 米的壕沟（图 2-24）。城垣外围可能有大型防御设施。城址范围内发现大型夯土基址、墓葬区、手工业作坊、居址、灰坑等遗迹，出土大量陶器、石器、骨器以及

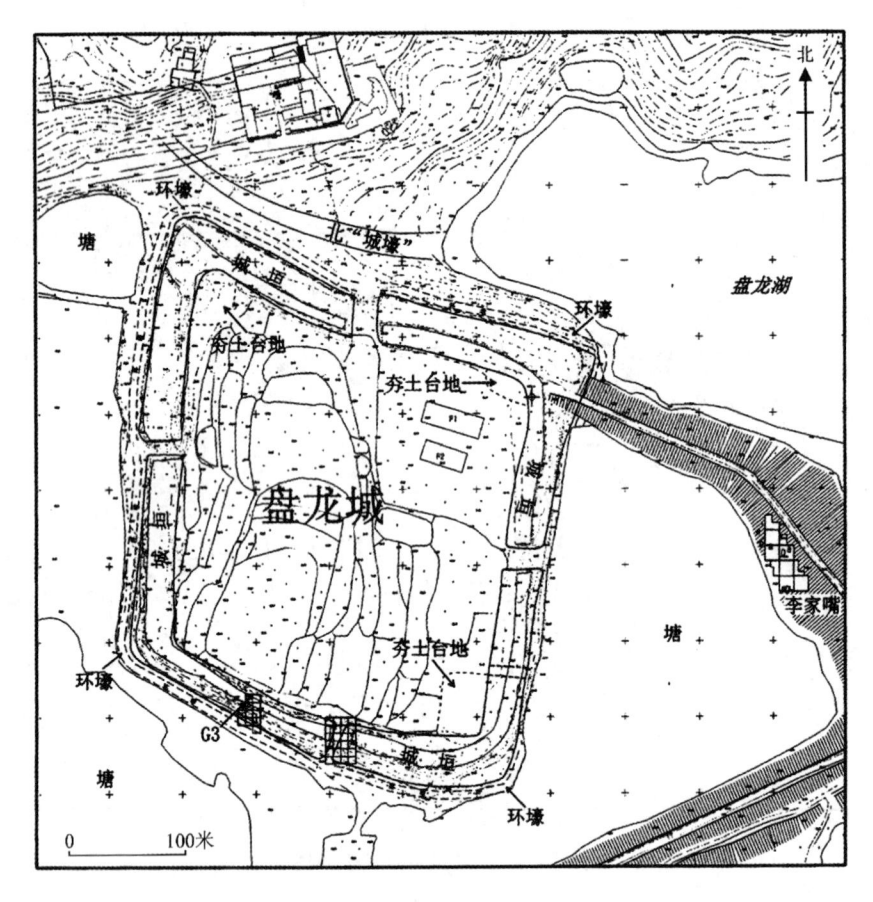

图 2-24 盘龙城城址平面图

资料来源：武汉市文物考古研究所等：《盘龙城遗址宫城区 2014 至 2016 年考古勘探简报》，《江汉考古》2017 年第 3 期。

数量较多的铜器、玉器、原始瓷器等遗物[①]。

[①] 湖北省文物考古研究所：《盘龙城——一九六三年——一九九四年考古发掘报告》，文物出版社 2001 年版；张昌平：《湖北黄陂盘龙城遗址又获重大发现》，《中国文物报》2016 年 4 月 8 日；武汉大学历史学院：《2014 年盘龙城杨家嘴遗址 M26、H14 发掘简报》，《江汉考古》2016 年第 2 期；韩用祥：《盘龙城遗址首次发现铸造遗物及遗迹》，《江汉考古》2016 年第 2 期；武汉市文物考古研究所等：《盘龙城遗址宫城区 2014 至 2016 年考古勘探简报》，《江汉考古》2017 年第 3 期；武汉大学历史文化学院等：《武汉市盘龙城遗址杨家湾商代墓葬发掘简报》，《考古》2017 年第 3 期；武汉大学历史学院等：《武汉市盘龙城遗址杨家湾商代建筑基址发掘简报》，《考古》2017 年第 3 期。

（十）三星堆城址

三星堆遗址位于四川广汉市西北约 7 千米的鸭子河南岸，是一处由众多古文化遗存分布点所组成的一个庞大的遗址群。夏商时期的三星堆遗址是一座被宽大城垣和城壕围绕的规模宏大的城邑。城址平面不甚规则，大致呈北窄南宽、东短西长的梯形，总面积约 3.6 平方千米。由大城和多个小城组成。大城北部中央有一道南北纵向的城垣和城壕，与东西贯穿全城的马牧河一起，将大城分为四个区域。其中西北、东北和西南各有一座小城（图 2-25）。城址范围内发现大型建筑基址、器物坑（祭祀坑）、手工业作坊、墓葬等遗迹，出土大量陶器、石器、骨器、金器、铜器、玉器、象牙等遗物[①]。

（十一）其他城址

中国境内其他属于夏商时期的城址或大型遗址，主要还有河南焦作府城、辉县孟庄、平顶山蒲城店、郑州东赵，山西垣曲商城、夏县东下冯商城，江西樟树吴城、新干牛城，陕西西安老牛坡、清涧李家崖等。

府城遗址位于河南焦作市西南 8 千米处的府城村西北。城址平面基本呈正方形，边长约 300 米，面积逾 9 万平方米。其中西城垣、北城垣保存较好（图 2-26）。在城内发现夯土基址、烧土、灰坑等遗迹，出土陶器、石器、骨器等遗物[②]。

孟庄遗址位于河南辉县市孟庄镇东侧的岗地上，总面积 25 万平

[①] 陈德安、罗亚平：《广汉三星堆遗址发掘获重大成果》，《中国文物报》1989 年 9 月 15 日；陈德安：《三星堆遗址的发掘与研究》，《中华文化论坛》1998 年第 2 期；四川省文物管理委员会等：《广汉三星堆遗址》，《考古学报》1987 年第 2 期；孙华：《三星堆遗址与三星堆文化》，《文史知识》2017 年第 6 期；陈德安、杨剑：《三星堆遗址商代城址的调查与认识》，《夏商周方国文明国际学术研讨会论文集（2014 中国广汉）》，科学出版社 2015 年版；陈显丹：《试析三星堆古城布局》，《夏商周方国文明国际学术研讨会论文集（2014 中国广汉）》，科学出版社 2015 年版；雷雨：《三星堆遗址考古的新突破》，《中国文物报》2016 年 3 月 25 日；四川省文物考古研究院：《四川广汉市三星堆遗址马屁股城墙发掘简报》，《四川文物》2017 年第 5 期；三星堆遗址祭祀区考古工作队：《四川广汉市三星堆遗址祭祀区》，《考古》2022 年第 7 期。

[②] 杨贵金、张立东：《焦作市府城古城遗址调查报告》，《华夏考古》1994 年第 1 期；袁广阔、秦小丽：《河南焦作府城遗址发掘报告》，《考古学报》2000 年第 4 期。

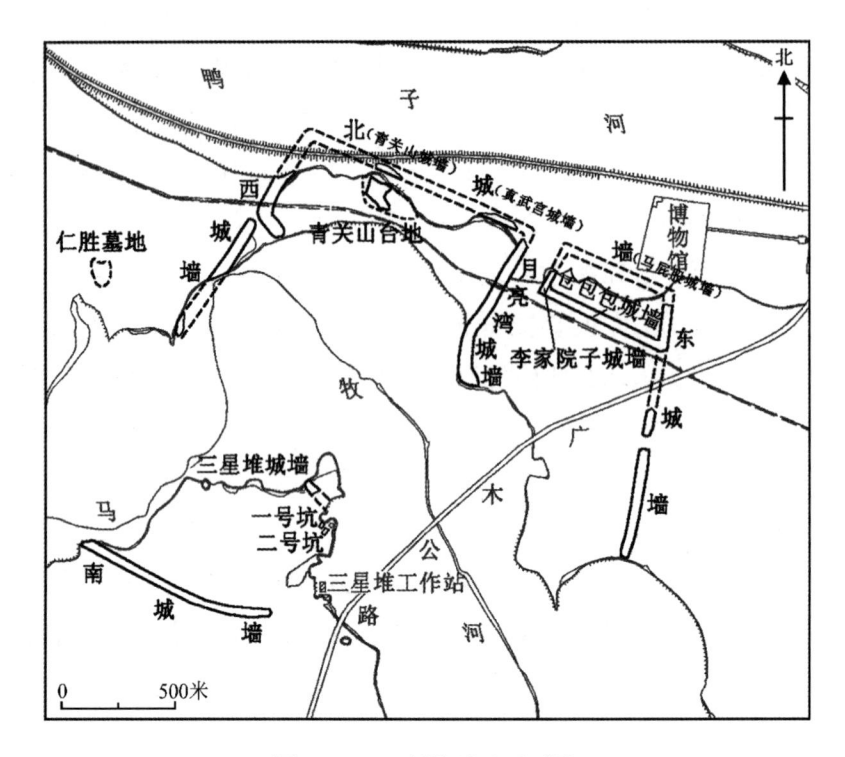

图 2-25 三星堆城址平面图

资料来源：许宏：《先秦城邑考古》，金城出版社、西苑出版社2017年版。

方米。该遗址存在龙山文化时代、二里头文化时代、商代后期"三叠城"。龙山时代城址平面略作梯形，面积约16万平方米。二里头文化时代城址直接叠压在龙山文化城址之上，平面形状与龙山时代城址近似。商代后期又在二里头时代城址的基础上修筑使用，其面积和形状应接近二里头时代城址[①]。

蒲城店城址位于河南平顶山市东高皇乡蒲城店村北的岗地上。包括龙山文化和二里头文化两座城址。二里头文化城址位于遗址西南部，略呈东西向长方形。城址东西长约260米，南北宽204米，

[①] 袁广阔：《辉县孟庄发现龙山文化城址》，《中国文物报》1992年12月6日；河南省文物考古研究所：《辉县孟庄》，中州古籍出版社2003年版。

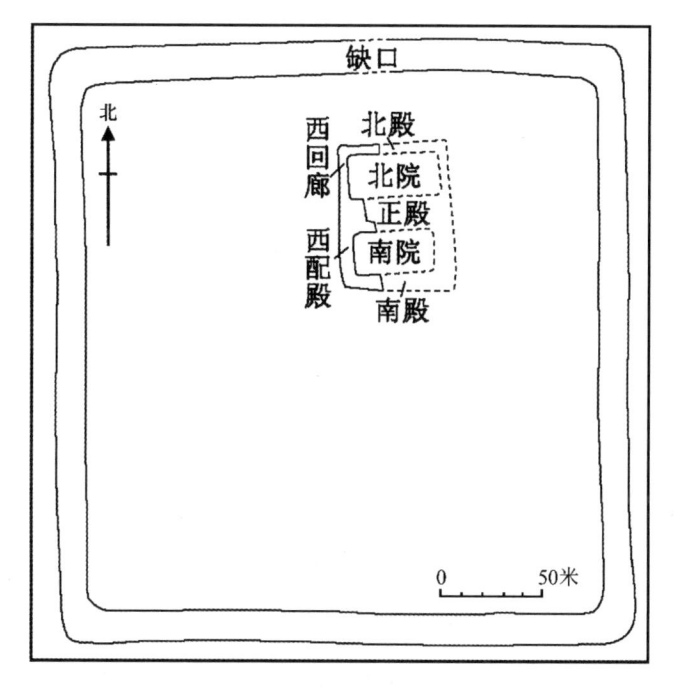

图 2-26 焦作府城城址平面图

面积（含城壕）约 5.2 万平方米。城垣外开挖护城壕。城内发现大面积的夯土基址、窖穴、墓葬等遗迹[1]。

东赵城址位于河南郑州市高新区沟赵乡东赵村南，存在大、中、小三座夏商周时期城址（图 2-27）。小城位于遗址东北部，平面基本呈方形，面积 2.2 万平方米，时代为新砦期。中城位于遗址中部，基本呈梯形，面积 7.2 万多平方米，年代为二里头文化时期。大城大体呈横长方形，面积近 60 万平方米，年代为东周战国时期[2]。

垣曲商城位于山西垣曲县古城镇南关黄河岸边。城址平面略呈梯形，总面积 13.3 万平方米。城垣保存较好，目前尚有北城垣伫立

---

[1] 河南省文物考古研究所等：《河南平顶山蒲城店遗址发掘简报》，《文物》2008 年第 5 期；魏兴涛：《蒲城店二里头文化城址若干问题探讨》，《中原文物》2008 年第 3 期。

[2] 雷兴山、张家强：《夏商周考古的又一重大收获——河南郑州东赵遗址发现大中小三座城址、二里头祭祀坑和商代大型建筑遗址》，《中国文物报》2015 年 2 月 27 日；张家强、郝红星：《沧海遗珠 郑州东赵城发现记》，《大众考古》2015 年第 8 期。

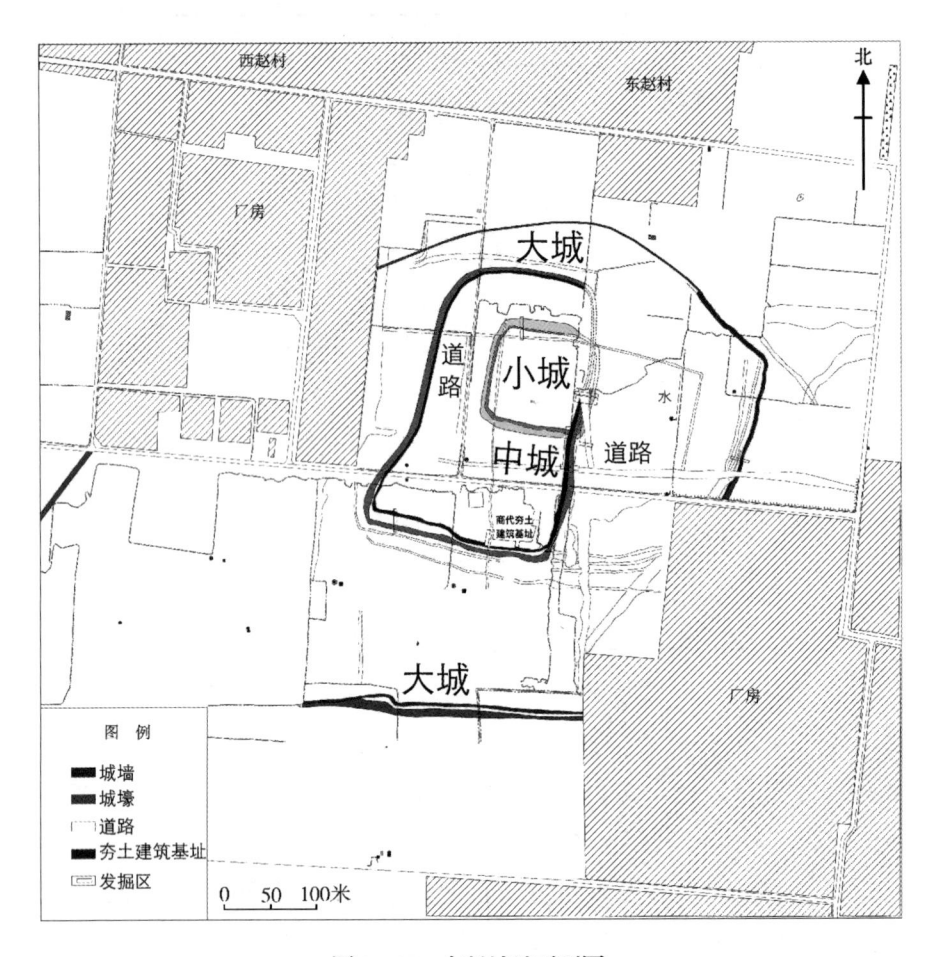

图 2-27 东赵城址平面图

于地表，其中北垣长338米，西垣内墙长395米，东垣复原长度336米，南垣内墙复原长度400米，周长1470米（图2-28）。城址内发现大型夯土台基、祭祀坑、道路、墓葬、陶窑等重要遗迹，出土陶器、石器、骨器、青铜器等遗物[①]。

[①] 中国历史博物馆考古部等编著：《垣曲商城——1985—1986年度勘察报告》，科学出版社1996年版；中国国家博物馆考古部编著：《垣曲盆地聚落考古研究》，科学出版社2007年版；中国历史博物馆考古部等：《垣曲商城（二）——1988—2003年度考古发掘报告》，科学出版社2014年版。

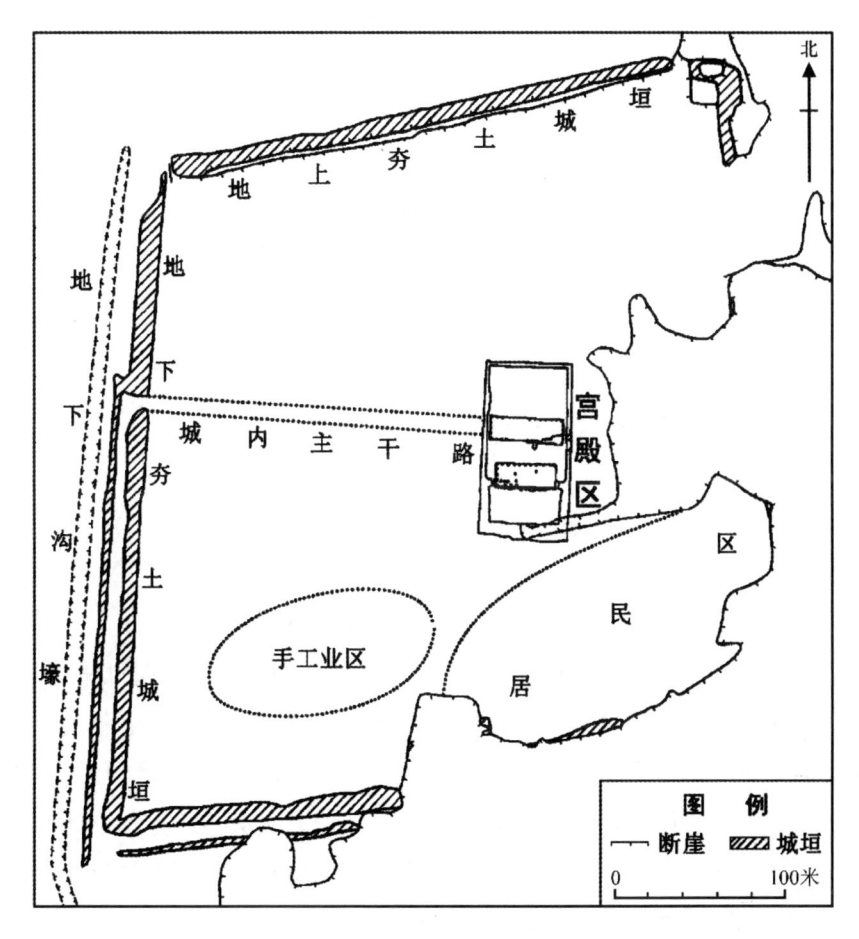

图 2-28　垣曲商城平面图

东下冯商城位于山西夏县东北东下冯村东北的青龙河南岸台地上，遗址总面积约 25 万平方米。城址城垣形状不详，仅发现东城垣南段残长 52 米，西城垣南段残长 140 米，南城垣总长为 440 米，中有拐折，城址面积应在 10 万平方米左右（图 2-29）。城内发现圆形建筑基址、灰坑、水井、墓葬等遗迹，出土大量陶器、石器、骨器以及较多的铜工具、武器、铜渣、石范等遗物[①]。

---

① 中国社会科学院考古研究所等：《夏县东下冯》，文物出版社 1988 年版。

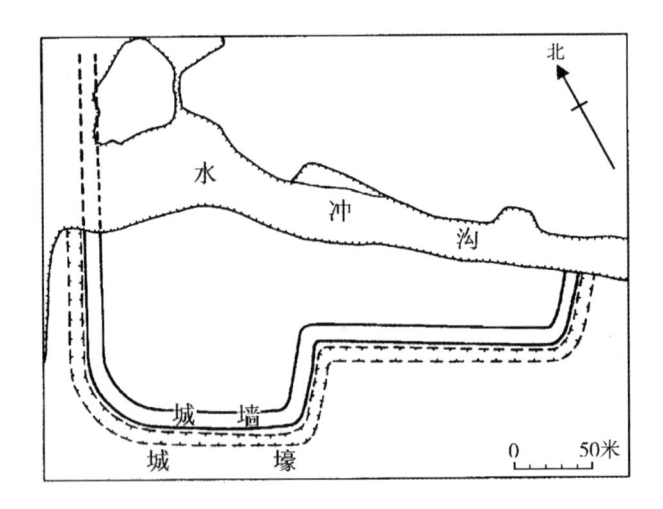

图 2-29　东下冯城址平面图

吴城遗址位于江西樟树市（原清江县）西南方向赣江支流萧江上游南岸吴城村，遗址面积约 4 平方千米。城址坐落在遗址中心区，平面为近圆角方形，略呈西北—东南走向，北宽南窄。至今地面尚残存有城垣，城垣外侧有城壕，城垣一周有北门、东北门、东门、东南水门、南门、西门 6 个城门和 5 个豁口。北垣长约 1000 米，南垣长约 740 米，东垣长约 666 米，西垣长约 554 米。城内南北最宽处约 8000 米，周长 2960 米，面积 61.3 万平方米（图 2-30）。城内发现与祭祀有关的红土台地、红土台座、建筑基址、铸铜及制陶手工业作坊、墓葬及一般居住区，出土陶器、石器、原始瓷器、铜器等遗物以及刻划在陶器和石范上的文字符号[①]。

牛城遗址位于江西新干县大洋洲镇刘凌行政村所辖的牛城村。遗址规模宏大，总面积 50 万平方米。文化层堆积厚，年代从新石器时代延续到西周时期。商代城址包括外城和内城两部分，内外城垣全长超过 3500 米，城垣平均高 6—4 米。外城平面近梯形，城内面

---

① 江西省文物考古研究所、樟树市博物馆编著：《吴城——1973—2002 年考古发掘报告》，科学出版社 2005 年版。

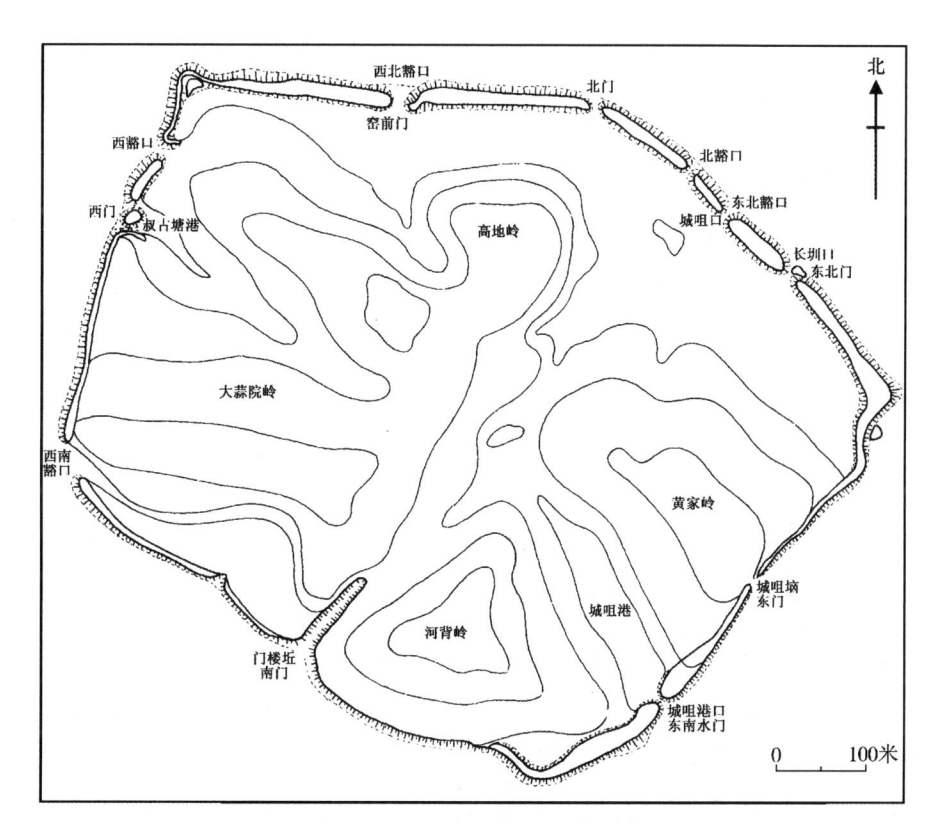

图 2-30　吴城城址平面图

积约 33.2 万平方米。城垣上发现 4 座城门，城外有护城河（图 2-31）。内城发现大型夯土台基及大型建筑遗迹。外城发现有墓葬和制陶作坊遗存，出土陶器、石器、铜器等遗物[①]。

老牛坡遗址位于陕西西安市灞桥区燎原村北、村西，遗址面积约 50 万平方米。该遗址延续时间很长，发现有仰韶文化、客省庄文化以及夏商时期遗存。其中尤以商代遗存最为丰富和重要，发现大

[①] 江西省文物工作队等：《江西省新干县牛头城遗址调查与试掘》，《东南文化》1989 年第 1 期；朱福生：《江西新干牛城遗址调查》，《南方文物》2005 年第 4 期；黄水根、周广明、朱福生：《吴城与牛城文化分析》，《纪念王懿荣发现甲骨文 110 周年国际学术研讨会论文集》，社会科学文献出版社 2009 年版；和奇、周广明：《城市文明与陶器制作——基于江西新干牛城遗址的观察》，（上海博物馆编：《"城市与文明"学术研讨会论文集》，上海古籍出版社 2016 年版）。

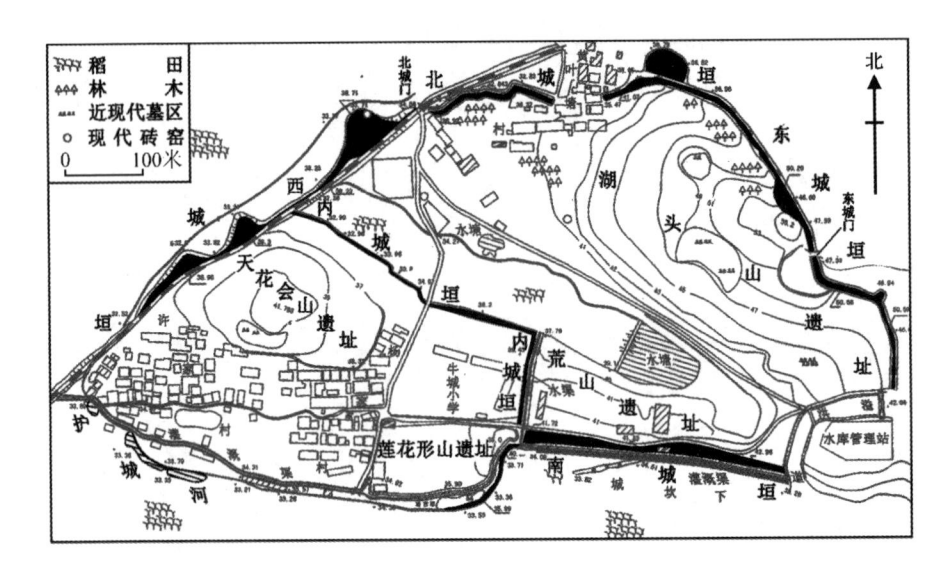

图 2-31　牛城城址平面图

资料来源：和奇、周广明：《城市文明与陶器制作——基于江西新干牛城遗址的观察》，上海博物馆编：《"城市与文明"学术研讨会论文集》，上海古籍出版社 2016 年版。

型夯土基址、铸铜作坊、制陶作坊、高等级墓葬、车马坑等重要遗迹，出土大量陶器、石器、骨器以及较多的铜器、玉器及卜骨等遗物[1]。

李家崖城址位于陕西清涧县高杰乡李家崖村西。城址平面呈不规整的长方形，东西长 495 米，南北宽 122—213 米，城内面积 6.7 万平方米。东、西方向筑有城垣，南、北方向则利用深至百米的无定河河道的悬崖峭壁为防御屏障（图 2-32）。城址年代相当于商代晚期至西周早期[2]。

---

[1]　宋新潮：《西安老牛坡遗址发掘的主要收获》，《西北大学学报》1987 年第 1 期；刘士莪、宋新潮：《西安老牛坡商代墓地的发掘》，《文物》1988 年第 6 期；刘士莪、岳连建：《西安老牛坡遗址第二阶段发掘的主要收获》，《西北大学学报》1991 年第 3 期；刘士莪：《老牛坡》，陕西人民出版社 2002 年版。

[2]　张映文、吕智荣：《陕西清涧县李家崖古城址发掘简报》，《考古与文物》1988 年第 1 期；陕西省考古研究院编著：《李家崖》，文物出版社 2013 年版。

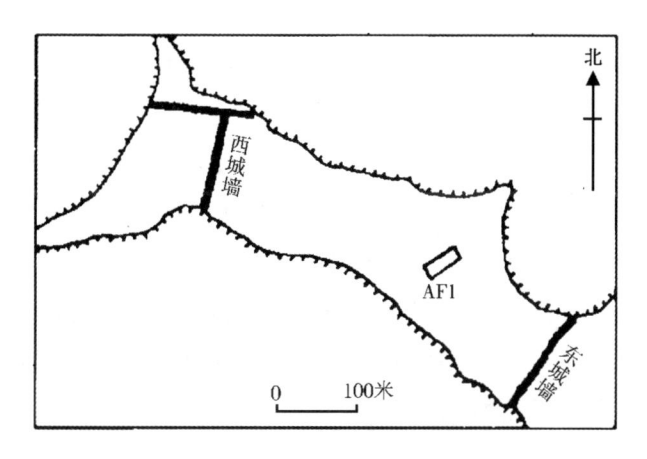

图 2-32 李家崖城址平面图

二 城址性质分析

通过分析考古发现的夏商时代大型城址基本面貌及其与周边聚落的关系，参照前文确定的早期都邑物化标准，可以发现这个时期的诸多大型遗址应为早期都邑。

（一）新砦城址

从早期都邑认定标准来看，新砦城址符合大型城垣、宫殿宗庙等主要标准以及"重器"的使用、遗址的较大规模、辐射力与影响力等参考标准，应具备早期都邑性质。

1. 大型城垣

新砦城址发现有龙山文化晚期和新砦期的大型城垣。现存北垣和东垣、西垣北段。城垣北墙和东墙是利用一条东西走向自然冲沟的内壁修整、填土夯筑而成。其中东墙南半部大部被双洎河河曲冲毁，现存南北残长 160 米，深 4 米。北墙东西长 924 米，深 5—6 米。护城河紧靠城垣外侧，河底现宽 1—3.65 米，河底上距地表 6.95 米，其宽度推测均在 11 米以上。位于北城垣以北 220 米处的外壕，东西长 1500 米，南北宽 6—14 米，深 3—4 米，在一定程度上可扮演外围城垣的部分功能。

2. 宫殿宗庙区

内壕圈围区域位于城址西南部地势较高处，面积约在6万平方米以上。内壕内中央偏北处，发现一处大型浅穴式露天建筑基址，平面呈长条形，东西长50多米，南北宽14.5米。基址附近发现一具完整的猪骨架和埋有大量兽骨的小灰坑，可能是与祭祀有关的遗存。此外，在大型浅穴式基址南侧，还发现大量红烧土和多层垫土层等建筑遗迹，已经清理一处面积较大的地面夯土建筑基址，并发现大量窖穴遗存[①]。从这些情况来看，内壕圈围的高台区域很可能就是新砦城址宫殿宗庙所在地。

3. 珍贵遗物

新砦城址城内出土有铜容器残片、玉器、彩绘陶鸟、卜骨，以及与二里头文化绿松石青铜牌饰图案类似的器盖、刻有夔龙纹的陶圈足等贵重遗物。

4. 遗址的较大规模

新砦城址总面积达100万平方米，是新砦期遗存分布范围内目前发现规模最大的聚落遗址。新砦城址平面结构复杂，拥有由外壕、城垣及护城壕、内壕构筑的完备的防御系统。发现的大型浅穴式露天建筑基址规模大，夯土建筑基址面积达千平方米，为同期遗存仅见。

5. 辐射力与影响力

新砦遗址显系新砦期聚落遗址群的中心，对其周围聚落有着强大的控制能力。考古调查与发掘材料显示，新砦期文化遗存主要分布于颍河、汝河流域的新密、禹州、登封、汝州以及郑州、巩义等地。典型遗址除新砦遗址之外，主要有郑州二七路[②]、牛砦[③]、马庄[④]、东赵[⑤]，新

[①] 赵春青等：《河南新砦遗址发掘再获重要发现》，《中国文物报》2017年6月2日。

[②] 河南省文物研究所：《郑州北二七路新发现三座商墓》，《文物》1983年第3期。

[③] 河南省文化局文物工作队：《郑州牛砦龙山文化遗址发掘报告》，《考古学报》1958年第4期。

[④] 李昌韬、廖永民：《郑州马庄龙山文化遗址发掘简报》，《中原文物》1982年第4期。

[⑤] 顾万发、雷兴山、张家强：《夏商周考古的又一重大收获》，《中国文物报》2015年2月27日；顾万发：《文明之光——古都郑州探索与研究》，科学出版社2016年版，270—274页。

密黄寨①，荥阳竖河②，巩义花地嘴③等。这些遗址可分为不同的等级，而新砦遗址规模最大、规格最高，无疑应属于中心聚落，对周边聚落产生重要影响。

（二）二里头遗址

二里头遗址虽然未发现大型城垣，但发现有宫城、高等级墓葬和大型祭祀遗存。从早期都邑认定标准来看，该遗址至少符合宫殿宗庙、高等级手工业作坊等主要标准以及"重器"的使用、遗址的较大规模、辐射力与影响力等参考标准，应具备早期都邑性质。

1. 宫殿宗庙区

二里头遗址的中东部发现有大型宫城，圈围面积约10.8万平方米。在宫殿区内已发现10余座二里头文化大型夯土建筑基址。这些夯土建筑大都结构复杂，布局规整，且集中分布于宫城内的东、西两个区域。其中一号宫殿基址位于宫城内西南部，由主殿、回廊、南门塾、侧门、庭院构成四合院式建筑，总面积达9585平方米，是二里头遗址中规模最大的夯土建筑基址。其余夯土基址中有4座的面积超过2000平方米，4座在150—500平方米之间。关于这些宫殿建筑的性质和功能，有学者推测可能与朝堂、祭祀有关④。因此，宫城范围内应是二里头都邑的宫殿宗庙区。

2. 高等级手工业作坊

二里头宫城之南发现有围垣作坊区，包括铸铜作坊、绿松石器作坊各1处。铸铜作坊在宫城南垣200多米处，面积1.5万—2万平方米，发现许多青铜冶铸遗物，如坩埚、炼渣、熔炉壁残片等⑤。绿松石器作坊位于宫城东南角外侧，面积不小于1000平方米，发现大

---

① 河南省文物研究所：《河南密县黄寨遗址的发掘》，《华夏考古》1993年第3期。
② 河南省文物研究所：《河南荥阳竖河遗址发掘报告》，《考古学集刊》第10集，地质出版社1996年版。
③ 郑州市文物考古研究所、北京大学考古文博学院：《河南巩义市花地嘴遗址"新砦期"遗存》，《考古》2005年第6期。
④ 杜金鹏：《偃师二里头遗址4号宫殿基址研究》，《文物》2005年第6期。
⑤ 郑光：《二里头遗址的发掘》，《夏文化研究论集》，中华书局1996年版。

量绿松石石料、残品及半成品。此外，在这两处作坊周围还发现有残破的玉器，推测附近应设置有玉器作坊。

3. 高等级墓葬和祭祀遗存

二里头遗址中发现多座高等级墓葬，主要位于宫城内。如位于三号基址庭院内路土层中的2001VM1，墓底铺有朱砂，出土包括玉器、漆器、陶器在内的随葬品18套[①]。2002VM3出土绿松石器、玉鸟形器、漆器、铜器、海贝等随葬品37件，尤其是在墓主骨架之上随葬的一件绿松石龙形器，由2000余片绿松石组合而成，长达64.5厘米，非常罕见[②]。五号基址范围内共发现5座二里头文化二期的贵族墓葬，其中二进院落和三进院落内各发现2座，四进院落内1座。随葬品丰富，规格高，出土漆器、绿松石器、陶礼器和一般陶器，部分墓葬内还出土玉器、铜器，属于二里头遗址第一等级墓葬[③]。其中第三进院落内发现的贵族墓葬2017VM11，发现陶器、漆器、玉器（蝉形）、绿松石器等，是历年二里头发现随葬品最为丰富的墓葬[④]。祭祀区位于遗址中东部、宫城以北二三百米处，发现多处与祭祀有关的建筑基址和遗迹，主要为圆形的地面建筑和方形的半地穴式建筑及附属于这些建筑的墓葬[⑤]。

4. 珍贵遗物

二里头遗址范围内出土了数量较多的青铜器、玉器、漆器、象牙器、绿松石器等贵重遗物。青铜器主要有爵、斝、盉、鼎等礼器，戈、刀、钺等兵器，以及铜铃、绿松石兽面纹铜牌饰等。玉器有戈、刀、戚、钺、璋、圭等。出土漆器种类繁多，有爵、觚、豆、盆、

[①] 中国社会科学院考古研究所：《二里头（1999—2006）》，文物出版社2014年版，第991页。

[②] 中国社会科学院考古研究所：《二里头（1999—2006）》，文物出版社2014年版，998—1005页。

[③] 中国社会科学院考古研究所二里头工作队：《河南偃师市二里头遗址宫殿区5号基址发掘简报》，《考古》2020年第1期。

[④] 李曼：《二里头遗址最新发现高规格墓葬》，《大河报》2021年1月12日。

[⑤] 中国社会科学院考古研究所：《中国考古学·夏商卷》，中国社会科学出版社2003年版，第129页。

钵、筒形器、鼓等，还有一些不知名的器物。象牙器有牙杖（或簪）。绿松石器有坠饰、串珠及大型绿松石龙形器等。这些器物大都制作精美，具有较高的历史、科学和艺术价值。

5. 遗址的较大规模

考古钻探与勘查结果显示，现存二里头遗址的范围向东大致到圪垱头村东一线，南到四角楼村南，西抵北许村，北到洛河滩地，东西最长约 2400 米，南北最长约 1900 米，总面积大约 300 万平方米，是二里头时代面积最大的遗址。其中仅宫城面积即超过 10 万平方米，一号宫殿基址面积达 9585 平方米，其规模之大，在二里头文化遗址中独一无二。二里头遗址功能区齐备，由宫殿区、贵族聚居区、一般居住区、围垣作坊区、祭祀活动区和道路网组成，显示出该遗址是一处经过精心规划、布局严整的大型都邑。

6. 辐射力与影响力

以二里头遗址为代表的二里头文化具有较强的辐射力。该文化分布范围大，以豫西和晋南为中心，东至豫东，南达豫南信阳、南阳一带，西抵关中盆地东部和商洛地区，北到沁河及晋南；而受二里头文化影响的区域更加宽广，东至鲁中、苏北，南达长江流域的鄂、赣、川、苏、沪、浙等地，西抵甘青地区，北达晋中、豫北冀南乃至冀北、内蒙古地区。二里头文化主要遗址有河南偃师二里头、巩义稍柴、郑州洛达庙、大师姑、新郑望京楼、郑州东赵、平顶山蒲城店、驻马店杨庄、淅川下王岗，山西夏县东下冯，陕西商洛东龙山等，这些遗址具有明显的等级区分，分属中心聚落、次级中心聚落、三级聚落、四级聚落。其中二里头遗址规模最大、规格最高，文化层堆积丰厚、延续时间长，完全具备中心聚落的性质。严格的聚落分级显示出二里头遗址对其下属的次级聚落有着很强的支配权和控制权。再从二里头文化分布范围的演变来看，一期主要分布于伊洛颍汝河流域，其他地区不见；二期以后范围扩大，遍及河南大部和晋南地区，显示出豫西伊洛地区应是该文化扩散的始源地和中心所在。

(三) 郑州商城

郑州商城遗址虽然未发现明确的王陵区，但已发现诸多高等级墓葬。从早期都邑认定标准来看，其至少符合大型城垣、宫殿宗庙、高等级手工业作坊等主要标准以及"重器"的使用、遗址的较大规模、辐射力与影响力等参考标准，应完全具备早期都邑性质。

1. 大型城垣

郑州商城内外城均夯筑有规模宏伟的城垣。其中内城城垣周长近7000米，城垣底宽一般为20—30米。发现有外城城垣，包括东南城垣、南城垣和西城垣等段，已探明长度超过5000米，城垣基槽口宽约14米，城垣之外还发现有宽约40余米的护城河。

2. 宫殿宗庙区

宫殿宗庙区位于内城内东北部一带。在长约800米、宽约500米的范围内考古勘探出50余处夯土基址，面积最小的有150多平方米，最大的约有2000多平方米[①]。这些夯土基址平面大都呈长方形，台基上排列有整齐的柱础坑，坑底多有柱础石，有些台基上还残留有坚硬的白灰地面和细黄泥地坪[②]。从钻探和发掘的情况来看，这些夯土建筑基址大都布局规整、结构复杂，又都集中于郑州商城内城之内的东北部，可知此区域应为郑州商城的宫殿宗庙区。

3. 高等级手工业作坊

郑州商城遗址范围内发现两处大型铸铜作坊。其中，南关外铸铜作坊遗址位于内城之南、外城之内，紫荆山北铸铜作坊遗址位于内城北墙外侧今河南饭店一带。这两处铸铜作坊范围内发现有铸铜场地、烘范窑、房基、窖穴及铜矿石、铜炼渣、残铜器、陶范、熔炉残块等与铸造铜器有关的文化遗存。此外，在郑大第二附属医院院内考古发现的壕沟内，出土陶范、料礓硬面、铜锈等遗存，说明

[①] 河南省文物考古研究所：《郑州商城——1953—1985年考古发掘报告》，文物出版社2001年版，第233页。

[②] 河南省文物考古研究所：《1992年度郑州商城宫殿区发掘收获》，《郑州商城考古新发现与研究（1985—1992）》，中州古籍出版社1993年版。

这里可能也有一处铸铜作坊①。

4. 高等级墓葬和祭祀遗存

在内城东北角外的白家庄、城东南隅外的杨庄、城南的郑州卷烟厂、城西的北二七路、人民公园内和铭功路一带，都发现集中的墓葬区，其中白家庄、北二七路发现有随葬青铜礼器的贵族墓葬。如白家庄墓葬 M3 长 2.9 米，残宽 1.17 米，深 2.13 米。墓葬底部正中有长方形腰坑，坑内殉一狗。墓室内有棺椁，墓底及腰坑内皆铺朱砂。墓内西边二层台上有一殉人。墓内随葬品丰富，计有鼎、鬲、斝、爵、瓿、罍、簪等青铜器和玉璜、玛瑙环、残石器、涂朱陶片和蚌片等。近年在内城内东南部书院街新发现的商代墓地，残存面积约 1 万平方米，墓地南北两侧发现两条东西走向、间距约 130 米的壕沟，两条壕沟之间发现 27 座墓葬，有 3 座墓葬出土青铜器。其中 21ZGSM2 是郑州商城考古发现等级最高的墓葬，墓口长 2.93 米，墓葬中间发现疑似朱砂的红褐色遗迹现象，墓内出土各类器物 200 余件，包括青铜礼器与兵器、玉器、金器、绿松石管珠、镶嵌绿松石牌饰、贝币等，充分彰显墓主人高等级贵族的身份②。

在宫殿区东北部发现诸多祭祀遗存。如在郑州商城宫殿区今商城工作站内，发现一条年代属白家庄期的壕沟，沟内堆积灰土的上部有近百个残人头骨，一般认为其与祭祀有关③。在内城内东北角靠近北墙的东端，发现一处由 6 个大石块、狗坑、烧坑等组成的祭祀遗存④。考古工作者曾在商城西北部的原河南省体育馆考古工地，发现大型圆形祭祀遗存，由大面积碎陶片场和成组的祭祀坑组成⑤。近年在内城内西南部夕阳楼片区考古工地，也发现一些二里岗时期的

---

① 郑州市文物工作队：《河医二附院等处商代遗址发掘简报》，《中原文物》1986 年第 4 期。
② 王珏：《"考古中国"重大项目发布新成果》，《人民日报》2022 年 9 月 19 日。
③ 郝本性：《试论郑州出土商代人头骨饮器》，《华夏考古》1992 年第 2 期。
④ 裴明相：《略谈郑州商代祭祀遗迹》，《中原文物》1987 年第 2 期。
⑤ 郑州市文物考古研究院：《河南省体育场商代祭祀遗址发掘简报》，《中原文物》2020 年第 2 期。

祭祀坑①，反映出祭祀活动的普遍性。此外，在内城西城垣外侧的张寨南街、东城垣南段外的向阳食品厂、西城垣南段外侧的南顺城街发现3座大型青铜器窖藏坑，出土大量青铜礼器。这三座窖藏坑具有一定的一致性、从容性、礼仪性，与祭祀类窖藏坑所具有的特点相似度很大，应为商王室的祭祀坑②。

5. 珍贵遗物

郑州商城遗址出土大量的青铜器、玉器、原始瓷器、象牙器和金器等珍稀遗物。青铜器有刀、锥、钻、钩、镢、戈、镞等工具兵器类和斝、爵、盉、鼎、鬲、觚、尊、罍、卣、盘、中柱盂等容器类；玉器有簪、璜、玑、铲、戈、璋、玛瑙杯等；象牙器有梳、觚，制作规整、磨制光滑；原始瓷器有尊；金器有非常薄的夔龙纹金叶片、金面罩、金箔等。其中张寨南街、向阳回族食品厂、南顺城街等三处青铜窖藏坑，出土包括方鼎、圆鼎、尊、罍、卣、觚、盉、盘在内的青铜器28件，制作精良，纹饰繁缛，是商代前期青铜器的代表之作，当为王室重器。

6. 遗址的较大规模

郑州商城规模大。郑州商代遗址总面积达25平方千米以上，有内城、外城。其中内城城垣周长近7千米，城内面积3平方千米以上。外城圈围面积超过10平方千米，是二里岗时代面积最大的聚落遗址。内城内宫殿区面积超过40万平方米，其规模之大，在二里岗文化遗址中也是独一无二的。郑州商城功能区齐备，宫殿区、居住区、作坊区、墓葬区、祭祀活动区、道路网一应俱全，显示出该遗址是一处经过精心规划、布局严整的大型中心聚落。

7. 辐射力与影响力

以郑州商城二里岗遗址为代表的二里岗文化具有较强的辐射力。分布范围大，以郑洛地区为中心，东至鲁南、苏北，南达长江中游

---

① 材料存河南省文物考古研究院。
② 张国硕：《郑州商城铜器窖藏坑性质辨析》，《中原文物》2018年第1期。

的鄂、赣北一带，西抵关中盆地中部和商洛地区，北到晋南、冀中地区；而受二里岗文化影响的区域更加宽广，东至鲁东，南达长江流域广大区域以及岭南地区，西抵甘青地区，北达晋北、陕北乃至冀北、内蒙古地区。二里岗文化主要遗址有河南郑州商城、偃师商城、新郑望京楼遗址、焦作府城遗址，湖北黄陂盘龙城，江西樟树吴城遗址，山西垣曲商城、夏县东下冯商城，陕西西安老牛坡遗址、商洛东龙山遗址，等等，这些遗址具有明显的等级区分，一般可分为中心聚落、次级中心聚落、三级聚落、四级聚落。其中郑州商城遗址规模最大，规格最高，文化层堆积丰厚，延续时间长，周边众多"卫星"聚落拱卫，完全具备中心聚落的性质。严格的聚落分级显示出郑州商城对其下属的次级聚落有着很强的支配权和控制权。再从二里岗文化分布范围的演变来看，一期主要分布于郑洛地区，二期以后范围扩大至河南大部、晋南、关中盆地，三期范围达到鼎盛时期，显示出郑州商城应是文化扩散的始源地和中心所在。

（四）偃师商城

从早期都邑认定标准来看，偃师商城遗址至少符合大型城垣、宫殿宗庙、高等级手工业作坊等主要标准以及遗址的较大规模、辐射力与影响力等参考标准，完全具备早期都邑性质。

1. 大型城垣

偃师商城大城、小城和宫城均修建有大型城垣。其中大城东垣长1770米，南垣长740米，西垣长1710米，北垣长1240米，周长5500米左右。城垣墙体顶部一般宽16—18米，基部宽18—19米，四面城垣上存在9座城门。大城城垣外侧有护城壕，深度从5米至10米不等。小城城垣南北长约1100米，东西宽约740米，垣体宽约6—7米。初建时的宫城边长约200米，墙宽2米。此外，发现的二号小城（Ⅱ府库）以及祭祀区都建筑有墙垣。

2. 宫殿宗庙区

宫城位于小城内南部正中，扩建后的宫城长约230米，宽约216米，南垣居中有一门道。宫殿建筑群密集分布于宫城内中部、南部，大约占据了宫城的 2/3，已发现 10 座大型夯土基址。宫殿规模宏大，结构复杂。大体分为东、西两区。西区规模最大的 3 号建筑基址，由正殿及其左右两侧的配殿、中部庭院、廊庑、排水管道等组成，长 104 米，宽 72—80.5 米，面积近 8000 平方米。祭祀区位于宫城内北部，主要有 A、B、C 三个祭祀区域构成，后两者周围均有宽约 1 米的夯土围垣，三区面积分别为 800、1100、1200 平方米。在宫城北部还发现大型池苑遗迹，为一斗状的长方形池槽，并以大小不一的石块沿池四壁垒砌。现存东西长约 128 米，南北宽 19—20 米，复原深度达 2 米。池苑与宫殿建筑区、祭祀区一样，是宫城组成部分之一，地位特殊，可能是供商王休闲娱乐的特定场所[①]。

3. 高等级手工业作坊

偃师商城内已发现铸铜遗址三处，分别位于大城东北角的城垣内侧、大城东墙中段和宫殿区附近。这三处铸铜遗址范围内发现木炭、陶范、铜矿渣、铜渣及烧土坑、灰坑等与铸铜有关的遗存，其应当属于当时铸铜作坊之遗存。

4. 珍贵遗物

偃师商城遗址除了出土大量的陶器、石器、骨器、蚌器外，还发现青铜器、玉器、原始瓷器等珍贵遗物。其中青铜器有尊、斝、爵等容器以及戈、镞、刀、凿等兵器或工具，还有铃、簪等；玉器有璜、刀、锛、柄形器、玉饰等；原始瓷器有尊等。此外，2019 年度，在偃师商城小城西部发掘区发掘 2 座铜器墓，随葬铜容器和玉器等珍贵遗物。其中 M12 出土二里岗文化早期的青铜爵 1 件，M15 出土青铜觚、爵、斝各 1 件以及玉璧、石铲等，年代为二里岗文化晚期[②]。

---

① 中国社会科学院考古研究所河南第二工作队：《河南偃师商城宫城池苑遗址》，《考古》2006 年第 6 期。

② 陈国梁等：《河南偃师商城遗址新发现大型仓储区及囷仓类建筑基址》，《中国文物报》2020 年 8 月 7 日。

5. 遗址的较大规模

偃师商城规模巨大。大城平面略呈刀形，北宽南窄，城址总面积达190万平方米。小城大致呈南北向长方形，面积约80万平方米。宫城大体呈正方形，经过多次扩建、改建，总面积达4.5万平方米。城市经历精心的规划设计，各项功能区齐备，构建有复杂的军事防御系统、道路网和城市给排水系统。

6. 辐射力与影响力

目前发现的商代前期城址中，偃师商城的城址面积仅次于郑州商城，是较为罕见的商代中心聚落遗址，也是豫西、晋南、陕西东部地区最大的商代聚落遗址，对周围有着很强的辐射力，影响广泛。

（五）洹北商城

从早期都邑认定标准来看，洹北商城遗址符合大型城垣、宫殿宗庙、高等级手工业作坊等主要标准以及"重器"的使用、遗址的较大规模、辐射力与影响力参考标准，理应具备早期都邑性质。

1. 大型城垣

洹北商城建造有大型城垣。大城平面基本呈方形，城壕东西长约2150米，南北长约2200米，周长约8700米。四周城壕大部分地段宽7—11米，深约4米。20世纪90年代末考古勘探发现有城垣基槽。2022年以来对西城壕的重新解剖，发现所谓的"基槽"可能并非是夯筑而成，但壕沟内壁的确有夯筑现象[①]，说明当时有意要建造夯土城垣。宫城位于大城南部略偏东，平面呈长方形，南北长795米，东西宽515米，夯筑墙体宽5—6米，城垣基槽宽6—7米。

2. 宫殿宗庙区

在宫城内中部偏北，集中分布着大型夯土建筑基址30余处。其中一号宫殿基址是平面呈"回"字形四合院式建筑，由门塾、主殿、

---

① 何毓灵：《洹北商城2022年勘探与发掘的新收获》，中国社会科学院考古研究所商周室田野材料汇编，2023年1月。

耳庑、东西配殿等部分组成,东西长约173米,南北宽约85—91.5米,总面积约1.6万平方米,在该基址范围内发现40余处祭祀遗存,有学者推测其性质可能为宗庙建筑遗存①。二号基址平面形状与一号基址一样,为"回"字形四合院式建筑,由主殿、耳庑、东西廊庑等构成,总面积约5992平方米,有学者推测其用途可能与王室生活有关②。

3. 高等级手工业作坊

2016—2018年考古工作者在宫城北垣之北、韩王度村东发现的铸铜、制骨、制陶作坊遗址,填补了之前洹北商城青铜铸铜作坊考古发现的空白。遗址范围内发现有铸铜作坊内疑似陶模与陶范制作区、青铜熔炼与浇筑区、废弃物堆积区、可能与生产有关的人祭坑以及牛头牛角祭礼坑等遗存,出土大量坩埚、铜渣、绿松石、鼓风嘴、熔炉残块及鼎、斝、爵等青铜礼器陶范等与铸铜有关的遗物。值得注意的是,这里还发现成排的随葬有青铜陶范的墓葬,说明墓主人生前的身份就是铸铜工匠,或者是铸铜作坊的组织者和管理者③。

4. 珍贵遗物

洹北商城发现诸多青铜器、玉器等贵重遗物。据不完全统计,自洹北商城发现以来,先后在遗址范围内至少发现40余件青铜器,其中在城址西垣外的三家庄、城内北部的董王度村发现青铜器窖藏坑,埋藏有方鼎、圆鼎、甗、斝、镬、戈、爵等青铜器。玉器也有部分发现,主要出土于墓葬中,有鸟、鸟头、饰品、柄形器、璧、璜、槌等器型。

5. 遗址的较大规模

洹北商城城址总面积达470万平方米,宫城城址总面积约41万

---

① 杜金鹏:《洹北商城一号宫殿基址初步研究》,《文物》2004年第5期。
② 唐际根等:《洹北商城宫殿区一、二号夯土基址建筑复原研究》,《考古》2010年第1期。
③ 中国社会科学院考古研究所:《洹北商城作坊区内发现铸铜工匠墓》,《中国文物报》2019年6月21日。

平方米，如此规模在已发现的商代同期遗址中可以说是无与伦比。宫殿区宏伟壮观，其中一号宫殿基址面积达 1.6 万平方米，是迄今发现的商代单体宫殿建筑中规模最大的。

6. 辐射力与影响力

洹北商城遗址规模大、规格高，遗存丰富，是同时期遗址中的佼佼者。这里不仅设置有内城外郭的城垣布局，城内还发现大型宫殿建筑群、青铜器窖藏、较明确的铸铜与制骨作坊，可能还存在一定的高等级墓葬，充分说明其为商代同期最大的中心聚落遗址。洹北商城文化扩展和影响的范围甚广，包括今河南全境、河北大部、山东中西部、安徽西部等区域皆能见到属于洹北商城时期的文化遗存[①]。

（六）小屯殷墟

从早期都邑认定标准来看，小屯殷墟遗址尽管没有发现大型城垣，但至少符合宫殿宗庙、王陵、高等级手工业作坊等主要标准以及"重器"的使用、遗址的较大规模、辐射力与影响力等参考标准，故其也应具备早期都邑性质。

1. 宫殿宗庙区

宫殿宗庙区位于殷墟遗址的东北部，北、东两面有洹河环绕，西、南两面挖筑有宽深的壕沟，构成一个 70 万平方米的封闭区域。宫殿宗庙区内发现 50 余座排列有序的夯土建筑基址及与基址有关的水沟、窖穴、祭祀坑等遗迹。夯土基址可以分为宫殿、宗庙、祭坛、住宅等类。其中 20 世纪 30 年代清理的乙组建筑基址中的乙七可能属于宗庙性质建筑。乙七位于乙组基址的中部，东西长约 44 米，南北宽约 25 米，总面积超过 1100 米。基址上及附近发现 19 个葬坑，埋葬有牛、羊、狗、人等牺牲。乙七基址之南还发现成排分布的小葬坑，有车马坑、人坑和动物坑。1989 年发现的"凹"字形建筑基址（五十四号基址），由北、西、南三排房基构成，三排房基均有排

[①] 唐际根：《中商文化研究》，《考古学报》1999 年第 4 期。

列整齐的墙柱和擎檐柱，总面积约 5000 平方米，其性质应属于宫殿宗庙类建筑。

2. 王陵区

殷墟遗址发现有专门的王陵区。王陵区位于遗址西北部今武官村、西北岗的一片岗地上，已清理出 14 座大墓，近 1500 座祭祀坑。大墓中有 8 座为"亚"字形，3 座为"中"字形，2 座为"甲"字形，1 座为未完成大墓。一般认为，带四条墓道的大墓是商王武丁及之后各王的王陵[1]，带两条墓道及一条墓道的大墓规模相对较小，可能是部分商王或其配偶、高级贵族墓葬[2]。王陵区外围开挖有大型壕沟，包括东围沟和西围沟，两围沟相距 40 米[3]。

3. 高等级手工业作坊

殷墟遗址发现铸铜、制玉作坊遗址。其中铸铜作坊遗址至少有六处[4]，分别分布于苗圃北地、孝民屯、薛家庄、小屯东北地、辛店和任家庄南地。小屯村东北地铸铜作坊遗址位于小屯村东北约 200 米处，20 世纪 30 年代在此发掘宫庙基址乙五、乙七、乙八时，在基址夯层中发现了较多的陶范、铜锈、青铜碎片。苗圃北地铸铜作坊面积在 1 万平方米以上，发现地上、地下建筑 10 余处，出土大量的坩埚碎片、熔炉残渣、炼渣、陶范等遗物。孝民屯的铸铜作坊遗址中发现范土备料坑、范块阴干坑、大型铸铜场所和与铸铜活动有关的祭祀坑等，以生产礼器为主。辛店铸铜作坊遗址总面积超过 100 万平方米，是殷墟时期以"戈"族为主体的超大型青铜铸造基地。铸铜遗存丰富，种类多，有多个独立、完整的作坊区。发现与铸铜

---

[1] 杨锡璋：《安阳殷墟西北岗大墓的分期及有关问题》，《中原文物》1981 年第 3 期。

[2] 杨锡璋、杨宝成：《从商代祭祀坑看商代奴隶社会的人牲》，《考古》1977 年第 1 期；曹定云：《殷墟武官村大墓墓主试探》，《中原文物》1988 年第 3 期。

[3] 牛世山：《2021 年殷墟商王陵区及周边考古勘探取得重要成果》，《中国文物报》2022 年 5 月 13 日。

[4] 中国社会科学院考古研究所：《殷墟的发现与研究》，科学出版社 1994 年版，第 83—91 页；孔德铭：《河南安阳发现迄今范围最大的商代晚期铸铜遗址》，《中国文物报》2020 年 1 月 3 日；《安阳发现商代晚期大型铸铜遗址》，《河南日报》2018 年 2 月 28 日。

活动有关的踩踏面、烧土硬面、浇筑场地、陶范堆积、残熔炉底、小型窑址、范土淘洗池、大型取土坑、铸铜废弃物堆积坑等遗迹，出土大量陶范、陶模、陶芯、熔炉壁残块、炼渣残块等遗物以及生产工具。其中陶范1.2万块左右，以容器范居多，还有少量兵器范。生产工具有磨石、铜针形器、铜刻刀、鼓风管、骨铲、骨锥等。新发现的任家庄南地铸铜作坊遗址面积大，铸铜遗址的各种要素齐备，以铸造青铜礼器为主，兼铸车马器。玉石器作坊发现1处，位于小屯村北40米处，出土有较多的砺石、石锥半成品及一些加工过的石料、玉料，还发现一些石质虎、鳖等小型立体雕刻，发掘者认为这是一处为王室磨制玉石器的场所。

4. 珍贵遗物

殷墟遗址出土大量遗物，其中以青铜器、玉器、甲骨等最为引人注目。出土青铜器当数以万计[1]，种类丰富，器型多样，纹饰复杂，凸显出商代晚期高超的青铜器铸造技术。铜器包括礼器、乐器、工具与生活用具、武器、装饰品与艺术品、杂器六大类。其中司（后）母戊方鼎、司（后）母辛方鼎、三联甗、偶方彝、鸮尊等代表了中国青铜时代青铜铸造技术的高超水平。出土玉器种类齐全，包括礼器、仪仗（或武器）、工具、用具、装饰品、艺术品及杂器七大类[2]。玉器大都出于大中型墓葬之中，仅妇好墓就出土755件之多[3]，可以想象王陵级别大墓随葬玉器的数量当会更多。玉器色泽瑰丽多彩，琢玉工艺精湛，为中国古代玉雕史谱写了新的篇章。从1899年至今，殷墟出土刻辞甲骨大约15万片，其中正规出土的有3.5万片[4]，以1936年发现的小屯北地127号坑甲骨、1973年发现的小屯南地甲骨和1991年发现的花园庄东地H3甲骨最为重要。甲骨刻辞内容广泛，涉及祭祀、田猎、征伐、天气、农业等社会的各

---

[1] 朱爱芹：《安阳馆藏殷墟铜器概述》，《安阳殷墟青铜器》，中州古籍出版社1993年版。
[2] 郑振香、陈志达：《近年来殷墟新出土的玉器》，《殷墟玉器》，文物出版社1982年版。
[3] 中国社会科学院考古研究所：《殷墟妇好墓》，文物出版社1980年版，第15页。
[4] 井中伟、王立新：《夏商周考古学》，科学出版社2013年版，第180页。

个方面，为了解商代晚期的社会生活提供了第一手材料。

5. 遗址的较大规模

殷墟遗址东西长6千米，南北长5千米，面积超过36平方千米，是目前发现的规模最大的商代晚期遗址。殷墟核心区东北方向10千米之外的辛店晚商铸铜遗址的发现，说明殷墟的范围要远远大于36平方千米，充分显示其"大邑商"的恢宏气势。小屯殷墟遗址内虽未发现城垣，但都邑建造事先进行过规划和设计，功能区划明确，有规模宏伟的宫殿宗庙群、王陵区、手工业作坊区、一般墓葬区、居住区。宫殿宗庙区由洹河和壕沟圈围起来，范围大。这些充分显示其不同于一般聚落遗址的超级聚落性质。

6. 辐射力与影响力

以小屯殷墟遗址为代表的殷墟文化分布范围较广，以今豫北地区为中心，东到山东大部（胶东半岛除外），南至豫南地区，西抵关中盆地东部，北达晋中、晋北、京津地区和辽宁西部。而受商文化影响的范围异常广大，最东到山东半岛东端，南达岭南地区，西南到四川成都平原、西昌市，西达青海西宁市，最北到内蒙古克什克腾旗甚至更北的区域。这些充分说明殷墟文化具有超强的辐射力和影响力。

（七）望京楼城址

限于发掘资料，望京楼城址目前符合早期都邑认定标准中的大型城垣、宫殿宗庙等主要标准以及"重器"的使用、遗址的较大规模等参考标准，总体判定属于早期都邑性质。

1. 大型城垣

望京楼遗址发现二里头文化和二里岗文化两座城址。二里头文化城址平面呈方形，垣体残存较少，其中东垣长625米，残宽3—3.5米；南城垣残长41米，残宽5.8—6.6米；北城垣残长32米，残宽1.1米。城垣外侧有护城壕，宽约11米，深约3米。二里岗文化城址是在二里头文化城址的基础上建造的，较二里头文化城址有所缩小，平面近方形，东、北、南、西城垣分别长590、602、630、

560米，宽10—20米。城垣外侧护城河，大约宽15米。在东面、南面城垣发现城门3座。此外，在距城垣东北角约300米处发现外郭城垣和护城河。

2. 宫殿宗庙

在内城的西南角，即今望京楼地段夯土台基之下，发现属于二里头文化的大型夯土基址，南北长95米，东西宽87米。在距夯土基址东北部勘探到一处南北长59米、东西宽8.2米、厚约1.5米的夯土，疑似一道夯土墙基，似可证明此处应是望京楼夏代城址的宫城所在地。在望京楼夯土台基北约50米发现一处大型池状遗迹，其体量相当于一个建筑基址，推测它是预先规划、与大型夯土基址相配套的相关设施，可能与蓄水防火有关，甚至还有收纳雨水的功能。二里岗文化城址城内中南部大型夯土基址F10，残存面积942.5平方米，北部为主体建筑，其他三面为配房，中有庭院，推测当为一座大型回廊式建筑。在F10的地基处有一祭祀坑，内有多具非正常死亡的骨架，葬式凌乱，可能与建造F10进行的祭祀有关。

3. 珍贵遗物

早在20世纪六七十年代，望京楼城址范围内就曾出土过一批青铜器和玉器等珍贵的遗物[1]，2010年以后的发掘又有新发现。铜器种类主要有鼎、鬲、斝、爵、罍、罍、戈、钺、镞等，造型精美，铸造精良，青铜钺个体大。所见青铜爵为狭槽形窄长流，矮三角形柱，尖尾，流、尾较平，束腰，平底，显然属于二里头文化晚期青铜器的风格，是迄今发现为数不多的夏代青铜礼器之一，具有很高的历史、艺术和科学价值。出土玉器有戈、璋。其中二里头文化玉戈为长条形援，无阑，直内，造型规整，磨制精美，是不可多得的夏代玉器。此外，这里也出土有十分珍贵的原始瓷尊。

4. 遗址的较大规模

二里岗文化城址面积约为37万平方米，而位于二里岗城垣护城壕

---

[1] 新郑县文化馆：《河南新郑望京楼出土的铜器和玉器》，《考古》1981年第6期。

外侧的二里头文化城址面积当超过 40 万平方米。整个城址由内城和外城组成，南北长约 1510 米，东西宽约 985.4—1181 米，面积约为 168 万平方米。二里岗文化城址东城垣偏南处发现的一号城门，占地 2000 平方米，呈"凹"字形，城门宽 4.5 米，两侧有立柱柱洞及附属建筑设施，是目前我国发现早期城址中规模最大、形制最完备的城门之一。望京楼城址规模大，二里头文化城址面积仅次于偃师二里头都邑遗址，在夏商聚落中是罕见的，表明其绝非一般的聚落而应为都邑聚落。

（八）盘龙城城址

从早期都邑认定标准来看，盘龙城城址至少符合大型城垣、宫殿宗庙、高等级手工业作坊等主要标准以及"重器"的使用、遗址的较大规模、辐射力与影响力等参考标准，还发现有高等级墓葬，应具备早期都邑性质。

1. 大型城垣

盘龙城城垣保存状况较好。据新勘探材料，城垣平面为不规则方形，现存西垣约 297 米，北垣约 298 米，东垣约 293 米，南垣约 280 米，四面城垣周长 1211 米。北、东、西三面城垣的宽均为 27—30 米，南垣宽 25—30 米。目前四周垣体均高于城外地面 1—6 米，且均外侧较陡、内侧略缓，军事防御功能突出。城垣四周中部发现城门设施。城垣外侧有围绕城垣的护城壕[1]。此外，在盘龙城城外东北、北面及西面 250—500 米处，有关考古工作者早年曾发现断续的带状夯土遗迹[2]。近年考古勘探发现杨家湾坡北有黄土带分布，长约 150 米、宽约 20 多米，不排除其为外城垣遗存[3]。综合判断，盘龙城城址设置有外围大型防御设施的可能性很大。

---

[1] 武汉市文物考古研究所等：《盘龙城遗址宫城区 2014 至 2016 年考古勘探简报》，《江汉考古》2017 年第 3 期。

[2] 刘森淼：《盘龙城外缘带状夯土遗迹的初步认识》，中共武汉市委宣传部、武汉市历史文化名城委员会：《武汉城市之根——商代盘龙城与武汉城市发展研讨会论文集》，武汉出版社 2002 年版。

[3] 张昌平：《湖北黄陂盘龙城遗址又获重大发现》，《中国文物报》2016 年 4 月 8 日。

2. 宫殿宗庙区

盘龙城遗址城内西北角、东北角、东南角均发现大型夯土台基。其中城内东北高地有一处大型建筑基址群，已经清理出F1、F2及F3局部。三座建筑自西南向东北平行排列。F2位于最南部，平面呈东西向长方形，台基面积约380平方米，台基边缘四周有28个大柱洞，可能为一座大空间的厅堂。F1居中，亦呈东西向长方形，台基面积约490平方米，边缘四周共有43个大柱洞，台基中部为四开间的木骨泥墙房址。F1和F2的方向均与大城一致。F3仅清理局部，位于F1北侧，发掘者推测其可能是环绕F1、F2的廊庑建筑的一部分。三座建筑共同构成了"前朝后寝"的格局[1]。从这处基址群所处位置、规模及规整的布局看，城内东北部应是盘龙城的宫殿区所在。此外，2006年考古工作者在盘龙城北的杨家湾地点发现一处大型夯土建筑F4。从残存遗迹的情况推测其面积与城内东北部发现的F1建筑面积大体相当，残存柱坑和柱础石的规模也与F1的大檐柱础穴相近。由此推测F4不是普通居室，也应属于宫殿或宗庙类建筑[2]。

3. 高等级墓葬

在盘龙城四周的李家咀、楼子湾、杨家湾、杨家咀、南城外、铜家咀等地，发现较为集中的商代墓地。遗址东部的李家咀遗址曾发现4座商代早期高等级墓葬，规模大，随葬品丰富且贵重器物多，属于高等级贵族墓葬。其中二号墓保存较好，为长方形竖穴土坑墓，墓室面积约12平方米。葬具为一棺一椁，出土随葬品77件，包括青铜器50件、陶器9件、玉器12件、木器6件及绿松石、残木器板灰数块。棺椁之间及椁板上发现3个殉人，一号殉人骨架下面发现铜镞19件、铜锛1件，属于殉人的随葬品。在城址北部的杨家湾一

---

[1] 杨鸿勋：《从盘龙城商代宫殿遗址谈中国宫廷建筑发展的几个问题》，《文物》1976年第2期。

[2] 武汉大学历史学院等：《武汉市盘龙城遗址杨家湾商代建筑基址发掘简报》，《考古》2017年第3期。

带先后发现20座商代墓葬[1]，多座墓葬有铜、玉、陶、石等随葬品。如M11随葬铜、陶、玉、石等随葬品57件，其中包括一件象征权力的铜钺，反映了墓主显赫的地位。少数墓葬规模较大，如M17为土坑竖穴墓，墓圹长2.9米、宽1.6米、残深0.74米，葬具为一棺一椁，随葬有青铜器、玉器、陶器、漆器、金片绿松石兽面器，共约30余件。出土的青铜带鋬觚形器兼有爵口、斝鋬、觚身的特征，器形独特。大型兽面纹牌形青铜饰件的兽面纹由多条阳线构成。绿松石镶金片饰件以金片作眉、目、牙等关键部件，以绿松石构成兽面纹主体。这些珍贵随葬品的发现，暗示墓主应该属于盘龙城最高级别首领。

4. 高等级手工业作坊

盘龙城遗址发现多处铸铜遗址。在城外北部杨家湾遗址发现一灰烬沟遗迹，沟底有三处成组的陶缸群，沟内外还出土一些熔渣和零星铜片，可能和铜器铸造有关，推测其为一处铸铜作坊。在城外东北部的杨家咀遗址也发现一处灰烬沟，沟内出土有完整的坩埚、陶缸，放置有序，并出土有铜刀、残铜片、熔渣、孔雀石等，应为铸铜作坊遗存。在城外西部的楼子湾遗址发现一处坑形遗迹，由G1、G2、G3组成，其中G1、G2内各发现石块18件、15件，推测其是一处具有工棚性质的建筑遗迹。而G2内发现有铜渣，陶缸片上附有铜渣痕，说明这处遗迹可能是铜器铸造的一部分。此外，在与盘龙城城垣西侧一水之隔的小咀遗址，发现有铸造小件青铜工具的石范及出土大量陶缸片的圆形遗迹，圆形遗迹内有较多炭粒和黑灰土，其中一个圆形遗迹外侧有一周红烧土壁[2]。由此推测这里很可能是一处铸造青铜工具的作坊。

---

[1] 武汉市黄陂区文管所、武汉市文物考古研究所等：《商代盘龙城遗址杨家湾十三号墓清理简报》，《江汉考古》2005年第1期；武汉大学历史学院、盘龙城遗址博物院：《武汉市盘龙城遗址杨家湾商代墓葬发掘简报》，《考古》2017年第3期。

[2] 韩用祥：《盘龙城遗址首次发现铸造遗物及遗迹》，《江汉考古》2016年第12期。

5. 珍贵遗物

盘龙城遗址范围内出土有珍贵的大型青铜器和玉器。青铜器有圆鼎、斝、爵、罍、盉、卣、尊、鬲、簋、盘等礼器，工具和武器有锛、斨、斧、锛、凿、锯、钺、戈、矛、刀、镞等，其形制、纹饰与郑州商城青铜器相同。玉器有戈、柄形器、刀等。尤其是长达94厘米的巨型玉戈、高85厘米的大型圆鼎[①]、青铜带鋬斝形器、雕花钺形器等，都是商代前期所罕见的。此外，盘龙城遗址还出土一长约66厘米的象牙骨，M17出土一件镶嵌绿松石片和金片的勾状夔龙纹饰件，凸显其高等级属性。

6. 遗址的较大规模

盘龙城城址建造有完整的城垣等大型防御设施。整个遗址范围东西约1100米、南北约1000米，面积逾百万平方米。其中夯土城垣（内城）位于遗址东南部，南北长约289米，东西宽约284米，城内面积约8.4万平方米。城址功能区齐备，包括宫殿区、居民区、墓葬区和手工业作坊区等几部分。城垣基宽25—30米，高出地表残存2—6米，在城垣外侧有宽阔的环形壕沟。宫殿建筑基址宏伟，F1宫殿基址台基面积约490平方米，这在商代遗址中是不多见的。

7. 辐射力与影响力

盘龙城城址位于二里岗文化分布范围的偏南部，城址面积大，城壕险峻，手工业作坊已成规模，且成为制造基地，加之出土丰富的青铜礼器、兵器等高等级遗物，表明这里是长江中游地区的一处文明中心。在盘龙城城址周围，分布有一系列同时期的次等级的聚落遗址[②]，如黄陂袁李湾、汉阳纱帽山、新洲香炉山、安陆晒书台等，凸显盘龙城商城的区域性中心聚落地位。

---

① 喻少柏：《湖北盘龙城商代前期最大鼎有了"身高体重"》，《中国文物报》2006年5月12日。

② 豆海锋：《从聚落形态看商王朝对长江中游地区的经略》，《商代盘龙城学术研讨会论文集》，科学出版社2014年版。

（九）吴城城址

从早期都邑认定标准来看，吴城城址符合大型城垣、宫殿宗庙、高等级手工业作坊等主要标准以及"重器"的使用、遗址的较大规模、辐射力与影响力等参考标准，具备早期都邑性质。

1. 大型城垣

城址平面呈圆角方形，有大型城垣，城垣周长约2960米，有东、西、南、北、东北、东南6座城门，城垣外侧有护城壕。

2. 宫殿宗庙区

在遗址中部一带，发现一段长39米、宽1.2米左右的路面，由卵石、陶片合筑而成，上覆一层类似三合土硬面，路两边残存对称有序的立柱洞，推测原是长廊式建筑，呈斜坡状向西北伸展，可能与附近大型宫室群和祭祀区相通连。

3. 高等级手工业作坊

冶铸区位于城内东北部，发现与铸铜有关的灰坑7个，出土铸铜工具石范等遗物。

4. 珍贵遗物

遗址范围内出土陶器、原始瓷器、铜器、玉器、石器等遗物数千件。原始青瓷器数量大、种类多、年代早、烧造考究，表明这一地区可能是青瓷器的发源地之一。许多陶瓷器物上还带有刻划的文字符号。吴城遗址以东20千米的新干县大洋洲发现一大墓，出土随葬品1900余件，其中青铜器480余件，玉器1072余件，陶器356余件，器物精美无比[①]。

5. 遗址的较大规模

吴城遗址面积约4平方千米。城址南北最宽处约8000米，面积61.3万平方米，是江南地区最大的商代遗址和城址。城址内各项功能区齐备，设置有制陶区、冶铸区、居住区、墓葬区、祭祀区等。

---

① 江西省文物考古研究所等：《江西新干大洋洲商墓发掘简报》，《文物》1991年第10期。

6. 辐射力与影响力

以吴城遗址为代表的吴城文化，分布于江西北部的赣江中游及其支流地区。吴城城址是吴城文化分布区的中心聚落，存在着强有力的社会统治集团，对周围广大区域进行有效控制，对周边地区社会发展产生了重要影响。

（十）三星堆城址

从早期都邑认定标准来看，三星堆城址符合大型城垣、宫殿宗庙、高等级手工业作坊等三项主要标准以及"重器"的使用、遗址的较大规模、辐射力与影响力等参考标准，具备早期都邑性质。

1. 大型城垣

三星堆遗址由大城及其内部的西北、东北、西南三座小城组成。大城东城垣现存约1090米，南城垣现存约1150米，西城垣现存约650米，城外有护城壕。城垣系用土斜向堆筑而成，垣体由主城垣和内、外护坡组成，顶宽约10—30米，底宽约35—50米，高约3—6米。新发现确认的北城垣西段位于城址西北青关山台地的边缘，残长140米，顶部残宽10—15米，残高近3米；中段真武宫城垣位于城址北部的梁子上，残长约200米，残高1.7米；东段马屁股城垣位于三星堆城址东北角，北侧即为鸭子河滩地，残存高0.2—1.6米。城内月亮湾、三星堆、仓包包等地发现有内城城垣。其中月亮湾城垣位于三星堆遗址中北部的月亮湾台地东缘，按走向可分南、北两段，整条城垣与西城垣北段基本平行。城垣地面现存部分总长约650米，顶宽约20米左右，高2.4—5米，北段底宽约30—45米，南段宽度达80米，城垣东（外）侧有壕沟，壕沟宽度40—55米，深2.95米。三星堆城垣残长为260米，基础宽度为42米。城垣南侧有壕沟，宽30—35米，沟深2.4米。仓包包城垣位于城址东北部，大致呈西北—东南走向，残长550米，残高2.7米。

2. 宫殿宗庙区

三星堆大城西北部沿着马牧河北岸筑有城垣，使之与大城西墙北段、大城内南北向城垣及东西穿过大城的河流构成一个封闭的西北小城。在西北小城的中部偏北发现高达 3 米的人工土台"青关山"，土台面积 5500 平方米，厚约 4 米。土台上发现 3 座大型红烧土土木构筑的大型建筑。其中 F1 平面呈横长方形，面积超过 1000 平方米，体量宏大，结构复杂。有学者研究认为青关山一号建筑基址是一座具有上、下两层建筑的楼阁式建筑物，属于商代最高规格的宫殿建筑，可能是当地最高统治者处理政务和举行重大典礼的礼仪建筑[①]。结合之前在西北小城东部发现多种形式的瓦件以及红烧土墙基、檐柱和室内夯土地面中有掩埋玉璧、石璧和象牙的现象，可以推断西北小城应属于三星堆城址的宫殿区。大城西南部的三星堆城垣外侧，20 世纪 80 年代曾发现两个大型器物坑，坑内出土金、铜、玉、象牙器、石器共 4000 余件[②]，其中有很多具有浓厚宗教祭祀色彩的器物；2020—2022 年又发现 6 座祭祀坑，出土大量包括青铜器、金器、玉器、象牙在内的遗物 13000 件[③]，进一步显现宗教祭祀性质。因此，西南小城很可能是举行祭祀活动的场所，属于宗庙祭祀区。

3. 高等级手工业作坊

三星堆城址曾发现大量玉石器，应是当地生产的。1929 年在月亮湾发现一玉石器坑。1984 年在西泉坎发现玉石器作坊。近年在大城东北部仓包包小城曾出土嵌绿松石铜牌饰、玉璋、玉璧以及较多的残玉器，推测这里可能是一处玉器手工业作坊区。

此外，在月亮湾地点地层堆积中曾出土铜炼渣、青铜器残片[④]，推测城内应有专门的铸铜作坊遗址。

[①] 杜金鹏：《三星堆遗址青关山一号建筑基址初探》，《四川文物》2020 年第 5 期。

[②] 四川省文物管理委员会等：《广汉三星堆遗址一号祭祀坑发掘简报》，《文物》1987 年第 10 期；《广汉三星堆遗址二号祭祀坑发掘简报》，《文物》1989 年第 5 期。

[③] 徐秀丽：《6 座祭祀坑出土文物近 13000 件 祭祀坑埋藏年代确定》，《中国文物报》2022 年 6 月 17 日；三星堆遗址祭祀区考古工作队：《四川广汉市三星堆遗址祭祀区》，《考古》2022 年第 7 期。

[④] 雷雨：《一年成聚二年成邑——对于三星堆遗址一期文化遗存的两点认识》，中国社会科学院考古研究所主编：《夏商都邑与文化（二）——纪念二里头遗址发现 55 周年学术研讨会论文集》，中国社会科学出版社 2014 年版。

4. 珍贵遗物

1986年发掘的两座大型商代祭祀坑，出土金、铜、玉、石、陶、贝、骨等质地的珍贵文物近千件。其中一号坑出土青铜器178件、金器4件、玉器129件、象牙13根、海贝62枚，另有其他器物若干以及约3立方米的烧骨碎渣。二号坑出土青铜器735件、金器61件、玉器486件、绿松石3件、象牙67根、海贝约4600枚，另有其他器物若干。青铜器主要有大型立人像、跪坐人像、人头像、人面具、兽面具、神坛、神树、太阳形器、眼形器、眼泡、铜铃、铜挂饰、龙形饰、龙柱形器、虎形器、戈、瑗、戚形方孔璧、龙虎尊、羊尊、瓿、器盖、盘等。金器主要有杖、面罩以及虎形、璋形、鱼形箔饰。玉石器主要有璋、琮、璧、环、瑗、戈、剑等。高2.62米的青铜大立人，宽1.38米的青铜面具，高3.95米的青铜神树等，均堪称独一无二的旷世珍品。而以长142厘米、重780克的金杖为代表的金器，以满饰图案的牙璋为代表的玉石器，亦多属前所未见的稀世之宝。2020—2022年新发现的6座祭祀坑（K3、K4、K5、K6、K7、K8），出土文物近13000件，其中相对完整的文物3155件。器物精美、奇特，典型文物有面具、金面罩铜头像、鸟形饰等金器，大面具、顶尊跪坐人像、顶坛人像、顶尊人头像、顶尊蛇身人像、顶璋龙形饰、扭头跪坐人像、着裙立人像、戴象牙立人像、戴尖帽小立人像、戴立冠头像、龙、爬龙器盖、盘龙器盖、神殿形器盖、神坛、巨型神兽、小神兽、猪鼻龙形器、太阳形器、眼形器、龟背形网格状器、圆口方尊、兽首衔鸟圆尊、罍、瓿、瑗、玲等青铜器，牙璋、琮、三孔璧形器、刀、刻纹器座、锛、凿、戈等玉器，以及石磬等[①]。

5. 遗址的较大规模

三星堆遗址规模巨大，分布面积达12平方千米。城址东西长

---

① 徐秀丽：《6座祭祀坑出土文物近13000件 祭祀坑埋藏年代确定》，《中国文物报》2022年6月17日；三星堆遗址祭祀区考古工作队：《四川广汉市三星堆遗址祭祀区》，《考古》2022年第7期。

1600—2100米，南北超过1400米，总面积3.6平方千米，是中国西南地区发现的夏商时期最大的城址，其规模位居中国已发现夏商时期城址规模的前列。

城内宫殿区所在的西北小城（月亮湾小城），面积将近46万平方米，其规模之大也是同期宫城城址中较为罕见的。

6. 辐射力与影响力

以三星堆遗址为代表的三星堆文化分布于成都平原的广大区域，其文化影响范围包括陕南地区、峡江地区和江汉平原等地。城址规模大，内涵丰富，遗址内发现的大型夯土建筑、大型祭祀活动遗迹以及金、铜、玉、象牙等遗物表明三星堆文化已步入高度发达的文明社会，完全具备中心聚落的地位，辐射力、影响力十分显明。

（十一）其他城址

从早期都邑认定标准来看，除了上述10座大型遗址具备早期都邑性质之外，还有一些大型遗址，如焦作府城、垣曲商城、西安老牛坡遗址、清涧李家崖遗址等，符合早期都邑的部分主要标准或参考标准，基本上也应具备早期都邑的属性。还有一些城址，如大师姑城址、新干牛城等，尽管因发掘资料所限，一些主要都邑因素并不十分显明，但从已有信息综合判断，其为早期都邑的可能性是存在的。东下冯商城发掘资料有限，无法判断其是否具备都邑性质。至于平顶山蒲城店、辉县孟庄、郑州东赵等，目前材料显示不出其为早期都邑的属性，应为夏商时期的一般城邑。

焦作府城商城发现的大型城垣，平面基本呈正方形，边长仅300米，墙宽4—8米，周长约1200米，面积逾9万平方米。在城址中部发现4处大型建筑基址，其中一号基址位于城址北部，平面为长方形，南北长70米，东西宽50米，分为南、北两个院落，由南殿、正殿、北殿与东回廊、西回廊构成一个封闭性的组群建筑，结构复杂，形制独特。

垣曲商城城址发现的大型城垣，平面略呈梯形，保存较好，东西350米，南北400米，周长1470米，城址总面积13万平方米。北城垣现存长度338米，宽7.5—15米。西城垣、南城垣两面墙均修筑双道墙，在已发现的商城城址中十分罕见。西城垣外有护城壕，全长446米，宽8—9米。四面城垣可能都有城门，其中西墙中段偏北距西北角140米处为西城门。城址内中部偏东为宫殿区，由多座大型夯土建筑基址组成，以南、北并列的两座长方形大型台基为中心，其余分布在其周围，形成一组基址群，四周有宫墙将宫殿区围在中间。北部台基东西长40、南北宽11.5米，南部台基东西长30、南北宽10米。台基内侧边缘均分布有一周整齐的柱洞，柱洞底部有柱础石，有的有方形柱础槽。宫城围墙呈长方形，南北约100米，东西约60米，宽2—2.5米。少数墓葬随葬有鼎、斝、爵等青铜器，有的还有殉人，表明等级较高。城内出土有铜炼渣，说明城内出土铜器很可能是在本地铸造的。这些现象充分说明垣曲商城当为商代前期晋南地区的一处都邑聚落。

西安老牛坡遗址虽然未发现大型城垣，但该遗址面积达50万平方米以上，延续时间长，尤以商代遗存最为丰富，出土较多的玉器、铜器及卜骨等珍贵遗物，发现大型建筑基址、高等级墓葬、车马坑、祭祀坑以及高规格的铸铜作坊等重要遗迹。发现两处大型夯土建筑基址，分别位于遗址Ⅰ区第二地点和Ⅱ区第二地点，一南一北，其间仅隔一条南北向的自然沟道（俗名老牛坡沟），相距约百米。其中一号夯土建筑基址东西长37.5、南北宽约15米，整个基址系分层夯筑而成，当属宫殿类建筑。二号夯土建筑基址坐东向西，复原南北长23米，东西宽12米，现存夯土9层，夯筑方法与一号夯土建筑基址大体相同。遗址中发现两处铸铜遗存，出土青铜冶铸残渣、陶范、草拌泥墙皮残块、木炭屑、红烧土颗粒及大量大口深腹缸陶片，推断当属于青铜冶铸作坊遗存。墓地位于遗址南侧，发现50多座墓葬，其中中型墓椁室设置有商代罕见的边箱。许多墓葬还发现有附属的马坑和车马坑，还有一些墓葬发现人殉现象。不少墓除底部有腰坑外，还有头坑、脚坑和角坑。殉人之风较盛，38座墓中21座有殉人，殉人数目从1人到10人不等。出土青铜器十分丰富，种类多，有礼器、武器、工具以及人面、牛头、鸟兽形饰、车马饰等。玉器有戈、璜、管、环等。这些说明这里应是商王朝时期渭水流域的一处都邑聚落。

李家崖城址发现大型城垣、大型建筑基址。城址平面呈不规则形，东西长495米，南北宽122—213米，城内面积约6.7万平方米。南面、北面以无定河岸为天堑，东、西两侧修筑土石结构的城垣。墙残高3米余，基宽近9米。其中东城垣残长127.9米，复原长160米。西城垣为"T"形，上道城垣为东西走向，残长34.5米；下道城垣为南北走向，残长25.7米。已发掘的8座房基中，AF1特别引人注目。该房基位于古城内东部地势最高处，是一规模宏大、布局严谨的院落式建筑。整体平面呈长方形，进深48.8米，面宽21.85米，总面积逾千平方米。四周筑有夯土围墙，南面设门，中部为庭，院内有三座房子，呈"品"字形，采用中轴对称布局。基址内散布有18座祭祀坑。其性质，有学者认为可能属于宗庙类建筑[①]。该城址还出土戚、钺、戈、蛇首匕、镞等青铜器，另在居住区范围内还出土金耳饰。此外，在城址北部的灰坑中还发现陶范残块，反映出当时可能有铸铜作坊。这些显示出李家崖城址当为晋陕高原地区的中心聚落。

大师姑城址规模大，发现有大型城垣。发现的南垣西段、西垣北段和北垣西段，分别残长480米、80米和220米，底部宽约16米。城垣外侧开挖有护城壕，宽5—9米。以外壕圈围的面积计算，城址总面积51万平方米。虽然没有发现宫殿类建筑，但城内灰沟中出土较多倒塌的夯土墙体，其中有一段墙体长2米、高0.8米、厚0.6—0.65米。从墙体的厚度推断当时应存在大型夯土建筑。个别灰坑中发现少量玉器、绿松石器、小件铜器、卜骨等珍贵遗物。

牛城城址遗址规模宏大，总面积逾4平方千米。商代城址有大

---

① 吕智荣：《李家崖古城址 AF1 建筑遗址初探》，《周秦文化研究》，陕西人民出版社1998年版。

型城垣，包括外城和内城两部分。外城城内面积约33.2万平方米，城外有护城河。内城内发现大型夯土建筑遗迹，外城内发现墓葬和制陶作坊遗存，出土铜器等珍贵遗物。该遗址与大洋洲遗址所在的新干大墓相距3.5千米。不排除其为区域性中心聚落的可能性。

东下冯遗址总面积约25万平方米，发现大型城垣。城垣平面形状不详，仅发现东城垣南段、西城垣南段、南城垣等，城址面积应在10万平方米以上。限于保存条件，城内未发现大型建筑基址和高等级墓葬。仅发现圆形建筑基址、灰坑、水井、一般墓葬等遗迹，出土大量陶器、石器、骨器。有一定的青铜工具、武器、铜渣、石范等遗物，说明当时可能存在青铜铸造作坊。因不见大型建筑基址和高等级墓葬，无法判定其是否具备都邑属性。

至于平顶山蒲城店、辉县孟庄、郑州东赵等城址，虽然都建造有城垣，但遗址规模较小，没有发现大型宫殿宗庙类遗存的迹象，也不见高规格的手工业作坊、高等级墓葬和珍贵遗物，推断其性质当属于夏商时期的一般城邑或军事据点。

(十二) 综合分析

通过对以上列举夏商时期大型遗址进行具体分析可知，夏商时期都邑发展进入了繁荣时期，表现出都邑数量多、规模大、都邑文化因素突出等特点。大部分遗址符合早期都邑的主要物化标准和参考标准，当具备早期都邑性质；一部分城址限于发掘资料，仅符合早期都邑的部分标准，推断当时也应具备都邑性质；少部分达不到都邑的判定标准，当不具备早期都邑性质。部分大型遗址，如二里头、殷墟、老牛坡等遗址，虽未发现大型城垣，但综合遗址的巨大规模、大型宫殿宗庙区和高等级墓葬及手工业作坊的存在、大量铜器与玉器等珍贵遗物的出土情况来看，无疑应属早期都邑性质。

夏商时期都邑发展繁荣主要集中表现在大型垣壕建筑、成规模的宫庙建筑、有规划的王陵及贵族墓葬、分工明确的手工业作坊等方面，遗址的较大规模、有较强的辐射力和影响力也是主要的特点。

随着筑城技术的提高和推广，夏商时期都邑的垣壕设施已相当完备，城垣规模大，建筑技术先进。版筑夯筑技术的广泛采用，使城垣更加坚固。内外城或城郭防御模式较多推行，使都邑的防御体系更加完善、有效。

以大型建筑基址为代表的宫殿宗庙建筑有了较大的发展。建筑规模更大，一般是多间建筑组成院落，且建筑周围出现廊庑等附属设施，多院落组成建筑群。为数不少的城址都出现了台基建筑，大都处在城址的中轴线上，更加强调统治者在城中至高无上的地位。

王陵和贵族墓葬区的划分更加明确，有专门的埋葬范围，平民墓葬不得埋入。王陵和贵族墓葬在规模、葬具、贵重随葬品等方面与平民墓的分化较之前更加明显，甚至有象征王权的专属器物，展现出王或贵族对都邑资源的掌控，体现了其至高无上的权力和地位。

手工业作坊区分工更加细化，铸铜等高等级手工业作坊成为都邑的基本设施。大型都邑如二里头、郑州商城、小屯殷墟等，基本具备了陶器、骨器、玉器、石器、铜器等几乎所有器物种类的作坊。殷墟遗址的水系、道路等还反映出不同作坊之间存在联系，几座分工不同的作坊共同构成了一个大范围、多种类的手工业作坊区。

夏商都邑规模普遍增大，面积几百万甚至几千万平方米的都邑不断涌现，充分反映出这个时期国家势力的扩展、王权的增强与社会生产力的不断提高。这些大型都邑辐射范围异常广大，对周边的影响强劲有力。同时，大型都邑聚落与一般都邑聚落同时存在，表明当时社会存在不同等级、不同类型的政治中心。

第五节　早期都邑的类属

从前文可知，中国境内目前已发现确认的早期都邑遗址数量较多，至少有25处，其中龙山时代都邑遗址9处，即陶寺、石峁、王城岗、石家河、宝墩、良渚等，另有古城寨、瓦店和尧王城等；夏商时代主要都邑遗址16处，即新砦、二里头、郑州商城、偃师商城、洹北商城与小屯殷墟等，以及望京楼、大师姑、府城、垣曲商城、盘龙城、吴城、牛城、三星堆、老牛坡、李家崖等方国都邑遗址（图2-33），为研究中国早期都邑的分类奠定了基础。综合考察这些都邑可以发现，这些早期都邑种类并非单一的，而是存在不同的层级。依据都邑的规模、规格、遗存丰富程度、所处方位、控制力大小等因素，并结合文献记载，可以将其分为邦国都邑、王国或王朝都邑以及方国都邑三大类属。

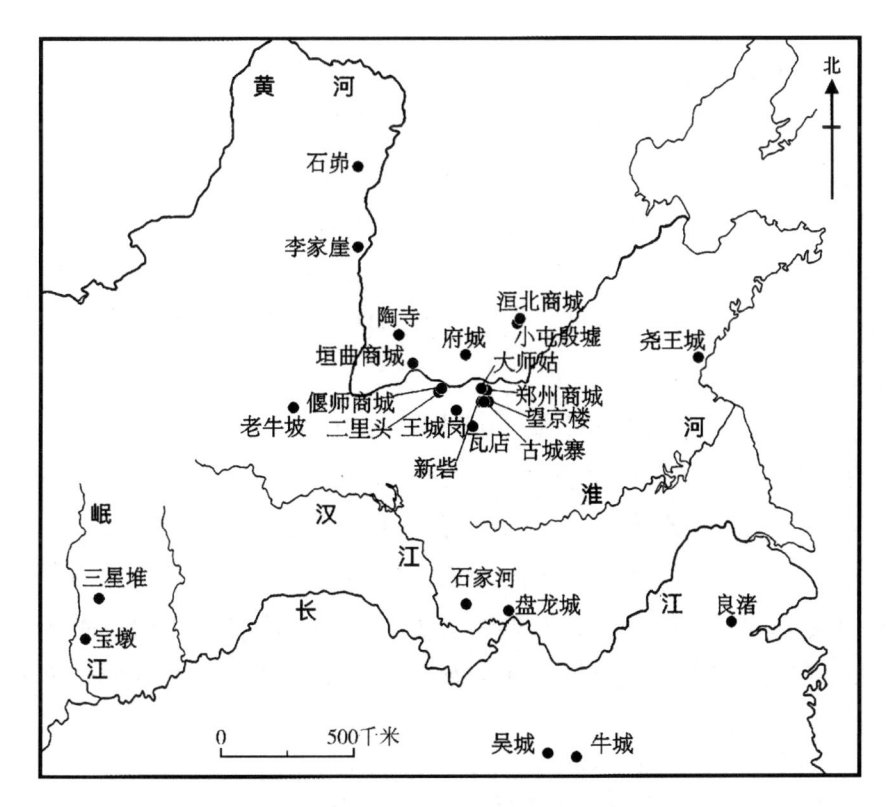

图2-33 中国早期都邑遗址分布

一 邦国都邑

龙山时代，随着生产力的发展和社会复杂化进程的不断深入，社会发展逐渐步入文明时代，各地先后形成诸多邦国，邦国内往往出现一个供统治阶级居住和处理政务的大型城邑——邦国都邑。这类邦国都邑遗址规模大，遗址面积多在数十万乃至数百万平方米。遗址规格相对较高，大多建造有大型夯土建筑，多数有大型城垣，一些都邑还形成内城外郭布局，城区内设置有不同的功能区，文化遗存较为丰富，出土大量陶器以及珍贵的青铜礼器、玉器。从目前材料来看，中国龙山时代的邦国都邑主要包括陶寺、石峁、王城岗、石家河、良渚、宝墩等城址，瓦店、古城寨、尧王城等遗址也有可能归属此列。

(一) 陶寺都邑

陶寺文化主要分布在临汾盆地一带，已发现陶寺文化遗址200余处。陶寺文化时期明显形成了近似金字塔式的社会结构，社会发展已进入文明时期，出现了诸多不同等级的聚落，形成了有一定控制区域的邦国。陶寺文化是中原地区龙山时期的考古学文化，年代为公元前2300—前1900年，大约与文献记载的尧舜时代相当。陶寺城址面积达280万平方米，是临汾盆地同时期最大的聚落，具有完备的都邑功能。

关于陶寺文化的族属问题，目前学界讨论颇多，主要有"陶唐氏说"[1]、"有虞氏说"[2]和"尧舜说"[3]等观点。涉及陶寺城址是何都邑问题，有学者认为是尧都平阳[4]，也有学者认为早期小城是有唐氏之都，中期大城为尧舜禹之都[5]。综合考古发现与文献记载，我们认为陶寺遗址文化延续时间较长，其发展经历了早、中、晚三个阶段，而每一期之间皆发生了重大变易，甚至有明显的暴力倾向，不应是某单一

---

[1] 王文清：《陶寺文化可能是陶唐氏文化遗存》，《华夏文明》第一集，北京大学出版社1987年版；邹衡：《关于探讨夏文化的条件问题》，《华夏文明》第一集，北京大学出版社1987年版；罗新、田建文：《陶寺文化再研究》，《中原文物》1991年第2期。

[2] 黄崇岳：《虞代与龙山文化》，《中原文物》1987年第2期；许宏、安也致：《陶寺类型为有虞氏遗存论》，《考古与文物》1991年第6期。

[3] 李民：《尧舜时代与陶寺遗址》，《史前研究》1985年第4期；王克林：《陶寺文化与唐尧、虞舜——论华夏文明的起源》，《文物世界》2001年第1、2期。

[4] 李民：《尧舜禹时代与陶寺遗址》，《夏商史探索》，河南人民出版社1985年版，第1—19页；马世之：《中国史前古城》，湖北教育出版社2003年版，第149页。

[5] 程平山：《论陶寺古城的发展阶段与性质》，《江汉考古》2005年第3期。

族群文化的自然、和平之演变，亦非某一族群某一首领的生存年代所能涵盖，应分期加以具体分析①。

首先，陶寺文化早期应属于陶唐氏族群文化，陶寺都邑早期可能为尧都。《左传·哀公六年》引《夏书》曰："惟彼陶唐，帅彼天常，有此冀方。""冀方"主要指山西境内，可见陶唐氏部落的主要活动范围应在今天的山西境内。目前发现的陶寺文化早期遗址数量不多，均位于山西襄汾、临汾一带，与文献记载陶唐氏部落的活动区域一致。关于陶唐氏生活的年代，学界一般认为在公元前2300—前2200年②，陶寺文化早期的测年结果约为公元前2300—前2100年③，与陶唐氏活动的年代相符。又《汉书·地理志》引应劭曰："尧都也，在平河之阳。"《史记·晋世家》记载叔虞居唐"在河、汾之东"，可见尧都在今临汾、襄汾一带。陶寺城址发现有属于陶寺文化早期的宫城，规模巨大，面积超过10万平方米，布局严整，在城内有相对独立的宫殿区，城外东南部有排列有序、等级分明的大、中、小型墓葬，大型墓葬中出土有鼍鼓、特磬等高规格礼器。这说明陶寺文化早期已经进入邦国或酋邦国家阶段，陶寺遗址早期应具备都邑性质，即史籍中记载的陶唐氏"尧都平阳"。

其次，陶寺文化中期属于陶唐氏及有虞氏族群文化，陶寺都邑中期应为舜之都。陶寺文化中期，陶寺文化遗址的数量增多，分布范围扩大，较之早期在文化因素上发生了大的变异。如早期和中期墓葬的茔域有所改变，由宫城外南部向中期小城内转移；早期大墓多随葬使用陶器群和木、陶、石质礼器，中期则崇尚玉器、漆器和彩绘陶器。又如中期新出现了鬲及带单耳、双耳的盆、罐等陶器，这是受北方晋中地区文化及豫陕晋交界地区三里桥类型的影响。有

---

① 张国硕：《陶寺文化性质与族属探索》，《考古》2010年第6期。
② 翦伯赞：《中外历史年表》，中华书局1961年版，第4—5页；李民：《尧舜时代与陶寺遗址》，《史前研究》1985年第4期。
③ 何驽：《陶寺文化谱系研究综述》，《古代文明》第3卷，文物出版社2004年版。

学者认为三里桥类型正是有虞氏的遗存①。一些传世文献有舜夺取尧帝位的记载，如古本《竹书纪年》："舜囚尧于平阳，取之帝位。"陶寺文化中期出现的外来文化因素可能正是有虞氏族群强势入侵的结果。陶寺遗址中期，该都邑发展进入繁盛时期，宫城继续修缮使用，新建造中期大城和小城。中期大城面积达280万平方米，是同时期黄河流域规模最大的城址之一。城内布局更加完善，城中的核心位置存在着与普通居民区隔离的宫城，与大城形成内城外郭的布局形态。中期小城内发现用于观象授时与祭祀功能的大型建筑，在小城的东北部密集分布着大量大、中、小型墓葬，且大型墓葬中随葬有较为丰富的玉器、彩绘陶器、漆木器、猪骨等随葬品。因此，总体来看，陶寺中期文化不再是单纯的陶唐氏族群文化遗存，至少还应包括有虞氏族群文化，陶寺中期大城应为有虞氏舜取代陶唐氏尧之后的都邑所在。

最后，陶寺文化晚期族属较为复杂，除了延续存在的陶唐氏、有虞氏等族群，可能还包括夏后氏、周后稷以及其他族群，陶寺都邑还可能短期成为夏后氏禹继任豫陕晋相邻地区"族群联盟"首长之职所在地。从考古发现来看，仰韶时代至龙山时代，在今河南西部、陕西东部、山西南部的豫陕晋相邻地区，三地之间考古学文化联系十分密切，仰韶时代是庙底沟类型、西王村类型的分布之地，龙山时代早期形成了统一的庙底沟二期文化，龙山时代后期是王湾三期文化、客省庄二期文化、陶寺文化等具备诸多共同文化因素的中原龙山文化分布之地。依据《史记·五帝本纪》《尚书·尧典》等文献记载推断，黄帝时代至尧舜禹时期，诸多族群在今豫陕晋相邻地区曾形成一个大规模的族群联盟，尧、舜、禹曾先后任这个联盟的首长②。陶寺文化晚期的绝对年代约为公元前2000—前1900年，已经进入了夏纪年的范围。文献记载禹曾使用暴力手段接替了舜的

---

① 王克林：《晋西南龙山文化与有虞氏》，《文物世界》2002年第1期。
② 李民、张国硕：《夏商周三族源流探索》，河南人民出版社1998年版，第1—53页。

"帝位",如《韩非子·说疑》:"舜逼尧,禹逼舜,汤放桀,武王伐纣,此四王者,人臣弑其君者也。"考古发现,陶寺中期大城在陶寺文化晚期被废弃,出现了"平城垣、废宫殿、杀壮丁、淫妇女、毁宗庙、扰祖陵"[1]等充满暴力色彩的现象,可能正是此时以暴力手段完成禹与舜权力交替的体现。需要注意的是,尽管陶寺晚期时段中期大城已经废弃,但宫城并没有完全废弃,而是在早期墙基之上略微错位挖出较浅的晚期墙基槽夯筑城垣,并修建了东南城角的内墩台和东南门的西侧基址,可见宫城在陶寺文化晚期也在使用着。《左传·哀公六年》杜预注:"唐、虞及夏同都冀州。"陶寺晚期宫城的再修筑和使用,可能与夏后氏北上晋南、禹就任豫陕晋相邻地区"族群联盟"首长之后在陶寺一带"就职"有关。

(二) 石峁都邑

以石峁遗址为代表的考古学文化广泛分布于今内蒙古中南部、山西北部、陕西北部地区,形成了诸多不同等级的聚落,等级社会结构和阶级分化形成,社会发展已步入文明时期,形成了有一定控制范围的邦国。学界大多认为,石峁城址规模宏大,聚落等级高,文化遗存丰富,属于当时北方区域的中心聚落[2]或"公元前2300年中国北方区域政体的中心"[3]。

至于石峁都邑具体属于文献所载哪座都邑、谁之都邑,一些学者对此已进行探索,主要有三种观点:黄帝部族居邑说、黄帝都城昆仑说和西夏都邑说。沈长云先生认为石峁是黄帝部族居邑,其依据在于石峁古城所属的考古学文化的分布区域及其附近"与文献中黄帝部族的活动范围相合"[4]。王红旗先生认为石峁是"黄帝都城昆仑",依据为石峁属于先夏时期的古城遗址,其庞大规模及其出土文

---

[1] 王晓毅、丁金龙:《从陶寺遗址的考古新发现看尧舜禅让》,《山西师大学报》2004年第3期。
[2] 考古与文物编辑部:《神木石峁遗址座谈会纪要》,《考古与文物》2013年第3期。
[3] 孙周勇、邵晶:《石峁是座什么城?》《光明日报》2015年10月12日。
[4] 沈长云:《石峁古城是黄帝部族居邑》,《光明日报》2013年3月25日;沈长云:《再说黄帝与石峁古城》,《光明日报》2013年4月15日。

物与《山海经》等古籍关于黄帝活动的记载一致,并且认为"石峁城址属于黄帝都城昆仑的可能性高达90%"①。张怀通先生主张石峁城址是上古西夏的都邑,将石峁城址的考古发现与《逸周书·史记解》中记载的西夏做对比,认为西夏古国的下限与石峁古城的毁弃时间大体一致,西夏古国的位置与石峁城址的位置相符,夏与石峁古城的用玉文化传统类似。而位于中原地区的夏王朝与偏居西北的石峁古城有类似用玉文化传统的原因,石峁古城应是西夏都邑,西夏与夏属同一族属②。

以上三位学者观点,就立论依据而言,沈长云先生仅依据文献中黄帝居邑与石峁古城的位置"相符"就判断石峁为黄帝居邑,显然缺乏说服力,因为即便活动于同一区域,若时代不同,族群也会有很大差别。目前没有确切证据表明石峁城址的年代与文献中记载的黄帝时期"相符"。此外,一般认为黄帝族群的活动中心是在中原地区,把陕北地区的石峁城址确定为"黄帝部族居邑"是不符合常理的。王红旗先生主要依据的文献是《山海经》,做史学研究的人都知道,《山海经》常被称为荒诞不经的奇书,司马迁在撰写《史记》时就指其内容荒诞无稽而不作参考。在没有其他较为可靠文献记载佐证的情况下,不宜拿唯一的《山海经》的记载作为证据推断文化遗存的归属。张怀通先生以较为可靠的文献记载为线索,从年代、位置、文化传统等论证石峁城址的性质,认为西夏之"西"是方位词,之所以称为"西夏",是因为其东有大禹建立的"夏王朝"存在,位于豫西、晋南的夏王朝与石峁正好呈东南—西北隔河相望之势。虽然这种推论相对其他两种观点来讲有一定的说服力,但需要更多的证据来加以验证,最关键的问题是如何证明文献所记载的"西夏"就是石峁。

值得注意的是,《北堂书钞》卷十三引《纪年》记载夏启时期

---

① 王红旗:《神木石峁古城遗址当即黄帝都城昆仑》,《百色学院学报》2014年第5期。
② 张怀通:《谁的石峁——石峁古城系上古西夏都邑》,《中国社会科学报》2015年3月18日。

曾"征西河",《太平御览》卷八十二引《帝王世纪》则称启"征河西"。位于黄河之西的石峁城址,年代可晚至二里头文化早期,包含夏启所在年代,其与"西河""河西"是否有关,有待学界重点考察。

综上可以看出,目前学界关于石峁古城属于何者都邑(城)的观点,文献依据和考古证据都明显不足,尚难达成共识。在没有更多的资料公布之前,我们认为将石峁古城确定为晋陕高原地区政治实体的中心或某一邦国的都邑较为合适。

(三)王城岗都邑

以王城岗城址为代表的龙山时代考古学文化遗存,主要分布于嵩山地区为中心的豫中、豫西地区,社会发展已步入文明时期,形成了具有较大控制范围的邦国。王城岗城址规模大,规格高,遗存丰富,对周围的辐射力与影响力十分强劲,其性质应为当时的都邑。关于王城岗城址的性质,以往学界论述颇多,其中东、西小城被认为是"禹都阳城"[1]、"夏部族首领所作城"[2]、"防御性的城堡"[3]、"鲧作城"[4]、"村落性质的城堡"[5] 等;大城多被认为是"禹都阳城"[6] 或"鲧都阳城"[7]。结合考古材料和文献记载,推断王城岗大城为夏族群邦国之禹都阳城、小城与禹之前的夏族群邦国政治中心(都邑)有关的可能性很大。

其一,夏族群起源于豫西地区,其统治的中心区域在今嵩山地

---

[1] 安金槐:《试论登封王城岗龙山文化城址与夏代阳城》,《中国考古学会第四次年会论文集》,文物出版社1983年版。
[2] 董琦:《王城岗城堡遗址分析》,《文物》1984年第11期。
[3] 李绍连:《淮阳"龙山城"与登封"小城堡"》,《中州学刊》1984年第4期。
[4] 北京大学考古文博学院等:《登封王城岗考古发现与研究(2002—2005)》,大象出版社2007年版,第788页;方燕明:《登封王城岗城址的年代及相关问题探讨》,《考古》2006年第9期。
[5] 程平山:《登封王城岗遗址性质分析》,《考古与文物》2009年第5期。
[6] 北京大学考古文博学院等:《登封王城岗考古发现与研究(2002—2005)》,大象出版社2007年版,第788页;方燕明:《登封王城岗城址的年代及相关问题探讨》,《考古》2006年第9期。
[7] 程平山:《登封王城岗遗址性质分析》,《考古与文物》2009年第5期。

区、伊洛河流域及其周围，王湾三期文化与夏启建立夏王朝之前的夏族群文化即先夏文化关系密切。从传世文献来看，一些文献记载都指出夏王朝的中心地区与位于豫西的伊、洛二水有关。如《史记·周本纪》记载："自洛汭延于伊汭，居易毋固，其有夏之居。"《索隐》："言自洛汭及伊汭，其地平易无险固，是有夏之旧居。"从考古发现来看，主要分布于豫西地区的二里头文化与新砦期遗存应为夏王朝时期的夏族群文化，即夏文化[①]。龙山时代晚期，王湾三期文化主要分布于豫西地区，新密新砦、临汝煤山等多处遗址的文化堆积都表明，新砦期遗存直接叠压王湾三期文化，而二里头文化又直接叠压新砦期遗存，可见王湾三期文化年代早于新砦期遗存和二里头文化。从文化面貌上来看，新砦期遗存和二里头文化一期与王湾三期文化有着明显的承袭性，属于夏文化的新砦期遗存和二里头文化是由王湾三期文化发展而来，故王湾三期文化应为先夏文化。

其二，众多文献有关于"禹都阳城"及阳城位于今登封市告成镇一带的记载。如古本《竹书纪年》："禹居阳城。"《世本》："禹都阳城。"《孟子·万章上》赵岐注谓阳城在"嵩山下"。《国语·周语上》称夏兴起于崇山。《太平御览》卷三十九引韦昭注："崇、嵩古字通。夏都阳城，嵩山在焉。"以此可知，"崇"为"嵩"的古字，"崇山"即"嵩山"，在今登封境内。《史记·夏本纪·集解》引刘熙注阳城："今颍川阳城是也。"《水经·颍水》记载："颍水出颍川阳城县西北少室山。"郦道元注："颍水又东，五渡水注之。……颍水迳其县故城南，昔舜禅禹，禹避商均，伯益避启，并于此也，亦周公以土圭测日景处……县南对箕山。"《括地志》亦云："阳城在箕山北十三里。"这些记载都言今登封市告成镇与禹都阳城的地理位置和环境相符合。

其三，从城址规模及年代来看，王城岗大城应为"禹都阳城"。王城岗大城拥有巨大城垣，复原后面积达 34.8 万平方米，是目前河南

[①] 张国硕：《夏纪年与夏文化遗存刍议》，《中国文物报》2001 年 6 月 20 日。

境内发现最大的龙山时期城址。建造如此大规模的城址，所需劳力除了聚落本身提供外，更需要征集其他聚落的人力来共同完成[①]。此外，通过碳十四测年可知，大城夯土城垣的年代约为公元前2055年。"夏商周断代工程"结项成果将包括禹在内的夏始年定为公元前2070年[②]，则王城岗大城的修筑年代刚好落在禹统治的时间范围之内。

其四，王城岗小城可能为鲧作城。传世文献中有关于鲧造城的记载。如《世本·作篇》："鲧作城郭。"《吕氏春秋·君守篇》："夏鲧作城。"《淮南子·原道训》："昔者夏鲧作三仞之城，诸侯背之，海外有狡心。"史载鲧为禹之父，夏部族的首领，也是尧舜禹时代豫陕晋相邻地区"族群联盟"的重要成员。在舜任联盟首长期间，鲧曾被委派治水的工作，但由于未见成效被舜"殛于羽山而死"。可见，此时夏部族的力量较小，不能与有虞氏部族相抗衡。根据发掘情况可知，王城岗东、西小城的年代要稍早于大城，两座小城均有城垣，但规模不大，面积均为1万平方米左右，这样的规模与鲧之时夏部族力量相对弱小的情况是相符合的。

（四）石家河都邑

石家河文化分布范围广泛，以江汉平原为中心，包括今湖北、豫西南及湘北一带。石家河文化遗址较为密集，形成多个以大型聚落或城址为中心的聚落群。已经发现青铜块、玉器、祭祀遗迹、类似于文字的刻划符号和大型城址，表明其已经进入文明时代和邦国时期。石家河城址规模大且有大型城垣环绕，有分布于遗址中心的夯土基址、红烧土堆积、堆筑台基，出土大量精美玉石器，发现有围绕大型墓葬布局的墓区，并且形成了以石家河城址为中心、面积达8平方千米的聚落群，应属于石家河文化邦国之都邑。关于石家河都邑的归属，一般认为与南方的三苗族有着较为密切的关系，为

[①] 北京大学考古文博学院、河南省文物考古研究所：《登封王城岗发现与研究（2002—2005）》，大象出版社2007年版。

[②] 夏商周断代工程专家组：《夏商周断代工程1996—2000年阶段成果报告简本》，世界图书出版公司2000年版。

三苗族群邦国都邑的可能性非常大。

　　首先，石家河文化是三苗族群的考古学文化。徐旭生先生曾将中国史前时期的众多族群划分为华夏、苗蛮、东夷三大集团，三苗就是其中最有名的一支族群①。关于三苗所处的位置，《史记·五帝本纪》载："三苗在江、淮、荆州，数为乱。"《战国策·魏策一》云："昔者三苗之居，左彭蠡之波，右有洞庭之水，文山在其南，而衡山在其北。"可见三苗应以今湖北、湖南两省为其最主要的活动区域。而石家河文化主要分布在以江汉平原中部为中心的地区，其范围北到南阳盆地南缘和桐柏山北侧，东止于麻城、黄冈和大冶一线，东南以幕阜山和九宫山为界，南到洞庭湖地区，西抵西陵峡西口②，与文献记载的三苗活动区域大体一致。此外，《尚书·吕刑》有"苗民弗用灵"的记载，指的是三苗信仰原始巫教，和华夏集团的宗教习俗不同③。从考古发现可知，石家河城址的印信台、三房湾遗址中出土有特殊的套缸遗迹，以及数以万计的红陶杯，石家河文化中发现有大量精美的玉器、泥塑动物及人俑等，可能都与原始宗教和祭祀有关，展现出与中原地区截然不同的宗教文化。

　　其次，石家河文化的骤然消亡与文献中记载的"禹征三苗"事件可相互印证。据文献记载，三苗与北方的尧舜禹集团曾发生过数次战争。如《吕氏春秋·召类》记载，尧时期曾经"战于丹水之浦，以服南蛮"，舜时期"却苗民，更易其俗"。《尚书·尧典》称舜曾"窜三苗于三危"。《墨子·非攻下》又载，三苗大乱，夏禹征伐有苗。可见早在尧舜之时，华夏、三苗两个集团就冲突频发，一直到大禹时期，三苗最终被彻底瓦解。一般认为豫西地区的王湾三期文化属于先夏文化，即是大禹所属的夏后氏族群邦国在夏王朝建

---

①　徐旭生：《中国古史的传说时代》，文物出版社1985年版，第45—65页。
②　中国社会科学院考古研究所：《中国考古学·新石器时代卷》，中国社会科学出版社2010年版，第657页。
③　徐旭生：《中国古史的传说时代》，文物出版社1985年版，第107页；杨新改、韩建业：《禹征三苗探索》，《中原文物》1995年第2期。

立之前的考古学文化。从考古发掘情况来看，龙山时代晚期曾兴盛一时的石家河文化有突然衰败和消亡的现象。与此同时，王湾三期文化向南方急剧扩张，控制了原属于石家河文化的豫西南、鄂西北地区。向南方扩张的王湾三期文化吸收了较多的石家河文化因素，形成了一个新的类型——乱石滩类型[1]。关于龙山晚期石家河文化与王湾三期文化的势力消长的问题，学界多有讨论，一般认为与文献记载中的"禹征三苗"事件有关[2]。石家河文化消亡后在其原控制区域出现了以天门肖家屋脊、三房湾、宜昌白庙遗址等为代表的新的文化遗存，这些遗存以单个遗址的形式零星分布，再未发现像石家河城址这样大规模的城址。对于这些遗存的性质命名，目前学界仍有争议，但越来越多的学者认识到它们是不同于石家河文化的另一支考古学文化[3]，可能就是三苗消亡后残存的遗民所创造的，称之为"后石家河文化"[4]或"三房湾文化"[5]、"肖家屋脊文化"[6]。

（五）良渚都邑

良渚文化分布在今浙江省北部和江苏省南部太湖周围地区。良渚文化有诸多聚落，形成数量不等的聚落群。贫富分化已非常严重，已经分化成不同的等级阶层。琮、璧、钺等成组玉器的使用则是礼仪制度出现的重要标志。大型城址和水利工程的建造，寓示着当时有着组织大量劳动力进行大规模营建工程的社会权力。良渚文化已经进入文明社会，建立了早期国家，这几乎是学界众多

---

[1] 白云：《关于"石家河文化"的几个问题》，《江汉考古》1993年第4期。
[2] 杨新改、韩建业：《禹征三苗探索》，《中原文物》1995年第2期；尹弘兵：《禹征三苗与楚蛮的起源》，《武汉科技大学学报》（社会科学版）2011年第2期；靳松安：《王湾三期文化的南渐及其相关问题》，《中原文物》2010年第1期。
[3] 孟华平：《白庙早期遗存及相关问题》，《江汉考古》1994年第1期；冰白：《三峡新石器时代至商周时期考古的新局面与新课题》，《武汉大学学报》2004年第6期；于孟洲：《峡江地区夏商时期考古学文化研究》，吉林大学博士学位论文，2007年，第35页；何驽：《长江中游文明进程的阶段与特点简论》，《江汉考古》2004年第1期。
[4] 孟华平：《长江中游史前文化结构》，长江文艺出版社1997年版，第101页。
[5] 王劲：《后石家河文化定名的思考》，《江汉考古》2007年第1期。
[6] 方勤、向其芳：《石家河遗址持续见证长江中游文明进程》，《人民日报》2020年10月31日。

学者的共识①。良渚城址以290万平方米的面积、面积达8平方千米的聚落群核心区域和总面积达100平方千米的超大型城市系统、庞大复杂的水利系统、布局有序的城市格局、出土众多的玉器成为良渚文化等级最高的聚落，其性质为良渚邦国都邑当无大的争议。

良渚都邑属于何者之都，限于文献记载的阙如或语焉不详，目前尚未有令人信服的推断结果。从族群集团来说，良渚古国应属于古越族或百越集团。古史传说中大致与良渚文化时期在时间与空间上有关联的族群主要有防风氏、羽民国、成鸠氏等。如《国语·鲁语》记载："昔禹致会群神于会稽之山，防风氏后至，禹杀而戮之。"《山海经·大荒南经》："有羽民之国，其民皆生毛羽。"先秦古籍《鹖冠子·王鈇》记载有"成鸠氏之国"，手握"王鈇"（斧钺），"兵强，世不可夺"。这些材料或许成为今后研究良渚古城归属或属性的重要线索。

（六）宝墩都邑

宝墩文化分布于四川盆地的成都平原地区。这个文化已形成一定的聚落群，有统一指挥的社会组织结构，社会发展理应进入文明社会和邦国阶段。成都平原地区目前发现的属于宝墩文化的史前城址已有8座，另有一般聚落遗址数十处。从城垣和建筑的规模、规格以及城内出土的丰富遗物来看，宝墩古城面积最大，规格较高，文化遗存丰富，有内、外双重城垣，发现有宫庙设施，对其周边的聚落有着一定的控制力，应是宝墩文化邦国的都邑。

宝墩城址应是古蜀国最早阶段之都邑。成都平原地区是古蜀族群的主要分布地，三星堆文化即是古蜀文明遗存。而早于三星堆文化的宝墩文化（三星堆遗址第一期）直接发展为三星堆文化，其族属为古蜀人当无异议。

---

① 戴尔俭：《从聚落中心到良渚酋邦》，《东南文化》1997年第3期；谢维扬，《中国早期国家》，浙江人民出版社1995年版，第278—294页；张忠培：《良渚文化的年代和其所处社会阶段》，《文物》1995年第5期；张之恒：《良渚文化聚落群研究》，《东方文明之光——良渚文化发现60周年纪念文集》，海南国际新闻出版中心1996年版。

（七）其他都邑

从目前公布的考古材料来看，瓦店、古城寨、尧王城也具备一些早期都邑的特征，可能是龙山时代某一邦国的政治中心。

瓦店遗址规模大，总面积达100万平方米，壕沟圈围面积达40余万平方米；发现的大型夯土建筑基址规模大，两处基址面积达千平方米，当为最高统治者居住之所或举办大型祭祀活动之地；精美的陶礼器与酒器、玉礼器的使用，无不说明其拥有者具有较高的社会地位，推断其性质当为早期都邑。文献中有关禹或启居（都）阳翟的记载较多，一般认为阳翟在颍川郡，即今禹州市境内。如《左传·昭公四年》记载夏启时期有"钧台之享"，杜预注曰"河南阳翟县南有钧台陂，盖启享诸侯于此"。《史记·周本纪·集解》引徐广："夏居河南，初在阳城，后居阳翟。"《史记·夏本纪·正义》引《帝王世纪》称禹受封为夏伯，在"河南阳翟"。《汉书·地理志》颍川郡阳翟条下班固自注为"夏禹国"，颜师古注引应劭称其为"夏禹都"。此外，《后汉书·郡国志》颍川郡阳翟条言其为"禹所都"；《水经注·颍水》记载阳翟故城为夏禹始封地和夏国。有学者认为，禹州瓦店遗址规模大，规格较高，不排除其为夏之阳翟的可能性[1]。

古城寨遗址面积达27.65万平方米，遗址中心区域建造有大型城垣，城内发现有大型高台建筑和廊庑建筑基址，可能还存在铸铜作坊，出土一批精美遗物，城址周围分布诸多中小型聚落，其性质很有可能属于某一邦国的都邑。至于古城寨城址为何族群之遗存，目前学界亦有不少争议，尚难加以决断。如有学者认为其是祝融之墟或祝融之城[2]。也有学者认为其既是"祝融之墟"，也是黄帝所居轩辕之丘，黄帝集团的大隗氏极有可能曾在此地筑城[3]。

---

[1] 方燕明：《寻找夏代早期的城址》，《寻根》2010年第3期。
[2] 马世之：《新密古城寨城址与祝融之墟问题探索》，《中原文物》2002年第6期；周书灿：《新密市古城寨龙山古城的族属及其相关地理问题》，《中原文物》2006年第1期；许顺湛：《五帝时代研究》，中州古籍出版社2005年版，第57页。
[3] 周书灿：《新密市古城寨龙山古城的族属及相关地理问题》，《中原文物》2016年第1期。

尧王城城址由外壕、外城和内城组成，规模宏大。城内发现有建筑基址、祭祀遗迹、器物坑、高等级墓葬、铜渣等重要遗迹，辐射力与影响力明显，在龙山时代具有非常发达的文明，并在整个山东地区处于领先地位，其为某一邦国都邑的可能性很大。山东地区是东夷族群的主要分布地，而尧王城当为某一东夷邦国的中心聚落。

二 王国都邑

继尧舜禹时代之后，历史发展先后进入夏王朝、商王朝时代。夏商时代属于王国时期，各地形成诸多王国都邑。这类都邑遗址规模大，遗址面积多在百万平方米乃至数百万平方米，有的甚至超过千万平方米。遗址规格高，有宏伟壮观的大型宫殿建筑群，多数有大型城垣和内城外郭布局，有铸铜、制玉等高规格的手工业作坊，有的还发现有王陵区。遗存丰富，出土大量陶器以及珍贵的青铜礼器、玉器，部分有绿松石、金器等遗物。从目前材料来看，至少二里头、郑州商城、偃师商城、洹北商城、小屯殷墟等都邑遗址属于王国都邑，新密新砦遗址属于王国都邑的可能性也很大。此外，还同时存在其他一些王国都邑。

（一）新砦都邑

研究表明，二里头文化属于夏文化，但涵盖不了全部的夏文化，理应有更早的夏文化；以二里头遗址一至四期为代表的二里头文化有可能是夏王朝中后期的文化遗存，新砦期遗存属于夏王朝早期的夏文化[1]。关于新砦城址的性质，学界主要有启都夏邑说[2]、夏启之居说[3]、少康中兴所还旧都说[4]、先诸侯都邑后夏启之都说[5]等观点。

---

[1] 张国硕：《夏纪年与夏文化遗存刍议》，《中国文物报》2001年6月20日。
[2] 马世之：《新砦遗址与夏代早期都城》，《中原文物》2004年第4期。
[3] 赵春青：《新密新砦城址与夏启之居》，《中原文物》2004年第3期；许顺湛：《寻找夏启之居》，《中原文物》2004年第4期。
[4] 杨建敏：《新砦城址是夏代早期都城》，《中国古都研究》第二十一辑，三秦出版社2007年版。
[5] 程平山：《论新砦古城的性质与启时期的夏文化》，《考古与文物》2007年第3期。

尽管有一些分歧，但大家基本都承认其为夏代早期的都邑。

综合文献与考古发现推断，我们认为属于新砦期的新砦城址应为夏启之都邑①，这在文献记载和考古发现等方面都能得到一定的显示。

文献记载表明，夏启时期的活动中心是在嵩山南麓今河南颍水上游的禹州、新密一带。早在禹时期，夏族群的活动中心即已主要位于今河南登封告成附近的阳城（王城岗城址）。启时期，夏王朝仍以嵩山南麓为政治中心所在，曾以阳翟、黄台之丘为都邑。如《吴越春秋·越王无余外传》："启遂即天子之位，治国于夏。"《史记·周本纪·集解》引徐广："夏居河南，初在阳城，后居阳翟。"阳翟位于今天河南禹州市境内。另一些文献内容显示，夏启在阳翟曾举行过政治、军事活动。如《左传·昭公四年》："夏启有钧台之享。"关于黄台之丘，《穆天子传》："丙辰，天子南游于黄台之丘，以观夏后启之所居，乃□于启室。"《水经·洧水注》："洧水又东南，赤涧水注之。水出武定冈，东南流，迳皇台冈下。"有学者考证认为"黄台之丘"可能即"皇台冈"，位于新密市境内的洧水岸边②。

从考古发现来看，新砦期遗存是晚于王湾三期文化、早于二里头文化一期的一种考古学文化，整体特征更接近二里头文化系统③，其年代应为包括夏启在内的夏王朝早期。值得注意的是，这种遗存主要分布于河南中部颍水上游的新密、登封、禹州、汝州一带，且新密市东南刘寨镇新砦村洧水（现名双洎河）北岸还发现面积超过70万平方米、年代属于新砦期、高规格的大型都邑遗址，这与文献有关夏启时期政治中心位于颍水上游地区以及启居（都）黄台之丘的记载是相符合的。因此，新砦都邑应为夏王朝早期的

---

① 张国硕：《夏都探寻》，《中国古都研究》第二十三辑，三秦出版社2008年版；张国硕：《夏王朝都城新探》，《东南文化》2007年第3期。

② 丁山：《由三代都邑论其民族文化》，《夏文化论集》，文物出版社2002年版。

③ 赵芝荃：《略论新砦期二里头文化》，《中国考古学会第四次年会论文集》，文物出版社1985年版。

夏启之都。

(二) 二里头都邑

二里头遗址的都邑性质目前已基本成为学界的共识，但它究竟是哪座都邑学界还存在一定的争议。20世纪50年代末，徐旭生先生认为其"为商汤都城的可能性不小"①。1978年以前，发掘者和多数研究者认为其为"商汤都城西亳"②，也偶有学者提及其"与夏朝的斟寻有密切关系"③。1978年以后，邹衡先生首倡"郑亳说"，否定二里头为汤都西亳，并提出夏都说④。1983年偃师商城发现以后，"西亳说"开始产生严重分化。个别学者仍然坚持二里头遗址为汤都西亳，有学者称二里头遗址是"偃师商城的有机组成部分"⑤，或推测二里头遗址"可能是西亳的早期所在地或商代早期家庙所在地"⑥。而多数学者则改倡"偃师商城西亳说"⑦，有的认为二里头遗址三期为"桀都斟寻"⑧。1996年"夏商周断代工程"开展以来，"二里头遗址为夏都"逐渐成为学界的主流观点。近年又有学者提出了"关于二里头为早商都邑的假说"⑨。

总体来看，20世纪90年代末形成的二里头文化总体属于夏文化的基本共识，使二里头遗址为西亳的观点丧失了立论基础。二里头

---

① 徐旭生：《1959年夏豫西调查"夏墟"的初步报告》，《考古》1959年第11期。

② 中国科学院考古研究所洛阳发掘队：《河南偃师二里头遗址发掘简报》，《考古》1965年第5期；中国科学院考古研究所二里头工作队：《河南偃师二里头早商宫殿遗址发掘简报》，《考古》1974年第4期。

③ 李民、文兵：《从偃师二里头文化遗址看中国古代国家的形成和发展》，《郑州大学学报》1975年第4期。

④ 邹衡：《郑州商城即汤都亳说》，《文物》1978年第2期；邹衡：《试论夏文化》，《夏商周考古学论文集》，文物出版社1980年版。

⑤ 愚勤：《关于偃师尸乡沟商城的年代和性质》，《考古》1986年第3期。

⑥ 安金槐：《对于偃师二里头商代早期遗址和偃师商城"西亳"说的进一步认识》，《洛阳考古四十年》，科学出版社1996年版。

⑦ 赵芝荃、徐殿魁：《河南偃师商城西亳说》，《全国商史学术讨论会论文集》，《殷都学刊》增刊1985年版。

⑧ 赵芝荃：《论二里头遗址为夏代晚期都邑》，《华夏考古》1987年第2期；方酉生：《偃师二里头遗址第三期遗存与桀都斟寻》，《考古》1995年第2期。

⑨ 许宏：《关于二里头为早商都邑的假说》，《南方文物》2015年第3期。

早期、晚期宫殿遗存包括第四期晚段宫殿遗存的发现，显示出该都邑绝非短期为某一夏王的都邑。

综合文献与考古发现推断，二里头遗址应为夏都斟寻。此有两条依据。

一是文献记载显示伊洛地区是夏王朝的活动中心，二里头遗址正位于伊洛地区。如《史记·封禅书》："昔三代之居，皆在河洛之间。"《逸周书·度邑解》："自洛汭延于伊汭，居易毋固，其有夏之居。"此外，《国语·周语上》有"伊、洛竭而夏亡"的记载，《史记·孙子吴起列传》称"夏桀之居，左河济，右泰华，伊阙在其南"，这些史料皆认为夏王朝的中心地区位于伊洛地区或河洛地区。具备早期都邑性质的二里头遗址位于伊洛盆地内的洛阳市偃师区西南的二里头村一带，向西略偏南约3千米为古伊汭①，东北距洛汭约40余千米，地望与文献记载的夏代都邑完全相符。

二是文献记载显示夏都斟寻在洛阳盆地一带，与二里头遗址的位置相合。如古本《竹书纪年》："太康居斟寻，羿亦居之，桀又居之。"这表明斟寻为夏都，始于太康，后羿代夏之后东夷人仍入居于斟寻，夏桀期间亦以斟寻为都。关于斟寻的地望，文献载有三地：一是洛阳附近②；二是在今豫东北一带③；三是在今山东潍县境内④。之所以如此，《史记·夏本纪·正义》引臣瓒解释："斟寻在河南，盖后迁北海也。"这就是说，斟寻最早在黄河之南的洛阳一带，后来多次迁徙，经今豫东北一带，最终迁到今山东境内的"北海"⑤。二里头遗址位于洛阳附近的偃师区，与文献记载夏代都邑斟寻地望一致，其理应为夏都斟寻。

---

① 中国社会科学院考古研究所二里头工作队：《河南伊洛盆地2002—2003年考古调查简报》，《考古》2005年第5期。
② 《汉书·地理志》北海郡平寿县条下颜师古注引"臣瓒"："斟寻在河南。"
③ 《史记·夏本纪·正义》引《帝王纪》："帝相徙于商丘，依同姓诸侯斟寻。"
④ 《汉书·地理志》北海郡平寿县条下颜师古注引应劭。
⑤ 李民：《释斟寻》，《中原文物》1986年第3期。

(三) 郑州商城都邑

郑州商城规模大，规格高，文化遗存丰富，年代为商代二里岗时期，其为商代都城性质当无大的疑议。关于郑州商城是商代何王时期的都城和都城之名，自 20 世纪 50 年代以来，学界展开了旷日持久的大论战，形成了"隞都说"[1]、"郑亳说"[2] 两大派观点，此外还有"两都说"[3] 或"主都说"[4]、"方国都城说"[5]、"庇都说"[6]、"早期太甲城与晚期隞都说"[7]、"别都说"[8] 等。

仔细分析可以发现上述观点，大多有一些弊端或疑窦。如"方国都城说"把郑州商城确定为商代一个"方国"的都城，这与郑州商城规模大、规格高的特征是极不一致的。"庇都说"把郑州商城确定为"祖乙所居之庇都"，这不仅与郑州商城的始建年代不合，而且也与文献所载祖乙之都在河北邢台的观点完全背离。"早期太甲城与晚期隞都说"言早期（二里岗下层）的郑州商城是"太甲城"，这在文献和考古材料中没有任何直接或间接依据，且与郑州商城作为都城的始建年代是商代最早期的二里岗下层一期不合；说晚期（二里岗上层）是隞都，无论是上层一期或是上层二期，其延续年代绝

---

[1] 安金槐：《试论郑州商代城址——隞都》，《文物》1961 年第 4、5 期；安金槐：《试论商代"汤都亳"与"仲丁迁隞"》，《中原文物》1981 年特刊；方酉生：《郑州商城为仲丁隞都说》，《武汉大学学报》1991 年第 1 期；杨育彬：《14C 年代框架与三代考古学文化》，《中原文物》2001 年第 1 期。

[2] 邹衡：《郑州商城即汤都亳说》，《文物》1978 年第 2 期；邹衡：《论汤都郑亳及其前后的迁徙》，《夏商周考古学论文集》，文物出版社 1980 年版；郑杰祥：《关于偃师商城的年代与性质问题》，《中原文物》1984 年第 4 期；郑杰祥：《释亳》，《中原文物》1991 年第 1 期；陈旭：《郑州商文化的发现与研究》，《中原文物》1983 年第 3 期；陈旭：《郑州商代王都的兴与废》，《中原文物》1987 年第 2 期。

[3] 王迅：《关于偃师商城的几个问题》，《中原文物》1985 年第 3 期；李绍连：《郑州商城与偃师商城双为"亳"》，《中州学刊》1994 年第 2 期；许顺湛：《中国最早的两京制——郑亳与西亳》，《中原文物》1996 年第 2 期；张立东：《夏都斟寻与商都亳合考》，《考古学研究》（五），科学出版社 2003 年版。

[4] 张国硕：《夏商时代都城制度研究》，河南人民出版社 2001 年版，第 75 页。

[5] [日] 持井康孝：《殷代雄族考——郑》，白川静：《甲骨金文学论集》，（日本京都）朋友书店 1973 年版。

[6] [日] 贝塚茂树：《中国古代之再发现》，（日本）岩波书店 1979 年版。

[7] 田昌五、方辉：《论郑州商城》，《中原文物》1994 年第 2 期。

[8] 杨宽：《中国古代都城制度史》，上海人民出版社 2003 年版，第 38 页。

非20年前后，远远超出隞都的存在年代。"别都说"把曾长期为商都的郑州商城说成商之"别都"，而将短期成为商都的隞、相、邢等说成商之主都，这显然有"本末倒置"之嫌。

郑州商城应为商代的亳都，这在文献、考古材料中都有坚实的反映。

从文献材料来看，至少有三项证据：一是在郑州商城白家庄一带曾出土大量战国时期的陶文"亳"或"亳丘"①，近来有学者又在郑州二里岗出土的一战国陶釜上识别出有印文"亳匋（窑）"二字②，这至少说明这里在东周时期曾称作"亳"，郑州商城城垣在东周时期还在使用，即称"亳城"。二是在二里岗一带曾出土一片牛肋骨刻辞③，有学者考证出上有11个字而非10个字，即"又乇土羊乙丑贞从受七月"，其中"乇"字与"亳"有关，"又乇土（社）羊"内容是卜问在亳社献羊可否④，此观点得到日本著名学者松丸道雄先生的支持⑤，国内学者也多有赞同的⑥，这是郑州商城当时名"亳"的直接证据。三是《春秋经·襄公十一年》和同年《左传》记载晋与郑"同盟于亳城北"，这里明确说出有"郑地之亳"，且有"城"，这与郑州商城的方位和特征十分吻合。

再从考古材料上看，有两项证据最为有力：一是郑州商城规模大，规格高，文化遗存丰富，延续时间长，完全具备商代都邑的性质。对都邑特征如此显明的郑州商城视而不见，或狡辩说没有明确的文献记载，这些都是不可取的。二是郑州商城作为商都的年代与文献记载商代汤都亳的年代是一致的。二里头文化是夏文化，至少

---

① 牛济普：《郑州荥阳两地新出土战国陶文介绍》，《中原文物》1981年第1期。
② 李维明：《郑州出土战国陶釜印文初识》，《中国文物报》2007年10月19日。
③ 河南省文化局文物工作队：《郑州二里岗》，科学出版社1959年版，第38页。
④ 李维明：《郑州出土商代牛肋骨刻辞新识》，《中国文物报》2003年6月13日；《郑州出土商代牛肋骨刻辞补识》，《中国文物报》2006年1月6日；《"乇"辨》，《中原文物》2006年第6期；《商代第一都的文字新线索——郑州出土商代牛肋骨刻辞再发现写实》，《寻根》2007年第3期。
⑤ ［日］松丸道雄：《对"郑州商城"命名的一点看法》，《中国文物报》2005年12月2日。
⑥ 陈旭、徐昭峰：《郑州出土商代牛肋骨刻辞释文漏字原因探究》，《中原文物》2006年第3期；常玉芝：《郑州出土的商代牛肋骨刻辞与社祭遗迹》，《中原文物》2007年第5期。

说二里头文化的主体是夏文化，二里头遗址是夏都；二里岗文化是晚于二里头文化的早商文化或商代前期文化，这些学界多年努力得出的研究成果已得到越来越多的学者赞同。准此，把郑州商城从二里岗下层一期到二里岗上层时期长期为商都的特点，与文献亳为灭夏后的第一个商都、亳都延续时间较长的记载以及隞都、邢都等存在时间较短、皆属商代中期等现象进行比较，只能得出郑州商城最有可能是亳都的结论。

（四）偃师商城都邑

关于偃师商城的性质，学界主要有都邑说[1]、军事重镇说[2]和离宫别馆说[3]几种观点。

从城址的规模和布局来看，虽然多重城垣显示出浓厚的军事色彩，但由于这里建筑有宏伟壮观的城垣设施，有规模巨大的宫殿建筑群、贵族和平民居住区以及高等级的铸铜作坊等重要遗迹，故可以断言，这里绝非一般的商代聚落遗址，也非所谓的商王离宫，更不是单纯的军事据点或军事重镇，而应是一处具有都邑性质的大型聚落。

偃师商城拥有大型城垣、宫殿宗庙区、高等级手工业作坊等高等级遗迹，具备了早期都邑的主要特征，其应为商都。关于此都邑是哪一座商都，《诗·商颂·殷武》云："天命多辟，设都于禹之绩。"这就是说，商汤灭夏之后，曾把都城设在夏桀居住过的地方。二里头遗址为夏桀都邑斟寻，其与偃师商城直线距离仅6千米。偃师商城的发现，证实了商汤"设都于禹之绩"的记载。有关文献记载，如《汉书·地理志》《帝王世纪》《括地志》等明确记载偃师一

---

[1] 赵芝荃、徐殿魁：《河南偃师商城西亳说》，《全国商史学术讨论会论文集》，《殷都学刊》增刊1985年版；张国硕：《郑州商城与偃师商城并为亳都说》，《考古与文物》1996年第1期；许顺湛：《中国最早的"两京制"——郑亳与西亳》，《中原文物》1996年第2期；张锴生：《"偃师商城"为夏桀都邑说》，《夏文化研究论集》，中华书局1996年版。

[2] 郑杰祥：《关于偃师商城的年代与性质问题》，《中原文物》1984年第4期。

[3] 邹衡：《偃师商城即太甲桐宫说》，《北京大学学报》1984年第4期；邹衡：《西亳与桐宫考辨》，《纪念北京大学考古专业三十周年论文集》，文物出版社1990年版；邹衡：《桐宫再考辨》，《考古与文物》1988年第2期。

带为汤都西亳，而且认为西亳故地在偃师城西南一带，此与偃师商城的方位正好相合。故偃师商城当为商代前期的汤都西亳。

(五) 洹北商城都邑

洹北商城规模大，具备大型城垣、宫殿宗庙区、高规格手工业作坊等早期都邑主要标准，其应为商代都邑性质无疑。该城的始建年代和使用年代早于小屯殷墟。传统意义上的殷墟是以小屯为中心，而洹北商城位于洹北花园庄一带，故殷墟与洹北商城并非一个都邑，小屯殷墟遗址当不包括洹北商城遗址。关于洹北商城的性质，学界主要有盘庚迁殷说[①]、河亶甲相都说[②]等观点。分析发现，洹北商城为商代后期盘庚迁殷之殷都的可能性最大。

有关"盘庚迁殷"的记载屡见于古代文献，且多指出今安阳一带为殷都所在。《尚书·盘庚》首句即言"盘庚迁于殷"。《太平御览》卷八三引《竹书纪年》："盘庚旬自奄迁于北蒙，曰殷。"《史记·殷本纪·正义》引《竹书纪年》："自盘庚徙殷，至纣之灭，二百五(七)十三年，更不徙都。"关于殷之地望，文献明确记载其位于今河南安阳市一带。《史记·殷本纪·正义》引《竹书纪年》："盘庚自奄迁于北蒙，曰殷墟，南去邺四十里。"又引《括地志》："相州安阳本盘庚所都，即北蒙殷墟，南去朝歌城百四十六里。"据此可知，盘庚迁殷、殷在安阳一带应是历史事实。而河亶甲相都所在，文献多记载位于今河南内黄一带，如《括地志》："故殷城在相州内黄县东南十三里。即河亶甲所筑都之，故名殷城也。"显然，安阳一带当为殷都而非相都。

盘庚迁殷之地不应是小屯殷墟。首先，小屯一带少见属于盘庚、

---

① 唐际根、徐广德：《洹北花园庄遗址与盘庚迁殷问题》，《中国文物报》1999年4月14日；杨锡璋、徐广德等：《盘庚迁殷地点蠡测》，《中原文物》2000年第1期；张国硕：《盘庚迁都来龙去脉之推断》，《郑州大学学报》2004年第6期；李民：《安阳洹北商城性质探索》，《中原文物》2007年第1期；岳洪彬、何毓灵：《洹北商城花园庄东地商代遗存的认识》，《2004年安阳殷商文明国际学术研讨会论文集》，中国社会科学出版社2004年版；何毓灵、岳洪彬：《洹北商城十年之回顾》，《中国国家博物馆馆刊》2011年第12期。

② 文雨：《洹北花园庄遗址与河亶甲居相》，《中国文物报》1998年11月25日。

小辛、小乙时期的殷墟文化一期遗存，所见文化遗迹和遗物多是属于商王武丁之后的。其次，迄今尚未发现小屯一带在盘庚、小辛、小乙时期为商王朝政治活动中心的证据。即这里不见确凿无疑的属盘庚时期的宫殿、宗庙、王陵、手工业作坊、甲骨、青铜重器等王室文化遗存。最后，若认定盘庚迁殷在小屯一带，又认同洹北商城的年代与盘庚、小辛、小乙时期接近，那么洹北商城宫殿区距离小屯村北宫殿区约1.5千米，同属安阳市的洹河南、北两岸则有两个并存的商王朝政治活动中心（宫殿、宗庙区），这显然是有悖情理的。因此，小屯一带（殷墟）不应是盘庚迁殷所在。

盘庚迁殷之地不在小屯殷墟一带，其位于洹北商城的可能性甚大。首先，洹北商城发现有大型城垣、宫殿区和宫城、铸铜等高规格手工业作坊，其性质为商代都邑无疑。其次，洹北商城的年代与盘庚迁殷的年代及小辛、小乙的年代相合。洹北商城的年代为洹北花园庄期，又可分早、晚两期，其年代早于属于武丁时期的殷墟大司空村一期，晚于商文化白家庄期（二里岗上层二期）[1]。这就是说，洹北商城的存在年代是始于盘庚而早于武丁。因此，洹北商城当为商王盘庚迁殷之地，为区别小屯殷墟之殷都，可称作"盘庚之殷"[2]。

（六）小屯殷墟都邑

殷墟是殷商王朝后期的都邑，文献明确记载其位于今河南安阳市一带。如《竹书纪年》："自盘庚徙殷，至纣之灭，二百五（七）十三年，更不徙都。"这说明殷墟是商代后期唯一的都邑。考古发现的小屯殷墟遗址虽无城垣，但这里存在规模宏伟的宫殿建筑群和大型王陵区及贵族墓葬，出土大量精美的白陶、原始瓷器、青铜器、玉器、象牙器等遗物，又见有众多的与王室生活有关的甲骨卜辞，这些无不说明这里乃是一处商代后期的都邑遗址。

---

[1] 中国社会科学院考古研究所安阳工作队：《河南安阳市洹北花园庄遗址1997年发掘简报》，《考古》1998年第10期；唐际根：《中商文化研究》，《考古学报》1999年第4期。

[2] 张国硕：《论殷都的变迁》，《2004年安阳殷商文明国际学术研讨会论文集》，社会科学文献出版社2004年版。

小屯殷墟并非最初商王盘庚迁殷之地点，而是商王武丁之后至纣王期间的殷都。有证据表明，在武丁之时，商王朝政治活动的中心由洹北商城转移至今小屯村一带。首先，洹北商城在属于武丁时期的大司空村一期阶段已被废弃，不再作为都城使用。尽管当时洹北商城的各项基础设施尚未完全建成，但其宫殿区已经普遍废弃，城垣夯筑已经停止。其次，从武丁时期开始，小屯一带开始扮演殷都政治活动中心的角色，文化遗存范围骤然扩大，遗存丰富，规格增高，一些宫殿建筑、手工业作坊大都始建于武丁时期[1]。小屯一带现今发现的墓葬，其年代大多属于武丁及其以后的，不见或少见早于武丁时期的大、中型墓葬。小屯一带出土的大量甲骨卜辞可分五期，其中第一期甲骨的年代学界公认属于武丁时期，第五期的年代为帝乙、帝辛时期。最后，文献记载表明，殷墟的位置就在洹河南岸，与小屯一带的地理位置相符合。如《史记·项羽本纪》："项羽乃与（章邯）期洹水南殷虚上。"这里明言"殷虚"（殷墟）在洹水之南。《水经·洹水注》："洹水出山，东迳殷墟北。……昔者项羽与章邯，盟于此地矣。"《括地志》："邺城西南三十里有洹水，南岸三里有安阳城，西有城名'殷墟'，所谓北蒙者也。"因小屯殷墟作为殷都始于武丁时期，毁弃于商末纣王时期，为区别洹北商城盘庚之殷都，不妨称作"武丁之殷"。

关于殷都由"盘庚之殷"向"武丁之殷"转变的原因，可能与商王小乙之末或武丁初期的一场毁灭性的火灾有关[2]。

（七）其他都邑

除了上述夏商主要都邑之外，文献记载夏王朝时期还有商丘、斟灌、原、老丘、西河、安邑等都邑，商王朝时期还有隞、相、邢、奄等都邑。研究发现，这些夏商都邑皆存在于动乱或非常时期，使

---

[1] 邹衡：《夏商周考古学论文集》，文物出版社1980年版，第88页；郑振香：《安阳殷墟大型宫殿基址的发掘》，《文物天地》1990年第3期。

[2] 张国硕：《论殷都的变迁》，《2004年安阳殷商文明国际学术研讨会论文集》，社会科学文献出版社2004年版。

用时间较短，影响力相对要弱一些。正因为如此，加之考古工作的局限性，目前这些夏商都邑除了少部分有一些线索外，大都在考古学上得不到确证。

史载夏王帝宁时期设"原"都邑。如古本《竹书纪年》："帝宁居原。"关于原之地望，《括地志》等文献认为"在怀州济源县西北二里"，即今河南济源市西北。考古发现的济源庙街遗址（原城遗址），位于济源市西北约 2 千米处，总面积达 75 万平方米以上，包含龙山文化、二里头文化和东周文化遗存，有学者认为其为夏代原城所在[1]。此推断虽然有一点的道理，但尚须进一步工作加以验证。

史载夏王帝宁时期又设"老丘"都邑。如古本《竹书纪年》："帝宁（自原）迁于老丘。"老丘之地望，《左传·定公十五年》杜预注认为在"宋地"，清代顾栋高《春秋大事表》卷六称"今开封府陈留县东北四十里有老丘城"，杨伯峻《春秋左传注》指出老丘当在今开封市"陈留镇东北四十五里"。近年一些开封本地学者认为老丘在开封市东北约 20 千米的杜良乡国都里村附近[2]。值得注意的是，位于开封市祥符区罗王乡王陈寨一带的虎丘岗遗址，地处陈留镇东北大约 20 千米，与一般所说的夏都老丘在"陈留镇东北四十里"的位置较为接近；遗址本身与老丘地貌应为"岗地土丘"之条件相符；遗址范围超过 10 万平方米，文化堆积厚，遗存丰富，时代涵盖龙山文化、二里头文化、二里岗文化、殷墟文化以及东周汉代遗存，其性质应非一般的聚落遗址，当具备中心聚落的性质。虽然目前考古材料尚不足以证明虎丘岗遗址就是老丘故地，但至少不排除其为老丘故地的可能性[3]。

史载商王仲丁以隞地为都邑。古本《竹书纪年》云仲丁即位元年，即"自亳迁于嚣"，"嚣"即"隞"。关于隞都的地望，学界众

---

[1] 杨肇清：《原城考》，《河南文物考古论集》，河南人民出版社 1996 年版。
[2] 程子良、李清银：《开封城市史》，社会科学文献出版社 1993 年版，第 7 页；刘春迎：《解密开封城下城》，科学出版社 2009 年版，第 18 页。
[3] 张国硕：《夏都老丘考略》，《中国国家博物馆馆刊》2014 年第 9 期。

说纷纭①，目前主要流行郑州商城说②和小双桥遗址说③。多年的考古发现与研究表明，郑州商城是商汤亳都，而非仲丁隞都。"小双桥遗址说"虽然有一定的合理性，如遗址规模大，遗存丰富，兴盛年代是商代白家庄期等；但疑点也是存在的：一是其与郑州商城中心区相距不足20千米，现今同为郑州市区，如此近的距离进行迁都不合情理，其迁都的意义也不大；二是郑州商城在白家庄期并未废弃，小双桥遗址与郑州商城并非"一兴一废"关系，即在小双桥遗址的兴盛期，郑州商城仍作为商都存在，二者之间并非"由亳迁隞"的关系。值得注意的是，河南柘城孟庄遗址发现大型夯土基址和铸铜作坊，夯土基址、废窖穴和文化层中多次出现用于奠基或祭祀的人骨架，出土有铜爵、原始瓷器、卜甲、陶文④等珍贵遗物，商文化的年代为白家庄期，与仲丁迁隞的时间相接近，有人推测其与商王室活动有关⑤。今后应加强柘城孟庄遗址考古发掘与研究工作的力度。

史载商王祖乙曾以邢为都邑。《史记殷本纪》称祖乙"迁于邢"。邢之地望，或认为在今河南省温县东⑥；一般认为在今河北邢台市附近⑦。《汉书·地理志》"襄国县"条下班固自注称邢台为"故邢国"，《括地志》云"邢国故城在邢州外城内西南角"。考古调查、发掘材料显示，邢台一带商周遗址密布，其中以邢台市区及周围地域商代遗址分布最为密集，文化遗存丰富，有曹演庄、葛庄等遗址⑧。20世纪90年代末发掘的邢台市西南东先贤遗址规模较大，发现了丰富的商文化遗存，其中一期文化年代晚于郑州白家庄期而

---

① 张国硕：《夏商时代都城制度研究》，河南人民出版社2001年版，第16—19页。
② 安金槐：《试论郑州商代城址——隞都》，《文物》1961年第4、5期。
③ 陈旭：《郑州小双桥商代遗址即隞都说》，《中原文物》1997年第2期；邹衡：《郑州小双桥商代遗址隞（嚣）都说辑补》，《考古与文物》1998年第4期。
④ 中国社会科学院考古研究所河南一队等：《河南柘城孟庄商代遗址》，《考古学报》1982年第1期。
⑤ 赵俊杰：《河南柘城孟庄遗址性质分析》，《中原文物》2014年第2期。
⑥ 王国维：《观堂集林》，中华书局1959年版，第523页。
⑦ 李民、朱桢：《祖乙迁邢与卜辞井方》，《郑州大学学报》1989年第6期。
⑧ 刘龙启：《邢台文物考古概述》，《三代文明研究》（一），科学出版社1999年版。

早于殷墟文化一期[①]，属于商代中期，此为祖乙邢都的探寻提供了珍贵的第一手材料。

三 方国都邑

夏商时期，在夏商王朝直接控制区周围，还存在诸多受其控制或联系较为密切的区域性政权——方国。这些方国有一定的独立性或自决性，设置有政治军事活动中心——方国都邑。考古发现的一些大型聚落遗址（城址），其性质与功用绝非夏商王朝都邑，也无法用夏商王朝行都、离宫别馆、军事重镇或一般城邑、直辖邑来解释，应为夏商时期区域性政权的政治、军事中心，故把其视作夏商时期的方国都邑较为适宜。方国都邑一般位于夏商都城之外围周边地区，地理位置重要。虽然大多数方国都邑遗址具备早期都邑的物化标准，如遗址规模大，有大型城垣、宫殿建筑、高等级墓葬、铸铜等高规格手工业作坊以及精美的青铜器、玉器等遗物，但总体上其规模、等级要明显逊于王国都邑。对现有考古材料进行分析可以发现，望京楼、大师姑、盘龙城、吴城、牛城、三星堆、老牛坡、李家崖、垣曲商城、焦作府城等都邑应属于夏商时期的方国都邑。

（一）望京楼方国都邑

新郑望京楼城址由面积约37万平方米的二里岗期城址、圈套于商城外侧的二里头文化城址以及面积达168万平方米的外城址组成，发现大型城垣与护城河、大型夯土建筑基址、祭祀坑、墓葬等遗迹，出土有精美的青铜器、玉器等遗物，其性质应为都邑。与二里头夏都、郑州商城商都相比，望京楼都邑无论是规模、规格，还是影响力和文化辐射力，皆明显逊色于前二者，故其当为某一方国的都邑。

关于望京楼二里头文化城址的属性问题，学界存在一定的争议。

[①] 邢台东先贤考古队：《邢台东先贤商代遗址发掘报告》，《古代文明》第1卷，文物出版社2002年版。

有学者认为其可能为传世文献所载的"葛国"之所在[1],个别学者认为其是夏商时期的"郑父之丘"[2]。一般认为,葛国位于今豫东的宁陵,商汤灭夏之前曾在今豫东一带活动,文献没有商汤及其族众到达今新郑一带的任何蛛丝马迹,故"葛国说"不足凭信。望京楼城址的年代并非所谓的跨越夏商"两代",而是由属于二里头文化、二里岗文化的两个城址组成,绝非夏、商时期同一"方国部族文化"的自然延续发展,故认为其为"奠地、奠族即郑氏之地"显系主观臆断,没有任何确切依据。何况"郑"地原是在今陕西华县,西周末郑国桓公东迁,今新郑一带始有"郑"和"新郑"之名,怎么就能说新郑一带夏代、商代就是"郑"地?"郑父之丘"是春秋时期新出现的地名,何谈望京楼遗址是"夏商时期的郑父之丘所在"?

望京楼二里头文化城址很可能就是文献所载的夏代晚期方国昆吾都邑所在地[3],此有三方面的依据。

首先,从地望来说,新郑望京楼二里头文化城址位于夏都二里头遗址东方外围,所在位置与历史文献所载的夏代东方方国昆吾的活动范围相一致。一般认为,新郑至新密东北一带曾是昆吾氏先祖祝融氏的分布区域。《左传·昭公十七年》记载:"郑,祝融之虚也。"由此可见,祝融部族分布于今新郑一带,而作为祝融之后的昆吾在夏代后期分布于今新郑一带是合乎情理的。

其次,从年代上讲,新郑望京楼二里头文化城址始建于二里头文化二期之后,废弃于二里头文化四期末段,存续年代与文献中夏代方国昆吾存在的时代接近。学界大多认为,二里头文化为夏代中晚期文化。史载昆吾为夏代晚期东方地区最为重要的方国,对维护夏王朝的统治至关重要。

---

[1] 李德方、吴倩:《夏末商汤居亳与韦地同域说——议新郑望京楼二里头文化城址性质》,《中国国家博物馆馆刊》2011年第10期;秦文生:《新郑望京楼城址性质初探》,《华夏考古》2012年第4期。

[2] 郭玮:《新郑望京楼城址与郑父之丘》,《中原文物》2012年第2期。

[3] 张国硕:《望京楼夏代城址与昆吾之居》,《苏州大学学报》2012年第1期。

再次，从文化面貌上来讲，新郑望京楼二里头文化城址的文化遗存面貌与夏代方国昆吾的文化面貌相一致。一方面，文献记载夏代后期昆吾势力较为强大，为夏王朝东方的方伯之国，这与望京楼城址规模大、规格高、军事色彩浓厚的特点相一致。另一方面，史载昆吾制陶业、铸铜业发达，而望京楼夏代城址发现有丰富的二里头文化陶器，并出土其他遗址罕见的（主要出土于二里头遗址）、属于二里头文化晚期风格的青铜爵，显示出青铜铸造业的发达，说明文献记载与考古发现也是相符合的。

望京楼二里岗城址可能沿袭使用了二里头文化城址的外城，在二里头文化城址内侧新修建内城城垣及护城壕，城内发现大型夯土基址和祭祀坑，具备了早期都邑的部分基本要素。关于该城址的性质，有学者认为可能是"郑地"所在，是商代前期的一个方国[①]。发掘者则认为该城防御色彩浓厚，城中出土有青铜兵器，并且与大师姑商代遗址一南一北，对郑州商城形成了明显的军事护卫，应为商代前期的一座军事重镇[②]。我们认为从目前的材料来看，望京楼二里岗文化城址面积要小于二里头文化城址，距离郑州商城商都太近，所在区域应为商王朝直接控制区，不应是某一方国的地盘，判断其为军事重镇的观点似乎更具有说服力。

(二) 大师姑方国都邑

郑州大师姑城址位于夏都二里头遗址东方外围，面积达51万平方米，有大型城垣和护城壕，还应存在大型夯土建筑，规格较高，其性质与望京楼城址一样，应为一方国都邑。

关于大师姑城址的性质，发掘者认为其可能是文献记载的夏王朝东境的方国韦或顾的都城[③]，也有人认为其是方国昆吾的都城[④]。

[①] 秦文生：《望京楼城址性质初探》，《华夏考古》2012年第4期。

[②] 郑州市文物考古研究院：《新郑望京楼——2010—2012年田野考古发掘报告》，科学出版社2016年版，第720页。

[③] 郑州市文物考古研究所：《郑州大师姑（2002—2003）》，科学出版社2004年版，第339页。

[④] 马世之：《郑州大师姑城址性质试探》，《中原文物》2007年第3期。

我们认为其可能为顾国之都邑①，其依据主要有如下三个方面。

其一，从出土文献和传世文献来看，顾国的地望与郑州西北地带关系密切。诸多学者认为，甲骨卜辞所见地名之"雇"即"顾"，亦即《左传》地名之"扈"，滨于黄河，在沁水附近②。文献记载今郑州之西北有"雇"或"扈"地，如《水经·河水注》："河水又东北迳卷之扈亭北。"《史记·苏秦列传·正义》："卷在郑州原武县北七里。""原武县"今归属原阳县。这些说明今郑州西北黄河两岸（夏商周时期位于黄河之南）古代为顾（雇或扈）地范围。大师姑城址在郑州之西北，距离黄河仅13千米，黄河对岸正是沁水入黄河处，当属于古代顾地范围之内。

其二，大师姑城址规模宏大，军事色彩浓厚，周围同时期文化遗存丰富，具有区域性中心聚落性质，其应为夏王朝具有军事重镇性质的方国都邑。与昆吾一样，顾国也是夏代晚期东方地区的重要方国，在维护夏代东方地区军事安全方面扮演着重要角色。

其三，大师姑城址的年代与夏代顾国的年代一致。大师姑城垣始建于二里头文化第二期偏晚阶段，废弃年代为二里头文化第四期偏晚阶段和二里岗下层之间③，城址存在年代与二里头遗址接近，当属于夏代中晚期。而顾国存在的年代也主要是夏代中晚期。

（三）盘龙城方国都邑

盘龙城城址规模大，发现大型城垣、大型宫殿建筑、铸铜等手工业作坊，有高规格的墓葬，可能还有外围防御设施，出土诸多精美的青铜器、玉器。关于盘龙城城址的性质，学界认识不一，主要

---

① 张国硕：《夏代晚期韦、顾、昆吾等方国地望研究》，《中国历史地理论丛》2015年第2期。

② 王国维：《殷墟卜辞中所见地名考》，《观堂集林（外二种）》，河北教育出版社2002年版，第780页；陈梦家：《殷虚卜辞综述》，中华书局1988年版，第305页；李学勤：《殷代地理简论》，科学出版社1959年版，第43页；顾颉刚、刘起釪：《＜尚书·甘誓＞校释译论》，《中国史研究》1979年第1期。

③ 郑州市文物考古研究所：《郑州大师姑（2002—2003）》，科学出版社2004年版，第27、338页。

有"方国说"①和"军事据点说"②，近年又有商王朝"直辖邑说"③、商人"城市说"或"地方城市说"④、"方国城址说"⑤以及商王朝"行都说"⑥等观点。分析发现，盘龙城遗址文化遗存的多样性和复杂性，寓示着其性质不应是夏商王朝的行都或离宫别馆。规模大、规格高、遗存丰富的特点，表明其地位应较高，不应是一般城邑或直辖邑、地方城市。大多数商代都邑遗址除了具备政治、经济、文化中心等功能外，一般还都具备军事重镇、军事中心的功能，纯粹政治中心性质的城市或都邑是不见或极少见的。盘龙城城址的性质也不会是单一的，虽然这里军事色彩浓厚，但绝非单纯的军事重镇，还具有政治中心的功能⑦。总体观察分析，盘龙城遗址应为商王朝南境的同姓方国之都邑，其依据主要有如下三个方面。

第一，盘龙城遗址具备早期都邑的主要特征。这里发现有商代的大型城垣、大型宫殿建筑、贵族墓葬、铸铜作坊等，出土精美的青铜器、玉器等遗物，对周围广大地区有明显的辐射性和影响力。盘龙城附近的长江沿岸分布有诸多次级聚落，其文化面貌与盘龙城保持相近，在兴衰时间上也与盘龙城保持相近的节奏。城址规模大、防御设施齐全、有大型宫殿建筑、出土遗物规格高等特点，显然不应是纯粹的军事将领所能够享有的，只有都邑遗址才能具备。可以

---

① 李学勤：《盘龙城与商朝的南土》，《文物》1976年第2期；北京大学历史系考古教研室商周组：《商周考古》，文物出版社1980年版，第66页。

② 宋焕文：《从盘龙城考古发现试谈商楚关系》，《江汉考古》1983年第2期；高大伦：《论盘龙城遗址的性质与作用》，《江汉考古》1985年第1期；方酉生：《试论盘龙城商文化》，《湖北省考古学会论文选集》（一），武汉大学学报编辑部1987年版。

③ 王立新：《从早商城址看商王朝的都与直辖邑》，（吉林大学边疆考古研究中心编：《新果集——庆祝林沄先生七十华诞论文集》，科学出版社2009年版）。

④ 李伯谦：《解读盘龙城——盘龙城商城的性质及其意义》，《武汉城市之根——商代盘龙城与武汉城市发展研讨会论文集》，武汉出版社2002年版；孙华：《商代前期的国家整体——从二里岗文化城址和宫室建筑基址的角度》，（荆志淳、唐际根、高嶋谦一编：《多维视域——商王朝与中国早期文明研究》，科学出版社2009年版）。

⑤ 许宏：《先秦城市考古学研究》，北京燕山出版社2000年版，第67页。

⑥ 程涛平：《论盘龙城为商王南土行都》，《历史文献研究》2012年第1期。

⑦ 张国硕：《关于盘龙城商城的几个问题》，《华夏文明》2016年第5期。

说，早商时期盘龙城已经成为在规模上仅次于商王朝都邑、社会组织上逊于王国都邑的一个区域性政治中心[①]。

第二，盘龙城文化遗存的面貌、特征等与中原地区同期二里岗文化面貌大同小异[②]。这里的文化面貌与商文化有较大的一致性[③]，整体上应属于商文化系统。盘龙城位于商王朝势力向南发展到达长江流域的通道上，是长江与汉水两大河流的交汇处，地理位置、战略地位十分重要。在这里设置一方国，对商王朝中心地区的安全、南土的稳定以及青铜、锡等物质的获取，都具有举足轻重的地位和作用。

第三，盘龙城城址位于商文化分布区的外围，文化面貌既与商文化保持较多的一致性，但也具有一定的差异性和独特性。如这里出土的陶器有着明显的地域文化特色，常见几何印纹，出现无肩大口尊等特色陶器，硬陶和原始瓷器比例较高，从早到晚始终存在一部分联裆或平裆鬲，红褐色厚胎粗陶大口缸等地域文化因素占据较大比重等。

(四) 其他方国都邑

学界一般认为，吴城文化是商王朝南下所建立方国之文化，吴城遗址是方国都邑[④]。我们赞同吴城遗址为商朝南土某一方国都邑的观点。吴城城址建造有大型城垣，设置有祭祀、居住、制陶、铸铜和墓葬等功能区，出土青铜兵器、容器、工具及刻划有属于中原象形文字符号的陶瓷器及石范等。吴城遗址以东20千米的新干县大洋洲发现的商代大墓，出土珍贵随葬品1900余件，其中青铜器480余

---

① 豆海锋：《长江中游地区商代文化研究》，吉林大学博士学位论文，2011年，第361页。
② 徐少华：《从盘龙城遗址看商文化在长江中游地区的发展》，《江汉考古》2003年第1期；郭明：《盘龙城遗址商代大型建筑试析》，《江汉考古》2015年第5期。
③ 湖北省文物考古研究所：《盘龙城——一九六三年——一九九四年考古发掘报告》，文物出版社2001年版，第493页。
④ 李昆、黄水根：《吴城与三星堆》，《南方文物》2001年第3期；彭明瀚：《吴城文化》，文物出版社2005年版，第177—179页。

件，玉器1072余件①。此外，在新干牛城也发现一处与吴城文化关系密切、年代稍晚的商周时期都邑遗址。这些均显示出当地存在一文明化程度较高的方国，吴城城址应为方国都邑。另外，从构成吴城文化基本陶器群的器类看，除吴城文化一期以盘龙城类型的因素为主外，二、三期皆以当地传统文化因素及创新因素为主②。从墓葬礼制看，吴城及大洋洲遗址发现的墓葬与中原商文化墓葬制度差异较大，但深受后者影响③。综合这些因素来看，吴城遗址当为商王朝南方异姓方国之都邑。因大洋洲商墓出土青铜鼎耳上有伏鸟双尾虎，鸟骑在虎背上，虎匍匐在下，反映出其方国之名可能与虎、鸟有关。关于吴城遗址为何方国都邑，有人认为吴城一带应是商代越国都邑④或虎方的都邑⑤，也有人认为其为商王派驻到南方的"雀"之都邑⑥，吴城当地有学者认为吴城是"雀"征服"虎"后建立的商王朝方国都邑⑦。虽然依据目前材料还难以判断是何方国，但从樟树、新干一带盛行对虎的崇拜，推测吴城为虎方的都邑的可能性似乎更大。至于牛城遗址，其规模大，有大型城垣（分内城、外城）和夯土建筑、祭祀广场，符合早期都邑的认定标准，也应为江西北部的一处方国都邑。关于吴城与牛城的关系，二者之间相距只有20千米，文化风格既有联系又有区别。吴城遗址年代较早，繁盛期是一、二期；牛城遗址年代相当于吴城文化偏晚阶段（第三期）。牛城遗址距离新干大墓只有3000—4000米。故整体判断，牛城可能是商代后

---

① 江西省文物考古研究所等：《江西新干大洋洲商墓发掘简报》，《文物》1991年第10期。
② 井中伟、王立新：《夏商周考古学》，科学出版社2013年版，第440—441页。
③ 豆海锋：《长江中游地区商代文化研究》，吉林大学博士学位论文，2011年，第313、314页。
④ 佟柱臣：《中国夏商王国文明与方国文明试论》，《考古》1991年第11期。
⑤ 张长寿：《论新干出土的商代青铜器》，《中国文物报》1991年1月27日；孙华：《铜卧虎的联想》，《中国文物报》1993年11月28日；彭明瀚：《商代虎方文化初探》，《中国史研究》1995年第3期。
⑥ 李家和、杨巨源、刘诗中：《亚雀考》，《中国文物报》1989年12月29日；白坚、源中根：《说雀》，《江汉考古》1989年第1期。
⑦ 李昆、黄水根：《吴城与三星堆》，《南方文物》2001年第3期。

期吴城都邑衰落后的当地方国之都邑。

关于三星堆都邑的性质和族属，学界已普遍认为，三星堆文化为早期蜀文化，三星堆遗址为蜀国早期都邑[①]。对比早期都邑的物化标准，三星堆城址已经具备了早期都邑的主要特征。据学者考证，殷商卜辞中有"蜀受年""征蜀""伐蜀"等数十条相关记录，说明蜀是商王朝叛时服的方国，结合殷墟卜辞地名间关系，推知蜀位于殷王畿区西南；蜀还是重要的农业区，在武丁之后与殷商关系非常密切，受到了中原商文化的影响，这与三星堆遗址的位置及考古发现较为符合[②]。此外，四川成都市金沙遗址规模大、规格高，当为早期都邑性质，其对判定三星堆遗址的性质提供了借鉴。目前已确认的金沙遗址至少在5平方千米以上，包括大型建筑基址区、宗教祭祀活动区、一般居住区、墓地等功能区。发现房址、墓葬、陶窑、灰坑、象牙坑等重要遗迹，清理出包括金器、玉器、铜器、石器、骨器等在内的珍贵文物数千件，出土象牙千余根[③]。其中金器主要有人面像、射鱼纹带、四鸟绕日饰、喇叭形器等，青铜器主要有立人像、牛首、曲刃戈形器、璧形器、方孔锄形器、眼形器等。出土的金面具与广汉三星堆的青铜面具在造型风格上基本一致，铜立人像与三星堆出土的青铜立人像相差无几。故综合判断，大约在商代末期，三星堆文化发展成十二桥文化，属于古蜀国的三星堆都邑被废弃，被成都金沙遗址所在的新都邑所取代。

西安老牛坡遗址规模大，尽管未发现大型城垣，但发现有商代殉人墓葬、车马坑和马坑、大型宫殿建筑、铜器、玉石器及青铜器

[①] 陈显丹：《论广汉三星堆遗址的性质》，《四川文物》1988年第4期；孙智彬：《三星堆遗址性质补证》，《四川文物》三星堆遗址研究专辑1989年版；赵殿增：《三星堆考古发现与巴蜀古史研究》，《三星堆巴蜀文化研究专辑》，《四川文物》增刊1992年版。

[②] 林向：《三星堆遗址与殷商的西土——兼释殷墟卜辞中的"蜀"的地理位置》，《四川文物》三星堆遗址研究专辑1989年版。

[③] 成都市文物考古研究所：《金沙淘珍——成都市金沙遗址出土文物》，文物出版社2002年版；成都市文物考古研究所：《成都金沙遗址区"梅苑"地点发掘简报》，《文物》2004年第4期；成都市文物考古研究所：《金沙——再现辉煌的古蜀王都》，四川人民出版社2005年版；江章华：《金沙遗址的初步分析》，《文物》2010年第2期。

冶炼遗物等高规格遗存，其性质应与商代某方国都邑有关。根据文献记载和甲骨文记载，殷商时期关中地区仍属商王朝的控制范围，此地分布着商的一些方国，除周以外，还有奠、羌方、犬方、崇等，其中以崇在商代晚期势力最大。从地望上看，老牛坡遗址很可能是商代方国崇之都邑所在[①]。

李家崖城遗址有大型设防城垣和大型建筑基址（宗庙），以此遗址为代表的"李家崖文化"分布于晋西北、陕北地区，出土遗物与商文化有一定的联系，又有许多地方特色，说明李家崖一带应为商王朝时期的某一异姓方国分布区，而李家崖城遗址可能就是某一方国的都邑或政治中心之一。商代后期至西周早期，今陕北、晋西北和河套地区曾分布有鬼方、土方等诸方国。据史载，商王武丁时期曾与鬼方发生战争，如《易·既济·九三》："高宗伐鬼方，三年克之。"有学者认为李家崖文化的时代、分布地域与鬼方的时代、活动地域相同，而且在李家崖城址内出土有"鬼"字陶文，故李家崖文化是鬼方文化遗存[②]。准此，则李家崖城址可能系鬼方方国都邑或政治中心之一。

垣曲商城发现有大型城垣，圈围面积13万平方米，城内中部偏东为宫殿区，周围有夯土墙，已达到区域性聚落中心的标准，应为晋南地区某一方国的都邑。垣曲商城内的夯土台基与郑州商城、偃师商城的城垣及建筑朝向一致，表明其与商文化联系密切。同时，垣曲商城处在商文化分布区的边缘地带，推测其可能是商王朝封于此地的同姓方国。胡厚宣先生曾考证武丁之时亘之封地在今山西省垣曲县[③]。邹衡先生也曾撰文驳斥"垣亳说"，认为垣曲商城与商汤都城毫无关联；晚商武丁时期，垣曲商城一带"当为亘方之属地"，

[①] 刘士莪等：《西安老牛坡遗址第二阶段发掘的主要收获》，《西北大学学报》1991年第3期。

[②] 吕智荣：《鬼方文化及相关问题初探》，《文博》1990年第1期。

[③] 胡厚宣：《殷代封建制度考》，《甲骨学商史论丛》初集第一册，齐鲁大学国学研究所专刊之一，1944年版。

"早商时期已存在亘方，古城镇商城也许就是亘城"[①]。佟伟华先生认为亘方与商王朝之间是臣服的关系，很可能是受命于商王朝为抵御西北之敌并控制中条山铜矿产地而建立的方国[②]。故综合判断，垣曲商城可能为商代亘方方国的都邑。

[①] 邹衡：《汤都垣亳说考辨》，《夏商周考古学论文集（续集）》，科学出版社1988年版。
[②] 佟伟华：《商代前期垣曲盆地的统治中心——垣曲商城》，《中国历史博物馆馆刊》1998年第1期。

第 三 章

早期都邑的延续年代

　　仅仅笼统地认定某一遗址是早期都邑性质是远远不够的，还要探讨都邑的具体延续年代。所谓都邑的延续年代（期），是指一个地方在当时作为国家（或方国）的政治、军事中心即都邑延续存在的年代或时期，包括始建年代、使用年代与废弃年代。延续年代的首端即都邑的始建年代，延续年代的末端即都邑的废弃或毁弃年代，使用年代即该地作为都邑所使用的年代。探讨都邑的延续年代是全面研究早期都邑的重要内容之一，也是考古学文化研究中的重要课题。中国早期都邑延续年代的判定，对于研究都邑的存续时间和其背后的考古学文化面貌、文化更替、文化互动等课题，具有重要的学术价值与意义。

第一节　如何确定早期都邑的延续年代？

　　关于早期都邑的延续年代，历年来学界研究的方法和依据存在一定的差异，这直接造成有关都邑年代和属性认知的混乱。因此，如何确定早期都邑的延续年代成为都邑研究的前提条件。从中国早期都邑考古工作实际出发，应确定以何类遗存的形成或使用年代作为都邑的延续年代才较为适宜，且要具体情况具体分析。

一　早期都邑年代判定的复杂性

相当多的都邑遗址历代一直有人类居住生活，有的遗址在同一时代也一直是重要的聚落，从而形成不同的文化层堆积，考古工作者据此可进行文化分期，但文化遗存的连续性和多样性也为判断都邑的延续年代增加了难度。

确定一个城址是否为早期都邑，通常有一个物化的标准，包括大型城垣、宫殿宗庙、王陵、高等级手工业作坊四项主要标准，以及"重器"的使用、遗址的较大规模、辐射力与影响力三项参考标准。早期都邑的延续年代应该和这几项物化标准的形成和延续年代直接相关。

以什么标准判断一个遗址哪个阶段进入都邑期，不同的学者认识不一。如有的学者主要以城垣的建造年代作为都邑的始建年代，以部分城垣甚至城垣护坡的占用、毁坏或废弃年代作为都邑的废弃年代。部分学者则以城内某些遗物、手工业作坊、墓葬以及其他遗存的年代作为都邑的始建和使用年代。还有学者是以城内大型夯土建筑的建造年代为都邑的始建年代，以部分宫殿基址的毁弃作为都邑的结束年代。分析发现，这些判断方法大多没有充分考虑早期都邑建造的长期性以及都邑形态的复杂性，工作过程过于单一，甚至有偷懒或武断之嫌。

考古实践表明，要详细认定一个都邑的延续年代是一项十分复杂而艰巨的工作。就早期都邑考古本身来说，难题可谓甚多：如都邑范围内与都邑有关的大型城垣、宫殿建筑、王陵、高等级手工业作坊四类重要设施的建造年代往往并非同步，有先有后，需要确定下来是以某一类设施或者是以哪几类设施的建造年代作为都邑的始建年代才算最为合理。又如有的都邑遗址的某一阶段尚不见或缺乏四类物化标准中最为重要的大型城垣或宫殿等遗迹。此外，高规格的珍贵遗物具有流动性或易动性，因战乱、赏赐、交换或其他原因导致这些遗物分散到非都邑地区的可能性也是有的；其制造年代与使用年代也可能有较大的差异。

城垣的建造年代不一定是早期都邑的始建年代。研究表明，大型城垣的建造年代并不一定就是都邑的始建年代。从情理上讲，中国古代大型城垣的建造年代与都邑的始建年代之关系至少存在四种可能性：一是先行建造城垣及城内设施，而后定都或迁都，如明代由南京迁往北京；二是建造城垣、宫殿区与定都或迁都几乎同时进行，或者说二者年代间隔相差不大；三是先行定都或迁都，并建设宫殿等设施，而后才逐渐建造大型城垣；四是仅建造宫殿及宫墙、王陵、手工业作坊、居民点等设施，并不建造大型城垣。若是第一种情况，则城垣的建造年代要早于都邑的始建年代；若是第二种情况，则城垣的建造年代与宫殿区的建造年代以及都邑的始建年代接近；若是第三种情况，则城垣的建造年代明显要晚于宫殿区的建造年代以及都邑的始建年代，城垣的建造只是表明至少这个时期当地应该是都邑所在，并不反映实际上的都邑始建年代；若是第四种情况，则都邑的始建年代与城垣的建造年代无任何关联。具体到中国早期都邑考古来说，前两种情况目前尚未见到确凿的实例，而后两种情况则较为常见，大型城垣的建造年代常常要晚于宫殿区、居民区的建造年代，部分都邑甚至自始至终未建造大规模的城垣。偃师商城、郑州商城、洹北商城等大型城垣的建造年代都应晚于宫殿区的建造年代，小屯殷墟自始至终未建造大型城垣。二里头遗址发现大型宫殿建筑群和宫城垣、大中型墓葬、铸铜等手工业作坊，出土有精美的青铜器、玉器、绿松石等遗物，但是此遗址不见围绕聚落的大型城垣防御设施，显然无法以大型城垣的建造年代判断此都邑的始建年代。虽然存在宫城垣，但由于其始建于二里头文化二、三期之交，建造年代要大大晚于宫殿区的建造年代，故以宫城垣的建造年代为都邑的始建年代仍然是不合适的。

仅仅以考古发现的大型夯土建筑（宫殿）基址的年代作为早期都邑的延续年代有时有局限性。由于后世破坏或受限于发掘工作开展的区域，部分早期都邑中尚未找到大型夯土建筑基址。如登封王城岗东小城城内残存范围已经很小，而且城内现存北面又呈西高东低的斜坡状，经过长期雨水冲刷和人为破坏，城内与城垣同时期的遗迹保存的很少，更遑论寻找大型建筑基址的踪迹。又如偃师二里头遗址，早年发掘工作有限，见到地下水即停止工作，并未发现实际存在的二里头文化早期宫殿基址。因此，以早期都邑中大型建筑的始建年代为判断都邑始建年代唯一的方法是不妥当的。

以都邑中作坊、墓葬、居民区等的年代作为都邑始建年代的方法也是不可取的。都邑作为早期国家或方国的政治、军事、文化中心，城内形成的文化遗存往往多种多样，其规模与用途也不尽相同。其中既有供统治阶级使用的铸铜、制玉等高等级手工业作坊、高等级墓葬等，也有供平民使用的居民区、制陶作坊、水井、灰坑、小型墓葬等，且这些遗存不排除在一些非都邑遗址或特殊遗址存在的可能性。由于建造都邑顺序的缘故，高等级的手工业作坊未必是建城之初必备之建筑。由于多种条件的制约，高等级的墓葬（王陵）在大部分早期都邑中都少有发现，因而以其年代作为城邑的始建年代缺乏操作性。而一般居民区及配套设施也不宜用其作为都邑的始建年代，因为在定都于一个地方之前，可能有一些人先前在此居住生活，形成了一定规模的聚落。因此，一般居民点的年代可能会早于都邑的始建年代。

以都邑内发现的某些文化遗物的年代来判断都邑的始建年代更缺乏科学性。因为都邑在建成之前，很可能已经是大型的聚落，而在都邑废弃后作为一般性聚落延续使用的情况在考古发现中屡见不鲜。因此，都邑范围内出土的文化遗物的年代范围很可能远长于它作为都邑的时间。同时，都邑中出土的文化遗物种类多样、质地不同，具体以哪一种类型的遗物作为判断都邑的始建年代，也很难取得一致的意见。

以部分城垣或大型夯土基址的废弃年代作为早期都邑的废弃年代的方法也是不科学的。新石器时代及夏商时期，社会生产力较为低下，大型都邑的建成绝非一朝一夕之功，故不可能随意地被废弃。

在早期都邑的使用过程中可能会出现一些建筑（宫殿、作坊、城垣）的破损、修补及废弃，或者一些人为、自然灾害导致宫殿区范围的缩小等现象。但都邑内部局部的衰落绝不能证明其被彻底废弃，只有都邑宫殿区的全部毁弃、高规格作坊的彻底废弃等现象出现，城内文化面貌呈现明显的衰败才是早期都邑废弃的象征。如果城内还有宫殿继续在使用，高规格的手工作坊还在继续生产，就说明这里仍在继续作为都邑在使用。

二 确定早期都邑延续年代的方法

以上种种都邑延续年代判定的思路方法给都邑年代的研究带来了一定的困扰，致使同一都邑的延续年代众说纷纭、莫衷一是。因此，要准确把握早期都邑的延续年代，必须总结出一套科学、全面、可行的研究方法。

从中国早期都邑的考古发现来看，一般都邑都经历过精心选址，都邑规模较大，功能分区较为完善，且都邑内一般兴建有大型的城垣或城壕、大型建筑基址、各种手工业作坊、平民居住区及配套的各种生活设施。如此巨大的规模和体量，在生产力较为低下的情况下，使都邑的建成一定不会是一蹴而就的过程，故没有特殊情况，一般不会轻易中断或废弃。同样，在都邑长期的使用期之中，不是所有的建筑都会自始至终存在，一定会因实际情况的变化而出现旧建筑的废弃及新建筑的兴修。因此，一座都邑始建及延续年代的确定，不能仅凭都邑内某类建筑的兴建及废弃来判断，而应该综合分析判断。

分析发现，在早期都邑诸遗存中，宫殿区的延续年代更接近早期都邑实际的延续年代。由于宫殿区是最高统治者居住、处理政务的地方，与王室生活关系最为密切，存在年代往往伴随都城之始终。一旦宫殿区整体或部分因遭受天灾或人为原因而遭到毁坏，那么统治者必然想方设法进行恢复重建，以使统治者能够继续生活下去和统治机构的继续运转。一般情况下，只要宫殿区继续存在，那么这个地方作为都邑的地位就能够保持下去；而一旦宫殿区整体被毁弃而又未在都邑范围内建造新的宫殿区，则寓示着该都邑的终止或王朝都邑的转移。因此，在现今我们能够观察到的、有限的早期都邑诸遗存中，宫殿区的建造年代与都邑的延续年代最为接近，在文献普遍未载明早期都邑具体延续年代的情况下，理应主要以考古发现和确认的宫殿区的建造年代、使用年代和废弃年代作为各都邑的延续年代。

需要强调的是，都邑宫殿区普遍存在的部分宫殿扩建、改建以及废旧建新等现象，不应作为整个都邑废弃或毁弃的依据。在都邑发展历程中，随着政治格局的不断演变和国家经济实力的波动，自然原因导致的宫殿破旧、损坏，以及火灾、水灾破坏等因素，宫殿区的面貌也在不断地发生改变，部分宫殿的毁弃说明不了整个宫殿区甚至整座都邑皆被废弃。只要整个宫殿区没有出现大范围的毁弃或废弃现象，整体格局、建筑风格没有发生根本性的改变，或者虽然一处宫殿区毁弃但又在都邑范围内建造新的同样风格的宫殿区，那么当地作为都邑的性质是不能轻易加以否定的。

受考古发掘条件、后期破坏、宫殿区的废旧立新等因素的影响，有时仅仅依靠考古发现的宫殿区信息判断都邑的延续年代可能有一定的局限性或说服力不强，故对其他遗存所反映信息的借鉴也是必不可少的，如为王室服务的手工业作坊的延续年代、大型贵族墓葬和祭祀坑的年代、王室重器的存在年代、遗址的较大规模和分布范围形成的年代等，都可作为判断都邑延续年代的重要依据。

总体来看，在确定早期都邑的延续年代上，应该采纳使用"综合分析法"，注重"证据链"的构建，即以宫殿宗庙区之延续年代为基准，以大型城垣之延续年代作为参考，并注意与王室生活有关的遗迹的年代。单纯以大型城垣、某一类手工业作坊的建造、城市道路网等遗迹的形成年代作为都邑始建年代的做法，是与历史事实不相符的。部分宫殿区和大型城垣包括护城坡的毁弃或被破坏，并不表示整个都邑的毁弃或废弃。

第二节　龙山时代主要都邑的延续年代

龙山时代是中国早期都邑的形成阶段。这一时期出现了陶寺、石峁、王城岗、石家河、良渚、宝墩、尧王城等都邑，考古发现诸多与早期都邑有关、年代明确的文化遗迹与遗物，为分析判定都邑的延续年代提供了便利条件。总体来看，龙山时代都邑延续时间较长，发展变化特征明显，大都经历了始建、发展、兴盛、衰落、废弃等过程。

一　陶寺都邑

陶寺城址发现有多重大型城垣、大型夯土建筑、王墓、祭祀遗存以及其他重要遗存，为判断该都邑的延续年代提供了重要材料。

（一）都邑始建年代

陶寺都邑早期的中心区位于陶寺遗址的东北部，目前在该区域发现有城垣数段、宫殿区与宫城等遗存。在中心区之南方，发现早期王族墓地等重要遗迹。这些重要遗迹的存续年代为判断陶寺都邑的始建年代和延续年代提供了依据。从陶寺都邑早期的墙垣、宫殿区大型建筑基址以及高级贵族墓葬的始建年代均为陶寺文化早期来看，陶寺都邑应始建于陶寺文化早期，部分建筑使用至陶寺文化中期，陶寺文化晚期废弃。

先看宫城的始建年代。宫城位于陶寺遗址的东北部，平面呈长方形，发现有北、东、南、西四面城垣以及等级较高的夯土建筑基址。通过对宫城东垣、南垣进行解剖，可知包含陶寺文化早期的基槽，说明在陶寺文化早期时宫城垣就已经开始建造。大型坑状建筑ⅠFJT2为宫殿核心建筑区的北出入口，位于核心建筑区天然生土台基的北部边缘、围壕ⅠHG9的南岸。ⅠFJT2建筑主体被陶寺文化中期偏早的ⅠH42和陶寺文化早期堆积第⑤层叠压，ⅠFJT2坡状地基垫土内出土有陶寺文化早期陶片。因此，其始建年代为陶寺文化早期，至陶寺文化中期之前已经废弃①。2022 年，陶寺考古新发现的宫殿区 2 号夯土建筑基址，其东部被属于陶寺文化中期的灰坑打破东边缘，其年代应为陶寺文化早期；对ⅠFJT3（后改为Ⅰ号宫殿建筑）的进一步发掘，发现夯土基址打破陶寺文化早期地层以及灰坑，判断其始建年代应为陶寺文化早期偏晚阶段②。

次看早期墙垣的始建年代。在宫城之南的"下层贵族区"发现有 Q8、Q9 等多段墙垣③（图 2-7）。通过对 Q8 进行解剖可知，打破 Q8 的第⑥C 层、ⅠH1、ⅠH3 等单位的年代均为陶寺文化早期。同时，Q8 墙体内包含的少量陶片时代特征接近陶寺文化早期。因此，Q8 的始建年代为陶寺文化早期，陶寺文化早期偏晚时已经废弃。通过解剖 Q9 可知，它被ⅠH22、ⅠJX10、ⅠY4 等遗迹单位打破，这三个单位的时代均为陶寺文化早期。同时，Q9 墙体内包含的少量陶片具有陶寺文化早期风格，Q9 又叠压陶寺文化早期偏早阶段的第⑨层。因此，Q9 应于陶寺文化早期始建，在陶寺文化早期偏晚阶段废弃。

再看早期墓地的始建年代。在都邑的东南隅分布着一片约 5000 平方米的陶寺文化墓葬群，墓葬分为大、中、小三种类型，其中大墓 6 座，中型墓 40 多座。大墓中随葬有陶龙盘、陶鼓、鼍鼓、大石磬、玉器、彩绘木器等高等级的明器，一般认为墓主人为高级贵族。这批墓葬的年代为陶寺文化早期④。

（二）都邑繁盛年代

陶寺文化中期，陶寺都邑进入繁盛期。这个时期，宫城继续使

---

① 中国社会科学院考古研究所山西队等：《山西襄汾县陶寺城址发现陶寺文化大型建筑基址》，《考古》2004 年第 2 期。

② 高江涛：《山西临汾市襄汾陶寺遗址 2022 年考古新发现》，中国社会科学院考古研究所商周室田野材料汇编。

③ 中国社会科学院考古研究所山西队等：《山西襄汾陶寺城址 2002 年发掘报告》，《考古学报》2005 年第 3 期。

④ 中国社会科学院考古研究所等：《襄汾陶寺——1978—1985 年考古发掘报告》，文物出版社 2015 年版，第 887—889 页。

用，在宫城外围广大区域新建中期大城和中期小城。中期大城平面为圆角方形，目前发现有东、南、北城垣。在城址东南部区域由两道城垣包围成一个小的区域，即中期小城。属于陶寺文化中期的遗存有大型城垣、宫殿区及宫城、祭祀、墓葬、手工作坊、仓窖等遗迹，这些重要遗迹的存续年代为判断陶寺都邑的使用年代和繁盛期提供了重要依据。

其一，陶寺文化中期，陶寺都邑沿用早期建造的宫城。宫城位于中期大城内东北部，发现有规模宏大的建筑基址。其中ⅠFJT3（改为Ⅰ号宫殿建筑）为宫殿区的中心建筑，位于宫殿区的东南部，基坑内之夯土所见陶片皆属陶寺文化之中期。基址局部地段被陶寺晚期之灰坑打破，部分位于陶寺晚期地层第③层之下。综合判断，该宫殿基址之始建年代应为陶寺文化早期偏晚阶段，陶寺文化中期为繁盛期，陶寺文化晚期被废弃[①]。

其二，陶寺中期大城城垣的建造年代为陶寺文化中期。中期大城目前发现有东、南、北城垣，其中Q6是中期城址南部内道城垣，Q4是中期城址东垣。经解剖可知，Q6豁口部分被陶寺文化晚期ⅡHG3叠压。Q6的基槽与ⅡFJT1路沟、第二层台基基槽相连通，夯土板块相互交错，说明Q6与ⅡFJT1台基是同时修建的，而ⅡFJT1始建年代为陶寺文化中期。因此，Q6始建于陶寺文化中期，至陶寺文化晚期时废弃。因陶寺文化中期的ⅠY5、陶寺文化晚期的ⅠH30等单位分别打破Q4墙顶和内侧，Q4墙体内出土陶片时代不晚于陶寺文化早期，由此推知Q4始建年代不晚于陶寺文化中期，至陶寺文化晚期废弃[②]。

其三，陶寺都邑观象祭祀遗迹的年代为陶寺文化中期。中期小

[①] 中国社会科学院考古研究所山西队等：《山西襄汾县陶寺城址发现陶寺文化中期大型夯土建筑基址》，《考古》2008年第3期；高江涛、何驽、王晓毅：《山西襄汾陶寺遗址田野发掘又获新成果》，《中国文物报》2008年4月25日；高江涛：《山西临汾市襄汾陶寺遗址2022年考古新发现》，中国社会科学院考古研究所商周室田野材料汇编。

[②] 中国社会科学院考古研究所山西队等：《山西襄汾陶寺城址2002年发掘报告》，《考古学报》2005年第3期。

城中分布着一座与观天象、宗教祭祀有关的大型夯土建筑ⅡFJT1[①]。整个建筑与中期大城南城垣Q6为统一规划、统一施工，时代为陶寺文化中期，与中期大城同时，陶寺文化晚期被夷为平地。

其四，陶寺都邑手工业作坊区的年代为陶寺文化中期。手工业作坊区位于中期大城的西南部，经钻探在这里发现了大量的窑址、石器加工场面、白灰面房址及相关灰坑，最重要的是在这里发现了一座大型夯土建筑基址ⅢFJT2，可能与当时手工业生产的管理有一定关系[②]。从ⅢFJT2的层位关系及出土遗物看，打破ⅢFJT2的灰坑及地层的年代主要是陶寺文化中期偏晚阶段，因此，ⅢFJT2的始建年代不晚于陶寺文化中期偏晚阶段[③]。

其五，陶寺都邑中期小城高等级墓葬的年代为陶寺文化中期。在陶寺中期小城西部近北垣Q6一带发现一片墓地，面积约1万平方米左右，其中最重要的一座大墓是ⅡM22。该墓规模较大，墓内随葬有人牲1具、公猪下颌1副以及大量的猪肉遗存，出土大量的玉器、绿松石、石器、漆木器、彩绘陶器、骨器、草编织物等。从墓葬出土器物的形制来看具有陶寺文化中期的特征，又被陶寺文化晚期偏早的灰坑ⅡH16打破。因此，该墓的年代应为陶寺文化中期偏晚阶段[④]。

(三) 都邑废弃年代

以往大多学者认为陶寺文化晚期，中期小城内的观象台、宗教祭祀建筑被夷为平地，中期大城城垣被晚期遗存叠压或打破，城址内出现强烈的暴力破坏色彩，已经成为废弃的普通聚落[⑤]。近年来的

[①] 中国社会科学院考古研究所山西队等：《山西襄汾县陶寺中期城址大型建筑ⅡFJT1基址2004—2005年发掘简报》，《考古》2007年第4期。

[②] 中国社会科学院考古研究所山西队等：《山西襄汾陶寺遗址Ⅲ区大型夯土基址发掘简报》，《考古》2015年第1期。

[③] 高江涛：《山西临汾市襄汾陶寺遗址2022年考古新发现》，中国社会科学院考古研究所商周室田野材料汇编。

[④] 中国社会科学院考古研究所山西队等：《陶寺遗址发现陶寺文化中期墓葬》，《考古》2003年第9期。

[⑤] 程平山：《论陶寺古城的发展阶段与性质》，《江汉考古》2005年第3期。

考古发现表明，虽然陶寺文化晚期较早期、中期有明显的衰落现象，但这个时期并未完全废弃，一段时期内宫城仍在修建和继续使用[①]，并非完全沦落为一般的聚落，仍具有高规格聚落的性质。只是到陶寺文化晚期之末，陶寺都邑最终废弃。故陶寺都邑完全废弃的年代应为陶寺文化晚期之末。

首先，陶寺文化晚期，陶寺都邑重新修建了宫城城垣。据考古新发现材料，陶寺宫城东墙实际包含陶寺文化早期和晚期两个时期的墙基槽，二者略有错位，晚期基槽偏西并打破了早期墙基，残宽近4米，基础深4米以上。

其次，考古工作者在宫城东垣、南垣的"东南角门"处，靠近东垣内侧发现一夯土基址，可能是东垣上"内墩台"基础；在南垣基槽外侧发现一处与基槽同期的礓墩类柱础，这两处遗存皆有陶寺文化早、晚两期墙基槽，而内墩台的年代为陶寺文化之晚期。

再次，宫城南墙垣东门门址之东、西两侧向外延伸出的夯土基址，其西侧基址年代为陶寺文化之晚期。推测该城门为陶寺文化之早期始建，延续使用至陶寺文化之中期，改建或重建于陶寺文化之晚期。

最后，陶寺城址发现的铜齿轮形器、铜铃形器、玉器、朱书陶文等珍贵遗物，其年代多为陶寺文化晚期，说明这个时期陶寺一带仍具有高等级聚落的性质。在大城北墙Q1北侧，考古发现一处陶寺文化晚期墓地，清理墓葬12座，其中M11是中小型的竖穴土坑墓，墓主颈部有800余颗蚌片组成的饰物，手臂上套有一件玉瑗以及一件铜齿轮形器，胸部还有一件玉璇玑[②]。在陶寺一座晚期墓葬M3296中，发现一件铃形铜器，长6.3厘米，宽2.7厘米，高2.65厘米，采用复合范铸造[③]，这在同期各地文化遗存中也是罕见的。在陶寺文

[①] 张建华：《2017春季陶寺遗址考古：廓清宫城》，《临汾日报》2017年6月7日。
[②] 梁星彭、严志斌：《山西襄汾陶寺文化城址》，国家文物局主编：《2001中国重要考古发现》，文物出版社2002年版。
[③] 中国社会科学院考古研究所山西工作队等：《山西襄汾陶寺遗址首次发现铜器》，《考古》1984年第12期。

化晚期，玉器数量大、种类多，发现的晚期中小型墓葬出土有钺、圭、璧、琮等高规格礼器①。陶寺遗址灰坑ⅢH3403，出土一件陶寺文化晚期残扁壶，在壶腹壁上和平直背面，用毛笔朱书二字②，其中一个是"文"字，另一个虽有异议③，但其是文字、年代属于陶寺文化晚期则无疑问。可以说，这是目前中国古代发现最早的没有争议的朱书文字，也是现今所能见到的最早的最为成熟的书写文字。

（四）都邑延续年代

从以上对都邑遗存的年代分析可知，陶寺城址从早期、中期到晚期均具备都邑性质，但其间经历新建、毁城、复建等环节。陶寺都邑始建于陶寺文化早期，以垣墙、宫殿区与宫城以及大面积的王族墓地为代表。陶寺文化中期，陶寺都邑进入大发展时期，以延续存在的宫城与宫殿区、新建的中期大城以及圈围起王族大墓、观象祭祀台等遗存的中期小城为代表。陶寺文化晚期，虽然陶寺都邑进入衰落期，中期大城废弃，但一段时期内宫城继续在使用，至陶寺文化晚期之末陶寺都邑才完全废弃。故以宫殿区与宫城的延续年代为基准，参考其他遗存的年代信息，综合判断如下：陶寺都邑始建年代为陶寺文化早期，陶寺文化中期为都邑繁盛期，陶寺文化晚期都邑衰落但仍具备都邑性质，晚期之末该都邑被完全废弃。

二 王城岗都邑

发掘者先后将王城岗城址龙山文化遗存分为"五期"④或"三

---

① 高炜：《陶寺文化玉器及相关问题》，邓聪主编：《东亚玉器》，香港中文大学中国考古艺术研究中心1998年版。
② 李健民：《陶寺遗址出土的朱书"文"字扁壶》，《中国社会科学院古代文明研究中心通讯》第1期，2001年。
③ 罗琨：《陶寺陶文考释》，《中国社会科学院古代文明研究中心通讯》第2期，2001年；何驽：《陶寺遗址扁壶朱书"文字"新探》，《中国文物报》2003年11月28日；冯时：《文邑考》，《考古学报》2008年第3期。
④ 河南省文物研究所、中国历史博物馆考古部：《登封王城岗与阳城》，文物出版社1992年版，第22—111页。

段"①，其中"五期"中的一、二期相当于"三段"的一段，三期相当于二段，四、五期相当于三段②。在王城岗遗址中共发现两小一大3座城址，其中两座小城东西并列分布于大城的东北部，三座城址发现有城垣、大型夯土基址等遗迹，为判断该都邑的延续年代提供了重要材料。

(一) 东城年代

东城位于王城岗大城的东北部、西城的东部，发现有三面城垣，其中西城垣与西小城共用。从发掘情况来看，东城的始建年代为王城岗龙山遗存二期，使用年代为王城岗龙山遗存二期，至迟在王城岗龙山遗存三期之初被废弃③。

为了解东城的年代，发掘者在南城垣西段以及西城垣南段共开探沟11条。其中，在位于南城垣西段的探沟WT77中，发现夯层内包含少量相当于王城岗龙山遗存一期或二期的饰有篮纹、方格纹与绳纹的甗、瓮、盆、豆、澄滤器等碎陶片。在位于南城垣西段中部的WT58中，发现基槽内西北部的夯土被王城岗龙山遗存三期灰坑打破，夯层内夹杂少量黑灰色砂质与泥质陶片，陶片年代最晚的属于王城岗龙山遗存二期。在位于西城垣南段北端残断处的WT53，发现在王城岗龙山遗存三期堆积层下面直接叠压着残留的王城岗龙山遗存二期城垣基槽和夯土层。这些地层资料表明，东城城垣时代不会晚于王城岗龙山遗存三期。再从夯土层中包含的陶片最晚是属于王城岗龙山遗存二期来看，城垣的修筑年代也不会早于王城岗龙山遗存二期。

(二) 西城年代

西城位于王城岗大城的东北部、东城的西部，城址发现有四面城垣，其中东城垣与东城共用，城内还发现部分夯土基址。从发掘

---

① 北京大学考古文博学院、河南省文物考古研究所：《登封王城岗发现与研究（2002—2005）》，大象出版社2007年版，第209—225页。
② 北京大学考古文博学院、河南省文物考古研究所：《登封王城岗发现与研究（2002—2005）》，大象出版社2007年版，第785、786页。
③ 河南省文物研究所、中国历史博物馆考古部：《登封王城岗与阳城》，文物出版社1992年版，第30页。

情况来看，西城的始建年代和使用年代均为王城岗龙山遗存二期，并在王城岗龙山遗存三期之时废弃。

首先，是西城城垣的年代。为了解西城的时代，在西城的南城垣、西城垣和北城垣上开探沟30条。其中，位于西城西墙中段的探沟WT23中，第二层和灰坑H67、H50、H48直接叠压或打破城垣夯土，从第二层和三个灰坑出土的陶片看，均属于王城岗龙山遗存三期。位于西城北墙西段的探沟WT54，城垣的夯土层内含有少量王城岗龙山遗存一期或二期的饰篮纹、方格纹与绳纹的鼎、罐、瓮、碗等陶片。位于西城南墙东段近缺口处的探沟WT38，发现有直接打破城垣基槽和夯土层的灰坑H87，灰坑出土物的年代为王城岗龙山遗存三期，城垣夯土层内发现王城岗龙山遗存一期和二期的鼎足、砂质罐、甑、瓮、钵、碗、澄滤器等陶片。从以上发掘资料来看，西城城垣的基槽和夯土层多被王城岗龙山遗存三期的文化堆积或灰坑叠压或打破，说明城垣的年代不会晚于王城岗龙山遗存三期。再从夯土层内出土的陶片看，最晚的是王城岗龙山遗存一期或二期。因而，该城垣年代也不会早于王城岗龙山遗存二期。

其次，是西城夯土基址的年代。在西城内中西部较高地带和东北部一带，曾发掘多处夯土遗存，在夯土层内发掘有填埋人骨的奠基坑13个。该夯土建筑基址多被王城岗龙山遗存三期或四期灰坑打破，其中被王城岗龙山遗存三期灰坑打破的现象多达26组，如奠基坑6（WT157H416）被王城岗龙山遗存三期灰坑WTT157H417和H427打破，由此可知其年代不晚于王城岗龙山遗存三期。从这些夯土遗存中夯土的颜色、质地与夯窝形制来看，都和城垣基槽内的夯土层相同，且夯土层内夹杂有少量相当于王城岗龙山遗存一期和二期的碎陶片。因此，夯土基址的年代不会早于王城岗龙山遗存二期，应该是和西城城垣同时修筑的[①]。

[①] 河南省文物研究所、中国历史博物馆考古部：《登封王城岗与阳城》，文物出版社1992年版，第34页。

（三）大城年代

大城位于王城岗遗址的中部、东西两城的西南部，由夯土城垣和城壕组成。大城的北城垣和北城壕保存较好，西城垣、西城壕部分保存下来，南面和东面的城垣则无存。从发掘情况来看，大城的始建年代和使用年代为王城岗龙山遗存三期，至四期时被废弃。

通过对北城垣（Q1）进行解剖可知，其开口于第④、⑤层下，修建于第⑧层和褐色生土之上，夯层内出土鼎、杯、折腹盆、碗、盘、罐等陶器碎片。根据北城垣的层位关系可知，叠压北城垣的第⑤层时代属于王城岗龙山遗存四期，城垣的遗物年代属于王城岗龙山遗存三期。因此，北城垣的始建年代为王城岗龙山遗存三期，至王城岗龙山遗存四期阶段废弃，使用时间较短。

通过对北城壕（HG1）进行解剖可知，该壕沟开口于HG2之下并被HG2打破，自身打破生土。打破北城壕的HG2年代为二里头文化晚期，说明北城壕的废弃年代不晚于二里头文化晚期。北城壕内出土有罐、钵、鼎、碗、瓮、豆、刻槽盆、圈足盘、甑、折腹盆、鬶等陶器，年代属于王城岗龙山遗存三期。因此，北城壕始建于王城岗龙山遗存三期，至迟到二里头文化晚期废弃[①]。尽管城壕的使用时期较长，但此时王城岗大城已经失去了作为都邑的地位。

（四）都邑延续年代

从以上对都邑遗存的年代分析可知，王城岗都邑东、西两小城始建于王城岗龙山遗存二期（一段偏晚），于王城岗龙山遗存三期废弃（二段）。大城始建于王城岗龙山遗存三期（二段），于四期（三段偏早）被废弃。两小城的始建年代早于大城，三者的建造年代和使用年代没有交叉，前后相继，联系密切。故以城垣和夯土建筑基址的延续年代为基准，参考其他遗存的年代信息，综合判断如下：王城岗都邑的始建年代为王城岗龙山遗存二期（一段偏晚），大城的

[①] 北京大学考古文博学院、河南省文物考古研究所：《登封王城岗发现与研究（2002—2005）》，大象出版社2007年版，第64—73页；方燕明：《登封王城岗城址的年代及相关问题探讨》，《考古》2006年第9期。

使用年代为龙山遗存三期（二段），废弃于四期（三段偏早）。

三 石峁都邑

石峁城址是由外城、内城、皇城台组成，并在城内发现居址、墓地等重要遗存，为判断该都邑的延续年代提供了支撑材料。

（一）内城年代

考古发现，石峁外城城垣系以内城东部墙体为依托向东南方向再行扩筑而成，说明内城城垣的年代要早于外城城垣。与外城垣相比，内城垣上不见系统分布的马面、角台等设施，发现的几处城门也不如外城东门址那样存在对称分布的高大墩台。属于石峁 A 段遗存（即韩家圪旦居址早段）的陶器如单把宽裆鬲、双鋬矮领宽裆鬲等，普遍发现于内城之内，其年代较早，绝对年代为公元前 2300 年前后。从外城垣叠压内城垣以及内城垣相对"简朴"来看，内城垣的始建年代应早于外城垣，大约为公元前 2300 年前后即龙山时代中期[1]。

（二）皇城台年代

皇城台位于内城偏西的中心部位，为一座四面包砌护坡石墙的台城，没有设置明显的石墙，系堑山砌筑护坡墙体，目前保存最好的石墙位于东北角。根据发掘者公布的材料，年代较早的石峁 A 段遗存在皇城台多有发现，故推测皇城台的始建年代应为龙山时代中期或略晚，绝对年代应在公元前 2300 年前后[2]。皇城台大台基南边护墙的年代约为公元前 2000 年的龙山时代晚期，墙体石雕中的一部分可能来自其他更早的高等级建筑[3]。

（三）外城年代

石峁外城是依托内城东南墙体向外建造的，其建造年代应晚于

---

[1] 邵晶：《试论石峁城址的年代及修建过程》，《考古与文物》2016 年第 4 期。
[2] 邵晶：《试论石峁城址的年代及修建过程》，《考古与文物》2016 年第 4 期。
[3] 孙周勇等：《石峁城址 2018 年考古纪事》，《中国文物报》2019 年 8 月 23 日。

内城的建造年代。

位于东北部的外城东门址，门道内揭露出上、下两层地面，叠压关系明确，城门各类建筑皆建造于下层地面之上，石墙之基槽是在下层地面之上开挖的。故推断东门址的始建年代应不早于下层地面的年代。东门址上、下两层出土的遗物分别属于北方地区常见的龙山时代晚期、夏代早期遗存。此外，通过碳十四测年及器物特征推测，东门址的始建年代约在公元前2100年。因此，石峁外城的始建年代为龙山时代晚期，龙山时代晚期至夏代早期为使用年代，夏代早期阶段之末被废弃[①]。

（四）重要居址、墓地年代

内城中部偏东的韩家圪旦是一处重要遗址，发现房址31组（座）、墓葬41座、灰坑27处、灰沟4条及窑址1座。韩家圪旦地点中房址的年代早于墓葬的年代。因此，该地点可能先后承担过居址和墓地两种聚落功能。

居址本身又可分为早、晚两段，其年代为龙山时代晚期。其中居址早段陶器以单把鬲、双鋬鬲、细柄豆、圜底瓮、敛口瓮、喇叭口罐等为代表，居址晚段陶器以高领鬲、粗柄豆、喇叭口折肩罐、大口尊等为代表。与其相似的遗存还见于陕西佳县石摞摞山、榆林寨峁梁等，其年代为公元前2500—前2300年。因此，可以推测韩家圪旦地点早期居址的年代不晚于公元前2300年即龙山时代中期。晚期墓葬形制与神木新华遗址以及甘肃永靖秦魏家、青海乐都柳湾、陕西神木神圪垯梁、内蒙古伊金霍洛旗朱开沟墓地所见墓葬相似。因此，推测部分墓葬年代已经进入夏纪年[②]。

（五）都邑延续年代

从以上对都邑遗存的年代分析可知，皇城台及内城部分区域的年代较早，大约在公元前2300年即龙山时代中期，应为都邑的始建

---

① 邵晶：《试论石峁城址的年代及修建过程》，《考古与文物》2016年第4期。
② 陕西省考古研究院等：《陕西神木县石峁遗址韩家圪旦地点发掘简报》，《考古与文物》2016年第4期。

年代。至公元前2100年即龙山时代晚期进入兴盛期，修建了外城城垣及系统分布的马面、角台等防御设施，在修建外城东门址时，还设计了土石结合的巨大墩台。在公元前1800年前后即夏代早期，石峁城址进入衰败期，外城的防御功能逐渐式微，石峁城址被废弃。故以城垣和皇城台的延续年代为基准，参考其他遗存的年代信息，综合判断如下：石峁都邑的始建年代为龙山时代中期或略晚，龙山时代晚期及二里头文化早期为其使用年代，废弃年代为二里头文化早期之末。

四　良渚都邑

良渚城址由外城、内城、宫殿区三重结构组成，考古发现有大型城垣及城门、大型夯土台基、祭坛、贵族墓地、高等级手工业作坊等重要遗迹，为判断该都邑的延续年代提供了基础材料。

（一）宫殿区年代

宫殿区位于良渚内城中心位置的莫角山。由古尚顶土台和其上的大莫角山、小莫角山、乌龟山三座宫殿基址组成。大莫角山台基是三座宫殿台基中面积最大的一个，周围发现宽约4—15米、深约0.6—1.5米的围沟，围沟在良渚文化晚期被废弃填平，随后又修建了石头墙基[1]。虽然发掘者没有透露莫角山宫殿基址的具体年代，但从大莫角山宫殿基址围沟在良渚文化晚期被废弃填平、宫殿区夯土中夹杂许多良渚文化陶片而根本没有其他时代的遗物，以及宫殿区西北紧邻属于良渚文化中期的反山王陵和姜家山贵族墓地等现象来看，莫角山宫殿区的始建年代当为良渚文化中期偏早阶段。

（二）内城年代

内城发现有四面城垣若干段，城垣内外有护城河，护城河上共发现8座水门和1座陆门。其中北城垣保存最好，其他地段多呈断

---

[1] 浙江省文物考古研究所：《良渚古城城内考古发掘及城外勘探取得重要收获——发掘莫角山宫殿区、姜家山贵族墓地和钟家港古河道》，《中国文物报》2016年12月16日。

续台地状态。通过对东、南、西、北四面城垣的发掘可知，各地段出土陶器之年代皆为良渚文化之晚期。此外，西城垣的部分地段的年代明显偏晚，如葡萄畈段外壕沟之④、⑤层及此地段城垣之顶部的②、③层，大致相当于晚于良渚文化、早于马桥文化的钱山漾文化时期[①]。因此，内城的始建年代大约为良渚文化晚期，至钱山漾文化时期废弃。

（三）外城年代

经考古调查和钻探确定，良渚城址北面的扁担山—和尚地遗址、东面的郑村—里山—高村遗址和南面的卞家山等条状土墩共同构成了良渚城址外城城垣。目前，考古工作者已对仲家山、文家山、卞家山、美人地、扁担山等地点进行了发掘。其中美人地位于内城外东部，发现有良渚文化时期的土台、木板、灰坑、灰沟以及木桩和柱洞等遗迹。根据出土器物形制来看，美人地遗址可以分为两大阶段：第一期为良渚文化晚期遗存，第二期年代与钱山漾文化相当。扁担山遗址位于内城北部，发现有烧土堆积、基槽、灰坑、灰沟等遗迹。这些遗迹也可分为两个阶段：第一阶段为人工堆筑的土台，从零星的陶片判断属于良渚文化晚期；而土台上及南侧边缘的地层年代为第二阶段，年代约相当于钱山漾文化，但文化面貌与其仍有差异，发掘者将其称为良渚文化晚期后段[②]。因此，良渚城址外城的始建年代大约为良渚文化晚期，至良渚文化晚期后段之后废弃。

（四）祭坛与贵族墓地年代

良渚城址发现有反山、汇观山、瑶山等祭坛和贵族墓地。总体来看，这些祭坛、贵族墓地的始建年代多为良渚文化中期偏早阶段，反山遗址在良渚文化晚期阶段仍在修建和使用。

反山遗址位于良渚城址中心莫角山的西部，体量大、规格最高。

[①] 浙江省文物考古研究所：《杭州市余杭区良渚古城遗址2006—2007年的发掘》，《考古》2008年第7期。

[②] 浙江省文物考古研究所：《杭州市良渚古城外郭的探查与美人地和扁担山的发掘》，《考古》2015年第1期。

共由两个土台组成。第一土台为祭坛遗迹，祭坛西南部发现9座良渚文化贵族墓地。这9座墓随葬陶器的组合基本一致，器型特征基本相同，且墓葬之间无打破叠压关系，属于良渚文化中期偏早阶段。由于发掘中未见祭坛有任何废弃的迹象，且埋葬其上的墓葬排列有序，故推断祭坛与墓地应为一个整体，它们之间的早晚是一个连续的过程。第二土台位于反山西部，其上发现2座残墓，出土玉器、石器、绿松石和陶器，年代属于良渚文化晚期[1]。

瑶山位于良渚遗址群的东北角，遗址中心存在"红土台"，其功能当与反山的祭坛一样。11座贵族墓葬排列在中心区域内，有明确的分布规律，个别墓葬有打破红土台的现象，但红土台仍基本保持完整，说明墓葬的修建应在红土台祭坛的修建之后。贵族墓葬出土器物组合一致，具有良渚文化中期偏早阶段的特征[2]。

汇观山遗址位于反山的西部，为覆斗状的高土台祭坛。祭坛西南部有4座高等级墓葬打破祭坛。从四座墓中出土的陶器、玉器来看，M1、M2年代约为良渚文化中期偏早阶段，M3、M4年代稍晚。尽管从墓葬打破祭坛来看祭坛的建成年代应早于墓葬年代，但祭坛的地层中出土了少量良渚文化中期偏早的陶片。因此，祭坛年代应与墓葬的年代大致相当，也为良渚文化中期偏早阶段[3]。

（五）水利系统年代

据考古发掘资料，在良渚城址外城之外的北部、西北部，存在大型的外围水利系统，目前还以坝群的形式残存。整个水坝系统由自然山体间的多段坝体组合而成，其中位于城址北部的塘山水坝群（山前长堤）全长约5千米，在其中的黄路头曾发现良渚文化早期墓葬[4]，因此，塘山水坝的形成年代不晚于良渚文化早期。此外，通过

---

[1] 浙江省文物考古研究所：《反山》，文物出版社2005年版。
[2] 浙江省文物考古研究所：《瑶山》，文物出版社2003年版。
[3] 浙江省文物考古研究所等：《浙江余杭汇观山良渚文化祭坛与墓地发掘简报》，《文物》1997年第7期；浙江省文物考古研究所：《良渚文化汇观山遗址第二次发掘简报》，《文物》2001年第12期。
[4] 浙江省文物考古研究所：《良渚遗址群》，文物出版社2005年版。

对岗公岭、鲤鱼山、狮子山、老虎岭、周家畈、秋坞登6个地点坝体的碳十四测年树轮校正数据全落在良渚文化早中期的范围之内，水坝的结构和工艺与良渚文化遗迹一致，据目前大体看来，良渚城址外围的水利系统年代为良渚文化早中期[①]。

（六）都邑延续年代

从以上对都邑遗存的年代分析可知，良渚城址范围内的反山、汇观山、瑶山祭坛或墓地以及宫殿区年代最早，大约为良渚文化中期偏早阶段；其次为内城和外城的城垣，建造年代为良渚文化晚期。故以宫殿区的延续年代为基准，参考其他遗存的年代信息，综合判断如下：良渚都邑应始建于良渚文化中期偏早，使用年代为良渚文化中晚期，废弃年代为良渚文化晚期之末。

尽管良渚城址外围的水利系统早在良渚文化早中期可能就已经开始修建，但此时良渚都邑范围之内尚未见到明显的兴建痕迹，二者之间是否存在明显的隶属关系还有待进一步探讨；且其距离都邑中心区域稍远（2000—11000米），是否在水坝附近存在其他与其关系密切的大型聚落尚有待观察，故目前材料不支持把外围大型水利系统的建造年代与良渚都邑的始建年代挂钩，尚不能得出良渚都邑的起始年代为良渚文化早期的结论。

五　石家河都邑

石家河城址发现有大型城垣、城壕、大型建筑基址、墓葬、祭祀遗存、手工业作坊等遗存，为判断该都邑的延续年代提供了材料。

（一）城垣年代

除东北部被周代的土城遗址打破外，石家河城址存在几乎封闭的大型城垣，其中内城垣西墙与南墙西段保存较好。另外，在城址外围西部、北部存在外城垣。

[①] 浙江省文物考古研究所：《杭州市良渚古城外围水利系统的考古调查》，《考古》2015年第1期。

邓家湾遗址外侧城垣位于石家河城址的西北部。1992年考古发掘确认该段城垣打破属于屈家岭文化晚期的墓葬M104（原称"屈家岭文化中期"），其年代上限不早于屈家岭文化晚期，下限不晚于石家河文化晚段（原称"石家河文化中期"）[①]。

通过对东南部城垣进行发掘可知，城垣打破了灰土层②，灰土层②出土的陶器皆属于屈家岭文化之晚期，故该段垣墙之始建年代应不早于屈家岭文化之晚期。此外，有一些文化层和遗迹叠压在该段城垣之上，这些单位中出土遗物的年代均属于石家河文化之晚期，故推断此段城垣至迟在石家河文化之晚期就已被毁弃[②]。

三房湾遗址外侧城垣位于石家河城址的西南部。因该段城垣第⑥层下的灰土层2出土陶器的年代皆为屈家岭文化之晚期，故此城垣的始建年代应不早于屈家岭文化之晚期。第⑩层、⑨层叠压在城垣之上，⑩层仅见少量陶片，但开口于⑨层下打破⑩层的灰坑H1所出陶器的年代皆为石家河文化之晚期。故可以推断出，三房湾处城垣废弃于石家河文化之晚期[③]。

考古工作者发掘的南城垣西段的缺口，发现此处城垣及此区域文化堆积共分8层，其中第⑥、⑦层为石家河文化晚期堆积，第⑧层为屈家岭文化早期堆积。城垣被第⑦层叠压，并叠压第⑧层。说明此段城垣年代不早于屈家岭文化早期，至迟在石家河文化晚期已经废弃[④]。

石家河城址西北角外围的严家山遗址，发现一条人工堆筑的半弧形垣体，垣体被属于石家河文化晚期的第⑤层叠压，说明该段垣体的始建不晚于石家河文化晚期，可能是石家河城址的扩建工程。

---

① 石河考古队:《湖北天门市邓家湾遗址1992年发掘简报》,《文物》1994年第4期。
② 孟华平、刘辉、邓振华:《湖北天门石家河遗址发掘取得新进展》,《中国文物报》2011年10月7日。
③ 湖北省文物考古研究所等:《湖北天门市石家河古城三房湾遗址2011年发掘简报》,《考古》2012年第8期。
④ 湖北省文物考古研究所等:《湖北天门市石家河遗址2014—2016年的勘探与发掘》,《考古》2017年第7期。

从以上几处城垣的解剖情况来看，石家河城址的城垣大体始建于屈家岭文化晚期，在石家河文化早期延续使用，至石家河文化晚期大多废弃。另外，城址西北部外围的外城垣，其建造年代不晚于石家河文化晚期。

（二）中心建筑区年代

谭家岭遗址位于石家河城址核心区域，该区域发现有堆筑的城垣、壕沟、木构遗迹、建筑台基、墓葬、瓮棺等重要遗迹[①]。

谭家岭城垣被屈家岭文化早期的文化层与墓葬叠压打破，其始建年代当不晚于屈家岭文化早期。由于谭家岭遗址曾发现大量油子岭文化晚期遗存，发掘者推测该城址的始建年代当为油子岭文化之晚期。又由于谭家岭城垣顶部叠压的遗迹单位之时代为屈家岭文化晚期，城垣壕沟中属于屈家岭文化晚期的①—③层叠压城垣外坡。因此，谭家岭城垣在屈家岭文化晚期被废弃。

建筑台基Ⅰ位于谭家岭遗址东部，叠压于②层下，东南部被②层破坏，第②层年代为石家河文化时期。因此，台基Ⅰ的年代大致为石家河文化时期，可能属于主要居民的活动场所。

谭家岭遗址西北部发现的墓葬，年代为屈家岭文化早期。谭家岭遗址东部发现有瓮棺葬，其年代为石家河文化晚期及后石家河文化时期。

总体来看，谭家岭遗址的格局有所变化，油子岭文化晚期城垣始建，延续使用至屈家岭文化早期，屈家岭文化晚期时城垣废弃。在遗址东部发现石家河文化时期的建筑台基，说明在石家河文化时期该遗址逐渐成为主要居民的活动场所。后石家河文化时期，建筑台基废弃，遗址成为瓮棺墓地。

（三）祭祀遗址年代

印信台遗址位于石家河城址西城壕西侧，为一相对独立的方形

[①] 湖北省文物考古研究所等：《湖北天门市石家河遗址2014—2016年的勘探与发掘》，《考古》2017年第7期。

台地，发现5座台基、套缸等重要遗迹，推测属于多次进行祭祀活动的特殊场所。虽然遗址揭示的台基以及沿台基边缘分布的瓮棺、扣碗、扣缸等遗迹部分存在相对早晚关系，但其年代均属于石家河文化晚期[1]。

（四）手工作坊年代

三房湾遗址揭示的陶窑、黄土堆积、黄土坑、洗泥池、蓄水缸等遗迹多与制陶活动有关，显示出制陶作坊的典型特征，再结合出土数以万计的红陶杯残件分析，可认为这里是一处石家河文化晚期至后石家河文化时期以烧制红陶杯为主的专业窑场。

严家山遗址揭示的墙体堆积被石家河文化晚期的文化层叠压，其年代不晚于石家河文化晚期。从石块堆积属极易破碎的灰白色白云岩且部分石块可见敲打、磨平、钻孔等痕迹观察，推测这里可能是一处石家河文化晚期至后石家河文化时期制作石器的小型加工场所。从瓮棺的密集分布情况看，这里又属于后石家河文化时期的瓮棺葬墓地[2]。

（五）都邑延续年代

从以上对都邑遗存的年代分析可知，总体来看，尽管石家河城址核心区域的谭家岭在油子岭文化晚期就开始修筑城垣，但此时周边汇聚的遗址仅有几处，尚未形成庞大的石家河聚落群。屈家岭文化晚期之时，谭家岭遗址城垣废弃，石家河城址城垣开始修筑，以石家河城址为核心面积达8平方千米的石家河聚落群开始形成。屈家岭文化晚期至石家河文化时期应为都邑的使用期，城址内出现了谭家岭居住中心。石家河文化晚期，聚落结构发生重大改变，西北部城垣、西南部三房湾遗址外侧城垣等被石家河文化晚期遗存叠压破坏，南城垣西段通道被石家河文化晚期文化堆积填满，但谭家岭

---

[1] 湖北省文物考古研究所等：《湖北天门市石家河遗址2014—2016年的勘探与发掘》，《考古》2017年第7期。

[2] 湖北省文物考古研究所等：《湖北天门市石家河遗址2014—2016年的勘探与发掘》，《考古》2017年第7期。

中心建筑区继续存在，新出现印信台祭祀区、三房湾等手工业作坊，在城址西北部外围又堆筑了两道半弧形围垣。尽管后石家河文化时期在城内仍有部分瓮棺、手工业作坊等遗存，但此时城壕体系已经瓦解，聚落分布零散，已经见不到明显的聚落中心特点，石家河城址已随着石家河文化的消亡而废弃。故以城垣和中心建筑的延续年代为基准，参考其他遗存的年代信息，综合判断如下：石家河都邑始建于屈家岭文化晚期，石家河文化时期为繁盛期，石家河文化晚期为衰落期，后石家河文化时期该都邑被废弃。

六 宝墩都邑

宝墩城址由外城、内城组成，城内发现大型夯土建筑、一般居住区等遗迹，为判断该都邑的延续年代提供了重要材料。

（一）内城年代

从内城北部土垣东端的真武观发掘探沟来看，城垣内出土遗物的年代大多与属于宝墩遗址第 2 段的 T2 第⑥层所出遗物接近，没有发现晚于第⑥层的遗物，故该城垣的修筑年代不会早于第 2 段。又因属于第 3 段的 T1 第④A、④B 层叠压在墙体之上，故该城垣的时代不会晚于第 3 段。因此，判断该城垣的修筑年代大致在宝墩遗址第 2 段末期或第 3 段初期[①]。

对内城东墙南段的蚂蟥墩段进行解剖，发现该墙体直接叠压于属于宝墩遗址第 1、2 段的第④层、⑤层、⑥层之上，墙体内侧之上又被属于宝墩遗址第 3 段的第③层直接叠压，因而该段城垣的修筑年代应在宝墩遗址第 2 段之末或第 3 段之初，使用年代应为第 3 段。

（二）外城年代

考古工作者对外城垣的狗儿墩、游埂子、王林盘、石埂子等地段进行了解剖。其中狗儿墩墙内侧墙脚被宝墩文化第⑥层叠压，城垣下叠压有宝墩文化第⑦、⑧层。因此，城垣的修筑年代应不早于

----
① 成都市文物考古工作队等：《四川新津县宝墩遗址调查与试掘》，《考古》1997 年第 1 期。

第⑦层、不晚于第⑥层的年代。城垣内出土的器物组合年代为宝墩遗址第 3 段，第⑥层出土器物的年代也属于宝墩遗址第 3 段。因此，外城垣的修筑年代为宝墩遗址第 3 段之初，使用年代为宝墩遗址第 3 段。

(三) 大型夯土建筑基址年代

内城中心区鼓墩子发现大型建筑基址 3 座，分布在南北一线上。其中 F1 以长方形主体房屋为中心，南北两侧为附属建筑，应为一处大型礼仪性建筑，其年代为宝墩遗址第 2 段。

(四) 其他遗存年代

在外城南部的罗林盘地点、严林盘地点、西北部的刘林盘地点进行发掘，发现出土的器物组合年代为宝墩遗址第 3 段。

外城西南部夯土台基，残长 20 余米，宽约 6 米，台基东侧还保留有约宽 15 米、长 40 米的活动面。台基被宝墩遗址第 3 段偏晚灰坑打破，说明台基的年代不晚于宝墩遗址第 3 段。

(五) 都邑延续年代

从以上对都邑遗存的年代分析可知，宝墩城址内城之内鼓墩子大型夯土建筑基址的始建年代最早，为宝墩遗址第 2 段。其次为内城城垣，其始建年代为第 2 段之末、第 3 段之初，第 3 段末废弃。外城城垣建筑年代最晚，为宝墩遗址第 3 段，第 3 段末废弃。此外，外城罗林盘、严林盘、刘林盘等地点出土的遗存年代为宝墩遗址第 3 段。故以城垣和大型建筑的延续年代为基准，参考其他遗存的年代信息，综合判断如下：宝墩都邑的始建年代为宝墩遗址第 2 段，使用年代为宝墩遗址第 2、3 段，宝墩遗址第 3 段末为都邑的废弃年代。依照宝墩文化分期"四期七段说"[1]，宝墩遗址 1、2 段相当于宝墩文化一期早段，宝墩遗址 3 段相当于宝墩文化一期晚段。因此，宝墩都邑的延续年代为宝墩文化第一期，其中始建年代为宝墩文化一期早段的偏晚阶段，使用年代为宝墩文化一期早段的偏晚阶段至

---

[1] 江章华、王毅、张擎：《成都平原先秦文化初论》，《考古学报》2002 年第 1 期。

一期晚段，废弃年代为宝墩文化一期晚段之末。

七 尧王城都邑

尧王城城址由外壕、外城和内城组成，城内发现建筑基址、祭祀遗迹、器物坑、墓葬等重要遗迹，为判断该都邑的延续年代提供了依据。

（一）城垣年代

通过对尧王城内城北垣、北壕进行解剖，根据壕沟内出土的遗物判断城垣的始建年代为大汶口文化晚期。而且，还在城垣上部和内侧发现龙山早期、中期堆积。因此，城垣的使用延续到龙山文化中期以后。外城垣始建于大汶口文化晚期，至龙山文化早期虽然城壕局部区域被居住区覆盖，但不排除城垣仍然在使用。

（二）主要生活区年代

内城西北部集中分布的生活居住区，在大汶口文化晚期形成了早期文化层和生活堆积，此后这些房址在同一区域内不断修葺重建，延续至龙山文化中期。

分布在内城北部的祭祀台基，周围有房址环绕。在房址和祭祀台基周围分布有大量的器物坑。这些器物坑集中分布，开口层位相同，基本没有打破关系，时代为龙山文化中期。

（三）重要墓葬年代

内城东墙墓地，共清理22座龙山文化早期墓葬。其中M26是一座等级最高的墓葬，出土随葬品17件，年代为龙山文化早期。

（四）都邑延续年代

从以上对都邑遗存的年代分析可知，在大汶口文化晚期之时，尧王城内城垣、外城垣开始修建，城内西北部的重要居民区开始形成。至龙山文化早、中期，城垣、城壕继续存在，重要生活区内反复修葺房址，周围环绕以祭祀台基和器物坑，城内还发现有随葬玉器的重要墓葬，且其年代为龙山文化早期。故以城垣的延续年代为基准，参考其他遗存的年代信息，综合判断如下：大汶口文化晚期为尧王城都邑的始建年代，龙山文化早中期为尧王城都邑的使用期，龙山文化中期以后该都邑逐渐被废弃。

第三节　夏代主要都邑的延续年代

夏代是中国早期都邑的初步发展阶段。这一时期出现了新砦、二里头、望京楼以及大师姑等都邑，考古发现丰富的与早期都邑有关、年代明确的文化遗迹、遗物，为分析判定各都邑的延续年代提供了便利条件。总体来看，夏代都邑延续时间较长，连续性强。

一　新砦都邑

新砦城址是由王湾三期文化晚期、新砦期两个时期的城址叠压在一起，其中新砦期城址具有都邑性质。新砦城址由城垣、城壕组成，都邑中还发现大型夯土建筑基址、祭祀遗存等重要遗迹，为判断该都邑的延续年代提供了重要材料。

（一）城垣与城壕年代

通过对位于北城垣上的探沟 CT4—CT7、东城垣上的探沟 TG2、CT14、CT4—CT13 的发掘可知，王湾三期文化晚期城垣打破了王湾三期文化晚期文化层，新砦期城垣叠压王湾三期文化城垣，又被二里头早期壕沟打破。具体来说，新砦王湾三期文化晚期城垣废弃后，新砦期城址的北城垣直接建造在王湾三期文化晚期城垣的外坡之上，并打破了王湾三期文化晚期城垣外侧的护城壕。新砦期城址的西城垣也是在王湾三期文化城址废弃后直接覆盖在其西城垣之上的，只是稍微向西拓展。

从城垣、城壕的地层关系看，王湾三期文化晚期地层和 QⅡ 城垣及护城河 GⅢ 出土王湾三期文化常见的薄胎方唇夹砂深腹罐、唇沿带凹槽的泥质灰陶钵和碗等器型，新砦期城垣 QⅠ 和护城河 GⅡ 内发现有折壁器盖、厚胎钵等新砦期常见陶片；打破新砦期城垣和护城河的二里头文化时期灰沟 GⅠ内出土有花边罐口沿等残片①。由此可知，新砦期城址始建于新砦期早段，至二里头文化早期之时已经废弃。

（二）大型夯土建筑年代

2002—2004 年，考古工作者在新砦城址内偏北的中心区域发现了一座大型建筑基址 DF。DF 位于城内之最高处，规模宏大，建造讲究，是一座露天的浅穴式大型建筑。在 DF 西段南墙外侧附近的地面上，发现一具完整的祭祀用的猪骨架，在距南墙不足两米处发现装有大量兽骨的小灰坑，可能为牺牲的遗骸。根据层位关系可知，DF 第①层活动面、第②层活动面、第③层活动面、碎陶片层及路土层的年代均为新砦期晚段。被其叠压的东西向大路为新砦期晚段，说明其年代上限不会超出新砦期晚段。DF 开口于二里头早期文化层之下，叠压它的大多是二里头早期的文化层，说明它废弃于二里头文化早期。由此可见，DF 的始建年代和使用年代为新砦期晚段，至迟在二里头文化早期已经废弃②。

（三）都邑延续年代

从以上对都邑遗存的年代分析可知，在新砦期早段，开始修建新砦期城址的城垣和城壕。后至新砦期晚段，在城内的中心区域形成了与祭祀或公共活动有关的大型建筑基址。二里头文化早期，城垣、城壕及大型建筑均废弃。故以城垣和大型建筑的延续年代为基准，参考其他遗存的年代信息，综合判断如下：新砦期早段为新砦都邑的始建年代，新砦期晚段为都邑兴盛期，二里头文化一期前后

---

① 赵春青等：《河南新密新砦遗址发现城垣和大型建筑》，《中国文物报》2004 年 3 月 3 日；赵春青：《新密市新砦龙山文化至二里头文化时期城址》，《中国考古学年鉴·2004》，文物出版社 2005 年版；中国社会科学院考古研究所河南新砦队、郑州市文物考古研究院：《河南新密市新砦遗址东城垣发掘简报》，《考古》2009 年第 2 期。

② 中国社会科学院考古研究所河南新砦队、郑州市文物考古研究院：《河南新密市新砦城址中心区发现大型浅穴式建筑》，《考古》2006 年第 1 期；中国社会科学院考古研究所河南新砦队、郑州市文物考古研究院：《河南新密市新砦遗址浅穴式大型建筑基址的发掘》，《考古》2009 年第 2 期。

为该都邑的废弃年代。

二 二里头都邑

二里头遗址是一座经过严谨规划、结构复杂的夏代大型都邑遗址。都邑范围内虽然不见大型城垣，但发现有宫城与宫殿宗庙区、高等级墓葬、高等级手工业作坊等重要遗迹，为判断该都邑的延续年代提供了依据。

（一）宫城年代

二里头遗址宫城位于遗址中部略偏南，发现有宫城围垣、道路以及12座大型夯土建筑基址[1]，据此可以判断宫城和宫殿宗庙区的年代。

1. 道路

在宫城内发现4条纵横交错呈"井"字形的主干道，路与大中型建筑基址的方向基本一致。其中宫殿区东侧大路保存最好，由二里头文化二期至四期一直延续使用。

2. 宫城围垣及城门

二里头文化二、三期之交，在宫城大路内侧修建了宫城围垣，并在宫城垣上发现城门5座。东城垣有3座城门，其中东一城门年代为二里头文化四期晚段；东二城门的年代不早于二里头文化四期，至迟在二里岗文化晚期废弃；东三城门的年代为二里头文化三期至四期。

3. 宫殿基址

宫城内发现的11座大型夯土建筑基址，分别集中分布于宫城的东部和西部。其中西部建筑群分布于宫城内西南部，共有一号、七号、八号、九号等4座建筑基址；东部建筑群集中分布在宫城内东部偏北，共有二号、三号、四号、五号、六号、十一号、十二号等7

---

[1] 中国社会科学院考古研究所：《二里头（1999—2006）》，文物出版社2014年版，第465—700页；中国社会科学院考古研究所二里头工作队：《河南偃师市二里头遗址墙垣和道路2012—2013年发掘简报》，《考古》2015年第1期。

座建筑基址。此外，宫殿东南隅外侧发现有第十号建筑基址。

一号基址年代：该基址东南廊外发现墓葬62VM22，且该墓为所在探方62VT33⑥层所叠压，而⑥层又为一号基址台基边缘夯土所压，可见一号基址的始建年代不早于62VT33⑥和62VM22的年代。62VT33⑥和62VM22的年代为二里头文化第三期，可知一号基址的始建年代不早于二里头文化三期。西墙外的2001VH465、2001VH272两口四期晚段的水井未对一号基址形成致命性破坏。因此，一号基址在二里头文化四期晚段仍继续使用，其后废弃。

七号基址年代：早于七号基址的遗迹中，灰坑2004VH279、2004VH280年代为二里头文化二期早段，早期路土的年代也为二里头文化第二期，这表明七号基址的始建年代不早于二里头文化第二期。二里头文化四期晚段的灰坑2004VH257、2004VH277以及二里岗文化早期灰坑2004VH254打破七号基址边缘，但未使其遭严重破坏而废弃。直至二里头文化晚期，灰坑2004VH253才对七号基址西北角形成致命性破坏，七号基址彻底废弃。

八号基址年代：晚于八号基址的遗迹的年代多为二里岗文化晚期到二里头文化四期晚段，叠压基址的路土内出土的陶片为二里头文化四期晚段，而层位关系上早于八号基址的宫城西墙的年代为二里头文化第三期。故八号基址可能始建于和宫城垣同时的二里头文化第三期，至迟在二里头文化四期晚段废弃。

九号基址的年代：晚于九号基址的2004VT79④B层位为二里头文化四期晚段，灰坑2004VH259、2004VH270年代也均为四期晚段，可见该基址在四期晚段已经废弃。基址内出土的少量陶片年代均为二里头文化第二期，说明基址的始建年代不早于第二期。因此，九号基址始建于二里头文化第二期或第三期，废弃于二里头文化四期晚段。

二号基址年代：早于二号基址的三期早段灰坑2002VH82、2002VH116被二号基址夯土所压，灰坑2001VDH10、2001VH19被二号基址的柱W10、W14所破坏。三期晚段灰坑2002VH60、

2002VH166分别叠压于二号基址西庑内垫土之下和北墙外路土之下。此外，还发现二里头三期晚段灰坑2001VH15被二号基址西庑廊柱的两个柱坑（W15、W16）所破坏的现象。2001VD2HC内堆积是为建造二号基址而填平、夯实的夯土基础，堆积内遗物最晚为三期晚段。因此可知二号基址的始建年代不早于二里头三期晚段。二里头文化四期晚段的灰坑2002VH179对二号基址东墙形成一定程度的破坏，且二里头文化晚期的灰坑2001VH3、2001VH17对二号基址的西庑夯土有一定破坏。因此，二号基址延续使用至二里头文化四期晚段，彻底废弃当在二里头文化末期之后。

三号基址年代：打破北院西庑的灰坑VH85、VH93年代均为二里头二期晚段，北院西庑打破的G8、VH95、VH104和VH163等遗迹单位的年代均为二里头二期早段。因此，北院西庑的年代不早于二里头二期早段，不晚于二里头二期晚段。打破北院外路土的遗迹单位年代最早者为二里头二期晚段，被路土打破的遗迹单位年代最晚者为二里头二期晚段。因此，北院路土年代为二里头二期晚段。池状遗迹的年代比较复杂，早期作为水池存在时与三号基址共存，三号基址废弃后，又作为二号基址的基础坑被夯平，夯筑时填土堆积不早于三期早段。中院主殿年代不晚于二里头二期早段，中院西庑年代不晚于二里头二期晚段，中院东庑年代不晚于二里头二期晚段。中院南庑夯土的年代为二里头二期早段，中院上层路土年代不早于二里头二期晚段，下层路土不晚于二里头二期早段，路土年代可能涵盖二里头二期始终。南院西庑夯土年代不晚于二里头二期晚段，南院东庑夯土年代不晚于二里头二期晚段，南院路土年代不晚于二里头二期晚段。因此，三号基址的年代不晚于二里头二期晚段，其中中院部分包括主殿的年代较早，可能营建于二期早段，在二期晚段经过改建。北院南部及建筑西侧的排水沟VG1，可能为二里头文化二期晚段整体新建。

四号基址年代：四号基址主体的遗迹均为二里头文化晚期，打破非关键部位的遗迹有二里头三期和四期早段，打破东庑的大批遗迹为二里头文化四期晚段和二里头文化晚期。层位上早于四号基址的遗迹中最晚者为二里头文化三期早段。四号基址夯土和柱坑中出土陶片最晚年代为二里头文化第三期。因此，推测四号基址的始建年代不早于二里头二期晚段，不晚于三期晚段，可能始建于二里头三期早段。该基址的东庑在二里头文化四期偏晚阶段已经废弃，主殿台基至少沿用至二里头四期晚段，且直接破坏主殿台基的最早遗迹为二里头晚期。因此，四号基址的废弃年代应为二里头四期晚段之后。

五号基址年代：经多次修建和增建，由四进院落组成，每进院落有主殿和贵族墓葬。五号基址开口于二里头二期晚段的2002VT13、2002VT15 的⑤层路土下，可知其年代不晚于二里头文化二期晚段，其修建、使用和废弃年代均应为二里头文化第二期。

六号基址年代：早于六号基址的单位中，年代最晚的为二里头四期晚段。同时，六号基址夯土中出土陶片时代最晚的为二里头四期晚段，表明六号基址的营造年代不早于二里头四期晚段。破坏六号基址边缘部分的单位中，时代最早的为二里头四期晚段，表明六号基址使用不久就遭破坏。但破坏六号基址核心部位的遗迹年代为二里头晚期，表明六号基址至少沿用至二里头四期晚段仍未废弃，到了二里岗文化阶段才彻底废弃。

十一号基址年代：建造和使用年代为二里头文化三期晚段，二里头文化晚期的夯土墙建造于其上，或说明当时十一号基址仍可利用。

十二号基址年代：二号基址夯土打破十二号基址夯土，表明十二号基址始建不晚于二号基址，即不晚于二里头文化第三期；十二号基址路土被六号基址及其路土叠压，表明十二号基址在二里头文化四期晚段已经完全废弃。因此，十二号基址的年代为二里头文化三期至四期晚段。

十号基址年代：位于宫城东南角外的大路上，属于中型夯土建筑基址。始建年代为二里头文化第四期。

4. 大灰沟与巨型坑

宫殿区内东北部有一条大灰沟2002VG10，面积较大，堆积较深，仅发掘部分就东西长15米，南北宽1.2米，已发掘深度达3.35米。发掘表明，沟内填土分为两层，第①层时代为二里头文化二期早段，第②层时代为二里头文化一期晚段，另外还出有两根方木，底部有白灰和红漆。该沟面积大，堆积深，可能为取土沟，后成为一般垃圾沟[①]。G10中下层堆积时代为二里头文化一期晚段，说明至少在此时该取土沟已经开始废弃回填，亦表明该沟可能在二里头文化一期晚段之前，极有可能在一期早段就已经形成。

1号巨型坑：位于宫殿区之东北部，平面近似圆角长方形，面积约为2200平方米，深度一般为4—4.6米，最深达6.7米。坑内存在二里头文化一期晚段到四期晚段的连续堆积。巨型坑北侧、南侧相邻的地方铺垫有料礓石，表明这里是一处特殊场所，可能是二里头遗址宫殿区内一处专用于祭祀的场所。该巨型坑的成因是为了解决大型夯土建筑基址的建筑用土而挖掘而成，之后又成为祭祀居住之地，最后被淤土填满[②]。存在二里头一期晚段至四期晚段的连续堆积和遗迹，说明该巨型坑的形成年代至少不晚于二里头文化一期晚段，延续到二里头文化四期晚段。因巨型坑的成因与建造宫殿基址有关，故推断宫殿区的始建年代当为二里头文化第一期阶段。

总体来看，二里头遗址宫城中已发现确认的宫殿基址建造年代最早可至二里头文化二期早段（三号、五号基址），宫殿区东侧的大路也在此时出现。二里头文化二、三期之交，在宫殿区大路的内侧兴建了宫城围垣。二里头文化第三期，一号、二号、四号、七号、八号、十二号等建筑基址陆续兴建。至二里头文化四期晚段，又依托宫城东垣新建了六号基址。此外，一号、二号、四号、八号、九

[①] 中国社会科学院考古研究所：《二里头（1999—2006）》，文物出版社2014年版，第718页。

[②] 中国社会科学院考古研究所二里头工作队：《河南偃师市二里头遗址宫殿区1号巨型坑的勘探与发掘》，《考古》2015年第12期。

号、十二号等建筑基址皆沿用至二里头文化四期晚段。因此，宫殿区的始建年代应在二里头文化第一期，废弃年代应在二里头文化第四期之晚段。

（二）手工业作坊区年代

高等级的手工业作坊区位于宫城南部，发现有围垣、绿松石器作坊、铸铜作坊等，年代为二里头文化第二期至第四期。

1. 围垣

作坊区围垣位于宫城区域外围的北部和东部，分为两部分，其中 Q5 位于作坊区东侧和北侧东段，始建于二里头文化二期，之后延续使用，二里头文化四期或稍晚被毁弃。Q3 位于作坊区北侧，可能为 Q5 的加固增筑部分，其始建年代和使用年代当为二里头文化四期晚段。此外新发现的 Q7 位于作坊区西侧，宫城西垣外侧道路向南延伸道路的西侧 20 余米，与宫城西墙大致平行，残长约 147 米，复原长度约 228 米，最宽 1.46 米。发掘者认为此垣是作坊区以西区域大型围垣设施的东垣[①]。其始建年代不晚于二里头文化第二期晚段，废弃年代为第四期晚段。

2. 绿松石器作坊

绿松石器作坊区位于宫城南垣附近，面积不小于 1000 平方米。该作坊的始建年代至迟为二里头文化三期，延续使用至四期之末。

3. 铸铜作坊

大型铸铜作坊位于遗址南部、临近古伊洛河的高地上，面积超过 1 万平方米。该铸铜作坊在二里头第二期偏早阶段启用，至第四期之末一直延续存在。

（三）高等级墓葬年代

二里头遗址范围内发现多座高等级墓葬，主要位于宫城内。其中年代较早的有 2001VM1，出土包括玉器、漆器、陶器在内的随葬品 18 套组，时代为二里头二期早段；2002VM3 出土有绿松石龙形

---

① 赵海涛：《二里头都邑聚落形态新识》，《考古》2020 年第 8 期。

器、玉鸟形器、漆器、铜器、海贝、陶器等随葬品，时代为二里头文化第二期。2003VM8 墓口长 2 米，宽 0.47 米，深 0.5 米，出土破碎陶器，年代为二里头文化第四期晚段。

（四）都邑延续年代

从以上对都邑各项遗存的年代分析可知，二里头遗址最早的三号、五号宫殿基址的年代为二里头文化第二期，说明二里头都邑的始建年代至少不晚于二里头文化第二期。一号、二号宫殿基址的建造年代为二里头文化第三期，二里头都邑在第三期进入鼎盛时期。二里头文化二、三期之交，修筑宫城城垣。在二里头文化一期之时，二里头遗址规模已达到 100 万平方米，宫殿区内已有频繁的人类活动遗存。宫城东北部发现的巨型坑，其应为建筑宫殿基址的取土坑，坑内存在从二里头一期晚段至二里头四期晚段的连续堆积，意味着二里头都邑宫殿区的始建年代至少不晚于二里头一期晚段，甚至可能更早。二里头遗址范围内发现有属于二里头文化一期的铜制品，说明当时可能已有青铜冶炼活动。这个时期，遗址中部出现骨器加工活动，有随葬觚、爵、鬶等陶质酒礼器和鸭形鼎、绿松石珠的墓葬，还有象牙器等规格较高的器物[1]，由此推断二里头遗址第一期已具备大型都邑性质。在二里头遗址第四期，一号、二号、四号、七号、八号等宫殿基址一直沿用，到四期偏晚阶段才废弃，且第四期晚段在三号基址上又兴建了六号建筑基址；宫城城垣及外围井字形道路皆延续使用至二里头四期晚段或稍晚，宫殿区南侧大路以南兴建了一道年代为四期偏晚阶段的夯土墙（围垣）Q3 和绿松石器作坊；宫城南部的铸铜作坊自二里头二期至四期一直在延续使用，这些说明第四期该遗址仍是高规格的大型都邑性质，都邑的废弃应该是在二里头文化第四期的最晚阶段。故以宫殿建筑基址的延续年代为基准，参考其他遗存的年代信息，综合判断如下：二里头都邑应始建于二里头文化第一期，延续使用至二里头文化第四期，第二期

---

[1] 赵海涛：《二里头都邑聚落形态新识》，《考古》2020 年第 8 期。

是发展期，第三期为兴盛期，至第四期晚段之末该都邑被废弃。

三 望京楼都邑

望京楼二里头文化城址由外城和内城组成，内城发现大型城垣、城壕、夯土台基及水池等重要遗迹，为判断该都邑的延续年代提供了重要材料。

（一）内城城垣、城壕年代

由于缺乏城垣叠压的遗迹单位证据，故夯土城垣的始建年代只能根据其他遗迹现象作一初步推测。首先，除了城址西南部少许区域发现有仰韶时期地层外，其余区域城垣之下直接为生土，证明早于二里头文化的时期里，该地区几乎无人类活动的踪迹，此城址年代不会早于二里头文化时期。其次，城内发现较厚的二里头文化三期、四期的地层堆积，尤其是二里头文化第四期遗存更为丰富。据此两点可间接推测望京楼二里头文化城址始建于二里头文化三期早段，二里头文化第四期最为兴盛。二里头城址内城城垣被二里岗文化城址城垣几乎破坏殆尽，二里岗文化城址城壕直接打破二里头城址城垣，此打破关系也证明了二里头城址毁弃于二里岗城址始建之时。

（二）外城城壕年代

发掘者解剖了外城壕中部。IT2G13 沟壁较为规整，向下斜收至沟底，底较平，宽约 2.5 米。沟内堆积共分 4 层，出土陶器年代均为二里头文化时期。

（三）夯土台基年代

内城发现的望京楼大型夯土台基，规模大，南北长 95 米、东西宽 87 米，残存厚度为 1.7 米。发掘者在夯土台基上开有 3 条探沟，其中有两个探沟中发现了早期夯土。ⅢT1 夯 3 分布在探沟西部，从其开口层位及特征推测属于二里头文化时期。ⅢT2 夯 3 分布于探沟南部，年代为二里头文化时期。从剖面可知望京楼夯土台基最底层夯土即是二里头文化夯土基址。

（四）水池年代

水池遗迹位于望京楼夯土台基北约50米，推测其应是预先规划、与大型夯土基址相配套的相关设施。出土陶器年代为二里头文化晚期，故水池的年代应与大型夯土基址的年代一致，也为二里头文化晚期。

（五）都邑延续年代

从以上对都邑遗存的年代分析可知，望京楼二里头文化城址内城大型城垣和城壕始建于二里头文化第三期早段，废弃于二里头文化第四期最晚阶段。大型夯土建筑基址、外城壕和水池的年代也为二里头文化晚期。故以大型城垣与夯土台基年代为基准，参考其他遗存的年代信息，综合判断如下：望京楼二里头都邑的始建年代为二里头文化三期早段，使用年代为二里头文化三、四期，废弃年代为二里头文化四期最晚阶段。

四 大师姑都邑

大师姑城址发现有大型城垣和护城壕等重要遗迹，为判断该都邑的延续年代提供了一些依据。

（一）城垣、城壕年代

为了解夯土城垣的始建年代，发掘者在城址东壕的北段和南壕的西段发掘探沟四条（T2、T3、T4、T7）。从发掘情况得知城垣各部分年代不尽相同，其中夯⑤层和夯④层中出土的陶器均为第一段。叠压城垣内侧的地层中最早为T3第⑤d层，该层出土陶器均为第一段。夯③层基槽中出土1件折沿深腹罐残片，其时代为第二段，直接叠压夯①层的T7第⑧层所出陶器为第三段。故可以推断，夯③层、夯②层和夯①层应为后期修补续建，夯⑤层和夯④层为最初建造的城垣。因此，夯土城垣的始建年代应在第一段，至第二段和第三段之间继续修补沿用，二里头文化一至三段应为大师姑都邑的繁盛阶段。

城垣外侧有两条相互平行的壕沟，其中内侧壕沟打破外侧壕沟，年代为二里岗文化时期；外侧壕沟是城垣的护城壕，出土少量二里头文化陶片，时代属于二里头文化时期。

依据发现材料可以对夯土城垣之废弃年代进行推断。一是商代前期环壕即 G6 打破城垣外侧之二里头文化层，而早商环壕的形成年代大致在二里岗文化下层一、二期之间；二是城垣内侧被二里头文化第四段地层间接叠压；三是城内发现有二里头文化第四、五段文化遗存。据此可以大致推断，该都邑在二里头文化第四段已开始衰落，第五段可能仍在使用，也可能已被废弃。

(二) 城内地层堆积年代

大师姑城址城内发掘所出陶器没有早过二里头文化第一段的。城内所见的文化层堆积，以一至三段为主，发现有较厚的第四段文化堆积，没有发现普遍堆积的第五段文化层[1]。

(三) 都邑延续年代

从以上对都邑遗存的年代分析可知，大师姑城垣和护城壕的始建年代为二里头文化第一段，至第五段期间废弃。城内文化堆积二里头文化一至五段的年代分别相当于二里头文化的二期偏晚、三期偏早、三期偏晚、四期偏早及四期偏晚阶段。故以城垣、城壕的延续年代为基准，参考其他遗存的年代信息，综合判断如下：大师姑都邑的始建年代为二里头文化二期偏早阶段，使用年代为二期至四期偏早阶段，二里头文化四期偏晚阶段该都邑可能被废弃。

第四节　商代主要都邑的延续年代

商代是中国早期都邑的进一步发展阶段。这一时期出现了郑州商城、偃师商城、洹北商城、小屯殷墟、垣曲商城、吴城、三星堆、

---

[1] 郑州市文物考古研究所编著：《郑州大师姑 (2002—2003)》，科学出版社 2004 年版，第 273 页。

老牛坡等都邑，考古发现有丰富的与早期都邑有关、年代明确的遗迹、遗物，为分析判定都邑的延续年代提供了便利条件。总体来看，商代都邑延续时间较为明确，长短不一，多数都邑延续时间较长。

一 郑州商城都邑

郑州商城是由外郭城、内城组成的大型都邑。城址范围内发现大型城垣、宫殿建筑基址、祭祀遗存、贵族墓葬、人头骨壕沟、青铜器窖藏坑以及铸铜、制陶、制骨等各种手工业作坊遗存，为判断该都邑的延续年代提供了坚实材料。

（一）内城城垣年代

为了确定内城城垣的年代，20世纪70年代，考古工作者先后在内城城垣上发掘了23条探沟。发掘者认为直接叠压或打破商代夯土城垣的诸遗迹的年代皆属于二里岗下层二期的，没有下层一期的，依此证明城垣的兴建时间不会晚于二里岗下层二期；商代夯土城垣下的遗迹单位（小沟）和城垣内出土有"二里岗下层二期"的陶片，没有发现比二里岗下层二期更晚的陶片，这说明城垣的兴建时间也不会早于二里岗下层二期，故内城应始建于二里岗下层二期阶段[①]。另外，还发现部分二里岗下层夯土城垣的上部或一侧叠压或增筑有一部分二里岗上层一期修筑的夯土城垣，修筑的城垣中包含二里岗上层一期的陶片等遗物，这种现象说明至少在二里岗上层一期之时，内城城垣还在持续的修补和使用之中。

20世纪90年代以来，学界对郑州商城内城城垣的始建年代进行深入研究，大多确定在二里岗下层一期前后。如有学者认为，由于二里岗下层二期的地层和灰坑普遍直接叠压或打破城垣，城内普遍存在二里岗下层二期的文化层，且叠压西城垣内侧的墓葬CWM8出土陶器年代已经接近二里岗下层一期，说明在下层一期阶段内城城

---

① 河南省文物考古研究所：《郑州商城——1953—1985年考古发掘报告》，文物出版社2001年版，第193页。

垣已经建成，故内城垣应始建于二里岗下层一期①。至于所谓城垣探沟下压有二里岗下层时期的小沟、出有"下层二期陶片"，这仅仅是极个别现象，且出土陶片较少，也不典型，很有可能是判断上的失误，把较早的东西说成"下层二期"的。而城垣内出土有少量二里岗下层二期陶片的现象，如果没有错误的话，它应当与当时"修补夯土城垣有关"②。因此，目前学界相当多的学者认为内城城垣的始建年代应早于二里岗下层二期，大约在下层一期阶段③；也有人认为，商代夯土城垣下的遗迹单位和城垣内出土的陶片年代较早，故城垣应始建于二里岗下层一期偏晚阶段④。

(二) 外城城垣年代

外城城垣的建造年代应晚于内城的建造年代。从情理上讲，必定先有内城，然后才新建外城。因内城的主要功能是"卫君"，即保卫商王和统治者的安全；而外城的主要功能是"守民"，在当时王权至上的情形下，必然是先"卫君"而后"守民"，即先建内城后建外城。从外城的形状来看，其大约呈不规则的"U"形，东南部、南部、西部夯筑城垣，东部和东北部没有建筑城垣，内城被外城垣完全圈抱在内。若不是先建设内城，绝不会出现外城圈抱内城的布局。再从考古发现来看，外城垣基础槽的形制与内城垣基础槽的形制相同，夯土层筑法也与内城筑法相同，故推测其始建年代应为二里岗下层一期偏晚或下层二期偏早阶段。从外城垣夯土层内包含的遗物看，没有发现比二里岗下层二期和二里岗上层一期更晚的陶片，证明外城垣的建筑年代不早于二里岗下层二期。因此，外城城垣是

---

① 河南省文物考古研究所：《郑州商城北大街商代宫殿遗址的发掘与研究》，《文物》2002年第3期。

② 袁广阔：《郑州商城始建年代研究》，《中原文物》2003年第5期。

③ 仇桢：《关于郑州商代南关外期及其他》，《考古》1984年第2期；张文军等：《关于郑州商城的考古学年代及其若干问题》，《郑州商城考古新发现与研究》，中州古籍出版社1993年版。

④ 杨育彬等：《20世纪河南考古发现与研究》，中州古籍出版社1997年版，第344页；杨育彬：《郑州商城的考古学研究》，《夏商周断代工程·商前期年代学研究·郑州商城专题报告》，1999年。

在二里岗下层二期兴建，沿用至二里岗上层时期。

（三）宫殿区年代

郑州商城宫殿区位于内城的东北部一带，总面积约40万平米以上。多年来，在这一区域发现有大量密集分布的夯土建筑基址，其中不乏规模较大、结构较复杂的宫殿基址。如20世纪90年代在内城北大街农业队住宅小区基建工地发掘的一号、二号宫殿基址，其始建年代早于或接近于二里岗C1H9的年代，废弃年代不晚于二里岗下层二期，是目前已知最早的夯土建筑基址[①]。1998年，黄委会一号住宅楼考古工地发现一段残长24米的宫墙基槽，另有一些遗迹。夯土墙基槽位于属商文化的第④层之下，被灰坑H114和H56打破，下面叠压或打破灰坑H110、H114、H46、H78、H85、H86、H87等一系列灰坑和陶窑Y2。其中打破夯土墙基槽的灰坑H56，出土有夹砂褐陶薄胎细绳纹橄榄形罐、灰陶薄胎鬲、口径小于肩径的大口尊等器物，年代最晚可至二里岗文化下层一期相当于C1H9阶段。夯土墙之下的灰坑和陶窑时代接近，出土物包含二里头文化四期晚段、先商文化漳河型、岳石文化等文化因素。以此可知，该夯土墙的始建年代，应不晚于二里岗下层一期，但也不早于二里头四期晚段，大体相当于二里岗文化下层一期之初[②]。

通过多年的发掘和钻探可知，宫殿区大部分区域几乎都见有二里岗下层二期与上层一期的夯土基址。此外，在宫殿区还曾发现属于二里岗上层一期的宫墙[③]。故二里岗下层二期与上层一期是郑州商都宫殿区的繁荣阶段。

宫殿区在二里岗上层二期仍然存在。20世纪50—70年代在这里发现有属于白家庄期的宫殿基址和人头骨壕沟，清理出多座属于白

[①] 宋国定、曾晓敏：《郑州商城宫殿遗址发现夏商界标》，《中国文物报》1999年8月18日；河南省文物考古研究所：《郑州商城北大街商代宫殿遗址的发掘与研究》，《文物》2002年第3期。

[②] 河南省文物考古研究所：《河南郑州商城宫殿区夯土墙1998年的发掘》，《考古》2000年第2期。

[③] 有关材料现存河南省文物考古研究院。

家庄期的贵族墓葬。"夏商周断代工程"开展期间，在郑州商城范围内，发现大量属于二里岗上层二期的遗迹和遗物，如宫殿区北部范围内的大型夯土建筑基址和南部边缘范围内的东西向的夯土墙，多处地方的绳纹板瓦、文化层和灰坑等①。这些较新的发现表明，在二里岗上层二期宫殿区仍然存在。尽管郑州商城在白家庄期出现某些所谓的"衰落"现象，如部分宫殿基址的毁弃，但局部"衰落"不等于整个都城全部"废弃"。由于白家庄期商王朝在其他地区设立有政治中心，从而导致郑州商城宫殿区范围缩小或某些宫殿被弃之不用；也存在由于某些宫殿自然损毁、遭受火灾、雷击、水灾或其他灾害而被迫另在城内其他地点建筑宫殿的可能性，因此不能一看到部分宫殿基址被毁坏，就判定此时都城即已废弃和商人已另迁都他地。实际上，在郑州商城早期，其宫殿区即有部分毁坏，如上述北大街一号、二号宫殿基址在二里岗下层二期即已毁弃，但我们并未得出郑州商城在早期即已整个废弃的结论。

由上可知，郑州商城宫殿区的建造年代要早于内城、外城城垣的建造年代。宫殿区的始建年代应为二里岗下层一期或略早，二里岗下层、上层时期延续使用，二里岗下层二期与上层一期是宫殿区的繁荣期，二里岗上层二期（白家庄期）之时宫殿区仍然存在，二里岗上层二期之末为宫殿区的废弃年代。

（四）铸铜作坊年代

目前，郑州商城内的铸铜作坊遗址至少有南关外和紫荆山北两处。

南关外铸铜遗址的发掘，发现有二里岗下层二期与上层一期文化堆积直接叠压关系和前后两期灰坑与灰坑的打破关系，说明此处铸铜遗址在二里岗下层二期至上层一期之间是连续使用的。同时，该作坊遗址出土的部分陶器特征与洛达庙期的同类器很接近，至少

---

① 河南省文物考古研究所：《郑州商城——1953—1985年考古发掘报告》，文物出版社2001年版，第1038页。

不晚于二里岗下层一期[1]，有学者甚至直接认为铸铜遗址的年代可早到南关外期[2]。二里岗下层一期之后，南关外铸铜作坊继续存在。遗址中出土有属于白家庄期的熔铜炉残迹及文化层堆积，说明其"延续使用到白家庄期"。由此可见，南关外铸铜遗址延续年代较长，始建年代可早至二里岗下层一期，很有可能是在内城城垣尚未建造之前即已建成并投入生产；在二里岗下层、上层时期延续使用，直至二里岗上层（白家庄期）之末才被废弃。

紫荆山北铸铜遗址发掘显示，出土陶器的年代主要为二里岗上层一期，故此作坊是从二里岗上层一期开始铸造使用的。据学者分析，此铸铜遗址所出器物可分为两组，一组属二里岗上层一期，另一组属白家庄期，从而推定这座铸铜作坊"延续使用到白家庄期止"[3]。

（五）青铜器窖藏坑年代

在郑州商城内城城垣外侧张寨南街、向阳回族食品厂、南顺城街等地，已发现三处青铜器窖藏坑，出土青铜器包括大型青铜方鼎、圆鼎在内28件，造型精美，花纹繁缛，其规格为同时期诸遗址中最高，其主人显然非商王莫属。这三处青铜器窖藏坑距地表较深，坑的底部均坐落在生土上，青铜礼器放置有序；有的坑底和铜器上面还铺有朱砂，以此可知其放置时是十分从容的，应不是某些重大政治动乱中仓皇逃跑所为，其应与祭祀有关[4]。关于三座窖藏坑的埋藏年代，一般认为属白家庄期之末而早于或接近于殷墟一期[5]。

张寨南街窖藏坑出土陶器残片的年代，最晚的已到白家庄期，

---

[1] 河南省文物研究所：《郑州商代二里岗期铸铜遗址》，《考古学集刊》第6集，科学出版社1989年版。

[2] 陈旭：《郑州商代铸铜遗址的年代及其相关问题》，《中原文物》1992年第3期。

[3] 陈旭：《郑州商代铸铜遗址的年代及其相关问题》，《中原文物》1992年第3期。

[4] 安金槐：《关于郑州商代青铜器窖藏坑性质的探讨》，《华夏考古》1989年第2期；《再论郑州商代青铜器窖藏坑的性质与年代》，《华夏考古》1997年第1期。

[5] 河南省文物考古研究所等：《郑州商代铜器窖藏》，科学出版社1999年版，第101页；河南省文物考古研究所：《郑州南顺城街青铜器窖藏坑发掘简报》，《华夏考古》1998年第3期。

如宽折沿方唇陶鬲，其颈部多无圆圈纹或同心圆纹；大口尊上腹部有窗棂纹装饰等，这些均为白家庄期陶器的典型特征。故其时代大约在二里岗上层一期或二期，也可能更晚一些。

向阳回族食品厂窖藏坑所出提梁卣的纹饰与郑州小双桥遗址所出的青铜建筑构件纹饰相似[1]，其扁足小圆鼎与安阳殷墟文化一期的同类器物相近，其时代应属二里岗上层二期，甚至接近殷墟一期。

南顺城街窖藏坑坑内分上层堆积和水井堆积两部分（图3-1）。上层堆积（铜器埋藏时间）所出铜斝、铜爵的特征，与郑州白家庄墓葬M3相当，M3的年代与殷墟文化一期已很接近[2]。该坑所出铜器爵、簋（H1上：9）与殷墟文化一期早段所出的同类器物有许多相近的地方[3]。该坑下层（水井使用年代）出土的大口尊、盆、簋、圜络纹鬲、短颈捏口罐等陶器，具有白家庄期常见器类的特征，但硬陶尊、高领圆鼓腹捏口罐、瓿等器类又明显具有稍晚的时代特征。故整体上看，该坑铜器的埋藏时间与殷墟文化一期早段之间已相距不远。该坑下层（水井使用年代）出土陶器种类齐全，数量丰富，形制特征明显，其时代要早于上层堆积。下层堆积陶器有早有晚，早的基本相当于白家庄期，晚的已接近殷墟文化一期的风格[4]。因此，南顺城街窖藏坑（H1上层）铜器的埋藏年代应处在晚于白家庄期而早于或接近于殷墟文化一期之间。

（六）人头骨壕沟年代

在郑州商城宫殿区今商城工作站内，发现一条大型壕沟[5]。该沟

---

[1] 河南省文物研究所：《郑州小双桥遗址的调查与试掘》，《郑州商城考古新发现与研究》，中州古籍出版社1993年版。

[2] 邹衡：《夏商周考古学论文集》，文物出版社1980年版，第72页。

[3] 中国社会科学院考古研究所安阳工作队：《安阳殷墟三家庄东的发掘》，《考古》1983年第2期；《小屯》第一本《遗址的发现与发掘·丙编·殷墟墓葬之三——南组墓葬附北组墓补遗》，台湾"中研院"历史语言研究所1973年版。

[4] 河南省文物考古研究所：《郑州南顺城街青铜器窖藏坑发掘简报》，《华夏考古》1998年第3期。

[5] 河南省博物馆：《郑州商城遗址内发现商代夯土台基和奴隶头骨》，《文物》1974年第9期。

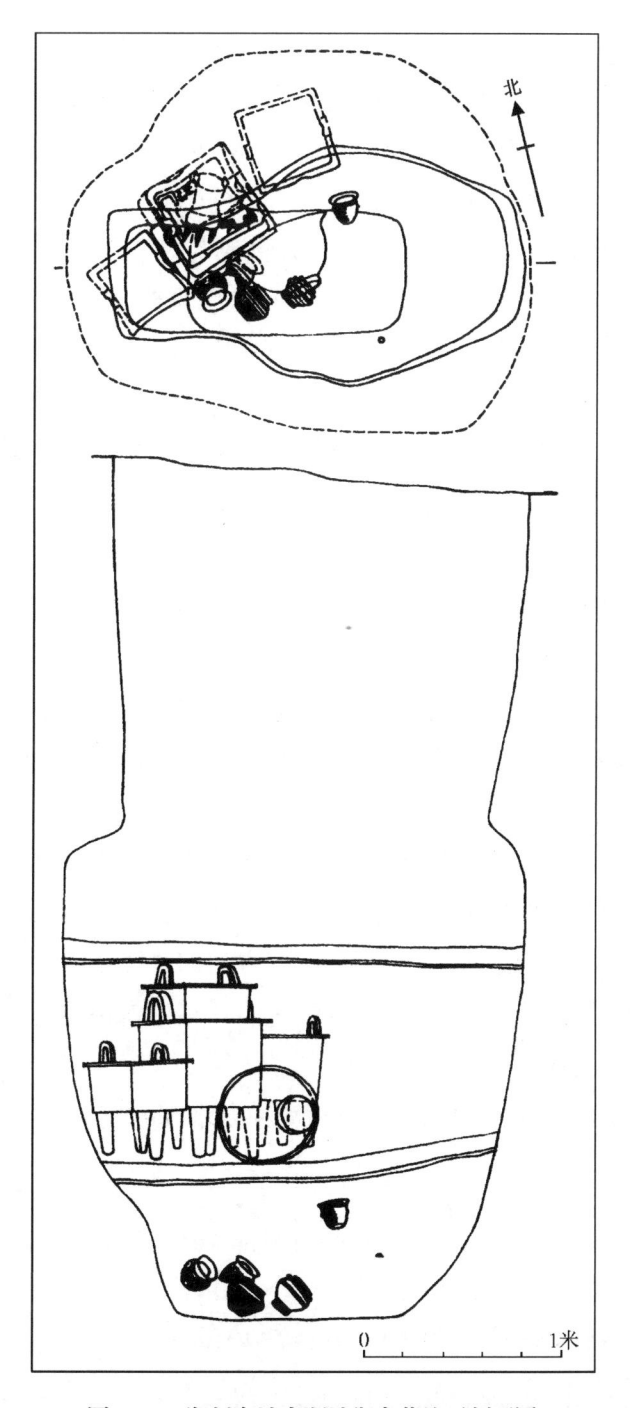

图 3-1 郑州商城南顺城街窖藏坑平剖面图

位于两座商代建筑基址之间，壕沟北部打破二里岗上层一期房基C8F10。在沟内堆积灰土的上部，发现有近百个残人头骨，其中绝大部分是头盖骨，从耳孔、眉骨至枕骨粗隆处平行锯开，边缘残存有锯痕，因沟内出有白家庄期陶器，故此沟人头骨埋入的年代当属白家庄期。一般认为，此沟发现的人头骨应与商王祭祀有关。死者的身份多为青壮年，有人认为"该是从其他方国俘虏的异族战俘"；商人"以俘虏为牲，杀祭俘虏以表示对战神、祖先保佑的感谢、报答和对阵亡将士的慰藉"[1]。此外，此壕沟内发现的人头骨，在祭祀完毕之后，又经过加工，利用头盖骨作饮器，这说明在白家庄期壕沟附近存在制造骨器的作坊。

（七）贵族墓葬年代

郑州商城发现一批随葬青铜礼器的贵族墓葬，年代大多属于二里岗下层和上层时期。

墓葬 T166M6 位于宫殿区，为土坑竖穴墓，墓内三人合葬。2号骨架身上及身下铺撒大量朱砂。随葬遗物142件，其中青铜器3件。其年代不晚于二里岗下层一期[2]。

墓葬 C8M32 位于宫殿区，为土坑竖穴墓，葬式不详。墓内出土随葬器物6件，其中青铜容器2件。其年代为二里岗下层二期[3]。

墓葬 C1M148 位于内城西城垣外铭功路西侧，为土坑竖穴墓，有腰坑，墓底铺有朱砂。随葬器物25件，其中铜爵1件。其年代为二里岗上层一期[4]。

属于白家庄期的墓葬，如郑州铭功路 M4[5]、北二七路 M1 和

---

[1] 郝本性：《试论郑州出土商代人头骨饮器》，《华夏考古》1992年第2期。
[2] 河南省文物考古研究所：《郑州商城新发现的几座商墓》，《文物》2003年第4期。
[3] 河南省文物考古研究所：《郑州商城——1953—1985年考古发掘报告》，文物出版社2001年版，第564页。
[4] 河南省文物考古研究所：《郑州商城——1953—1985年考古发掘报告》，文物出版社2001年版，第585页。
[5] 郑州市博物馆：《郑州市铭功路西侧的两座商代墓》，《考古》1965年第10期；朱凤瀚：《古代中国青铜器》，南开大学出版社1995年版，第614页。

M2①、白家庄 M2 和 M3②、二里岗 C1M1③ 以及商城东南部两院区 21ZGSM2④ 等。白家庄 M3，长 2.9 米，残宽 1.17 米，深 2.13 米。墓葬底部四周有熟土二层台，正中有长方形腰坑，坑内殉一狗。墓室内有棺椁，墓底及腰坑内皆铺朱砂。在墓内西边二层台上，有一殉人。墓内随葬品丰富，计有鼎、鬲、斝、爵、觚、罍、簪等青铜器和玉璜、玛瑙环、残石器、涂朱陶片和蚌片等。这是郑州商代墓葬中所见的形制最大的墓葬，墓内殉人也是商代前期少见的现象。白家庄 M2 已被破坏，有棺椁，墓底铺有朱砂，随葬有罍、鼎、斝、盘等青铜器，另有象牙觚、玉柄形器、绿松石饰、涂朱圆陶片等遗物。21ZGSM2 长 2.93 米，宽 1.1—1.3 米，深 0.35—0.5 米。墓底有疑似朱砂。底部有殉葬坑 6 个，包括腰坑、头坑、脚坑。随葬品种类多，包括青铜器、玉器、金器、绿松石器、贝币等 200 余件。青铜器 21 件，其中容器 11 件，包括鼎（2）、鬲（2）、觚、爵、斝、盘、罍、盉（壶）、斗等，另有武器戈、刀、镞以及工具戌，还见有青铜面罩等。玉器 11 件，有戈、钺、柄形器、猪（象）形器、鱼等。金器 7 件，有覆面、泡、箔等。另有绿松石、牌饰、贝币（123 枚）。该墓是目前郑州商城出土铜器遗物最为丰富的墓葬。

（八）都邑延续年代

从以上对都邑遗存的年代分析可知，郑州商城作为商都延续时间较长，从二里岗下层一期开始，直至二里岗上层二期（白家庄期）之末，郑州商城一直作为商都在使用，存在于整个商代前期。尽管郑州商城的内、外城垣建造年代略晚于宫殿区的建造年代，宫殿区内的大部分夯土基址也均在二里岗下层二期至上层一期之间被使用，

---

① 河南省文物研究所：《郑州北二七路新发现三座商墓》，《文物》1983 年第 3 期；朱凤瀚：《古代中国青铜器》，南开大学出版社 1995 年版，第 612 页。

② 河南省文物工作队第一队：《郑州市白家庄商代墓葬发掘简报》，《文物参考资料》1955 年第 10 期；邹衡：《夏商周考古学论文集》，文物出版社 1980 年版，第 72 页。

③ 河南省文物考古研究所：《郑州商城——1953—1985 年考古发掘报告》，文物出版社 2001 年版，第 852 页。

④ 王珏：《"考古中国"重大项目发布新成果》，《人民日报》2022 年 9 月 19 日。

但早在二里岗下层一期之时，宫殿区和宫墙已经开始修筑，至迟下层一期之末内城城垣已经修筑，南关外铸铜作坊也在下层一期开始修建并投入使用。一些属于二里岗上层二期（白家庄期）的南顺城街等青铜窖藏坑、随葬青铜礼器的贵族墓葬、人头骨壕沟、宫殿区新墙垣、铸铜手工业作坊等遗存的发现，说明在当时郑州商都并未废弃，仍具备商代都邑性质。故以宫殿区的延续年代为基准，参考其他遗存的年代信息，综合判断如下：郑州商都始建年代为二里岗下层一期之初甚至略早，内城垣可能始建于二里岗下层一期之末，外城垣始建于二里岗下层二期，二里岗下层二期至上层一期为郑州商都的繁荣期，二里岗上层二期（白家庄期）之末接近殷墟文化一期，郑州商城被废弃[1]，沦为一般聚落。

二 偃师商城都邑

偃师商城由大城、小城、宫城等组成。发掘者将城址范围内的商文化遗存分为三期7段，其中第一期包括早段、晚段，即第1段、第2段；第二期包括早段、晚段，即总第3段、第4段；第三期包括早段、中断、晚段，即总第5段、第6段、第7段[2]。考古发现的大型城垣、城壕、宫殿建筑群、府库、祭祀遗存、铸铜作坊等丰富遗存，为判断该都邑的延续年代提供了坚实材料。

（一）大城年代

通过对大城西垣北段的解剖可知，大城城垣是在小城城垣的基础上在内外两侧加宽、加高建造而成，大城使用期的路土叠压小城使用期的路土。城垣内侧西二城门附近分布有打破内侧附属堆积、城垣夯土及路土的墓葬，其中年代最早者为二期早段，二期早段的

---

[1] 张国硕：《郑州商城研究》，郑州市城市科学研究会编《华夏都城之源》，河南人民出版社2012年版。

[2] 中国社会科学院考古研究所：《中国考古学·夏商卷》，中国社会科学出版社2003年版，第174页；中国社会科学院考古研究所：《偃师商城》（第一卷），科学出版社2013年版，第122页。

道路 L2 亦打破城垣附属堆积。因此，大城西城垣的始建年代和使用年代为二期早段。此外，大城北城垣也修建于二期早段①。

大城四面城垣上共发现 9 座城门，其中有 4 座城门经过考古发掘。东一城门考古发掘发现的商代陶片，年代不晚于二期早段或属于二期早段，因此，东一城门的始建年代不早于二期早段。打破南侧木骨墙的早商墓葬 M4，其年代属于三期中段。因此，东一城门在三期中段已经毁弃。关于西二城门，城门东侧打破路土层的最早的墓葬 M3 年代亦为二期早段，因此，西二城门的始建年代和废弃年代都是二期早段，使用的时间非常短暂。西三城门的上限应与大城城垣建造年代相同，即为第二期早段。打破西三城门门道北侧夯土墙的 H1 年代为三期中段，故西三城门的废弃年代不晚于三期中段。总体来看，大城城门的始建年代与大城城垣的始建年代一致，即二期早段，而后在二期早段至三期中段陆续废弃。

（二）小城年代

考古工作者对小城城垣的 12 处地点进行了解剖，明确了城垣的年代。通过对北城垣解剖可知，ⅣG2 开口于北垣基槽下，修建北垣时将该沟回填，回填形成的堆积中出土有一期晚段的鬲、瓮、大口尊、盆等陶器残片。ⅢM1 打破北城垣夯土，其年代为二期早段。因此，小城应始建于一期晚段②。2018—2020 年偃师商城小城北城墙的发掘，证明小城始建于一期晚段（第 2 段），至二期早段（第 3 段）开始废弃，但部分墙体存续至第 6 段，与商城遗址一同废弃③。

（三）宫殿区与宫城年代

偃师商城商文化第一期，初建时的宫城呈方形，后经历两次扩建。其中偃师商城商文化第二期，宫城进行首次扩建，宫城西墙西

---

① 中国社会科学院考古研究所河南第二工作队：《河南偃师商城东北隅发掘简报》，《考古》1998 年第 6 期。
② 杜金鹏等：《试论偃师商城小城的几个问题》，《考古》1999 年第 2 期。
③ 中国社会科学院考古研究所河南第二工作队：《2018—2020 年偃师商城小城北城墙发掘简报》，《中原文物》2020 年第 5 期。

移。至偃师商城商文化第三期早段、中段，宫城又经历第二次扩建（图3－2）。

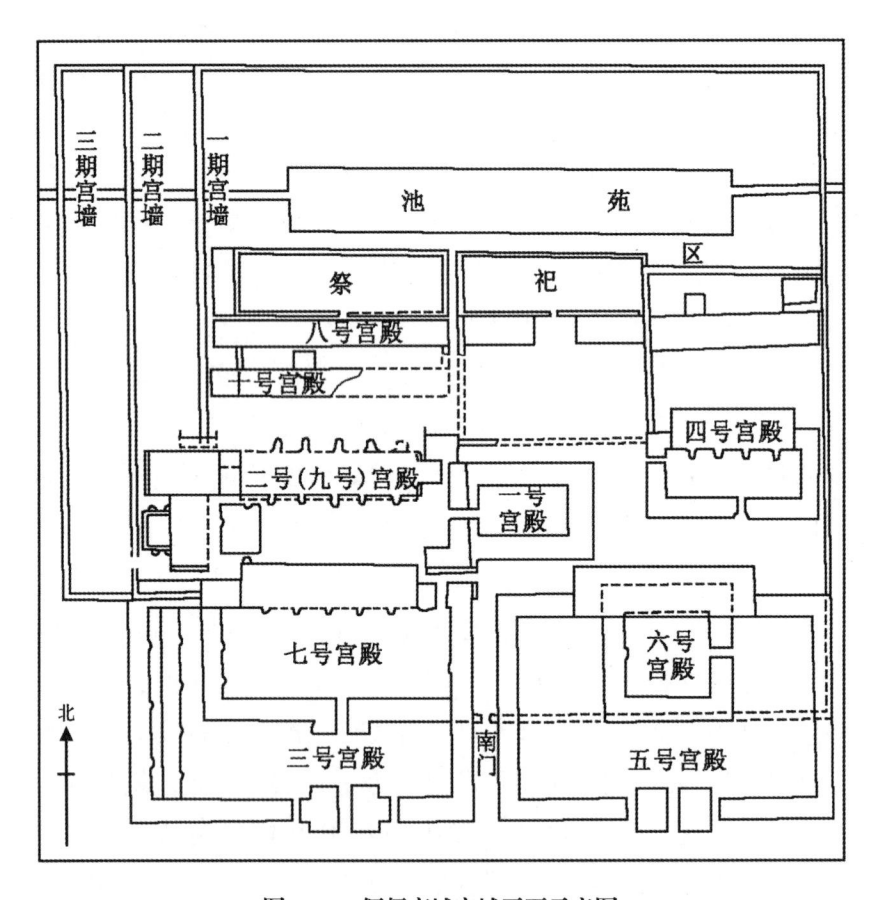

图3－2 偃师商城宫城平面示意图

资料来源：中国社会科学院考古研究所河南第二工作队：《河南偃师商城宫城第三号宫殿建筑基址发掘简报》，《考古》2015年第12期。

宫城垣和部分宫殿在一期晚段已经建成使用。宫城北部大灰沟的下层堆积（⑨层、⑩层）的出土遗物，既有浓厚的二里头文化风格，又表现出鲜明的商文化特征，其年代属于一期早段。形状规整的大灰沟是宫殿区与宫殿建筑相辅相成的重要遗迹，是宫城建设的一部分，似乎暗示着宫殿区的形成。因此，宫殿区应始建于一期早段，是该商城的"第一批建筑物"[①]。

在偃师商城商文化三期早段、中段，宫城部分宫殿如四号、八号继续使用，二号宫殿又经过局部改建，并新建三号、五号宫殿。至三期晚段，宫城宫殿区废弃。由此可见宫殿区与宫城的废弃年代为三期中段之末。

(四) 府库年代

在偃师商城的西南隅及东北部各发现一座呈方形、相对独立的府库遗存（JⅡ、JⅢ）。JⅡ夯土建筑基址分为上、中、下三层，经过反复的翻修和重建。其使用时间从偃师商城商文化第一期到第三期。现有的地层关系仅能证明上层建筑大致废弃于三期中段。联系宫城内的宫殿建筑分为三个时期，发掘者推测府库内上、下叠压的三层建筑也许与宫殿的改建、扩建是同步的。JⅢ夯土建筑基址始建年代晚于小城，与大城大约相当，即始建于偃师商城商文化二期早段。由于JⅢ的结构、用途与JⅡ相同，JⅡ的废弃年代为三期中段，JⅢ的废弃时间或许也为三期中段。

(五) 祭祀遗存年代

偃师商城内发现一些与祭祀相关的遗存，大体可分为两类：一类是与墓葬有关的祭祀遗存，分布于城垣内侧；另一类与建筑基址或生产活动有关，分布于建筑基址或手工业作坊附近。位于大城东垣内侧的K1，根据坑内出土陶片的时代特征来看，其使用时间为偃师商城商文化三期早段。此外，疑似为祭祀遗存的H122和H105的年代分别为三期早段和三期中段。

(六) 铸铜作坊年代

偃师商城目前还没有发现完整的铸铜作坊，但发现一些与铸铜相关的遗存。其中在大城东北隅城垣内侧附属堆积之下，发现有3个圆形锅底状灰坑、红烧土面、红烧土坑、木炭、炭灰、陶范、铜矿渣等遗存，其年代为偃师商城商文化一期晚段。该段城垣下部、

[①] 高炜等：《偃师商城与夏商文化分界》，《考古》1998年第10期。

附属堆积中出土大量木炭、铜渣、陶范等，夯土中也掺杂有大量灰土，说明该铸铜遗址在城垣修筑之时被毁弃，即废弃年代为偃师商城商文化二期晚段。此外，在城内东南部Ⅷ区的T2、T3、T4中发现有坩埚片、铜片、木炭、石范残块等遗物，年代为偃师商城商文化三期早段。

（七）都邑延续年代

从以上对都邑遗存的年代分析可知，偃师商城遗址以宫殿区与宫城的始建年代最早，小城次之，大城最晚。在偃师商城商文化第一期早段，宫殿建筑和宫城垣开始修建。至一期晚段，宫城内出现了多座宫殿建筑基址，小城城垣修建并开始使用，小城外东北部（大城东北隅城垣内侧）的铸铜作坊也开始使用。第二期早段，随着偃师商城内人口的增多，小城已经不能满足其发展，遂向小城的北方扩展，修建了大城北城垣及东、西城垣的北半部。同时，在小城西、南和东垣南段的基础上加筑形成了大城城垣。大城城垣修建使用之后，小城城垣被废弃。宫城内的部分宫殿基址延续使用至第三期中段，位于小城西南隅的JⅡ府库也废弃于三期中段，说明偃师商城的废弃年代应为三期中段之末。故以宫殿区的延续年代为基准，参考其他重要遗存的年代信息，综合判断如下：偃师商城都邑始建于偃师商城第一期早段，延续使用至第三期中段，都邑的废弃年代为第三期晚段。

关于偃师商城商文化的相对年代，发掘者认为其一期早段的陶器形制与二里头文化四期偏晚阶段典型单位中出土的陶器基本相同。因此，偃师商城商文化的上限大体与二里头文化四期偏晚阶段相当。我们认为，鉴于目前尚未见到一处二里头文化四期或三期的地层打破或叠压偃师商城夯土的现象，只有城垣被二里岗期下层文化层所叠压或者夯土城垣内包含二里头文化陶片现象。因此，还是将偃师商城的始建年代定为二里岗下层一期偏早阶段或稍早更合适。偃师商城商文化第三期中段大致相当于郑州二里岗上层一期偏晚阶段。因此，偃师商城都邑始建于二里岗下层一期之初，延续使用到二里岗上层一期，二里岗上层二期该都邑被废弃。

三 洹北商城都邑

洹北商城是一座由大城、宫城组成的都邑。20世纪90年代末期以来，随着洹北花园庄遗存的发现，有学者提出"中商文化"概念，认为商文化可分为早商、中商、晚商三大阶段，其中白家庄期、洹北花园庄遗存早段与晚段分别定为中商文化一、二、三期；武丁以后的殷墟文化一至四期为晚商文化[①]。考古发现有洹北商城时期的大型城垣、宫殿基址、手工业作坊、墓葬、青铜器窖藏等重要遗迹，为判断该都邑的延续年代提供了依据。

（一）宫城年代

宫城位于洹北商城外城南部略偏东，发现有四面宫城垣、一号和二号宫殿基址等遗存。

1. 宫城垣

通过对宫城北垣进行解剖可知，其由基槽和垣体两部分组成，被第④层叠压，并打破第⑤、⑥层。第⑥层出土的陶片较为细碎，仅能判明早于或相当于中商时期，无法判断更精确的年代。宫城垣基槽的夯土中出有少量陶器和石器，其中弦纹鬲、大口尊、假腹豆等陶器的特征属于中商二期晚段，故可以推断该城垣的始建年代不早于中商二期晚段。至于该城垣的废弃年代，虽然没有明确证据，但考虑到宫殿区和大城城垣的废弃年代，推断其当在中商三期之末被废弃。

2. 宫殿区

一号建筑基址位于宫城的东南部。基址规模宏大，整个建筑系一次建成，没有后期增建、重建的现象。主体建筑大多直接叠压在耕土下，倒塌在建筑周围的烧土块和庭院内的地面上则叠压有商代文化层（第④层），该层出土的陶器属于中商二期或中商三期。基址

[①] 唐际根：《中商文化研究》，《考古学报》1999年第4期。

夯土两侧的第⑥层，被第⑤层的大块烧土直接叠压，似为一号基址使用过程中形成的堆积。第⑥层中出土的陶片大部分属于中商二期，也有少量似可晚至中商三期早段。由此发掘者推断一号基址的始建年代应为中商二期，废弃年代为中商三期①。

二号基址位于宫城中部、一号基址的北部。基址内基本不见商代遗迹间的叠压与打破关系，也少见商代遗物。发掘者在二号基址的东庑与其东部的夯土基址之间，发现水井J1，J1和夯土建筑的四周还有窄围墙与外界隔开。J1第③层内发现的红烧土堆积，反映出J1的使用年代和废弃年代应与二号基址一致。J1的第⑥—⑧层出土陶器年代与中商三期的偏早阶段（洹北花园庄晚期偏早）相当，第①—③层出土陶片的年代也不超出中商三期。故可以推断，中商三期偏早阶段为二号基址的使用年代，中商三期应为二号基址的废弃年代②。

宫城内西部建筑遗迹2007HBSCT1FJ1夯基垫土中所出陶片均为典型的中商二期陶器，如弦纹鬲、鼓腹钵、浅腹圜底盆等。打破该基址的灰坑2007HBSCT1H4，所出无肩大口尊、长方体鬲等均为中商三期典型器物。H4与FJ1的地层关系清楚，代表洹北商城的早、晚两个阶段③。

由以上迹象可以推断，宫城内的宫殿宗庙区最早可能始建于中商二期，并持续使用，中商二期晚段之后开始修筑宫城垣，中商三期偏早阶段又修建了二号基址，至中商三期末段，两座宫殿基址废弃，宫城亦被废弃。

（二）大城年代

洹北商城的大城目前仅发现壕沟。1999—2001年对壕沟的7次

---

① 中国社会科学院考古研究所安阳工作队：《河南安阳市洹北商城宫殿区1号基址发掘简报》，《考古》2003年第5期。
② 中国社会科学院考古研究所安阳工作队：《河南安阳市洹北商城宫殿区二号基址发掘简报》，《考古》2010年第1期。
③ 中国社会科学院考古研究所安阳工作队等：《河南安阳市洹北商城遗址2005—2007年勘察简报》，《考古》2010年第1期。

解剖可知，其中北、东、西三面基槽呈现所谓的"内外槽相叠"的现象，修建时先垫"内槽"，后夯填"外槽"，基槽填垫或夯筑大多仅至当时的地面。2022年以来对西壕的重新解剖，发现所谓的墙槽可能并非是夯筑而成。除了部分壕沟内壁有夯筑现象，其他均未见夯起的墙体，说明大城城垣并未完全建成。从西城壕内的包含物看，出土的一件卜骨有凿无钻，切除臼角，与洹北花园庄东地出土的卜骨不同；出土的陶器具有方唇、内呈盘口状和宽沿的特征，与洹北花园庄晚期特征相似。因此，大城西城壕的夯填时间不早于中商三期即洹北花园庄晚期，北、东两面城壕的夯填时间也与西城壕相同①。

（三）青铜器窖藏和墓葬年代

在洹北商城大城西垣外的三家庄村东南约300米处，曾发现一个青铜器窖藏坑，出土8件青铜器，包括鼎、甗、斝、镬、戈，还采集到戈、戉各一件②。另在洹北商城东北部的董王度村征集到一批青铜器，推测来自一座商代墓中。关于这两处遗迹的年代，有学者认为三家庄窖藏的青铜器从特征看时代不大一致。其中Ⅰ式鼎、Ⅲ式鼎、甗、斝、镬等6件的时代较早，与二里岗偏晚阶段的同类器相似。Ⅱ式鼎和戈的年代较晚，分别与三家庄东M3、殷墟武官村北M1出土的同类器相近，属于殷墟文化第一期。董王度村的青铜鼎从特征看与殷墟文化一期的同类器相似。由此可知，三家庄青铜器窖藏和董王度村墓葬的年代均不早于属于盘庚至小乙时期的殷墟文化第一期③。

（四）都邑延续年代

从以上对都邑遗存的年代分析可知，洹北商城最早在中商二期

---

① 岳洪彬、何毓灵、岳占伟：《殷墟都邑布局研究中的几个问题》，《三代考古（四）》，科学出版社2011年版。
② 孟宪武：《安阳三家庄发现商代窖藏青铜器》，《考古》1985年第12期。
③ 孟宪武：《安阳三家庄、董王度村发现的商代青铜器及其年代推定》，《考古》1991年第10期。

（洹北花园庄早期）早段开始修建一号宫殿基址，中商二期晚段之后在宫殿区的外围开始修筑宫城垣，中商三期（洹北花园庄晚期）早段又在一号基址之北修建了规模稍小的二号宫殿基址，到中商三期之末宫殿建筑被毁坏，宫城亦被废弃。大城城壕修建于中商二期，中商三期晚段才开始修建城垣，宫城废弃之后夯筑大城城垣的工作停止，最终未修建完成外城城垣。故以宫殿区的延续年代为基准，参考其他遗存的年代信息，综合判断如下：洹北商城延续年代较短，该都邑始建于中商二期早段，延续至中商三期，中商三期之末被废弃。

四 小屯殷墟都邑

小屯殷墟遗址位于洹北商城的西南部，是一处没有外围城垣的大型都邑。关于殷墟文化的年代分期，学界有不同划分方法，这里以邹衡先生的观点为准，即殷墟一期相当于盘庚、小辛、小乙时期，二期相当于武丁、祖庚、祖甲时期，三期相当于廪辛、康丁、武乙、文丁时期，四期相当于帝乙、帝辛时期[①]。殷墟遗址范围内发现宫殿宗庙区、王陵区、铸铜作坊、玉石器作坊等高等级遗迹，出土青铜器、玉器、甲骨等大量遗物，为判断该都邑的延续年代提供了坚实材料。

（一）宫殿宗庙区年代

殷墟宫殿宗庙区位于小屯村北到洹水一带，外围未发现夯土围垣。至迟在殷墟文化第二期（大司空村一期），宫殿区之西面和南面开始开挖两条相互交接的巨大壕沟，与东面、北面的洹水共同构成面积达70万平方米的防御圈。20世纪30年代，在宫殿区东北部发现甲、乙、丙三组共53座建筑基址。关于甲、乙、丙三组基址的年代，以往多有学者讨论，各家意见有略微的差别[②]，但一般认为甲组

---

① 邹衡：《试论殷墟文化分期》，《夏商周考古学论文集》，文物出版社1980年版。
② 石璋如：《小屯建筑遗存》，台湾"中研院"历史语言研究所1959年版；陈志达：《安阳小屯殷代宫殿宗庙遗址探讨》，《文物资料丛刊》第10辑，文物出版社1987年版；中国社会科学院考古研究所安阳队：《1987年安阳小屯村东北地的发掘》，《考古》1989年第10期；杨锡璋：《殷墟的年代及性质问题》，《中原文物》1991年第1期。

基址始建年代最早，除了个别基址年代为殷墟一期之外，大部分基址的始建年代为殷墟文化第二期（武丁时期）；乙组、丙组的年代比甲组稍晚，在殷墟文化二期至四期之间建造和使用。此外，1989年，在乙组基址东南发掘的"凹"字形大型宫殿建筑基址（五十四号基址），出土铜盉上铸有铭文"武父乙"（武丁之父小乙），其年代为武丁时期[①]。

(二) 王陵区年代

位于洹河北岸侯家庄西北岗的王陵区，历年共发掘大型墓葬14座，可分为东、西两个墓区，分别有壕沟围绕。东区大墓较少，仅有5座大墓，其中带四条墓道的大型墓葬1座，带两条墓道的大型墓葬3座，一条墓道的墓葬1座。西区9座，其中带四条墓道的大型墓葬7座，带一条墓道的大墓1座，还有一座尚未完成的"假大墓"。关于大型墓葬的性质与年代曾有多位学者进行过探讨[②]，存在一定的争议。关于王陵区有没有属于殷墟一期（武丁之前）的大墓，邹衡先生认为M1500、M1217为殷墟一期[③]，杨锡璋先生则认为从M1500、M1217中出土的陶片、骨镞和骨笄看，其年代应为殷墟三期[④]。一般认为，带四条墓道的8座墓是商王武丁及其以后各王的王陵[⑤]，M1001是属于武丁时期的墓葬；带两条墓道或一条墓道的大墓可能是商王配偶或其他高级贵族之墓，年代多为殷墟二期[⑥]；"假大墓"M1567可能为墓未修成而身先亡的帝辛的墓葬。由此可见，殷

---

① 中国社会科学院考古研究所安阳工作队：《河南安阳殷墟大型建筑基址的发掘》，《考古》2001年第5期。

② 李济：《由笈形演变所见的小屯遗址与侯家庄墓葬之时代关系》，《历史语言研究所集刊》第二十九本（下），1958年；杨锡璋：《安阳殷墟西北冈大墓的分期及有关问题》，《中原文物》1981年第3期；杨锡璋：《殷代墓地制度》，《考古》1983年第10期；范毓周：《殷墟王陵年代探讨》，《文史哲》2010年第1期；邹衡：《试论殷墟文化的分期》，《北京大学学报》1964年第4、5期；北京大学历史系考古教研室商周组：《商周考古》，文物出版社1979年版，第93页。

③ 邹衡：《试论殷墟文化分期》，《夏商周考古学论文集》，文物出版社1980年版。

④ 杨锡璋：《关于殷墟初期王陵问题》，《华夏考古》1988年第1期。

⑤ 杨锡璋：《安阳殷墟西北冈大墓的分期及有关问题》，《中原文物》1981年第3期。

⑥ 杨锡璋、杨宝成：《从商代祭祀坑看商代奴隶社会的人牲》，《考古》1977年第1期；曹定云：《殷墟武官村大墓墓主试探》，《中原文物》1988年第3期。

墟王陵区至迟始修建于殷墟文化第二期，一直延续使用至殷墟文化第四期之末。

（三）铸铜作坊年代

殷墟发现有多处手工业作坊基址，集中分布于小屯、花园庄、苗圃北地、大司空村及孝民屯等片区①。在苗圃北地、孝民屯西地、小屯东北地、薛家庄等地发现有铸铜作坊遗址。其中苗圃北地铸铜作坊面积在 1 万平方米以上，发现地上、地下建筑 10 余处，出土大量的坩埚碎片、熔炉残渣、炼渣、陶范等遗物。根据地层叠压关系和出土陶片判断，这处铸铜作坊主体遗存的年代从殷墟文化第二期（武丁）延续至第四期。孝民屯的铸铜作坊遗址中发现有范土备料坑、范块阴干坑、大型铸铜场所和与铸铜活动有关的祭祀坑等。该遗址兴盛期为殷墟文化三期、四期，是一处规模大、规格高、以生产礼器为主的铸铜作坊。新发现的殷墟外围辛店铸铜作坊遗址的年代延续时间较长，从殷墟文化第二期延续到第四期和西周早期。

（四）甲骨年代

殷墟历年出土甲骨刻辞大约有 15 万片，其中考古发掘所获大约为 3.5 万片，以宫殿区及其附近出土最多，1936 年小屯村北 127 坑、1973 年小屯南地甲骨、1991 年花园庄东地甲骨坑 H3 等出土甲骨为甲骨卜辞的三大发现。小屯东北地 127 坑出土刻辞甲骨 17096 片，年代属于武丁时期②。小屯南地甲骨出土甲骨 1 万多片，其中刻辞甲骨 5335 片，大部分年代属于商王康丁、武乙、文丁时期，少量属于武丁时期和帝乙、帝辛时期③。花园庄东地 H3 出土甲骨 1583 片，其中刻辞甲骨 689 片，年代属于武丁前期④。殷墟甲骨刻辞内容丰富，

---

① 孟宪武、李贵昌、李阳：《殷墟都城遗址中国家掌控下的手工业作坊》，《殷都学刊》2014 年第 4 期。

② 陈梦家：《殷虚卜辞综述》，科学出版社 1956 年版，第 144—167 页。

③ 中国社会科学院考古研究所安阳工作队：《1973 年小屯南地发掘报告》，《考古学集刊》第 9 集，科学出版社 1995 年版。

④ 中国社会科学院考古研究所安阳工作队：《1991 年安阳花园庄东地、南地发掘简报》，《考古》1993 年第 6 期；中国社会科学院考古研究所：《殷墟花园庄东地甲骨》，云南人民出版社 2003 年版。

反映了商王室生活的方方面面。这些甲骨刻辞可分为五期，年代始于商王武丁，止于商王帝辛，即第一期为武丁时期；第二期为祖庚、祖甲时期；第三期为廪辛、康丁时期；第四期为武乙、文丁时期；第五期为帝乙、帝辛时期。

（五）都邑延续年代

从以上对都邑遗存的年代分析可知，小屯殷墟宫殿区始建年代为殷墟文化第二期，延续使用至殷墟文化第四期，中间未经历中断或废弃。王陵区的延续年代，始于武丁时期，终于帝辛时期。苗圃北地铸铜作坊的年代始于殷墟文化第二期，延续使用至殷墟文化第四期废弃。故以宫殿区的延续年代为基准，参考其他遗存的年代信息，综合判断如下：小屯殷墟都邑始建于殷墟文化第二期早段（武丁时期），延续年代为殷墟文化第二期、第三期、第四期，第四期之末为该都邑的废弃年代。

五 盘龙城都邑

盘龙城是由城垣和城外遗存组成的大型都邑。发掘者将盘龙城遗址文化遗存分为七期，其中盘龙城第三期年代大约相当于二里头文化第四期偏晚至二里岗文化下层一期偏早，盘龙城第四期、第五期年代相当于二里岗文化上层一期偏晚阶段，第六期年代相当于二里岗文化上层二期偏早阶段，第七期年代相当于二里岗文化上层二期偏晚阶段[①]。盘龙城考古发现有大型城垣与城壕、建筑基址、贵族墓地、手工业作坊等重要遗迹，为判断该都邑的延续年代提供了重要材料。

（一）城垣与城壕年代

考古工作者先后对盘龙城的南、北、西三面城垣进行了解剖。通过对北城垣东段解剖可知，叠压在垣体之上的第④、④A—④C层

---

① 湖北省文物考古研究所：《盘龙城——一九六三年——一九九四年考古发掘报告》，文物出版社2001年版，第442—446页。

分别属于盘龙城第六期、第五期文化堆积，垣体内出土的尊、甗、斝、缸和瓮等陶片为盘龙城第四期文化堆积，被垣体叠压的第⑥层为盘龙城第三期文化堆积。通过对南城垣中段的解剖可知，叠压在垣体之上的第④、④A—④C层分别属于盘龙城第六、第五期文化堆积，垣体内出土的罐、缸等陶片属于盘龙城第四期文化堆积，被垣体叠压的⑥、⑥A、⑥B层属于盘龙城第二、三期文化堆积。通过对南城垣东段的解剖可知，垣体夯土层属于盘龙城第四期文化堆积，被垣体叠压的第⑥层为盘龙城第三期文化堆积。通过对西城垣中段的解剖可知，打破垣体的89HPCYM1出土有铜瓿、爵、斝、鼎、罍、戈及硬陶尊等器物属于盘龙城第七期。由此可知，城垣之上叠压的文化堆积年代最早者为盘龙城第五期，并有盘龙城第七期墓葬打破垣体，城垣内出土的遗物属于盘龙城第四期，而城垣下叠压的遗存年代最晚为盘龙城第三期。因此，盘龙城城垣的始建年代不早于盘龙城第三期，不晚于盘龙城第五期，应为盘龙城第四期偏晚，即相当于二里岗文化上层一期偏晚阶段；到了盘龙城第七期，城垣废弃，故其使用年代当为盘龙城第四期至第六期。

对南、北城垣外城壕进行解剖可知，城壕底部第⑥层所出侈口斝、侈口弧腹缸等年代为盘龙城第四期，说明城壕的修建不早于盘龙城四期，应该是与城垣同时修建。南城壕中段第④层、南城壕东段及北城壕西段的第③层已将城壕淤平，其年代为盘龙城七期，说明此时城壕已经废弃。因此，盘龙城城壕的建造与使用是与城垣同时的，即建造于盘龙城第四期，盘龙城第七期废弃。

(二) 大型建筑基址年代

盘龙城城内的大型建筑基址位于城内东北部的高地上。从发掘情况来看，F1、F2均建造在第⑤层夯土台基上，属于盘龙城四期遗存，而基址中出土的鬲、尊、盆等陶片具有盘龙城第四期偏晚的特点。因此，推测宫殿基址的建造时代为盘龙城第四期或稍晚。此外，在宫殿基址之下还发现有早期建筑遗迹，但为了保存上层建筑基址，并没有予以揭露。因此，这些早期建筑的规模及年代目前不详。

城外北部杨家湾遗址发现的大型建筑基址 F4 应为宫殿或宗庙类建筑。F4 打破第③层，第③层年代为盘龙城第四、第五期，因而其始建年代不早于盘龙城五期。F4 与其北面的 G1 走向一致，且 G1 出土较多原始瓷器和印纹硬陶，暗示其使用人群等级较高，性质或与 F4 相关，年代可能相当于 F4 的使用时起。G1 年代为盘龙城第六、七期，可推测 F4 的年代也应为盘龙城第六、七期[1]。

（三）贵族墓葬区的年代

盘龙城已发现的贵族墓葬集中分布在城外东南部的李家嘴，共发现墓葬4座。其中 PLZM2 规模较大，墓葬规格较高，墓主人可能为盘龙城内最高统治集团成员。这4座墓葬的年代为盘龙城第四、第五期。

城外北部杨家湾遗址曾先后发现商代墓葬20座，多处有铜器、玉器、陶器、石器等随葬品，如 M11、M13、M17、M19 等。这些墓葬的年代均为盘龙城第七期[2]。

（四）铸铜作坊年代

城外北部杨家湾遗址灰烬沟遗迹内出土与铜器铸造有关的遗物，推测其为一处铸铜作坊，灰烬沟的年代属于盘龙城第六期。城外东北部的杨家嘴遗址发现的与铸铜有关的遗存，其时代也为盘龙城第六期。城外西部的楼子湾遗址发现的坑形遗迹，G2 内发现遗物与铸铜有关，其年代为盘龙城第五期。

（五）都邑延续年代

从以上对都邑遗存的年代分析可知，盘龙城都邑城垣、城壕的始建年代为盘龙城第四期，大型宫殿基址始建于盘龙城四期偏晚，还发现有属于盘龙城第四、第五期的高等级贵族墓葬以及盘龙城第

---

[1] 武汉大学历史学院、盘龙城遗址博物院：《武汉市盘龙城遗址杨家湾商代建筑基址发掘简报》，《考古》2017年第3期。

[2] 武汉市黄陂区文管所、武汉市文物考古研究所等：《商代盘龙城遗址杨家湾十三号墓清理简报》，《江汉考古》2005年第1期；武汉大学历史学院、盘龙城遗址博物院：《武汉市盘龙城遗址杨家湾商代墓葬发掘简报》，《考古》2017年第3期。

五、第六期的铸铜作坊。盘龙城城垣、城壕的废弃年代为盘龙城第七期。城外北部杨家湾发现的类似外城垣遗迹以及规模不亚于城内的较为集中的高等级墓葬和宫殿（宗庙）基址，其年代为盘龙城第六、第七期。故以城垣和宫殿建筑基址的延续年代为基准，参考其他遗存的年代信息，综合判断如下：盘龙城都邑始建于盘龙城第四期，相当于二里岗文化上层一期偏晚阶段；使用年代为盘龙城第四期至第六期，相当于二里岗文化上层一期、上层二期；盘龙城第七期，相当于二里岗文化上层二期偏晚阶段，城内已经基本废弃，其权力中心可能转移至城外北部（或外城中），推测盘龙城都邑整体的废弃年代应为盘龙城第七期之末。

六　吴城都邑

吴城城址是一规模宏大的方国都邑。以吴城遗址为代表的吴城文化可分为三期七段，其中第一期早段相当于二里岗文化上层一期，晚段相当于二里岗文化上层二期；第二期早段相当于殷墟文化一期，中段、晚段相当于殷墟文化第二期；第三期早段相当于殷墟文化第三期，晚段相当于殷墟文化第四期偏早[①]。吴城城址发现有大型城垣、壕沟、城门、祭祀遗迹群、手工业作坊、居住区等重要遗迹，为判断该都邑的延续年代提供了依据。

（一）城垣及城壕年代

吴城城址地面上残存有四面城垣，形状明晰，四面城垣上皆有城门，城垣外有城壕。

根据西城垣的发掘情况可知，城垣由垣体和基槽两部分组成，修建分为两个阶段。其中第一阶段城垣垣体依地势而建，窄而矮；第二阶段城垣在第一阶段城垣基础上加宽、加高，并开挖基槽和护城壕，提高了城垣的牢固度和防御能力。第二阶段城垣中出土有属

---

① 江西省文物考古研究所等：《吴城——1973—2002年考古发掘报告》，科学出版社2005年版，第391—410页。

于吴城文化二期早段的高领窄折肩尊、甗形器等陶器残片，故吴城文化二期早段当为其建造时间。而早于第二阶段城垣的第一阶段城垣，其建造时间可能为吴城文化一期晚段。考虑到吴城城壕内的废弃后堆积层年代为吴城文化三期晚段，故城垣的废弃年代当为吴城文化三期早段。

城壕位于吴城城垣的外侧，根据发掘情况来看，它的始建时间与第二阶段城垣一致，为吴城文化二期早段。在城壕第⑩层中出土有凸方点纹长颈罐等陶器，其年代为吴城三期早段，并在该层的底部出土有16个人头颅骨，其中一些颅骨上有明显的刀切、砍伤等痕迹，推测可能与大规模的攻守战争有关。因此，吴城城壕亦废弃于吴城文化三期早段[1]。

（二）祭祀区年代

吴城都邑的祭祀区位于吴城城址的中部，主要由红土台地、道路、建筑基址、红土台座、柱洞群等五大部分组成，并由道路将它们连接在一起，从而构成一规模宏大、庄严肃穆的祭祀场所。其中红土台地位于祭祀区中部，略呈T字形，西端有建筑基址1座、红土台座1座，南侧有道路1条，西南角有密集的柱洞，面积约6500平方米。建筑基址（1992ZWF1）位于祭祀区西部近中段，为圆角长方形，面积约30平方米。推测该祭祀区的形成年代当为吴城二期。

（三）铸铜作坊年代

吴城遗址发现的铸铜作坊遗迹分布于城址东北部，共发现7个与冶铸有关的灰坑遗迹，其年代集中在吴城二期早段和晚段[2]。其中1974QSWT13Z1（原H1）出土石范（模）、铜炼渣、铜块等遗物，时代属于吴城二期早段。1974QSWT6Z4（原H3）出土石范、铜渣等遗物，时代属于吴城二期晚段。其他4处与铸铜有关的遗迹时代皆

---

[1] 江西省文物考古研究所、江西省樟树市博物馆：《江西樟树吴城商代遗址西城垣解剖的主要收获》，《南方文物》2003年第3期。

[2] 江西省文物考古研究所等：《吴城——1973—2002年考古发掘报告》，科学出版社2005年版，第454页《附表七》。

属于吴城二期晚段。

（四）墓葬区年代

在吴城城址中共发现墓葬23座，其中在城址南关外正塘山分布的墓葬较为集中，出土较为精美的青铜随葬品，推测这里为吴城城址的墓葬区，其年代大多为吴城二期早段至吴城三期早段[1]。其中1973QSW（正）M3出土有2件铜斝、1件铜锛、1件铜凿，还随葬有陶器、石器等遗物，时代属于吴城二期早段。1973QSW（正）M2出土鬲、罐、瓮、刀等陶器9件，时代属于吴城三期早段。

（五）都邑延续年代

从以上对都邑遗存的年代分析可知，吴城城址第一阶段城垣修建于吴城一期晚段，第二阶段城垣修建于吴城二期早段，城垣的废弃年代为吴城三期早段。城壕与城垣的延续年代接近。祭祀区的形成年代约为吴城二期。铸铜作坊区的年代为吴城二期早段、晚段。墓葬区的年代为吴城二期早段至吴城三期早段。故以城垣的延续年代为基准，参考其他遗存的年代信息，综合判断如下：吴城都邑的始建年代为吴城文化第一期晚段，相当于二里岗文化上层二期；兴盛期是吴城文化第二期早段、中段、晚段，相当于殷墟文化一期、二期；废弃于吴城文化三期早段偏晚，相当于殷墟文化第三期；吴城文化三期晚段，相当于殷墟文化第四期，吴城都邑完全被废弃。

七　三星堆都邑

三星堆城址是由大城、多个小城组成的大型都邑。关于三星堆文化的分期和年代，学界争议较大。初期发掘者曾将三星堆遗址划分为前后相连的三期，断定其年代为新石器时代晚期至夏商时期，并提出"三星堆文化"的命名[2]。20世纪90年之后，学界一般主张将三星堆遗址第一期遗存从三星堆文化中剔除出去，另命名为"宝

---

[1] 江西省文物考古研究所等：《吴城——1973—2002年考古发掘报告》，科学出版社2005年版，第86—90、459页《附表八》。

[2] 四川省文物管理委员会等：《广汉三星堆遗址》，《考古学报》1987年第2期。

墩文化"，而把三星堆遗址二、三、四期命名为"三星堆文化"①，但对三星堆文化的分期与年代争议仍然很大。有学者认为三星堆遗址第二、三、四期的年代分别相当于二里头文化晚期至至二里岗文化时期、殷墟早期、殷墟晚期至西周早期②。还有学者将三星堆文化扩大为六期，年代大致从商代晚期到商末周初③；或认为三星堆文化的下限一直延续到春秋前期④。但多数学者主张将成都十二桥、金沙遗址为代表的遗存单独命名为"十二桥文化"。如有学者曾将三星堆遗址分为三期六段，其中第一期为宝墩文化，时代为龙山文化晚期至二里头文化早期；第二期为"三星堆文化"，时代为二里头文化晚期至殷墟文化一期；第三期为十二桥文化，年代为殷墟时期⑤。近年，有学者综合研究成都平原史前至夏商周时期文化遗存，认为三星堆遗址存在前后发展的三种文化遗存，即宝墩文化、三星堆文化、十二桥文化。其中三星堆文化可划分为一、二、三期，年代从二里头文化第四期至殷墟文化第二期⑥。这里采信把三星堆遗址分为四期，其中第一期为宝墩文化遗存，第二、第三、第四期遗存为三星堆文化的范畴，分别为三星堆文化的第一期、第二期、第三期。但依据近年三星堆遗址新发现的 6 个祭祀坑测年结果判断，三星堆第三期的年代可能延续至殷墟文化晚期，或与所谓的十二桥文化有年代上的交叉。经过考古工作者多年的不断工作，三星堆城址中发现有大型城垣、大型夯土基址、祭祀坑等重要遗迹，为判断该都邑的延续年代提供了依据。

---

① 宋治民：《论三星堆遗址及相关问题》，李绍明等主编：《三星堆与巴蜀文化》，巴蜀书社 1993 年版。
② 陈德安、杨剑：《三星堆遗址商代城址的调查与认识》，王震中等编：《夏商周方国文明国际学术研讨会论文集》，科学出版社 2015 年版。
③ 中国社会科学院考古研究所：《中国考古学·夏商卷》，中国社会科学出版社 2003 年版，第 501—506 页。
④ 李伯谦：《对三星堆文化若干问题的认识》，《考古学研究》（三），科学出版社 1997 年版。
⑤ 孙华：《三星堆遗址分期研究》，《南方民族考古》第五辑，四川大学出版社 1992 年版。
⑥ 江章华、王毅、张擎：《成都平原先秦文化初论》，《考古学报》2002 年第 1 期。

(一) 大城年代

三星堆大城的东、南、西三面城垣，建筑结构相似，城垣年代接近。其中西城垣内侧有三星堆遗址第二期偏晚的地层叠压在城垣夯土上的现象，外城壕下层堆积是三星堆遗址第二期、三期或稍晚。南城垣夯土内包含三星堆遗址第一期的陶片[1]。因此，推断大城城垣建造年代应是三星堆遗址第二期。

新发现的大城北城垣由西至东分别由青关山城垣—真武宫城垣—马屁股城垣拐角北城垣段构成，与原发现的东、西、南三面城垣相连，大致合围成比较完整的三星堆大城[2]。位于三星堆城址北部的真武宫城垣，城垣结构与月亮湾城垣相同，二者可能为同时建造，始建于三星堆遗址二期偏晚。青关山城垣由外至内、分块斜向堆筑的筑墙方法与真武宫城垣、月亮湾城垣和西城垣北段基本一致，该段城垣始筑于三星堆遗址第二期偏晚。马屁股城垣拐角始筑于三星堆遗址第三期，筑墙方法与东城垣南段比较一致。

(二) 小城年代

三星堆大城的北部中央有一道南北纵向的城垣和城壕，这道城垣和城壕与东西贯穿全城的河流一起将三星堆大城分为四个区域，其中西北、东北和西南各有一座小城。

月亮湾小城由月亮湾城垣、真武宫城垣、青关山城垣和西城垣北段组成，其城垣结构相同，极有可能是同时期建造的。因城垣直接叠压在属于三星堆遗址第二期的第⑩层之上，故其始筑年代应为三星堆遗址第二期晚段。又因城壕内堆积出土遗物时代相当于三星堆遗址第三、第四期，壕沟沟口上又被三星堆遗址第四期偏晚的地层叠压，故其城垣的功能应在三星堆遗址第四期前段后基本结束。

东北部的仓包包小城由东城垣北段、仓包包城垣、李家院子城垣和马屁股城垣拐角北城垣段合围而成。仓包包城垣、李家院子城

---

[1] 陈德安、杨剑：《三星堆遗址商代城址的调查与认识》，《夏商周方国文明国际学术研讨会论文集》，科学出版社2015年版。

[2] 雷雨：《三星堆遗址考古的新突破》，《中国文物报》2016年3月25日。

垣、马屁股城垣皆始筑于三星堆遗址第三期。

南部的三星堆城垣位于大城内马牧河右岸一块向东凸伸的台地上。因城垣内侧有三星堆第二期的地层直接叠压在城垣之上的地层关系，推断该段城垣修筑于三星堆遗址第二期偏早，使用至第三期之末逐渐被废弃[①]。

（三）宫殿区年代

三星堆城址中的大型建筑基址位于城内西北部的青关山台地上，这里是整个三星堆城址的最高处，可能在很长一段时间内都是三星堆王国的宫殿区所在。经发掘得知，青关山台地为人工夯筑而成，在台地南部有一座大型红烧土建筑基址F1。根据F1的地层叠压关系、墙基内包含物及建筑性质推测，其使用年代大约为三星堆遗址第三期，即三星堆文化第二期。

在F1以北约3米发现有F2，走向与F1相同，规模略小。由于F2倒塌的红烧土直接叠压于F1基址所在的夯土台基下。因此，F2时代早于F1，或为F1前身。

此外，在F1东面发现一座大型红烧土建筑基址F3，平面呈长方形，其层位及走向与F1相同，推测其是与F1同时期的大型建筑。

（四）祭祀坑年代

经考古发掘，在大城内三星堆城垣南侧发现两座祭祀坑，出土大量金器、青铜器、玉器和象牙等珍贵器物。其中一号祭祀坑开口于遗址第⑤、⑥层下，从地层的叠压打破关系看，该坑年代下限不晚于三星堆文化第三期后段。坑内出土青铜器、陶器时代与殷墟文化早期接近。二号祭祀坑出土器物年代可能稍晚，部分青铜器、玉器与殷墟文化早期同类器物接近，但其器物的埋藏年代与一号祭祀坑器物的埋藏年代应相差不大。因此，一号、二号祭祀坑的年代当为三星堆文化第三期偏晚阶段。新发现的6个祭祀坑，除了存在打

---

① 陈德安、杨剑：《三星堆遗址商代城址的调查与认识》，《夏商周方国文明国际学术研讨会论文集》，科学出版社2015年版。

破关系的五号坑和六号坑年代稍晚之外（西周早期），其余4座坑的埋藏年代一致，距今约3200年至3000年，相当于商代晚期[①]，皆应为三星堆文化第三期晚段。8号坑出土青铜顶尊蛇身人像与之前2号坑出土青铜鸟脚人像残件的拼对成功，3号坑出土顶尊跪坐人像与8号坑出土青铜神兽的成功拼对，充分说明2号坑、3号坑、8号坑的埋藏年代是很接近的。

（五）都邑延续年代

从以上对都邑遗存的年代分析可知，三星堆遗址之月亮湾小城和三星堆大城北城垣始建时间最早，为三星堆遗址第二期，大城东、西、南城垣可能也始建于三星堆遗址第二期，即三星堆文化第一期。三星堆遗址第三期，即三星堆文化第二期，又形成了仓包包小城，在大城内西北部青关山兴建了宫殿区。三星堆遗址第四期，即三星堆文化第三期，形成两座大型祭祀坑，月亮湾小城、三星堆城垣被废弃。三星堆文化第三期晚段之后，三星堆都邑被废弃，仅有少量人在此居住生活。故以城垣和夯土建筑基址的延续年代为基准，参考其他遗存的年代信息，综合判断如下：三星堆都邑始建年代为三星堆文化第一期，大约相当于二里头文化第四期至二里岗文化下层时期；三星堆文化第二期、第三期该都邑延续使用，大约相当于二里岗文化上层至殷墟文化阶段；三星堆文化第三期之末为都邑的废弃年代，大约相当于殷墟文化第四期。

八 垣曲商城都邑

垣曲城址是一座由外城、宫城组成的方国都邑。考古发现有大型城垣、大型夯土基址、制陶作坊、贵族墓葬等遗迹，为判断该都邑的延续年代提供了材料。

[①] 四川省文物考古研究院：《三星堆遗址祭祀区：科学发掘保护同步 展现灿烂古代文明》，《中国文物报》2022年2月25日第1版；徐秀丽：《6座祭祀坑出土文物近13000件 祭祀坑埋藏年代确定》，《中国文物报》2022年6月17日。

（一）外城年代

垣曲城址发现有四面城垣，而且西面、南面有内外两道城垣，城垣外侧有壕沟，城垣上建有城门。通过 1985—1986 年对南城垣的试掘可知，内、外垣均由墙体和基槽两部分组成。内墙基槽打破房基 F1，叠压于第⑩层之上，F1 出土有大口尊、细绳纹深腹罐等，第⑩层出土有花边深腹罐，时代均为二里头文化晚期。叠压于内墙墙体内侧的③G、④A 层出土有细绳纹鬲、泥质高领罐等，时代为二里岗文化下层[1]。如此则南城垣的始建年代不早于二里头文化晚期，不晚于二里岗下层。之后，通过对西城垣的解剖可知，西城垣双道城垣横跨灰沟 G27、G26，形成 G27、G26 上部堆积→西城垣基槽及 G27、G26 中部堆积→G27、G26 下部堆积的叠压打破关系，G27、G26 的中上部堆积时代应与西城垣建筑年代同时，G27、G26 下部堆积时代应早于西城垣的建筑年代。因 G27、G26 的下部堆积年代为二里头文化晚期，中部和上部堆积的年代均为二里岗下层二期[2]，故推断西城垣的始建年代为二里岗下层二期。

（二）宫城年代

宫城位于城内中部偏东，宫殿区四面由笔直而规整的垣墙围绕，宫城垣内侧有护墙坡，在南垣中段和北垣西段可能存在有宫门。宫城内存在前、后两进院落，分布着南、北并列的两座大型夯土台基（二、三号台基），两座台基均为长方形，同在一条中轴线上。

宫城垣与二、三号夯土台基均叠压于第③层或④层下，其中南部与东部叠压于宋代层③A 或③B 层下，西部与偏北部的几个地点叠压于年代为二里岗上层的④A 或④B 层下。因此，宫城垣及台基的始建年代不晚于二里岗上层时期。同时，宫殿西北角的围垣和台基叠压于灰沟 G26、G27 之上，两沟的上层堆积年代为二里岗下层

---

[1] 中国历史博物馆考古部等：《垣曲商城——1985—1986 年度勘察报告》，科学出版社 1996 年版，第 16 页。

[2] 中国历史博物馆考古部等：《垣曲商城——1988—2003 年度考古发掘报告（二）》，科学出版社 2014 年版，第 659 页。

二期。由此，可知围垣与大型夯土台基年代不早于二里岗下层二期。因此，推断宫城垣及宫殿基址始建于二里岗上层一期，废弃于二里岗上层二期①。

（三）道路年代

垣曲商城的建造者将始建于二里头文化晚期的G26、G27填埋形成路沟，其后在两沟之上逐渐形成了一条宽阔的地面道路L2。L2开口于④A层下，而④A层年代为二里岗上层时期，因此，L2的始建不晚于二里岗上层时期。根据对G26、G27的发掘可知，沟内中、上层堆积的年代为二里岗下层二期。因此，L2的始建年代不早于二里岗下层二期。又因为L2兴建时叠压了G26、G27的顶层堆积，路与沟之间没有其他堆积层，表明G26、G27在回填后不久就变为道路。因此，可以推断L2始建于二里岗上层一期，至二里岗上层二期被废弃。

（四）都邑延续年代

从以上对都邑遗存的年代分析可知，在二里岗下层二期，垣曲商城的建造者开始建造外城垣，至二里岗上层一期时期，宫城垣和其中的两座大型宫殿建筑基址开始修建，而后在二里岗上层二期之时宫城被废弃，整个都邑也随之被废弃。故以城垣和夯土建筑基址的延续年代为基准，参考其他遗存的年代信息，综合判断如下：垣曲商城都邑始建年代为二里岗下层二期，延续使用至二里岗上层一期进入繁盛期，二里岗上层二期该都邑废弃②。

九 老牛坡都邑

西安老牛坡遗址文化内涵丰富，其中商代是其发展的重要阶段，成为商代后期的重要方国都邑。考古发掘者将老牛坡遗址商代遗存

---

① 中国历史博物馆考古部等：《垣曲商城——1988—2003年度考古发掘报告（二）》，科学出版社2014年版，第392页。

② 董琦：《垣曲商城遗址始建年代研究》，《中原文物》1997年第2期；王睿：《垣曲商城的年代及其相关问题》，《考古》1998年第8期。

分为一至五期，年代包括二里岗文化至殷墟时期。其中商代遗存第一期属于二里岗文化下层时期，第二期属于二里岗文化上层时期，第三期属于殷墟文化一、二期，第四期属于殷墟文化第四期，第五期属于殷墟文化第四期之末至西周早期①。老牛坡遗址考古虽然未发现大型城垣，但见有大型夯土基址、铸铜作坊、高规格墓地等重要遗迹，为判断该都邑的延续年代提供了依据。

（一）大型夯土台基年代

老牛坡遗址发现两处大型夯土建筑基址。一号基址西南角压在仰韶文化灰坑之上，西北角被商代四期灰坑打破。在一号基址的夯土台基上，发现三座房址，其中的87XLI2F3经复原为一座面阔四间、进深二间、面东二门、前有走廊、屋顶为两面坡式的中型房屋建筑，应为一号夯土基址地面建筑的组成部分之一。二号夯土建筑基址夯筑方法与一号夯土建筑基址大体相同，其年代也与一号基址接近。从两座建筑基址的层位关系及出土遗物来看，其始建年代为老牛坡商代遗存三期，废弃年代为商代遗存三期之末。

（二）铸铜作坊年代

老牛坡遗址的冶铸遗存共发现两处：一处是冶铜炼渣堆积坑，另一处是铸铜陶范出土地点，两者相距约80米，应属于同一铸铜作坊的不同遗存。冶铜炼渣堆积坑包含物主要为大量的冶铜炼渣，夹杂有少量红烧土颗粒及鬲、盆、罐等陶器残片，为一次性堆积而成。铸铜陶范出土地点出土残陶范、木炭屑、红烧土颗粒及大量大口深腹缸陶片。从两处冶铸作坊遗存的层位关系及出土遗物看，其始建年代为老牛坡商代遗存第四期，第四期之末被废弃。

（三）高等级墓葬年代

老牛坡遗址Ⅲ区第一地点清理出38座商代墓葬以及马坑、车马坑各1座。墓地所在地原为一处北高南低的大面积缓坡地段，墓葬层位关系简单。38座墓葬出土有铜鼎、斝、觚、爵、戈、钺、车马

---

① 刘士莪：《老牛坡》，陕西人民出版社2002年版，第329—336页。

器、面具以及陶、石、玉、蚌、贝、漆器等质地的随葬品。从墓葬叠压打破商文化第三期灰坑可知，其年代不早于商文化三期。再结合随葬品形制来看，这批墓葬的年代为老牛坡商代遗存第四期。发现的马坑内埋葬两匹马，头向一致，马头、颈部位有青铜车马器。车马坑内埋有一辆车、两匹马。从分布范围来看，这两座马坑和车马坑应为该处墓地的陪葬坑。因此，其年代应与墓葬一致，即为老牛坡商代遗存第四期。

（四）都邑延续年代

从以上对都邑遗存的年代分析可知，老牛坡遗址商代遗存第一期、第二期之时，这里发现的遗存、遗物数量少、规格低；到商代遗存第三期之时，兴建了大型夯土建筑，成为方国都邑；商代遗存第四期时该都邑进入繁盛期，出现冶铜作坊、高规格墓地、车马坑以及其他大量遗迹；商代遗存第五期以后该遗址全面衰败下来。故以大型夯土建筑基址的延续年代为基准，参考其他遗存的年代信息，综合判断如下：老牛坡都邑始建年代为商代遗存第三期之初即殷墟文化第一期，至商代遗存第四期末即殷墟文化第四期之末被废弃，都邑使用时间长，涵盖殷墟文化一至四期。

第 四 章
早期都邑的设都制度

所谓"制度"是指在一定历史条件下形成的政治、经济、文化等方面的体系[1]。制度泛指规则或运作模式，一般是指社会和个人共同遵守的办事规程、行动准则，或是要遵守的规定、式样、模式、规格等。都城（都邑）制度是指有关都城方面应遵守或遵循的规则、规制，也指在长期的都城建造过程中形成的模式、式样等，主要包括设都制度以及都城等级（规模）、类型、选址、规划布局、结构、分区、墓葬、防御等方面的制度。而设都制度即指国家在设置都城方面形成的体系，主要是指在都城设置方面应遵守的规则、规定，也包括在都城运作过程中形成的一些模式、式样等。中国早期国家经历了龙山时代的邦国阶段和夏商时期的王国阶段，先后建造了一系列都邑，在都城设置方面已形成一定的规制和模式。从目前的考古发掘情况来看，在设都制度方面，中国早期都邑部分阶段施行一都制，并长期施行主辅都制，基本不见地位相当的多都制。此外，作为都城设置上的补充，离宫别馆在中国早期都邑后期已程度不同地出现，并在当时政治生活中扮演着重要角色。

---

[1] 辞海编辑委员会：《辞海》（第六版），上海辞书出版社2012年版，第2949页。

第一节　一都制

所谓一都制，指的是国家仅仅设立一座都城（都邑）作为全国的政治、经济、文化、军事中心。分析发现，在相当长时期内，在广大的区域，中国早期都邑施行的是一都制。一都制是在特定的时间和社会背景下使用的一种设都制度，它的存在和推行有着深刻的社会及政治原因。

一　一都制分析

从目前所见考古材料来看，在中国早期都邑时期，龙山时代主要推行一都制，夏商时期这种制度继续被沿用。

（一）龙山时代的一都制

从目前发现确认的龙山时代都邑来看，这个时期主要的邦国大都施行一都制。陶寺文化、良渚文化、石峁文化等龙山时代考古学文化的分布范围内，均不见与陶寺城址、良渚城址、石峁城址等规模、规格相匹敌的城址，其他如石家河文化、宝墩文化等邦国也有类似的现象，反映出这些邦国可能仅设置唯一的都邑。

1. 陶寺邦国

陶寺文化是一支主要分布于晋南地区临汾盆地的考古学文化，汾河下游和浍河流域是该考古学文化的中心分布区域。早年的考古调查发现，陶寺文化遗址数量达256处[①]，这其中最重要的发现就是陶寺城址。通过对比和研究可知，陶寺文化的早、中、晚三期，在陶寺文化分布的范围内，陶寺城址是唯一一座大型城址，且均未见到有规模和规格能与陶寺遗址相匹敌的其他遗址。

---

① 国家文物局：《中国文物地图集·山西分册》，中国地图出版社2006年版，第810—1010页。

早在陶寺文化早期，在陶寺文化分布区域内，陶寺遗址已体现出超大规模、超高规格的特性。有研究者依据面积大小将发现的72个陶寺文化早期遗址分为三级，其中确凿无疑的一级聚落仅发现1处，即陶寺城址；各遗址呈现出明显的聚落群聚现象，形成8个组聚落，组聚落中三级聚落围绕着一、二级聚落分布[1]。陶寺遗址是陶寺文化早期考古发现的唯一一座都邑遗址。这个时期，陶寺遗址的总面积达到160万平方米，其位于东北部的宫城开始修建使用，在宫城中建造有大型宫殿基址，城外发现大型墓地，其中分布有高规格的墓葬，还出土陶器、木器、玉器、骨器等珍贵的遗物。相比较而言，经过考古调查发掘的其他陶寺早期文化遗址面积均较小，规格也不高。如位于临汾市西南的下靳村墓地，为一处东西长220米、南北宽80米以上的陶寺文化早期墓地[2]。考古工作者在该墓地清理了53座墓葬，均为长方形竖穴土坑墓，面积在3平方米以上的墓葬仅有4座，墓中随葬品多为陶器、木器、玉石器等。

　　陶寺文化中期，无论是城址规模，或是都邑规格以及文化遗存丰富程度，陶寺城址在陶寺文化分布区各遗址中无与伦比。通过对55处陶寺中期文化遗址进行分析可以发现，属于一级聚落3个，二级聚落17个，三级聚落34个（图4-1），这些聚落规模与属于特级聚落的陶寺遗址有着悬殊的差距[3]。从规模上看，陶寺城址在早期城址的基础上大力扩建，形成了由宫城、中期大城和中期小城组成的超大规模都邑，城址面积达到280万平方米，遗址面积超过400万平方米，是目前黄河流域发现的面积最大的城址之一，也是陶寺文化中期分布范围内唯一一处城址和特级聚落。而与陶寺城址同期的其他聚落，大部分都是面积较小的二、三级聚落，未见规模能与陶寺中期城址相比肩者。从规格上看，陶寺中期都邑修建了规模空前

---

[1] 曹艳朋：《陶寺文化研究》，郑州大学硕士学位论文，2009年，第47页。
[2] 山西省临汾行署文化局、中国社会科学院考古研究所山西工作队：《山西临汾下靳村陶寺文化墓地发掘报告》，《考古学报》1999年第4期。
[3] 曹艳朋：《陶寺文化研究》，郑州大学硕士学位论文，2009年，第51页。

的中期大城和中期小城城垣，沿用了早期的宫城，宫殿区发现有大型夯土建筑基址ⅠFJT3（一号宫殿），小城内还有与观天象、宗教祭祀有关的大型夯土建筑，发现有以ⅡM22为代表的高规格墓葬，随葬大量绿松石、石器、漆木器、彩绘陶器、骨器等珍贵遗物。而属于陶寺文化中期的其他遗址未见有如此规格者，如位于襄汾县城西南的曲舌头遗址包含有陶寺文化中期遗存，在揭露的600平方米面积中，清理出的中期遗迹为房址和灰坑，出土的文化遗物多为陶器、石器，不见其他高规格的遗存①。

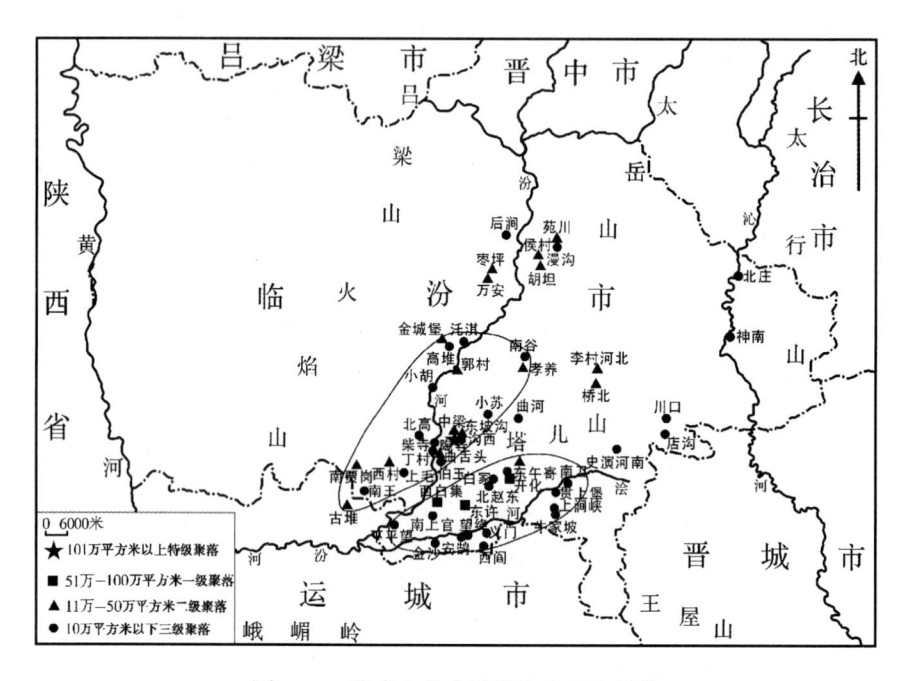

图4-1 陶寺文化中期遗址分布示意图

资料来源：曹艳朋：《陶寺文化研究》，郑州大学硕士学位论文，2009年。

在陶寺文化晚期，陶寺遗址仍然具有较大规模和较高规格，有可能仍然具有陶寺文化都邑的性质。据对陶寺文化遗址的分析，在

---

① 山西大学历史系考古专业：《山西襄汾县丁村曲舌头新石器时代遗址发掘简报》，《考古》2002年第4期。

174个陶寺文化晚期遗址中,有特级聚落2处,一级聚落6处,二级聚落39处,三级聚落127处[1]。这个时期,虽然陶寺中期大城在陶寺文化晚期被废弃,整个城址呈现出一定的衰落迹象,但早、中期延续使用的宫城在陶寺文化晚期仍被修补和继续使用,考古发现有诸多高规格的铜器、玉器等遗物,这里曾作为尧舜禹族群联盟的政治中心。尽管在陶寺文化晚期陶寺遗址之外出现了面积达300万平方米的南石—方城遗址,但考古发掘显示,该遗址中发现的陶寺文化晚期遗存主要为房址、陶窑、灰坑和墓葬,规模不大,规格较低,出土遗物主要为普通陶器和石器[2],没有证据证明其为陶寺文化晚期的都邑或都邑之一。

由上可知,陶寺遗址以巨大的规模、超高规格的遗存,成为陶寺文化从早到晚唯一的都邑所在。因此,陶寺文化所属的邦国应施行的是一都制,陶寺城址是陶寺文化邦国唯一的都邑。

2. 良渚邦国

良渚城址作为良渚文化的都邑,始建于良渚文化中期,使用年代为良渚文化中期、晚期,而后随着良渚文化的消亡而废弃。在其存续使用期间,未见到其他遗址在规模和规格上能够超过良渚城址的现象。

从规模来看,良渚遗址是良渚文化中目前发现的规模最大的城址。良渚城址由外城、内城、宫殿区组成,遗址中心区面积近30万平方米,内城城址总面积达290万平方米,外城面积达8平方千米,围绕良渚城址形成了聚落众多、面积达34平方千米的遗址群(图4-2)。有学者将良渚文化遗址群分为五个等级,其中良渚城址的贵族墓地和祭坛遗址反山、瑶山、汇观山均属于一级聚落,未见

---

[1] 曹艳朋:《陶寺文化研究》,郑州大学硕士学位论文,2009年,第51页。
[2] 山西省考古研究所:《山西翼城南石遗址调查、试掘报告》,《三晋考古》第二辑,山西人民出版社1996年版;中国社会科学院考古研究所山西工作队等:《山西曲沃县方城遗址发掘简报》,《考古》1988年第4期。

其他规模能与其匹敌的聚落①。在其他地区分布的良渚文化遗址中，也未见到面积能与良渚城址相媲美者。

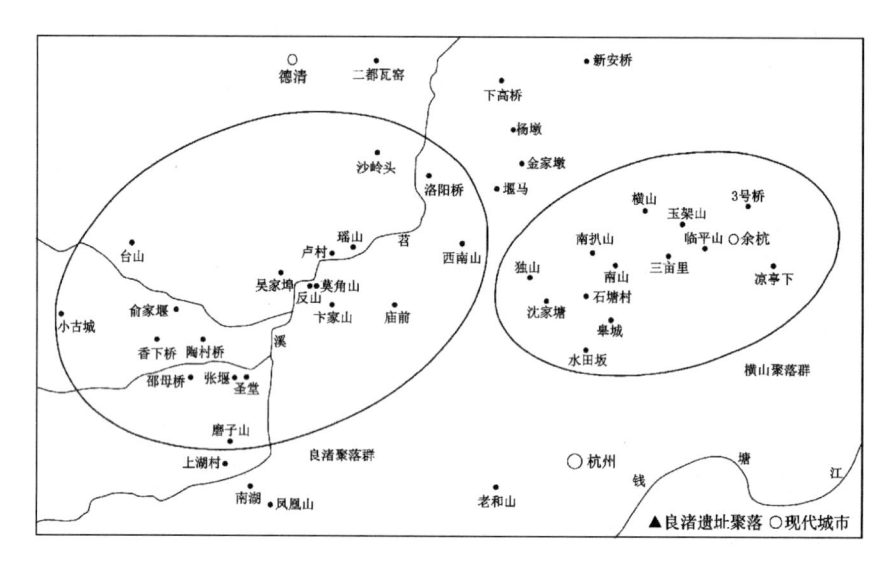

图 4-2　良渚遗址聚落群分布示意图

资料来源：郭明建：《良渚文化宏观聚落研究》，《考古学报》2014 年第 1 期。

从规格来看，目前未发现规格能与良渚城址相比肩的其他良渚文化遗址。良渚城址修建有规模巨大的内城、外城，城址中心存在建立在三个大型的人工土台之上的莫角山宫殿区。在莫角山宫殿区西侧及遗址群的东北部还分布着反山、瑶山、汇观山等贵族墓地和祭坛遗址，这些也建立在高大的人工土台上，台上存在红土台祭祀遗存，贵族墓葬中随葬有大量的玉礼器。在外城之外的北部和西北部，修建有大型的外围水利系统。除了良渚城址外，未发现有其他良渚文化遗址有如此之多的高等级遗存。

由上可见，良渚城址规模巨大、遗存规格高，在整个良渚文化时期未发现有能与其相比的遗址，是良渚文化中晚期唯一的都邑遗址。因此，良渚文化所属的邦国有可能施行的是一都制，良渚城址

---

① 郭明建：《良渚文化宏观聚落研究》，《考古学报》2014 年第 1 期。

应是良渚文化邦国唯一的都邑。

3. 石峁邦国

石峁城址是目前发现的龙山时代面积最大的城址之一，也是龙山中期至夏代早期北方地区的中心聚落。

从规模上来看，石峁城址面积在 400 万平方米以上，比同时期 280 万平方米的陶寺中期都邑、290 万平方米的良渚城址还要大近四分之一，其重要地位不言而喻。目前，在北方地区没有发现任何一个龙山时代的城址或遗址面积能够望石峁城址之项背。

从规格上来看，石峁城址是一处经过事先规划、结构复杂的早期都邑。城址由外城、内城、皇城台组成，修筑有规模巨大、耗工耗时的石砌城垣。外城东城垣上设有结构复杂、规模巨大的东门址，由内外瓮城、墩台、门塾等组成。城址的中心皇城台也是一座石砌的台城，是石峁城址的核心区域所在。城址内出土了大量的玉器，达千余件之多，反映了石峁城址崇高的地位。目前，在龙山时代北方地区还没有发现规格与石峁城址相似者。

由此可见，石峁城址以其巨大的规模、超高的规格，当之无愧地成为龙山时代至夏代早期北方地区中唯一的都邑。因此，石峁文化所属的邦国应施行的是一都制，石峁城址是石峁所属考古学文化之邦国唯一的都邑。

4. 其他邦国

除了陶寺、良渚、石峁城址之外，目前发现的龙山时代都邑，如石家河城址、宝墩城址、尧王城城址等，在各自所属的考古学文化分布的范围内，无论是规模，还是规格，都是最高的，没有发现其他能与其分庭抗礼的遗址或城址，它们应是各自考古学文化分布范围内唯一的都邑。因此，这些都邑所属的邦国当施行的是一都制，一都制是龙山时代较为普遍施行的一种设都制度。

(二) 夏代的一都制

结合考古材料和文献记载来看，在夏代中晚期的某些时段，夏王国施行一都制，以斟寻（二里头遗址）为夏王朝唯一的都邑。

据古本《竹书纪年》记载："太康居斟寻,羿亦居之,桀又居之。"《左传·襄公四年》有"昔有之夏方衰也,后羿自鉏迁于穷石,因夏民以代夏政"的记载。这里是说夏王太康以斟寻为都,后羿代夏期间也以斟寻为都,夏王朝最后一个王夏桀仍以斟寻为都。一般认为,考古发现的偃师二里头遗址具备都邑性质,且作为都邑延续时间较长,其当为夏都斟寻故址[①]。准此可知,至少在夏王太康、后羿代夏期间以及夏桀时期,夏王朝是以斟寻为唯一的都邑,这些时段当施行一都制的设都制度。

夏王胤甲之后至夏桀时期,夏王朝可能也设置唯一的都邑。据文献记载,在太康失国期间,夏王朝失去了对都邑斟寻的控制,颠沛流离,先后以帝丘、斟灌等地为政治中心。之后,在帝宁至胤甲之间,夏王朝先后设立了原、老丘、西河等都邑,以方便镇压和控制周边的诸侯和方国。但在胤甲以后,直至夏桀之时,夏国家政局相对稳定,势力较强,文献中均不再见有夏人迁都或设新都的记载。由此推测,胤甲至夏桀时期,夏王朝一直以斟寻为都,未再建立其他都邑,施行的是一都制。从考古发现来看,二里头遗址作为都邑具有延续性,自二里头文化第一期始建,一直使用至二里头文化第四期晚段,中间未见中断、废弃的现象,且二里头文化三、四期仍为都邑性质,也印证了斟寻在夏代晚期(胤甲之后至夏桀时期)的确为夏王朝唯一的都邑。

(三) 商代的一都制

文献记载商代都城屡迁,商代前期曾五次迁都,自汤都亳,至盘庚迁殷,中间经历仲丁迁隞、河亶甲迁相、祖乙迁邢(庇、耿)、南庚迁奄等,反映出商代似乎施行单一都邑废旧立新式的一都制设都制度。但从考古发现来看,商汤至仲丁期间,在亳都郑州商城之外,还几乎同时存在另一都邑——偃师商城;而且在仲丁至盘庚迁

[①] 张国硕:《论二里头遗址的性质》,《二里头遗址与二里头文化研究》,科学出版社2006年版;张国硕:《竹书纪年所载夏都斟寻释论》,《郑州大学学报》2009年第1期。

殷期间，作为商都的郑州商城仍未废弃（详后），说明商代前期可能并非施行一都制的设都制度。与商代前期不同，商代后期则基本施行一都制，先后以洹北商城、小屯殷墟为唯一的都邑。

据古本《竹书纪年》记载："自盘庚徙殷，至纣之灭，二百五（七）十三年，更不徙都。"其他文献中也基本不见盘庚迁殷之后的其他迁都记载，可见"更不徙都"的记载是真实的。因此，从文献考证，商代后期（盘庚迁殷以后至帝辛时期）商代施行的是一都制。

从考古发掘来看，安阳殷墟遗址以其宏大的规模、高规格的遗存，基本被学界认可为商代晚期都邑——殷。近年来在安阳西北部发现的洹北商城在时间上上承二里岗文化，下接殷墟文化，并与小屯殷墟关系更密切；在规格上有城垣、宫殿宗庙区、青铜器窖藏等高等级遗迹，应为都邑无疑。鉴于小屯殷墟遗址中各遗存的年代基本都为武丁以后，所以洹北商城应为盘庚、小辛、小乙之殷，殷墟为武丁至帝辛之殷[①]。洹北商城和殷墟使用年代前后相接，自中商早期至殷墟文化第四期，中间不见间断或废弃的现象。因此，洹北商城和小屯殷墟应先后为商代后期（盘庚至帝辛）唯一的都邑所在。

需要指出的是，因《史记·周本纪·正义》引《帝王世纪》记载"帝乙复济河北，徙朝歌，其子纣仍为都焉"，学界有一种观点认为在帝乙、帝辛之时商王朝曾由安阳殷都迁至朝歌（今淇县），我们认为这种观点与考古实际是不相符的。朝歌在商代晚期应该是作为离宫别馆之用，帝辛也可能会在这里处理一些政治事务，但同时安阳殷都并未废弃，一直是作为都城存在的，并未出现废旧都、迁新都的现象[②]。

二 一都制的特点

一都制伴随着早期都邑的出现而出现，在龙山时期、夏商时期

---

① 张国硕：《论殷都的变迁》，中国殷商学会编：《2004年安阳殷商文明国际学术研讨会论文集》，社会科学文献出版社2004年版。

② 张国硕：《关于殷墟的几个问题》，《考古与文物》2000年第1期。

的某些阶段被施行，在时间和空间上都表现出一定的特点。

(一) 时间特点

从时间上来看，一都制大多施行于邦国时期、王朝后期和政局较为稳定的时期。

在属于邦国时期的龙山时代，由于早期国家刚刚诞生，国家基本形态还不甚完善。这个时期，邦国势力并非十分强大，能够有效控制的区域有限。而且邦国控制区的地貌条件相对单一，大多为河流冲积平原，没有大的自然屏障阻隔，故一都制出现并被普遍施行。如与尧、舜、禹关系密切的陶寺邦国，其能够有效控制的区域仅限于晋南地区的临汾盆地。良渚文化所在的邦国，其有效控制区域也主要局限在今浙江省北部和江苏省南部的杭嘉湖平原及太湖周围地区。石家河文化所在的邦国，其有效控制区域主要在今江汉平原。宝墩文化所在的邦国，主要控制区域限定在今成都平原地区。尧王城所在的邦国，其控制区域主要位于鲁东南地区的盆地。在这种情况下，设置一个都邑即可对邦国进行有效统治和管控，没有必要，也不具备政治、军事实力在都邑之外再建立其他都邑。因此，只能施行一都制的设都制度。

夏代太康时期和夏代后期，夏王朝势力强大，社会秩序较为稳定，没有明显的内外军事威胁，导致一都制的推行。早在禹之时，夏族已控制了诸多族群。据《左传·哀公七年》记载，禹曾"会诸侯于涂山，执玉帛者万国"。建立在禹权威基础之上的夏启，实行的是以军事进攻和镇压为主的政策，杀伯益，灭有扈氏，征西河。军事战争的胜利，使夏王朝政权逐渐稳固并发展壮大。《左传·昭公四年》记载夏启曾举行"钧台之享"，诸部族宾从，这应该是夏王朝军事力量强大的真实写照。至太康时期，夏王朝异常强大，社会进入和平发展时期，夏王朝设置唯一的都邑斟寻。由于夏王太康被国家的强大和短暂的和平冲昏了头脑，不注重军事防御，长期盘桓于都邑及附近，整日沉迷于游乐之中，从而导致"后羿代夏"事件的发生。经历少康、帝宁时期的艰苦奋斗，夏王朝逐渐恢复势力。胤甲之后，夏王朝的外患大大缓解，进入政局平稳、势力大增的阶段。从考古学上看，目前发现二里头文化三、四期（大致相当于胤甲之后至夏桀时期）的分布范围在第二期的基础上又有所扩张，就证明了此时夏王朝进入了鼎盛阶段。由于胤甲之后国家政局的平稳和势力的强盛，便没有必要在都邑之外另设其他都邑。

商代前期政局不稳定，夏遗民的反抗、商王朝与东夷集团关系恶化而导致的军事冲突，以及由王位继承纷争而产生的"九世之乱"，使得社会动荡不安。但在盘庚迁殷之后的商代后期，尤其是武丁之后，商王朝势力逐渐强大，政局相对稳定，军事力量无与伦比，夏遗民的势力基本消失殆尽，东夷集团也在与商王朝旷日持久的战争中逐渐衰败，商王朝势力向东方大大扩展，属于东夷集团的岳石文化分布区逐渐东缩，仅在胶东地区留有东夷集团的残存势力（珍珠门文化）。商王朝的周边空前地和平宁静，再兼之盘庚之后建立了规模宏大、规划严谨的洹北商城、小屯殷墟作为都邑，没有必要再建立其他都邑。因此，在整个商代晚期（盘庚至帝辛），商王朝施行一都制的设都制度。

（二）空间特点

从空间上来看，一都制时期设立的都邑多位于国家控制的中心或近中心区域，都邑也体现出规模较大、发展较为稳定的特征。

首先，都邑设立于国家控制的中心区域。在邦国阶段，居中的都邑选址原则就已经发端。如陶寺文化中以陶寺城址为中心，在1750平方千米的范围内有54个规模大小不等的陶寺文化聚落遗址，这些聚落在规模上呈金字塔式结构，簇拥在陶寺城址的周围，控制了以临汾盆地为中心的晋南地区[1]。良渚城址基本位于面积近34平方千米范围的良渚文化遗址群的中心位置。石家河城址周围在屈家岭—石家河文化时期形成了类似"都、邑、聚"的等级体系，呈新月形带状分布，而石家河城址正位于其中心地带。夏代都邑二里头

---

[1] 高江涛：《陶寺遗址是探索国家形成的重要遗址》，《临汾日报》2015年7月2日。

遗址位于豫西洛阳盆地内。从二里头文化的分布范围来看，尽管各期之间有所变化，但豫西地区一直处于中心地位。商代后期，由于商王朝南部边境的北缩，原处于中心地区的郑州商城离南境过近，存在一定的军事隐患。同时，商王朝大力向北方、东方扩展版图，使今安阳殷墟一带成为商代后期商王朝控制区的中心地带。

其次，都邑规模较大，在长时期内持续建造和使用。龙山时代至夏商时期，施行一都制的都邑普遍规模较大，在长时间内被持续建造和使用。龙山时代的陶寺城址，城址面积达280万平方米，成为同时期中国面积最大的城址之一。文化遗存丰富多彩，陶寺早期就形成了宫城、墓地，在中期继续沿用宫城，并修建了大城与小城，晚期时虽然呈现出一定的衰败迹象，但仍然持续增修和使用着宫城。都邑延续时间较长，陶寺一带作为都邑年代贯穿陶寺文化的早、中、晚期。石峁城址面积巨大，达到了400万平方米，是同时期面积最大的一座城址。城址规划严谨，由外城、内城、皇城台构成，均修建有规整的石砌城垣，城内建有体量巨大、结构复杂、构筑技术先进的外城东门址以及大型宫殿建筑，自龙山文化晚期一直沿用至夏代早期。夏代都邑二里头遗址、商代都邑洹北商城和小屯殷墟遗址均规模较大。尤其是二里头遗址和殷墟遗址，面积分别达到300万平方米和超过30平方千米，均为同期城址中的翘楚。洹北商城因为突发的灾害而废弃，城址没有最终建造完成，但其面积也达到了470万平方米。三座都邑均事先经过严密的规划，城中有宫城（宫殿宗庙区）、大型宫殿基址、高等级的手工业作坊。殷墟还发现目前已知最早的王陵，规格等级较高。除洹北商城因火灾突然被废弃之外，二里头和小屯殷墟遗址均被长期建造和使用。二里头遗址自二里头文化一期始建，至二里头文化四期，中间宫城内的宫殿基址不断地扩建、再建，二里头文化第四期还修建新的宫殿。小屯殷墟都邑自殷墟文化第二期（武丁时期）始建，延续使用至殷墟文化第四期，中间不见中断或废弃的现象。

第二节 主辅都制

所谓主辅都制，是指一个国家以一座都邑为主都，另外设立一个或若干个辅助性的都城，即辅都，二者共为国家之都邑。在设都制度上，中国早期国家除了施行一都制，在一定时期内还推行主辅都制。主辅都制的存在和推行，有着深刻的主观原因和客观原因。

一 主辅都制分析

从文献和考古材料综合分析可知，中国早期国家都邑不应"屡迁"，而应施行主辅都制度。主辅都制的出现可以追溯至夏禹时期，而后在夏代和商代前期也有所推行。

（一）早期国家并非都城"屡迁"

众所周知，中国古代都邑是国家的政治、军事、经济、文化中心，建有大型防御设施和宏伟壮观的宫殿、宗庙建筑，都邑附近还设有王陵区和贵族、平民墓葬区。没有特殊情况，一般不会随意废弃和另建新都。由于生产力发展还相对落后，夏商时代建设王都不会是轻而易举之事，当时统治者会十分慎重对待迁都问题，不到万不得已是不会迁都的。从《尚书·盘庚》可以看出当时在"殷降大虐"的情况下，一般民众和贵族犹不想迁都；盘庚利用说理甚至恐吓的手段，才达到迁都的目的。从郑州商城考古发现可知，当时的都邑建造是一项庞大工程，要耗去大量人力、物力和较长的时间，动辄进行废旧立新性质的迁都是不可思议的。

文献记载夏商时代都邑屡次变迁。夏王朝从启到桀，16位夏王曾都于阳翟、斟寻、商丘、斟灌、原、老丘、西河等7地（图4-3），其中除后羿代夏导致后相被迫迁居商丘、斟灌之外，夏王朝在和平年代尚有5次迁都。商王朝建都亳之后曾有5次迁都，一般认为这5次迁都是：仲丁迁隞，河亶甲迁相，祖乙迁邢（耿、庇），南庚迁奄，盘庚迁殷。夏商时代存在如此多的都邑，自汉代至今学界一般以"都邑屡迁说"来释之，即夏商时代存在都邑屡迁现象。至于为何出现都邑"屡迁"现象，学界解释众说纷纭。综合起来，主要有政治斗争说[①]、军事战争说[②]、游农说与游牧说[③]、水患说[④]等五种观点。对这五种观点进行剖析不难发现，无论哪一种观点，都有其弊端和疑窦，用这些观点无法圆满解释夏商时代所谓都邑"屡迁"现象。如政治斗争说认为夏商时代都邑"屡迁"是由于政治斗争所致。但统治阶级政治斗争的目的是争夺王权和控制国家，故参与政治斗争者，尤其是政治斗争中的胜利者，应该极力控制都邑地区这个权力中心，而不大可能拱手把都邑让给别人盘踞而自己另选他址营造新都，故统治阶级内部的政治斗争似乎与迁都没有必然联系。军事战争说以为夏商时代都邑"屡迁"是由于军事战争的需要。但都邑的设置，除了考虑军事作战方便之外，还要考虑是否利于军事防御、交通是否方便以及能否有效地对全国进行统治。仅仅为了"作战方便"就把旧都废弃而迁都到"国防第一线"是不可思议的。游牧说和游农说认为夏商时代都邑"屡迁"是当时的"游牧、游农经济"所致。这种观点与考古发现判断出的商代社会属于定居的农业经济不符合。水患说认为商代都邑"屡迁"的原因是由于水患所致。而实际情况是，除了部分迁都与水患可能有一定的关系，如盘庚迁殷，尚未有确凿证据表明夏商时代其他迁都与水患

[①] 郭沫若：《中国史稿》，人民出版社1976年版，第162页；黎虎：《殷都屡迁原因试探》，《北京师范大学学报》1982年第4期；孙淼：《夏商史稿》，文物出版社1987年版，第369页；张之恒：《夏代都城的变迁》，《夏文化研究论集》，中华书局1996年版。

[②] 邹衡：《夏商周考古学论文集》，文物出版社1980年版，第210页；杨升南：《"殷人屡迁"辨析》，《甲骨文与殷商史》第二辑，上海古籍出版社1986年版。

[③] 丁山：《由三代都邑论其民族文化》，《历史语言研究所集刊》第五期第一分册；郭沫若：《中国古代社会研究》，科学出版社1960年版，第216页；傅筑夫：《中国经济史论丛（上）》，生活·读书·新知三联书店1980年版，第47页。

[④] 吴泽：《中国历史大系（古代史）》，棠棣出版社1953年版，第320页；顾颉刚、刘起釪：《〈盘庚〉三篇校释译论》，《历史学》1979年第1、2期；李民：《殷墟的生态环境与盘庚迁殷》，《历史研究》1991年第1期。

直接相关①。因此，学界很有必要对文献有关夏商时代都邑"屡迁"记载的可靠性和准确性重新审视。

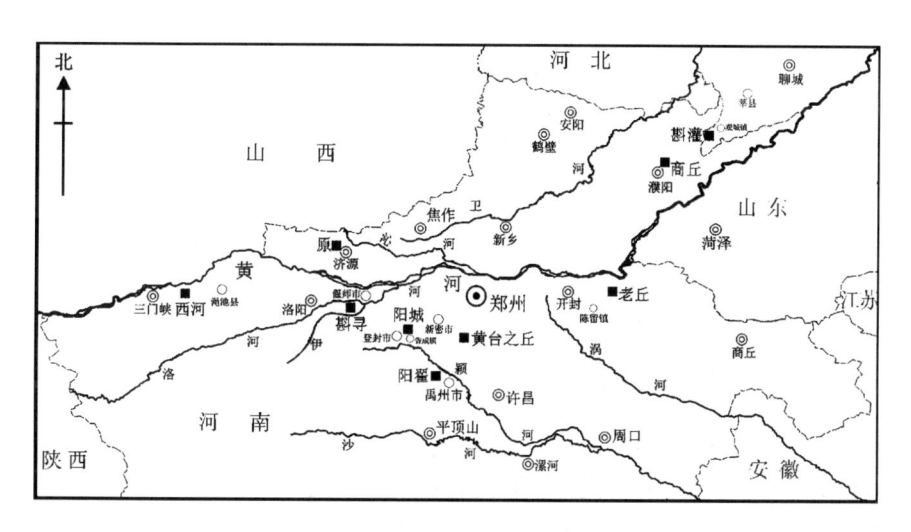

图 4-3 夏代都邑分布示意图

考古材料表明夏商时代都邑并非"屡迁"。从二里头遗址、郑州商城、偃师商城、安阳殷墟的考古发现可知，四地作为都邑的时间是相当长的。二里头遗址作为夏都存在数百年之久。从文化遗迹来说，二里头遗址二至四期皆发现有宫殿（或大型建筑）基址，第一期也有宫殿建造的迹象，说明该地从二里头文化第一期到第四期皆为都邑性质。从文化遗物来看，二里头遗址一至四期文化因素紧密相连，一脉相承性非常强烈，中间没有缺环、中断或废弃现象。从年代上看，该遗址的绝对年代约在公元前1900—前1600年之间，前后延续至少二三百年，涵盖夏王朝中后期大部分的年代。以此可知，若认同二里头文化为夏文化、二里头遗址为夏都，那么可以判定夏王朝时期都邑并非"屡迁"。同样，郑州商城作为商代都邑延续年代也较长。郑州商城始建于二里岗文化第一期（二里岗下层一期），延

---

① 张国硕：《论夏商时代的主辅都制》，北京大学考古文博学院编：《考古学研究（五）：庆祝邹衡先生七十五寿辰暨从事考古研究五十年论文集》，科学出版社2003年版。

续使用到二里岗文化第四期（二里岗上层二期），年代接近二三百年[1]。安阳殷墟作为商代后期都城一直存在。至少从盘庚开始，安阳一带即为商王朝都邑所在地。直至纣王时期，商王朝一直以殷地为其都邑。其中洹北商城是盘庚时期始迁之殷都，即"盘庚之殷"，小屯殷墟是武丁之后至纣王期间的殷都，即"武丁之殷"[2]。即便是在商代晚期（殷墟文化第四期），殷墟仍作为商王朝的都邑延续存在。这是由于小屯一带出土大量与商王及商王室生活有关的甲骨卜辞，年代从武丁时代开始，一直延续到帝乙、帝辛时期，并未出现文丁之后甲骨卜辞中断的现象；这里发现的殷墟文化一至四期是连续发展的，中间无缺环，而且第四期（帝乙、帝辛）的遗址面积大，分布范围也最广，遗存丰富，反映出帝乙、帝辛时期这里人口稠密，无衰落、中断现象；殷墟还发现大量属帝乙、帝辛时期的墓葬，包括大量的平民墓葬和王陵、贵族墓葬等。这充分说明，帝乙、帝辛时期商王朝并未废弃殷都而另迁他地[3]。

（二）主辅都制的施行

准上分析判定的早期都邑屡迁不合常理、夏商都邑具有长期性等观点，那么如何解释文献有关夏商时期都邑"屡迁"的记载？我们认为，这与中国早期都邑部分时期施行的主辅都制直接相关。通过深入分析研究文献与考古材料可知，主辅都制萌芽于夏禹时期，形成于夏代，商代前期广泛推行。

1. 主辅都制的萌芽

禹是夏王朝建立之前夏邦国的最后一位首领，又曾继虞舜之后担任"尧舜禹族群联盟"的首长。关于禹的都邑，文献记载多为阳城。如古本《竹书纪年》记载"禹居阳城"，《世本》也说"禹都阳

---

[1] 张国硕：《关于郑州商都的延续年代》，中国殷商文化学会、中国古都学会、郑州市人民政府编：《郑州商都3600年学术论文集》，中州古籍出版社2004年版。

[2] 张国硕：《论殷都的变迁》，《2004年殷商文明国际学术研讨会论文集》，社会科学文献出版社2004年版。

[3] 张国硕：《关于殷墟的几个问题》，《考古与文物》2000年第1期。

城"。但除此之外，文献还记载禹都安邑、平阳、晋阳等地。如《世本》："夏禹都阳城……又都平阳，或在安邑，或在晋阳。"《帝王世纪》："尧都平阳，舜都蒲坂，禹都安邑。"《魏书·礼志》："（北）魏孝文帝太和年间始由官方祭祀尧于平阳，舜于河东，禹于安邑。"有学者考证，平阳即晋阳，二者应为一地[①]。准此，则夏禹之都至少仍有阳城、安邑、平阳三地。

关于阳城的所在，一般认为是河南登封王城岗城址。文献中有阳城位于登封市告成镇的记载。如《国语·周语上》韦昭注："夏居阳城，崇高所近。"《史记·夏本纪·集解》引刘熙曰："今颍川阳城是也。"《水经·颍水注》记载阳城在颍水与五渡水交汇处，《括地志》亦云"阳城在箕山北十三里"。考古工作者在河南登封市告成镇的王城岗发现一座龙山时代城址，更为重要的是在告成镇附近还发现东周时代的阳城城址。王城岗城址时代包含夏禹所处时代，位置与《水经注》等记载阳城地望相合，故多数学者赞同登封王城岗一带即为禹都阳城所在地[②]。王城岗城址发现有小城和大城。其中大城面积达34.8万平方米，发现有地面城垣，城内还有祭祀坑、灰坑、大面积的夯土基址等遗迹，出土白陶、玉石琮等高等级的遗物，应是王湾三期文化时期的一处都邑，当与禹都阳城有关。

夏禹所都之平阳应为临汾盆地的陶寺城址，具体来说是陶寺晚期城址。首先，文献记载平阳是唐尧、虞舜的都邑，其位置在山西襄汾一带。如《水经·汾水注》："（汾水）又南迳平阳县古城……应劭曰：县在平河之阳，尧、舜并都之也。"《史记·晋世家》载叔虞居唐在"河、汾之东"，《正义》："封于河、汾之东方百里，正合在晋州平阳县。"其次，考古发现的陶寺城址具有都邑性质，应分别为唐尧和虞舜之都。再次，陶寺晚期城址出现较强的暴力色彩，毁坏了中期城垣和大型墓葬，这种现象可能与文献记载中夏禹通过暴

[①] 丁山：《由三代都邑论其民族文化》，《历史语言研究所集刊》第五本第一分册，1935年版。

[②] 安金槐：《豫西夏代文化初探》，《中国历史博物馆馆刊》1979年第1期。

力实现与虞舜的权力更替有关。陶寺文化晚期，陶寺都邑的宫城又出现了增修和继续使用的现象，说明此时都邑并未完全废弃，增修和使用的宫城可能就是夏禹取代舜任"尧舜禹族群联盟"首长后短暂就职之都。

文献记载夏禹所都之安邑位于晋西南地区。如《太平御览》卷一六三引《帝王世纪》："禹自安邑都晋阳。"此外，《水经·涑水注》称安邑为"禹都"，《尚书》孔颖达疏又曰"禹治安邑"，《史记·吴太伯世家·索隐》称"夏都安邑"。其具体位置，《史记·秦本纪·正义》引《括地志》："安邑故城在绛州夏县东北十五里，本夏之都。"《史记·晋世家·正义》："与绛州夏县相近，禹都安邑故城在县东北十五里。"因此，安邑位于今山西夏县一带。

安邑、平阳等都的设立，可能与夏禹族群势力的北上晋南有关。居于豫西地区的夏族，在夏禹争得尧舜禹族群联盟首长职位之后，力图控制今晋南地区原属尧、舜等邦国的分布地域，从而开始夏族的北上进程[①]。这个北上进程应是从今豫西地区出发，途经今豫西北地区踏入晋境，占据晋西南地区，最终进入临汾盆地，并控制今晋南地区。从地理位置上看，安邑（夏县）处于尧舜族群与夏族势力范围的中间地带，临汾盆地是尧族群分布的中心地带，夏禹代替虞舜后最应该警惕的就是唐尧、虞舜族群力量的反扑。故在控占今晋南地区的进程中，夏禹分设一些辅助性的政治中心，先后以晋西南运城盆地的安邑、临汾盆地的平阳设置都邑，以便于从事政治、军事活动。值得注意的是，《世本》先说"禹都阳城"，再言禹又"都安邑、平阳"，而没有称先都安邑，而后才都阳城，这实际上是反映了夏族的起源及北上路线。通过设立安邑、平阳等政治中心，夏禹终于控制了今晋南地区的局势。此后至夏启时期，夏王朝的政治中心仍集中在豫西地区，晋南诸政治中心即不再存在。

在夏禹的三个都邑中，王城岗城址（阳城）位于夏族群势力范

[①] 张国硕：《从夏族北上晋南看夏族的起源》，《郑州大学学报》1998年第6期。

围的传统地带和核心区域,且拥有规模巨大的城垣,城内发现有高等级遗存,整体规格较高,都邑延续时间长,应是夏族邦国主要的都邑。而安邑、平阳等都是夏禹族群北上晋南扩张势力过程中设置的都邑,存在时间短,都邑设施并不完善。晋南地区长期属于尧舜族群的势力范围,属于夏族群控制范围的外围地带。由于夏禹是使用暴力手段接替虞舜的族群联盟首长之位,对陶寺城址造成了巨大的损毁,致使该都邑基础设施毁坏殆尽,在这里已不适宜设置长久性的都邑,只是对宫城加以增修重建,当作夏禹短期的政治中心和军事中心。因此,阳城应是夏族邦国主要的、长久的都邑,而安邑、平阳等则为夏禹邦国辅助性的、临时性的都邑。

综上可知,夏禹邦国应长期以王城岗城址为主要的都邑,出于政治需要和军事考虑在晋南地区设置两个辅助性的政治中心。由于夏禹时期仍处于邦国阶段,国家和都邑具有原始性和初创性,再加上平阳和安邑的功用主要是军事基地和临时驻跸之地,存在时间较短,来不及建造一些与都邑有关的大型设施。因此,尽管此时的设都已经具备主辅都制的一些因素,但与夏商时代较为成熟的主辅都制仍有较大差异,可称之为"主辅都制的萌芽期"。

2. 夏代的主辅都制

夏代进入王国时期,夏王朝先后设置有阳翟、黄台之丘、斟寻、帝丘、斟灌、原、老丘、西河等都邑。分析显示,除了太康时期和夏代晚期施行一都制设都制度之外,在夏代早期的夏启、中期的帝宁与胤甲时期,在设置一个主要都邑的同时,另设置一些辅助性的都邑。由此,早期都邑的主辅都制正式形成。

夏启是夏王朝的第一任国王。关于夏启之都文献中有较多的记载,主要都城是阳翟等。如《史记·周本纪·集解》引徐广:"夏启居河南,初在阳城,后居阳翟。"又如《吴越春秋·越王无余外传》:"启遂即天子位,治国于夏。"《帝王世纪》:"禹受封为夏伯,在《禹贡》豫州外方之南……今河南阳翟是也。"可见夏启所都之"夏"即指的是阳翟。此外,《左传·昭公四年》:"夏启有钧台之享。"杜预注:"河南阳翟县南有钧台陂,盖启享诸侯于此。"《帝王世纪》云:"阳翟有钧台,在县西。"由此可知,夏代初年,夏启继禹都阳城之后,曾以阳翟为都邑,并在阳翟的钧台举行与诸侯会盟等重大政治活动。关于阳翟的位置,《括地志》云:"阳翟,洛州县也。"《史记·高祖本纪·正义》解释"都阳翟":"洛州阳翟县是,韩王信之都。"可知阳翟应在今禹州境内。在今禹州市的颍水两岸,发现多处属于河南龙山文化晚期和新砦期的文化遗存。其中位于禹州市西的瓦店遗址,规模较大,规格较高,不排除其为禹、启时期政治中心的可能性,有学者甚至认为其就是启都阳翟①。

除了阳翟,史载夏启还曾以黄台之丘作为都邑。如《穆天子传》卷五:"天子南游于黄台之丘,以观夏后启之所居,乃□于启室。"《水经·洧水注》:"洧水又东南,赤涧水注之。水出武定冈,东南流,迳皇台冈下。"丁山先生认为"黄台之丘"可能即"皇台岗",其位置在新密境内的洧水岸边②。皇台岗附近的赤涧水就是新砦城址以东不远的武河③。穆天子经皇台岗观夏启之居,可见夏启之都离皇台冈不远。考古发现证明,新砦期是晚于王湾三期文化(先夏文化)、早于二里头文化一期的一种考古学文化遗存,整体特征更接近二里头文化系统④;其年代应为包括夏启在内的夏王朝早期⑤。这种遗存主要分布于河南中部颍水中上游的新密、登封、禹州一带,且新密新砦还发现有规模宏大、高规格的新砦期都邑遗址,其年代也与夏启所处时代相符,这从另一个侧面说明早期夏族的活动中心是在颍汝河流域,新砦遗址可能就是夏启之都"黄台之丘"。

---

① 河南省文物考古研究所:《禹州瓦店》,世界图书出版公司2004年版,《内容提要》;方燕明:《寻找夏代早期的城址》,《寻根》2010年第3期。
② 丁山:《由三代都邑论其民族文化》,《历史语言研究所集刊》第五本第一分册,1935年版。
③ 赵春青:《新密新砦城址与夏启之居》,《中原文物》2004年第3期。
④ 赵芝荃:《略论新砦期二里头文化》,《中国考古学会第四次年会论文集》,文物出版社1985年版。
⑤ 张国硕:《夏纪年与夏文化遗存刍议》,《中国文物报》2001年6月20日。

关于阳翟与黄台之丘的关系，文献没有载明，据现有材料，两者并存、同为启之都的可能性是存在的。其依据在于文献有较多"启（或禹）居阳翟"的记载，这些记载不应是毫无根据的附会之说，应反映一定的历史事实；而且在今禹州市的瓦店发现属于河南龙山文化晚期和新砦期的大型聚落遗存。同样，年代亦属于河南龙山文化晚期和新砦期的新密新砦遗址规模大，发现大型城垣和多重护城壕以及大型建筑遗存，具备都邑性质，建造年代与夏启时代接近，也不能排除其为早期夏都的性质[1]。

据文献记载，太康至胤甲时期，夏王朝设置多处都邑，包括斟寻、商丘、斟灌、原、老丘、西河等。其中除了商丘、斟灌属于太康失国期间的临时性都邑之外，其他皆为一般情形下的夏都。其中在夏代斟寻存在期间，还设置有原、老丘、西河等都邑。

古本《竹书纪年》明确记载："太康居斟寻，羿亦居之，桀又居之。"说明太康至桀期间，夏王朝以斟寻为都。关于斟寻的地望，结合文献和考古材料来看，二里头遗址应为夏都斟寻，其始建于太康时期，止于夏桀之末，中间未经中断或废弃[2]。

文献记载帝宁曾都于原、老丘。如古本《竹书纪年》："帝宁居原。"又载："（帝宁）自（原）迁于老丘。"可见帝宁先后以原、老丘两地为都。一般认为原都在今河南济源市境内，老丘之都在今河南开封市陈留镇东北。在距济源市区2千米发现的庙街（原城）遗址，总面积达75万平方米，为目前发现的大型夏代遗址之一。此遗址规格应较高，绝非一般村落遗址，确定其为帝宁原都[3]是可信的。帝宁时期的年代大约相当于二里头文化第二期前后，此时夏都斟寻（二里头遗址）并未被废弃，而是逐渐进入繁荣期，因此夏都斟寻与

---

[1] 张国硕：《夏王朝都城新探》，《东南文化》2007年第3期。
[2] 张国硕：《论二里头遗址的性质》，《二里头遗址与二里头文化研究》，科学出版社2006年版。
[3] 杨肇清：《原城考》，河南省文物考古学会编：《河南文物考古论集》，河南人民出版社1996年版。

原、老丘等都之间不是前废后兴的关系，而是在年代上有一定的并存或交叉。

文献记载胤甲（帝廑）都西河。如古本《竹书纪年》："胤甲即位，居西河。"关于西河的地望，历来众说纷纭，主要有豫东北说[①]、山西汾阳说[②]、龙门至华阴一带说[③]、河南洛阳至陕西华阴之间说[④]等四种观点。我们认为"洛阳至华阴说"比较合理，可以信从。这是由于夏朝王都的设立，在没有大规模异族入侵的前提下，理应在夏族的势力范围之内，而不能远离夏王朝统治的中心区域。豫北地区在夏王朝中后期已属先商文化（下七垣文化）的分布区，夏王朝已不能有效地控制这一地区，更谈不上在此地设都。山西汾阳一带不见属于夏文化的二里头文化遗存，此地带根本不是夏王朝能够控制的区域，基本安全尚不能得到保障，何谈定都于此。而山西西部至陕西东北部地区多为山地、丘岭地貌，生态环境恶劣，且偏离夏王朝统治的中心区域，故在此建都的可能性也不大。相比之下，豫西西部至陕西华阴以东，尤其是三门峡地区，历来皆为夏王朝的控制区域，这里发现有较为丰富的二里头文化遗存[⑤]，故西河位于此间某地的可能性最大。胤甲时期大约相当于二里头文化二、三期，此时正是斟寻的繁盛期，显然斟寻与西河也是并存关系，而非前废后兴关系。

分析发现，斟寻应为夏王朝的主要都邑。理由有二：一方面，斟寻作为都邑存在时间长。二里头遗址一至四期连续发展，中间无间断、缺环或废弃现象，而且早期、晚期也都有宫殿建筑，反映出

[①]《史记·孔子世家·索隐》："西河在卫地。"

[②]《史记·仲尼弟子列传·正义》："西河郡，今汾州也。"《索隐》："西河在河东郡之西界，盖近龙门。"

[③]《礼记·檀弓》郑玄注："西河，龙门至华阴之地。"《史记·魏世家·正义》："自华州北至同州，并魏河西之地。"

[④] 范文澜：《中国通史简编》第一册，人民出版社1955年版，第102页。

[⑤] 黄河水库考古队河南分队：《河南陕县七里铺商代遗址的发掘》，《考古学报》1960年第1期；河南省文化局文物工作队：《河南渑池鹿寺遗址试掘简报》，《考古》1964年第9期；河南省文物研究所：《渑池县郑窑遗址发掘报告》，《华夏考古》1987年第2期。

此地一直为夏王朝的都邑所在地，存在年代应达数百年之久。这就是说，从太康都斟寻开始，至夏桀亡国，夏王朝一直以斟寻为其都。另一方面，斟寻规模大，规格高，遗存最为丰富。在现今发现的二里头文化诸遗址中，二里头遗址规模最大，其规格高于其他任何遗址。二里头遗址面积约 300 万平方米以上，其中宫城面积超过 10 万平方米。二里头遗址发现有多处宫殿基址，还设置有铸铜、制陶、制骨、制作绿松石器等手工业作坊遗存，有大型墓葬及中小类型墓葬，出土有精美的青铜器和玉器，这些遗存是其他二里头文化遗址所无法相比的。只有夏王朝长期以此地为都，才能形成如此高规格且十分丰富的文化遗存。

原、老丘、西河应是夏王朝因政治、军事需要在主要都邑斟寻之外设立的辅助性政治中心（即辅都）。这是由于这些都邑皆位于夏王朝控制区的外围地区，存在时间短，规模较小，文化遗存也不丰富，根本无法与斟寻相比。如从规模上看，斟寻（二里头遗址）面积达 300 多万平方米以上，有大型宫殿；而原都面积只有 75 万平方米，仅及斟寻面积的五分之一。显然，斟寻都邑应为夏之主都，原都邑应为夏之辅都。

3. 商代的主辅都制

张衡《西京赋》曰："殷人屡迁，前八后五。"指的是商族在建国前都邑曾迁徙八次，建国后迁徙五次，可见有商一代存在多个都邑。根据文献记载，商王朝建立后曾迁都 5 次，拥有 6 座都城，即商汤都亳、仲丁迁隞（嚣）、河亶甲迁相、祖乙迁邢（庇、耿）、南庚迁奄、盘庚迁殷。依据考古材料，结合文献记载，可以发现，郑州商城是商汤之都亳，其延续时期较长，从二里岗下层一期，延续到二里岗上层二期，其一直作为商都存在，尤其是二里岗上层二期（白家庄期）阶段，郑州商城并未废弃，直至盘庚迁殷之前，仍具备都邑性质。仲丁至南庚的年代应落在二里岗文化上层二期的范围之内，这一时期郑州商城作为商都一直在使用之中。这就是说，作为亳都的郑州商城，与仲丁隞（嚣）都、河亶甲相都、祖乙邢（庇、耿）都、南庚奄都之间一段时期内是并存的，而非年代上的前后关系。造成这种现象的原因，应与商代施行主辅都的设都制度密切相关。研究表明，商代前期施行主辅都制，即以郑州商城为主都，在不同时期根据不同政治、军事需要设立其他辅都。

郑州商城应为商代前期的主都。这是由于郑州商城规模大，规格高，且延续时间长。郑州商代遗址总面积达25平方千米。内城城垣周长近7千米，城内面积约300万平方米以上。外城面积达十多平方千米。而与郑州商城同期的偃师商城城垣（外城）周长不足6千米，城内面积只有190万平方米，不及郑州商城内城面积的三分之二，更是大大小于郑州商城外城的面积。其他商代前期城址面积更小，显然无法与郑州商城相比。郑州商城发现有大型多重的城垣设施，而且还发现多处宏伟壮观的宫殿建筑、各种手工业作坊和各类墓葬，并出土大型方鼎、圆鼎、精美玉器和原始瓷器等珍贵遗物。其他遗址，如偃师商城等也发现有城垣、宫殿、手工业作坊、贵族墓葬等重要遗迹和青铜礼器、玉器等贵重遗物，但无论是规模、数量还是规格方面，郑州商城皆大于或优于其他商城。从年代上看，郑州商城作为商代都城始建于二里岗下层一期前后，并延续到上层二期。郑州商城出土的多件青铜方鼎等白家庄期至殷墟一期以前阶段的王室重器，其为目前发现的所有同期商代遗址中器形最大、铸造技术最为精良的青铜礼器。这充分说明仲丁以后乃至盘庚之前，商王朝并未废弃郑州商城而迁往他地另建新都。

偃师商城是商王朝设立的第一个辅都。从考古发现来看，郑州商城与偃师商城均具有都邑性质，二城的始建年代与使用年代相近，这几乎已是学界公认的事实。虽然郑州商城为汤都亳，但《汉书·地理志》《帝王世纪》《括地志》等文献明确记载偃师一带亦为"汤都西亳"，而且在偃师西南郊又发现有偃师商城遗址，故忽视或否认偃师一带存在另一商都是与历史事实不相符的。实际上，"亳"之含义犹如后世之"京"，凡是商王朝政治中心所在地皆可称"亳"。因此，郑州商城与偃师商城可并称"亳都"①，二者共存于商王朝前期的大部分时段。既然二者皆为商王朝前期之都邑，其中必有主、次之分。显然，无论城址规模，或是出土遗物数量、规格，偃师商城皆大大逊色于郑州商城，偃师商城当为辅都性质。

隞、相、邢、奄等四都亦皆为商王朝前期的辅都。证据之一是郑州商城作为都邑延续时间长，仲丁以后乃至盘庚迁殷以前这里仍具有都邑性质，作为亳都的郑州商城与其他四个商都之间在一定时段内是并存的，而非前废后兴的关系。证据之二是仲丁至盘庚年代较短，正常情况下不足百年，在如此短的时间内频繁迁都、兴建新都是难以想象的，也是不合情理的。证据之三是商王朝在未发生大规模异族入侵至都城的情况下，废弃其统治中心地区的都邑（亳都）而迁往周边地区，且设置唯一的都邑，这样的举动也是令人费解的。商代前期后段的统治中心区是在今天的郑洛一带，按理说一都制之商都应在这一带设立。但是相（今河南内黄）、邢（今河北邢台）、奄（今山东曲阜）三都，皆位于商王朝固有统治区之外围，远离商王朝的中心区域。因此，相、邢、奄等不应该是商王朝新设置的单一都邑，当属商王朝主要都邑亳（郑州商城）之外的辅助性都邑。至于隞都，其地望目前尚存较大争议，或曰其地在今郑州西北郊的小双桥一带或邙山或黄河之中②，或曰在今豫东某地③，或确定在今山东南部④。若是后二者，其性质理应与相、邢、奄一样亦属辅都；若是前二者，其与郑州商城相距不足20千米，二者之间在二里岗上层二期（白家庄期）是并存关系，而郑州商城的规模、规格、文化遗存丰富程度等方面皆远远超过小双桥遗址或郑州西北郊其他商代遗址，故定位今郑州西北郊的隞都仍属于辅都性质，郑州商城仍是

---

① 张国硕：《郑州商城与偃师商城并为亳都说》，《考古与文物》1996年第1期。
② 陈旭：《郑州小双桥商代遗址即隞都说》，《中原文物》1997年第2期；郑杰祥：《夏史初探》，中州古籍出版社1988年版，第294页。
③ 唐孔颖达《尚书正义》卷八引东晋李颙："嚻在陈留浚仪县。"
④ 丁山：《商周史料考证》，中华书局1988年版，第29页。

商王朝的主都。

二 主辅都制的特点

从以上论证可知，主辅都制自夏禹时期萌芽初现，到夏代正式实施，商代持续施行，成为中国早期都邑重要的设都制度。分析发现，主辅都制在施行阶段、地理方位、规模规格、延续年代等方面存在显著的特点。

（一）施行阶段

首先，主辅都制主要推行于王国时期。邦国阶段主辅都制萌芽，各邦国较少使用，只是夏禹时期以阳城为主都，以安邑、平阳为辅都。进入王国时代后，主辅都制开始较多推行。夏王朝时期，大型都邑出现，主辅都制正式形成，夏启时期以阳翟、黄台之丘为都邑；帝宁时期以斟寻（二里头遗址）为主都，相继以原、老丘为辅都；胤甲时期以斟寻为主都（二里头遗址），以西河为辅都。商代为主辅都制的广泛实施阶段，商王朝以亳（郑州商城）为主都，以偃师商城为辅都；仲丁至南庚期间又分别以隞、相、邢、奄为辅都。

其次，主辅都制主要施行于王朝前期。主辅都制在夏代早期的启时期施行，属于夏代中期的帝宁、胤甲时期继续推行。至胤甲居西河之后的夏代晚期，夏王朝以斟寻为唯一的都邑，不再设置其他辅都。商王朝自汤开始施行主辅都制，至盘庚迁殷前结束。汤至盘庚的年代大致相当于二里岗文化时期，属于商王朝前期。

再次，主辅都制主要施行于社会动乱时期。夏商时期设置辅都，通常是在国家初创时期或出现叛乱、政局不稳之时，有着较强的政治、军事目的。如夏启创建了夏王朝，存在伯益争权、有扈氏叛乱等不稳定因素。经历了"羿浞代夏""太康失国"等事件，夏王朝颠沛流离，几乎灭国，控制区域丧失殆尽。随着"少康中兴"，夏王朝政治、军事力量逐渐得到恢复和发展，至帝宁之时，开始大规模对北方、东方的方国和部族进行军事活动。原都的设置是为了收复因"太康失国"而失去的晋南地区的控制权，而老丘的设立则是为了控制和压制东夷集团的势力。胤甲时期在夏王朝的西境设立西河辅都，使其成为镇抚今陕西关中、晋南地区的军事基地和政治中心。商代前期之所以多次设立辅都，与这个时期商王朝政权不稳、周边外患较多有关。为了控制原夏王朝中心地区势力强大的夏遗民，控制今豫西晋南地区敌对势力的反扑，商王朝专门设置了军事色彩十分浓厚的偃师商城作为其辅都。文献记载自仲丁开始，至盘庚迁殷之前，商王朝与东夷集团关系恶化，发生了激烈的军事冲突，纷争频仍。如古本《竹书纪年》："仲丁即位，征于蓝夷。""河亶甲整即位……征蓝夷，再征班方。"《后汉书·东夷列传》："至于仲丁，蓝夷作寇，自是或服或畔。"以相为辅都可能是为了镇压和控制今山东西部、河北南部的东夷诸部落；祖乙设立邢都可能为了便于就近指挥对今河北境内及鲁西北地区诸方国、部族的战争；南庚设立奄都与讨伐和镇压东夷诸部族或方国有着密切的关系。

(二) 地理方位

从位置上来看，主辅都制下的主都大都位于王朝控制的中心地区，而辅都多则位于周边地区。《吕氏春秋·慎势》云："古之王者，择天下之中而立国。"此"国"字当指都城。"古之王者"当包括夏商时代诸王。从大的范围来说，夏、商王朝统治区的中心是河洛地区，此即《史记·封禅书》所称"昔三代之居，皆在河洛之间"。尽管由于夏、商二王朝版图范围有所不同，而且不同时期统治区域也有所变化，从而导致夏商时代主都的位置也相应有所变化，但一个不变的宗旨是，主辅都之制下的主都皆位于中心统治区；与此相反，辅都则多位于主都之外的周边地区，即夏商王朝控制区的外围地带。

夏王朝统治区的中心是在豫西伊洛盆地，而其主都斟𬩽正位于这个中心区域之内。属于夏文化的二里头文化的分布范围以豫西地区为中心，第一期主要分布于豫中嵩山南北的伊洛河平原和颍河上游以及三门峡东部地区[①]；第二期分布范围扩大，北抵太行山南麓沁

[①] 李维明：《二里头文化一期遗存与夏文化初始》，《中原文物》2002年第1期。

河以西地区①，南到豫南的驻马店—南阳一线，西至关中东部华县一带，东达豫东西部②；第三、四期在西、北、东三个方向基本保持稳定，向南扩展至大别山—桐柏山北麓和南阳盆地南缘。从二里头文化一至四期分布的范围来看，二里头遗址一直处于二里头文化分布的中心地区。这里发现的二里头文化遗址最为丰富和最具代表性，文化遗存规格最高，具备大型都邑性质。文献材料多言伊洛一带是夏王朝的中心区域，如《逸周书·度邑解》"自洛汭延于伊汭，居阳无固，其有夏之居"，这与二里头文化分布的中心位于伊洛盆地的现象十分吻合。

目前所能确定的夏王朝辅都皆位于夏王朝控制区的外围地带。帝宁原辅都位于今河南济源市一带，这里在帝宁时期正处于夏王朝控制区的北缘。考古材料表明，在今河南焦作、新乡地区，以沁河为界，以北为先商文化分布区，以南则为夏文化分布区③。帝宁时期的另一辅都老丘位于今河南开封市祥符区陈留镇东北，这里正处于夏王朝统治区的东部。夏文化东向扩展并未超出今河南东部，属于东夷文化的岳石文化与属于夏文化的二里头文化大约以今杞县—鹿邑一线为界，以东属岳石文化分布区，以西为二里头文化分布区④。而位于开封县境内的老丘辅都处在此线西侧不远地带。分析判断，夏王朝另一个辅都西河也位于夏王朝控制区西部的外围地带。西河之地望虽然有争议，但判定其位于今河南洛阳市以西至陕西华阴市以东某地比较合乎情理⑤。至于西河指实，现在尚比较困难，大体应位于今河南三门峡地区。因主都斟寻在今偃师一带，若把辅都设在洛阳以西至新安一带，主、辅都相距太近，没有实际意义；但也不

---

① 刘绪：《论卫怀地区的夏商文化》，北京大学考古系编：《纪念北京大学考古专业三十周年论文集（1952—1982）》，文物出版社1990年版。
② 宋豫秦：《夷夏商三种考古学文化交汇地域浅谈》，《中原文物》1992年第1期。
③ 刘绪：《论卫怀地区的夏商文化》，《纪念北京大学考古专业三十周年论文集》，文物出版社1990年版。
④ 宋豫秦：《夷夏商三种考古学文化交汇地域浅谈》，《中原文物》1992年第1期。
⑤ 李民、张国硕：《夏商周三族源流探索》，河南人民出版社1998年版，第147页。

可能把辅都设在较偏远的华阴市以东至潼关一带，这个地区发现的二里头文化遗存甚少，说明夏王朝当时并未有效地控制这一地区。相比之下，今三门峡地区自仰韶文化庙底沟类型时期就是重要的文明发祥地，夏王朝时期这里有较为丰富的二里头文化遗存，说明这里属于夏王朝控制区的西缘，在这里设置辅都比较适宜。

商王朝前期统治区的中心是在今河南郑州地区，而其主都亳即位于这一地带。从考古发现来看，商代前期文化是以郑州二里岗遗址为代表的文化遗存。二里岗商文化的分布范围，早期（下层）主要局限于今河南境内和山西南部地区；晚期（上层）分布范围骤然扩大，不仅包括今河南省的大部和山西南部，而且今山东西部、河北中南部、陕西关中东部和商洛地区、湖北大部皆为商文化分布区，甚至赣北、湘北等地也受到商文化的强烈影响。在这个广大范围内，郑州正好居于中心地带。

商代前期的辅都除偃师商城为控制镇压夏遗民而设立、距离主都郑州商城较近之外，其他三个辅都相、邢、奄均位于商王朝前期统治区域的边缘地区，辅都隞位于商王朝控制区东部外围地带的可能性也很大。偃师商城距夏都斟寻只有6千米，这里属夏王朝统治区的中心地带。而商汤灭夏前及商王朝初年的统治中心是在今郑州一带，故在商王朝初年商人的眼里，夏王朝的中心地区则属于商王朝的"周边"地区。相、邢、奄等辅都分别位于今河南北部、河北南部和山东中部，皆远离商代前期统治中心——郑州地区。从主辅都制的分布特点来看，笔者倾向于隞都位在今河南东部或山东西部某地。二里岗上层时期，商文化已分布至今山东中部一带，显然这里已成为商王朝控制区的一部分。古本《竹书纪年》记载仲丁时有"蓝夷作寇""仲丁征蓝夷"事件发生。蓝夷属商代东夷族的一支，其分布区在今山东滕州市东南一带[①]。古本《竹书纪年》又载"仲丁即位，征于蓝夷"，以此可知仲丁即位后即设立隞辅都，这个辅都

---

① 丁山：《商周史料考证》，中华书局1988年版，第29页。

的设立应与征蓝夷有一定的关系。为便于征伐和保障自身的安全，陇都的位置应在距蓝夷分布区不太远的商王朝控制区之内，豫东或鲁西某地显然最为适宜。

（三）规模规格

从规模和规格上来看，由于主都使用时间较长，是整个国家长期的政治、军事、经济和文化中心。因此，主都的规划和修建更加精心，主都内通常建有大规模的宫殿建筑和宗庙设施，设有供统治者享用的铸铜、绿松石、玉器、制骨等高等级的手工业作坊，有的主都还建有多重高大雄伟的夯土城垣。而辅都由于存在时间普遍较短，各项设施相对而言也会较为简陋，规模和规格更无法与主都相提并论。如夏代的主都二里头遗址面积达 300 万平方米，都邑布局严谨，基础设施齐全，是目前已知面积最大、规格最高的夏代都邑。夏代的辅都原面积大约 75 万平方米，其规模和规格远无法与二里头遗址相提并论。商代前期主都郑州商城，拥有 25 平方千米的超大规模，规划有外郭城、内城双重城垣，遗存丰富，是商代前期规模最大、规格最高的都邑。而商代辅都中规模最大的偃师商城，面积只有 190 万平方米，城内未出土大型青铜器，其规模、规格等逊色于郑州商城。与邢都可能有一定联系的河北邢台东先贤遗址村北面积近 10 万平方米，村南面积 8 万平方米，合计面积不超过 20 万平方米，考古发现的遗迹主要为小型房址和灰坑，出土遗物主要为陶、石器[1]，其规模规格远不及偃师商城，更无法与郑州商城相提并论了。

（四）延续年代

主辅都制下的主都保持相对的稳定，延续时间较长，不变迁或较少变迁；而辅都根据王朝政治、军事的需要进行适当调整，延续时间短，具有相对"屡迁"性。

---

[1] 邢台东先贤考古队：《邢台东先贤商代遗址发掘报告》，《古代文明》第 1 卷，文物出版社 2002 年版。

从考古发现可知，二里头遗址（斟寻）始建于二里头文化一期（太康时期），而后在二至四期持续进行建造和使用，直至二里头文化四期之末（夏桀时期）才被废弃。相比之下，帝宁、胤甲设立的原、老丘和西河等辅都存在的时间就很短。《太平御览》卷八十二引《帝王世纪》载："帝宁在位十七年。"今本《竹书纪年》称"帝宁五年"就自原迁于老丘，而后帝宁之子胤甲又设置辅都西河。可见原、老丘作为辅都的时间是非常短暂的。

商王朝前期的主都是亳，后期的主都是殷，其主都仅仅经历了由亳到殷的变迁。商代前期以郑州商城（亳）为主都，自二里岗下层一期（商汤时期）始建，而后至二里岗上层二期连续使用，不曾中断、废弃，直至盘庚迁殷，在整个商代的前半段一直是以郑州商城为主都，延续时间达二三百年之久。而商代前期设立的辅都除偃师商城使用时间较长外，在仲丁至盘庚不足百余年的时间中，辅都经历了4次变迁，延续时间普遍较短，其中相作为辅都仅存在9年，隞都也仅存在了19年。

三　主辅都制推行的原因

中国早期都邑推行主辅都设都制度的原因是多方面的，既包括客观原因，也有主观原因。

（一）客观原因

首先，早期国家地域辽阔是形成主辅都制的客观原因之一。夏商时代的版图包括国王直接统治区和夏商王朝控制区两部分。夏王朝时期，其直接统治区域主要位于今河南中西部，而在此区域之外还有许多受夏王朝控制的方国、部族。《左传·哀公七年》载："禹会诸侯于涂山，执玉帛者万国。"《尚书·禹贡》及《史记·夏本纪》有"五服"的记载，即把不同的地区按照距离王朝中心的远近区分成所谓的甸服、侯服、绥服、要服和荒服。从考古材料来看，二里头文化范围较广，东达豫东，南抵信阳—南阳地区，西至陕西关中东部及商洛地区，北至山西南部。商王朝时期，其直接统治区和控制区范围更广。《诗经·商颂·玄鸟》云:"古帝命武汤,正域彼四方。……邦畿千里……肇域彼四海,四海来假,来假祁祁。"《诗经·商颂·殷武》曰:"昔有成汤,自彼氐羌,莫敢不来享,莫敢不来王,曰商是常。"具体来说,商王朝的直接统治区主要位于今河南省境内,而商王朝的控制区,昌盛时期东达今山东潍坊一带,西到关中、汉中,南至湘北、赣北,北抵京津地区。这么大的范围,若要有效控制全国局势,辅都的设立是必要的。

其次,交通不便是夏商王朝实行主辅都制的另一客观原因。在夏商王朝版图内,地貌条件复杂多样,既有高山大河,又有众多湖泊、沼泽,这些对当时人们的交往造成诸多不便。由于受生产力等诸多条件限制,夏商时代道路条件较差。当时的交通工具主要是舟船,也可能利用牛、象等动物从事交通运输。但由于舟船航行速度较慢,逆水行舟则更是困难,又要受到河流走向、通航条件和水文变化等条件的限制,故利用舟船从事交通运输局限性很大。而牛、象这两种陆上动物行动缓慢,故也不是理想的交通工具。在中国古代,应该说马和马车是较为便捷的交通工具。商代后期马已被人工驯养,并发明了马车,甲骨文中有"马""车"字即为明证,而且殷墟也发现有车马坑。但是夏代和商代前期,考古材料不见有利用家马和制造马车从事交通运输的实证。这就是说,夏商时代大部分时段还未出现家马和马车,这种便捷的交通工具还未被人们所广泛利用。

(二) 主观原因

一方面,欲对全国进行有效统治导致主辅都的建立。早期国家属于文明社会的初级阶段,国家刚刚形成,国家政权机构简单,基层组织尚不完善。除王畿地区为夏商王朝直接统治之外,在其他辽阔区域内还散布着许许多多的方国和部族。这些方国、部族"自治"性很强,甚至还有自己的军队;在族属上,既有与夏商王朝同族同姓者,也有异族异姓者,故其潜存着不稳定因素,随时可能发生对夏商王朝的叛乱。因而若仅依靠在中心地区建立一个都邑实施对全国的治理,有时确实存在鞭长莫及现象,有必要在都邑之外另建辅都，夏商国王在必要时可到那里进行巡视、祭祀、宣威、安抚或举办其他政治军事活动。如在商王朝初期，伊洛地区存在着大量夏遗民，他们光复夏王朝的思想并未泯灭，今山西境内还存在着夏族和其他族群的武力反抗。为了有效统治夏遗民，监视夏遗民和其他敌对势力的举动，商王朝在主都（郑州商城）之外，又在原夏王朝的腹地建立辅都（偃师商城），从而对商王朝西土进行有效治理。

另一方面，军事战争的需要也是主辅都制形成的主要原因之一。在夏商王朝的周边地区，时常发生军事战争，既有方国的叛乱，也有异族的入侵、骚乱和掠夺。由于主都位于中心地区，其与边境发生战争之地相距较远，夏商国王在主都指挥作战、掌控局势实在不方便，其中包括政令、军令传达迟缓，军队调动不能迅速到达指定地区，急用的军事物资运输困难等，而夏王、商王对战争一线的情况也不能及时了解。为便于战争调度和就近指挥战争，有必要在那些经常发生战争的地区附近设立辅都，作为一段时期内的政治和军事指挥中心，同时也是一处重要的军事重镇。待这些地区战事结束、政局稳定之后，夏商国王仍然回到主都进行统治。若夏商国王不再驾临某一辅都，其辅都功能便自然消失。具体来说，夏代帝宁时期设立的辅都原，是夏王朝为对付北方地区诸方国和重新控制今晋南地区而设立的政治、军事中心。由于后羿代夏、太康失国，夏王朝失去了对晋南地区的控制。帝宁即位后，力图振兴夏王朝，展开了一系列讨伐战争，其把矛头首先对准北方。通过在今济源一带设立辅都，不仅可以控制今豫北西部地区，而且也为夏王朝重新占领晋南地区建立一个稳固的基地。实践证明，这个目的达到了，夏王朝最终又控制了晋南地区。从考古材料看，属于夏文化的二里头文化有一个自南向北的发展进程，晋南地区的东下冯类型要晚于豫西地区的二里头类型[1]。其他辅都，老丘是帝宁为了便于对东夷各部的作战而在今豫东地区设立的军事中心，西河是夏王胤甲为了镇抚西土

---

[1] 李伯谦：《东下冯类型的初步分析》，《中原文物》1981年第1期。

而在今豫西西部地区设立的政治、军事中心。商王朝时期，偃师商城既是政治中心之一，也是镇抚夏遗民、讨伐夏族及其他部族的军事基地。考古材料表明，偃师商城的军事色彩十分浓厚，以至于有的学者把其定性为商代前期的"军事重镇"①。隞都的设立也可能与伐蓝夷军事战争有密切关系。同样，相、邢、奄三辅都的设立也与军事战争有关。河亶甲为了对付今山东西部的东夷诸部，在今河南北部设立相辅都。祖乙为便于就近指挥对今河北境内及鲁西北地区诸方国、部族的战争，在今河北邢台一带设立邢辅都。而南庚在今山东曲阜一带设立奄辅都，主要目的之一是在今山东境内建立一处攻伐东部诸夷的大本营。

第三节 都邑离宫别馆的配置

离宫别馆与中国早期都邑的设都制度密切相关。"离宫"一词，一般解释为"皇帝正宫以外的临时宫室"②。唐颜师古注"离宫"之义为："离宫，别处之宫，非天子常所居也。""离宫别馆"一词出于古本《竹书纪年》"纣时稍大其邑，南距朝歌，北据邯郸及沙丘，皆为离宫别馆"。所谓离宫别馆，是指中国古代帝王在都邑主体宫殿区之外建立的临时性宫室，其主要功能是供帝王和王族的休闲游乐。离宫别馆一般建在都邑附近或稍远的河边台地、湖畔或山坡等自然风光优美之所，其内一般不见都城中的宗庙建筑、手工业作坊或者居民区。秦汉之后，历代帝王曾广置离宫别馆，离宫别馆遂成为中国古代都邑的重要组成部分。研究表明，夏商时代也存在离宫别馆。这种与都邑有关的建筑设施滥觞于夏代，商代前期离宫别馆正式设置，商代后期为离宫别馆的兴盛期。离宫别馆既可以为最高统治者

---

① 郑杰祥：《关于偃师商城的年代和性质问题》，《中原文物》1984年第4期。
② 辞海编辑委员会：《辞海》，上海辞书出版社1999年版，第434页。

举行游玩、田猎提供方便，同时也是都邑之外的政治活动场所，客观上具有某些都邑功能，其中商代后期朝歌的性质经历了由早期离宫别馆向纣王时期实际辅都地位的演变进程[①]。

一 夏代的离宫别馆

随着夏政权的逐步稳定，社会生产力获得了较大的发展，社会财富不断累积，这为统治者过上奢侈的生活提供了物质基础。虽然目前不见夏代离宫别馆的明确记载，但从夏朝统治者的一些活动记载中可窥见端倪。

据文献记载，夏启在建立夏王朝之后，通过征伐有扈氏等一系列的军事活动，天下趋于稳定，逐渐萌生了享乐思想。如《墨子·非乐上》："启乃淫溢康乐，野于饮食……湛浊于酒，渝食于野，万舞翼翼。"古本《竹书纪年》："夏后开（启）舞九招也。"至夏启之后，太康更加纵情声色，酷爱田猎。史载夏王朝"太康失国"多与太康"失德"和在都邑之外"盘于游田"有关。如《史记·夏本纪·集解》引孔安国："（太康）盘于游田，不恤民事，为羿所逐，不得反国。"《楚辞·离骚》："启《九辩》与《九歌》兮，夏康娱以自纵。不顾难以图后兮，五子用失乎家巷。"王逸注："言太康不尊夏启之乐而更作淫声，放纵情欲以自娱乐，不顾患难，不谋后世，卒以失国。"太康纵情声色，盘于田猎，多日不回夏都处理政务，理应存在一处可以供太康进行娱乐活动的住所。"后羿代夏"期间，后羿也热爱田猎活动。如《左传·襄公四年》记载："（羿）恃其射也，不修民事而淫于原兽。"又载："（羿）将归自田，家众杀而亨之，以食其子。"由此可知，太康、后羿时期为方便其田猎游玩活动而修建了一些房屋建筑，这种建筑已经具备了后世离宫别馆的一些特性，但由于其存在时间不长，建造相对简陋，仍不同于后世的离宫别馆，可称之为中国早期都邑"离宫别馆的滥觞"。

---

① 张国硕：《夏商时代都城制度研究》，河南人民出版社2001年版，第90页。

关于太康田猎的地点,《史记·夏本纪》记载:"帝太康失国,昆弟五人,须于洛汭,作《五子之歌》。"《续汉书·郡国志》注引《帝王世纪》云:"夏太康五弟须于洛汭,在(巩)县东北三十里。"《水经·洛水注》曰:"洛水又东北流入于河……谓之洛汭。"又曰:"昔夏太康失政,为羿所逐,其昆弟五人,须于洛汭,作《五子之歌》于是地矣。"可见太康田猎之地很可能就位于今巩义市东北的洛汭一带,此地为洛河入黄河处,自然环境优美,距斟寻(二里头遗址)直线距离仅45千米,是修建离宫别馆的上佳之地。考古发现的花地嘴遗址,位于河南省巩义市站街镇北瑶湾村村南较为平坦的台地上,北邻洛河入黄河处(洛汭)。遗址面积约35万平方米左右,时代主要为夏代早期的"新砦期"。发现4条环壕、3个祭祀坑、10余座房址、数个灰坑等重要遗迹,出土陶器、石器、骨器、蚌器、玉器、朱砂绘陶礼器、诸多动物骨骼[1],对早期夏史的研究有重要意义。出土的一对大型陶瓮,造型完整,图案奇特。其中一件陶瓮为子母口,带盖,圆鼓腹,腹下渐收为假高圈足,腹部以上至器盖用朱砂绘制复杂图案,腹上端为一神兽[2]。该遗址文化层堆积较少,以祭祀遗存为主,显然非一般聚落遗址,不排除其为太康"须于洛汭"之地。

崀山在夏王朝时期也应建造有近似离宫别馆的馆舍。孔甲也是夏王朝的一位昏庸国王。《史记·夏本纪》云孔甲"好方鬼神,事淫乱",《国语·周语下》称"孔甲乱夏,四世而陨"。文献记载孔甲曾在"崀山"田猎。《吕氏春秋·音初篇》记载:"夏后氏孔甲,田于东阳崀山。天大风晦盲,孔甲迷惑,入于民室。"崀山见于《山海经·中山经》,其相邻诸山,如青要山俱在黄河以南伊洛地区。《水经·河水注》引上述《吕氏春秋》文,并云:"皇甫谧《帝王世

---

[1] 郑州市文物考古研究所、北京大学考古文博学院:《河南巩义市花地嘴遗址"新砦期"遗存》,《考古》2005年第6期。
[2] 顾问、张松林:《花地嘴遗址所出"新砦期"朱砂绘陶瓮研究》,《中国历史文物》2006年第1期。

纪》以为即东首阳山也。"首阳山在河南洛阳市偃师区西北约4千米处。《元和郡县图志》卷五河南府偃师县条云:"首阳山在县西北二十五里。"清乾隆《偃师县志》卷三曰:"首阳山,一曰首山,一曰薋山,在县西北二十八里。"清乾隆期间偃师县城在今偃师区老城镇。以此可知,薋山在今偃师境内,名曰"首阳山"。此山南距夏都斟寻不足10千米,位置适中,《山海经·中山经》称这里出美玉,有茂密的森林和异兽,正是建造离宫别馆之好地方。孔甲在此打猎盘桓,这里应有房屋供其居住,不排除建造有离宫别馆的可能性。

二 商代前期的离宫别馆

商代前期,离宫别馆正式设置,突出表现在桐宫的建造。史载桐宫是商代前期著名的离宫别馆,是"伊尹放太甲"之地。关于伊尹放太甲,文献有两种不同的记载:一种是善意的流放,意在教育、惩戒太甲。如《左传·襄公二十一年》:"伊尹放太甲而相之。"《孟子·万章上》《史记·殷本纪》记载太甲昏庸腐朽,于是伊尹放太甲于桐宫,三年后太甲悔过自新,复归于亳。二是伊尹篡权。如古本《竹书纪年》记载伊尹放太甲于桐,自立为商王。七年后,"太甲潜出自桐,杀伊尹",重新夺回王位。无论孰是孰非,可以肯定的是,太甲是太丁之子,商汤的长孙,在太丁及他的两个弟弟外丙、仲壬离世后,太甲被立为商王;但太甲继位不久因为一些政治原因(太甲失德或伊尹篡权),曾被伊尹流放于"桐"或"桐宫"之地。

分析发现,桐宫的性质既不是宫城,也不应是别都(辅都),而应该是商代前期的一处离宫别馆。假若桐宫是都邑或别都,这就等于太甲仍在都邑内生活,处于权力的核心圈之中,与被流放者的地位不相符。既然是流放,就应该是去往都邑之外的某地。桐宫与亳不应是一地。若把亳与桐宫当作一地,则太甲无所谓被"放",在方位上则不会发生"迎"太甲"复归于亳"的事件发生。对于桐宫的性质,《史记·殷本纪·集解》引孔安国曰:"汤葬地。"又引郑玄语:"地名也,有王离宫焉。"《帝王世纪》有明确反映:"桐宫盖殷之墓地，有离宫可居。"《元和郡县图志》载："孔注《尚书》曰桐，汤葬地也。"从上可知，桐宫是位于"汤葬地"附近的离宫别馆。

关于桐宫的地望，文献记载分歧较多，有学者总结出邺西南说、扶风说、宝鼎说、梁国说、偃师说等五种说法①，此外安徽桐城和山西闻喜还各有一处称桐的地点②，邹衡先生又创立了"偃师商城太甲桐宫说③。深入分析可知，商王朝前期的王畿地区是在今郑州、洛阳一带，若在今河北、山东、安徽、陕西、山西等地设立离宫别馆，商王要到离宫享乐实在不方便，故以上所提到的邺西南说、扶风说、宝鼎说、梁国说以及山西闻喜说、安徽桐城说皆难成立。从考古材料可知，商代早期，今河北南部、陕西关中中部、山西闻喜至河津一带、河南东部等地皆属商王朝控制区的边缘地带，今安徽合肥、桐城至安庆一带甚至不属于商王朝的控制区，故伊尹也不可能把商王太甲"放"到这些地区。从情理上讲，依《孟子》《史记》等传统说法，伊尹"放太甲"的目的意在教育，而非打击、报复或篡权，故不会像对待罪犯一样将其放逐至边缘荒蛮之地，而应该在都邑周围不太远的地方，方便随时训诫。离宫的主要作用是为了帝王的游乐，一般位于都邑附近或王畿地区，以便于帝王来往。上述夏代两个"离宫别馆"，一在斟寻之东的洛汭一带，另一在斟寻之北的萯山，二地距斟寻皆不太远。后世帝王常去之离宫，如秦代的上林苑、唐代的骊山、清代的承德等，也大多位于都城附近不太远之地。此外，若认同桐宫在"汤葬地"附近，那么汤葬地属于商都的王陵区，理应在商都城区附近。

准桐宫位于商都附近的推断，那么桐宫作为太甲流放之地的离宫别馆，应位于偃师商城之东某地。首先，文献记载桐宫位于今偃师境内。如《元和郡县图志》："今尸乡有放太甲处，在偃师县界。"

---

① 邹衡：《西亳与桐宫考辨》，《纪念北京大学考古专业三十周年论文集》，文物出版社1990年版。
② 王立新、林沄：《"桐宫"再考》，《考古》1995年第12期。
③ 邹衡：《偃师商城即太甲桐宫说》，《北京大学学报》1984年第4期。

《括地志》："洛州偃师县东六里有汤冢，近桐宫。"其次，文献记载桐宫可能位于偃师商城之东至老城镇一带。《史记·殷本纪·正义》引《晋太康地记》："尸乡南有亳阪，东有城，太甲所放之处。"又云："尸乡在洛州偃师县西南五里也。"这里是说桐宫在亳阪之东，即为太甲所放处桐宫。《正义》作者张守节为唐中期开元时人，唐中期时偃师县治曾迁于今偃师区东的老城镇，故所云"尸乡"应在偃师区老城镇"西南五里"处，大约即今偃师商城一带。又据《史记·殷本纪·正义》引《括地志》云汤冢在"洛州偃师县东六里""近桐宫"，即桐宫是在"偃师县东六里"的汤冢附近。《括地志》为初唐的疆域志，当时的偃师县城所在地，一说在今偃师区西南约3千米的新寨村一带[①]，其地位居偃师商城之西；另一说认为初唐、中唐偃师县城一直设在老城镇一带[②]。若依前说，"县东六里"即今新寨村"东六里"，新寨村距偃师商城约1千米，新寨村"东六里"显然不是今偃师商城之地段，应在偃师商城之东。若依后说，则"县东六里"即老城镇"东六里"，距今偃师商城更远，亳都在西，汤冢在东，二者相距超过5千米。以此可知，无论依从前说，或是依从后说，皆可把汤冢判定在今偃师商城之东。准此，由于桐宫与汤冢相距甚近，故桐宫也应在今偃师商城之东某地，此与《晋太康地记》所载桐宫位置也是相符合的。

需要指出的是，把偃师商城指认为太甲桐宫的观点与考古实际是不相符的。从《晋太康地记》记载可见亳阪与流放太甲的桐宫不是同一处，二者不能等同。属于商代前期的偃师商城规模大，规格高，延续时间较长，具备商代都邑性质，是与郑州商城基本同时并存的一座商代都邑，而非离宫别馆的属性，故其与作为离宫别馆的桐宫不应是一地。此外，为了起到流放、教育的目的，伊尹也不会

[①] 邹衡：《西亳与桐宫考辨》，《纪念北京大学考古专业三十周年论文集》，文物出版社1990年版。

[②] 方酉生：《论偃师尸乡沟商城为商都西亳》，《中国商文化国际学术讨论会论文集》，中国大百科全书出版社1998年版。

将太甲滞留在都邑或辅都中。因此，偃师商城不可能是太甲流放处桐宫，桐宫应位于偃师商城都邑之东的区域。

三 商代后期的离官别馆

商代后期，离宫别馆广泛设置，进入兴盛时期。古本《竹书纪年》记载："纣时稍大其邑，南距朝歌，北据邯郸及沙丘，皆为离宫别馆。"这就是说，在商纣王时，南面到朝歌，北面到邯郸和沙丘，皆设置有离宫别馆。而从"南距""北据""皆为"等词可以看出，在朝歌与邯郸、沙丘之间，还应该有其他一些离宫别馆。《括地志》云："纣都朝歌在卫州东北七十三里朝歌故城是也。"以此可知朝歌位于今河南淇县境。邯郸，一般认为即今河北省邯郸市境内。沙丘之地望，《史记·殷本纪·集解》引《汉书·地理志》认为在"巨鹿东北七十里"，《正义》引《括地志》云"在邢州平乡东北二十里"，即在今河北广宗县西北。

商代后期沁阳田猎区也应设置有离宫别馆。据一些学者研究，在今河南西北部，商代后期存在一个"沁阳田猎区"。如郭沫若先生认为商王的田游之地多在今河南沁阳附近[1]。陈梦家先生认为商代后期存在以沁阳为中心的田猎区，其范围西不过垣曲县、济源市邵源镇，东及于原武（原阳），北以获嘉、修武、济源为界，南到大河[2]。李学勤先生认为商王的田猎区东起辉县，西至山西西南隅及其以西，太行山以南，黄河以北[3]。甲骨卜辞中有商王在田猎区建造馆舍的记载。如"于盂厅奏"（《合集》31014），即在盂地的厅堂奏乐之意。盂即邢，在今济源市境内，位于田猎区之内。又如"辛未王卜，在召厅，隹执令飨使"（《合集》37468），此处"召"即"邵"，在今济源市西之邵源镇，这里可能存在商王宴飨来使的建筑，即离宫别馆。

---

[1] 郭沫若：《卜辞通纂考释·序》，求文堂1933年版。
[2] 陈梦家：《殷虚卜辞综述》，中华书局1988年版，第262页。
[3] 李学勤：《殷代地理简论》，科学出版社1959年版，第36页。

商王武丁之时也应有离宫别馆。传世文献有"高宗亮阴"的记载。如《尚书·无逸》记载有高宗"亮阴"的故事，《史记·殷本纪》称武丁"三年不言，政事决定于冢宰，以观国风"。此外，《论语·宪问》《尚书大传》《国语·楚语上》均有类似的记载。关于武丁"亮阴"之处所，《国语·楚语上》说武丁先"入于河"，然后自黄河往"亳"，在"亳"地三年"默以思道"。从这条记载可知，此"亳"并非安阳殷墟。因武丁时是以殷地为都，武丁继位后先"入于河"，后往"亳"，在"亳"地停留相当长一段时间，故此"亳"当与殷都有一定距离。又因武丁三年期间常待在"亳"地，当地应有必要的宫室供其居住，应有一定的人员为其服务，其生活资料当能得到保障。又由于武丁离开殷都的目的是"默以思道"和"思复兴殷"，故其居留地应是那些都邑之外的僻静之处，而离宫别馆显然最为适宜。若此"亳"地为商都或辅都，人马喧闹，武丁常为政事所缠扰，当无法"默以思道"。因此，此武丁"亮阴"之"亳"，其属性应归为离宫别馆之列。

四 离宫别馆的功用及朝歌地位的嬗变

离宫别馆是中国早期都邑设都制度的重要组成部分，在当时的王室生活中扮演着重要角色。它不仅是最高统治者及家族成员进行休闲游乐的场所，也是在都邑之外的政治活动场所。

首先，离宫别馆是夏王、商王田猎区的重要组成部分。夏商时代，统治者十分偏爱田猎。据《史记·夏本纪》《竹书纪年》《帝王世纪》等文献记载，夏王朝诸王如太康、中康、帝宁、帝芒、孔甲等，甚至后羿、寒浞之辈，皆对田猎活动十分感兴趣。商王朝时期，田猎更是一项普遍性的活动。甲骨文中田猎卜辞是极为重要的组成部分。有学者曾统计出土的10万余片甲骨卜辞，有关田猎刻辞就有约4500片[1]，充分说明田猎活动是商王室热衷的一种娱乐活动。商

---

[1] 陈炜湛：《甲骨文田猎刻辞研究》，广西教育出版社1995年版，第40—59页。

王亲自参与田猎活动，如"王其逐豕，获"(《合集》230)。商王也经常命令臣僚共同参与田猎活动，如"多子逐鹿"(《合集》3243)、"乎多马逐鹿，隻"(《合集》5775 正)，讲的是商王命令子族和多马等臣僚进行田猎活动。田猎的盛行，导致离宫别馆的兴建。

其次，离宫别馆也是夏王、商王的娱乐场所。由于夏商时代的离宫别馆多位于河流、湖泊、山坡、丘陵附近，珍禽异兽、奇花异草充斥其间，山清水秀，风景优美。如洛汭"离宫"位于洛河与黄河交汇处，首山"离宫"位于首阳山下，朝歌位于淇水附近和湖泽岸边。而都城一般位于平原之地，缺乏山水之秀。夏王、商王在政事之余，来到离宫别馆，那里清静、优美的环境，可使夏王、商王流连忘返。《史记·殷本纪》记载："(纣)益广沙丘苑台，多取野兽蜚鸟置其中。慢于鬼神。大聚乐戏于沙丘，以酒为池，悬肉为林，使男女裸，相逐其间，为长夜之饮。"这段史料描述的就是帝辛在沙丘离宫进行娱乐的场景。上述甲骨卜辞"于盂厅奏"，也说明商王在盂地的离宫别馆从事奏乐、欢娱活动。

再次，离宫别馆也可作为政治活动场所。桐宫是商王朝早期的一处离宫别馆，其曾作为伊尹放太甲处，让太甲在这里闭门思过三年，最终又被伊尹"迎"回而"授之政"。此外，《国语·楚语上》记载武丁在"亳"(离宫)停留三年"默以思道"，目的是便于观察民情和思虑振兴殷商王朝之良策。据甲骨卜辞，商王曾令其臣在召地的离宫宴飨来自某方国的使者(《合集》37468)。商代晚期朝歌是纣王处理政治、军事事务的重要场所之一。

离宫别馆的功能是可以发生改变的。一般来讲，离宫别馆的主要功用是便于夏王、商王田猎之后的居住、饮食以及寻欢作乐。这里通常没有大规模的防御设施和诸多的手工业作坊，不设置普通居民区，一般不举行或较少举行重大的政治、军事活动。但倘若某一个夏王或商王长期居于某一离宫别馆，并在那里处理军国大事，宫室附近逐渐设置一些为其专用的各种手工业作坊，甚至有普通居民与其共同生活，宫室周围又建有大型防御设施，那么这个离宫别馆的性质就发生了变化，实际上已具备了都邑或辅都之各项特征。这就是说，离宫别馆在特定时期、特定条件下会演变成实际上的都邑。

综合分析可知，商代后期的朝歌就曾经历了由离宫别馆向实际上的辅都地位演变的进程。从武丁开始至纣王前期，朝歌初为离宫别馆性质。有迹象表明，武丁"亮阴"之"亳"可能即"妹邑"，亦即朝歌。《史记·周本纪·正义》引《括地志》云："纣都朝歌在卫州东北七十三里朝歌故城是也。本妹邑，殷王武丁始都之。"这里明言朝歌原本称"妹邑"，是由商王武丁始建，至纣时才改称"朝歌"，并成为所谓的"纣都"。此外，《水经·淇水注》曰："其水南流，东屈迳朝歌城南，《晋书地道记》曰：'本沬邑也。'……殷王武丁始迁居之，为殷都也。"此处虽作"沬邑"，当与"妹邑"实指一地，也言武丁"始迁居之"。据此，史念海先生研究认为武丁之"亳"即沬邑，而沬邑就是朝歌①。朝歌作为离宫别馆一直存在至纣王前期，古本《竹书纪年》明确记载朝歌为纣王诸离宫别馆之一，其位置偏南。至商纣王后期，由于纣王经常在朝歌一带居留，又在这里建造一些大型宫室、台榭、仓廪及城防设施，城内又聚集较多的居民，城内外又有大量驻军，如此则朝歌的地位发生了质的变化，由离宫别馆嬗变为商代末年实际上的都邑之一。

之所以纣王常在朝歌居留，原因有三：一是纣王偏爱田猎，常赴朝歌及其以南的沁阳田猎区狩猎，需要在朝歌长期居留；二是纣王喜爱骄奢淫逸的生活，而朝歌具备这样的条件，建有豪华的宫室及其他大型建筑供纣王使用，有妲己等美女供其享乐，周围环境优美，纣王在此盘桓，乐不思归殷都；三是商代末年军事战争的需要导致纣王常居留朝歌。纣王时期，商王朝对外战争的重点是处于东南方的人方和西南方的周人。殷都地处偏北，距东南夷人、西南周人对抗的第一线稍远，纣王在殷都不便于指挥调动军队。而朝歌地处殷都之南百余里，又位于东南夷人与西南周人控制区之中间，在

---

① 史念海：《中国古都概说》，《中国古都研究》第 8 辑，中国书店 1993 年版。

此设立大本营，纣王可以就近指挥战争，并兼顾两地事态的发展。同时，在朝歌附近积累大量粮食和其他战备物资，并驻扎大量军队，使得这里逐渐成为商王朝的重要军事基地。

需要指明的是，尽管朝歌在商代末年已具有都邑性质，但这时的安阳小屯殷都并未废弃，仍是商王朝的都邑，纣王也未明确提出要废弃殷都而迁都朝歌。只是由于纣王在朝歌居留时间较长，又曾率领军队在朝歌南郊的牧野与周人决战，兵败后又在朝歌之鹿台自杀，之后周武王在朝歌斩纣王首示众，故后人错把朝歌当作当时商王朝唯一的都邑，并衍生出纣迁都朝歌的说法。殊不知，商王朝正式的都邑仍是在殷地，朝歌在扮演着名义上为离宫别馆实际上为辅都的角色。

第 五 章
都邑选址与规划布局形态

注重选址及城市规划布局是中国古代都邑的重要特点。中国早期都邑自龙山时代形成伊始就注重对建城位置、生态环境、地貌条件的选择以及对城市规划布局的设计，并随着夏商时期都邑的发展不断成熟和完善，最终形成了一系列的选址规划理念和原则。

第一节 都邑选址

早期都邑的选址是个庞大缜密的系统工程，要同时兼顾政治、军事、经济和生态等多方面的要求，恰当的选址是都邑得以兴建的基础和前提。观察分析中国早期都邑位置可以发现，当时的规划建造者十分重视都邑的选址问题，并在长期的实践中积累了丰富的经验，形成了都邑选址的基本理念。总体来说，中国早期都邑选址包括区位选择和具体位置选择两个方面。

一 区位的选择

区位是都邑在国家控制范围内所处的宏观空间位置，它随着国家的政治、军事、经济和社会发展而发生变化，决定了都邑的特性和发展前途。选择一个适宜的空间位置是都邑选址的首要任务。文献有古代选择都邑位置的记载。如《周礼·地官·大司徒》："以土圭之法，测土深，正日景（影），以求地中。"《管子·度地》："天子中而处。"《荀子·大略》："欲近四旁莫如中央，故王者必居天下之中。"《吕氏春秋·审分览》："古之王者，择天下之中而立国。"此"国"即指都邑。研究发现，区位"居中"是中国早期都邑选址的重要原则。

（一）龙山时代

《史记·五帝本纪》记载："尧崩……（舜）之中国践天子位焉，是为帝舜。"《集解》引刘熙："帝王所都为中，故曰中国。"可见"居中"建都的观念在尧舜时代就已经发端。尧舜时期大致相当于考古学上的龙山时代晚期，此时正是中国早期都邑的滥觞期。考古发现这一时期的陶寺、石峁、良渚、王城岗、石家河等大型都邑，其都邑区位大都处于所属考古学文化分布区域的中心位置，它们的选址从一定程度上都体现出"居中"的观念。

陶寺城址包括宫城、中期大城和小城，发现有宫殿区、祭祀区、观象台、贵族墓地等多处高等级遗迹，是一座龙山时代晚期的大型都邑。陶寺文化主要分布在晋南地区，而陶寺都邑位于陶寺文化分布区的中心位置，都邑选址显然符合"居中"的原则。新的考古调查资料显示，以陶寺城址为中心，在1750平方千米的范围内有54个规模大小不等的陶寺文化聚落遗址，这些聚落在规模上呈金字塔式结构，簇拥在陶寺城址的周围①（图5-1）。此外，2002年发掘的陶寺遗址中期王墓ⅡM22出土一根木胎漆绘圭尺，圭尺刻度中有一个非常突兀的第11格刻度，从头端到此刻度39.9厘米，以25厘米为陶寺1尺的结果折算近乎1.6尺，而《周礼》记载"地中"标准为夏至影长1.5尺，《周髀算经》所记"地中"标准为夏至影长1.6尺，这与陶寺发现的圭尺尺寸大致相合②，反映了陶寺文化时期已经

---

① 高江涛：《陶寺遗址是探索国家形成的重要遗址》，《临汾日报》2015年7月2日。
② 何驽：《陶寺考古初显尧舜时代的"天下观"》，《中国社会科学报》2015年6月5日。

出现了用来测定都邑居中位置的工具，并用其将陶寺都邑设置在居中的位置。

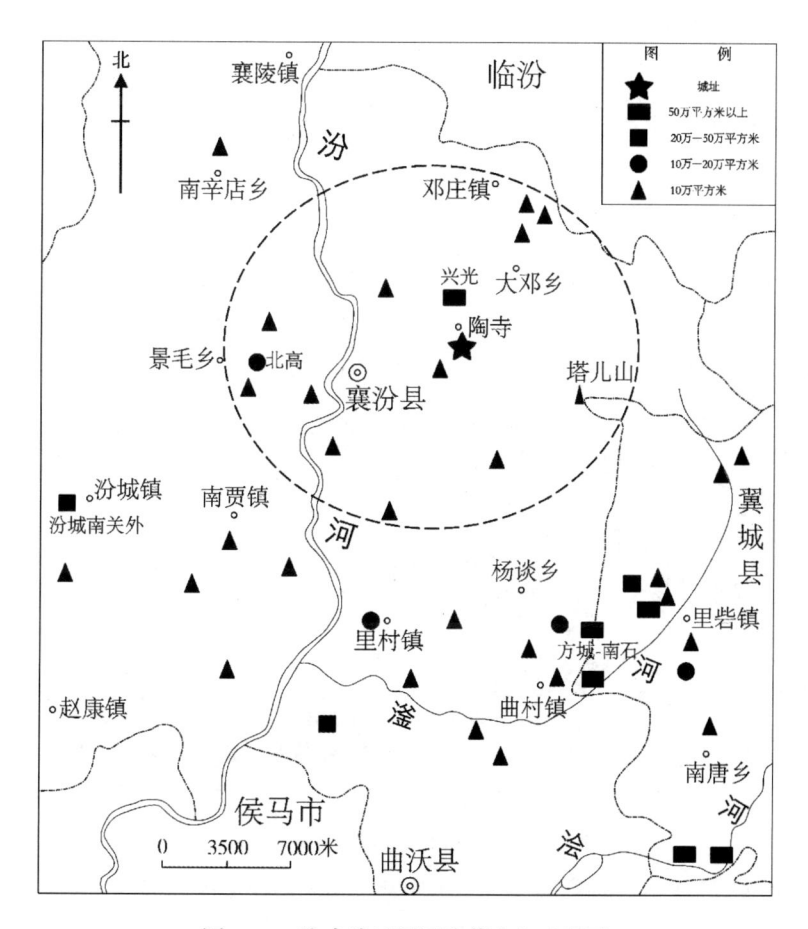

图 5-1　陶寺遗址周围聚落分布示意图

资料来源：高江涛：《陶寺遗址聚落形态的初步考察》，《中原文物》2007年第3期。

良渚城址是一座拥有外城、内城及宫殿区三重结构的大型都邑，以莫角山宫殿区、反山祭坛贵族墓地区为中心，在其周围近34平方千米的范围内，密集分布着100多处良渚文化遗址①，形成了规模庞大、布局严整、结构复杂、等级分明、功能明确的良渚

---

① 浙江省文物考古研究所：《余杭良渚遗址群调查简报》，《文物》2002年第10期。

聚落群（图5-2），而良渚城址显然是良渚聚落群的政治、军事和宗教中心。同时，在长江下游良渚文化2.05万平方千米的分布区域中，共发现良渚文化遗址546处[①]，其中又尤以良渚聚落群规模最大、级别最高，当为整个良渚文化的政治核心[②]。准此，则良渚城址亦可谓良渚文化分布区的中心，其区位的选择也体现了都邑"居中"的思想。

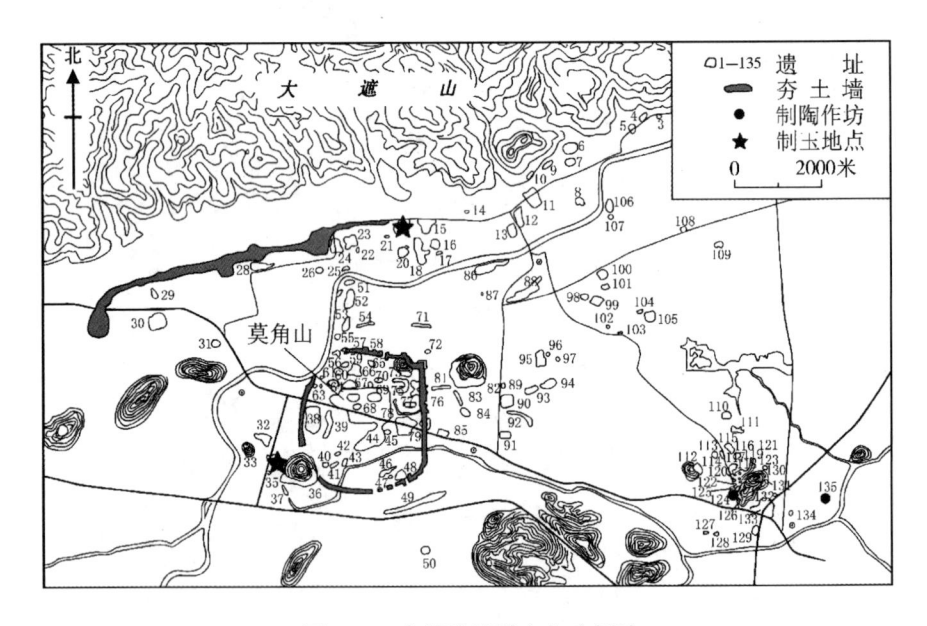

图5-2 良渚遗址群分布示意图

资料来源：许宏：《先秦城邑考古》，金城出版社、西苑出版社2017年版，第90页。

石家河城址与其外围多达30余处的附属聚落连成一体，形成了以石家河城址为中心、面积达8平方千米、遗存规格高、布局复杂严谨、分区明确的石家河聚落群。此外，屈家岭—石家河文化时期，在其分布的江汉平原地区，围绕石家河聚落群形成了类似于"都、邑、聚"的超级城址—大中型城址—小型城址—普通聚落四级聚落

[①] 郭明建：《良渚文化宏观聚落研究》，《考古学报》2014年第1期。
[②] 严文明：《良渚随笔》，《文物》1996年第3期。

等级体系，这些聚落大致呈新月形带状分布格局①。而石家河都邑大体分布于这个新月形带状的中心，体现了选址"居中"的理念。

(二) 夏商时期

夏商时期，都邑区位的选择继续沿用并发展了"居中"的理念。文献明确记载夏商时期都邑"居天下之中"。如《史记·封禅书》："昔三代之居，皆在河洛之间。"《史记·货殖列传》："昔唐人都河东，殷人都河内，周人都河南，夫三河在天下之中。"由于夏商时期王权国家已经形成，其核心统治区域皆位于河洛地区，此时的"天下之中"不再是龙山时代各个考古学文化的中心位置，而主要指的是以河洛地区为中心的豫西、豫中一带。

属于早期夏文化的新砦期遗存主要分布于环嵩山周围的东部地区，即今新密、登封、禹州、新郑、巩义一带，北不过黄河，南到平顶山、漯河一线，西至汝州，东北到郑州附近。在此范围内，新砦城址是目前发现唯一的新砦期大型聚落遗址，其正位于新砦期遗存分布范围的中部地带，其70万平方米的设防城址，城址范围内发现的大型浅穴式建筑、铜容器残片、龙首图案陶器盖，不仅说明了该聚落的都邑地位，而且其选址也显示出都邑"居中"的原则。

夏王朝建都于"天下之中"的洛阳盆地，形成偃师二里头夏都遗址。二里头遗址在第一期时已是一个较大规模的聚落，范围在100万平方米以上②，周围有洛阳矬李、东马沟、巩义稍柴、汝州煤山、伊川白元、渑池鹿寺、郑窑，陕县七里铺等诸遗址围绕，凸显二里头遗址处在二里头文化分布区的中心地位。二里头文化二、三期之交，其文化范围至少向东扩展到今豫东的开封一带，向南突入信阳、南阳等地，向西占据了陕西华县以东，西北到山西西南地区，北方及东北方向已经越过黄河、隔沁水下游与下七垣文化相邻③。二里头

---

① 刘辉：《长江中游史前城址的聚落结构与社会形态》，《江汉考古》2017年第5期。
② 中国社会科学院考古研究所：《中国考古学·夏商卷》，中国社会科学出版社2003年版，第87页；井中伟、王立新：《夏商周考古学》，科学出版社2013年版，第65页。
③ 井中伟、王立新：《夏商周考古学》，科学出版社2013年版，第33页。

文化三期之后，其分布范围变化不大。二里头遗址在二里头文化一、二期的基础之上继续发展，面积达300万平方米，遗址范围内发现多座大型夯土基址、铸铜与绿松石器制造作坊、贵族墓葬、巨型坑等高规格遗存。其规模之大、遗存之丰富、规格之高远超其他同时期遗址，属于都邑性质当之无愧，且其选址理念应是对"都邑居中"思想的巩固与深化，并对其后各王朝的建都选址有着深远影响。

早商时期，商王朝统治区的中心是在今河南郑州地区，其主都亳即郑州商城就位于这一地带。这一时期商文化的分布范围由以郑州商城和偃师商城为核心的郑洛地带逐步向周围发展。至二里岗文化上层时期，其分布范围大规模扩展，北达河北中部，南至以湖北黄陂盘龙城为中心的长江中游地区，向东可到山东济南至泗水地带，东南方向已达安徽巢湖以东的大城墩一带，西过陕西耀县、铜川一线①。郑州商城和偃师商城无论是其聚落规模、布局特征、空间与文化地理位置，还是发现的文化遗存类别、数量和丰富程度，属于都邑性质毋庸置疑，其地理位置正处于商代前期的"天下之中"区域。

以殷墟文化为代表的晚商时期，商王朝的统治中心北移至今河南安阳洹水流域，今豫北地区成为当时的"天下之中"。从殷墟甲骨材料可知，殷人认为殷都居天下之中。有卜辞云："商受年，东土受年，南土受年，西土受年，北土受年。"（《粹》907）以此可知，这个时期存在着"四土""四方"的观念，而东、南、西、北四土的方位都是以处于中心的殷都而言的。属于晚商时期的殷墟文化分布范围是以今豫北地区为中心，东达今山东中部，北到今京津地区，南至信阳、南阳一线，西抵晋南、晋中地区。在这个范围内，洹北商城、小屯殷墟均位于中心地带，周围分布有众多的商文化聚落遗址。洹北商城发现大型城壕、宫城、多处大型宫殿基址、铸铜等手工业作坊；小屯殷墟发现大型宫殿基址群、陵墓区、铸铜等手工业

---

① 中国社会科学院考古研究所：《中国考古学·夏商卷》，中国社会科学出版社2003年版，第188页。

作坊，还出土有青铜器、玉器、甲骨卜辞等精美遗物，显示这两处遗址应是商王朝的都邑，其所在区位则充分反映了当时王国都邑须位于"天下之中"的基本选址原则。

商代的方国都邑也大都位于方国文化分布区的中心地带，周围有一系列中小型遗址围绕。盘龙城方国都邑周围分布有一系列同时期次等级的聚落遗址[1]，如黄陂袁李湾、汉阳纱帽山、新洲香炉山、安陆晒书台等，凸显盘龙城商城的区域性中心聚落地位。三星堆文化分布在成都平原地区，而三星堆遗址正位于三星堆文化分布区的腹心地带。以广汉三星堆聚落为中心，周围分布着诸多中小型聚落遗址，从而形成庞大的聚落遗址群。三星堆城址规模大，规格高，遗存丰富，无疑应为夏商时期的古蜀国之都邑，其所在位置也符合"居中"的区位选择原则。

二 具体位置的选择

具体位置是都邑所在的具体地点，其选择主要受自然地理环境因素的制约。都邑具体位置的选择，不仅关系到都邑建设和都邑的发展，而且影响到都邑的形态和空间结构布局。在优越的地理环境之位置建造都邑，不仅可以节省大量的人力、物力，利于都邑规划和城市发展，便于开展相关的生产活动，而且还可以利用地貌条件进行军事防御和交通运输。《管子·度地》篇曰："故圣人之处国者，必于不倾之地，而择地形之肥饶者，乡山左右，经水若泽，内为落渠之写，因大川而注焉。"这里是说都邑的选址应注重对自然地理环境的选择，包括地形地势、山川河流等。观察中国诸早期都邑所在的具体位置可以发现，至少在龙山时代，人们已经开始注重对都邑自然地理环境进行有意识的选择；夏商时期，都邑建造者对自然地理环境的选择更为严格，选址条件有较大的一致性。总体来看，

---

[1] 豆海锋：《从聚落形态看商王朝对长江中游地区的经略》，《商代盘龙城学术研讨会论文集》，科学出版社2014年版。

那些规模庞大、文化内涵丰富且规格高、人口众多的中心聚落（邦国都邑、王国都邑）一般位于生态环境优越和水陆路交通便利的地方；而区域性中心聚落（方国都邑）则大多坐落在交通要道位置或资源丰富的地段。

(一) 气候适宜

适宜的气候条件不仅是一个国家或族群良性发展的基础，而且也是早期国家都邑长期存在、发展繁荣的前提条件。分析发现，中国早期都邑所处位置大都属于人类生活的宜居地带，有着较好的气候环境。

中原地区地处中国版图的中部，地貌类型既有山地、丘陵、盆地，更有一望无际的大平原。这里属于北温带和半湿润半干旱地区，生物资源丰富，气候适宜。尤其是在龙山时代至夏商时期，气候整体上要比今天更温暖湿润一些[1]。良好的气候条件，使中原地区成为中国早期都邑主要的分布地。

陶寺城址所在的临汾盆地有着良好的气候条件。据学者研究分析，在距今9000—3500年期间，这里是以暖温带大陆性湿润季风气候为主，区域内未曾出现过异常寒冷干燥的环境，整体上气候的温暖程度要高于当今的温度[2]。根据陶寺遗址的孢粉分析，其植被类型为森林草原，气候较为暖湿，适宜旱作农业的发展。乔木类植物的生长也为此地居民提供了充足的建筑材料及燃料。由此可见，温暖湿润的气候条件，为临汾盆地陶寺文化的发展乃至陶寺都邑的兴起奠定了基础。

豫中平原分布着古城寨、瓦店、新砦、郑州商城、望京楼、大师姑等早期都邑，都有着良好的气候条件。新砦城址位于双洎河北岸河流发育的四级阶地上。根据孢粉分析研究成果，新砦遗址第一期和第三期早期气候温和且较干燥，属暖温带草原气候，第二期雨

---

[1] 竺可桢：《中国近五千年来气候变迁的初步研究》，《考古学报》1972年第1期。
[2] 王海斌、莫多闻等：《陶寺古城形成与选址的环境与文化背景研究》，《水土保持研究》2014年第3期。

量增多，区内出现温暖湿润—较湿润的暖温带森林草原环境①，适合人类生活居住。郑州商城所在的郑州地区属北温带大陆性气候，气候温和，年平均气温 14.3℃，四季分明。这里年平均日照时数长达2300 小时以上，无霜期一般在 200—225 天左右，降雨量在 640 毫米左右，适合农牧业生产。在商代，郑州地区的气候要比现在温暖、湿润一些，更适宜农作物生长和人类居住生活。

偃师二里头、偃师商城等夏商都邑位于洛阳盆地。据学者统计研究，在二里头遗址所出土的哺乳动物中，存在一定数量的豪猪、野猪、麋鹿等喜暖动物，说明当时环境较现在要温暖湿润②。此外，在距二里头遗址不远的洛阳皂角树二里头文化遗址，通过对其气候环境材料进行分析，发现二里头时期的人们生活在"年均气温 16℃左右和年降水量约 1000 毫米、夏季较今湿润的自然环境，比其他地区更适宜人类的生存与发展"③。

豫北安阳地区的洹北商城、小屯殷墟等商代都邑有着较为优越的生态环境。古生物学者早年曾对小屯殷墟遗址出土的动物骨骼进行研究，发现有犀牛、圣水牛、象、獐、竹鼠、貘等属于亚热带地区生活的动物，反映出殷墟时期气候是温暖湿润的④。殷都的降雨量比较充沛，气候湿润。甲骨卜辞中有数千条关于是否下雨的占卜，有的卜辞还记有卜雨的月份或降雨日期，有学者曾专门统计当时的降雨情况，认为殷都附近全年从一月到十三月都有可能降雨⑤。竺可桢先生研究认为殷墟时代是中国的温和气候时代，当时安阳地区的年平均气温较现在高 2℃左右，有十分丰富的亚热带植物种类和动物

---

① 北京大学震旦古代文明研究中心等：《新密新砦——1999—2000 年田野考古发掘报告》，文物出版社 2008 年版，第 509 页。

② 杨杰：《河南偃师二里头遗址的动物考古学研究》，中国社会科学院研究生院硕士学位论文，2006 年，第 23 页。

③ 洛阳市文物工作队：《洛阳皂角树》，科学出版社 2002 年版，第 137 页。

④ 德日进、杨钟健：《安阳殷墟之哺乳动物群》，《中国古生物学志》丙种第十二号第一册，1936 年版；杨钟健、刘东生：《安阳殷墟之动物群补遗》，《中国考古学报》第四册，1949 年版。

⑤ 胡厚宣：《气候迁变与殷代气候之检讨》，《甲骨学商史论丛》二集，齐鲁大学国学研究所 1945 年版。

种类①。

　　长江中游地区有石家河、盘龙城、吴城、牛城等早期都邑。此区域属亚热带气候，温暖多雨，野生动植物资源丰富。有学者对长江中游地区晚冰期以后气候变化进行归纳，认为公元前2700年—公元前2200年为降温期，公元前2200年—公元前1200年为温暖期②。荆州荆南寺、沙市周梁玉桥等遗址的夏商地层所出土的动物骨骸中，可见到亚洲象、鹿等种属③，可知夏商时期这一地区气候温暖湿润，自然资源丰富。此外，通过对武汉市平原湖区的孢粉分析可以发现，长江中游地带夏商时代总体上也应为温暖湿润的气候④。

　　长江下游地区形成的良渚都邑的兴衰与气候的发展变化有着十分密切的关系。对良渚文化时期众多遗址的孢粉分析结果显示，良渚文化早期这一地区多为含有少量落叶阔叶的常绿阔叶林，气候温暖湿润，附近山地林木苍苍，低地湖沼纵横。良渚文化中期，这一地区的植被演替为落叶阔叶、常绿阔叶、针叶混交林，气候比早期干燥，转变为湿凉稍干，低地湖沼水域缩小，是先人活动最为繁荣之时，遗址显著增多，分布范围最广，在聚落的内涵和规格上达到最高，良渚都邑的兴建便属于这一时期。在良渚文化晚期，这一地区植被为常绿阔叶和落叶阔叶混交林，湖沼水域再次扩大，气候温暖湿润⑤。

　　长江上游成都平原地区形成宝墩、三星堆等都邑，也与其良好的气候条件密不可分。成都平原地区属亚热带气候，其地形特征是四周高山、中部为广阔的平原。研究结果显示，岷江上游在全新世

---

① 竺可桢：《中国近五千年来气候变迁的初步研究》，《考古学报》1972年第1期。
② 笪浩波：《长江中游新石器时代文化与生态环境关系研究》，华中师范大学博士学位论文，2009年，第38页。
③ 荆州博物馆：《荆州荆南寺》，文物出版社2009年版，第237—360页；彭锦华：《湖北沙市周梁玉桥遗址动物骨骼的鉴定与研究》，《考古与文物》1990年第1期。
④ 杨礼茂、姚立新：《武汉地区全新世孢粉组合与古气候的初步研究》，《湖北大学学报》1993年第2期。
⑤ 王开发、张玉兰、封卫青等：《上海地区全新世植被、环境演替与古人类活动关系探讨》，《海洋地质与第四纪地质》1996年第1期。

中晚期（距今约 4800 年）有一次显著的气候冷干事件，随后气候迅速恶化，向更干冷方向演化[1]。受此影响，成都平原水域减少，沼泽分布区地面硬结变得适合人类居住和从事农耕活动。值得注意的是，在距今大约 4500 年到 3700 年期间，成都平原地区气候较为温暖湿润，适宜人类繁衍生息，生产力得到较大发展，促进宝墩文化的形成、宝墩都邑的建造乃至之后的三星堆文化及三星堆都邑的繁荣。

（二）土地资源丰富

土地资源是指已经被人类所利用和可预见的能被人类利用的土地，可分为高原、山地、丘陵、平原、盆地等类型。土地资源与人类生存发展密切相关。一般而言，山地宜发展林牧业，平原、盆地宜发展耕作业。农业生产对于土壤、气候、地貌、水文等条件的要求是十分严格的，只有具备一定条件的土地才适于农业生产。

早期都邑实际上是一个较大的聚落，有大量居民与最高统治者伴存。城内普通居民中，平时从事农牧渔业生产或从事手工业产品制造，战时则出征或守卫城市。其生活物资的供给，除了部分是依靠军事掠夺或外地输入，主要还是依靠都邑周围的土地进行生产，其中后者是最可靠的获取生活物资的途径和手段。

纵观中国早期都邑的地理位置可以发现，早期都邑的选址遵循着城市周围必须有着丰富的、可供利用的土地资源如平原、盆地、河谷地等条件。现今发现的中国早期诸都邑，周围多为一望无际的大平原或开阔盆地、河谷地、低丘等，适宜进行农牧渔业和手工业生产。杭州良渚、天门石家河、新津宝墩等新石器时代都邑，偃师二里头遗址、偃师商城、郑州商城、安阳洹北商城和小屯殷墟、郑州大师姑、新郑望京楼、黄陂盘龙城、广汉三星堆等夏商时代都邑，周围自然条件优越，土地资源丰富，附近既有广阔的平原，又有洼地湖泽，既可以发展农牧业生产和从事渔猎、采集等行业，又为制

---

[1] 付顺：《古蜀区域环境演变与古蜀文化关系研究》，成都理工大学博士学位论文，2006年，第 58 页。

陶、制骨等手工业的发展提供了必要的条件。襄汾陶寺、神木石峁、新密新砦、登封王城岗、垣曲商城等都邑，周围是开阔的河谷平原、盆地或丘陵，地势虽有一定的起伏，但对农业生产无大妨碍，同时可为人类生存提供丰富的动植物资源。

（三）形胜之地

目前发现的中国早期都邑，多位于区域内地势较高而平坦之处，且周围多存在大范围可以倚重的高山、关隘、悬崖等自然屏障。之所以把城址选定在较高之地，主要目的是利于军事防御和抵御洪水。同时，相对平坦的地形可为都邑的建设扩展和发展农业提供充足的土地资源。在军事方面，高地是理想的据点，居高临下，进可攻退可守，可对敌情做出比较准确、全面的判断。在抵御洪水方面，新石器时代晚期至夏商时期，气候普遍较现在温暖湿润，降雨量丰沛，洪涝灾害时常发生，在当时人们抵御自然灾害能力低下的情况下，建在平地或低地的都邑，很容易被洪水冲垮墙垣，造成生命、财产的巨大损失；而建在高地、岗地之上的都邑，可以抵御一般的洪水泛滥。正如《管子·乘马》所云都邑较为适宜的位置："非于大山之下，必于广川之上。高毋近旱，而水用足；下毋近水，而沟防省。"此外，在古代生产力条件下，高山、关隘、悬崖等是一道难以逾越的天堑或自然屏障，利用这些自然屏障完全可以开展一些军事防御。可以说，倚重山川险阻、择高而居是早期都邑选择位置普遍遵循的原则。

观察已发现的新石器时代城址和都邑可知，建城所确定的位置一般位于盆地或河谷之内，周围有高山、隘口环绕，对军事防御十分有利；多属于岗地或台地，范围相对较小而平坦，且明显高出周围地面数米甚至更高，这样可以观察到周围较远地区的情况。如登封王城岗城址位于颍河谷地中颍河与五渡河交汇处被称为"王城岗"的高岗台地上，至今仍高出周围地区数米，南眺箕山和大、小熊山，西望少室山，北倚太室山前的王岭尖，有石羊关、轘辕关等关隘，地理位置十分险要。襄汾陶寺城址位于临汾盆地，西侧有吕梁山，东侧为太行山支脉太岳山。都邑建于塔儿山西北麓山前倾斜的黄土台塬上，台塬顶面平坦，城区地面较临汾盆地平原地面高50米左右，居于城内能俯瞰盆地平原地带。北方地区的石峁城址依山势而建，在山石绝壁处多利用自然屏障而不建造石墙。天门石家河城址位于天门河小支流东河、西河之间一片掌状分布的岗地向平原过渡地带，西北高而东南低。浙江良渚城址南面和北面都是天目山脉支脉，凤山和雉山两个自然小山被利用到城垣的西南角和东北角，这一位置选择显然是出于军事防御和防洪的需要。新津宝墩城址所处的四川盆地周围山川关隘环绕，选择在河流岸边台地上建城，城内地面明显高于城外。

夏商时期，随着社会的发展、都邑规模的增大和城市人口的不断增长，面积较小的岗地或台地地貌已不能满足城市发展的需要，反而会限制城市的大规模持续发展，在对外交通、居民生活用水、城市扩建等方面存在诸多弊端。同时，由于生产力的发展和人力、物力的增多，统治者有条件和能力去建造更大规模的都邑。因此，在确定都邑位置时，夏商都邑建造者要综合考虑军事防御、交通运输、防洪能力、居民用水、规划布局、都邑后期发展等诸多因素。较为合理的都邑选址，应是地势不能太低而又不能位于山地、丘陵或小块岗地、台地之上；既有益于都邑防洪，又不能出现用水困难的现象；既有利于都邑规划与发展，又不能在军事防御上处于被动挨打的地位。现今发现的夏商时代都邑，大都位于地势稍高、范围较广的漫岗之地，同时更加注重具备自然屏障的条件，利用高山、峻岭、峭壁作为防御屏障。如二里头遗址和偃师商城均处于一个四面环山、中部低平的狭长形盆地之中，北倚邙山，南有龙门山，东傍嵩山，西依周山，群山之中关隘林立，东有黑石关、虎牢关，西有函谷关，南有伊阙，北有黄河关渡，南部还有古伊洛河东西流过，有得天独厚的自然屏障可用于军事防御。二里头都邑位于洛阳平原东部一半岛形岗地之上，东南和南面为断崖，崖下为伊洛河故道，东、北两面呈缓坡状，高度逐步减小，西面与高地连接。遗址范围内有四片高地，其中宫殿区位于遗址中心部位的高地之上，高出周围地面约0.5—1米。偃师商城都邑建于洛河北岸稍稍凸起的平坦之地。郑州商城都邑位于嵩山余脉向华北平原的过渡交接地带，地势自西向东倾斜，北倚邙山余脉。安阳小屯殷墟都邑居于由西向东的缓慢倾斜地带，西有太行山之险，其宫殿区位于小屯村北到洹河岸边的漫岗之上，地势略高于周围地区。郑州大师姑都邑所在地属于邙山山前低缓丘陵区，北依邙山，西、南有嵩山余脉环绕。垣曲商城都邑位于中条山腹地的垣曲小盆地，占据了盆地内依山环水的制高点，便于有效控制盆地及周围地区。盘龙城都邑地处鄂东北山地与江汉平原的过渡地带，城址北依大别山余脉，南邻江汉平原，地势北高南低。

（四）水资源丰富

水与土地资源一样是人类赖以生存和发展不可缺少的物质资源之一。水资源不仅能给早期人类提供基本的生活、生产用水，还能提供大量的渔产资源，也可用于交通运输。

中国早期都邑的选址，具备丰富的水资源是其基本条件。由于早期人类活动对自然水资源的破坏微弱，加之较当今温暖湿润的气候，故当时的区域水资源条件应优于现代。分析发现，包括早期都邑在内的中国新石器时代至夏商时期城址，皆濒临较大的河流或湖泊、沼泽，充足的水源能够满足当时城内居民生产、生活的需求。同时，早期人类的主要交通与运输方式还是利用舟船航行，都邑位于河流、湖泊岸边或距河、湖较近则十分利于交通运输。如登封王城岗城址位于五渡河西岸和颍河北岸，周围有较大的水域。陶寺城址所在的临汾盆地被汾河自南而北纵贯，两岸众多的支流可为盆地聚落居民提供丰富的水资源。石峁城址位于秃尾河与洞川沟交汇处。新密新砦城址南邻双洎河，西有武定河，东有圣寿溪河。二里头城址南面有古伊洛河东西向流过，东有沼泽湖泊广布，北去不远有黄河东西向流过。偃师商城位于古伊洛河北岸，西有古河道，北有黄河天险。郑州商城区域内有熊耳河、金水河穿过，西北有古黄河和荥泽，北有古济水，东有广阔的圃田大泽。望京楼城址东、西、南三个方向有黄沟水和黄水河。洹北商城和小屯殷墟分别位于洹河南北两岸，小屯宫殿宗庙区的东面、北面被洹河围绕并与西、南面的人工壕沟连在一起，在其周围几十千米范围内，东有古黄河，北有古漳水，南有淇河，水上交通十分便利。垣曲商城坐落在亳清河与黄河交汇处，东有沇河，属于三河汇流之地，城垣三面环水。

相较于黄河流域和北方地区都邑，处于更为暖湿环境的南方地区都邑水资源更加丰富，除临近河流外，城址附近普遍分布有湖泊沼泽。利用自然河流作为护城河并与自然河湖沟通是南方都邑的一大特色，有些都邑还设置有水门，水道与自然河流相连，这样不仅解决都邑的给排水问题，还能够解决都邑的生活用水和交通运输问题。石家河城址位于天门河两条小支流东河和西河的交汇处。宝墩城址东北有西河，西南有铁溪河由西北流向东南。良渚城址所在的杭嘉湖地区更是水网密集，除沿城垣的护城河之外，在良渚城址内发现的古河道多达51条，城垣上还发现8座水门，每面城墙上设置2座水门与内外水系连通，整个良渚古城犹如一座水城[1]。盘龙城城址地处古云梦泽的一隅，附近河湖交错，流经城址两侧的府河、滠河、㴲水等河流自北向南注入长江，城址呈三面环水之状。吴城城址位于赣江支流萧江上游南岸。三星堆城址位于鸭子河南岸和马牧河两侧的高台地上，东、西城垣外侧壕沟的南、北两端分别连通鸭子河和马牧河。河流、壕沟的相互沟通，应有防御、排污、取水和交通运输等复合功能[2]。

早期都邑大多位于地下水资源较为丰富的地段，便于人工打井取水，从而获得较为纯净和相对稳定的水资源，不仅大大地改善人类的生存条件，而且也使都邑居民摆脱完全依赖自然河湖取水的限

---

[1] 王宁远：《良渚古城及外围水利系统的遗址调查与发掘》，《遗产与保护研究》2016年第5期。

[2] 陈德安、杨剑：《三星堆遗址商代城址的调查与认识》，《夏商周方国文明国际学术研讨会论文集》，科学出版社2015年版。

制，活动范围逐渐扩大。此外，利用水井可以提供灌溉用水，从而对都邑居民的农业生产有推动作用。考古发现显示，早在裴李岗文化、河姆渡文化时期就已经有水井出现[①]。凿井技术在龙山时代逐渐成熟，类型也逐渐多样化，河南汤阴白营遗址还发现"井"字形木结构水井遗存[②]。到了夏商时期，凿井技术得到推广，在一些都邑如二里头遗址、郑州商城、偃师商城、洹北商城、小屯殷墟等都发现有较多的水井遗存。郑州商城范围内发现大量的水井遗迹，水井类型包括有井坑和无井坑两大类[③]。

第二节 都邑规划

都邑规划是都邑建设比较全面、长远的发展计划，是对都邑各项设施设置的提前考虑和对都邑建设发展的远观，在确定都邑的性质、规模、发展方向和模式上具有一定的指导作用。中国早期都邑的规划主要体现在都邑宏观设计方面，包括城垣规划、功能区规划等内容。

一 城垣规划

城垣指环绕在城址四周的大型土质墙体或石砌墙体。城垣是都邑聚落最为重要的防御设施之一，它的平面形态与特征是当时社会生产力与整个社会环境的直接反映。不同时代的都邑规模和地位不同，其城垣的规划形态与特征也有差异。

[①] 河南省文物考古研究所：《舞阳贾湖》（下卷），科学出版社1999年版，第965页；浙江省文物管理委员会：《河姆渡遗址第一期发掘报告》，《考古学报》1978年第1期。

[②] 河南省安阳地区文物管理委员会：《汤阴白营河南龙山文化村落遗址发掘报告》，《考古学集刊》第3集，中国社会科学出版社1983年版。

[③] 宋国定：《试论郑州商代水井的类型》，《郑州商城考古新发现与研究》，中州古籍出版社1993年版。

（一）城垣平面形状的多样性

城垣是判断早期都邑形成的重要标志之一，早期都邑的规划首先表现在对城垣的规划上。由于早期都邑的选址注重利用自然环境，其城垣的平面形状不尽相同，总体来说城垣平面形状可分为矩形和不规则形两大类，基本不见圆形，个别存在并存的两个城圈。

1. 矩形

中国早期都邑城垣平面以矩形（方形、长方形）或近矩形（圆角方形、圆角长方形）的数量最多，多集中出现在龙山时代、夏商时代的中原及附近地区。

平面矩形的城垣两条城垣相接处拐折较为明显，夹角接近90度。如王城岗西城平面形状近方形，四面城垣大致呈直角相接。尽管王城岗东城大部分被五渡河冲毁，但从其西垣也是西城的东垣以及残存的两个城角也大致为90度来看，东城城垣平面也应为方形。王城岗大城东南和南面的城垣与城壕由于地势较低已遭到破坏，但根据城垣走向、夹角推测其平面也应接近长方形。尧王城内城平面呈长方形，北垣和西垣交角近垂直。此外，陶寺宫城、古城寨城址、二里头宫城、望京楼二里头文化城垣及二里岗文化城垣、偃师商城小城及宫城、洹北商城大城及宫城、盘龙城内城、宝墩内城等城垣平面皆为近方形或长方形。三星堆早年考古发现东、西、南三面城垣，城外有城壕，近年来勘探又发现了北城垣，推测其大城平面形状也应接近矩形。

部分城址平面矩形的城垣一些区段不太规则。如大师姑城址平面形状整体上呈东西长、南北窄的长方形，但西部城垣向里收缩。郑州商城内城平面近似长方形，但北城垣有拐折，其他三面城垣较直。

早期都邑部分城垣平面呈圆角矩形，城垣相接处呈弧形。陶寺城址中期大城平面不甚规范，大体为圆角长方形。石峁城址皇城台依地势而建，平面大致为圆角方形。石家河城址平面大体呈圆角长方形。良渚城址内城城垣略呈圆角长方形。宝墩城址外城垣平面形状大致呈圆角长方形。吴城城址平面也呈近圆角长方形，北城垣有一定幅度的外凸。

2. 不规则形

因受地理环境和地貌条件限制，一些早期都邑的城垣平面形状呈不规则形。不规则形城垣自龙山时代至商代都有发现，以石峁内城和外城、偃师商城大城、郑州商城外城等为代表。石峁城址内城沿山势砌筑石墙，城垣平面呈不规则形。外城则利用内城东南部墙体向外扩筑，构成相对独立的不规则形区域。偃师商城大城平面略呈菜刀形，城外东南部有水泊，东城垣南段很可能为避开该水泊而向西拐折。郑州商城外城垣位于内城垣西墙和南墙之外，呈不规则状，由西南至东北对内城形成环抱之势。

3. 并存城圈

上述平面形状为矩形、不规则形的城垣，除了王城岗城址各城有早、晚关系之外，大多数属于内外城垣平面布局。但还有少量早期都邑，发现的两个城圈并非内外布局，而是左右并存或一城圈偏向另一城圈一侧。石峁城址外城依附内城东南部墙体向东南方向扩建，与内城形成并列关系。尧王城内城位于遗址的中北部，平面呈长方形；外城在内城之东并向南扩展，其中北墙及壕沟与内城北墙及壕沟相连，走向近同，内城、外城应有共存期。商代牛城城址包括外城和内城两部分，其中小城位于大城西南部，城垣始建于商代晚期，大城、小城城垣有共存期。

(二) 城垣道数的变化

中国早期都邑城垣规划建造的道数可分为无城垣、单道城垣和多道城垣三大类。总体来看，城垣道数以双道城垣为主，部分为单一城垣或无城垣。有的都邑是在城垣外侧的一个或两个方向建有双道城垣，其他方向则以自然存在的屏障代替城垣的功能。

1. 无城垣

无城垣都邑见于夏商时期。目前，能够确定的无城垣都邑主要是二里头遗址早期和小屯殷墟遗址。二里头遗址至今尚未发现大型夯土城垣，宫殿区发现的宫城垣始建于二里头文化二期、三期之交，二里头文化一、二期阶段该都邑未建造城垣。殷墟遗址总面积超过30平方千米，迄今考古工作中未见到存在大型城垣的现象，只是在小屯村西、村南发现两条相互交接的巨型壕沟，壕沟与洹水河湾代替城垣组成了宫殿宗庙区的防御圈。此外，西安老牛坡方国都邑也未发现大型城垣，二者也可能属于无城垣型都邑。陶寺都邑初期未建造宫城城垣，洹北商城初期也未建造城垣，外围四面皆有壕沟环绕。

2. 单道城垣

单道城垣即建造单一的城垣，未设置内城垣或外城垣。单道城垣都邑始于龙山时代，一直延续至商代。

龙山时代的王城岗小城与大城、陶寺文化早期宫城、古城寨、石家河等都邑，均属于单城垣结构。夏商时期的大师姑、焦作府城、樟树吴城等也只见到单道城垣。此外，新砦城址只设置单道大型城垣，但城垣之外有外围壕沟，城垣之内宫殿区有内壕围绕。

3. 多道城垣

所谓多道城垣，是指都邑设置有两道或两道以上的同一时期的城垣。多道城垣是在单城垣的基础上出现的，它的出现是为了加强防御，尤其是保护统治者的安全，形成了多道城垣或内外城布局的防御格局。

多道城垣始见于龙山时代。如陶寺文化中期大城建造有大型城垣，与城内的宫城共同组成双道城垣防御格局。神木石峁城址由皇城台、内城、外城三座石城组成，其中皇城台宫城位于内城偏西的中心部位，宫城被内城包围在内，内城垣外侧东南方还扩建有弧形的外城。宝墩城址也具有内、外两重城垣，二城垣有一定的共存期。良渚都邑莫角山宫殿区所在台地地势高、坡度陡，周围建造有壕沟，宫殿区外围有大型城垣，大型城垣之外还有外郭城城垣。

夏商时期多道城垣更加常见。如望京楼二里头文化城垣东北外侧300米处发现有一小段夯土城垣，发掘者推测其可能是外城。偃师商城、郑州商城是目前确认无疑的多道城垣，偃师商城由大城、小城和宫城组成，小城位于大城西南部，宫城在小城中部偏南，宫城和小城、宫城和大城组成了内外双道城垣。郑州商城在内城垣外的东南、南方、西方建有双道城垣，内城之北部宫殿区可能还有一定的宫墙。洹北商城规划有完整的内城和外城，内城（宫城）位于大城的纵向轴线偏南，宫城与大城构成内外城布局。垣曲商城的西城垣、南城垣均有双道城垣，城内还设置有宫墙。近年来在盘龙城城址外围陆续发现夯土条带，显示其可能设置有外城城垣，其与内城城垣构成双道城垣布局。

（三）城垣与护城壕的配置

壕沟是城市和都邑的一种防御设施，其一般环绕于城垣外侧，称之为护城壕或护城河。除设置大型城垣外，中国早期都邑大都在城垣外侧开挖有大型护城壕设施，从而形成城垣和护城壕的双重格局。部分无城垣的都邑则在居址周围开挖有大型壕沟。

护城壕来源于新石器时代的环壕。目前，考古发现最早的环壕聚落主要有内蒙古赤峰兴隆洼遗址[①]和湖南澧县八十垱遗址[②]，距今8000年左右。仰韶时代城垣出现，由于筑城所需土方较多，遂沿城垣方向就近取土，形成的壕沟逐渐成为城址的第二道大型防御设施，有些还把附近河流之水引入壕内，形成护城河，使防御更加牢固。湖南澧县城头山城址城外环绕有人工开挖与自然河流相连接的护城河，河宽35米，深约4米[③]。属于仰韶时代晚期的河南郑州西山城址，设置有护城壕，宽约4—7米，西北段宽达11米，壕沟深3—

---

① 中国社会科学院考古研究所内蒙古工作队：《内蒙古敖汉旗兴隆洼遗址发掘简报》，《考古》1985年第10期；刘晋祥、董新林：《燕山南北长城地带史前聚落形态的初步研究》，《文物》1997年第8期。

② 湖南省文物考古研究所：《湖南澧县梦溪八十垱新石器时代早期遗址发掘简报》，《文物》1996年第12期；湖南省文物考古研究所：《澧县八十垱遗址出土大量珍贵文物》，《中国文物报》1998年2月8日。

③ 湖南省文物考古所等：《澧县城头山屈家岭文化城址调查与试掘》，《文物》1993年第12期。

4.5 米；城址外围还开挖有外壕①。河南淅川龙山岗仰韶时代晚期城址东北部边缘、东南部边缘城墙外有人工挖成的壕沟，并于自然沟壑相连，其中东南部壕沟宽 17—20 米，深约 5.6 米②。

龙山时代的早期都邑外围多环绕有大型护城壕。王城岗大城北城壕长约 630 米，宽约 10 米，残深 3—4 米，北城壕向东通往五渡河；西城壕残长 130 米，宽约 10 米，残深 1.5—2 米，西壕向南似通往颍河。石家河城址城垣外侧有人工开挖的环形城壕，宽度一般为 80—100 米，壕底与城垣顶面高差在 6 米以上。良渚城址除南城垣无外壕外，其余三面城垣内、外侧均有壕沟。宝墩城址、尧王城城址城垣外侧也开挖有护城壕。

夏商时期都邑大型城垣外侧设置护城壕或护城河的现象更加普遍。这一时期的城垣与城壕距离相对较远，一般都在 10 米以上。大师姑城址城壕与城垣平行，除城壕西南角已被今索河河道冲毁外，其余地段均已封闭，其中东壕、北壕、西壕长度分别为 620 米、980 米、300 米，南壕复原长度为 950 米。郑州商城内城至少东城垣外侧存在护城壕，壕内有水；外城城垣外侧有护城壕。偃师商城大城护城壕环绕城垣外侧四周，墙、壕之间相距约 12 米，壕口宽 16—20 米，深 6 米。盘龙城四周都有人工构筑的护城壕。垣曲商城至少在西城垣外侧发现有护城壕。小屯殷墟不见围绕都邑的大型城垣，但在宫殿区的西、南两面开挖有大型壕沟，沟深 5 米上下，最深者达10 米，宽约 7—21 米。禹州瓦店遗址西北台地面积约 50 万平方米，围绕台地开挖有大型壕沟，其中南壕长约 1000 米以上，口宽约 30 米，底宽约 18 米，残深 2—3 米。东、西、南三面壕沟与北面的颍河构成封闭的防御圈。

---

① 国家文物局考古领队培训班：《郑州西山仰韶时代城址的发掘》，《文物》1999 年第 7 期；阎铁成：《重读郑州——一座由考古发现的中国创世王朝》，科学出版社 2015 年版，第 127 页。
② 梁法伟：《河南淅川龙山岗仰韶时代晚期城址发掘收获》，《中国文物报》2013 年 3 月 29 日；河南省文物考古研究院等：《河南淅川县龙山岗遗址 2008—2009 年发掘简报》，《华夏考古》2014 年第 4 期。

二 功能区规划

国家文明的诞生必然是王权的创立，都邑则是王权物化形式的集中表现[①]。最高统治者拥有对都邑的绝对控制权，这一权力也体现在都邑内功能区的划分及位置上。都邑内功能区的规划以宫庙区为中心，有明确的等级制度，用以昭示王权的最高统治和保持社会等级秩序的稳定。因此，在中国早期都邑，尤其是夏商时期都邑中，宫殿宗庙区、手工业作坊区、墓葬（王陵）区、祭祀区、仓储区等功能区的规划设置是必不可少的，且当时十分注重对这些功能区的选址工作。至于中国早期都邑是否规划设置有专门的商业区，目前都邑考古材料尚难以给予判定。

（一）宫殿宗庙区的设置

宫室、宗庙是统治者举行祭祀礼仪、政治活动和日常生活的场所，龙山时代初步形成，夏商时期不断发展。宫殿宗庙区的位置择定是都邑规划的重点。宫殿宗庙区在考古学上表现为大型夯土建筑基址（宫殿基址）和祭祀遗存，是中国早期都邑中最核心的部分。因此，宫殿宗庙区的规划与设置是中国早期都邑规划布局的重中之重。中国早期都邑中宫殿宗庙区的规划与选址主要遵循"宫庙一体""居中"和"择高"三个原则。

1. 宫庙一体

宗庙是统治者供奉先祖的庙宇，也是重要的行政场所。大型祭祀、册命典礼、听政、军事出征仪式、献捷及献俘仪式、外交盟会等均在宗庙举行。因此，宗庙也就成为古代政权的象征，宗庙失守即代表失去政权，一般灭人之国都要毁其宗庙。《吕氏春秋·慎势》云："古之王者，……择国之中而立宫，择宫之中而立庙。"宗庙一般位于宫室区的中心位置，形成了宫庙一体的格局。

二里头遗址、殷墟遗址等都邑在宫室区内皆发现有宗庙建筑基

[①] 董琦：《论早期都邑》，《文物》2006年第6期。

址。二里头一号宫殿基址总面积约 1 万多平方米，方向坐北朝南，现存夯筑台基高出当时地面 0.8 米，其边缘部分呈缓坡状。该基址由堂、庑、门、庭等单体建筑组成，布局严谨，主次分明。清人戴震根据文献记载作有《考工记图》，其所绘周代宗庙图与二里头遗址一号宫殿基址的布局颇为相似。值得注意的是，一号宫殿基址中庭位置有一些人骨架和兽骨坑，人骨架皆为非正常埋葬，或为躬身屈肢，或为俯身葬，其性质应为祭祀坑，人骨、兽骨应为祭祀时的牺牲。因此，一号宫殿基址除了宫室功能之外，可能还与夏都宗庙建筑有关[①]。洹北商城一号宫殿基址位于宫城中部，平面呈"回"字形，总面积近 1.6 万平方米，东西长 173 米，南北宽 85—91.5 米。整个基址由门塾、主殿、主殿旁的廊庑、西配殿、东配殿、门塾两旁的长廊组成。主殿位于基址北部正中，主殿前有台阶，台阶附近有祭祀坑。该基址是迄今发现的规模最大的商代单体建筑，其性质可能是宗庙。殷墟宫殿区乙七基址南面有大型祭祀场，推测该宫殿基址应该为宗庙遗存。乙七基址之南发现的二组成行的密集祭祀坑，是按照一定的军事组织和作战部署排列的。大体来说，以步卒（中组）列为方阵居前，以车队及其所属徒兵（北组）随后。祭祀坑内大都埋有人，少者 1 人，多者 10—13 人。人架的葬式不一，有俯身、仰身、跪葬、断头葬等，有的伴随青铜礼器、兵器，有的伴随车马。此外，还有一些坑是兽葬，包括马、犬、羊等。对于这些现象，石璋如先生认为："如果是在（建筑物）落成之后埋人的……也可以说为'落成牲'。这个用意固然在庆祝房屋的落成，也希望这些武装的灵魂保护着住在宗庙内祖宗灵魂的安全。"[②]

2. 宫庙居中

关于宫殿宗庙区具体位置的布局原则，文献中有"王宫居中"（《周礼·考工记》）和"择国之中而立宫"（《吕氏春秋·慎势》）

[①] 北京大学历史系考古教研室商周组：《商周考古》，文物出版社 1979 年版，第 27 页；邹衡：《夏商周考古学论文集》，文物出版社 1980 年版，第 170 页。

[②] 石璋如：《小屯·殷墟建筑遗存》，台湾"中研院"历史语言研究所 1959 年版。

的记载，其目的是让最高统治者感受到"居中为尊"，便于举行各类政治宗教活动，并受到都邑周边各种防御设施的拱卫。

根据考古发掘可知，中国早期都邑中存在"宫室居中"的规划实例，表现为宫殿区或大型夯土建筑基址大都位于都邑中部或附近，有些还独立设置有宫城，外围有城垣或壕沟环绕。如陶寺大城内中部靠东北处有宫城，发现了宫城的两处门址，在城内核心建筑区发现的面积达1万多平方米的夯土建筑基址内存在柱网结构明显的宫殿夯土基址，确认了陶寺遗址宫殿区及宫城的存在。石峁城址由"皇城台"、内城和外城三部分组成，其中"皇城台"位于内城偏西的中心部位，相当于后世城址中的"宫城"，是整个城址的中心和贵族居住区、宫庙基址、祭祀等礼仪性建筑的所在[1]。良渚城址内正中心的莫角山土台，系一处人工营建的长方形覆斗状土台，其上发现有成排分布的房基，很可能是用于祭祀活动的大型礼仪性建筑，属于该都邑的宫殿宗庙区所在。此宫殿区位于良渚城内中心部位，符合"以中为尊""以高为尊"的规划理念。大师姑城址内中部的一条大型灰沟里发掘出土有成片倒塌的夯土墙体和大量的陶制排水管道，其中墙体厚达0.65—0.70米，显示在城址内部应存在规格较高的大型建筑，可能为宫殿宗庙区。二里头遗址的宫城位于遗址中部略偏东，平面略呈纵长方形，建有夯土围垣，四周以四条大道为界。偃师商城宫城位于小城内中部略偏南。洹北商城宫城位于大城内中南部，周围分布有一般居民点。小屯殷墟遗址的宫殿区位于整个遗址的中部，周围利用壕沟和洹河河道与普通居民区分开。垣曲商城宫殿区位于城址内中部偏东，占据着城内的最佳位置，有垣墙将宫殿区围起。

3. 择高而居

早期都邑宫殿宗庙区的选址除了遵循"宫室居中"的布局原则，

---

[1] 孙周勇、邵晶：《石峁是座什么城?》，《光明日报》2015年10月12日；陕西省考古研究院等：《陕西神木县石峁城址皇城台地点》，《考古》2017年第7期。

还奉行"择高而居"的选址理念,即宫殿区和大型夯土基址多位于城内地势较高且地势开阔之处。如王城岗西城发现的10余处夯土建筑基址均位于城内中部和西南部地势较高地带和东北部一带,其中以城内中西部较高处分布较多。石峁城址的皇城台位于内城偏西的中心部位,总高超过70米,气势恢宏,为当时最高统治者所居住之地①。石家河城址高等级居住区和大型礼制建筑所在的谭家岭是整个城址位置最高处。良渚都邑对自然孤丘台地加以充分利用,莫角山宫殿区是古城留存至今最高的遗存,人工堆积厚度可达10余米②,地势高于周围地区。新砦城址内壕圈占的中心区偏北处发现的大型浅穴式建筑遗迹位于今梁家台村东北的高台地上,是整个遗址海拔最高处。二里头遗址和偃师商城宫城皆位于都邑中地势最高的区域。郑州商城宫殿区位于内城内以东里路为中心、地势稍高的中北部一带。洹北商城的宫城位于大城南部略偏东的地势较高地方。殷墟遗址的宫殿宗庙区位于小屯村北的一块高台地上。盘龙城的宫殿基址分布在城内东北部,占据城内地势最高处。三星堆城址大城的西北部存在一座小城,小城中央偏北处的青关山台地是整个三星堆城址的最高处,人工夯筑而成的二级台地高达3米,青关山土台存在各个时期的高等级建筑③,判断西北部小城是三星堆最重要的宫殿区所在。

(二)一般居民区的设置

龙山时代,早期都邑开始出现,此时由于社会等级分化程度不深,贵族阶层和平民多共居于城内,只是两者在分布位置及建筑规模上有差别。贵族阶层主要居住在地势相对较高处,多为大型、中型夯土建筑,而平民则分散居于城内外,多为建造方法简单的地面式、半地穴式小型建筑。如陶寺城址内的大型夯土建筑集中分布于

---

① 陕西省考古研究院等:《陕西神木县石峁城址皇城台地点》,《考古》2017年第7期。
② 浙江省文物考古研究所:《杭州市余杭区良渚古城遗址2006—2007年的发掘》,《考古》2008年第7期。
③ 雷雨:《三星堆遗址考古的新突破》,《中国文物报》2016年3月25日。

宫城内，地面式、半地穴式和窑洞式小型建筑皆位于宫城外、大城内的较边缘区域。

夏商时期，王朝都邑中独立宫城的出现使一般居民区与宫殿宗庙区被严格地隔离开来。此时期，平民主要居住在内城之外的外郭城内，或分布在大型夯土建筑群及宫殿宗庙区外围。如二里头遗址的一般居住区主要分散于遗址北部和西北部等宫殿区以外的地方，常见小型房基和半地穴式房址。偃师商城大城中、北部发现有小型房屋建筑，当为普通居民的居室，与位于小城中南部的宫城隔离开来。郑州商城一般居民区主要围绕内城分布，在外城内发现有较多的小型房址、灰坑和窖穴，证明外城主要是普通居民生活的地方。外城东南部二里岗一带发现有密集的灰坑和窖穴，说明当时居住的人口较多，应是郑州商城重要的一般居民区。安阳殷墟设置众多一般居民区，各居民区多为族邑形式，分布于宫殿区外围①。

（三）手工业作坊的设置

早期都邑内皆设置有一定数量的手工业作坊，用于生产祭祀、埋葬、军事战争、饮食及其他日常生活用品，为都邑内的统治阶级和平民服务。其中重要的手工业作坊通常被王室贵族所垄断，在位置上更靠近宫庙区，有的还用围墙等圈围起来，成为早期都邑的重要组成部分。目前，考古发现最多的手工业作坊主要是制陶、制骨、玉石器加工和铸铜作坊。

龙山时代，部分手工业部门逐渐从农业中分离出来。这一时期的都邑已经成为当时的手工业制作中心，都邑内多发现有陶器、骨器和玉石器加工等手工业作坊或与手工业相关的遗存，一般位于城垣之内的边缘地带，并与一般居民区、墓葬区杂处，也有少数位于都邑外围。如陶寺中期大城内西南区域发现有大量的窑址、石器加工场面、白灰面房址和相关灰坑，说明这里应是一处重要的手工业

---

① 郑若葵：《殷墟"大邑商"族邑布局初探》，《中原文物》1995年第3期。

作坊区①；良渚内城钟家港古河道边缘发现有漆木器和玉石器作坊，城外周围地区也存在手工业生产遗迹。良渚城址西北方向不远的塘山遗址（金村段）发现一处良渚文化晚期的制玉作坊，发现有不少玉礼器残件，是一个具有明显规模化、专业化、分工化特征的玉器生产作坊②。此外，良渚遗址群中的长坟可能为陶器作坊，严家桥可能为石器作坊③。石家河城址内西南部三房湾一带发现有石家河文化晚期至后石家河文化时期以烧制红陶杯为主的专业窑厂。城址外面东部偏南的罗家柏岭发现一处出土大量锥体棒形石料、有锉痕等加工痕迹的石器半成品及成品的玉、石器的建筑遗迹，应该是石家河文化晚期的一处大型玉石作坊。建筑遗迹内及其堆积层中还多处发现残铜片和铜绿石等遗物，推测石家河文化的手工业中还应有铸造小型铜工具的生产部门④。石峁城址皇城台东护墙北段发现了丰富的制骨遗存，包括骨料、毛坯、成品、残次品、砺石等遗物，骨器种类有针、锥、镞、铲、饰品等。这一发现显示皇城台顶部偏东北可能设置有制作骨器的作坊，以生产骨针为主，同时也兼及其他骨器⑤。另外，在石峁内、外城中还发现有多处与居民区、墓葬集中分布的陶窑。龙山时代的部分都邑还发现有铜炼渣甚至小型青铜器，如王城岗、陶寺、石峁等城址，说明这一时期的都邑中可能还存在小规模的铸铜业。

夏商时期，随着生产力的发展，都邑中手工业种类增多，设置有专门的手工业区。其中，铸铜、制玉、绿松石器等作坊多位于宫殿区周围，制陶、制骨等作坊则位于城外或分散于平民居住区。如偃师二里头遗址宫城以南发现了由夯土墙圈围起来的手工业作坊区，

---

① 何驽：《2010年陶寺遗址群聚落形态考古实践与理论收获》，《中国社会科学院古代文明研究中心通讯》第21期，2011年
② 王明达等：《塘山遗址发现良渚文化制玉作坊》，《中国文物报》2002年9月20日。
③ 郭明建：《良渚文化宏观聚落研究》，《考古学报》2014年第1期。
④ 湖北省文物考古研究所、中国社会科学院考古研究所：《湖北石家河罗家柏岭新石器时代遗址》，《考古学报》1994年第2期。
⑤ 陕西省考古研究院等：《陕西神木县石峁城址皇城台地点》，《考古》2017年第7期。

发现有青铜铸造、玉器制作等手工业遗迹，学界称之为"工城"[①]。绿松石器作坊位于宫城南垣之南，面积逾千平方米，出土数千枚绿松石块粒，部分带有切割、琢磨痕迹[②]。在宫城外北部、东部应设置有制骨作坊，考古发现较多的骨料、废骨料、半成品[③]。郑州商城内发现多处铸铜、制陶和制骨作坊，主要分布在内城与外城城圈范围内。偃师商城在大城东北隅城垣内侧出土坩埚、铜渣等遗存，说明附近有铸铜作坊的存在。大城北部还发现有制陶作坊。在宫城西侧，一些遗迹单位中埋有较为集中的动物肢骨，故推断其附近应当设置有一定规模的制骨作坊。洹北商城在宫殿区北韩王渡一带设置有铸铜、制陶、制骨作坊遗址[④]。小屯殷墟遗址宫庙区内发现有铸铜、制玉、制骨等作坊遗存，组成中心—工业区。在宫庙区外围形成较为集中的三个手工业区，即北辛庄—孝民屯一带的西部工业区、花园庄南地—苗圃北地一带的南部工业区、大司空村东南地带的东部工业区。铸铜作坊遗址分布于宫殿区外围的苗圃北地、孝民屯西地与孝民屯东南地、薛家庄南和小屯村东北地、大司空南等地[⑤]。其中苗圃北地铸铜作坊遗址面积达1万平方米以上，分为生产区和居住区，以生产礼器为主[⑥]。近年来，在距离殷墟宫殿宗庙区10千米的辛店村西南新发现一处大型铸铜作坊遗址[⑦]，在殷墟南部的任家庄南地也发现一处铸铜遗址[⑧]，从而改变了以前人们对殷墟铸铜作坊布局的认

---

① 杜金鹏：《偃师二里头遗址都邑制度研究》，《夏商周考古学研究》，科学出版社2007年版。

② 中国社会科学院考古研究所二里头工作队：《河南偃师二里头遗址中心区的考古新发现》，《考古》2005年第7期。

③ 许宏、陈国梁、赵海涛：《二里头遗址聚落形态的初步考察》，《考古》2004年第11期。

④ 何毓灵：《河南安阳洹北商城铸铜、制骨作坊遗址》，《大众考古》2017年第1期。

⑤ 中国社会科学院考古研究所：《殷墟的发现与研究》，科学出版社1994年版，第83—93页。

⑥ 郑振香、陈志达：《殷墟青铜器的分期与年代》，中国社会科学院考古研究所编著：《殷墟青铜器》，文物出版社1985年版。

⑦ 孔德铭等：《河南省安阳市辛店商代铸铜遗址发掘及学术意义》，《三代考古》（七），科学出版社2017年版；孔德铭：《河南安阳发现迄今范围最大的商代晚期铸铜遗址》，《中国文物报》2020年1月3日。

⑧ 《安阳发现商代晚期大型铸铜遗址》，《河南日报》2018年2月28日。

识。辛店铸铜作坊遗址规模大，南北约1400米，东西约750米，总面积约100万平方米。该铸铜作坊设置有多个独立、完整的作坊区，每个作坊区可分为工作区、生活区。其中工作区可分为多个功能区，如备料取土坑、制范场地、熔铜浇筑场地、铜器后期加工场地、铸铜遗物废弃场地等。制骨作坊主要集中于遗址中心区花园庄①及外围北部的大司空村、西部的北辛庄②等地，其他还有薛家庄、小屯村附近等。其中的大司空村制骨作坊面积约1380平方米，发现有房址、骨料坑、灰坑及骨料、半成品等遗迹、遗物。制陶作坊在安钢大道北、刘家庄北地、花园庄南地③等都有发现。其中花园庄南地作坊遗址面积在6万平方米以上，有陶窑10座，还发现有灰坑、房址及陶器废品、窑壁残块、制陶工具等遗迹、遗物。此外，在小屯北地曾经发掘到2座制造玉石器的小型房子，房屋内出土带有锉痕的圆锥形状石料600多件，还出土有玉料、略呈长方形的磨石以及玉石器半成品、成品，如玉龟、玉鳖、石鳖等④，说明这里应是一处玉石器制造场所。宫殿宗庙区北部靠近洹河附近也可能存在制玉手工业作坊，在甲六基址西北方向约200米处，钻探发现一处玉料坑，面积约20平方米，估计甲组基址附近也应有制玉作坊址⑤。

（四）王陵及高等级墓葬区的设置

王陵、高等级墓葬区是统治阶级死后安息之所，是都邑必备的功能区之一。龙山时代都邑中已经出现高等级墓葬单独分布的现象，夏商时期专门的王陵区在都邑中出现。

---

① 中国社会科学院考古研究所安阳工作队：《1986—1987年安阳花园庄南地发掘报告》，《考古学报》1992年第1期。

② 中国社会科学院考古研究所：《殷墟的发现与研究》，科学出版社1994年版，第93—96页。

③ 岳占伟、岳洪彬：《殷墟首次发现重要的商代制陶作坊区》，《中国文物报》2008年10月15日。

④ 中国科学院考古研究所安阳发掘队：《1975年安阳殷墟的新发现》，《考古》1976年第4期。

⑤ 中国社会科学院考古研究所安阳工作队：《2004—2005年殷墟小屯宫殿宗庙区的勘探和发掘》，《考古学报》2009年第2期。

龙山时代，随着阶级分化加剧，部分都邑中已经出现贵族（高等级）墓葬区与一般墓葬单独分布的现象。如良渚城址中发现有反山、瑶山、汇观山墓地等贵族墓葬区，这些墓葬建于城外西部人工堆筑的高大土台之上，土台上还有祭坛遗址，墓葬中出土大量的玉琮、玉钺、玉璧等玉礼器，表明墓主身份的高贵。又如石峁内城中部偏东的韩家圪旦地点，与皇城台隔沟相望，是石峁遗址晚期一处大型贵族墓葬区，有竖穴土坑墓、石棺墓及偏洞室墓等三类[1]。需要指出的是，由于龙山时代处于早期国家的初期——邦国阶段，很多都邑中虽有墓葬区，但大型墓葬仍与中、小型墓葬杂而处之，并没有严格的界限。如陶寺城址的墓葬主要集中宫城外东南部和中期小城内西北部，其中的墓葬类型可分为大、中、小三种，未见明显的分界。其中陶寺早期发现的一座大墓中随葬有陶龙盘、陶鼓、鼍鼓、大石磬、玉器、彩绘木器等器物，应该是早期王墓；陶寺中期发现的一座大墓ⅡM22，随葬有钺、戚、琮、璜等玉器以及玉石兵器、玉兽面、彩陶礼器、彩绘漆礼器等，应该是中期王墓性质。

夏商时期，随着王权国家的诞生，王陵区也在都邑中出现。目前，确定无疑的都邑王陵区是小屯殷墟都邑。殷墟遗址发现有专门的王陵区，位于都邑西北部的西北岗岗地之上，在东西长约450米、南北宽约250米的范围内共发现14座大墓，分东、西两区（图5-3）。这14座大墓事先是按照一定的布局排列设置，不见墓室相互打破的现象。大多数王陵墓规模大，规格高，遗存丰富。墓室面积大，有1—4个墓道。棺椁具备，墓内有大量的殉人，墓外有数以千计的祭祀坑，墓内随葬品丰富，出土较多的青铜器、大理石雕刻、玉器、象牙雕刻品、白陶、绿松石器等高规格遗物，判断其为殷都王陵区当无疑问。

迄今二里头遗址仍然没有发现大型墓葬，其王陵区设置情况不

---

[1] 陕西省考古研究院等：《陕西神木县石峁遗址韩家圪旦地点发掘简报》，《考古与文物》2016年第4期。

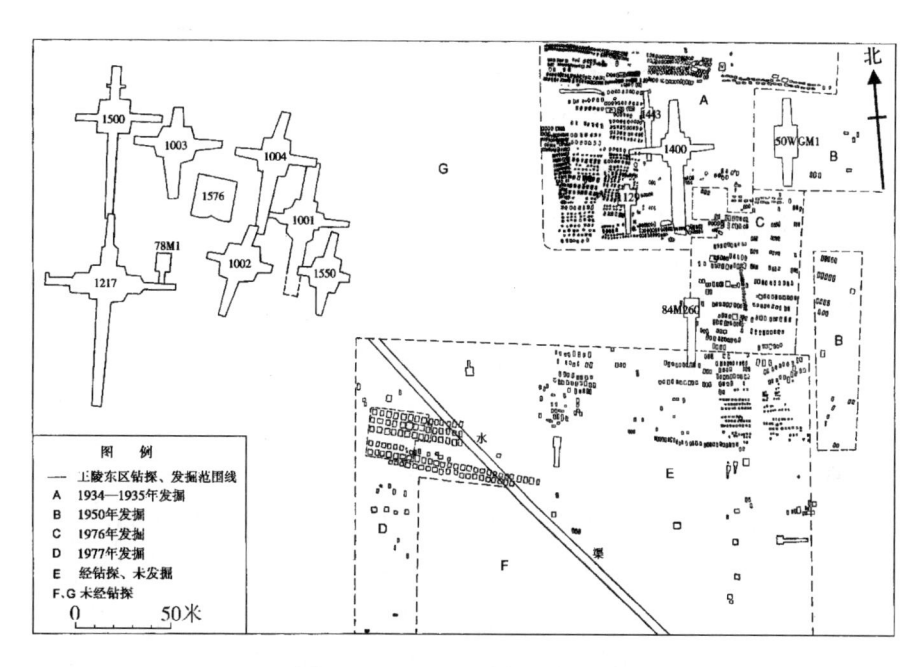

图 5-3　小屯殷墟王陵区平面图

详。20 世纪 80 年代曾在二号宫殿基址之北部发掘一座"大墓"[1]，近年一些学者对其提出质疑，认为其非大墓，应为"带有夯土井坑的水井"[2]。2002 年三号宫殿基址发掘，发现一座规格较高的墓葬，随葬品丰富，包括绿松石器、玉器、铜器以及漆器、白陶和普通陶器[3]。但此墓形制较小，墓圹面积不足 2.5 平方米，且不见墓道，与商代小屯殷墟王陵区规模宏大的王陵有明显的差异。从二里头遗址的地理环境来看，东面、南面皆为平原、低地，只有西部、北部地势较高，北部有邙山横亘，我们推测二里头都邑的王陵有可能选择在都邑西北地区。

---

[1] 中国社会科学院考古研究所二里头工作队：《河南偃师二里头二号宫殿遗址》，《考古》1983 年第 3 期。

[2] 许宏：《二里头遗址"1 号大墓"学案综理》，《中原文物》2017 年第 4 期。

[3] 许宏、陈国梁、赵海涛：《二里头遗址宫殿区考古又有重要发现》，《中国文物报》2003 年 1 月 17 日。

郑州商城也尚未发现确切的王陵区，推测其理应位于都邑的西部或西北部某地。经过多年的考古发掘与钻探工作，郑州商城虽发现有多处集中的墓葬区，但皆不具备王陵的性质。基于郑州商城地区西高东低的地势以及城外东部、东北部的湖泽地貌，结合小屯殷墟王陵区的位置，推测该都邑的王陵区很可能规划设置于都邑西北部某地段。在郑州商城西北区域，考古发现的小双桥遗址东南距郑州商城20千米，商代文化遗存较为丰富，发现有大型夯土基址、祭祀坑等遗迹，出土大量陶器、方孔石器等遗物。关于其性质学界存在着仲丁所迁隞都[1]、商代祭祀遗址[2]和离宫别馆[3]等争论。由于小双桥遗址出土较多的祭祀遗存，与殷墟王陵区相似，且位于郑州商城的西北，因此"目前还不能排除小双桥一带是商王朝前期或某个阶段的商王陵墓区的可能性"[4]。

偃师商城目前也未发现大型高规格墓葬。由于偃师商城有着与二里头遗址相近的地形地貌，即东部低、西部高，若设置专门的王陵区，可能也位于偃师商城的西部或西北部地带。这些推测还有待将来进一步的考古发掘工作证实。

早期都邑王陵及高级贵族墓葬区大多规划设置于都邑西部或西北部。《汉书·郊祀志》云："东北神明之舍，西北神明之墓也。"颜师古注："凡神明以东北为居，西方为冢墓之所。"意即东北方为神明居住之所，西北方成了神明的埋葬之地。现有考古发现显示，良渚都邑的王级墓葬、石家河都邑的高级贵族墓葬区及小屯殷墟的王陵区都位于遗址西北部，推测二里头遗址、郑州商城、偃师商城等都邑王陵区的位置可能也位于都邑偏西方位。究其原因，主要是

---

[1] 陈旭：《郑州小双桥商代遗址即隞都说》，《中原文物》1997年第2期。
[2] 裴明相：《论郑州市小双桥商代前期祭祀遗址》，《中原文物》1996年第2期；许俊平、李锋：《小双桥商代遗址性质探索》，《中原文物》1997年第3期；杨育彬等：《郑州小双桥商代遗址的发掘及其相关问题》，《殷都学刊》1998年第1期。
[3] 张国硕：《小双桥商代遗址的性质》，《殷都学刊》1992年第4期。
[4] 张国硕：《夏商时代都城制度研究》，河南人民出版社2001年版，第197页。

由于古人天象观念和地理环境等方面的因素所致①。

第一，与对日、月、星辰的崇拜有关。日、月、星辰的运转，天象和天体的变化，影响着古人的日常生活和农业收成。当人们无法解释这些天象和天体变化时，就把这些天体神化，把它们当作崇拜的对象。与人们生活关系最为密切的天体是太阳。太阳每日从东方升起，西方落下。当夏季时，太阳是从东北方升起，西北方落下。同样，与人们生活关系密切的月亮东升西落，冬季存在东北方升起、西北方落下的现象。而满天的星星也有东升西落的现象。史前夏商时期人们崇拜日、月、星等天体，由于这些天体落在西方和西北方，故当时人们认为西方、西北方是神葬之处所。同时，又由于这个时期人们认为死去的先王也会成为神灵，于是在国王死后，人们将其埋葬在都城的西部或西北处所。

第二，与夏商时期都邑的地理环境有关。中国的整体地势是西北高、东南低，大江大河多自西向东流。夏商时期都邑的位置一般多选在山前岗地旷野之地，而这些山岗又多位于都邑西北方向，这就造成了都邑西、北地段地势一般高于东、南地段的地貌特点。此外，又由于夏商时期都邑地区的气候环境较现在温暖湿润，降水也较现在更多，地势低洼处很容易受洪水威胁。因此，一些早期都邑把王陵区选在其西北方位的地势较高之处，以免王陵受到洪水泛滥、浸泡之虞。如目前确定的殷墟王陵区所在的西北岗一带，海拔80米，其地势稍高于武官村及侯家庄二村，当地居民称其为"北岗"或"西北岗"，比小屯宫殿区一带（海拔78—79米）尚高出1—2米。

(五) 一般墓葬区的设置

一般墓葬区作为埋葬平民的区域，也是早期都邑中必不可少的功能区。不同于王陵区，一般墓葬区的选址较为随意，多散布于都邑外城内外，或与一般居民区杂处。

---

① 张国硕：《夏商时代都城制度研究》，河南人民出版社2001年版，第197—198页。

龙山时代的陶寺城址宫城外东南部、中期小城等分别发现有陶寺文化早期、中期墓地，墓地内有大、中、小型墓葬，说明未设置专门的王陵区或一般墓葬区。石家河城址外东南部发现有多处墓地，城址西北部的严家山发现有瓮棺葬墓地，聚落群南端的肖家屋脊遗址有大规模的墓葬群。尧王城内城东墙发现一处小型墓地。

夏商时代，新砦城址的新砦期墓葬均与居住区交织在一起。二里头遗址的平民墓葬主要分布在遗址西部，多为小型墓，墓穴面积1平方米左右。郑州商城的墓葬区多位于外城之内，在内城东北角外的白家庄、城东南隅外的杨庄、城南的郑州卷烟厂、城西的北二七路、人民公园内和铭功路一带，也发现有集中的墓葬区。小屯殷墟遗址的一般墓葬多是以家族为基础的族墓地，遍布于殷墟遗址周围，如后岗、西区（北辛庄南、白家坟西、梅园庄与郝家店北）、郭家庄、刘家庄等地，其他多与居址交错，如小屯、大司空村、苗圃北地等地。盘龙城没有专门的墓葬区，墓葬多分布在城外四周的岗地上，城外东侧有李家咀贵族墓葬区，城外西部和北部的楼子湾、杨家湾、杨家咀等为中小型墓葬区。吴城都邑目前不见明确的墓葬区，已清理的墓葬在城内各处都有发现，分布比较零乱，仅在南关外的正塘山发现集中墓葬区，且出土有规格较高的随葬青铜器，应是吴城都邑的公共墓葬区。

（六）祭祀区的设置

祭祀先人或神灵是中国古代极其重要的一项社会活动。《礼记·祭统》云："凡治人之道，莫急于礼，礼有五经，莫重于祭。"《礼记·祭法》又云："天下有王，分地建国，置都立邑，设庙、祧、坛、墠而祭之，乃为亲疏多少之数。是故，王立七庙，一坛一墠。"《左传·成公十三年》亦称："国之大事，在祀与戎。"祭祀是沟通人神的活动，意图在于让神灵祖先赐人以福佑。祭祀对象包括天、地、山川、日月星辰等自然神及祖先、农神、谷神等人神，祭祀不同的对象往往会有不同的祭祀形式。史前到夏商时期，祭祀活动呈规范化和多样化趋势，并在早期都邑遗址中有所显示，不少都邑都设置有专门的祭祀区和祭祀场所，并在商代后期形成了相对完善的布局制度。

龙山时代，都邑中的祭祀活动已经有了初步的发展和规范，祭祀遗迹的规模数量等级与都邑的规模等级相对应，并在都邑内外均有分布。目前，在王城岗、瓦店、陶寺、石家河、良渚等都邑均发现有祭祀区或祭祀遗存。王城岗大城城内东部偏东发现一龙山文化晚期祭祀坑，呈圆形袋状，坑内北部有一儿童骨架，出土有陶器、石器等遗物。瓦店遗址西北台地环壕内中部偏南处发现两处呈东、西相对分布的大型建筑基址，其性质很可能与祭祀有关。其中东部WD2F1夯土建筑由数条围沟组成，大体呈"回"字形，面积近千平方米，基址厚约1.5米，夯土直接分块夯筑在生土之上，在建筑基址上发现用于奠基或祭祀的身首分离的人骨架、动物骨骼数具[1]，其性质可能是祭祀之墠[2]。其西的另一座建筑基址也由围沟组成，同样发现有用于奠基或祭祀的人骨和动物骨骼。西部的建筑基址由WD1TJ1、WD1TJ2、WD1TJ3组成，其中WD1TJ1建筑基址呈长方形，南北长35米，东西宽30米，面积近千平方米，发现有人头骨，发掘者认为该基址可能为祭祀建筑[3]。陶寺早期小城内东南部大型夯土建筑IFJT3的主体殿堂夯土基础版块中，发现有5处奠基性的人骨遗存，多是肢体残缺或散乱的人骨，其中一处奠基遗存中的人骨左臂还戴有玉璧。另外，在陶寺中期小城内北部发现临近墓葬区的半圆形大型夯土建筑基址ⅡFJT1，发掘者推测其为兼观象授时与祭祀功能为一体的多功能建筑，表明陶寺文化中期小城很可能是陶寺中

---

[1] 河南省文物考古研究院、河南省夏文化研究中心、北京大学考古文博学院：《河南禹州瓦店遗址WD2F1建筑发掘简报》，《华夏考古》2021年第6期。
[2] 方燕明、梁法伟：《禹州瓦店龙山时期WD2F1祭祀遗存初探》，《华夏考古》2021年第6期。
[3] 方燕明：《河南禹州瓦店龙山文化遗址2007—2010年考古工作取得重要收获》，《中国文物报》2011年1月21日。

期城址的宗教祭祀区①。石家河城址内西北角的邓家湾发现有套缸及大量陶塑动物、陶偶、红陶杯等祭祀遗存，应是石家河城址的祭祀活动区。石家河城址西面护城壕外侧的印信台发掘揭露出4个长方形人工黄土台基和6组套缸遗迹，应该是石家河遗址鼎盛时期的一处重要祭祀遗存②。良渚城址周围分布有10余处祭坛，其中级别最高者有反山、瑶山和汇观山，均设置于高大的人工堆筑土台上，祭坛之上还有贵族墓葬分布。石峁城址外城东南方向的樊庄子发现有祭坛、祭祀遗迹。祭坛共三层，自上而下分别为圆丘形土筑遗迹和一小一大的两层方台形石构基址，祭坛附近发现的人头骨可能是用于祭祀的"牺牲"。

夏商时期是中国早期祭祀活动的成熟和规范化时期，都邑的级别越高，规模越大，则其祭祀场所的设置也越多，祭祀工程则越浩繁。

夏代都邑发现有宗庙遗迹，也发现有社祭遗存，可能已孕育形成祖、社异位之布局。如新砦城址内城壕圈占范围内的一处大型浅穴式露天建筑基址附近，发现有完整的猪骨架和埋有大量兽骨的灰坑，其形式与二里头遗址相似，可能属于祭祀遗存或与其有关的"坎"或"墠"。二里头遗址发现多处与祭祀有关的建筑基址，有多处近圆形和半地穴式露天建筑基址，可能是文献记载的坛、墠类祭祀场所。一号宫殿基址中庭位置有一些人骨架和兽骨坑，人骨架皆为非正常埋葬，或为踡身屈肢，或为俯身葬，其性质应为祭祀坑，人骨、兽骨应为祭祀时的牺牲，有学者早年推测一号宫殿基址或为夏都的宗庙建筑遗存③。近年，也有学者推定一号宫殿建筑可能与夏代供奉土地神祇的"社"类建筑有关④，二号

---

① 高江涛：《陶寺遗址聚落形态的初步考察》，《中原文物》2007年第3期。
② 湖北省文物考古研究所：《石家河遗址2015年发掘的主要收获》，《江汉考古》2016年第1期。
③ 北京大学历史系考古教研室商周组：《商周考古》，文物出版社1979年版，第27页。
④ 杜金鹏：《二里头遗址宫殿建筑基址初步研究》，《考古学集刊》(16)，科学出版社2006年版。

宫殿则为宗庙建筑①，若依这些推断，因属于社类遗存的一号宫殿位于宫殿区的西部（右边），与宗庙有关的二号基址位于东部（左边），二者构成了"左祖右社"之设置。但由于二里头遗址二号宫殿基址所谓的"大墓"可能并不存在，故推断二号宫殿基址为宗庙性质就失去了主要支撑点。故目前尚没有确切证据表明二里头遗址存在面向南方的"左祖右社"格局。

商代前期，都邑发现有较多祭祀遗存。如郑州商城东南部的二里岗、南关外的郑州卷烟厂和铸铜作坊遗址内、内城西的人民公园内、彭公祠门前高地、城北制骨作坊遗址东南部等地，都发现有较多掩埋人骨架和兽骨架的祭祀坑，近年在内城内西南隅也发现有大量祭祀坑②，说明祭祀在商王朝的政治生活中是相当普遍的。较为集中的祭祀区域位于内城东北隅靠近北垣的东端，在此地发现一处由6块大石、8个殉狗坑、12个单人坑、2座小墓、烧土坑等组成的约100余平方米的大型祭祀场，坑内殉狗100余只，死者多为非正常埋葬③，根据甲骨卜辞中有关"社祭"的内容和《淮南子·齐俗训》中"殷人社用石"的记载，一些学者认为此处祭祀场所应是商代早期商人的社祀遗址④。此祭祀遗存与南边的宫殿区南北向对应，应是王室贵族举行祭祀的场所。若面向西方神灵之处观察，南面的宫室宗庙区与北面的社祀遗存形成了"左祖右社"之设置。此外，在郑州商城内城东西城垣外侧即张寨南街、向阳回族食品厂、南顺城街等处，先后发现3个青铜器窖藏坑，出土了一大批商代前期的青铜礼器，这3处青铜器窖藏坑与祭祀类窖藏坑的特点颇为符合，应是商王基于尊神和以地通神的思想意识、在举行大型祭祀活动之后把

---

① 李德方、叶万松：《偃师二里头二号宫殿夏都宗庙论》，《夏商文明研究》，中州古籍出版社1995年版；杨鸿勋：《宫殿考古通论》，紫禁城出版社2001年版，第35页。
② 有关材料存河南省文物考古研究院。
③ 裴明相：《略谈郑州商代祭祀遗迹》，《中原文物》1987年第2期。
④ 郝本性：《试论郑州出土商代人头骨饮器》，《华夏考古》1992年第2期；谢肃：《简论商代的社》，《中原文物》2008年第5期；常玉芝：《商代宗教祭祀》，中国社会科学出版社2010年版。

青铜礼器瘗埋地下所致，祭祀的对象很可能就是城垣与护城壕，即后代的"城隍"①。偃师商城宫城内北部发现有专设的祭祀区，分为三个区域，祭品有人、猪、牛、羊、狗、鱼类和粮食等。有学者研究认为，A区可能祭祀农神，B区和C区则祭祀社神，反映出不同的区域祭祀对象不同②。值得注意的是，此祭祀区与位于宫城中南部的宫殿宗庙区虽然构不成东西方向上的左祖右社布局，但若面向西方神灵之处观察，则位于南边（左边）的宫殿宗庙区与位于北边（右边）的社神祭祀区，二者也构成了南北方向上的"左祖右社"设置。

  商代后期殷都设置的祭祀场所增多，祭祀活动更加频繁。在殷墟西北岗王陵区、后岗、苗圃北地、孝民屯铸铜遗址等地，发现有数以千计的祭祀坑。此外，在小屯东北地、小屯南地和花园庄东地都出土有大量的刻辞甲骨。因刻辞甲骨是商人占卜祭祀活动常见的遗留物，故推断这三处甲骨埋藏的区域也应为祭祀活动区③。商代后期可能出现东西方向上的"左祖右社"设置。有学者认为洹北商城的一号宫殿基址的设置可能具有左祖右社的意象，位于宗庙建筑西南方的西配殿可能即为"社"④。小屯殷墟宫殿区中发现的丙组基址发现大量的祭祀坑，其位于属于宗庙宫殿区的乙组基址之西南，可能是祭祀社神的地方。在丙组基址之东今殷墟博物苑入口处东侧，1989年考古发掘出新的丁组（五十四号基址）基址，一些学者研究认为其性质应为宗庙建筑⑤。分居东、西两侧的丁组、丙组建筑，可能显示出面向南方、东西方向上的"左祖右社"的平面设置。

---

 ① 张国硕：《郑州商城铜器窖藏坑性质辨析》，《中原文物》2018年第1期。
 ② 魏建震：《先秦社祀研究》，人民出版社2008年版，第101—102页。
 ③ 岳洪彬、岳占伟、何毓灵：《小屯宫殿宗庙区布局初探》，《三代考古》（二），科学出版社2006年版。
 ④ 王震中：《商代王都的"社"与"左祖右社"之管见》，《中国古代文明的探索》，云南人民出版社2005年版。
 ⑤ 杜金鹏：《殷墟宫殿区建筑布局和性质简论》，《中国文物报》2005年3月4日。

除以上王都外，其他夏商时期的方国都邑也设置有祭祀区，考古发现有较多的祭祀遗存。如垣曲商城内房址的周围发现不少埋有完整猪骨的祭祀坑，当是当地商人举行宗教祭祀活动后埋入的牺牲，有些祭祀坑中还发现有散乱的人骨架。从三星堆的西南小城中保存下来的两个器物坑和坑内埋藏的具有浓厚宗教祭祀色彩的器物来看，这里很可能是三星堆都邑的宗教祭祀区。吴城城址的中心位置分布有规模浩大的祭祀区，主要由道路、建筑基址、祭祀台座、红土台地、柱洞群等五大部分组成，并由道路把它们连接在一起，有机地构成了一个规模宏大的商代宗教祭祀场所[1]。有学者认为这一祭祀区当属祭社和祭祖宗庙性质[2]。

（七）仓储区的设置

《礼记·王制》云："国无九年之蓄，曰不足；无六年之蓄，曰急；无三年之蓄，曰国非国也。"由此可见存储物资的重要性。在早期都邑的规划设计上，大多应设置有仓储区，用于存储粮食及其他物资。目前，考古发现的陶寺、偃师商城等都邑存在专门的仓储区，其他都邑也发现有一些窖穴遗存。郑州东赵、夏县东下冯等城址中均发现有储存物资的仓储遗迹，可作为其他早期都邑存在仓储区的旁证。

陶寺仓储区位于中期城址内的东部，面积约 1000 平方米，区内分布着密集窖穴。窖穴形状主要是竖穴圆角方形、长方形，有螺旋形坡道以通上下，有的坑底有多块可能作为支垫木板隔潮之用的大块石头。这些窖坑较大者边长在 10 米左右，较小者边长在 5 米左右，深均在 4—5 米。在部分窖穴附近还设置有小型房子，其功用可能与窖穴的防卫有关[3]。

东赵中城中部偏东区域分布大量圆形地穴式遗存，遗存呈袋状，

---

[1] 周广明、赵碧云：《吴城商代宗教祭祀场所探究》，《南方文物》1994 年第 4 期。
[2] 宋镇豪：《商代邑制所反映的社会性质》，《中国史研究》1994 年第 4 期。
[3] 何驽：《都城考古的理论与实践探索——从陶寺城址和二里头遗址都城考古分析看中国早期城市化进程》，《三代考古》（三），科学出版社 2009 年版。

残存下部，现口径2—3.5米。周壁、坑底较规整，坑底基本处于同一水平面上，填土为质密红黏土，年代为二里头文化二期晚段。有学者认为系仓储区，也有学者认为是祭祀类遗存①。

东下冯商城遗址在城内西南角分布有一群纵横排列整齐的圆形建筑基址。该建筑群成排分布，各基址之间距为13—17米，高约0.3—0.5米，总数约在四五十座。圆形基址直径8.5—9.5米，基面上有呈"十"字形的埋柱沟槽，中心部位有一柱坑和中心柱洞，周边还存在密集的小柱洞。目前，这些圆形建筑基址还未发现有门道遗迹②，其功用应不属于一般的房屋建筑，可能用作仓储③，但也有学者认为其应为储存粮食的粮仓④，甚至认为是存盐的盐仓⑤。

偃师商城第Ⅱ号建筑群位于小城内西南隅，周围有2米宽的夯土墙围护，总面积达4万多平方米。围墙之内是百余座排列整齐、形制统一的长方形建筑。这些建筑室内地面皆高于室外地面，空间都被纵向分隔成三部分，纵向密集成排的木柱、木桩或矮墙，似为支撑案板类设施所置，室外皆以简易的浅沟组成网状的排水系统⑥。这一建筑群内部洁净，但不适宜人居，推测应是仓储之所，可能是商王的府库群⑦。此外，在偃师商城小城内西北隅，新近考古发现多处与东下冯商城相似的二里岗时期的圆形建筑基址Ⅷ号基址。完全揭露出的2处建筑基址夯土近似圆形，夯土上有大量柱洞。其中2019YSⅢF1圆形夯土东西径8.3米，南北径8米，在基槽内填土逐层夯实，基址上发现有40多个小型柱洞，分布无规律。2019YSⅢF2

---

① 张家强、郝红星：《沧海遗珠——郑州东赵城发现记》，《大众考古》2015年第8期。
② 中国社会科学院考古研究所等：《夏县东下冯》，文物出版社1988年版，第150—151页。
③ 杭侃：《夏县东下冯的圆形建筑浅析》，《中国文物报》1996年6月2日。
④ 程平山、周军：《东下冯商城内圆形建筑基址性质略析》，《中原文物》1999年第1期。
⑤ 刘莉、陈星灿：《城：夏商时期对自然资源的控制问题》，《东南文化》2002年第3期；赵春燕：《东下冯遗址圆形建筑土壤的化学成分分析》，《考古学集刊》第18集，科学出版社2010年版。
⑥ 中国社会科学院考古研究所河南第二工作队：《偃师商城第Ⅱ号建筑群遗址发掘简报》，《考古》1995年第11期。
⑦ 王学荣：《河南偃师商城第Ⅱ号建筑群遗址研究》，《华夏考古》2000年第1期。

分早、晚两期遗存，晚期建筑基址圆形夯土东西径10.2米，南北径9.3米，基槽以上部分为夯筑而成，基址表面有垂直交叉的十字形沟槽，沟槽中心有一较大柱洞，台基边缘内侧有一圈共28个小型柱洞，基址表面沟槽之间的夯土面上也有一些柱洞，其性质当为仓储设施——囷仓[①]。

（八）商业区的设置

中国早期都邑是人口相对集中、居民成分复杂的国家权力中心，都邑的政治、军事职能一直占主导地位，但经济职能则不断增强[②]。总体来看，中国早期都邑偏早阶段存在一定的货物交流，但不存在专门的商业区；偏晚阶段则有一定规模的商业和商品交换，但都邑内是否设置专门的商业区（市）目前材料难以确定。

龙山时代，由于人口和资源不断向都邑聚集，都邑成为国家经济的中心。此时手工业与农业已有明确的分工，手工业的专门化增强和都邑手工业功能区的设置，生产出大量的陶器、石器、玉器和漆器等产品。而不同地区生产力发展水平和经济体系的差异也导致各地形成特色鲜明的区域经济体系。这些区域经济有一定的互补性，从而促成了区域间日益频繁的产品交换[③]。如制作精美的良渚文化玉器，不仅在良渚都邑地区生产使用，而且在都邑之外的良渚文化分布区以及其他广大区域屡有发现，其成因可能与良渚邦国都邑与外部社会一定规模的资源交换有关。但由于该阶段各都邑内聚集的人口数量还不是很多，非农业人口十分有限，社会经济整体上仍属于自给自足的态势，且大多仍以原始的物物交换为主，致使自由的商品经济并未形成。当时大多高端的手工业生产都是置于当地最高权力中心的直接管理之下，这些贵族手工业的生产目的皆是以非商业

[①] 陈国梁等：《河南偃师商城遗址新发现大型仓储区及囷仓类建筑基址》，《中国文物报》2020年8月7日；陈国梁：《囷窌仓城：偃师商城第Ⅷ号建筑基址群初探》，《中原文物》2020年第6期。

[②] 许宏：《先秦城邑考古》，金城出版社、西苑出版社2017年版，第134页。

[③] 张弛：《中国史前农业、经济的发展与文明的起源——以黄河、长江中下游地区为核心》，《古代文明》（一），文物出版社2002年版。

性的自产自用为主。因而，用于产品交换的商业区并没有被列入都邑的规划设计之中。迄今考古发现的各邦国都邑，没有设置专门商业区的实例。

夏商时期，农牧业及手工业经济有了进一步发展，手工业分工更加细化，都邑内高端的手工业生产也都是置于王室贵族的直接管理之下，这些贵族手工业的生产目的同样是以非商业性的自产自用为主，或为统治阶级直接服务。从都邑内手工业作坊及墓葬出土物来看，青铜器铸造业和玉器制造业的产品主要是礼器而非流通于市场的商品，其流散形式多是通过赏赐和掠夺等非商业途径。民间虽然会有部分农牧业及手工业的剩余产品，但主要是通过原始的物物交换完成。但不可否认，夏商时期应存在一定的商业贸易活动。文献记载，早在先商时期，商族人就从事商业贸易活动。如《易·系辞下》："（王亥）服牛乘马，引重致远，以利天下。"这里明确指出商族先公王亥"服牛乘马"的目的是"引重致远"，即进行远程货物运输。《竹书纪年》还记载"王亥托于有易、河伯仆牛"，即王亥把驯养之牛与河伯进行交换。郑州商城、小屯殷墟等商代都邑发现有大量的海贝，如郑州商城白家庄一贵族墓中随葬的海贝达460多枚[1]；安阳殷墟大司空村发掘的160多座平民墓中有83座墓随葬有贝，共出海贝234枚[2]；小屯村北"妇好墓"（商王武丁之妻墓葬）随葬有海贝6880枚[3]。这些海贝异常珍贵，可能具备等价物或货币功能。商代都邑遗址出土的部分遗物，如龟甲、海贝、玉石器、铜锡原料、原始瓷器与硬陶器、黄金、绿松石等，都是当地不出产的，除了进贡、掠夺等途径获取之外，其中一部分不排除是从远方交换所致。文献记载商代晚期已出现商业和专门的商人，如《尚书·酒诰》中有周人让商遗民"肇牵车牛，远服贾"的记载，即让商族人赶着牛车到远处去经商。但需要指出的是，虽然商代已存在一定的

---

[1] 河南省文化局文物工作队第一队：《郑州商代遗址的发掘》，《考古学报》1957年第1期。
[2] 马得志等：《一九五三年安阳大司空村发掘报告》，《考古学报》1955年第9期。
[3] 中国社会科学院考古研究所：《殷墟妇好墓》，文物出版社1980年版，第220页。

商业活动，但在都邑规划设计上，目前还没有确切的考古证据显示都邑内存在"市"一类的专门商业交易场所。

第三节　都邑布局

都邑布局是筑城者对城市功能分区的细节思考，主要表现在都邑各项设施的总体安排设计以及依据相关制度或模式对都邑进行建造。中国早期都邑布局主要体现在宫室区布局、城门布局、道路布局及其表现出的城市设施的封闭性等方面。龙山时代，都邑内各项设施已存在明显的布局特征，但并不规整。至夏商王朝时期，都邑内部的布局更加严谨、规范。

一　宫殿宗庙区布局

随着中国早期都邑规模的持续扩大、都邑内宫殿宗庙区建筑数量的逐渐增加和筑造工序的复杂化、建筑技术的提高、礼制的形成与推广，要求都邑宫殿宗庙区在布局方面应具有一定的规范和模式，以保障宫室、宗庙建筑的合理性和实用性。早期都邑宫殿宗庙区的布局主要表现在中轴线的设置、前朝后寝及池苑的设立等方面。

（一）中轴线的设置

所谓中轴线是指在整个都邑或宫殿区设立一条或数条轴线，各类建筑沿轴线左右对称排列。中轴对称是中国古代都邑规划中的重要原则之一。龙山时代都邑中尚看不出有明显的中轴对称布局，但亦出现这方面的设计意识。夏商时期的都邑已经开始较多出现不同程度的中轴对称现象，只是不太严格、规范而已。

在龙山时代，陶寺城址的布局已经显露出轴线意识。据学者分析，陶寺中期城址设置有中轴线，该轴线位于城址中部，呈西南—东北向，西南起于宋村沟手工业作坊区，东北止于大城东城墙中段中点，中间穿越下层贵族居住区、宫殿区[①]。根据目前资料，陶寺城址宫庙区内是否有轴线设计无从断定，但中期宫庙区内大型建筑IFJT3规划有前后两座殿堂，似乎存在一条西南—东北向的轴线。

夏商都邑存在两种中轴对称布局模式，即都邑的对称布局和单体建筑的对称建造，以强调都邑及宫城的整齐有序。同时，部分都邑也存在对称标准不一致、缺少统一中轴线的现象，显示出夏商时期都邑中轴对称布局制度尚不够完善、处于探索阶段的特点。

偃师二里头都邑布局整体上大致存在一南北向轴线。该轴线南起铸铜作坊，北向止于宫城之北的祭祀区，中间穿过工城和宫城。宫城内的大型建筑也有设置轴线的迹象。一方面，一些单体建筑存在对称布局。如一号基址殿堂位于台基中部偏北，台基南缘中部为大门，二者基本上在一条南北中轴线上，中轴线两侧有东、西廊庑分布（图5-4）。二号基址殿堂位于台基中部偏北，左右对称分布廊庑。另一方面，各宫殿建筑之间也存在着对称现象。如宫城西南部的一号宫殿基址和七号宫殿基址构成南北向轴线，宫城东部的四号宫殿基址与二号宫殿基址呈南北向分布，显现出较为明确的中轴对称建筑理念[②]。

偃师商城的规划和建造呈现出较为明显的中轴线布局。一方面是城垣平面布局设置有中轴线。大的轴线至少有四条：宫城与大城的南门、北城门组成一条贯穿全城的南北向轴线；大城东、西城垣相同部位各自分布着三座城门，从而形成三条基本平行的东西向轴线。此外，小城四面城垣之中部都呈现出同样的拐折现象，其中南、北墙向南凸出后，东、西两段城垣长度基本相同，东、西城垣的情况与南、北墙大体相同，可见小城四面城垣也是左右对称。另一方面，宫殿区也设置有多条中轴线。首先，宫殿群布局呈现东西向对

[①] 何驽：《都城考古的理论与实践探索——从陶寺城址和二里头遗址都城考古分析看中国早期城市化进程》，《三代考古》（三），科学出版社2009年版。
[②] 中国社会科学院考古研究所二里头工作队：《河南偃师市二里头遗址宫城及宫殿区外围道路的勘察与发掘》，《考古》2004年第11期。

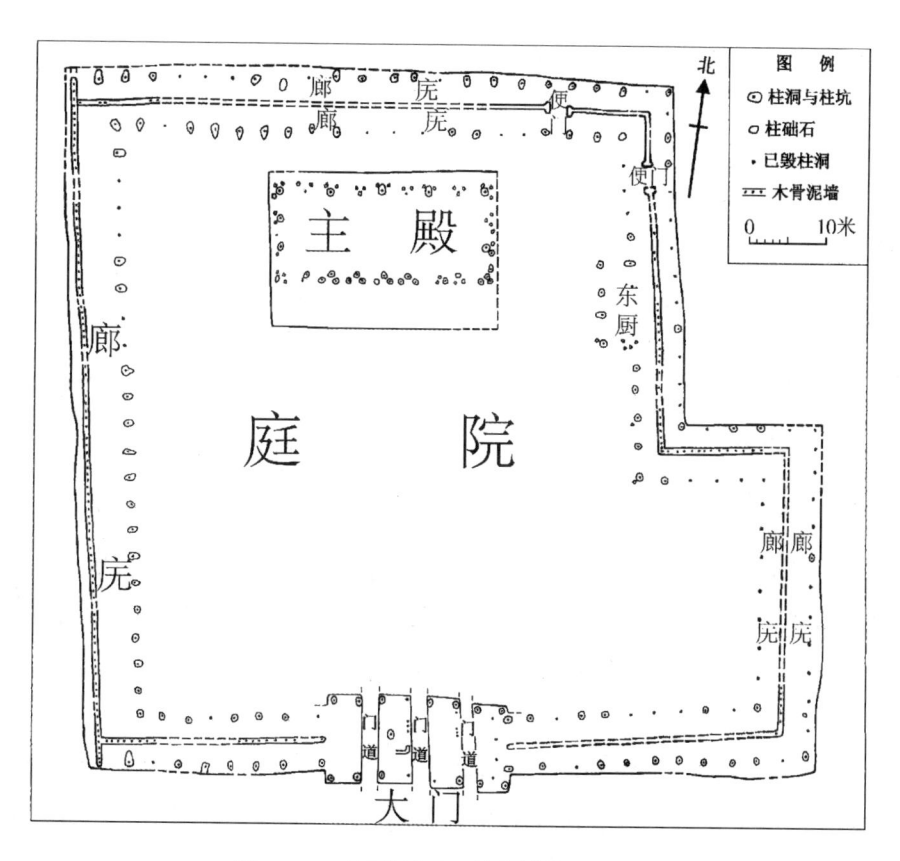

图 5-4 二里头遗址一号宫殿基址平面图

称布置。从偃师商城宫殿区平面图可以看出，一号宫殿基址居于中心，其东、西两侧分别对称分布四号宫殿基址和五号宫殿基址、二号宫殿基址和三号宫殿基址。其次，宫殿区也有南北向的多条轴线。如四号宫殿基址与五号宫殿基址、二号宫殿基址与三号宫殿基址，分别都有一条南北向的轴线（图 3-2）。三是宫殿区单体建筑也具备中轴线。如四号宫殿具有明显的中轴线，而且左右的对称亦非常清楚（图 5-5）。同为四合院式格局的五号宫殿，其轴线与对称和四号宫殿大体相同。如此规整的中轴线布局，无疑是事先经过精心规划设计的。

洹北商城也存在着都邑和单体建筑的对称布局。首先，宫城位

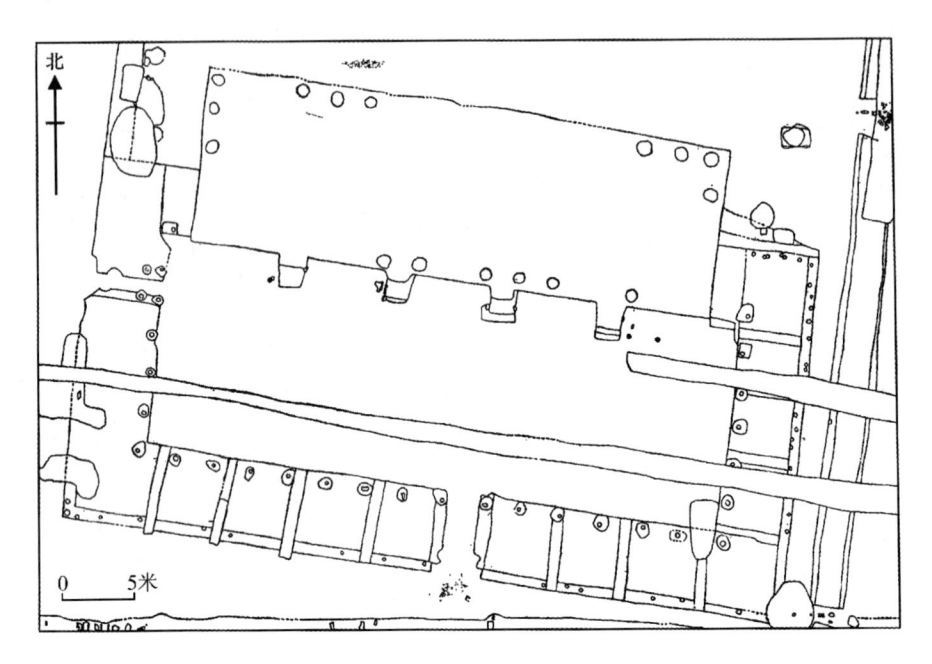

图 5-5　偃师商城四号宫殿基址平面图

于大城之南北向中轴线的偏南部位。其次，宫城内各宫殿建筑排列有序，方向一致，南北成排，中轴线明显。如考古发掘的一号宫殿基址与二号宫殿基址分布在南北向轴线上，二者之间有门道相通[1]，说明当时应是按照统一的中轴线进行布局的。单体宫殿建筑也存在中轴线。如一号宫殿基址主体殿堂坐北朝南，东西分布有廊庑，南部设门塾，呈现出南北向的中轴和左右对称布局（图 5-6）。类似的中轴线也见于二号宫殿基址。

董作宾先生认为小屯宫殿建筑群规划设计有南北一线的中轴线，建筑物左右对称，布局严谨[2]。考古材料显示，宫殿区甲组、乙组基址作南北向纵轴排列，至少甲十二与甲十三、甲一与甲五、甲四与

---

[1] 中国社会科学院考古研究所安阳工作队：《河南安阳市洹北商城宫殿区二号基址发掘简报》，《考古》2010 年第 1 期。

[2] 董作宾：《甲骨学六十年》，中国台湾艺文印书馆 1965 年版。转引自《考古与文物》1981 年第 2 期。

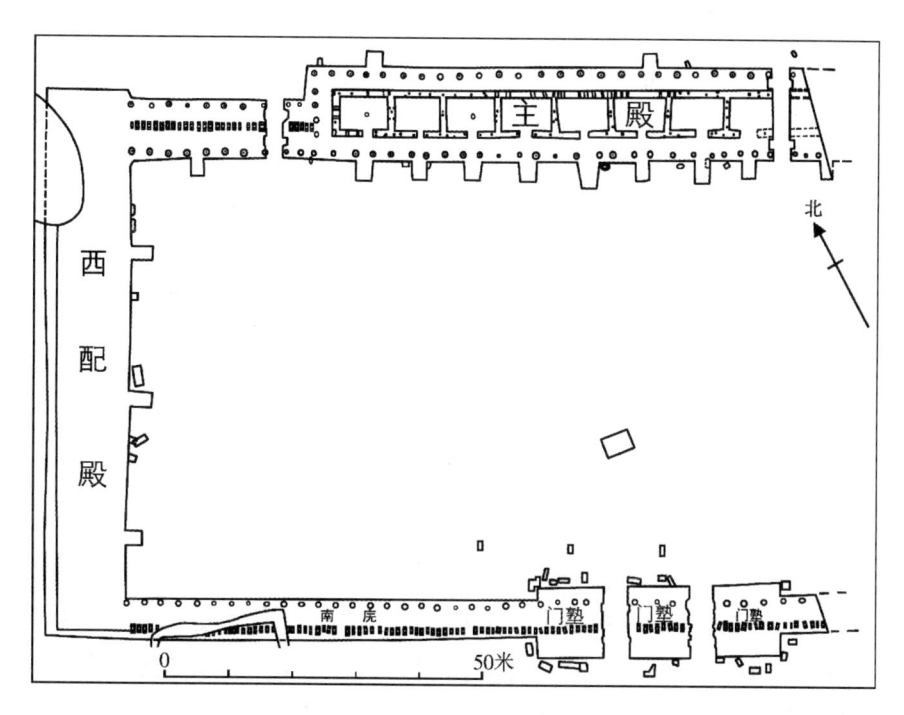

图 5-6　洹北商城一号宫殿基址平面图

甲六、甲十一与甲十四等基址，是分别东西向对称的[①]。乙组基址中的乙一基址的南北中点连成一线而延长，正与太阳的子午线相合，显然它是这一组建筑的核心[②]。乙组重要的建筑都布列于此线的东、西两侧，故乙组建筑也存在着中轴线布局。

其他夏商时期的方国都邑存在中轴线对称的现象。如盘龙城四面城垣中部均发现有城门，并以道路连接城门形成中轴线布局。城内发现的一组宫殿建筑群也存在明显的统一规划布局，几座宫殿方向一致，彼此平行，且分布在一条中轴线上。其中的一号宫殿基址四室的设置及一号、二号宫殿前后分布都存在明显的中轴线。

[①] 中国社会科学院考古研究所安阳工作队：《2004—2005 年殷墟小屯宫殿宗庙区勘探和发掘》，《考古学报》2009 年第 2 期。

[②] 李济：《小屯·殷墟建筑遗存序》，《小屯第一本·遗址的发现与发掘乙编：殷墟建筑遗存》，台湾"中研所"历史语言研究所 1959 年版。

(二) 前朝后寝

"前朝后寝"或称"前堂后室",是中国古代宫殿类建筑重要的布局制度。传世文献中有相关记载,如《周礼·考工记·匠人》,把宫室区之布局大体分为前、后两部分,其中前面(南面)为举行政治、军事、礼仪活动的"朝"或"堂",后面(北面)是最高统治者及家人居住生活的地方"寝"或"室"。关于这一制度的起源,有学者追溯至半坡遗址的 F1 和大地湾遗址的 F901[1]。我们认为类似于半坡 F1 和大地湾 F901 的"大房子"在新石器时代并不少见,有些甚至具备了礼制功能,但其布局形式和功能是否如文献中前朝后寝的模式尚难以下定论。从目前的考古材料来看,中国史前都邑大型建筑基址尚无明确存在前朝后寝布局的迹象,只是到了夏商时期前朝后寝的宫室布局模式已基本形成。

二里头遗址的宫殿区可能存在前朝后寝宫室布局的迹象。其中一号宫殿基址为面阔八间、进深三间的大殿堂,基址内发现有与宫殿建筑基址基本同时期的墓葬或祭祀遗存,没有发现明显居住生活的迹象。有学者将殿堂复原为一堂、五室、四旁、两夹的前堂后室格局,与《考工记·匠人》所言"夏后氏世室"相合[2]。此外,二号基址主殿堂分间,可能用于住人;之南的四号基址殿堂不分间,不设北围墙,有道路通向二号基址,可能是举行祭祀典礼、接受重要朝拜或发布重要指示的场所,二者共用一条中轴线,属同一组建筑,不排除其为前朝后寝布局的可能性。当然,这些推断尚需要更多的证据加以验证。

商代前期,较为明确的前朝后寝的布局在都邑中出现。偃师商城的宫城可分为东、西两区。有学者研究认为,西区的三号宫殿基址、七号宫殿基址、二号(九号)宫殿基址位于宫殿基址的南部,具有朝堂性质;八号宫殿基址位于宫殿基址的北部,具备后寝性质,

---

[1] 杨鸿勋:《宫殿考古通论》,紫禁城出版社 2001 年版,第 5—22 页。
[2] 杨鸿勋:《宫殿考古通论》,紫禁城出版社 2001 年版,第 27、33 页。

其布局体现了前朝后寝制度①。黄陂盘龙城城址的三座宫殿基址位于一条南北轴线上,其中的一号宫殿基址中部为四间横列的居室,四壁都是木骨泥墙;二号宫殿基址位于一号宫殿基址之南,为不分间的殿堂式建筑,二者构成前朝后寝的布局②(图5-7)。

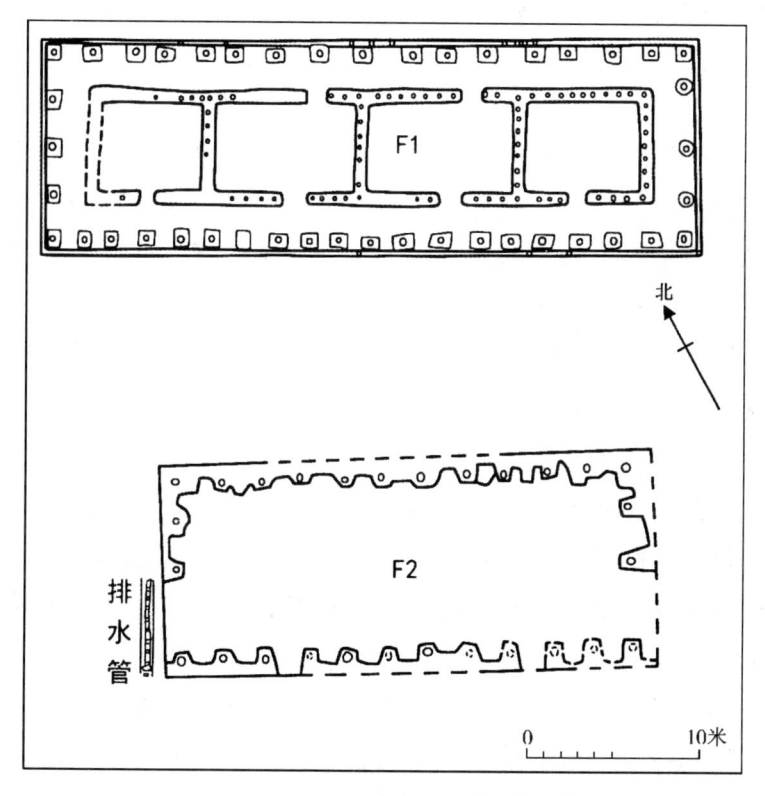

图5-7 盘龙城城址宫殿基址平面布局图

商代后期,前朝后寝的布局制度继续在都邑中运用。小屯殷墟遗址甲组、乙组宫殿基址的布局形式正是前朝后寝宫室布局制度的具体反映。其中从甲四、甲十一、甲十二、甲十三等基址的规模、

---

① 杜金鹏、王学荣:《偃师商城近年来考古工作要览——纪念偃师商城发现20周年》,《考古》2004年第12期。
② 杨鸿勋:《从盘龙城商代宫殿遗址谈中国宫廷建筑发展的几个问题》,《文物》1976年第2期。

间数等方面考察，推断这些基址应该是"寝殿"和宴飨之所。甲一、甲三、甲五、甲十五等基址的形制较小，基本无础石，有可能是"寝殿"的附属建筑，有些可能是侍者的住处，有些可能是储藏室[①]。因甲组基址整体上规模较小，规格也不很高，不排除附近还有更高层次的寝殿建筑。近年，有关部门对殷墟宫殿区甲组基址之北、西北方向进行考古勘探发掘，发现此区域除了开挖有大型池苑之外，在池苑之北侧还有一些大型夯土建筑基址[②]，其为高规格的大型寝殿建筑的可能性很大。位于甲组基址之南的乙组建筑基址，其功用多为朝堂和宗庙，其中乙七基址一般认为是宗庙建筑，乙十三、乙二十等基址应是用于商王处理军国大事的朝堂场所。这样，殷墟宫殿区的布局，以乙组基址为"朝"（南），甲组基址及其以北大型夯土建筑基址为"寝"（北），二者南北方向构成了"前朝后寝"或"前堂后室"的布局格局[③]。

（三）池苑的设立

池苑是指有池水的苑囿，是王室、贵族人员进行娱乐的场所。池苑不仅是早期都邑宫殿区建造中的景观区域，也具有蓄水、防火、调节微气候等功能。文献中明确记载夏商王朝曾广泛营建池苑。如《逸周书·史记解》记载"有洛氏宫室无常，池囿广大"。《史记·殷本纪》称帝纣"以酒为池，悬肉为林"。据考古发现，龙山时代都邑中出现疑似池苑的遗迹，商代早期偃师商城和郑州商城已经有了较高水平的池苑建造技术，殷墟遗址存在大范围的池苑。

龙山时代都邑石峁城址，在"皇城台"夯土基址北部，发现有"池苑"遗迹。该池面积约 300 平方米，大致呈长方形，深逾 2 米。

陶寺城址宫城内北部沿北墙 Q15Ⅲ 内侧，曾发现有大片的砂石水域堆积，发掘者推测宫城北部存在大面积的水域，其性质当为宫

---

① 石璋如：《小屯·殷墟建筑遗存》，台湾"中研院"历史语言研究所 1959 年版。
② 材料存中国社会科学院考古研究所安阳工作队。
③ 张国硕：《夏商时代都城制度研究》，河南人民出版社 2001 年版，第 192 页。

城的池苑①。但新考古发掘材料表明，该砂石类层应为洪积层，洪水泛滥形成一个小区域的砂石漫滩地带，且属于庙底沟二期的灰坑打破砂石层以及生土，说明以往认为的陶寺文化"池苑"是错误的，此处并非"池苑"遗迹②。

属于夏代的二里头遗址三号宫殿建筑基址北院内的 VD2HC 是一座池状遗迹③。该池平面呈圆角长方形，斜壁、底部不太平整。南北长 47.7 米，东西残宽 34.6 米，深 2.65 米，最大深度逾 4 米。由于该水池在二号宫殿修建时被填实夯平，故其原初面貌不详，但从其结构来看不排除为三号宫殿中的小型池苑。

望京楼夏代城址发现有一座大型水池 H291，位于望京楼夯土台基北约 50 米。池口平面形状推测为方形，长度 13.5 米，斜壁平底，底面为长方形。在水池的西侧有一条与 H291 相连的沟 G20，G20 与 H291 应是连为一体的。从建筑布局上看，该水池的位置和体量均相当于一个建筑基址，从而使建筑群总体布局上保持了整齐划一。发掘者推测它是预先规划、与大型夯土基址相配套的相关设施，可能与蓄水防火、雨水收纳功能有关。

偃师商城的宫城从南至北可分为宫殿区、祭祀区和池苑区三个区域。坐落于最北边的池苑总面积约 1 万平方米，平面为规则矩形的大水池坐落于池苑区的中央，东、西两端分别有一条石块砌筑的渠道与城外相通。水池口部东西长约 130 米，南北宽约 20 米，水池底部呈下凹弧形，由池口至池底的最深距离约为 1.4 米。池内侧壁为天然石块垒砌，石块应是来自城址附近的邙山，形状虽不规则，但均有两个相对的平面。根据清理后的北部池壁显示，现存石壁高度约 0.8 米，池角为近直角，石壁陡峭收分很小。渠道基槽宽度为 3

---

① 何驽：《陶寺遗址的水资源利用和水控制》，《故宫博物院院刊》2019 年第 11 期。
② 高江涛：《山西临汾市襄汾陶寺遗址 2022 年考古新发现》，中国社会科学院考古研究所商周室田野材料汇编，2023 年 1 月。
③ 中国社会科学院考古研究所：《二里头 1999—2006》，文物出版社 2014 年版，第 38、1027—1039 页。

米左右，石砌水腔一般宽约 0.4 米，高约 0.5 米。池、渠总长度约为 1430 米。池苑内发现有陶网坠和白玉网坠，说明此处应是商王的娱乐场所，或许还有防火和造冰之用①。

郑州商城宫殿区东北部的今黄河中心医院家属院内发现一座石板水池，附近是商代宫殿建筑密集的地方，该水池周围也发现商代夯土基址。石板水池平面形状为东南—西北向的长方形，宽约 20 米，长约 100 米。该水池底部用料礓石、长方形石板铺成，池壁经平夯用石头加固②（图 5-8）。附近有石板水道和水井等供水设施，与水池相通。推测石板水池除作为供应宫殿区用水的蓄水池外，也具备娱乐、防火、造冰及美化环境功能。

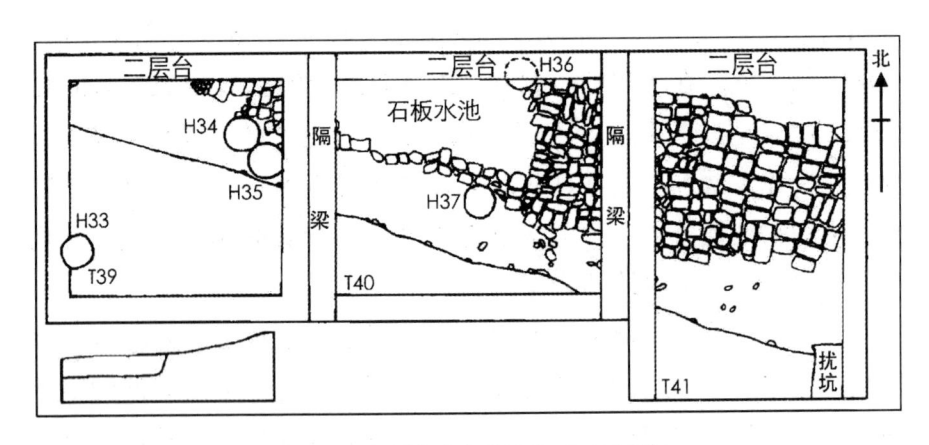

图 5-8 郑州商城水池遗存平面示意图

殷墟遗址宫殿区内也发现了规模庞大的池苑遗迹。2004 年在殷墟宫殿宗庙区甲组和乙组基址的西侧、丙组基址的西北侧发现一处面积约 5 万平方米的"大黄土坑"，呈东西向的椭圆形，东西径不小于 250 米，南北径不小于 179 米，坑壁斜陡，坑中部深达 12 米以

---

① 杜金鹏、张良仁：《偃师商城发现商早期帝王池苑》，《中国文物报》1999 年 6 月 9 日；中国社会科学院考古研究所河南第二工作队：《河南偃师商城宫殿池苑遗址》，《考古》2006 年第 6 期；杜金鹏：《试论商代早期王宫池苑考古发现》，《考古》2006 年第 11 期。
② 河南省文物研究所：《1992 年度郑州商城宫殿区发掘收获》，《郑州商城考古新发现与研究》，中州古籍出版社 1993 年版。

上，坑内填土为黄沙土或淤土。黄土坑东北部向北伸出一条水道，水道宽约75米，近洹河处较宽，约90—100米，南北通长约350米，并与洹河南缘相通，向南伸入宫殿区内。黄土坑所在处地势较低，与周围高地相比低2米左右[1]。这一黄土坑的位置是小屯宫殿宗庙区内近乎封闭、较为重要的区域，与宫殿宗庙区内的建筑基址之间布局合理，协调一致，坑边还有台榭类建筑基址，且早期发现的数条水沟都汇入该黄土坑及与其相通的水道。此黄土坑起初可能因宫殿区建筑取土开挖而成，后来经过一定的改造加工形成池苑，既解决了宫殿区的排水问题，坑内存水也应具有美化环境之功能。2018、2019年对殷墟宫殿区重启考古勘探发掘，发现此大型池苑遗址南北宽180米，东西长350米，总面积6万多平方米，最深达16米，北部有东、西水道连通洹河，池苑中央还有一处"核心岛"或"湖心岛"[2]（图5-9）。

商代方国吴城都邑内也可能有池苑遗存。该城址居住区内发现的遗迹93H26，口部面积达15.54平方米，坑底深度不一，整个纵向剖面呈带柄的葫芦状。坑内下层土色青黑，土质松软，底部呈淤泥状，含水量大，出土有陶罐残片。发掘者推测其为居住区中的一个小水洼，干涸后作为抛弃废物的场所。根据该坑的位置、形状、面积及坑内的出土物来看，是否为城内居民娱乐用途的池苑尚不确定，但吴城所处的环境湖沼众多，城内有不少低洼处，选择若干处将其改造用作取水、排水或防火的蓄水坑池，实有极大可能[3]。

---

[1] 岳洪彬、岳占伟、何毓灵：《小屯宫殿宗庙区布局初探》，《三代考古》（二），科学出版社2006年版；中国社会科学院考古研究所安阳发掘队：《2004—2005年殷墟小屯宫殿宗庙区勘探和发掘》，《考古学报》2009年第2期。

[2] 岳洪彬、牛世山、岳占伟：《2019年殷墟宫殿宗庙区勘探和发掘收获及其学术意义》，《中国社会科学院考古研究所田野考古成果汇编（2019年）》，2019年。

[3] 江西省文物考古研究所、江西省樟树市博物馆：《江西樟树吴城商代遗址西城垣解剖的主要收获》，《南方文物》2003年第3期；张兴照：《商代邑聚蓄水设施考察》，《殷都学刊》2010年第2期。

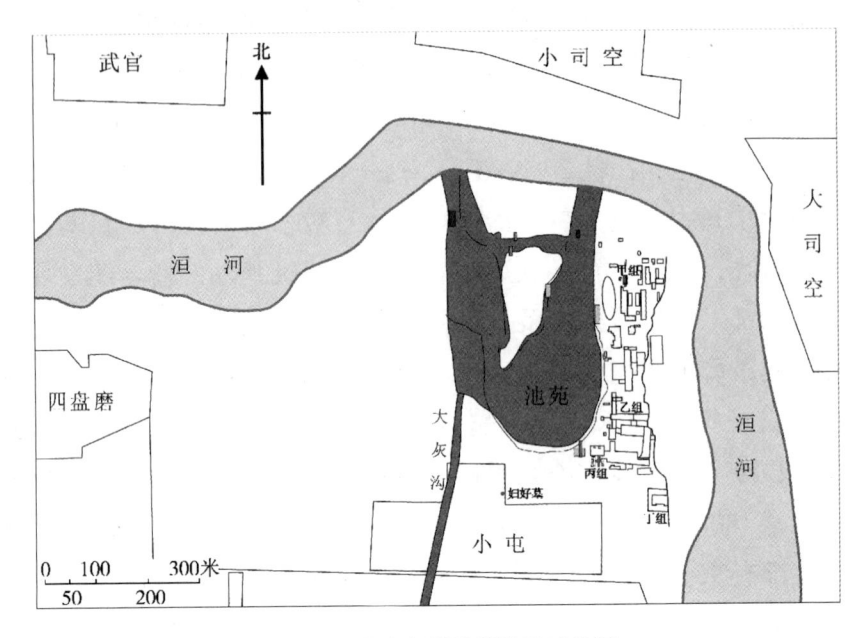

图 5-9 小屯殷墟池苑遗址示意图

二 城门布局

城门布局指都邑中城门的设置情况。中国早期都邑大多设置有城门，部分都邑还专门设置有水门。城门作为城内居民出入的必经之地，是都邑重要的防御设施之一，其数量和位置多依照都邑的大小、形制、方位、用途等因素决定。

(一) 龙山时代

龙山时代，都邑的城门数量相对较少，多设置2—4个城门，且南方地区都邑通常设置有水门。此时期可见单一城门、南北城门、四面城门等布局形式。矩形都邑多选址在城垣的中部设置城门，每个城门只有一个门道，且相对狭窄。如王城岗小城只发现一个城门，即西城南垣东段与东城西南角城垣之间的一段长约9.5米的豁口。古城寨城址有对应的南、北两个城门，至今仍为当地村民出村的唯一通道。石峁城址在皇城台、内城、外城上均设有城门，其中外城东门位于遗址区域内最高处的外城东北部，规模宏大，结构复杂，设置有门道、外瓮城、墩台、内瓮城、门塾等设施,面积逾2500平方米(图5-10)。南方地区由于河道、湖泊遍布,城市往往设置有供水路交通的水门,城门数量也较多。如浙江良渚城址四面城垣目前共发现有8个水门,南城垣还发现一处陆城门[①]。

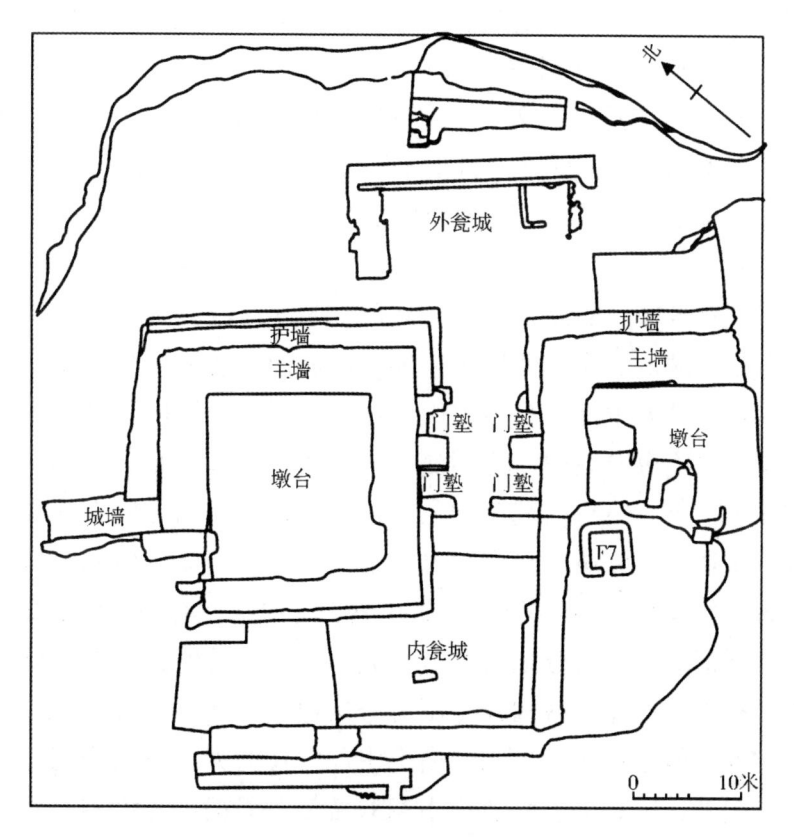

图 5-10 石峁城址外城东门平面图

(二)夏商时期

夏商时期,都邑的城门数量有所增多,城门数量大多介于4—6座之间,个别都邑达8座,门道大多仍较为狭窄,布局模式有四面

---

① 王宁远:《良渚古城及外围水利系统的遗址调查与发掘》,《遗产与保护研究》2016年第5期。

城门和多城门对称等。

夏代的新砦城址和二里头遗址发现有城门。新砦城址北侧之外壕，发现有3处缺口，这些缺口原本可能是出入的门道。城址内部西南部的内壕，其西壕中部也有缺口，很有可能是内壕圈围区域居民之出入口。二里头遗址宫城考古发现有5处城门。其中宫城东城垣有3处城门，分别位于东城垣北段、中段、南段，残存路土、柱坑和柱洞等遗迹。此外，位于宫城南墙西部的七号基址，其北正对一号宫殿基址正门，可能是宫城南墙西端的一处门址；八号基址位于宫城西南角，北接宫城西城垣，可能是宫城西墙南端的一处门址。

商代都邑城门的设置进一步规范。偃师商城大城设置有9座城门，包括东城垣3座，西城垣4座，南城垣、北城垣各有1座。此外，小城北城墙中部、东城墙中段也各发现有一城门，推断小城西墙、南墙可能也有城门。偃师商城有较严谨的城门布局规划，表现在东城垣三个城门与西城垣的三个城门分别在东西方向上连接为一条线，南城门与北城门在南北方向上相互对应。郑州商城内城的四面城垣上共发现大小不等的缺口11处，这些缺口有的是城垣被废弃后挖土所形成的，部分缺口可能与城门有关，城垣四面皆有城门的可能性很大。洹北商城因几乎不见夯出地面的墙体，故还未确定出城门情况，但宫殿区一号基址南庑中部发现的大门设两个门道，门两旁是门塾，这对于了解商代中期的城门布局提供了借鉴，不排除这个时期城门有两个以上门道的可能性。2022年的考古勘探发掘显示，洹北商城东城墙上发现缺口两处，当为早期壕沟和后期拟建造城垣的出入通道。其中东墙北缺口北距大城东北角757米，缺口长20米，宽4.5米，南、北两端的城壕在缺口处逐渐变浅、变窄[①]。垣曲商城设置有多座城门，其中西城垣中段偏北处有西城门，另外

---

① 何毓灵：《洹北商城2022年勘探与发掘的新收获》，中国社会科学院考古研究所商周室田野材料汇编，2023年1月。

北城垣东端可能有北城门，推测还存在南城门和东城门[①]。望京楼商城内城四面城垣上皆有城门，其中东墙发现有东一、东二两座城门。盘龙城城址四面城垣中部各有一座城门，城门两侧基部都置有方石。吴城城址已发现6座城门：水门1座，位于城址东南角；陆门5座，分别为北门、西门、南门、东门和东北门。门道较宽，两侧均有门垛。

三 道路布局

道路既是保障都邑内外之间交流、互动及运转的基础设施，也是战时士兵调动、武器装备运输和后勤保障的军事设施。都邑道路的布局是指道路的规划、设置情况。由于道路往往与城门的布局情况及城内各功能区联系密切，故通常依照都邑的大小、形制、方位、用途等因素来设置道路。此外，早期都邑道路的数量和布局还受社会生产力、自然环境等外在因素的影响。那些地势相对平坦的都邑，设置的道路相对多一些；而那些地势相对凸起、陡峭的都邑，则设置道路数量较少。在水系众多、河湖交错的南方地区，都邑的道路多沿水系两侧分布，而少有直线形的道路。早期都邑的道路除主要的主干道和环城路，还有一些小路，道路之间相互交错，形成了复杂的道路网。

（一）龙山时代

龙山时代，考古发现的都邑道路遗迹较多，已存在一定的道路规划。由于这一时期都邑规模的扩大和城门数量的增加，不少都邑内设置有2—4条道路，除直接与城门相通外，还往往同城内的重要建筑基址相连。

淮阳平粮台城址发现的道路可作龙山时代都邑道路规划布局的借鉴。该城址城门、道路与埋在地下的陶排水管道是经过统一规划

---

① 中国历史博物馆考古部等：《垣曲商城——1985—1986年度勘察报告》，科学出版社1996年版，第14—15页。

设置的。早年发现的道路遗迹位于南、北城垣中段，当是连接南门和北门之用。近年在对淮阳平粮台城址的考古发掘中又发现道路3条。其中1条为出城道路，位于南门门卫房南部，宽1.8—2.5米，残长约9米，道路东部即为排水沟，该沟系南门卫房之间道路下陶排水管道穿越城墙向外排水的沟渠①。

部分龙山时代都邑设置有一条贯通全城的主干道。陶寺城址中发现有主干道现象。据地质专家分析判断，纵贯陶寺早期城址南北的大南沟—南沟、纵贯中期城址的赵王沟—中梁沟很可能是早、中期城址中的大路②。石峁城址皇城台北侧偏东处发现了一条遍铺平整石板的道路，路面宽阔、铺造考究，宽23.4—25.2米③。这条"皇城大道"由皇城台底部穿过瓮城直接通向其顶部，又经内城，通向外城东门，应该是石峁城内的主干道路④。

也有个别城址修建有环城路。宝墩都邑内城垣南段蚂蟥墩区域，考古发掘发现了一条疑似环城而建的土路。这条土路位于内城垣南段内侧，道路最宽处有3米左右。道路分两层，用粉砂土铺垫，上层局部保留了一层鹅卵石。目前，这条土路的发掘长度有七八十米，道路走向几乎与城垣走向完全一致，推测为宝墩城址内城的环城路⑤。

(二) 夏商时期

夏商时期的都邑城门数量有所增加，道路的设置和修建也更加科学规整。除在城垣内外和各城门之间多修建有宽阔的大道，还出现了十字交叉呈"井"字形的经纬大道，将重要建筑物圈围在其内，个别都邑设置有环城路。

新砦城址内有一条东西向大路。这条大路已经探明部分东西长

---

① 曹艳朋、朱树政、李胜利：《河南淮阳平粮台遗址考古发掘成果显著》，《中国文物报》2016年1月15日。
② 何驽：《陶寺：中国早期城市化的重要里程碑》，《中国文物报》2004年9月3日。
③ 陕西省考古研究院等：《陕西神木县石峁城址皇城台地点》，《考古》2017年第7期。
④ 孙周勇、邵晶等：《石峁遗址：2016年考古纪事》，《中国文物报》2017年6月30日。
⑤ 吴晓玲：《成都平原史前城址宝墩古城发现疑似一环路》，《四川日报》2017年6月1日。

逾140米，南北宽10.4米。大路向东、西两端延伸，向西基本与西城垣缺口相对应，向东直抵双洎河故道的断崖，很可能是一条贯穿城内的主干道[①]。

二里头都邑中心区建造有纵横交错的道路网。该道路网主体位于宫城外侧，由4条主干道组成，呈"井"字形，宽度均为10—20米（图5-11）。其中宫城东侧的南北向大道已探明长度近666米，北侧大道和南侧大道已探明长度为355米、349米，西侧大道残存长度为240米[②]。宫城西侧大道向南延伸至围垣作坊区西侧，最宽达24米[③]。此外，在宫殿区范围内的南、北侧等处发现有若干条小型道路，道路一般宽5—6米，有的铺鹅卵石。其中在圪垱头村北砖瓦窑东北侧发现的一条石甬路，西部由石板铺砌，东部用鹅卵石砌成，路面平整，两侧保存有较硬的路土[④]。这条道路应是配合周围宫殿建筑使用，铺筑规格较高，当属于都邑内服务于统治阶级的生活设施。二里头遗址Ⅵ区发现的一段道路，系用鹅卵石铺成，路土面的结构分为4层：最上面是局部经火灼烧的路土面，厚2—3厘米；中间为碎料礓石层，厚0.2厘米；碎料礓石层下为夯土层，厚10—13厘米；夯土下面的细白沙层厚1厘米[⑤]。可以看出这条路的铺设工艺复杂，已经实现了道路垫层、基层和面层的分层设计和铺设，并且基层又分为料礓石层的上基层和夯土层的下基层。这样的道路构造已经与现代道路相仿，显示出二里头都邑高超的设计理念和筑路工艺。

新郑望京楼商城内也发现有四条交织呈"井"字形的道路，这

[①] 中国社会科学院考古研究所、郑州市文物考古研究所：《河南新密市新砦城址中心区发现大型浅穴式建筑》，《考古》2006年第1期。

[②] 许宏、陈国梁、赵海涛：《二里头遗址聚落形态的初步考察》，《考古》2004年第11期；中国社会科学院考古研究所：《二里头（1999—2006）》，文物出版社2014年版，第582页。

[③] 赵海涛：《二里头都邑聚落形态新识》，《考古》2020年第8期。

[④] 中国科学院考古研究所二里头工作队：《河南偃师二里头遗址三、八区发掘简报》，《考古》1975年第5期。

[⑤] 中国社会科学院考古研究所二里头队：《1980年秋河南偃师二里头遗址发掘简报》，《考古》1983年第3期。

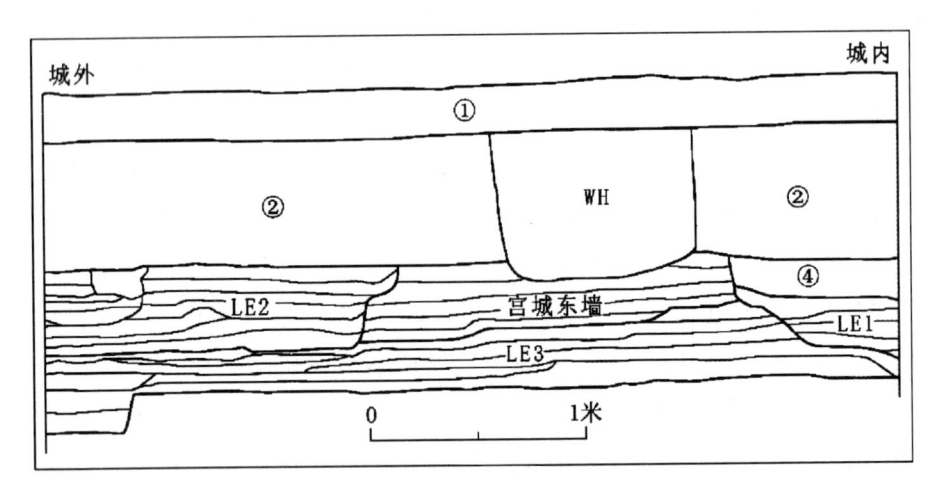

图 5-11　二里头遗址宫城东墙与道路结构示意图

四条道路有三条与城门相对应，将城内各功能区贯通起来。其中东一城门处设置有通向城内的道路，路宽4—6米，已知长度40米以上。

偃师商城道路网密集，各城门之间均有大道相通，城墙内、外侧也设置有道路，各主体建筑和建筑群内均设置有道路[1]。路面宽阔平整，横平竖直，纵横交错，组成一幅棋盘式交通网络。城内有大路11条，其中5条为东西向，6条为南北向，路面一般宽约6米，最宽的达10米。城外沿城垣还有顺城路，其中西二城门之外道路宽5米左右，西一城门外道路宽9米。城内道路又分为主干道和次干道。主干道一般直贯城门，宽敞平直，路土层较厚，且土质纯净、坚硬细密，且路面已考虑散水构造，路面中间微鼓，两边稍低，便于雨水外淌。

洹北商城内各居民点之间有比较固定的道路相通，在南城垣和东城垣外侧发现了一条宽广的道路，道路由南城垣中部偏东向南延

---

[1] 中国社会科学院考古研究所：《中国考古学·夏商卷》，中国社会科学出版社2003年版，第209页。

伸，东南部随城垣转而向北，一直延伸到东城垣中部。路中有车辙四道，呈低缓的凹沟状，两侧为人行便道①。

小屯殷墟遗址历年发掘中，发现多条道路，形成了复杂的道路体系。从目前的发现来看，其道路布局情况至少分为两类，即干道和邑内小路。其中干道已发现有 5 条，构成了两纵三横的路网格局②，连接着密集的居民点、手工业作坊（图 5-12）。干道宽度在 10 米以上，有时甚至超过 20 米，路面以石子、碎陶片作为铺垫，工艺讲究，应为当时的干道。如南北向道路 08ALN-L1、10ALN-L2 和东西向道路 04XTN-L1、08ALN-L10、14ADSK-L4，即是殷墟都邑中的干道。08ALN-L1 和 10ALN-L2 大道位于殷墟宫殿宗庙区正前方，分列西、东，已探明长度约 1000 米，宽约 20 米，存有轨距约 1.3—1.6 米的车辙痕迹，路面用鹅卵石、小砾石、残陶片和碎骨铺垫。除主干道外，小屯殷墟各居民点之间还设置有宽 1.2—3 米的小路。另有一些道路可能与手工业作坊有关，如殷墟西部白家坟村东黑河路沿线发现多条宽约 2 米的道路。近年，在殷墟洹河北岸新发现一条大型东西向道路，已发掘长度 80 米，道路最宽处达 14 米。道路用鹅卵石、打碎较均匀的陶片及骨骼等混杂铺成，路面坚硬，其上有多条车辙痕迹。此东西向大道与以前在洹河北岸发现的一条东西向大道和一条南北向大道，构成了类似"街区"的布局形态。道路两侧分布有密集的建筑居址、墓葬、手工业作坊等③。

一些方国都邑也设置有道路网。垣曲商城城内发现多条道路，其中连接宫殿区与西城门的东西向大道，宽约 12 米，长达 300 余米④，当为城内最重要的道路。考古工作者在吴城城址的祭祀区，发现多条道路。其中一条道路（编号 1992ZWL1）长约 96 米，位于祭

---

① 何毓灵、岳洪彬：《洹北商城十年之回顾》，《中国国家博物馆馆刊》2011 年第 12 期。
② 唐际根、岳洪彬、何毓灵等：《洹北商城与殷墟的路网水网》，《考古学报》2016 年第 3 期。
③ 桂娟、袁月明：《安阳殷墟新发现大型道路洹河北岸道路系统初现》，《中国文物报》2022 年 11 月 8 日。
④ 王月前、佟伟华：《垣曲商城遗址的发掘与研究》，《考古》2005 年第 11 期。

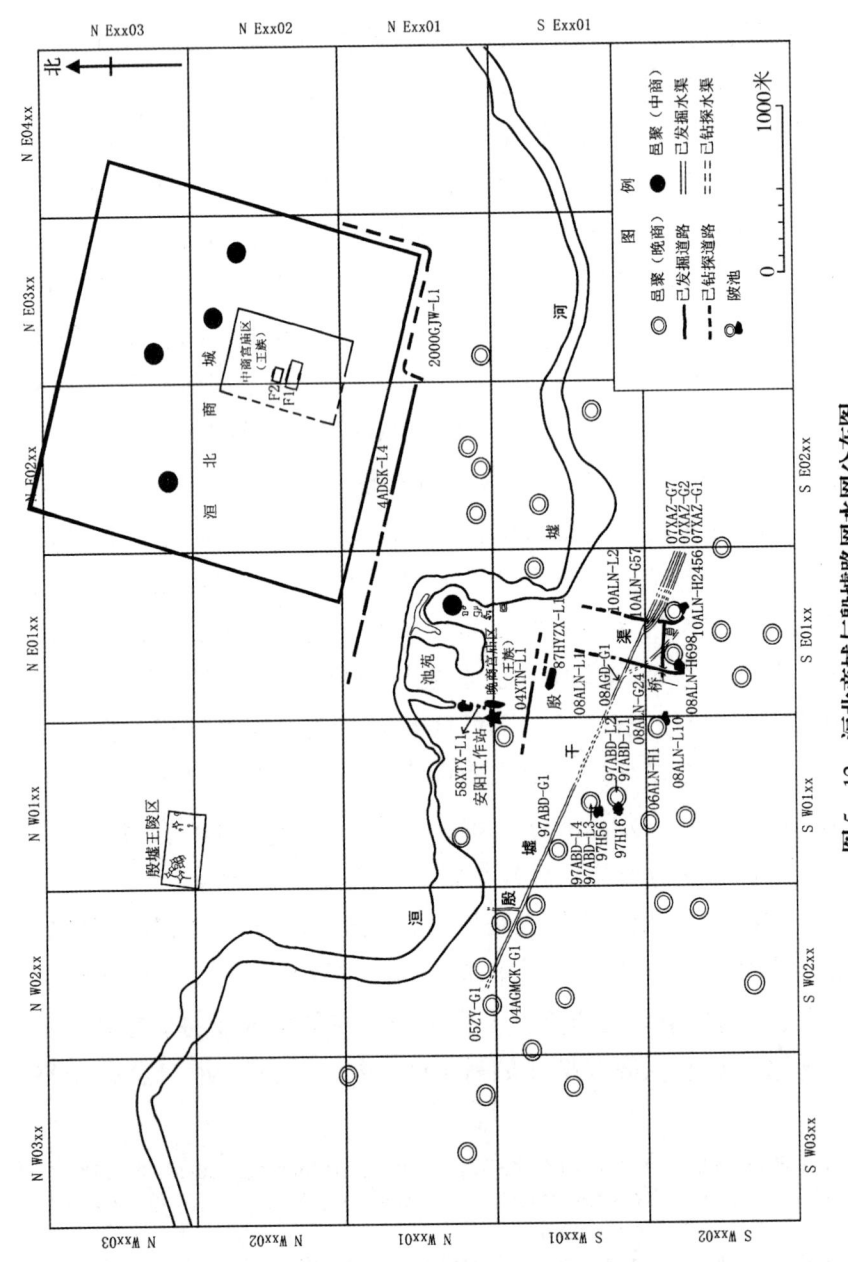

358　中国早期都邑的形成与都邑形态研究

图 5-12　洹北商城与殷墟路网水网分布图

资料来源：唐际根等：《洹北商城与殷墟的路网水网》，《考古学报》2016 年第 3 期。

祀广场西南部；另一条道路（编号1986QSWL2）分布于祭祀广场北侧，规模较小，可能是祭祀区尚未形成之前的一条便道①。

第四节　都邑规划布局特点

中国早期都邑规划布局具有独特性，主要表现在宫殿宗庙区与平民区分离、都邑设施的封闭性与因地制宜性、规划布局的发展变化性等方面。这些特点是经过长时间的孕育、不断的发展和演变最终凝结而成的。

一　宫殿宗庙区与平民区分离

宫殿宗庙区与平民区是早期都邑常见的功能分区。为了体现"尊卑有序"的理念和保护统治者的安全，早期都邑在规划布局时多奉行宫殿宗庙区与平民区分离的原则。这一规划理念在龙山时代开始出现，夏代已较多施行，至商代开始严格遵循并得以推广。

陶寺城址是目前发现较早的宫殿宗庙区与平民区分离的规划实例。陶寺中期大城的西北部发现有多座大型建筑基址，围绕宫殿区设置建造有与外界隔离的宫墙，宫城内外交往必须通过两处城门才能实施。处于核心区域的宫城，西部利用大南沟与中下层贵族居住区隔离，北部有大片空白隔离地带与平民区隔开，形成相对独立、封闭的宫殿宗庙区。大城范围内发现一些地面式、半地穴式和窑洞式小型建筑，当为一般居民居所。这些普通建筑皆位于城内距离宫城较远的较边缘区域，与宫殿区明显隔离开来。此外，其他龙山时期都邑也有宫殿宗庙区与平民区分离的现象。石峁城址皇城台是一个堑山而砌的九级护坡石墙环裹着状若"金字塔"般的台体，东南部的城门是皇城台

---

① 江西省文物考古研究所等：《吴城——1973—2002年考古发掘报告》，科学出版社2005年版，第71页。

出入的唯一通道，普通居民未经允许很难进入宫城，宫殿宗庙区与平民区的分离十分鲜明。良渚遗址莫角山宫殿区位于城内中部一人工筑成的高台之上，四周有壕沟与周边的一般居民区分离开。

夏代都邑中宫殿宗庙区与平民区分离的现象有所增多。如新砦城址内规划有宫殿宗庙区，大型露天浅穴式建筑基址和其他大型夯土建筑基址位于城内西南部地势较高处，周围有壕沟（内壕）与位于大城内的平民区分离开来。二里头都邑宫殿区位于遗址中部偏东地带，常见小型房基、半地穴式房子及小型墓葬等遗迹的一般居民区位于遗址北部和西北部[1]，二者分界明显。宫殿区周围有大路环绕，后期还设置建造宫城垣。宫城垣具有内部隔离和防御的功能，把高级贵族（王族）与普通贵族及平民隔离开来，形成一个封闭的的宫殿宗庙区。

商代都邑中宫殿宗庙区与平民区分离的规划设计实例较为多见。如郑州商城宫殿区主要位于内城内中北部，内城南部建筑遗存较少见，不见一般居住区。宫殿区建造有一些宫墙，有的地段还开挖壕沟，可起到把高级贵族（王族）与普通贵族及平民隔离开的作用。而在外城范围内，主要分布的是平民区、手工业作坊区、墓葬区，充分体现出宫殿区与一般居民区分离的规划设计理念。偃师商城设置有专门的宫城，宫城内分布大量自成一体的宫殿建筑基址以及祭祀遗迹和池苑，不见低规格的一般遗存，而手工业作坊、墓葬、一般居民区基本分布在外大城中北部，说明宫殿宗庙区与平民区也是被严格分离的。洹北商城宫殿区位于城内南部，周围建有完整的宫城垣，与宫城外大城区域内的中小型建筑、铸铜与制骨作坊区分界明显。小屯殷墟虽然没有设置专门的宫城和大型城垣，但宗庙宫殿区位于洹河南岸地势较高处，西面、南面开挖的大型壕沟与北、东两面自然形成的洹河河湾相连通，从而组成相对封闭的宫殿区，与区外的手工业作坊区、墓葬区以及小屯村周围、大司空村东南、

---

[1] 许宏、陈国梁、赵海涛：《二里头遗址聚落形态的初步考察》，《考古》2004 年第 11 期。

薛家庄村北、苗圃北地、花园庄东地等的众多普通聚落相分离。

商代方国都邑内也见有宫殿宗庙区与平民区分离的现象。垣曲商城宫殿区位于城内中部偏东，占据着城内的最佳位置，四周有围墙将宫殿区围起，与分布于大型建筑外围的平民居住区相对分隔。盘龙城城址宫殿区位于城内，城内西部、南部地势低洼，城内不见一般房址和墓葬；而一般居民区、手工业作坊、墓葬等位于城外北部、西部、东部等地段。吴城城址设置有相对独立的贵族居住区和祭祀区。牛城城址宫殿区可能位于内城之内，而外城则为一般居民区。三星堆城址也存在一定程度的宫殿宗庙区与平民区分离现象，城址西北部大型建筑所在地为一独立的小城，与城址其他区域分隔明显。

二 都邑设施的封闭性

为保障都邑内重要设施的安全和正常、有效运行，加强对一些重要设施的管理和控制，中国早期都邑通常对一些重要设施进行封闭性设置，隔离它们和外界的一般联系。这种封闭性以单体宫殿建筑的院落式布局、手工业作坊的围垣设置等最具代表性。

（一）封闭院落式单体宫殿建筑

早期都邑内高规格的单体建筑通常是统治者举行祭祀礼仪、政治活动和日常生活的场所，除遵循"宫室居中"和"择高而居"的选址理念，部分都邑还设置有独立的宫城，外围有围垣或壕沟环绕，而单体宫殿建筑大多设置成以殿堂为中心、自成一体的封闭性院落布局，有的单体建筑则是多进殿堂与庭院的组合形式。

二里头遗址开启了中国古代单体宫殿建筑单独封闭的先河。如一号宫殿基址平面近正方形，面积1万多平方米，基址中部偏北处为"四阿重屋"式殿堂建筑，殿堂前面是庭院，四周有完整的廊庑建筑，南面设有大门。二号宫殿基址平面为长方形，分设围墙、廊庑、大门、庭院、中心殿堂等建筑，共同组成一座完整的大型院落式宫殿建筑。被二号宫殿建筑基址叠压的三号宫殿基址系一座长150米、宽约50米有三重院落的大型院落建筑，其内排列着成组的高规格墓葬。五号基址由四进院落组成，每进院落皆发现有主殿遗存。

商代封闭性院落式单体宫殿建筑主要由主体殿堂、廊庑围墙、正门及庭院组成，平面大多呈长方形，规模较大，多为南北向，显示出了较为成熟的总体布局。偃师商城宫城中南部的宫殿建筑可分为东、西两区，其中可明确为封闭性院落的单体宫殿基址为四号和五号基址，由主体殿堂、四周围墙及回廊、门、庭院等组成一个封闭的单元。四号基址平面呈长方形，以一座面南的殿堂为主体，东、西、南三面均有庑，西庑北端筑殿堂，殿堂和三面庑之间是庭院，殿堂后有北墙与西墙和宫城东墙相连，正门设在南庑的中间位置，侧门位于西庑偏北处，呈封闭式结构。五号建筑基址规模更大，平面基本呈长方形，总体亦为封闭性院落布局，南庑中部有宽大的门塾，殿堂东、西两侧有北庑。

洹北商城遗址亦发现有封闭性院落式单体宫殿建筑基址。目前，经过发掘的有一号和二号基址。一号基址平面呈"回"字形，主体殿堂坐北朝南，对面是廊庑，门塾大致在南庑中部，主体殿堂的东、西两侧各有附属建筑。这些建筑共同围成一个四面闭合式建筑单元，总面积近1.6万平方米，是迄今发现的夏商时期面积最大的大型建筑[1]。二号基址位于洹北商城宫城中部，南距一号基址29米，规模要小于一号基址。平面也为"回"字形，北部正中为主殿，殿堂两侧有东、西耳庑，东面、南面、西面建造有廊庑（图5-13）。

小屯殷墟宫殿区发现的单体宫殿基址也常见封闭性院落。据中国社会科学院考古研究所安阳工作队勘探材料，乙二十基址中间为大殿，左右两侧有廊庑，南面有门，组成一大型封闭式宫殿建筑。乙组基址东南的丁组基址，发现一处由夯土台基、柱洞、门道、廊庑组成的"凹"字形的大型基址[2]（五十四号基址），推测该基址东

---

[1] 中国社会科学院考古研究所安阳工作队：《河南安阳市洹北商城宫殿区Ⅰ号基址发掘简报》，《考古》2003年第5期。

[2] 中国社会科学院考古研究所安阳工作队：《河南安阳殷墟大型建筑基址的发掘》，《考古》2001年第5期。

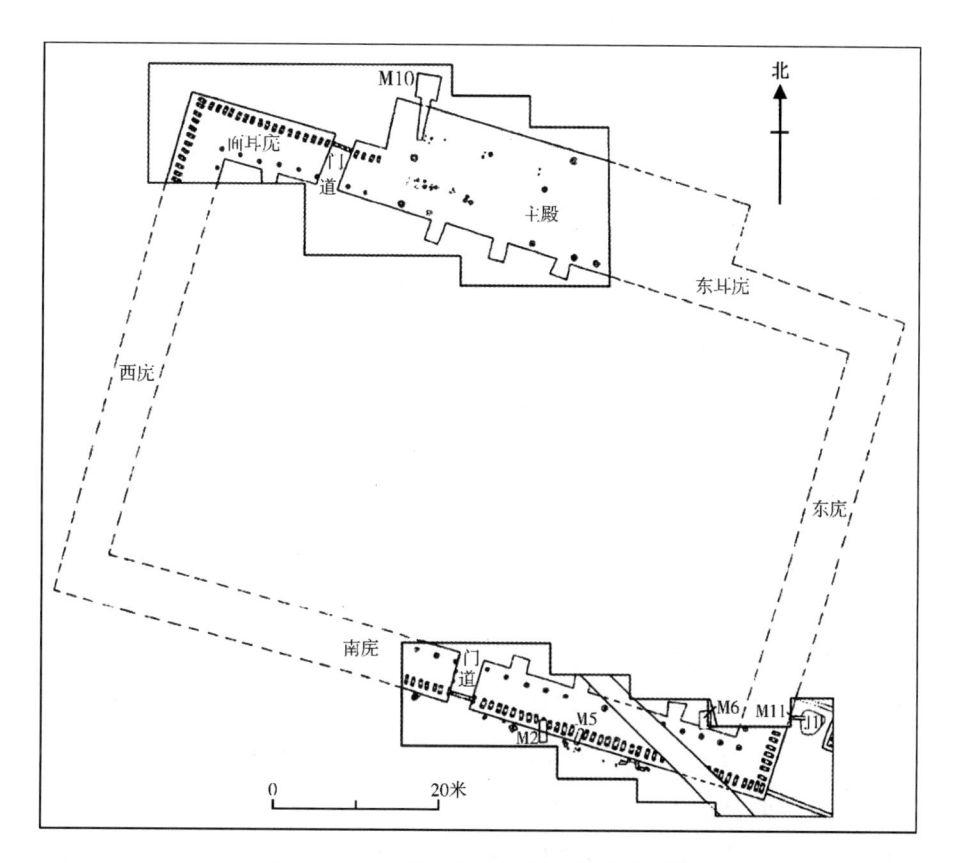

图 5-13　洹北商城二号宫殿基址平面图

侧建筑基址后期被洹河冲毁，整体上原应是一座四合院式建筑群。另外，在宫殿区周围发现大量建筑在夯土基址上的四合院式建筑，其中徐家桥村北发现多座规模宏大的四合院式建筑，建筑基址由外门、庭院、堂屋及厢房几部分组成，布局严谨，规划设计明确，很可能是商王室下属的一处重要官邸或是殷商时期某一阶段某个族的核心建筑遗存[①]。

个别夏商时期的方国都邑也发现有封闭性院落式的单体宫殿建筑基址。如盘龙城中的三座宫殿建筑坐落在一个大型夯土台基上。

---

① 孟宪武、李贵昌:《殷墟四合院式建筑基址考察》,《中原文物》2004 年第 5 期。

其中一号大型建筑基址建筑在夯土台基上，由并列四室及门、四周回廊组成相对封闭的建筑单元，四室位于台基中部，以木骨泥墙相隔，四室之外有一周回廊，回廊四周环绕43个大檐柱穴，回廊之外围有擎檐柱和散水等。

（二）封闭性手工业作坊

从龙山时代晚期到夏商时期，大型聚落中高等级的手工业几乎集中了当时所有较成熟的先进生产技术。为了保证高等级手工业作坊处于强大政治力量的保护和控制之下，早期都邑中的高等级手工业作坊常规划设计为封闭式。

龙山时代，以陶寺城址为代表的陶寺文化社会已进入早期国家阶段。在强大的王权政治主导下，陶寺中期大城功能区的规划布局十分规整和严谨，设置有墙垣圈围的宫城、专门的墓地和祭祀区、官方控制管理下的手工业作坊区、独立的仓储区等一系列为统治者服务的设施。其中手工业作坊区位于陶寺城址的西南，发现有陶窑、灰坑、白灰皮房子和石器加工场面等遗迹，工场周围可能还有封闭的墙垣。最重要的发现为大型夯土建筑基址ⅢFJT2，是一处由北部主体殿堂、其他三面廊庑式建筑围墙、门及庭院组成，平面呈"回"字形的封闭四合院式大型建筑基址。这处基址位于手工业作坊区的地势较高处，规模大，建造考究，布局规整，很可能是陶寺遗址的手工业管理场所。手工业作坊区设置有专门的管理机构和场所，表现出一定的封闭性，显然是经过精心规划布局的，其目的是便于王室等贵族统治者的管理和控制。

夏商时期广域王权国家出现，官营手工业又由国家直接控制，这些官营手工业作坊通常具有独立、封闭的特征，便于集中管理和监督，与其专门为统治者服务的性质相符合。二里头遗址的宫城南部存在一处集青铜铸造、绿松石器和玉器制作等高规格手工业产品为一体的大型作坊遗址，周围可能存在一圈宽1米左右的夯土围垣设施①（图5-14）。这种将铸铜、绿松石器制作等服务于上层贵族的高端手工业作坊圈围起来、设置在宫城附近的做法，显然是上层贵族直接掌控的官营手工业作坊，其目的也是便于王室等贵族统治者的管理和控制。偃师商城西南隅的JII号建筑群被认为是府库遗迹，为一处用宽2米左右的围墙圈围起来的特大型院落。整个遗迹平面大致为方形，总面积达4万多平方米，长、宽各200多米，围墙内是排列整齐的大型排房式建筑夯土基址。

三 因地制宜性

《吴越春秋·阖闾内传》云："夫筑城郭，立仓库，因地制宜。"《管子·乘马》云："因天材，就地利，故城郭不必中规矩，道路不必中准绳。"这些战国以后成书的文献皆认为在建造城郭时不必拘泥于一定的建筑模式，而应随着有利的地形条件而建。中国早期都邑在规划布局上，当遇到特殊的地理环境与地貌条件时，多奉行因地制宜的规划思想和模式，根据各地的具体情况，制定出适宜的营建方案。

首先在城垣与护城壕的规划布局方面，奉行因地制宜的规划原则。一般来讲，中国早期都邑城垣平面多为矩形，整体上呈方形或长方形，但具体到某一地段的建造，并未拘泥于固定形状，往往根据地貌条件设置城垣走向。如陶寺城址地势从东南向西北倾斜，城垣沿地势修建，偏离了传统的正方向。由于地势原因，陶寺一带河谷、沟壑的走向同样也是从东南向西北。东墙外有一条南河，东墙沿河道修建，并在地势相近的地段修筑了南墙和北墙。石峁城址内城依山势而建，城垣大部分处于山脊之上，平面接近椭圆形。外城位于内城东南部墙体外侧，依照地形走势扩筑一道不规则的石墙。城垣的建造也依据地形差异略有不同。在山石绝壁处，多不修建石

---

① 中国社会科学院考古研究所编著：《二里头（1999—2006）》，文物出版社2014年版；赵海涛、陈国梁、许宏：《二里头遗址发现大型围垣作坊区——全面揭露一处二里头文化末期大型庭院建筑》，《中国文物报》2006年7月21日。

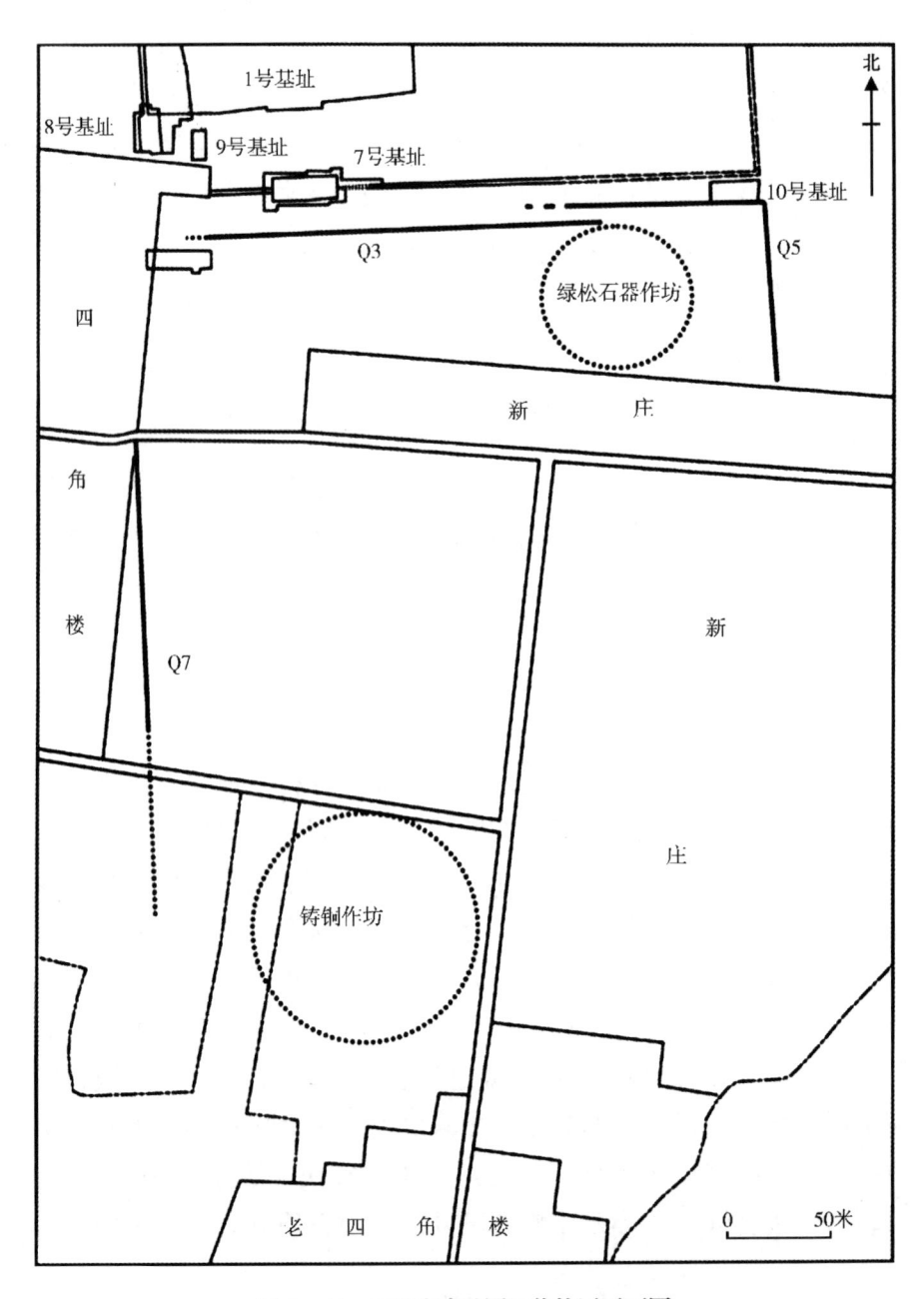

图 5-14　二里头遗址围垣作坊区平面图

墙而利用自然天险；在山崩断崖处则采用堑山形式，下挖形成断面后再垒砌石块；在比较平缓的山坡及台地，多下挖与墙体等宽的基槽后垒砌石块，形成高出地表的石墙。郑州商城内城略呈长方形，但除了南城垣、东城垣、西城垣较直以外，北城垣有拐折，东段斜向东南与东城垣相接，其主要原因就在于充分利用内城东北隅一带今称"紫荆山"的沙土岗子的走向作为城垣基础。把城垣建在地势较高的沙土基上，既省去了开挖城垣基槽之苦，又可减少一部分建筑同等高度城垣之劳动工时，从而提高筑城工作效率。郑州商城外城垣拐折较多，之所以如此，也应与城市西部和南部间有起伏的丘陵岗地、城市规划者充分利用地势而设计城垣走向有关。此外，郑州商城外城垣并非完全封闭，未能修筑东城垣，其原因也应是规划设计者注重因地制宜，利用当时东部存在大范围的湖泽代替城垣的防御功能。偃师商城城垣的规划设计也颇具因地制宜性，因范围较小和地势平坦，内城和外小城城垣的建造相对规整一些，但当扩建外大城时，周围的地貌就影响了城垣的矩形走向。偃师商城东北角呈抹角状可能是受到城外自然河流的走向、位置等影响所致[①]。外大城城垣平面规划设计并非呈长方形，而是略呈"刀"形，西城垣、南城垣较直，北城垣东段略有弧曲，东城垣南段则斜向西南折收。之所以如此，是由于偃师商城东南外侧有一大型陂池[②]，受其影响无法建造长方形城垣，规划设计者因地制宜，把东城垣向里收，从而避开此陂池。盘龙城城址地势北高南低，城垣依地势夯筑而成，坐北朝南，方向20°。因地制宜性还表现在护城壕的开挖上。部分都邑在修筑护城壕时，利用城址范围内自然存在的河流、湖泊，与人工修筑的壕沟相连通，共同组成完整的护城壕或壕沟防御。新砦城址北面有人工开挖的大型壕沟，其他三面则存在武定河、双洎河和圣寿溪河等河流，都邑建造者有意加以利用，使人工开挖壕沟与自然

[①] 王学荣：《偃师商城布局的探索和思考》，《考古》1999年第2期。
[②] 中国社会科学院考古研究所洛阳汉魏故城工作队：《偃师商城的初步勘探和发掘》，《考古》1984年第6期。

河流相连通，共同组成了外围环壕防御设施。望京楼城址外围北部是人工修筑的护城壕，西面、南面和东面是黄水河和黄沟水，人工壕沟与自然河流共同组成该城址的外围防御。安阳殷墟宫殿区东、北两侧均是利用洹河水面作为环壕。

其次，在宫室（宗庙）区的布局和位置选择方面也具有因地制宜性。虽然，中国早期都邑整体上遵循着"宫室居中"的布局原则，但其位置的选择并没有拘泥于城市中心点，而是因地制宜、根据地形地貌条件作适当调整。考察诸早期都邑大型夯土基址和宫室（宗庙）区的布局和位置选择，可以发现并非完全拘泥于大型夯土基址位于城内中部的某一固定区域的模式，这在很大程度上取决于城内地势地貌条件。若都邑所在区域的地形地貌可同时满足以宫室居中、居高为尊等条件，则宫室（宗庙）区的位置必然是既居中、又居高；若地形不能同时满足这两个条件，出于安全防御和防洪的考虑，则会因地制宜地选择都邑内的地势较高且地势开阔之处。以郑州商城为例，其宫殿区位于内城内中北部偏东北处，而并未严格执行"宫室居中"原则，究其原因可能与当时的地势有关。郑州商城内城西南部为岗地丘陵地貌，地势起伏不平，不利于宫殿区的建造。而城内东北部地势相对略高，地形开阔平坦，十分利于大型宫殿区的规划建造。除郑州商城外，其他如石峁、石家河、新砦、二里头、偃师商城、安阳殷墟、盘龙城、三星堆等早期都邑宫室宗庙区的选择均为因地制宜、根据地形地貌条件作适当调整的案例。

长江流域早期都邑的起源形成与水资源和洪水有很大的关系。由于气候湿润、雨水较多、河网密布，南方地区以水城类都邑最为常见。这一地区发现的石家河、良渚、盘龙城、吴城、牛城等早期都邑，在规划布局时比较注重因地制宜、根据地形地貌条件作适当调整，与周围环境相协调而形成和谐共生的生态模式。有些都邑所在位置地势稍低，城垣多会因地制宜依地势而建，城垣形状不甚规则，接近圆形或不甚规则形；都邑城垣紧邻自然河流而建，有些都邑被河流穿城而过，城垣外四周往往环以人工开凿与自然河道相连的护城河，多有水门设施，沟通城内外水道，周围或城内有一定的水域，形成独具特色的水城模式。龙山时代的良渚城址及商代的盘龙城、吴城等，大多设有专门的水门，有水道与自然河流连接，用以保障城内的用水及相关的水上运输。良渚都邑外围的水利系统充分利用丘陵地带的自然地形，组成了由人工坝体与自然地形相结合的水资源控制系统。古城内外布满贯通的河道，由河道连通城墙内外。

四 规划布局的发展变化性

从龙山时代到夏商时期，随着人口的增长和生产力的发展，等级分化愈演愈烈。同时，各考古学文化所代表的人类群体或文明单体之间又经历了大动荡、大分化、大改组到大一统的阶段。在此背景下，中国早期都邑的规划布局同样经历了从孕育、形成、发展到成熟诸多阶段，从最初的各具特色、异彩纷呈到渐趋一致。

龙山时代，陶寺城址作为陶寺文化邦国的都邑，其布局形态随着陶寺文化的发展有重要的变化。陶寺文化早期，以宫城为中心，建造有大型夯土建筑，设置包括王墓在内的墓葬区。陶寺文化中期是陶寺都邑的繁盛时期，开始大规模扩建，总面积达280万平方米，设置有中期大城、中期小城、仓储区、手工业作坊区、墓地、大型夯土建筑等。陶寺文化中期延续使用了早期的宫殿区，并对此继续扩建，最终形成了规模宏大、布局严谨的宫城。陶寺文化晚期，陶寺都邑衰落，伴随着族群势力的消长、交替，出现了强烈的暴力毁城现象，同时又部分修葺了宫城，形成了晚期都邑。

二里头遗址的规划布局形态在不同时期也有所变化，其中变化最剧烈的是夯土建筑基址和手工业遗址[1]。在二里头文化一期时，二里头遗址规模仅为100万平方米，宫殿区开始建造，遗址范围内分布有一般性建筑、制陶、制骨作坊遗存。至二里头文化二期时，遗

---

[1] 李鑫：《夏王朝时期的城市布局与功能特征》，《华夏考古》2016年第1期。

址规模急剧扩充并稳定在 300 万平方米，建筑遗址也随之开始分化，出现了宫殿区、贵族居住区和一般性居址，宫殿区与外围地区被道路隔离，在宫殿区内发现了两处大型夯土建筑基址群，还出现了围垣环绕的大型青铜冶铸作坊。二里头文化三期时出现宫墙，并形成了宫城，宫城内夯土建筑基址发生显著变化，基址数量明显增多，由一体化的多重院落布局演变为复数单体建筑纵向排列，在围垣作坊区内出现了大型绿松石器作坊。至二里头文化四期时，宫殿区仍继续使用，甚至有所扩大，围垣作坊区的围垣得到进一步修补（图 5-15）。

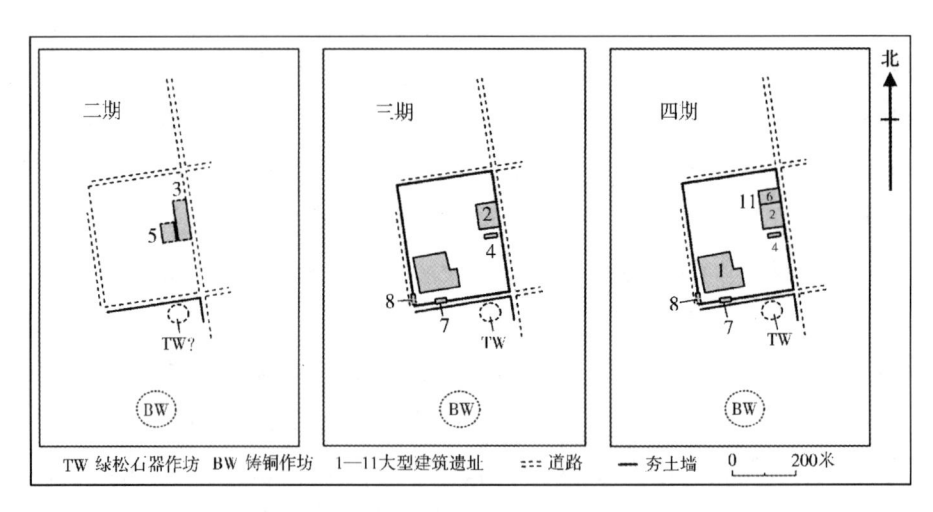

图 5-15　二里头都邑中心区演变示意图

资料来源：许宏：《先秦城邑考古》，金城出版社、西苑出版社 2017 年版。

偃师商城的布局也经历了一个动态的变化过程。偃师商城第一期之时，最早阶段是修建一号、四号、七号等大型宫殿建筑和方形的宫城城垣，后段开始修建小城城垣及城外东北部的铸铜作坊。到偃师商城第二期时，在小城基础上修筑了大城城垣，城址规模急剧扩大，小城的北城垣废弃。至此，大城成为普通民众居住区和手工业作坊区的郭城，这样的布局一直延续至偃师商城被废弃。此外，在长期使用过程中，偃师商城宫殿区屡经扩建、改建，某些宫殿的单体结构和宫殿区总体格局都曾有过变化，宫城范围也做过局部扩展，其西墙曾两度扩建（图3-2），先后被利用为二号、三号宫殿建筑的基础。具体来说，在偃师商城第一期时，宫城位于城址南部居中，大体呈方形，有宽约2米的夯土墙。偃师商城第二期时，在保持原有基本格局的同时，对宫城部分区域进行新建和改扩建，如新建八号、六号等宫殿、二期宫城西墙、祭祀区夯土围墙等。至偃师商城第三期，建城者再次新建、扩建宫城，如废弃六号宫殿而新建五号宫殿，七号宫殿改扩建成三号宫殿，宫城南墙和西墙南段突破，在宫城西墙之西新建三期西墙[①]。

由于郑州商城的重要遗迹大多叠压在现代建筑之下，难以掌握其规划布局的改变情况，但从铸铜作坊设置上的变化仍可见一斑。郑州商城发现的两处铸铜作坊遗址分别位于内城之外的南面和北面。其中城南的南关外铸铜遗址位于南城垣外侧700米处，始建于二里岗下层一期，延续至二里岗上层二期（白家庄期）；城北的紫荆山北铸铜遗址位于北城垣外300米处，始建于二里岗上层一期，延续至二里岗上层二期（白家庄期）。从时间上看，二里岗下层一期至二里岗上层一期较长时段，郑州商城主要设置南关外铸铜作坊；而到了二里岗上层一期时，新增了紫荆山北铸铜作坊，形成两座铸铜作坊南北并存的局面。综合各类信息可知，二里岗文化时期应是郑州商城的繁荣、发达时期，也是商王朝政治稳定、势力强盛的发展时期。自二里岗上层一期开始，随着商王朝实力的逐渐增强，王室等贵族阶层对青铜器等奢侈礼器的需求也随之增加，为适应这一需求的变化，在南关外铸铜作坊生产发展的基础上分离出紫荆山北铸铜作坊，并对这两处铸铜作坊的分工加以明确，南关外铸铜作坊主要为王室等贵族阶层服务，而紫荆山北铸铜作坊则主要服务于军事等方面。

小屯殷墟的都邑范围和布局也有着一个逐步扩大和变化的过程。在殷墟文化第一期阶段（盘庚至小乙时期），仅发现少数遗存和墓

[①] 王学荣、谷飞：《偃师商城宫城布局与变迁研究》，《中国历史文物》2006年第6期。

葬，这时的殷都中心是在洹北商城一带。至殷墟文化二期（武丁至祖庚、祖甲）时，殷都范围增大，在今小屯村北建造大规模的宫殿建筑群，在今苗圃北地等多地建造铸铜作坊，小屯西北地分布着王室贵族墓葬，洹河北岸的武官村西北岗王陵区初具规模，最终形成以小屯为中心、跨越洹河两岸的都邑布局。至殷墟文化第三期（廪辛、康丁、武乙、文丁时期）和四期（帝乙、帝辛时期）阶段，遗址范围扩大到30平方千米以上。这一时期小屯宫殿宗庙基址、西北岗王陵区及各手工业作坊等遗址的规模都大大扩展，反映了商代晚期人口的大幅度增多和都邑的繁荣。目前，已发掘的甲、乙、丙、丁四组宫殿建筑基址颇具代表性。这四组建筑建造情况较为复杂多变。通过历年的发掘可知，包括甲、乙、丙、丁四组宫殿建筑在内的殷墟宫殿区兴建于武丁时期，并初具规模。在武丁之后，宫殿建造者改建和扩建了部分建筑，还增建一些新的宫殿建筑。同时，也存在前期的某些建筑被废弃的现象。对宫殿区的持续建设工作应一直持续到商代末期[①]。

---

① 杜金鹏：《殷墟宫殿区建筑基址研究》，科学出版社2010年版，第405页。

第 六 章
都邑军事防御形态

军事防御即军事上的防守抵御，是抗击敌人进攻的军事行动，目的是保护己方的安全。一般来说，一个国家，尤其是军事力量较弱和社会动荡时期的国家，积极、主动的军事防御是必不可少的。国家的稳定与否，除了政治、经济上的因素，与强盛和稳固的军事防御能力也有着密切的关系。都邑是国家军事防御的重点和中心，都邑的安危与国家的存亡直接相关。中国早期都邑大都设置有一定的军事防御设施，各都邑的防御模式虽然有一定的差异，但大都构建起结构复杂的军事防御体系。

第一节 军事防御设施的种类

都邑作为国家或方国的中心，其地位举足轻重，建立完善的军事防御设施是保障都邑和国家安全的必然要求。中国早期都邑与防御相关的各项措施丰富多彩，主要防御设施有城垣、城垣附属设施、护城壕和壕沟等。此外，都邑周围的自然屏障也可用作都邑的军事防御。

一 城垣

城垣又称"城墙"，是指环绕在都邑四周的大型墙体，通常是都邑最为重要的防御设施。在中国早期都邑中，城垣的建造是较为普遍的现象。早在早期都邑形成之前的仰韶文化时代，城垣建造就已经开始。如湖南澧县城头山发现了距今6000年以上的城垣[①]，郑州西山古城也发现有距今5300年左右的城垣[②]。到了龙山时代，黄河流域、长江流域和北方地区在都邑外围建造城垣的现象已较为普遍。至夏商时期，城垣成为都邑中最常见、最重要的防御设施。由于不同时期、不同地域都邑的防御功能有所区别，城垣数量及布局等方面也呈现出较大差异。

目前，考古发现的早期都邑建造的城垣包括单道城垣、多道城垣两大类。单道城垣即在都邑中仅设置有一圈城垣，多道城垣则是为了加强防御而在一道城垣外侧又筑有一道或两道城垣。单道城垣伴随着仰韶时代城的起源形成而出现，龙山时代至夏商时期的都邑中被较为广泛地设置和使用。如王城岗大城及东西两座小城、古城寨、石家河、大师姑、吴城等都邑均为单道城垣。双道城垣在龙山时代的都邑中开始出现，夏商时期被延续使用。龙山时代的陶寺、石峁、良渚、宝墩等城址内城垣外围发现有外城垣。目前，夏王朝大型都邑尚未发现具有双道城垣者，只在望京楼方国都邑发现有设置外围城垣的现象。商代双道城垣则较为普遍，如偃师商城、郑州商城、望京楼二里岗文化城址、垣曲商城等都邑皆由内、外两道城垣组成。

从军事防御角度来看，早期都邑城垣布局可分为内外城、并列城、拱卫城等不同形态。内外城即是内城被外城包围起来。如陶寺都邑在陶寺文化中期形成了宫城居中、宫城四周围以大城城垣的格局。石峁城址是由内城、外城以及皇城台三座石城组成，其中皇城台被所谓的"内城"包围在内。良渚城址由莫角山宫殿区、内城、外城组成，宫殿区与内城也形成内外城布局。宝墩、偃师商城、洹

[①] 湖南省文物考古研究所：《澧县城头山古城址1997—1998年度发掘简报》，《文物》1999年第6期。

[②] 国家文物局考古领队培训班：《郑州西山仰韶时代城址的发掘》，《文物》1999年第7期。

北商城皆建造有完整的内城或小城（宫城）、外大城，属于典型的内外城布局。郑州商城设置有闭合的内城垣，外城垣主要分布于内城外侧的东南、南面和西面，与东面、东北面的大型湖泽共同构成闭合防御圈，故也可归属于内外城之列。盘龙城都邑除了建造有完整的内城垣，也有迹象表明存在一定的外围防御带（城垣），整体上属于内外城布局的可能性很大。并列城是两个不同的城圈左右并列存在，而非小城被大城包围在内。这样的布局形态较少。牛城城址有两个城圈，其中所谓的"内城"位于"外城"的西南部，外城位于内城的东北部，二者呈东北—西南向并列。尧王城城址"内城"外东侧、南侧建造有另外一个城圈"外城"，其可能也属于并列城的范畴。此外，三星堆城址大城之内可能存在多个并列的小城。需要指出的是，虽然考古发现的王城岗城址有两个小城东西向并列，但二城没有共存关系，西城应是东城被洪水冲毁后新建的，故其不属于并列城布局；小城与大城平面上是东北—西南方向并列，但二者没有共存期，大城建造使用时小城已被毁弃，故二者也不属于并列城。拱卫城是指在宫城一侧或两侧附近地带建立的具有拱卫功能的城池。如在偃师商城宫城西南、东北方向，分别发现Ⅱ号、Ⅲ号建筑基址群，两座基址群平面均呈方形，其中Ⅱ号基址群周围建有小型城垣。建筑群内布满排房式建筑，排房形状、面积大体相等，排列十分整齐。这些排房应是作为储藏粮食的仓库或驻扎军队的府库，属拱卫城性质，其目的之一应是保卫宫城的安全。同时，也使商王能够随时调动军队来对付内乱和外侵。还需要指出的是，原考古发掘报告称洹北商城外城西南隅也设置有小城[①]，但后来的考古复查工作确认此小城可能不存在，故洹北商城不见拱卫城。

城垣较宽厚是目前已发掘的早期都邑城垣的普遍特点。一般城垣宽度约18米左右，部分宽数十米甚至达百米，也有个别城垣尤其

[①] 中国社会科学院考古研究所等：《河南安阳市洹北商城遗址2005—2007年勘察简报》，《考古》2010年第1期。

是宫城垣宽度不超过10米。虽然城垣高度因保存状况所限已不确知，但推测其应在10米左右。史前城址中，王城岗小城城垣基槽口宽4.4米，而大城城垣宽度超过10米；古城寨东城垣底宽36—40米，高13.8—15米；石家河城址城垣顶部宽8—10米，底部宽50米以上，现高出地面4—6米；宝墩城址外城垣残宽15—25米，残高1.5—4米；良渚古城城垣宽20—145米，保存最好的北城垣部分地段高约4米。夏商都邑城垣宽度增加，如大师姑城垣底部宽约16米；偃师商城大城城垣底宽在17—19米，有的宽度超过20米；郑州商城城垣平均底宽约20米，顶宽约5米，高约10米；望京楼商城东城垣残宽12—19米，残高0.5—1米；吴城北城垣垣面宽6—22米，底宽约28米。宽厚的城垣有利于都邑的军事防御。目前材料显示，除了南方地区都邑城垣坡度较缓而军事防御能力相对较弱之外，其他大部分早期都邑城垣坡度较为陡立，尤其是外坡更为陡立，军事防御能力较强，成为都邑安全的重要保障。

二 城垣附属设施

城垣的附属设施是指在城垣之上或两侧建造的用于军事防御的各种设施。一般包括城门、瓮城、墩台、角台、马面、马道、大道等。城垣附属设施对于都邑的防御至关重要，可靠的城垣附属设施有助于加强和提高都邑的军事防御能力。

(一) 城门

考古发现的早期都邑多有数量不等的城门设施。城门是沟通城垣内外居民出入的重要通道，也是都邑的重要防御设施之一。战乱之时，城门是整个城防体系中的重点，也是薄弱点，还是攻守双方的主要争夺目标。其建筑规模、数量常依照都邑的大小、形制、方位、用途等因素来决定。在某些特殊的自然条件下，如都邑靠近可通行的河道、湖泊，则可能会建有供水路交通的水门。城门设施一般由大门、门道、城门楼、门卫房等部分组成。大门一般应为厚重坚固的木门，可以开启、关闭，用门闩固定。门道即大门处的通道。

城门楼是在城门之上建立的高层建筑，其作用主要是便于登高瞭望敌情和军事指挥，也可居高凭险射杀敌人，平时还可供宴飨和观景。甲骨文有"墉"字，作"☷"形，或"✧"形，其形状中间为方形或圆形，象征城垣，四边为亭状物，应为城门之上城楼，城楼有两个或四个。当然由于早期都邑保存状况均较差，城门楼多已不存，发掘者只能根据残存柱洞等少许蛛丝马迹进行推测。门卫房又称作"塾"。《尔雅·释宫》云："门侧之堂谓之塾。"一般包括左塾、右塾或东塾、西塾。塾既可成为守城士卒的居所，又可用于城门区域的军事防御。

龙山时代为中国早期都邑城门的形成发展期，城门数量并不固定，一般为一个或两个城门。如王城岗城址小城只发现一个城门，古城寨城址有相对应的南、北两个城门，陶寺宫城垣的南墙东部以及东城垣和南城垣相接处各发现一处城门。此时期都邑的城门数量也有多于两个的。如石峁城址在"皇城台"和内、外两城城垣上均发现有城门，尤其外城东门体量巨大、结构复杂，且石峁东门的通道很长，可能还不止有一个门[①]。良渚古城共有8座水城门，每面墙上各2座，并在南城垣的中部还发现1座陆路城门。水城门一般宽30—60米，西城墙2座水城门分别宽10米、20米。

夏商时期为城门的定型期，此时发现的都邑城门数量较多，四面城垣皆设置有城门，城门道较为狭窄，一般有门塾、城门楼，军事防御功能较为突出。如新砦城址外壕自西向东有三处缺口，可能是供行人出入的通道。西内壕中部有缺口，应为内壕圈围区域的城门所在。二里头遗址宫城东墙上发现门道3处。偃师商城大城确认有9座城门，分别是南、北城垣各1座，东、西城垣各3座[②]，新近又在西一城门之南发现一西门。其中西二城门门道宽仅为2.3—2.4

---

① 陕西省考古研究院等：《陕西神木县石峁遗址》，《考古》2013年第1期。
② 中国社会科学院考古研究所河南第二工作队：《河南偃师商城西城垣2007与2008年勘探发掘报告》，《考古学报》2011年第3期。

米，东一城门门道宽仅为2.4米，西三城门门道宽为3.35米。另在小城东墙中段发现一座城门，北墙中段也可能有一城门。郑州商城四面城垣有11个缺口，其中有的可能是城门。望京楼二里岗时期城址在东城垣上发现2座城门，南城垣上发现1座城门，从目前所获资料来看，应对称分布有8座城门[1]。垣曲商城城址的四面城垣可能都有城门，东垣因破坏严重，门址不明，北垣东端有缺口一个，西垣中段偏北距西北角140米处为西城门，南垣中段被一冲沟截断，仅余两块夯土，这里的缺口有可能是城门之所在[2]。盘龙城城址共有城门4座，现存的南、北、西三面城垣上各有一个缺口，每座城门两侧均置有方石[3]。吴城城址共发现城门6座，其中陆门5座，水门1座，水门位于城址的东南角，5座陆门分别是北门、东北门、东门、南门和西门[4]。牛城城址可以确定的城门有三处，即北城门、东城门以及西城门。

（二）瓮城

为了加强军事防御，中国古代都邑常在城门外侧再增筑一道城垣，从而形成城门外的附郭，以避免城门直接暴露在敌人的攻击之下。因其形状为一独立的封闭空间，一旦敌人进入此处，就会遭到四面攻击，犹如瓮中之鳖，故称"瓮城"。瓮城平面有矩形和半圆形两种，其墙垣均较主城垣为低且稍薄，设置一偏门。瓮城可以延缓敌人进攻，围困、杀伤攻城敌人，增强城门的防御能力。"瓮城"一词最早见于宋代的《武经总要·守城》，其把城门外所筑之小城称作"瓮城"，其形状"或圆或方，视地形为之"。先秦文献中不见有关

---

[1] 郑州市文物考古研究院：《新郑望京楼——2010—2012年田野考古发掘报告》，科学出版社2016年版，第408页。

[2] 佟伟华：《商代前期垣曲盆地的统治中心——垣曲商城》，《中国历史博物馆馆刊》1998年第3期。

[3] 湖北省文物考古研究所编著：《盘龙城——一九六三年—一九九四年考古发掘报告》，文物出版社2001年版，第14、16页。

[4] 江西省文物考古研究所：《吴城——1973—2002年发掘报告》，科学出版社2005年版，第35—37页。

"瓮城"的记载,但出现一些与瓮城相似的防御设施。如《诗经·郑风·出其东门》称郑国东门外有"闉阇",此"闉阇"当为城门外瓮城之门。又如《墨子·备城门》记载大城城门之外有"郭门",此处的"郭"可能与瓮城有关。中国早期都邑瓮城一般建于城门外侧,也有部分瓮城建于城门内侧,可称作"内瓮城";个别城址甚至内外皆建有瓮城,区分为"内瓮城"和"外瓮城"。

目前中国早期都邑所见年代最早的瓮城遗存是在石峁城址,其外城东城门设置有外瓮城和内瓮城。其中外瓮城平面接近"U"形,将门道外侧遮蔽,南、北两端留有通道。内瓮城呈曲尺形,系在门道内南墩台西北角接缝修筑石墙,向西砌筑 18 米后再向北折 32 米,形成封闭的独立空间①。此外,皇城台东南城门与外城的东城门结构相似,也有内、外瓮城。陶寺遗址发现多处瓮城遗存。在大城北城垣的北门,发现一向外凸出的外瓮城。陶寺宫城南墙东段的南东门(曾称"东南门"),发现城门两侧向外延伸出两段夯土城垣,类似于后世的阙,或可称其为墩台,圈围区域当也具有部分瓮城的功能。陶寺宫城的东墙和南墙相交处形成一个逾 10 米的缺口,应为宫城的一个侧门。其宫城东墙在缺口处向内建造一个"内墩台",宫城南墙继续向东延伸出约 15 米后向与东墙平行方向延伸,形成一道"L"形的墙体。从平面形状看东墙、"内墩台"和南墙延伸墙体组成一处曲尺形空间,推测应是一处曲尺形的外瓮城②。

夏商时期的都邑也见有瓮城设施,且多见内瓮城。偃师商城西三城门为内瓮城结构。该处西城垣整体向内凹,凹进部分的南北向城垣之中部设置城门道。新郑望京楼商城东一门,其东城垣在城门处向西(内)转折而后合拢呈"凹"字形,构成一道特殊的门墙。东二城门结构与东一城门结构类似,主墙体在城门处南北两侧向西

---

① 王炜林等:《2012 年神木石峁遗址考古工作主要收获》,《中国文物报》2012 年 12 月 21 日。
② 王学涛:《山西陶寺遗址考古发现早期宫城》,《中国文物报》2017 年 6 月 27 日;张建华:《2017 春季陶寺遗址考古:廓清宫城》,《临汾日报》2017 年 6 月 7 日。

内折，并与北门墙、南门墙相接，也形成一个"凹"字形的平面布局（图6-1）。以上这三处城门布局虽然不属于通常所说的外凸瓮城，但城垣与城门错位的布局实际上具有瓮城的防御功能，只是其位于城垣内侧。此外，垣曲商城为加强西城门的防御，特意在西城垣与护城壕之间专为屏卫西城门加筑了一段外墙，其作用类似于瓮城①。

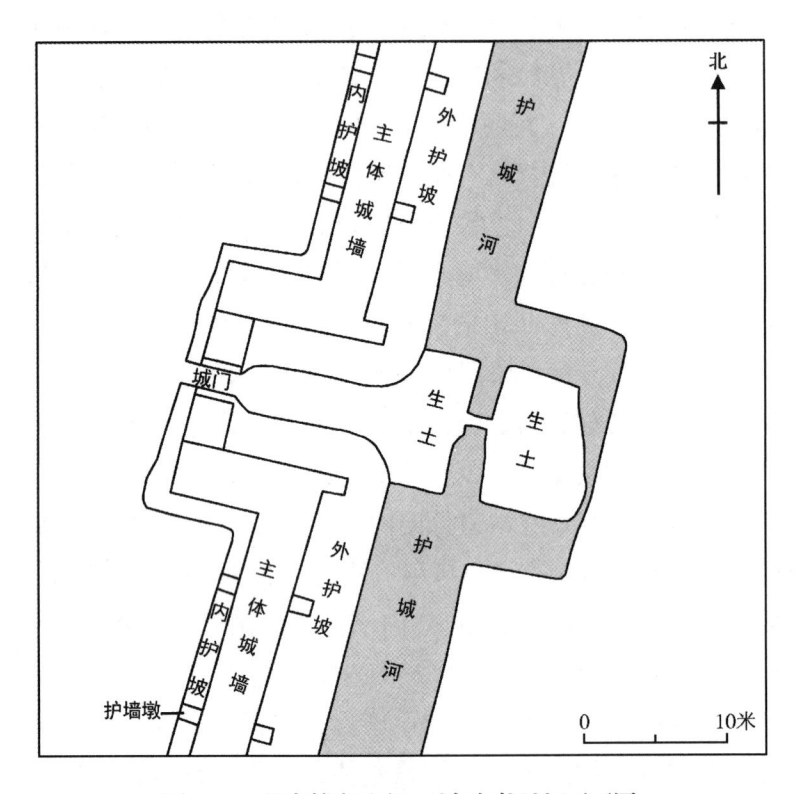

图6-1 望京楼商城东一城门与护城河平面图

（三）墩台与角台

墩台或城台，又称报警台，是都邑军事防御的重要设施。目前，早期都邑中的石峁城址外城东门和皇城台城门发现有保存较为完整

---

① 董琦：《城门磔人——垣曲商城研究之二》，《文物季刊》1997年第1期。

的墩台。该城址外城之东门，以门道为界，在南、北两侧对称建置墩台。墩台平面为方形，外边以石块包砌，台内用土夯筑。夯台外围包砌一周石墙（"主墙"），其内有加固墙体的"枆木"。为了增加墩台外侧的防御能力，扩展台基上的活动范围，建城者又在墩台朝向城外的一侧墙体外围紧贴主墙建造一层石墙（"护墙"），将墩台东侧墙体以及东部两拐角完全包砌[①]。

角台是城垣拐角的突出部分，是为登高观察两个方向甚至四周的情况而设置的防御设施。角台之上建造的建筑即为角楼。角台所在的城角为城垣防御上的薄弱环节，也是古人刻意经营之处，其功能应与城门墩台的功能较为类似，可减少防御死角，强调观测功能，增强防御能力。《周礼·考工记·匠人营国》中规定："王宫门阿之制五雉，宫隅之制七雉，城隅之制九雉。"即将城角加高，起到瞭望防御的作用，不同类型的城角高度不一样。目前，考古发现最早的角台是在石峁城址中，该城址外城东门以南城垣转角处有角台2座（图6-2）。其中北侧角台残高约4米，梯形平面，版筑夯土台芯，外砌石墙；南侧角台大致呈正方形，顶部平坦开阔。另在盘龙城城址内城城垣东北角发现有一处拐角房基，可能也是一处角楼遗存，供防卫用。

（四）马面

马面是凸出于城垣外侧、每隔一定的距离建造的台状城垣附属设施，平面呈长方形和圆形，因外观狭长如马面而得名。先秦文献已有关于马面的记载，称之为"行城"，如《墨子·备梯》："行城之法，高城二十尺，上加堞，广十尺，左右出巨，各二十尺。"在军事防御上，马面既增加了城垣的防御面积，也可容纳更多的防守人员，还能加固城垣本体。其优点在于城垣守军可避免城垣下的攻击死角，便于在城垣之上自上而下从三面观察和攻击来犯之敌。

[①] 陕西省考古研究院等：《陕西神木县石峁遗址》，《考古》2013年第7期。

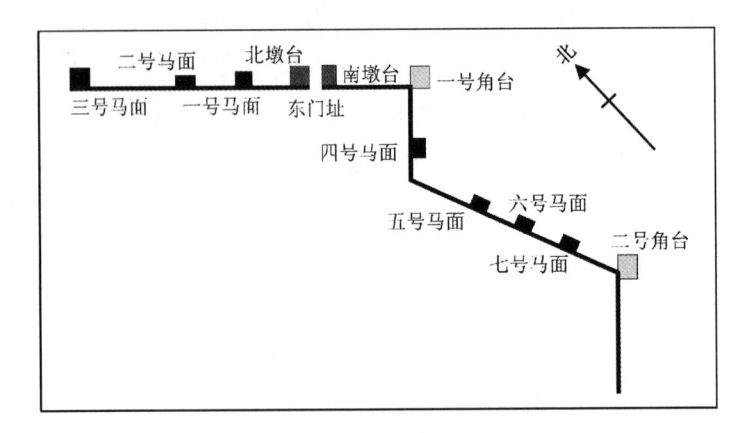

图 6-2　石峁城址外城东门附近马面角台分布示意图

资料来源：孙周勇、邵晶：《马面溯源——以石峁遗址外城东门址为中心》，《考古》2016 年第 6 期。

龙山时代的都邑中出现了较为成熟的马面。目前可以确定的早期都邑马面遗存发现于石峁城址，至少有 7 处马面遗迹，形制规整，已与后世马面的特征与功能接近①（图 6-2）。良渚古城城垣内外均有凸凹不齐的地方，类似后代城墙的"马面"，其中内马面 25 处，外马面 27 处②。这些"马面"形制并不统一，宽窄、长短有很大的随意性，应该是沿着水边地势有意修成这样的形态。登封王城岗城址东城西南角及西城西南角和西北角的建筑形制均是内角为凹弧形，外角为凸圆形，向外凸出约 2—4 米，发掘者推测可能是城垣上设置的类似"马面"的设施③。

到了夏商时期，马面设施应当继续被运用于都邑的军事防御，只是目前考古尚未发现典型的马面遗存。偃师商城小城东、西、北三面城垣皆有两处呈"Z"字形的转角，其中北城垣因转角而分成三段。如此设计既突出城垣四角，又增加了城垣曲度，可以达到压

---

① 孙周勇、邵晶：《马面溯源——以石峁城址外城东门址为中心》，《考古》2016 年第 6 期。
② 刘斌、王宁远：《2006—2013 年良渚古城考古的主要收获》，《东南文化》2014 年第 2 期。
③ 河南省文物研究所等：《登封王城岗与阳城》，文物出版社 1992 年版，第 28、31 页。

缩防御距离的效果，部分具备"马面"的防御作用[1]。此外，盘龙城2014—2016年的考古工作，发现四座城门外右侧均有外凸现象，形成弧形夯土平台，使城门处内凹，推测这一现象或与马面相关[2]。

（五）马道与大道

都邑城垣必然需要士兵在其上守卫，一旦发生战乱更需要士兵从军营及时登临城头。因而，修建通往城垣之上的通道必不可少，一般这种道路呈斜坡状或阶梯状，称之为"马道"。马道应该是城垣必备的防御设施，但在目前的考古工作中尚未发现有关遗存。1984年在偃师商城西二城门的发掘过程中，曾经清理出一条所谓的"马道"[3]。但1993年考古钻探表明，以往所说的西二城门南侧"马道"以及和"马道"东端相连的大城北部直线距离约700多米的东西向"大道"，实际上是小城的北城垣[4]。因而，这就需要考古工作者在今后的城垣考古发掘中有意识地专门寻找城垣马道设施。

道路既是早期都邑中人们交通的基础设施，也是敌对势力攻城时城内官兵军事调动、武器装备运输和后勤保障的生命通道，故其属于都邑防御设施的组成部分。中国早期都邑中均设置有道路网，一些道路直接通向城门，有的道路沿着城垣内外侧修建，形成环城路，这些设置当有一定的军事目的。据专家判断，纵贯陶寺早期城址南北的大南沟—南沟、纵贯中期城址的赵王沟—中梁沟在当时可能是陶寺都邑的城中大路[5]。石峁城址的主干道是从皇城台经内城，通向外城东门[6]。宝墩都邑内城垣南段内侧，考古发现一条疑似环城

---

[1] 中国社会科学院考古研究所河南第二工作队：《河南偃师商城小城发掘简报》，《考古》1999年第2期。

[2] 武汉市文物考古研究所、盘龙城遗址博物院：《盘龙城遗址宫城区2014—2016年考古勘探简报》，《江汉考古》2017年第3期。

[3] 中国社会科学院考古研究所河南第二工作队：《1983年秋季河南偃师商城发掘简报》，《考古》1984年第10期。

[4] 中国社会科学院考古研究所河南第二工作队：《河南偃师商城小城发掘简报》，《考古》1999年第2期。

[5] 何驽：《陶寺：中国早期城市化的重要里程碑》，《中国文物报》2004年9月3日。

[6] 孙周勇、邵晶等：《石峁遗址：2016年考古纪事》，《中国文物报》2017年6月30日。

路，发掘长度有七八十米，道路最宽处有 3 米左右[①]。夏商都邑的道路规划更为规整。二里头遗址围绕宫城内外侧形成纵横交错的"井"字形道路网。偃师商城各城门间均有大道相通，路面宽阔平整，组成一幅棋盘式交通网络，其中西城垣还发现有环城路。垣曲商城城内发现一条宽约 12 米的主干道贯通西城门和宫殿区。新郑望京楼城址目前发现有两纵、两横 4 条道路，其中三条与城门连接。洹北商城城内各居民点之间有比较固定的道路相通，并在南城垣和东城垣外侧发现有宽广的道路。

三　护城壕与壕沟

护城壕是都邑军事防御设施中重要地位仅次于城垣的人工建造的防御设施。护城壕与城的起源密切相关，城起源于环壕聚落，自从有了城，原环壕聚落之环壕便逐渐演变为城市聚落的护城壕，多分布于城垣外侧。一般情况下，城垣是由护城壕所挖出的土修建而成，城垣与城壕往往是一体的，建造年代接近。有的都邑在城垣和护城壕之外还开挖有一道或多道用于军事防御的巨型壕沟，而无城垣都邑一般在居址周围开挖有大型壕沟。在护城河、护城壕或大型壕沟之上往往设有桥梁以便城内外人员的日常通行。

（一）护城壕

在中国古代，"城池"或"城隍"并称。"城池"即城垣与护城河的合称。所谓"城"，是指围绕四周的垣墙；"池"即指城垣外有水的壕沟，俗称"护城河"；而无水的城壕叫"隍"。护城壕一般环绕于城垣外侧一周，少数也有在城垣内侧再修一道内护城壕的。大城内的小城，一般也设有护城壕。城门处的护城壕形状一般较为特殊，多为外凸的缓弧形，可使入口处有较大的活动空间，并便于架设桥梁供人员出入。

仰韶时代，护城壕即已出现，但不规范。如河南郑州西山城址

---

① 吴晓玲：《成都平原史前城址宝墩古城发现疑似一环路》，《四川日报》2017 年 6 月 1 日。

城垣内、外侧均有沟壕。这些沟壕系建城过程中所需土方在城垣内、外两侧就地挖沟获取所致。其中外侧挖沟取土为筑城所需土方的主要来源，外沟规模较大，但不规整，沟宽约4—7米，西北段宽达11米，壕沟深3—4.5米①。湖南澧县城头山城址圆形城圈外侧环绕有人工开挖与自然河流相连接的护城河，河宽35米，深约4米②。

龙山时代，有意人工开挖的、较为规整的护城壕在中国早期都邑中较多出现。如王城岗大城北城壕长约630米，宽约10米，残深3—4米；西城壕残长130米，宽约10米。古城寨城址北、东、南三面皆开挖有护城河，宽34—90米，深4.5米，西面可能利用溱河代替护城河。石家河城址城外有护城壕，壕宽约30米，深达9米③。宝墩城址在外城垣外侧四周都有壕沟，沟宽10—15米④。良渚都邑城垣内侧、外侧均存在沿着城垣开挖的护城河⑤，其中外城河长约3050米，一般宽12—40米，深约0.5—2米；内城河长约6488米，一般宽5—80米，深约0.5—5米。尧王城内城、外城外侧均设置有护城壕。

夏商时期，绝大多数都邑都开挖有护城壕。新砦城址龙山文化晚期的城壕紧靠城垣外侧开挖，上部被新砦期城垣打破。因遭后期城垣和二里头文化时期壕沟的破坏，龙山文化晚期和新砦期护城壕的实际宽度尚难以确定，龙山晚期城壕残宽1—3.65米，深约6.95米。大师姑城址护城壕与城垣平行，除城壕西南角已被今索河河道

---

① 张玉石、杨肇清：《郑州西山仰韶时代晚期遗址面世》，《中国文物报》1995年9月10日。
② 湖南省文物考古所等：《澧县城头山屈家岭文化城址调查与试掘》，《文物》1993年第12期；蒋迎春：《城头山为中国已知时代最早古城址》，《中国文物报》1997年8月10日。
③ 湖北省文物考古研究所：《石家河遗址2015年发掘的主要收获》，《江汉考古》2016年第1期。
④ 王嘉：《成都文物考古研究所首次公布调查所取得的阶段性成果》，《成都日报》2011年5月7日
⑤ 浙江省文物考古研究所：《2006—2013年良渚古城考古的主要收获》，《东南文化》2014年第2期；王宁远：《良渚古城及外围水利系统的遗址调查与发掘》，《遗产与保护研究》2016年第5期。

冲毁外，其余地段均已封闭，城壕总周长复原长为2900米①。望京楼二里头文化城址东城垣、南城垣西段、北城垣西段之外侧，紧贴城垣发现有护城壕，北城垣之外有一道人工开挖的壕沟，与黄水河及黄沟水共同构成外城壕。郑州商城内城至少在东城垣外侧存在护城壕②。偃师商城大城护城壕环绕于城垣外侧四周，宽18—20米。垣曲商城西部二道城垣外有一条宽约6—10米的护城壕，深约7米③。三星堆城址四面城垣外侧均发现有宽约20—30米的壕沟，壕沟的两端分别与鸭子河和马牧河相沟通，形成一个封闭的护城河防御圈④。盘龙城城垣四周发现有护城壕，环壕内侧距城垣墙基约3米，沟口宽约5米，深2.7—3米。江西吴城遗址在其城垣外围发现有护城壕，呈口大底小状，深约3.1米，城壕距城垣墙基约3.7米，走向与城垣一致⑤。

(二) 巨型壕沟

因为某些原因，一些早期都邑未建造大型城垣，或某一阶段尚未建造大型城垣，而是通过设置巨型壕沟作为都邑的主要防御设施。同时，为了进一步提高城市的防御能力，某些原本有城垣和护城壕的都邑，在其外围区域又另行开挖其他大型壕沟用于都邑的军事防御。

陶寺城址早期阶段，在宫殿区确立之后，外围并未随即修筑城垣，而是首先用堑壕将宫殿区圈围起来，以环壕作为宫殿区的防御设施。使用一段时间后，壕沟被填平并夯筑起宫城垣⑥。与此类似，洹北商城在洹北花园庄早期初建之时，除了建造宫殿区和宫城，并

---

① 郑州市文物考古研究院：《郑州大师姑（2002—2003）》，科学出版社2004年版，第4页。
② 宋国定：《1985—1992年郑州商城考古发现综述》，《郑州商城考古新发现与研究》，中州古籍出版社1993年版。
③ 董琦：《城门磔人——垣曲商城遗址研究之二》，《文物季刊》1997年第1期。
④ 陈德安：《三星堆遗址的发掘与研究》，《中华文化论坛》1998年第2期。
⑤ 黄水根、周广明：《江西樟树吴城商代遗址西城垣解剖的主要收获》，《南方文物》2003年第3期。
⑥ 中国社会科学院考古研究所山西队等：《2013—2014年山西襄汾陶寺遗址发掘收获》，《中国社会科学院古代文明研究中心通讯》第28期，2015年；何驽：《对于陶寺文化晚期聚落形态与社会变化的新认识》，《新世纪的中国考古学（续）》，科学出版社2015年版。

未在宫城之外围建造外城，而是由环绕宫城四周宽约 7—11 米、深约 4—5 米的巨型壕沟代替外城城垣的功用。

在城垣与护城壕之外较远距离开挖巨型壕沟即外壕的现象，较早见于郑州西山仰韶文化晚期城址，龙山时期的日照尧王城、夏代早期的新密新砦城址、商代的盘龙城城址也有发现。西山城址在城垣北面、东面外围，开挖有外壕防御设施，残长 55 米，圈围面积 35 万平方米①。尧王城城址外围环绕有大型壕沟，环壕范围南北长 1880 米，东西宽 2150 米。新砦城址北城垣以北 220 米处，有一条人工与自然冲沟相结合形成的外壕，东西长 1500 米，南北宽 6—14 米，深 3—4 米。该城址城内较高的区域开挖有内壕，现存西、北、东三面内壕，南面为双洎河，所圈占的面积当在 6 万平方米以上，其功用类似内城或宫城。盘龙城城址北城垣之北 15—23 米处，开挖有巨型壕沟（原报告认为是"北城壕"），西部较窄，东部较宽，起于宫城西北杨家湾山体，向东延伸通向盘龙湖②。

小屯遗址迄今为止未发现大型城垣防御设施，但小屯村西、村南的两条相互交接的巨型壕沟可扮演宫城城垣或内城的部分角色。此沟南北全长约 1100 米，东西长约 650 米，深 5 米左右，最深处达 10 米，宽 7—21 米，两条壕沟与洹河相连，共同组成一个近 70 万平方米的防卫圈③，保卫着殷都中心区域的安全。

（三）桥梁

护城壕和巨型壕沟一般应留有供人出入的关口。此关口是守城者重点关注的区域，也是攻城一方最想突破的地方。尤其是关口处护城壕或巨型壕沟未开挖连通而保留为陆地的情况下，更容易成为攻城一方进攻的焦点。考虑到都邑的安全，兼顾平时城内外人员出

---

① 阎铁成：《重读郑州——一座由考古发现的中国创世王朝》，科学出版社 2015 年版，第 127 页。

② 武汉市文物考古研究所等：《盘龙城遗址宫城区 2014 至 2016 年考古勘探简报》，《江汉考古》2017 年第 3 期。

③ 中国社会科学院考古研究所：《殷墟的发现与研究》，科学出版社 1994 年版，第 44 页。

入的需求，都邑建造者一般会在护城壕和巨型壕沟上设置桥梁加以掌控，以便加强都邑的防御能力。桥梁大多为平直木桥，有的是建立在桥桩之上固定的木桥，或为可以拉起的吊桥。从情理上来讲，早期都邑的护城河或巨型壕沟上大多应架设有桥梁设施，但由于木质桥梁不易保存下来，致使目前考古发现的桥梁遗存相对较少。

陶寺遗址宫室区北出入口接壕沟处发现有夯土桥墩设施。桥墩在沟北，共两个，东西向排列，间距 0.65 米。桥墩边长 0.3 米，残高 0.5 米。桥墩向南经过 1 米宽的壕沟，与沟南凹形豁口相对，搭建小木板桥通行①。

在偃师商城西一城门外的护城河底部一条狭窄深沟的两侧，发现对称分布着两排 12 个柱础遗迹，推测这些遗迹应与城门外水道的连接和过桥设施有关。两排柱础间距是 9 米，估计桥面的宽度不会小于 9 米②（图 6-3）。该桥梁处在护城壕正对城门的位置，护城壕两岸向内堆出两个半圆形土台，从而缩小了护城壕两岸的间距，便于架设桥梁。

盘龙城城址南城壕中段壕沟底部，发现多个木质桥桩，据推测当时壕沟内不仅有水，而且上面设有木质桥梁③。

2008 年在发掘安阳殷墟刘家庄北地时，发现一条向北接近殷墟宫殿宗庙区、东西宽 15—20 米的道路，有学者推测其为殷墟宫殿宗庙区向南的主干道④。在其路面下发现一处桥梁，由木桥桩和桥面原

---

① 中国社会科学院考古研究所山西队等：《2003 年陶寺城址发掘的新收获》，《中国社会科学院古代文明研究中心通讯》第 7 期，2004 年；中国社会科学院考古研究所山西队等：《山西襄汾县陶寺城址发现陶寺文化大型建筑基址》，《考古》2004 年第 2 期。

② 曹慧奇、谷飞：《偃师市商城西城垣遗址》，《中国考古学年鉴·2009》，文物出版社 2010 年版；中国社会科学院考古研究所河南第二工作队：《河南偃师商城西城墙 2007 与 2008 年勘探发掘报告》，《考古学报》2011 年第 3 期。

③ 湖北省文物考古研究所：《盘龙城——一九六三年——一九九四年考古发掘报告》，文物出版社 2001 年版，第 42 页。

④ 岳洪彬、何毓灵、岳占伟：《殷墟都邑布局研究中的几个问题》，《三代考古》（四），科学出版社 2011 年版；岳洪彬、岳占伟：《殷墟巨型土坑的发掘与都邑布局》，《甲骨学暨高青陈庄西周城址重大发现国际学术研讨会论文集》，齐鲁书社 2014 年版。

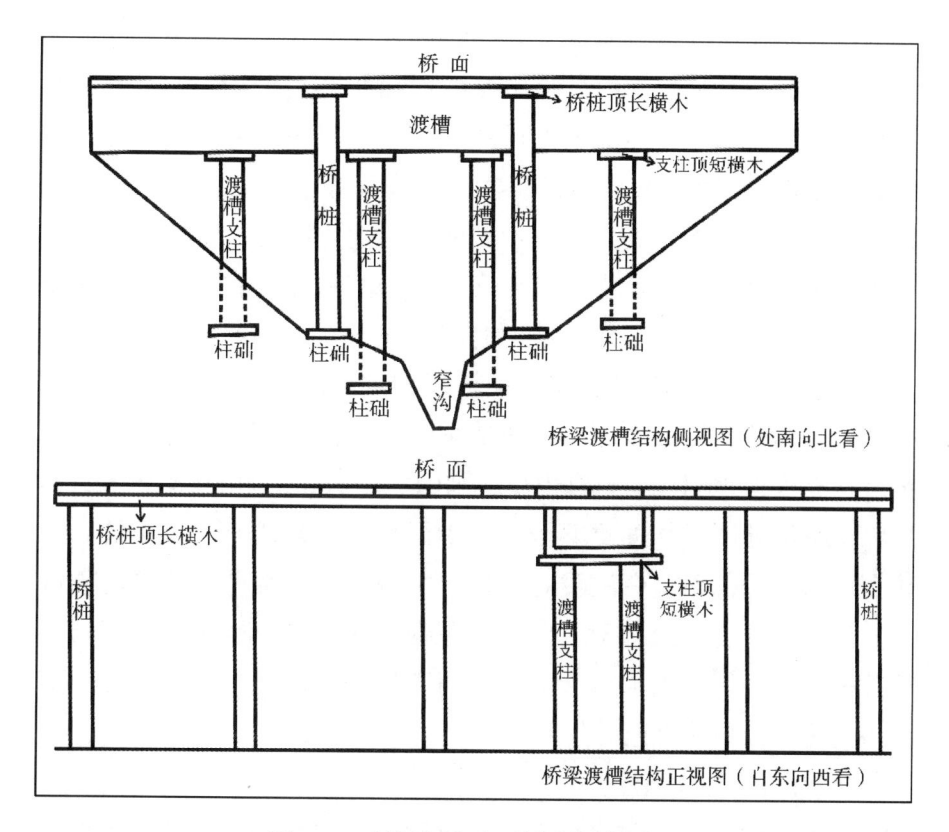

图 6-3　偃师商城西一城门桥涵复原图

资料来源：谷飞：《关于偃师商城西一城门外护城壕内桥涵设施的复原设想》，《三代考古》第 4 辑。

木组成，南北跨度约 5 米，宽约 20 米。桥桩分列南、北两排，桥面原木上叠压厚约 30 厘米的路土[①]。

四　自然屏障

自然屏障是指在都邑外围自然存在的可用于军事防御的高山、河流、湖泽以及其他大型障碍体。利用自然屏障进行的防御可称作"自然防御"。与通过建造一些军事设施而进行的"人工防御"不

---

① 唐际根、岳洪斌、何毓灵等：《洹北商城与殷墟的路网水网》，《考古学报》2016 年第 3 期。

同，自然防御借助自然条件，其勿需耗费巨大的人力、物力建造而自然形成。只要都邑守护者对其所处区域的自然屏障有充分的认识，并加以充分的利用，在关键部位建造一些军事设施并派兵驻守，都邑的安全即可得到一定程度的保障。郑樵《通志》云："建邦设都，皆凭险阻。山川者，天之险也；城池者，人之阻也。城池必以山川为固。……设险之大者莫如大河。……故中原依大河为固。"从这里可以看出，古人在对都邑选址之时就已充分认识和利用了高山、河流等自然屏障的防御作用。《周礼·夏官·掌司马》云："掌固，掌修城郭、沟池、树渠之固……若造都邑，则治其固与其守法。凡国都之竟有沟树之固……若有山川，则因之。"可知，山川沟树等自然屏障是都邑外围防御的重要依靠。中国早期都邑既有大范围的自然防御，即利用大河、高山峻岭或峭壁关隘等作为都邑四周的防御屏障，如黑石关、伊阙之于二里头和偃师商城都邑；也有小范围的自然防御，即利用自然河流、沟壑、峭壁作为都邑防御的一部分，如伊洛河之于二里头都邑。

（一）河流与湖泽

中国早期都邑大多临河而建，建城者在建造城垣、开凿护城壕的同时，还往往利用相邻的自然河流。这不仅减轻了都邑建设的工程量，而且也使得都邑的防御功能更为有效实用。此外，部分都邑周围有广阔的湖泊、沼泽等广阔水域，这些自然屏障成为都邑防御的重要组成部分。

龙山时代，都邑附近或周围大都存在可以用作军事防御的大小河流或湖泽。如王城岗城址位于五渡河西岸，南面濒临宽阔的颍河，两条河流构成了城址东方、南方的自然防御屏障。石峁城址位于陕西神木高家堡镇，属黄河一级支流秃尾河流域，城址正是处于秃尾河及其支流洞川沟交汇处[①]。良渚古城位于东苕溪的东南岸，古城再向南10千米是瓶窑镇，南、北、中苕溪三条支流在镇前汇聚，构成

[①] 陕西省考古研究院等：《陕西神木县石峁遗址》，《考古》2013年第7期。

了无法逾越的天堑。石家河城址东、西两侧均有小河流,分别为东河及西河,南部更有汉江和潜江等较大河流。宝墩城址位于岷江与蒲江河交汇处西北,西河在其东部,西部为斜江河,东、南、西三方向均有自然河流以为屏蔽。

夏商时期,都邑周围更是常见自然河湖。夏代都邑中,新砦城址西部武定河、南部双洎河和东部圣寿溪河与北部人工开挖的外壕相连,形成外围防御圈。二里头遗址南濒邻古伊洛河,东有广阔的沼泽湖泊,北边不远有黄河自西向东流过。商代都邑中,郑州商城内城之北、南分别有金水河、熊耳河,西北有古黄河,北部有荥泽,东有广阔的圃田大泽。偃师商城南有伊洛河,西有古河道,北有黄河天险。新郑望京楼城址东、西、南三个方向通过黄沟水、黄水河与外界阻隔。垣曲商城位于黄河北岸陡起的高台地上,东有沇水,西临亳清河,属于三河汇流之地,自然防御条件得天独厚。盘龙城坐落于三面环水的半岛之上,盘龙湖水和府河形成了北、东、南三面的屏障,东侧五千米之外还有㴲水流过,西南有汉江分布,南去不远即为长江天险。位于小屯村东北地的殷墟宫殿宗庙区未建造大型城垣,但其东面、北面的洹河河道,与其西面、南面人工挖成的壕沟相连通,形成殷都中心区域的防御圈。三星堆城址紧邻河流修建,北部凭依鸭子河。吴城遗址北有赣江支流萧江,南部香溪绕城南而过。牛城遗址西部约 4 千米处有赣江穿流而过,成为城址西部一道天然的屏障。老牛坡遗址地处灞河与其支流沙河的交汇处,河流对聚落的屏蔽作用较为明显。

在利用自然河湖进行军事防御上,中国早期都邑大致可分为以下三种情况。

一是利用自然河湖代替一部分城垣或护城壕的功能。如新砦城址不见南城垣和护城壕,但有双洎河东西向流过,河流起到了城垣和护城壕的作用。望京楼夏代城址只有北部是人工开凿的壕沟,黄水河从遗址西部流过并折而向东,在遗址东南部与黄沟水交汇,黄沟水从遗址东部流过,两条自然河流与外城垣及护城河共同构成一面积达168万平方米的防御圈。郑州商城外城目前仅见或勘探到南城垣和西城垣，未发现北城垣和东城垣，由于内城东城垣外及东北部一带有沼泽地、湖泊分布，实际上也无法修筑城垣，沼泽地与湖泊已经构成郑州商城东面、北面的天然防御屏障。郑州商城内城东城垣之外侧发现有城壕遗迹，但南、北城垣外无护城壕，熊耳河自西向东顺南城垣流过，金水河在商代是自内城西北角外侧东北流，实际扮演着南、北护城壕的角色。其内城及外城东部、东北部被大范围的湖泽所包围，湖泽也起到了护城壕的作用。

二是利用自然河湖充当城垣。较为典型的是二里头遗址、殷墟、盘龙城等城址。二里头遗址除了宫城垣外，没有建造大规模的外城城垣，但其南有古伊洛河，东面有广阔的湖泽，这些河泽基本具备城垣的防御功能。殷墟宫殿区周围，巨型壕沟环绕着遗址的西部、南部，而北部、东部是洹水河，宫殿区就位于洹水的转弯处，既省去挖掘壕沟、夯筑城垣之劳苦，又有了宫殿的防御屏障，选址及建造设计可谓别具匠心。盘龙城坐落在盘龙湖湖滨的一个小山丘上，三面环水，北面与另一山丘相连，盘龙湖等水面成为盘龙城外围的自然防御屏障。

三是利用自然河流充当都邑之外围的防御设施。大部分早期都邑均有这样的现象，以王城岗、二里头、偃师商城、郑州商城、垣曲商城、安阳殷墟等为代表。如殷墟遗址位于洹河南北两岸，这个区域东去不远有古黄河，北有漳水，南邻淇水，这些河流与西面的太行山一起组成殷都外围较为稳固的自然防御屏障。

（二）沟壑与峭壁

利用自然形成的沟壑、峭壁进行都邑军事防御，这在高原、山地、丘陵等地貌条件下比较常见。石峁城址西侧为沙梁绵延，东部梁峁纵横，地表沟壑遍布，支离破碎。一些沟壑、峭壁可用于军事防御。陶寺城址大城西墙目前尚未找到，可能已毁于宋村沟，但也不排除当时陶寺城址即以宽约200—350米、深约60米的宋村沟作为城址西侧的天然屏障的可能性①。王城岗城址建于岗地之上，东边是五渡河，五渡河西岸的断崖非常陡峭。新砦城址的外壕是人工挖掘与自然冲沟相结合形成的，城址南部临近双洎河，河道两岸陡立，防御功能明显。

（三）高山峻岭与关隘

在军事防御上，一些早期都邑建城之初就考虑到要倚重周围的高山峻岭与关隘进行军事防御。

良渚古城南面和北面都是天目山脉的支脉，西面是以瓶窑窑山为主的一组小山，唯独向东是逐渐敞开的平原，给人一种以山为郭的安全感。城垣充分利用自然地势夯筑而成，有意将凤山和雉山两座自然石山作为城垣的西南角和西北角，北城垣西端也利用了原来的黄泥山作为墙体的一部分②。王城岗城址北倚嵩山，南去不远是箕山，溯五渡河而上有轘辕关，顺颍河下行有石羊关，河流、高山、关隘成为王城岗都邑周边重要的自然屏障。

夏商都邑二里头遗址、偃师商城所在地带，周围多为高山峻岭环绕，北面沿黄河一线有邙山东西向横亘；四周关隘林立，东有黑石关、虎牢关，西有函谷关、潼关，南有伊阙，北有黄河关渡，在都邑自然防御上得天独厚。吴城城址位于樟树吴城村潇江南岸的台地，南有南岭阻隔，西有罗霄山，东有武夷山，都邑四面外围有着良好的天然屏障③。

其他早期都邑也都有一定的自然屏障可被利用。如陶寺城址位于汾河谷地，稍远处西北有吕梁山，东北有太岳山，东有太行山；稍近处南有峨嵋岭，北有韩侯岭，东南有塔儿山，西部有姑射山，巨大的山脉成为该都邑的天然屏障。石峁遗址位于峁梁纵横的陕北地区，地表沟壑纵横，支离破碎，可以居高凭险。此外，石家河城

---

① 何驽、严志斌：《黄河流域史前最大城址进一步探明——山西襄汾陶寺城址考古又有新进展》，《中国文物报》2002年2月8日。
② 刘斌、王宁远：《2006—2013年良渚古城考古的主要收获》，《东南文化》2014年第2期。
③ 彭明瀚：《盘龙城与吴城比较研究》，《江汉考古》1995年第2期。

址位于大洪山南麓；洹北商城、小屯殷墟西有太行山脉，这些都邑至少在一个方向上存在天然屏障。

（四）盆地与河谷地

某些都邑建造者有意将城市选建在盆地和河谷地带，这样便可充分利用盆地周边的高山峻岭和陉口进行军事防御。

龙山时期的王城岗位于狭长的颍河谷地之内，南面有箕山，北面为嵩山，地理位置险要，《左传·昭公四年》将其地称为"九州之险"之一。陶寺城址位于汾河谷地中的临汾盆地内。良渚城址位于太湖南部杭州西侧的一个"C"形盆地里，周围有山脉环绕，恰似依山为郭。

夏商时期的二里头遗址、偃师商城等都邑处于洛阳盆地之中，周围群山环抱，易守难攻，从而构成城市稳固的天然屏障。此外，垣曲商城位于黄河北岸的垣曲盆地；三星堆城址位于四川盆地，这些河谷地和盆地周围之山岭、关隘形成可以倚重的自然屏障。

第二节　军事防御模式

防御模式应是指在长期的都邑发展实践过程中总结归纳出的解决都邑军事防御问题的方法或方式。古今中外任何都邑，都有着一定的军事防御模式，而不同的时代、不同的都邑采取的防御模式也有所区别。综合分析观察可以发现，中国早期都邑主要施行"城郭之制"和"守在四边之制"的防御模式。

一　城郭之制

所谓城郭之制，是指以都邑所在区域的防御为中心和重点，周边防御为辅助，以大规模的城和郭等城垣设施作为主要防御设施的防御模式，即在都邑区域建造宏伟壮观的城垣设施。中国早期都邑广泛推行城郭之制的防御模式，这种防御模式萌芽于新石器时代末期的尧舜禹时代，滥觞于夏代，盛行于商代。

（一）城郭之制的定义

城郭之制即内城外郭的城垣布局形式。关于城、郭二字的含义及用途，历代文献多有记载。《说文解字》："城，以盛民也。从土、成，成亦声。"段玉裁注："言盛者，如黍稷之在器中也。"西周时期金文中已有"城"字，作"🀀"形，像以武器守城垣状。以此可知，城之本义为"城垣"，是指城市四周用作防御的高墙。郭也是城垣，一般指外城，《释名》云："郭，廓也，廓落在城外也。"在甲骨文中写作"🀀"，也有写作"🀀"，像城垣四周建有城门楼之形。郭与"墉"字古通。《说文解字》："墉，城垣也，从土，庸声。"段玉裁注："古文墉者，盖古读如庸，秦以后读如郭。"城字单用时，多包含城与郭；城、郭对举时，一般只指城。典型城与郭的位置，一般呈"回"字形或接近"回"字形，个别也有呈双圆圈形。《管子·度地》："内之为城，城外为之郭。"《孟子·公孙丑章句下》："三里之城，七里之郭，环而攻之而不胜。"这就是说，若有两重城垣，里面的叫"城"或"内城"，外面的称作"郭"或"外郭"，即"内城外郭"，故城郭之制又可称作"内外城制"。因内城面积一般较小，外城面积相对较大，故城、郭有时也称为"小城""大城"，城郭之制又称为"小大城制"。关于城、郭的用途，清孙承泽《春明梦余录》卷三十九云："人君者……设为城郭沟池以守其国，以保其民人……历代建国，必有高城深隍，以保障宗社朝廷，下以卫捍百官万姓。"内城的用途主要是保障统治者的安全，而外郭主要是保护普通居民的生命、财产不受损害。城郭之制体现的是"筑城以卫君、造郭以守民"的建城思想。在实际应用中，一些都邑的小城、大城城垣并不都是呈"回"字形，而是存在二城左右并列甚至分置的现象，但由于这些小城、大城分别具备"卫君""守民"等功能。因此，通常把此类都邑也归属于城郭之列，不妨称之为"非典型城郭之制"。

城郭之制都邑应具备以下五个条件：

第一，城址必须具有二重甚至多重基本呈方形、圆形或不规则形的闭合的城垣或壕沟、自然屏障等大型障碍体；

第二，一圈城垣必须被另一圈城垣包围在内，即一重城垣在内，另一重城垣"廓落在城外"，形成内、外城布局形态；

第三，内、外两重城垣之间应有一定的距离，这种间距至少要数十米以上，其空间足于供普通居民居住生活；

第四，内外两道城垣必须有共存期；

第五，内外城分别具备"卫君""守民"的功能。从考古资料来看，内城主要是宫殿宗庙区所在，不见或少见一般居址、墓葬、手工业作坊等遗存；而外城不见宫殿建筑基址，分布有手工业作坊、墓葬和普通居民区。

非典型城郭布局与典型城郭布局的条件是有所区别的。典型城郭布局要求必须具备上述五项条件的全部，缺一不可；而非典型城郭布局只要求达到上述条件的第一、第四、第五项条件，无须具备第二、第三项条件[①]。其中第一项条件限定为两个独立的城圈，每一城圈的面积能满足一定数量的居民在城内居住生活。

(二) 城郭之制的实行

从考古发现来看，城郭之制在中国早期都邑中得以实行，无论是龙山时代的邦国都邑，或是夏商时代的王国都邑，皆见有施行城郭之制防御模式的实例。

1. 城郭之制的形成

通过对中国早期都邑进行分析可知，龙山时代是城郭之制的孕育形成期。文献材料有鲧或禹建造城郭的记载。如《世本·作篇》："鲧作城郭。"《初学记》卷二十四引《吴越春秋》："鲧筑城以卫君，造郭以守民，此城郭之始也。"也有少量文献称禹为始作城郭者。《太平御览》卷一百九十二引《博物志》："禹退作三城，强者攻，弱者守，敌者战，城郭盖禹始也。"鲧和禹所处的时代为龙山文化时

[①] 张国硕：《中原先秦城市防御文化研究》，社会科学文献出版社2014年版，第166页。

代晚期。考古资料表明，城郭之制在龙山时代正处于孕育之中，部分都邑城郭雏形已见端倪，一些都邑甚至已达到上述城郭之制的全部条件，其中以陶寺、石峁、良渚等都邑为代表。

陶寺城址中期大城大致呈圆角方形，面积约280万平方米。大城内中部靠东北处有一座陶寺文化时期的宫城，面积超过10万平方米。大城与宫城形成两个独立的闭合城圈，且宫城被大城包围在内。宫城与大城城垣之间有广阔的空间。宫城与大城在陶寺文化中期长期共存。宫城内密布大型宫殿基址，还有池苑，当具备"卫君"性质；大城规模大，有手工业作坊、仓窖区，城址南部还有独立的墓葬区（中期小城）。因此，该都邑已具备上述城郭之制五项条件中的一至五项全部条件，当属城郭之制的防御模式。需要指出的是，陶寺宫城始建于陶寺文化早期，延续使用至陶寺文化中期，晚期又加以修缮、重建；而大城始建于陶寺文化中期，至陶寺文化晚期已被毁弃，故该都邑的城郭之制防御模式只存在于陶寺文化中期，陶寺文化早期、晚期皆不属于城郭之制。

发掘者将石峁城址分成内城、外城以及皇城台等三座石城。其中所谓的"内城"，将皇城台包围其中，实际应为外城，而皇城台则为真正的内城。所谓的"外城"并非真正的外城，只是所谓"内城"向东南方向的外扩，并没有把"内城"包围起来。皇城台城圈与内城城圈之间有较为广阔的空间可供普通居民居住生活。皇城台相当于宫殿区所在，在其内发现有大型房址、池苑等遗存；而内城内除了有房址，还分布有手工业作坊、墓葬等，应为一般生活区。皇城台、内城、外城有共同的使用期，至少龙山时代晚期至二里头时代早期共存。因此，石峁都邑也已具备城郭之制的五项条件，基本上实行了城郭之制的防御模式。

近年考古新发现表明，良渚都邑发现有莫角山宫殿区所在区域，四周有陡峭的台壁，台基外侧有壕沟，沟内布满水，具有独立封闭状态，实际具备宫城的特性。宫城之外四周发现有所谓的"内城"（"王城"）、"外城"（"郭城"），宫城被外围的内城、外城城圈包围在内。至少在良渚文化中晚期，宫城与内城、外城是共存的。宫城内有大型建筑基址和祭祀遗存，当为最高统治者居住和祭祀的场所，当为城郭之制的"城"；而内城和外城所在的区域多见手工业作坊、墓葬、一般居址等遗存，当为城郭之制的"郭"。这些现象表明，该都邑也已具备城郭之制的五项基本条件，其防御模式也应属于城郭之制。

宝墩城址早年考古工作发现有面积达60万平方米的城圈，近年经过新的考古勘探发掘，又在城垣外侧发现平面大致呈圆角长方形、面积约268万平方米的外城。内城、外城方向基本一致，东北部外城城垣与内城城垣重合，发掘者推测外城垣的修筑时间当晚于内城垣，但内、外城垣应同时使用过[①]。内城内发现有大型夯土建筑基址。若此判断不误，则该城址基本满足了城郭之制应具备的五项条件，其为城郭之制防御模式的可能性很大。

需要指出的是，王城岗城址虽然有小城、大城等不同的城圈，但二城之间是前后期关系，大城建造时小城已被废弃，二者没有共存期，故小城与大城之关系不属于城郭之制。

2. 城郭之制的延续

虽然目前中国境内发现的夏代都邑较少，但现有材料仍然能够显示此时都邑城郭之制防御模式得到一定程度的延续。考古发现的新砦、望京楼等都邑遗址具备夏代存在城郭之制的线索。

新砦城址由内壕、城垣与城壕、外壕三部分组成，在都邑防御上已基本体现了城郭制模式。首先，新砦城址有两重以上防御圈，内壕所圈占的区域虽然没有大型城垣，但开挖有大型壕沟，将大型夯土建筑区圈围起来，成为实际上的宫城。内壕圈围区域被外围的大型城垣和城壕包围在内，城垣之外的外壕可作为外城垣防御的一个补充。其次，城垣及城壕、内壕之间距离远近适宜，二者之间有共同的使用期，即新砦期。最后，内壕圈占区域和城垣圈占区域基

[①] 江章华等：《成都新津宝墩遗址发现外城城垣》，《中国文物报》2010年2月26日。

本具备"卫君""守民"的功能。内壕内发现的大型建筑基址位于内壕中心区偏北处,是全城内海拔最高处,显然是有意规划的。大型建筑和高规格遗物的发现,说明内壕圈占之地很有可能为宫殿区或贵族居住区,实际扮演着"内城"的角色,体现出"卫君"功能。而内壕圈占区域以外的城圈范围内,发现有灰坑、墓葬、手工业遗存,很可能是普通民众生活和手工业作坊所在的外郭城,扮演着"守民"的角色。

望京楼夏代城址由内、外城组成。内城有大型夯土基址、贵族居住区。在内城北城垣东北角外侧约300米处,发现一段残高约0.3米的夯土墙,墙外北侧有长约1100米的护城壕,此护城壕与城址西侧和南侧的黄水河、东侧的黄沟水等自然河流,共同构成一面积达168万平方米的防御圈,即外郭城。外城之内发现有一般生活区及陶窑等作坊遗迹。由此可见,该城址已基本具备城郭之制的条件,只是其外城并非全部建造有城垣,而是由部分城垣与自然河流相结合共同构成的防御圈。

3. 城郭之制的推广

商王朝前期,都邑城郭之制防御模式得到推广,进入中国早期都邑城郭之制防御模式的繁荣期。考古发现的偃师商城、郑州商城等都邑,以及垣曲商城、盘龙城、三星堆等方国都邑,都具备城郭之制的五项基本条件,应属于典型城郭之制防御模式;而牛城城址可能是非典型城郭之制防御模式。

偃师商城应是商代前期最典型的施行城郭之制的都邑。该城由宫城、小城和大城等组成。宫城在小城内中部偏南部位。大城是利用小城的一部分扩建而成,大城建成之后,小城城垣即被废弃不用。由于大城、小城垣皆围绕宫殿和宫城修建,故宫城实际上是内城,而小城、大城皆属于外城,可称之为"外小城""外大城"。在外大城中部和北部,曾发现多处中小型建筑及窖穴、水井、灰坑等遗存,并有数座陶窑集中分布的制陶作坊。在外大城东北隅发现铸铜遗迹,出土有坩埚、陶范、铜渣、木炭等遗物。另在外大城西二城门内侧附近及东北隅都发现有商代墓地。外小城内北部也有多座墓葬，东北部有铸铜作坊，西南隅建有府库。由此可知，外大城和外小城主要为手工业作坊、普通民众居址和军事设备存放区，当具有"守民"之郭的性质。宫殿建筑群密集分布于宫城内中南部，而北部相对空旷一些，不见一般居住遗址，但发现有祭祀遗存和池苑遗迹，故宫城当属于"卫君"之城。宫城始建于偃师商城商文化第一期早段[①]，并延续使用至第三期中段；外小城始建于第一期晚段偏早[②]，废弃于第二期早段；外大城始建于第二期偏早段[③]，废弃于第三期中段。准此，偃师商城施行城郭之制是从第一期晚段开始，直至第三期中段偃师商城被废弃。其中第一期晚段至第二期早段，宫城与外小城组成城郭之制布局；第二期早段至第三期中段，宫城与外大城组成城郭布局。

郑州商城分为内城和外城两部分。内城城圈完整，城垣周长近7千米。外城围绕内城而建。由于郑州商城东北部为湖泽水域，故修筑外城时仅修筑了东南、南面、西面城垣，与东面的大型湖泽自然屏障共同形成外城闭合的防御圈。内、外城垣之间有广阔的空间，适合普通民众居住生活。二城有较长的共存期，内城城垣始建于二里岗下层一期之末，外城城垣建造年代为二里岗下层二期之初，二城延续使用到二里岗上层二期。内城主要为宫殿分布区，占据了城内北部、中部的大部地段，城内不见或少见普通平民居住区、墓葬及各类手工业作坊。由此可见，内城是专门用于商王、贵族居住的，建造目的是让普通民众与商王、贵族的生活区域隔离开来，从而保障最高统治者的生命安全，故其具有"筑城以卫君"的性质。外城分布着各类手工业作坊、墓葬、普通居民区，且外城垣之外又不见或少见商文化遗存，说明外城是普通民众生活、居住的区域，具备

---

① 高炜等：《偃师商城与夏商文化分界》《考古》1998年第10期。
② 中国社会科学院考古研究所河南第二工作队：《河南偃师商城小城发掘简报》，《考古》1999年第2期。
③ 中国社会科学院考古研究所河南第二工作队：《河南偃师商城东北隅发掘简报》，《考古》1998年第6期。

"造郭以守民"的功能。因此，郑州商城都邑完全具备城郭之制的五项条件，当属于城郭之制的防御模式，其施行城郭之制的年代是二里岗下层二期至上层二期（白家庄期），二里岗下层一期阶段尚未形成城郭之制布局。

洹北商城具有规模宏大的外城和宫城，宫城位于外城内南部略偏东，二者之间有一定的间距。内城内发现30余处大型夯土基址，包括考古发掘的一号、二号宫殿基址，具备宫城性质。外城内北部分布有密集的居民点，并发现有墓葬、灰坑、道路、铸铜与制骨作坊等遗迹，其应为一般平民生活之地，当属于郭城性质。外城区域的防御，早期阶段主要由宽约7—11米、深约4—5米的大型环壕承担，但最晚阶段意欲用大型城垣来增强该区域的防御能力。内城与外城有共同的使用期，即中商二期晚段至中商三期晚段。因此，洹北商城在总体规划设计上具备城郭之制的基本条件。

垣曲商城有完整的大型城垣，城内东南部是一般居住区和墓葬区，南部发现有陶窑和大量灰坑。城内中部偏南为宫殿区，四周环绕宽约2米以上、整齐的夯土围墙。城垣与宫殿区夯土围墙、大型夯土台基皆始建于二里岗下层二期，毁弃于二里岗上层时期。这充分说明，该都邑城垣与宫殿区墙垣组成了城郭之制布局形态。需要指出的是，为了加强城市防御，当时在西城垣和南城垣之外，又修筑一道与城垣平行的外墙，其中西城垣两墙相距6—9米，南城垣两墙相距最近处只有4米，因两墙间距太近，故两道城垣的性质应属于双道城垣防御而非城郭之制之内、外城垣。

盘龙城遗址有大型城垣，且内城内东北部地势较高，发现一号、二号大型宫殿基址，未见有普通居民居住遗迹，说明其功能乃是为保卫当地最高统治者而建造的宫城。以往材料称在城外东北、北及西面均发现有断断续续的外城垣[①]。近年发现杨家湾北坡阶地边缘分

[①] 刘森森：《盘龙城外缘带状夯土遗迹的初步认识》，《武汉城市之根——商代盘龙城与武汉城市发展研讨会论文集》，武汉出版社2002年版。

布有长约 150 米、宽约 20 多米的黄土带，黄土带之下有基槽，其南、北两侧有人工垒砌的石块作为护坡，暗示其可能为外城垣遗存①。这些设施与东面、南面的盘龙湖等水域共同构成了盘龙城都邑的外围防御圈。防御圈之内分布有多处平民居住区、手工业作坊和墓葬，其性质应为"守民"的郭城。因此，盘龙城都邑施行城郭之制防御模式的可能性很大。

三星堆城址发现有大城城圈，城内有祭祀区、居住区、作坊区，大城内又分割出月亮湾、三星堆、仓包包等多个小城，整体上应属于城郭之制范畴。其中月亮湾小城城内北部青关山台地发现有大型夯土建筑基址，反映出此小城可能属于最高统治者所在的宫城。三星堆、月亮湾一带发现的夯土城垣的年代、结构、建造方法与外城垣基本相同，说明大城与小城城垣有一定的共存期。因此，三星堆都邑也可能推行城郭之制的防御模式。

牛城遗址城垣呈不规则形，城址面积超过 50 万平方米，有大城、小城之分。其中小城（所谓"内城"）位于大城西南部，大城位于小城东北部。城垣始建于商代晚期，大城、小城城垣有共存期。小城内有大型夯土台基，大城内文化遗存丰富，二者可能分别具有内城、外郭之功能。但该城格局是小（内）城、大城并列，而非呈"回"字形的典型城郭之制，故应属于早期都邑较为罕见的"非典型城郭之制"。

（三）城郭之制防御模式形成的原因

城郭制的推行与政局不稳、战乱频仍有直接关系。龙山时代晚期，随着社会复杂化进程的加剧，早期国家产生，不同邦国和政治实体之间、不同族群之间、统治集团之间、统治阶层与被统治者之间的矛盾不断激化，通过诉诸武力解决纷争的现象时常发生。至夏商时期，尤其是夏初、商初，社会动荡不安，不仅有统治阶级内部的争斗以及奴隶主与平民、奴隶之间的矛盾，而且也时常有来自敌

---

① 张昌平：《湖北黄陂盘龙城遗址又获重大发现》，《中国文物报》2016 年 4 月 8 日。

对方国、部族的袭扰与侵略,这就要求统治阶级必须建立稳固的军事防御体系以保障都邑的安全。通过施行城郭之制防御模式,建造两重城垣,把最高统治者与一般平民、下层居住区分开来,以保障最高统治阶层自身的安全。商代早期的郑州商城、偃师商城两个都邑施行城郭之制防御模式,其起因在于当时夏、商王朝政权的更替与社会动乱。夏王朝都邑被攻陷的教训,使商王朝不得不加强都邑的防御。商族的原活动区域是在今豫北、冀南地区,而郑州、偃师一带原为夏王朝的统治区域。尤其是偃师所处的伊洛平原一带,原是夏王朝统治的中心地带,这里随时会爆发夏遗民的反抗。而且在商王朝周边地区还有夏族武装力量的袭扰,尤其是逃到今晋、陕一带的原夏族成员,时常武力骚扰商王朝,对商国家的威胁最大。动荡、严峻的社会形势,迫使商王朝所建立的郑州、偃师二都邑必须具备浓厚的军事防御色彩,在当时的条件下,只有奉行城郭之制的都邑防御模式,舍此别无其他选择。

二 守在四边之制

中国早期的都邑除了施行城郭之制的防御模式,在相当长时期内还推行"守在四边之制"的防御模式。

(一) 守在四边之制的定义

所谓"守在四边之制",是指淡化都邑区域内的军事防御,除建立一些小型防御设施,都邑区域内未建造大规模的城垣或护城壕等大型防御设施,而是以都邑周边军事防御为重点,通过在周边地区设立一系列军事重镇和方国,并充分利用外围地带的自然屏障进行军事防御,从而达到保障都邑中心区域安全的目的。

守在四边的防御体制在传世文献中有一定的记载。如《左传·昭公二十三年》中记载楚大夫沈尹戍的一段话:"子常必亡郢,苟不能卫,城无益也。古者天子守在四夷。天子卑,守在诸侯,诸侯守在四邻;诸侯卑,守在四境。慎其四境,结其四援,……民无内忧,而又无外惧,国焉用城?……若敖、蚡冒至于武、文,土不过同,慎其四境，犹不城郭。"从沈尹戌这段话可知，古代天子所在的王都是可以不修城的，靠诸侯和四境的防守来保卫都邑，其中楚之先祖若敖、蚡冒至楚武王、文王期间，皆未在王都修城。这说明楚国早期都邑是不修城的，施行守在四边的防御模式。

从甲骨卜辞也可看出商代殷都可能未建造大型城垣。殷墟卜辞中称殷都为"邑"，如"大邑商"（《甲》2416）、"天邑商"（《甲》3690）、"兹邑"（《合集》7852）等。商人称都邑所在地为"大邑"，这与《尚书·盘庚》中称殷都为"新邑"是相符的。"邑"在甲骨文中作"㞢"形，上部为围邑的象形状，下面跽坐一人。而城郭的"郭"作"㐭"形，也有作"㐭"形，其形则像是城垣之上设立门楼。从甲骨文中两字形象的比较可以看出，"郭"是建有城垣的城郭，"邑"则是不一定要有城垣的。一些学者研究认为，卜辞中邑除了当作人名、国族名外，还是"地域性组织的总称"[①]。从甲骨文看，邑是包括农牧之地在内的，范围较大，绝非单纯住人的城堡。如"甲子，贞：大邑受禾？不受禾？"（《粹》899）有学者曾论证商代作邑的程序和内容：首先要进行一系列的求神问卦活动，经过占卜确定可行之后，即在确定的地方择一适中之地，然后围绕这个中心点修筑房屋供生产者和管理之人聚居。与此同时，在四周圈定大片耕地、牧场和渔猎之地，最外圈要建一圈人工防护设施——可能是人工种植的树林，或利用天然的山林、河流以与邻社的土地分开来[②]。在甲骨文中"作邑"与"作郭（墉）"也是两种不同活动。卜辞关于"乍邑"（作邑）的材料很多，如"贞：王乍邑"（《合集》13506正）。诸侯或官吏要将他们扩张所得领地贡献给商王，即"氏邑"（《龟》1.20.10）。而商王朝则通过"作邑"来扩大其直属行政版图，在重要的地方设置"大邑"来加强其统治，如"乍大邑于唐

---

① 肖良琼：《商代的都邑邦鄙》，《全国商史学术讨论会论文集》，《殷都学刊》增刊1985年版。
② 彭邦炯：《卜辞"作邑"蠡测》，胡厚宣等著：《甲骨探史录》，生活·读书·新知三联书店1982年版。

土"(《金》611);"戊申卜,亘贞:勿乍大邑于(唐)"(《合集》40352),此大邑位于唐地。关于"作墉",卜辞有"己丑,子卜,贞:余又呼出墉"(《缀编》330);"甲申卜,我墉于西"(《缀编》136)。这里所说的"我墉于西","西"应指西方,当在殷都之外;"出墉"是指到殷都之外筑城;"墉于西"是指在殷都之外的西方筑城。目前甲骨资料未见到"我墉于兹邑"或"我墉于兹商"等殷都筑城的记录,说明殷都可能不设置大型城垣。

虽然守在四边防御模式不设城、郭等大型防御设施,但并不意味其最高统治者完全忽视都邑的防御工作,也不意味着城区没有其他防御设施和守卫措施。实际上,施行守在四边之制的都邑,在宫殿区及周围也有一定的防御设施,如大型壕沟、宫墙、宫殿院墙等;都邑地区具有良好的自然防御条件,如盆地、高山、河流、湖泽等;并且在周边地区又设立一系列军事重镇和方国,从而保证都邑地区的安全。

(二) 守在四边之制的施行

综合考古发现与文献记载来看,夏代后期和商代后期的都邑,以二里头、小屯殷墟为代表,应施行守在四边之制的都邑防御模式。

1. 夏代后期守在四边防御模式的出现

二里头遗址为夏代中后期的都邑。经历60余年几代人的不懈努力,二里头遗址考古取得重大收获,发现大量房址、窖穴、水井、灰坑、祭祀遗存和数百座墓葬,还有大型铸铜作坊等手工业遗迹,出土了大量陶器、铜器、玉器、漆器。作为大型都邑遗址,这里自始至终不见其他一些都邑遗址常见的大型城垣,仅发现有围绕宫殿区的宫城垣。而且宫城城垣是在二里头文化后期才修建的,二里头文化早期阶段不见任何城垣遗存。21世纪以来,二里头工作队又对该遗址进行大规模、认真细致的考古勘探工作,遗址范围内除北部外,其余边缘已大致探清,但并未发现围绕宫殿区和宫城的外郭墙①。这说明二里头都邑施行的防御模式并非城郭之制，而应当是守在四边之制。

2. 商代后期守在四边之制的推行

小屯殷墟为商代后期的都邑。自1928年殷墟遗址发掘以来，未发现大型夯土城垣的踪迹。90年来，中国科学院（后属中国社会科学院）考古研究所在小屯专设工作站，对殷墟地区进行了系统、全面的钻探和发掘。尤其是郑州商城被确定后，考古工作者更是有目的地寻找城垣。但是，虽然考古工作者对殷墟地区长期进行钻探和发掘工作，殷墟范围内各个点都几乎做过工作，有时甚至在一些重点区域专门有意寻找城垣遗存，但至今没有发现任何大型城垣踪影。1981年，安钢大道铺设地下水道，曾在高楼庄到梅园庄之间的路段挖了一条长3.5千米、宽2.5米、深2.5米的沟，考古工作者做了细致调查，并未见到夯土城垣的痕迹。1992年，安阳市修中州路，北起小屯宫殿区，南至刘家庄南的文峰大道，长约2.5千米，经考古工作者全面铲探，也未发现夯土城垣遗迹②。20世纪60年代以来，随着航空、航天与计算机等科学技术的发展，遥感技术不断进步，而运用遥感手段进行考古勘探的技术与方法已日益成熟。考古工作者分别于1984年、1986年、1987年、1993年、1996年对殷墟进行遥感考古，一些重要遗迹，如夯土基址、墓葬等都能够在影像上有较好的反映，但仍然没有发现城垣遗迹③。

一些学者坚持认为殷都原有城垣，并对现今不见城垣的原因做了解释，但仍不足以说明殷墟原有大型城垣。如有人认为殷墟之所以未发现城垣，可能是发掘工作做得不够④。也有人认为殷墟未见城垣是由于小屯遗址并未完全发掘，发掘者大概也并未专门去寻找城

---

① 许宏等：《二里头遗址聚落形态的初步考察》，《考古》2004年第11期。
② 杨锡璋、刘一曼：《1980年以来殷墟发掘的主要收获》，《中国商文化国际学术讨论会论文集》，中国大百科全书出版社1998年版。
③ 刘建国：《安阳殷墟遥感考古研究》，《考古》1999年第7期。
④ 郑振香：《殷墟发掘六十年概述》，《考古》1988年第10期。

垣；既然小屯阶段以前的郑州商城就已发现城垣，那么将来通过更深入的调查而发现小屯遗址也有城垣则是顺理成章的事情[1]。还有人认为"许多王朝的最后都邑总是被破坏得最严重，致使如今的考古发掘中，这些都邑只见宫殿基址而不见城垣遗迹"[2]。我们认为把殷墟不见城垣的原因归结为工作力度不够是不符合考古实际的。殷都若有城垣，其规模与郑州、偃师二商城至少相当，甚至更大。若有大规模的城垣设施，在限定调查、发掘范围的前提下，是比较容易发现的。称殷墟城垣已遭破坏、无遗留也是不能成立的。殷墟若有城垣，其结构也应由地下基槽与地上墙体两部分组成。经历几千年的风雨侵蚀和人类活动，局部基槽和部分墙体被完全破坏掉是有可能的，而要把周长数千米、规模宏大的城垣破坏得一点踪影都不留是绝对不可能的。殷墟宫殿区的发掘给我们一个启示：尽管殷都宫殿区是周人破坏的重点，但殷都宫殿的基础部分则被较完整地保留下来，后世也未能把宫殿基址全部破坏掉。试想：规模相对较小的宫殿基址尚且保存至今，而何况较大规模的夯土城垣呢？殷墟遗址范围内不见大型城垣遗存，宫殿区范围内也不见宫城城垣遗迹，这种现象只能说明殷都原本自始至终就没有建造大型城垣。

（三）守在四边防御模式形成的原因

与城郭之制防御模式相比较，守在四边之制防御模式的出现时间较晚，且都推行于王朝后期，其施行的原因应与当时的政治、军事形势密切相关。

首先，远离与敌对势力斗争的前沿地区导致一些都邑不建大型城郭。豫西地区是夏族的起源地，夏王朝建立以前及以后这里皆为夏族活动的中心地区。至夏王太康建立斟寻（二里头遗址）之时，周边较大范围皆为夏王朝的统治区或依附于夏王朝的同姓方国。这时，军事上的热点大约在今河南东部、山西南部、豫陕相邻地区，

---

[1] 张光直：《中国考古学》，《中国古代文明的起源与发展》，辽宁大学出版社1993年版，第37页。

[2] 朱彦民：《殷墟城垣问题之我见》，《殷都学刊》1998年第1期。

这些地区都远离王都，对斟寻构不成直接威胁或威胁较小。而商王朝初年建立的郑州商城、偃师商城二都皆位于商族与夏族交锋的前沿地区，军事斗争的需要导致此二都建有坚固的城郭。至商王朝后期，尤其是商王武丁之后，商王朝版图大增，已牢牢控制住今河南省的大部、山东省中西部、河北中南部及山西中南部地区。商王盘庚所迁的殷都正是处于商王朝统治区的中心地带，随着商王朝军事力量的逐渐强大，军事上的热点远离殷都，统治者处在四方商族武装力量的拱卫之中，即使遭受异族的入侵，也会被抵挡于周边地区，而根本不会危及殷都地区。因此，在殷都兴建大规模防御工程的任务并不十分迫切。依托殷都周边地区设立的一系列军事重镇、方国及自然屏障组成的严密防御举措，都邑和民众的安全即能得到一定程度的保障，故建造大型城垣防御设施的意义不大，以至于最终没有建立城垣的必要。

其次，国势强大也是夏商时代某些都邑始终未建城郭的原因。由于国家势力较强，统治区域相对较广，统治者不用担心敌对部族、方国会侵扰到王都地区。只要加强周边地区的军事防御，遏制敌对势力的增长，即可保障都邑地区的安全。少康中兴之后，夏都斟寻没有再受到敌对族群的入侵，夏王朝都邑地区的安全是有保障的，以至于最终未在斟寻（二里头遗址）建造大型城垣。商王盘庚迁殷之后，其首要任务是建筑宫殿、宗庙及一般平民居室，让各类居民安顿下来，然后思虑如何才能发展生产力、振兴商王朝，而大型防御设施的建造似乎不是迫在眉睫之事，直至洹北花园庄期晚段之末才考虑建造大型城垣，即洹北商城大城。至武丁之时，商王朝都邑移至小屯殷墟一带，商王武丁以傅说等名臣为相，励精图治，国势大振，到处征战讨伐，商王朝控制区空前广大，根本没有必要担心都邑地区的军事安全。从考古材料来看，殷墟文化时期，商王朝的版图很大，不仅今河南、山西、陕西关中、河北中南部等地属于商王朝的控制区，而且今山东中西部、河北北部等地也逐渐纳入商文化的范畴。而受商文化影响的地区，东至于海，西达今陕甘地区，北到内蒙古、东北地区，南达四川、岭南。如此强大的商王朝，敌对族群很难袭扰到殷都地区，商王朝始终未再考虑建造大型城垣。

再者，政局相对稳定也是守在四边制都邑施行的原因之一。守在四边防御模式推行的阶段，大多是一个王朝政局相对稳定时期。夏王朝少康中兴之后，总体来说，夏王朝内部政局是相对稳定的，统治阶级之间、贵族与平民及奴隶之间的斗争尚未白热化。只是到了夏桀之时，由于桀之残暴腐朽，百姓深受其苦，阶级矛盾加剧，才导致政治动乱和异族的入侵。商王朝盘庚之后的政局也是相对稳定的，商王无大的内忧之患，未再出现类似商代前期发生的"伊尹放太甲""比九世乱"等政治事件。《史记·殷本纪》记载盘庚"行汤之政"使"百姓由宁"，武丁"修政行德，天下咸欢"。只是到帝纣之时，商王朝内部矛盾才日益加剧，最终导致周族的侵入和商王朝的覆灭。从文献和甲骨卜辞中见不到商代后期有什么奴隶起义、暴动去攻打殷都并对商王的统治造成威胁的记载，而只见到有"丧众"的卜问记录，说明当时人多以逃跑作为反抗手段，而不敢起来推翻统治者。纣之残暴无与伦比，但商王朝内部人们只敢怒，有时也有个别王室成员敢言，但无人敢起兵反叛。唯一的反抗方式也是逃避，如《史记·周本纪》所载大师、少师"抱其乐器而奔周"等。如此，则商纣之时的殷都也甚少受到来自商王朝内部的较为明显的武力威胁。

从上可知，内忧外患不足以对夏王朝后期及商王朝后期的王都构成大的威胁，故建立大规模的城垣防御设施没有必要。

三　早期都邑是否为"大都无城"

关于早期都邑聚落形态和防御模式的问题学界有着不同的观点。有学者提出了"大都无城"的概念，指出二里头至曹魏邺北城之间近两千年的时间里，都邑空间构造的主流是"宫城＋郭区"而非"宫城＋郭城"的布局，"大型都邑多不设防，没有城垣"，虽然期间的商代二里岗时期为城郭布局的兴盛期，但有其特殊的历史背景①。

所谓"大都无城"，实指大都无郭城。那么，早期都邑是否"主流"都是没有郭城的呢？或者说早期都邑果真是"大都无城"吗？根据对考古发现材料的全面分析研究，对此问题的回答应是否定的。依据前文对已发现的中国早期都邑的分析研究可以看出，不同时期、不同阶段早期都邑的防御模式是不一样的，主要存在着"城郭之制"和"守在四边之制"两种防御模式。早在龙山时代晚期，各地出现的都邑就已经具备"城郭之制"的特点，如石峁、陶寺、良渚、宝墩等大型都邑都已经符合了城郭之制的基本要求。这些都邑规模大，文化遗存丰富，完全具备"大都"的规格。其不仅建造有"筑城以卫君"的宫城，而且也设置有"造郭以守民"的郭城，并非皆是"大都无城"，而大多是"大都有城"。

夏王朝时期，城郭之制进一步发展。虽然二里头都邑不见大型城垣，可以算作"大都无城"，但新密新砦、新郑望京楼等都邑都有内城外郭的平面布局。只是新砦都邑内城不见城垣，其防御角色是由大型壕沟替代的，外城不见南城垣，可能被洪水冲毁或由双泊河承担防御功能。望京楼遗址内城有城垣环绕，外城防御圈由大型城垣与自然河流构成。尽管这两处都邑的城郭形态不太规范，但整体上可以归属"大都有城"行列的。这就是说，夏代是"大都无城"和"大都有城"都存在，并非皆为"大都无城"。

商王朝时期，城郭之制进入推广阶段。尽管商代后期的小屯殷墟可能是"大都无城"，但商代前期的大部分时段施行的是"大都有城"。商代早期都邑和方国都邑广泛推行内城外郭的防御模式。偃师商城、郑州商城等"大都"均有着完善的内城和外城布局。"大都"洹北商城的规划设计和建造程序体现的也是"大都有城"，只

---

① 许宏：《大都无城——论中国古代都城的早期形态》，《文物》2013年第10期；许宏：《大都无城——中国古都的动态解读》，生活·读书·新知三联书店2016年版。

是外城是以城壕代替，未来得及建造大型城垣，就因遭遇一场突如其来的大火被废弃。现已确认的商代方国都邑中，除了老牛坡都邑不见大型城郭之外，垣曲商城、黄陂盘龙城、新干牛城、广汉三星堆等都邑都建造有大型城垣，且具有内城外郭的布局，显然不属于"大都无城"之列。

综上分析可知，中国古代都邑中，至少是在早期都邑阶段，并非皆为"大都无城"或"主流是大都无城"，除了部分时期施行的是守在四边之制的防御模式（或可称作"大都无城"），但在相当长的时段和相当多的大型都邑中，施行的却是城郭之制的防御模式，多数大型都邑皆"有城"，而非"大都无城"。因此一概强调中国古代都邑所谓"大都无城"，这与早期都邑的防御模式的实际是不相符的。

第三节　主要都邑的军事防御体系

体系，是指若干事物或某些意识互相关联而构成的整体。都邑军事防御体系专指与都邑军事防御相关的思想意识、事物和活动构成的整体，一般包括武装力量和其他人员的分布与指挥、各防御设施的设立以及相互之间的关系等。在内容上，都邑军事防御体系由若干项防御设施组成，强调的是各项防御设施之间的组合配置和协调一致。在地点上，都邑军事防御体系不仅局限于都邑本身的防御，而且还包括都邑周围对都邑军事防御有利的自然屏障的开发利用，以及都邑周边军事堡垒、重镇等防线的设立和预警、讯情系统的建立。一般来说，一个国家或都邑，尤其是军事力量较弱和社会动荡时期的国家或都邑，积极、主动的军事防御是必不可少的，构建有效、可行的军事防御体系是一个国家政权和都邑稳定和长期存在的基石。中国早期都邑大都建立起较为完备的军事防御体系，其中龙山时代晚期都邑军事防御体系的构建已见端倪，夏商朝时期逐渐构建起较为完备的都邑军事防御体系。

一 邦国都邑

分析发现，考古发现的龙山时代晚期都邑如陶寺、王城岗、石峁、良渚、石家河、宝墩等，大都具备一定的军事防御体系。

陶寺都邑构建有较为完备的军事防御体系。首先是陶寺都邑城区范围内建造有大型城郭、壕沟和其他防御设施。陶寺文化早期、中期、晚期，宫殿区周围建造有宫城垣。陶寺文化早期偏早阶段，宫殿区周围开挖有大型壕沟，用于宫殿区的防御。陶寺文化早期，下层贵族居住区也有墙垣围绕。陶寺文化中期新建造规模宏大的大城城垣，大城与宫城组成内城外郭的布局，使陶寺都邑的防御能力得到空前提高。中期大城和宫城城垣建造有城门、瓮城、墩台等防御设施。同时，陶寺文化中期的王族墓地和具有观象授时功能的祭祀台也被围以垣墙，形成陶寺中期小城。位于陶寺大城内西南部的手工业作坊也有围垣。其次，陶寺都邑周围有着良好的可以倚重的自然防御屏障。陶寺都邑所在的临汾盆地，东凭太岳山之峻，西倚吕梁山之险，南界峨嵋岭，北有韩侯岭，易守难攻。遗址处于临汾盆地的东侧，东南有太岳山系的塔儿山，西部是吕梁山系的姑射山，南有大崮堆山，汾河在其西。遗址所在区域有南沟、赵王沟、宋村沟等大型沟壑，也具备一定的防御功能。此外，陶寺都邑周边还有数百处中小型聚落遗址分布，使陶寺都邑处于诸多聚落的拱卫之中。

王城岗都邑具有一定的军事防御体系。早在夏王朝建立之前的先夏时期，夏族群就已掌握了较为成熟的筑城技术，并开始注意分区防御。史载鲧或禹开始建造城郭防御设施。如《世本·作篇》："鲧作城郭。"《初学记》卷二十四引《吴越春秋》："鲧筑城以卫君，造郭以守民，此城郭之始也。"据此可知，鲧禹时期不仅掌握了建造城垣技术，而且在城垣布局上有意规划设计，区分不同功用，既建造内城用于保卫最高统治者，又建造外城（郭）用来守卫普通民众。在城区防御上，王城岗都邑建造有大型城垣和护城壕，大城内中北部有大片夯土建筑基址，不排除所在区域有内（宫）城城垣的可能性。王城岗周围存在大范围的可以倚重的自然屏障。该城址位于颍河谷地，南眺箕山和大、小熊山，西望中岳嵩山之少室山，北倚嵩山之太室山前的王岭尖，地理位置十分险要。王城岗城址为嵩山南麓地区的大型中心聚落，城址复原面积为34.8万平方米。据早年聚落群调查材料，颍河上游的登封盆地共发现龙山文化晚期聚落12处，明显可分为大、中、小三级，呈金字塔状分布[①]。这12处聚落中，王城岗城址因其面积最大、规格最高而居于中心聚落的位置，处于其他中小型聚落的拱卫之中。此外，在王城岗都邑之东、南面，还发现新密新砦、禹州瓦店、平顶山蒲城店、郾城郝家台等龙山文化城址，这些城址面积、规格皆次于王城岗都邑，与王城岗都邑年代大致同期，军事重镇色彩浓厚，在王城岗都邑周边防御上扮演着重要角色。

石峁都邑的军事防御体系较为明晰。该防御体系由多重城垣、城垣附属设施、外围哨所、自然屏障等部分组成。城区防御由皇城台和内城、外城等城垣组成。皇城台布局有序、坚固雄厚、巍峨壮丽，是整个城址的中心和贵族居住区，也是宫庙、祭祀等礼仪性建筑所在，应为宫城或内城。而所谓的"内城"，将皇城台包围在内，城内是一般居民居住生活的场所，当属于外郭的范畴；所谓的"外城"当为郭城的外扩部分。如此，则皇城台与所谓的"内城""外城"组成内城外郭的布局。石峁城垣皆为石质砌筑，规模宏大，宽厚陡立，防御能力强。城垣上和内外侧，设置建造城门、瓮城（内瓮城、外瓮城）、墩台、马面、角台与角楼等较为复杂、全面的防御设施。其中外城东门体量巨大，结构复杂，筑造技术先进，包含内、外两重瓮城和砌石夯土墩台、门塾、系列马面等城防设施。在外城东南的樊家庄子山岗顶部，发现一些曾被称作"祭坛"的遗存，在

[①] 北京大学考古文博学院、河南省文物考古研究所：《登封王城岗考古发现与研究（2002—2005）》，大象出版社2007年版，第676—678页。

石砌方形围墙之上构筑木架构高层建筑，发掘者推断其功能犹如后世长城的烽火台，可能就是军事"哨所"（瞭望台）[1]，当有危险情况发生时，守望士卒在此位置就能将情报很快传递到石城的核心部位。此哨所与城外另几处类似建筑，共同构成石峁城外的"预警"系统。该都邑建于洞川沟附近之山梁上，濒临秃尾河、洞川沟两条河流交汇处，具有一定的可倚仗的自然防御条件。

良渚都邑的军事防御体系主要由多重城垣、护城河和周围自然屏障等组成。城区防御系统包括莫角山宫殿区、内城和外城等，具备内外城布局和多重防御特点。城垣有多座水门和陆门，军事防御的目的较为突出。城垣较宽，坡度较缓，虽然军事防御能力相对弱一些，但防御洪水的功能较强。在城垣内外侧，皆设置有护城河，显然利于军事防御。都邑周围为群山环绕，南面和北面都是天目山脉的支脉，南、北与山的距离大致相等，具备一定的可倚重的防御屏障。

石家河都邑的军事防御体系相对要简略一些。该都邑建造有大型城垣及城垣外侧的护城壕。在城垣西北外侧可能有外围台岗。目前在城内中心区尚不见属于石家河文化时期的宫城城垣。城垣较宽，坡度较缓。石家河城址周围，有面积达 8 平方千米、由数十处遗址组成的聚落群，对石家河中心聚落构成拱卫之势。该都邑位于大洪山南麓，南面有汉江和长江天险，具备一定优越的自然防御条件。周边地区与石家河都邑有共存关系的天门笑城、荆门马家垸和后港城河、石首走马岭、江陵阴湘城等次等级城址聚落[2]，可能为石家河都邑的外围军事重镇。

宝墩都邑的军事防御系统主要是内外城和周边的自然屏障。该都邑城区范围内建造有大型城垣，包括内城、外城两部分，构成城郭之制的防御格局。都邑中部有一处高出周围地面 1 米、面积约

---

[1] 孙周勇、邵晶、邸楠等：《石峁遗址：2017 年考古纪事》《中国文物报》2018 年 6 月 1 日。

[2] 裴安平：《聚落群聚形态视野下的长江中游史前城址分类研究》，《考古》2011 年第 4 期。

3000平方米的台地，应该是统治者的生活区域。外城垣体宽度残存15—25米，外侧壕沟宽10—15米左右；内城区域面积较大（60万平方米），城垣兼具军事防御、防御洪水的功能。该都邑地处川西平原西南边缘与川西南低山丘陵接壤地带，西南约500米有铁溪河自西北流向东南，东北距岷江支流西河400米，具备一定的自然屏障。在成都平原地区，考古发现与宝墩都邑有并存关系的另外7处城址，规模皆小于宝墩城址，应属于次等级聚落遗址[①]。其中位于成都平原西北边缘近山地带的城址，如都江堰芒城、崇州双河和紫竹古城等，面积皆在10万—20万平方米，城垣均分内、外两圈，防卫功能突出。不排除这些城址或部分城址与宝墩城址之间有一定的军事互动关系，是否为宝墩都邑周边的军事重镇有待今后进一步探讨。

二 新砦早夏都邑

夏代建立前后，诸多方国、族群势力较强，对夏王朝构成很大的威胁。夏代早期的中心区域应是在今颍水中上游的河南禹州、新密、登封一带。新砦城址是夏代早期的一座都邑，可能为夏启之都之一。为了防止敌对势力对都邑的侵袭，新砦都邑构建有较为复杂的军事防御体系，主要包括城区防御、外围自然屏障、周边军事防御等三部分。其中都邑城区防御为重点，施行的是城郭之制的防御模式。

（一）城区多重军事防御设施的建造

新砦都邑十分注重城区的军事防御，构建了由外壕、城垣与护城壕、内壕共三重大型组合防线。

在都邑外围设置大型壕沟。北部的外壕南距城垣220米，由人工开挖壕沟与自然冲沟相结合而成。此壕沟与都邑东面、西面、南面的三条自然河流，共同组成了新砦都邑城区的第一道防线。

新砦城垣平面基本为方形，现存东、北、西三面城垣及贴近城

---

① 林向：《宝墩文化的古城址群试析》，《成都文物》2001年第4期。

垣下部的护城壕，城垣宽度均在 11 米以上。大型城垣及护城壕组成了新砦都邑城区的第二道防线。

城内西南部为宫殿区，地势较高，外缘开挖有大型壕沟，现存西、北、东三面壕沟。此内壕圈围区域在某种意义上起着内城（宫城）的作用，当为新砦都邑城区的的第三道防线。

（二）外围自然屏障的倚重

新砦遗址外围有诸多可以倚重的自然屏障。这里南边有双洎河，西临武定河，东面近处为双洎河故道，稍远处有圣寿溪河，只有北边与陆地相通，其位置和周围环境十分利于军事防御。尤其是双洎河，河宽水丰，崖壁陡峭，是一难以逾越的自然屏障。此外，城区及外围自然沟壑纵横分布，如苏沟、煤土沟等，沟深崖高，苏沟底部在当时还有水[1]，也利于军事防御。

（三）周边军事重镇的设立

新砦期遗存分布于环嵩山地区的东半部，分布区域主要包括今郑州、新密、新郑、登封、禹州、汝州、平顶山、漯河一带。在新砦遗址周边地区发现的基本处于同时期城址有东赵城址、人和寨城址、蒲城店城址及郝家台城址，共同构成了新砦都邑周边的军事防御系统。

东赵遗址位于郑州市高新区沟赵乡东赵村南、中原区须水镇董岗村北的檀山北坡上，东距须水河 2 千米。遗址内共发现大、中、小三座城，其中小城属新砦期，边长 150 米，面积 2.2 万平方米，城垣仅存基槽部分，紧邻城垣开挖有护城壕[2]。东赵小城是嵩山以北发现的第一座新砦期城址，拥有城垣和城壕两重防御设施，军事防御色彩较浓，应是夏族群沿嵩山东麓北渐过程中设置的一个重要军事据点，也是新砦都邑周边军事防御体系中北境的军事重镇。

---

[1] 北京大学震旦古代文明研究中心等：《新密新砦——1999—2000 年田野考古发掘报告》，文物出版社 2008 年版，第 12 页。
[2] 顾万发、雷兴山、张家强：《夏商周考古的又一重大收获》，《中国文物报》2015 年 2 月 27 日；顾万发：《文明之光——古都郑州探索与研究》，科学出版社 2016 年版，270—274 页。

人和寨遗址位于新郑市西北约7.5千米的辛店镇人和寨村西，面积约20万平方米。遗址西部主要是龙山文化遗存，中部、东部主要是新砦期、二里头文化、二里岗文化遗存。发现的城址，城垣平面呈不规则长方形，面积约7万平方米。其中北城垣长188米，西城垣长260米，墙基宽26—50米。北城垣东段残长90米、残宽15米、残高3米左右的墙体仍保留在现今地面之上。该城垣始建于新砦期，二里头文化时期墙基加宽继续使用[①]。该城建造有大型城垣，其功能应是新砦都邑周边军事防御体系东境较近区域的一处军事重镇。

蒲城店遗址位于平顶山市东约9千米的东高皇乡蒲城店村北，遗址内发现有龙山文化晚期城址和二里头文化城址[②]。其中二里头文化城址，发掘者确定年代为"二里头文化第一期"，这是由学界对新砦期遗存的认识不一所致，实际上的文化年代当也包括新砦期。该城址位于蒲城店遗址西南部，城垣平面略呈东西向长方形，面积约5.2万平方米。城垣外环绕城壕，宽9.1米，残深3.65米。该城址具备城垣和城壕两重防御设施，军事防御色彩较浓，应是夏族群南渐过程中设置的一个重要军事据点，同时也是新砦都邑周边军事防御体系中南境的一处军事重镇。

郝家台遗址位于漯河市郾城区东3千米石槽赵村东北台地上，是一处内涵相当丰富的龙山文化至二里头文化时期遗址，面积6.5万平方米。该遗址发现有始建于龙山文化晚期、新砦期继续存在的城址，城垣平面呈长方形，面积3万余平方米，城外有护城壕。城内发掘出数排长方形排房址，其用途显然非普通所居，而应为军队居住。城内还发现大量石镞、骨镞、石矛等武器，且有多座非正常

---

① 杜平安：《新郑市新增五处全国重点文物保护单位》，《华夏源》总第30期，2013年。
② 河南省文物考古研究所、平顶山市文物局：《河南省平顶山蒲城店遗址发掘简报》，《文物》2008年第5期；魏兴涛：《蒲城店二里头文化城址若干问题探讨》，《中原文物》2008年第3期。

死亡的人骨遗存①。郝家台遗址是中原地区龙山文化族群抵御长江中游地区同期文化族群北上并向南方扩张的军事据点②，这一功用延续使用到新砦期，成为新砦都邑周边军事防御体系中东南境的一处军事重镇。

三 二里头晚夏都邑

二里头遗址为夏代中晚期的都邑斟寻。斟寻始于太康时期，经历后羿代夏，止于夏桀时期。夏王太康时期，统治者沉溺于游乐之中，导致民众的不满和怨恨，且不注重军事上的防御，未能及时构建起完整有效的都邑军事防御体系，从而导致以后羿为代表的东夷族大规模入侵和都邑的沦陷。后羿代夏和夏国家中心区域短时间内被攻破的惨痛教训，迫使少康中兴之后的夏王朝统治者反思国家的安全问题，除了加强军事力量之外，建立都邑可靠的军事防御体系势所必然。通过加强都邑及其外围地区的安全、建立一系列军事重镇和方国等举措，逐渐构建起以都邑防御为中心，都邑外围自然山河关隘为屏障，周边地区军事防御为重点，多重防御设施和手段相互结合的晚夏都邑军事防御体系。

（一）都邑周边地区一系列军事重镇和方国的设立

除宫城垣之外，二里头都邑未修建大规模的城垣防御设施，但在周边地区却设置了诸多军事重镇以及具有军事重镇功能的方国以拱卫都邑的安全，使得周边四境军事防御成为夏都军事防御体系的重点和最重要的支撑。

从文献材料可以得知，夏王朝分封一系列同姓或异姓方国。诸多方国具有军事重镇功能，为夏国家戍守四边，拱卫夏都。这些方国是夏都军事防御体系中重要的环节，其是否服从夏王朝，在动荡时期能否忠于夏王朝，成为夏国家和夏都稳定与否的关键

---

① 河南省文物考古研究所等：《郾城郝家台遗址的发掘》，《华夏考古》1992年第3期。
② 李昶：《中原早期城市与文明研究》，郑州大学博士学位论文，2015年，第103页。

因素。

《国语·周语上》《尚书·禹贡》《荀子·正论》和《史记·夏本纪》等文献都有大禹时期"五服制"的记载，即以王都为中心，以五百里为单位向四方扩展，把不同的地区分成所谓的"甸服""侯服""宾服"或"绥服""要服""荒服"。虽然此所谓的"五服"具有理想化的成分，未必完全可靠，但却透露了关于夏都军事防御体系的一些史影。"五服"实质上反映的是夏国家都邑与各地方、周边的军事关系，道出了夏国家和夏都军事防御体系的主要内容。《国语·周语上》称"邦内甸服"，实际上指的是都邑及附近"王畿"地区；"邦外侯服"，即在都城外围、周边设立的诸方国。夏国家"邦内"的安全主要由周边地区的"侯服"承担。

关于夏代的方国，《史记·夏本纪》记载："禹为姒姓，其后分封，用国为姓，故有夏后氏、有扈氏、有男氏、斟寻氏、彤城氏、褒氏、费氏、杞氏、缯氏、辛氏、冥氏、斟戈氏。"据学者考证，这些夏族同姓方国的分布，除了早期的斟寻氏、费氏在今河南洛阳市偃师区境内以外，其他部族方国大都位于以伊洛盆地为中心的周边地区，属于二里头文化分布区的外围地带，其中有男氏在今河南南阳市和汉水以北地区，曾（鄫）氏在今河南方城县境内，褒氏在今河南息县北褒信集，杞氏、斟戈氏在今豫东杞县境内，冥氏在山西平陆县北，辛（莘）氏在今陕西大荔、合阳二县间，彤城氏在今陕西华县境内[1]。关于有扈氏，《汉书·地理志》右扶风鄠县条班固自注称其在今陕西省户县（近年改为西安市鄠邑区）境内，也有人认为在今河南省黄河以北的原阳县境内[2]。此外，斟灌氏亦应为夏姒姓封国。《帝王世纪》称"夏政凌迟，为羿所逼，乃徙商丘，依同姓诸侯斟灌、斟寻氏"。斟灌氏之故地初在今河南、山东二省交界处。

---

[1] 郑杰祥：《夏史初探》，中州古籍出版社1988年版，第73—78页。
[2] 顾颉刚等：《〈尚书·甘誓〉校释译论》，《中国史研究》1979年第1期。

夏王朝在夏代周边地区，尤其是东方地区还设立诸多异姓方国，使其成为夏都重要的屏蔽。早在夏代前期，夏国家在东方就设立有鬲氏、有仍氏、有虞氏等方国。这些方国与夏王朝关系密切，少康中兴主要依赖这些方国之力。夏王朝后期，夏国家在东方地区设立一系列方国，主要有葛、韦、顾、昆吾、薛、有缗氏等。据《孟子·滕文公下》记载，葛与商族人为邻，对夏王朝忠心耿耿。《诗经·商颂·长发》云："苞有三蘖，莫遂莫达。九有九截，韦、顾既伐，昆吾、夏桀。"这里是说商汤灭夏之前先讨伐韦、顾、昆吾等方国。把三方国比作"苞有三蘖"，即一棵树木被砍后旁生的三个分支，不仅显示出殷人对三个方国的痛恨，而且充分说明三个方国在夏国家军防御体系中居于举足轻重的地位①。《国语·郑语》称"昆吾为夏伯"，这说明昆吾曾为夏东方的方伯之国。《淮南子·俶真训》有"至于昆吾、夏后之世"之句，把昆吾与夏王朝并提，足见其对于夏王国的重要性。《史记·殷本纪》记载："夏桀为虐政淫荒，而诸侯昆吾氏为乱。……汤自把钺以伐昆吾。""昆吾氏为乱"应该是指昆吾氏不听从商汤的召唤，仍然忠于夏国家，为其镇守东境。据《左传·定公元年》记载："薛之皇祖奚仲，居薛，以为夏车正……仲虺居薛，以为汤左相。"这说明薛的远祖奚仲曾做过夏国家的"车正"官职，但到夏末薛人仲虺转而辅佐商汤灭夏，并在商王朝初年任重要职务。此外，《左传·昭公四年》记载夏代末年夏桀曾在有仍之地举行"有仍之会"，且与"有缗叛之"相连，说明有仍氏、有缗氏原当臣服于夏，为夏国家镇守东部边境。

从考古发现来看，在二里头夏都周边地区，存在一些具有军事重镇功能的方国遗址。其中以东方的大师姑城址②、望京楼城址③、

---

① 张国硕：《夏代晚期韦、顾、昆吾等方国地望研究》，《中国历史地理论丛》2015年第2期。

② 郑州市文物考古研究所：《郑州大师姑（2002—2003）》，科学出版社2004年版，第27页。

③ 张松林、吴倩：《新郑望京楼发现二里头文化和二里岗文化城址》，《中国文物报》2011年1月28日；郑州市文物考古研究所：《郑州大师姑（2002—2003）》，科学出版社2004年版。

东赵中城城址①，东北方的孟庄城址②，西北方的东下冯遗址③，以及南方的蒲城店城址④、盘龙城遗址⑤等为代表。这些城址或遗址多位于夏都斟寻周边重要地带，交通便利，大都建造有城垣、护城壕或壕沟等大型防御设施。其年代，多始建于二里头文化第二期，毁弃于二里头文化第四期，与夏都斟寻的年代接近。其中大师姑城址位于河南省荥阳市广武镇大师姑村和杨寨村南地，总面积约51万平方米，建造有大型城垣和护城壕，始建年代为二里头文化二期偏晚阶段，废弃年代为四期偏晚阶段和二里岗下层之间。该城址距离偃师二里头遗址约90千米，北依邙山，临近黄河和古济水交汇处；城址存在年代与二里头遗址接近，周围同时期文化遗存丰富；城垣规模大，军事防御色彩浓厚，其性质应为夏王朝东境具有军事重镇性质的方国。东赵中城距离大师姑城址较近，四周有夯土城垣及护城壕，发掘者判定该城址始建于二里头文化二期，毁弃于二里头文化四期，或认为是夏王朝鼎盛时期的一座卫星城市⑥。望京楼夏代城址由内城和外城组成，始建于二里头文化第三期，毁于商汤代夏之时，可能是夏之东方方国"昆吾"都邑所在地⑦。

(二) 外围自然防御屏障的倚重

二里头夏都及周围有着优越的可以倚重的自然防御屏障。二里头遗址所在的洛阳、偃师一带是一处四面环山、中部低平的狭长形盆地，周围有高山、关隘、大河等自然屏障，易守难攻。这里北靠

---

① 顾万发、雷兴山、张家强：《夏商周考古的又一重大收获》，《中国文物报》2015年2月27日；顾万发：《文明之光——古都郑州探索与研究》，科学出版社2016年版，270—274页。
② 河南省文物考古研究所：《辉县孟庄》，中州古籍出版社2003年版，第180页。
③ 中国社会科学院考古研究所等：《夏县东下冯》，文物出版社1988年版，第49页。
④ 河南省文物考古研究所等：《河南平顶山蒲城店遗址发掘简报》，《文物》2008年第5期；魏兴涛：《蒲城店二里头文化城址若干问题探讨》，《中原文物》2008年第3期。
⑤ 湖北省文物考古研究所：《盘龙城——一九六三年——一九九四年考古发掘报告》，文物出版社2001年版，第441页。
⑥ 顾万发：《河南郑州东赵遗址考古新发现及其重要历史价值初论》，《炎黄文化》2015年第6期。
⑦ 张国硕：《望京楼夏代城址与昆吾之居》，《苏州大学学报》2012年第1期。

邙山，南有龙门山（伊阙山、钟山），东傍嵩岳，西依周山（秦山）。群山之中有一系列关隘，如东有黑石关、虎牢关，南有伊阙，东南有轘辕关，西有崤函古道和函谷关等，均有"一夫当关、万夫莫开"之势。此外，二里头遗址之南夏代有伊洛河东西向穿过，北有黄河天险阻隔，这些河流至少在一定程度上可以成为都邑南、北两个方向的天堑。若充分利用这些自然屏障进行军事防御，在关键地带建造必要的军事设施，驻扎一定数量的军队，夏都的安全可以得到一定程度的保障。

从文献材料可知，夏王朝中后期曾充分利用都城周围的自然屏障进行军事防御。《史记·封禅书》称"三代之居，皆在河、洛之间"，《逸周书·度邑解》记载"自洛汭延于伊汭"是"有夏之居"，这些说明夏都的存在与周围的自然河流关系密切。《史记·周本纪》记载周武王在伊洛一带"有夏之居"建立东都洛邑的愿望，其中在谈到"有夏之居"周围有利地貌条件时说："我南望三涂，北望岳鄙，顾瞻有河，宛瞻洛、伊。""三涂"见于《左传·昭公四年》和《昭公十七年》，杜预注："山名，在河南陆浑县南。"其地在今河南嵩县境内。"岳鄙"，《史记·周本纪·索隐》推测"岳"为"河北太行山"，"鄙"为"近岳之邑"。此记载说明夏都邑周围遍布自然屏障，远望南有三涂山、北有太行山等山脉，近视有黄河、洛河、伊河等大河，是理想的建都之地。文献记载夏都周围有许多天险。《左传·昭公四年》司马侯把四岳、三涂、阳城、大室、荆山、中南等确定为"九州之险"。据有人考证，"四岳"即豫西熊耳山主峰岳顶山，"三涂"在今河南嵩县境内，二山相距近百里，是伊洛盆地通往豫西山区的重要门户。"阳城"在今河南登封市告成镇，阳城山在告成镇北，"大室"即太室山，为嵩山主要山峰，二山相对，是伊洛盆地通往豫东南淮河平原的交通要冲。"荆山"在河南灵宝市西，"中南山"指的是整个秦岭山脉，二山是通往关中盆地的咽喉要道①。以此可知，夏代"九州之险"主要位于伊洛颍汝河流域，呈拱卫之势分布于伊洛盆地夏都的周围。此外，《战国策·魏策一》记载魏武侯与吴起谈起"河山之险"与霸王之业的关系时，指出"夏桀之居"有"左天门之阴，而右天溪之阳，庐罿在其北，伊洛出其南"等天然防御屏障。《史记·孙子吴起列传》用汉代之名指出"夏桀之居"的"山河之固"，其为"左河济，右泰华，伊阙在其南，羊肠在其北"。其中"河济"当指黄河、济水，东西横亘于夏都之北，两条大河交汇处位于今河南郑州以西的荥阳市境内；"泰华"即华山，在今陕西华阴市南，以险峻著称；"伊阙"今称龙门，在河南洛阳市南10余千米；"羊肠"一地有争议，历代注家多言其地在晋东南长治一带，也有人认为在河南洛阳市东北②。以此可知，大河、高山、关隘等自然屏障构成了夏都周围的自然防御体系。

二里头遗址南部有古伊洛河东西向横亘，北部和东北部地势逐渐降低，东部、东南部和南部地势低洼，有湖泊分布，中部地势高亢，只有西部和西北部与古洛河北岸的条状微高地相连③，如此地势易守难攻，十分利于军事防御。夏都军民倚仗北、东、南三面的低地、湖泽和河流等天然屏障，居高临下，对敌情做出准确的判断和应对，并重点加强都邑西部、西北部的军事防御，都邑的安全就能得到一定程度的保障。

（三）都邑区域必要的军事防御设施的建造

尽管夏都斟寻施行的是"守在四边之制"的军事防御模式，没有建造大型城郭等防御设施，但夏都城区并非不进行任何防御，仍根据需要设置一定的防御设施。

考古发掘材料表明，二里头遗址宫殿区发现的宫殿，大都有一定的防御设施，且夏代后期宫殿区的军事防御能力有逐渐加强之势。

---

① 郑杰祥：《夏史初探》，中州古籍出版社1988年版，第67—71页。
② 顾颉刚等：《中国历史地图集·古代史部分》，地图出版社1955年版，第2页。
③ 中国社会科学院考古研究所二里头工作队：《河南伊洛盆地2002—2003年考古调查简报》，《考古》2005年第5期。

如始建于二里头文化第二期的三号基址，系一座大型多院落式建筑，周围有围墙；始建于二里头文化第三期的一号、二号基址皆为以殿堂为中心、四周有院墙、南面设门、自成一体的封闭式宫殿建筑，皆具有一定的防御能力。

在二里头文化二、三期之交，都城建造者在宫殿区周围增筑宫城垣，用于保护最高统治者的安全。此宫城平面略呈纵长方形，墙体上宽2米左右，底部宽逾3米，周长超过1300米，城内总面积约10.8万平方米。此宫城一直延续使用至二里头文化第四期晚段或稍晚。

四 郑州商城早商都邑

郑州商城是商代前期的大型都邑。此商都十分注重军事防御，施行城郭之制的军事防御模式。商王朝通过建造都邑区域城郭等多重大型防御设施、建立一系列军事重镇和方国等举措，逐渐构建起以都邑防御为重点，都邑外围自然山河关隘为屏蔽，周边地区军事防御为重要支撑，多重防御设施和手段相互结合的早商都邑军事防御体系。

（一）都邑区域多重大型防御设施的建造

夏都短时间内被攻破、夏王朝的覆灭等深刻教训，以及商王朝早期复杂的政治争斗和诸多来自异族的军事威胁，迫使郑州商都必须加强都城区域的军事防御。郑州商都建造者采取了一系列防御设施，并注重宫室居中、宫殿区与一般平民区分离以及军事防御设施的多重性等，用以保障都邑城区的安全。

郑州商都城区建造有各类城垣、护城壕、城门等多项军事防御设施。城垣规模宏大，墙体宽厚，夯筑质量高，墙体较为坚固。在各类城垣上分设多处城门。借鉴偃师商城等其他商都的考古发掘材料，郑州商都的城门规模应较小，门道狭窄，利于军事防御。城门防御设施应由木门、门道、城门楼、门塾等部分组成，并派专人防守。利用护城河壕作为都城防御设施的现象比较普遍，无论是内城，或是外城，皆开挖有宽而深的护城壕沟或利用自然河流防御。

郑州商都的布局为内城外郭之制。其中内城内中北部为宫殿区，内城外四周为郭城区域，这种布局可使居于中心区域内的商王及贵族受到周围诸防御设施的拱卫保护。宫室与平民区的隔离是商代城市尤其是都邑防御的重要措施，而内城外郭是把普通居民区与宫室分离开来的最有效方法。考古发现郑州商城内城区域主要是宫殿分布区，很少有手工业作坊、墓葬和一般居住区，其应是最高统治者和贵族阶层居住的地方，属于"筑城以卫君"的性质；而外城不见大型宫殿基址，分布诸多一般居址、手工业作坊、墓葬和祭祀坑等遗存，其应是一般居民活动的场所，具有"造郭以守民"的性质[1]。

郑州商都城区的防御设施具有多重性，军事防御能力较强。从目前材料来看，郑州商都城区从外到内有防御圈至少6重，分别为：外城南垣、西垣外侧的护城壕，与东部、北部的沼泽湖泊一起，共同构成该商都城区的第一道防御圈；第二重防御圈是外城垣及东侧、北侧的沼泽湖泊；第三重防御圈由内城护城壕与自然河流组成，内城东垣、西垣外侧设置有宽阔的护城壕，内城南城垣外侧的熊耳河、北城垣外侧的金水河扮演着护城河的角色；第四重防御圈是内城城垣，此城垣规模巨大，异常坚固，是郑州商城最为重要的防御设施；第五重防御圈是内城内东北部宫殿区发现的"宫城垣"或宫墙，部分区域开挖有壕沟；第六重防御圈则是大型宫殿自成一体的封闭式院墙。

（二）都邑周边方国或军事重镇网络的设立

商代早期，商王朝在郑州商都外围和周边地区设置诸多军事重镇或具有军事重镇功能的方国。郑州商都周边防御的重点是北方。这是由于商汤灭夏之后，一部分夏族人北上晋南、晋中和晋、陕之间[2]，长期与商王朝为敌，骚扰商族居民和军队，从而对商王朝的稳定构成较大威胁。为了维护北境的安全，商王朝在今河南北部和山

---

[1] 张国硕：《论早期城址的城郭之制》，《中国文物报》2002年12月13日。
[2] 张国硕：《从夏族北上晋南看夏族的起源》，《郑州大学学报》1998年第6期。

西南部，自东向西建立了焦作府城、垣曲商城和夏县东下冯商城等多座方国或军事重镇。这些军事重镇呈"一"字形东西向排列，相互间距大约几十千米，都建有稳固的军事防御设施，从而形成殷商国家北边和都邑外围重要的防御屏障。在南方地区，为了控制铜、锡等青铜原料通道，维护殷商国家南边和都邑地区的安全，商王朝至少在今新郑地区建立望京楼商城、在湖北长江沿岸建立黄陂盘龙城、在江西北部建立樟树吴城等方国或军事重镇。在西方，商王朝在老牛坡等地建立起镇抚西边的方国和军事重镇。商王朝通过在北边、西边、南边建立军事重镇环带，东方则与夷人结成政治、军事性质的"商夷联盟"①，从而形成早商都邑的周边军事防御体系。这些方国或军事重镇大多具有浓郁的军事防御色彩，如垣曲商城、望京楼商城具有瓮城性质的西城门和东一城门；盘龙城城垣内侧筑有二层台，便于登临，外侧陡峻，城外还有5米宽的环壕，外围还设有大型防御设施，极大地利于军事防御。

（三）都邑外围自然防御屏障的利用

郑州商都及外围的地貌条件十分利于军事防御。郑州地区位于嵩山余脉向华北平原的过渡交接地带。这里西北有古黄河穿过，北有古济水横亘，北部、东部分别分布着巨大的荥泽和圃田泽，外围有索须河、七里河、十八里河等自然河流，这些自然屏障对都邑的军事防御当扮演一定的角色。

五 小屯殷墟晚商都邑

安阳小屯殷墟为晚商武丁至纣王时期的殷都。研究发现，小屯殷都并未建造大型城郭等防御设施，而是施行守在四边之制的都邑防御模式。商王朝通过加强都邑外围周边地区的安全、建立一系列军事重镇和方国等举措，构建起以都邑防御为中心，都邑外围自然山河关隘为倚重，周边地区军事防御为重点，较为完备的军事预警

---

① 张国硕：《论夏末早商的商夷联盟》，《郑州大学学报》2002年第2期。

和信息传递系统为依托，多重防御设施和手段相互结合的晚商都邑军事防御体系。殷都的军事防御体系是有效和可靠的。除了商代末年周人联合诸侯突破殷商西部军事防御网导致殷商亡国之外，在商代的大部分时段殷都邑地区的安全是有保障的，没有发生像夏王朝时期"后羿代夏"、西周时期"犬戎袭周都"等因军事防御失利而导致都邑失守的现象。

（一）都邑周边军事重镇和方国的设置

商代后期，商王朝更加注重在都邑之外分设军事重镇和方国。《尚书·酒诰》称商都王畿之外为"外服"，包括"侯、甸、男、卫、邦伯"。《大盂鼎》铭文称作"殷边侯甸"。甲骨卜辞有侯、伯、男、田、卫等。关于侯，《逸周书·职方》孔晁注："侯，为王斥候也。"裘锡圭先生认为："侯的前身应该是在边境等地'为王斥候'的武官。"[1]

商王朝后期的敌对势力主要来自西方。这里不仅有分布于今晋陕地区的土方、鬼方、羌方等敌对方国，而且还有日益强大的周人的威胁，故商王朝在西边建立一系列军事重镇和方国。如关中东部的崇、晋东南的黎和豫西北的邘等方国。盟津（今河南洛阳市孟津区东北、孟州市西南）是殷商国家西境的军事要冲。《史记·周本纪》所载周武王九年的"东观兵，至于盟津"，实际上是周人对商王朝军事防御体系的试探性接触。鉴于当时殷商国家军事防御体系仍然牢固，迫使周人暂时撤军西归。作为离宫别馆的朝歌，在商末实际上也成为商王朝在殷都之外建立的一座军事重镇，商王派重兵据守。周人灭商的关键战役发生在朝歌附近的牧野，足以说明当时商人防守的重点是在殷都之外。

此外，商代后期在东方、北方、南方也建有一些藩卫商王朝的方国。如《左传·昭公九年》记载在今山东地区有薄姑、商奄，在

---

[1] 裘锡圭：《甲骨文中所见的"田""牧""卫"等职官的研究》，《文史》第十九辑，中华书局1983年版。

今京津冀地区有肃慎、燕亳。从殷墟甲骨卜辞可知，在今河南淅川附近有"若"①。河南罗山县后李发现的息族墓地，表明罗山、息县一带为息方国封地②，其设立的目的应是为商王朝镇守南边。驻马店市正阳县闰楼发现有晚商大型贵族公共墓地，出土大量陶器、青铜器、玉器，青铜铭文有"亚禽""示亚禽"③，亚禽应为晚商时期商王朝在南土设置的军事重镇或方国。

（二）都邑区域一定的防御举措

尽管小屯殷都未建造大型城郭等防御设施，但在宫殿区周围也采取了一定的防御措施。殷墟宫殿区位于整个遗址的中部，周围洹河两岸30余平方千米范围内分布着普通居民区、各类手工业作坊和墓葬。这种都邑布局不仅便于商王朝举行各种政治活动，而且也可使居于中心建筑内的商王及亲属受到周围诸防御设施的拱卫保护。殷墟宫殿区集中分布于小屯村北至洹河地带，宫殿区西面、南面开挖有巨型壕沟，其与宫殿区东面、北面的洹河河湾形成一封闭的防御圈，从而把宫室与普通居民区截然分开，一般民众未经允许是很难进入宫室区的。

（三）殷都周围自然屏障的倚重

《战国策·魏策一》吴起在谈到"河山之险"时曰："殷纣之国，左孟门，右漳、滏，前带河，后被山。"这里是说商纣之都有着优越的自然屏障，包括山脉、关隘、大河等。小屯殷都周围西倚巍巍太行山，山间有孟门等关隘陉口，东行不远有滔滔黄河西南东北向流过，北临较大的河流漳水、滏水，南有淇水东西向穿过，从而形成一天然的环形防御屏障，可谓都邑防御上难得的形胜之地。

（四）军事预警和信息传递系统的建立

商王朝建立有周边军事预警和边邑军事信息传递系统，用于保

---

① 胡厚宣：《卜辞中所见之殷代农业》，《甲骨学商史论丛·续集》，齐鲁大学国学研究所石印本1945年版。
② 李伯谦、郑杰祥：《后李商代墓葬族属试析》，《中原文物》1981年第4期。
③ 驻马店市文物考古管理所：《河南驻马店闰楼商代墓地发掘报告》，《考古学报》2018年第4期。

障殷都地区的安全。从甲骨卜辞可知，设在殷边的侯伯，要时时观察敌人的军事动向，如"舌方出佳有作祸"(《合集》6092)、"舌方不亦（夜）出"(《合集》5520）等。对敌情的侦察，在甲骨文中称作"望""目"，如"呼望舌方"(《合集》6186)、"呼目舌方"(《合集》6194）等。若有敌情，负侦察之任者即及时向商王室报告，卜辞中多见某某人报告边邑军事信息的记载，如"允有来艰自西。沚□告曰：土方征于我东鄙，□二邑，舌方亦侵我西鄙田""长友角告曰：舌方出侵我示田七十五人""右□□告曰：土方侵我田十人"(《合集》6057）。"鄙"是殷商的边境之地。"沚□""长友角""右□□"等是为王守边的诸侯或官吏。"告曰"是边境向王室报告敌情。"有来艰自西"是"边报传至殷京"[1]。

为方便、快捷从边境向殷都报告敌情，殷商国家建立了以小屯殷都为中心、向四方辐射的道路网，并建立了传递信息的机构。有研究者认为，殷商道路网干道主要有 6 条：一是向西至关中通道，二是向南至长江中游地区通道，三是东南至安徽通道，四是东行至山东通道，五是东北到河北卢龙地区通道，六是西北到达晋中地区通道[2]。殷商国家已有发达的驿传制度[3]，除了用于商王游猎、官员来往之需要外，军事上主要用于传达军情、运输军队。殷商国家在主要道路上设立有驿站[4]，并设有保障道路安全的军事设施[5]。

---

[1] 郭沫若：《卜辞通纂》，科学出版社 1983 年版，第 112 页。
[2] 彭邦炯：《商史探微》，重庆出版社 1988 年版，第 227—235 页。
[3] 于省吾：《殷代的交通工具和驲传制度》，《东北人民大学学报》1955 年第 2 期。
[4] 齐文心：《释羁——对商朝驿站的探讨》，《中原文物》1990 年第 3 期。
[5] 宋镇豪：《商代道路交通》，《华夏文明》第三集，北京大学出版社 1992 年版。

第 七 章
都邑建造技术形态

都邑的建造技术形态是城市发展水平的代表，是当时社会生产力的集中体现。它涉及与都邑生活息息相关的诸多方面，城垣与护城壕、宫殿宗庙、居民房屋建筑、手工业作坊等基础设施的建造，仓廪、道路、水利等市政设施的建造，王陵及都邑居民墓葬等特殊设施的建造，以及建造这些设施所需要的技术都属于其范畴。中国早期都邑的建造技术形态，经历了由简单到复杂、由原始到较为先进的发展进程。

第一节 城垣与护城壕的建造技术

城垣是早期都邑最为明显、最具代表性的标志，也是大多数早期都邑必备的基础设施。城垣建造技术是都邑建造技术水平最为重要的组成部分。中国早期都邑在建造城垣的同时，多伴有护城壕的建造。

一 城垣的建造

从空间布局来看，城垣对都邑形成保护圈，使都邑成为相对闭合的一个空间。不同的都邑，它们的城垣结构、城垣基础也有所差别。不同的都邑以及同一都邑城垣的不同部位，在建造技术上也不尽相同。

(一) 城垣结构

通常来讲，结构是指组成事物整体的各部分的搭配和安排。城垣结构则是指城垣本体各部分的组成与安排，可区分为上下形态结构和左右形态结构。上下形态结构，或称"纵向结构"，是指城垣上下部分的搭配和安排，如城垣是单独的地面墙体，或是由多部分组成；地面墙体与基槽的对应关系如何，如上下一致或是错位。左右形态结构，或称"横向结构"，是指地面墙体的横向搭配与安排，如墙芯的设置与否；城垣建造的次序如何，是一次一体建造或是多次分块建造；墙体是否设置内外护坡，或一侧设置护坡；墙体内外侧坡度如何设计；墙体表面采取哪些防护设施等。

1. 上下（纵向）形态

早期都邑城垣的上下（纵向）形态结构，体现出单独墙体、墙体＋基槽、墙体＋垫层等三大基本组合。

单独墙体：城垣上下形态结构较为简单，仅建造单独的地面墙体，不安排城垣地下部分。在地面上建造墙体的现象在距今7000年前的湖南澧县八十垱遗址就已出现，该遗址发现的围墙之南墙直接建造在生土之上[1]。距今6000年以上的湖南澧县城头山城址是以单一的地面墙体为主，现存墙体宽25—37米，城高2—4米[2]。龙山时代的河南登封王城岗城址大城，其北墙的部分城垣为单独墙体，未见地下基槽，墙宽10米以上[3]。夏商时代的河南偃师二里头遗址宫城之东、南、北三面城垣系在早期路土上建造地面墙体，不开挖基槽[4]（图7-1）；黄陂盘龙城城址部分北城垣也是在生土地面上建造

---

[1] 湖南省文物考古研究所：《彭头山与八十垱》，科学出版社2006年版，222—227页。
[2] 湖南省文物考古研究所：《澧县城头山》，文物出版社2007年版，第84—157页。
[3] 北京大学考古文博学院等：《登封王城岗考古发现与研究（2002—2005）》，大象出版社2007年版，第64—68页。
[4] 中国社会科学院考古研究所：《二里头（1999—2006）》，文物出版社2014年版，第465—1129页。

出单独的墙体①。

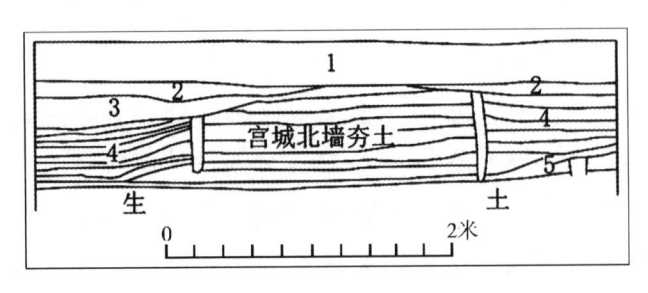

图7-1 二里头遗址宫城北城垣剖面图

　　墙体+基槽：城垣上下形态结构由地上墙体和地下基槽两部分组成，整体较为规整。目前所见最早的墙体+基槽的形态结构出现在仰韶时代晚期的河南郑州西山城址，其建造方法是先在拟建城垣区段开挖倒梯形基槽，在基槽内填土分段分层夯筑，再在基槽之上建造宽3—5米的地面墙体②。王城岗城址小城城垣的建造，是先在拟建城垣之处下挖与城垣走向一致、口略宽于底、两壁斜直、平底或凹弧形底的基槽，然后在槽内逐层填土夯筑城垣③（图7-2）。河南新密古城寨城址城垣形态结构较为复杂，其中地势较高的西北部是先挖深约1米的基槽，再在槽内起板分块夯筑④。郑州商城外城城垣部分城垣由地下基槽和地面墙体两部分组成⑤。各都邑地上墙体与地下基槽的位置关系，或墙体与基槽之间有错位，如山西襄汾陶寺城址中期大城⑥、河南登封王城岗城址小城等墙体大多宽于基槽；或

---

　　① 湖北省文物考古研究所：《盘龙城——一九六三年——一九九四年考古发掘报告》，文物出版社2001年版，第14—42页。
　　② 国家文物局考古领队培训班：《郑州西山仰韶时代城址的发掘》，《文物》1999年第7期。
　　③ 河南省文物研究所等：《登封王城岗与阳城》，文物出版社1992年版，第28—35页。
　　④ 河南省文物考古研究所等：《河南新密市古城寨龙山文化城址发掘简报》，《华夏考古》2002年第2期。
　　⑤ 河南省文物考古研究所：《郑州商城——1953—1985年考古发掘报告》，文物出版社2001年版，第178—307、1020—1022页。
　　⑥ 中国社会科学院考古研究所山西队等：《山西襄汾陶寺城址2002年发掘报告》，《考古学报》2005年第3期。

地上墙体窄于基槽口宽，如偃师商城大城①。

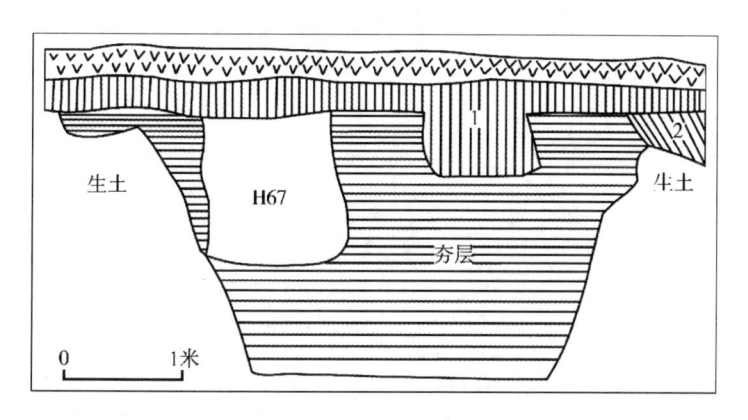

图7-2　王城岗城址小城城垣剖面图（WT23南壁）

墙体+垫层：城垣上下形态结构由地面之上（或低洼之处）的垫层和地上墙体两部分组成。在不开挖或无法开挖基槽的情况下，为了增加墙体的稳固性，在拟建城垣地面之上先铺垫一层或数层沙土或石块，再在其上建造墙体。此形态结构最早见于城头山城址，其城垣的部分地段是在经过平整的地面之上铺垫底层，并夯实，然后在垫层上修筑墙体②。古城寨城址东南部、北东部的城垣是墙体+垫层的组合。其中北城垣东段部分，先平整出较宽的生土地面，再在地上铺垫由黏土和陶片组成的垫层，并经夯打，其上再夯打数层，最后起板夯筑③。浙江杭州良渚城址城垣底部普遍铺垫有一层石块基层，北墙和南墙的石块层之下还铺有一层青胶泥或黑胶泥④（图7-3）。山东日照尧王城城址城垣的垫层较为特殊，墙基底部有

---

① 中国社会科学院考古研究所：《偃师商城》（第一卷），科学出版社2013年版，第175—193页。
② 湖南省文物考古研究所：《澧县城头山》，文物出版社2007年版，第84—157页。
③ 河南省文物考古研究所等：《河南新密市古城寨龙山文化城址发掘简报》，《华夏考古》2002年第2期。
④ 浙江省文物考古研究所：《杭州市余杭区良渚古城遗址2006—2007年的发掘》，《考古》2008年第7期；刘斌等：《2006—2013年良渚古城考古的主要收获》，《东南文化》2014年第2期。

两条与城垣走向平行、由白色石英岩铺成的石条，两条铺石间距5.6米，石条中的石块堆积密集，中部凸起①（图7-4）。陕西清涧李家崖城址东城垣内层主墙下也发现有夯土垫层，夯层内高外低②。

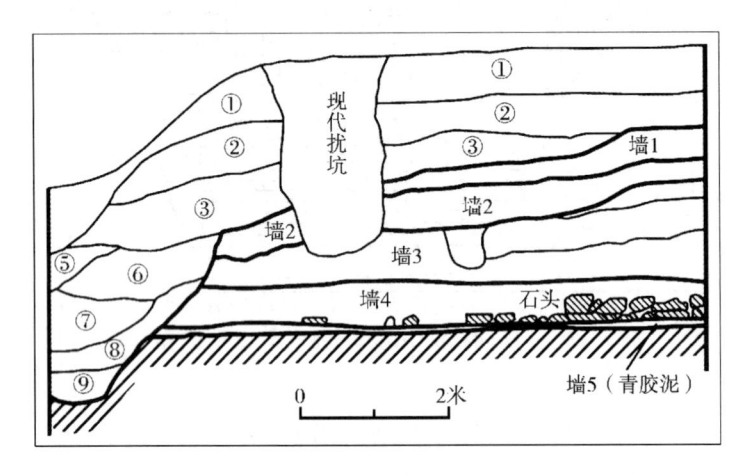

图7-3 良渚城址西城垣葡萄畈段剖面图

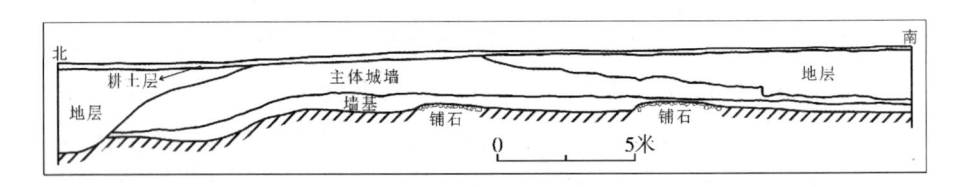

图7-4 尧王城城址北城垣剖面图

2. 左右（横向）形态

早期都邑城垣的左右（横向）形态结构，可区分为单独墙体、主墙+内外护坡、主墙+内护坡、主墙+外护坡四大基本形态。

单独墙体：城垣左右形态结构较为简单，仅设置单独的墙体，左右两侧不见护坡设施，城垣坡度较陡。目前发现最早的此形态墙体结构见于城头山城址。该城址除了东北部城垣之外，其他城

---

① 中国社会科学院考古研究所山东队等：《山东日照市尧王城遗址2012年的调查与试掘》，《考古》2015年第9期。
② 陕西省考古研究院：《李家崖》，文物出版社2013年版，第26—36页。

垣基本均为单独墙体结构。郑州商城外城城垣仅有单独墙体，不见两侧护坡（图7-5）。偃师商城大城西城垣是通过加宽、加高小城城垣而成，原小城城垣被包裹在内，墙体内外两侧不见其他护坡设施。

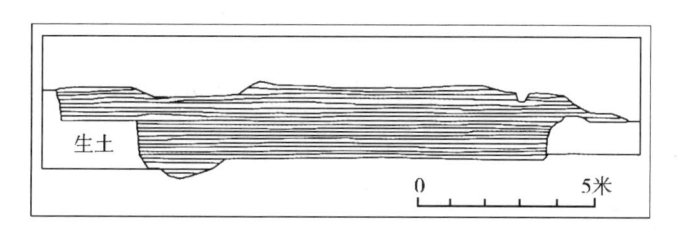

图7-5 郑州商城外城西城垣剖面

主墙+内外护坡：城垣上下形态结构由中心的主城垣和内、外两侧的护坡组成，坡度稍缓。此形态墙体结构最早见于仰韶时代晚期的河南淅川龙山岗城址，其城垣中间为主墙体，主墙体的内外两侧都有护坡[1]。河南郑州商城除了外城和部分内城城垣左右形态为单独墙体，内城东城垣部分墙体的主城垣之内、外侧均有倾斜筑成的护城坡（图7-6）。河南新郑望京楼城址商城城垣由主墙体和两侧护坡组成，其中外护坡较宽，内护坡稍窄[2]（图7-7）。四川广汉三星堆城址城垣也是由主墙体和内外护坡组成[3]。

主墙+内护坡：城垣左右形态结构由主墙体和内护坡两部分组成，外侧较为陡立，不设护坡，坡度内缓外陡。此形态墙体结构最早见于龙山时代的河南辉县孟庄城址，其东城垣和北城垣墙体内侧均发现有内护坡，但不见外护坡[4]。夏商时代的山西垣曲商城东城垣

---

[1] 梁发伟：《河南淅川龙山岗仰韶时代晚期城址发掘收获》，《中国文物报》2013年3月29日；河南省文物考古研究院等：《河南淅川县龙山岗遗址2008—2009年发掘简报》，《华夏考古》2014年第4期。

[2] 郑州市文物考古研究院：《新郑望京楼——2010—2012年田野考古发掘报告》，科学出版社2016年版，第385—408页。

[3] 陈德安等：《蜀国早期都城初露端倪》，《中国文物报》1989年9月15日；雷雨：《四川广汉三星堆遗址2012—2013年考古新收获》，《2013中国重要考古发现》，文物出版社2014年版。

[4] 河南省文物考古研究所：《辉县孟庄》，中州古籍出版社2003年版，第87—96页。

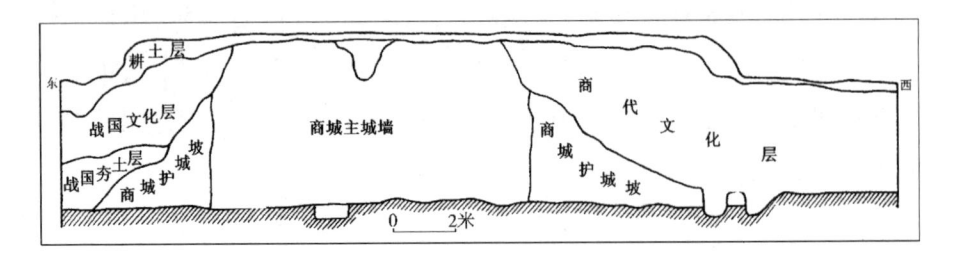

图7-6　郑州商城内城东城垣CET7南壁剖面图

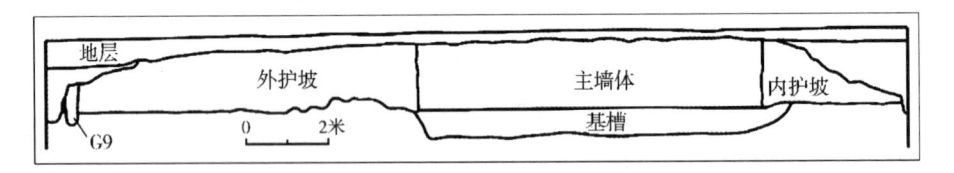

图7-7　望京楼商城北城垣剖面图

和南城垣内墙均修建有内护坡[①]；湖北黄陂盘龙城北城垣主墙体内侧设置有倾斜夯筑的内护坡。

主墙+外护坡：城垣左右形态结构由主墙体和外护坡两部分组成，墙体内侧不设置护坡，坡度内陡外缓。此形态墙体结构最早见于城头山城址。为了方便运土或防止筑城时垒筑土下滑，该城址Ⅲ期墙体（Ⅲ①层、Ⅲ②层）之外堆筑有外护坡（Ⅲ③层—Ⅲ⑥层）[②]。古城寨城址北城垣、东城垣和南城垣外侧均建有护坡，护坡下还挖有基槽。李家崖城址东城垣发现有分段修筑的外护坡，结构和建筑方法分两种：一种是一层土、一层小石板层层向上收缩而成；另一种是由下而上用石块包砌坡面，内部用土层层夯筑建造（图7-8）。

（二）城垣基础

墙基是城垣稳固的关键所在。由于早期都邑拟建城垣所处的地貌条件和位置的不同，致使各城址所选择确定的墙基位置和依托差

[①] 中国历史博物馆考古部等：《垣曲商城——1985—1986年度勘察报告》，科学出版社1996年版，第14—26页。

[②] 湖南省文物考古研究所：《澧县城头山》，文物出版社2007年版，第84—157页。

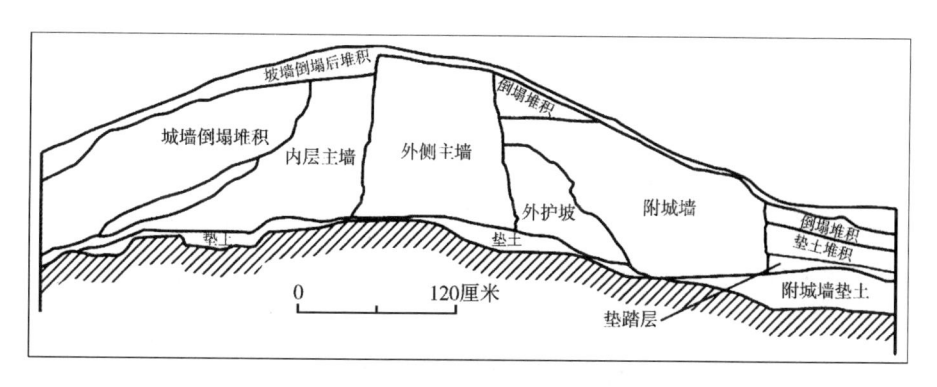

图 7-8　李家崖城址东城墙剖面图

异也很大。综合分析中国早期都邑可以发现，这个时期的墙基形态至少有四种基本类型，即平地型、基槽型、壕沟型、依崖型（图7-9），其中大部分城址城垣基础是单一类型，但也有部分城址城垣的不同地段或不同城圈是两种不同的墙基类型，即混合型[①]。

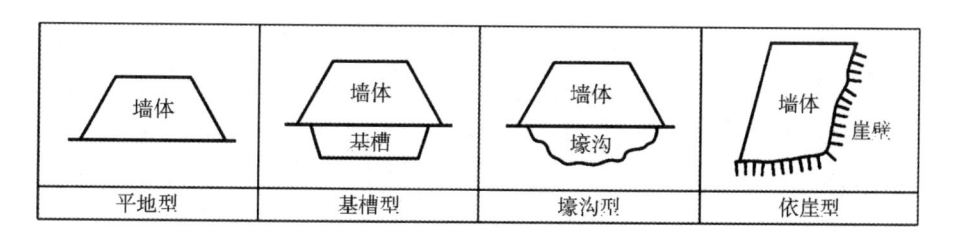

图 7-9　中国早期都邑城垣基础分类示意图

1. 平地型

平地型即"平地起建型"，或"地面起建型"，是指城垣墙基位于平地之上，即不开挖基槽，城垣直接建在较为坚实的生土地面之上。墙基所处位置地势相对较高，地面平坦，土质较坚。部分建造城垣之前，将所在位置地面之下更早阶段遗迹（如灰坑）进行清理并填土夯实，对不平整的区域通过取高垫低的方式使其平整，然后

---

① 张国硕、张婷、缪小荣：《中国早期城址城墙结构研究》，《考古学报》2021年第1期。

在其上建造城垣。

平地型墙基以王城岗大城、盘龙城等城址为代表。王城岗城址大城城垣平地起建，部分城垣直接建在生土之上，有文化层的地方则先清理平整后再建城垣。良渚城址城垣墙基均以生土为基，在土石垫层之上建造墙体。二里头宫城的东城垣和北城垣，商代的盘龙城、李家崖等城址墙基，皆位于经过平整的平地之上。

2. 基槽型

基槽型即"基槽起建型"，是指城垣墙基位于人工有意开挖的基槽之上。对基槽所在的地面处理方式各不相同，有的直接在生土上开挖，或开挖在文化层或遗迹之上，有的开挖前先清空地下遗迹灰土并填土夯实，也有开挖在取高垫低后的地面之上。开挖基槽型城垣的特点是墙体常常下大上小，越向上越向里收缩。预先开挖基槽不仅可以坚固垣基，还能明确城垣的走向。

基槽型墙基以王城岗小城、偃师商城、望京楼城址为代表。王城岗小城垣基为基槽型。王城岗城址的两座小城均为基槽型城垣，墙体宽于基槽口宽。建造时，先按城垣走向挖筑基槽，基槽口宽4.4米，底宽2.56米，深2.4米，两壁斜直，底部呈平底或凹形底，基槽剖面呈梯形，基槽建造完成后，再在槽内分层铺土夯筑并起建城垣。陶寺大城大部分城垣位于基槽之上，墙基宽略窄于基槽。大师姑城址城垣有的地段是平地起建，有的地段则开挖基槽[1]。郑州商城的外郭城城垣也为基槽型，所见的槽口宽度从13.5米至25米不等，槽深最大的3.75米，最浅的只残存0.9—1.2米，但基槽的基本形制均为口部略宽于底部，两侧壁倾斜，平底或平底略下凹，槽内分层夯筑坚实。偃师商城大城、小城城垣皆有基槽（图7-10）。此外，商代的望京楼商城、焦作府城、垣曲商城、洹北商城宫城、樟树吴城等早期都邑之城垣也都位于基槽之上。

---

[1] 郑州市文物考古研究所：《郑州大师姑（2002—2003）》，科学出版社2004年版，第27—32、336—338页。

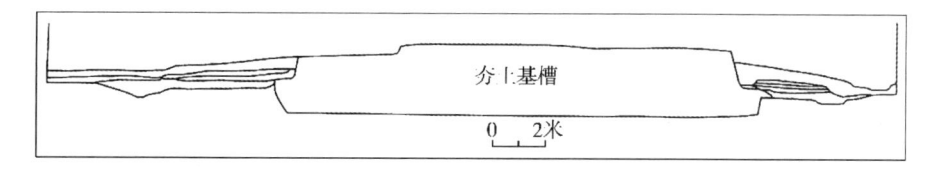

图 7-10　偃师商城大城 T1 解剖沟北壁剖面图

3. 壕沟型

壕沟型即"壕沟起建型",是指城垣墙基位于自然或人工开挖的壕沟之内或之上,壕沟所起的作用与专门开挖的基槽相似。壕沟型和基槽型城垣的共同特征是都需要某种形式的基槽作为城垣建造的基础,不同之处是基槽型是在城垣建造前预先设计基槽并有意开挖,而壕沟型则是利用已有的冲沟或壕沟为基槽。壕沟型可分两种形式:一种是城垣墙基直接建在自然或早期开挖的壕沟之内,沿着内沟壁自下而上夯筑城垣;另一种是在建城垣时壕沟已淤平或接近填平,需要在壕沟位置开挖一定深度的沟槽。此类型墙基一般出现在城区地势不平、沟壑纵横的地方,或出现在城区地势相对平坦、聚落早期开挖有环壕的地方。

壕沟型墙基以陶寺城址宫城、新密新砦等城址为代表。新发现的陶寺城址宫城,在陶寺文化早期宫殿区确立后,首先用堑壕将宫殿区围护起来,使用一段时间后,堑壕被填平并夯筑起宫墙[1]。河南新密新砦城址城垣发掘显示,龙山晚期的城垣建在更早阶段的自然沟上,新砦期城垣又建在龙山晚期的壕沟之上。修建城垣之时,将自然冲沟填平,然后在沟上建造墙体(图 7-11)。如新砦遗址龙山文化城的东、北城垣所在位置原有一条自然冲沟,为便于在沟内夯土,修筑之前先将内侧沟壁进行修整,形成若干台阶状,再于台阶上堆土夯筑。沟内底部的数层填土未经夯打,土质疏松,含沙量大,

---

[1] 中国社会科学院考古研究所山西队等:《2013—2014 年山西襄汾陶寺遗址发掘收获》,《中国社会科学院古代文明研究中心通讯》第 28 期,2015 年;何驽:《对于陶寺文化晚期聚落形态与社会变化的新认识》,《新世纪的中国考古学(续)》,科学出版社 2015 年版。

下部夯层较厚，上部夯层较薄。新砦城址龙山文化晚期的护城河紧邻城垣外侧，河底残宽约1—3.65米，距地表深约6.95米。据发掘者分析，新砦期城垣直接建在龙山文化晚期城垣的外坡之上，先是将护城壕内上部的淤土铺垫为新砦期城垣底层之垫土，然后再倾斜堆积数层黄灰土作为下部垫土，之后再水平夯筑①。安阳洹北商城大城城垣应是在早期环壕的基础上建造城墙，但城垣未建成即被废弃。

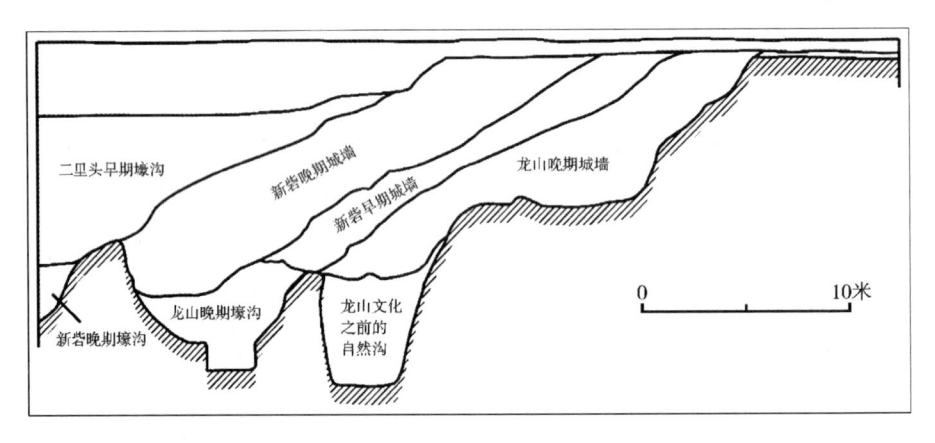

图7-11 新砦城址东城垣剖面图

4. 依崖型

依崖型即"依崖起建型"，也可称之为"堑山型"或"堑地型"②，是指城垣墙基依靠自然存在的崖壁向上建造，有的直接将崖壁包裹在内。与其他类型墙基不同，依崖型是利用原有地形的特征，将山坡或断崖作为起建的依托，进行一定的修整、加筑、切削等，借助于外侧低地或壕沟的高差形成城垣。

目前所知依崖型墙基见于龙山时代的北方地区，以石峁城址、陶寺城址为代表。陕西神木石峁城址皇城台台地四周围筑有石墙，

---

① 赵春青等：《河南新密新砦遗址发现城垣和大型建筑》，《中国文物报》2004年3月3日；中国社会科学院考古研究所河南新砦队等：《河南新密新砦遗址2002年发掘简报》《河南新密市新砦遗址东城垣发掘简报》，《考古》2009年第2期。

② 缪小荣、张国硕：《试论龙山时代的依崖型城墙》，《南方文物》2018年第4期。

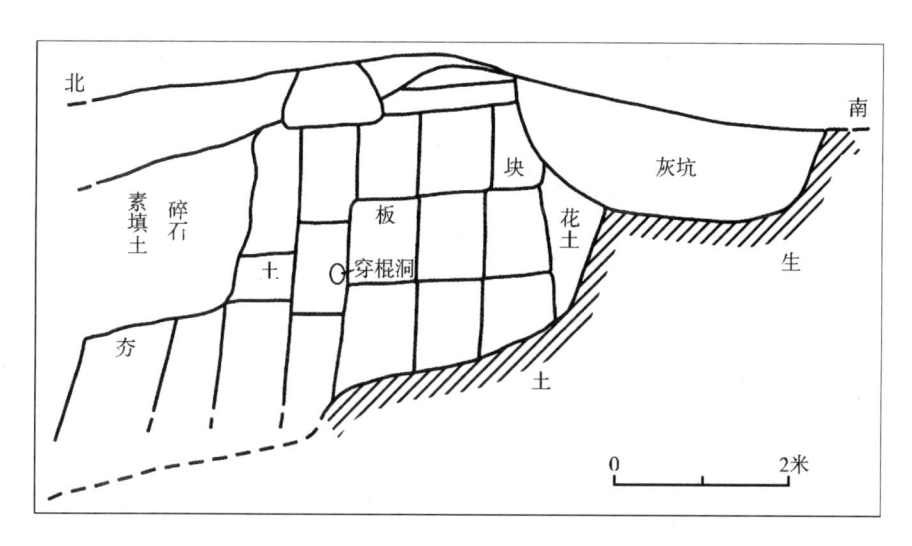

图 7-12　陶寺城址大城北城墙 Q4 探沟剖面图

墙体自下而上逐阶内收，阶阶相叠，形成台阶状的覆斗形。石墙由大小不等的石块交错平砌而成。每阶石墙有一层、两层、三层城墙之分，部分墙面上保留有纴木孔洞，应是出于加固石墙的考虑。此外，内城城垣主体是平地起建型，但在山峁断崖处同样采用依崖形式建造，下挖形成断面后再向上垒砌石块[1]。陶寺城址已发现有大小墙垣十几道，多为基槽型，但大城东墙 Q4 北段桃沟部分、"下层贵族居住区"[2] Q9 等两道垣墙为依崖而建。从剖面观察，Q4 系用三层夯土版块垒砌拼接而成，共有 17 块，其中底层 7 块，中层和上层均为 5 块。墙背所在位置的生土壁较陡，生土与墙背之间有一个上大下小的空隙，用较松软的花土填充（图 7-12）。Q9 墙体是利用城内的原始生土陡坡外包夯土城墙，与城墙外侧的深壕一起构成了防御屏障。该墙体残高约 2 米，墙背紧贴城内的生土陡壁，墙面约呈

---

[1] 陕西省考古研究院等：《陕西神木县石峁城址皇城台地点》，《考古》2017 年第 7 期；陕西省考古研究院等：《发现石峁古城》，文物出版社 2016 年版，第 32—55 页。
[2] 陶寺城址 2002 年发掘报告将 Q9 判定为陶寺"早期小城"南墙的一部分，近年考古发掘者更改为"下层贵族居住区"围墙，见中国社会科学院考古研究所等编著《中国陶寺遗址出土文物集萃》之《陶寺城址平面图》，天津古籍出版社 2018 年版。

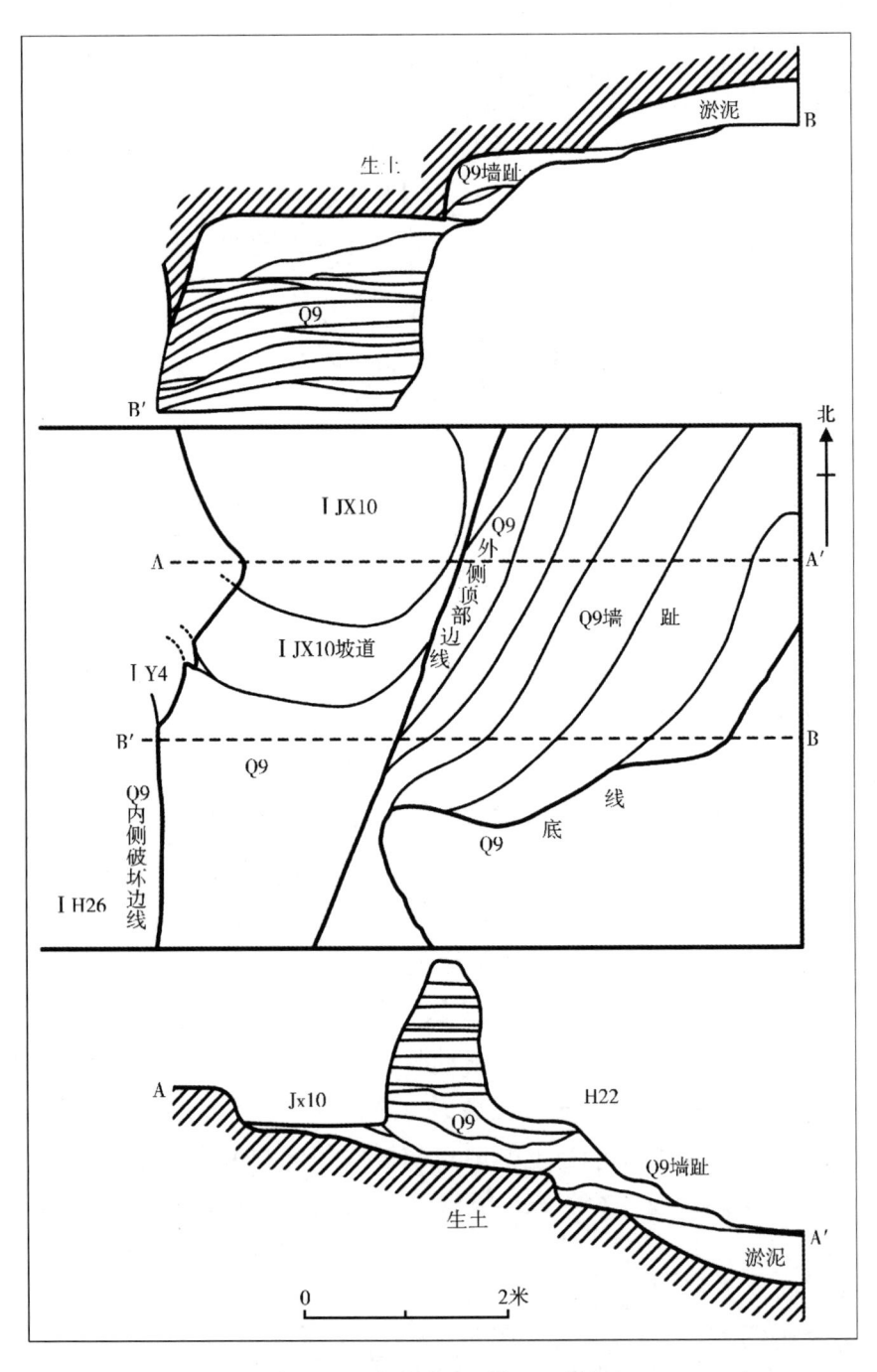

图 7-13　陶寺城址垣墙 Q9 平剖面

直立状。墙基与城墙夯层均由城内向城外略倾斜。台阶状墙趾是由城墙下部的垫土向外扩展而成，宽约 3 米，将城墙宽度计算在内，总宽度为 5 米（图 7-13）[1]。

5. 混合型

混合型是指一座城址的城垣同时包括两种以上墙基结构类型，主要有平地型+基槽型、基槽型+依崖型、平地型+依崖型等。

最早的混合型墙基结构出现在龙山时代，以平地型+基槽型最多。如古城寨城址墙基结构包括地面型和基槽型。二里头遗址宫城的西城垣和南城垣，一部分地段的城垣无基槽，还有一部分地段的城垣底部发现较浅的基槽[2]。大师姑城址东城垣亦是这种情况。郑州商城外城墙基为基槽型，但内城部分墙基为平地型，也见有基槽型。基槽型+依崖型见于陶寺城址，大部分城垣开挖基槽，部分城垣依靠生土陡壁向上建造。

（三）城垣建造技术

分析发现，中国早期都邑的城垣建造技术，主要有单一的堆筑、夯筑、版筑、砌筑[3]四大基本形式，还存在夯筑+版筑、夯筑+堆筑等混合形式。

1. 堆筑

堆筑是一种相对简单的城垣建造方式。所谓堆筑，是指在平地之上（个别在基槽内）多次堆土逐层向上筑成城垣。特点是堆土较为凌乱，层理不明显，厚度不一，中部高，两侧低；堆土略经夯打或踩踏、拍打，有的不夯打，土质疏松，层理不明显，厚度不一，没有明显的夯窝。采用此形式筑成的墙体往往不开挖基槽，底部一般较宽，两侧坡度较缓，防御洪水性能较强，而军事防御能力相对

---

[1] 中国社会科学院考古研究所山西队等：《山西襄汾陶寺城址 2002 年发掘报告》，《考古学报》2005 年第 3 期。
[2] 中国社会科学院考古研究所二里头工作队：《河南偃师市二里头遗址中心区的考古新发现》，《考古》2005 年第 7 期。
[3] 张国硕：《中原先秦城市防御文化研究》，社会科学文献出版社 2014 年版，第 88—90 页。

较差。

  堆筑形式通常见于南方地区，如良渚、宝墩、石家河、吴城、三星堆等城址。浙江杭州良渚城址城垣采用黄土堆筑而成。由于城址所处地理位置是沼泽地，不适合建造城垣，于是建造者先在沼泽地上堆筑石头地基，石头上面再用黄色黏土堆筑，底部宽度多在40—60米，保存较好的北城垣现存高度约4米。东城垣主要以黄土堆筑，部分区域为青灰土，底部铺垫外高内低石头地基。西城垣底部铺垫一层厚约0.2米的青胶泥，之上铺垫一层人工开采的山石，上面主要以深褐色黏土和黄色黏土堆筑起城垣，堆筑分层清晰（图7-3）。南城垣堆筑方法也是在生土上铺垫一层青胶泥，然后铺垫石块，再在石块上堆筑黄土。北城垣亦是在生土面上先铺黑色胶泥，然后在其上铺厚约0.2—0.4米的人工开采石块作为地基，之后短时间内分层堆筑，在堆筑层中间还有起加固作用的砂石或青灰土的条块状堆积[①]。江西樟树吴城城址城垣是堆土筑成，堆土经泼水踏实，不见夯窝。与其他南方城址不同的是，这里存在基槽之内堆筑的现象[②]（图7-14）。四川广汉三星堆遗址青关山段城垣残长140米，顶部残宽10—15米，残高近3米。修筑方法为由外至内、分块斜向堆筑。三星堆城址的真武宫城垣、月亮湾城垣和西城垣北段等也均采用此种堆筑方法。四川新津宝墩城址城垣从内侧逐层铺土堆筑并加以拍夯，夯具多为50—58厘米、长10厘米左右宽的木板，进行水平和斜面拍打，夯层呈坡状堆积，层间铺抹草木灰，夯筑不坚实；也有少量用木棍作夯具，利用约30厘米长、1.8厘米宽的木棍斜向击打[③]。中原地区的郑州大师姑城址部分地段城垣应是采用堆筑法建成。

---

  ① 浙江省文物考古研究所：《杭州市余杭区良渚古城遗址2006—2007年的发掘》，《考古》2008年第7期。
  ② 江西省文物考古研究所：《吴城——1973—2002年考古发掘报告》，科学出版社2005年版，第37—46页。
  ③ 成都市文物考古工作队等：《四川新津县宝墩遗址调查与试掘》，《考古》1997年第1期。

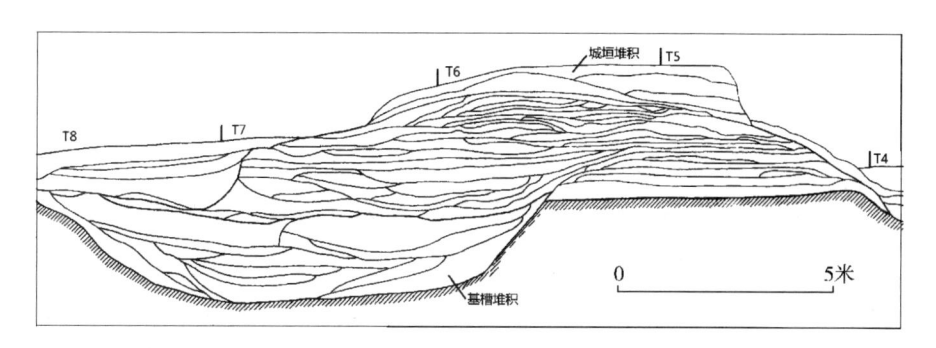

图7-14　吴城城址西城垣中段2001ZWT4—T8南壁剖面图

2. 夯筑

夯筑是指城垣经过严密的夯打筑成，即利用一定的夯具，在地面之上或在专门的墙基槽内堆土层层夯打预建垣体，然后切削两侧形成城垣。有时为了增加夯筑质量，还会在夯土中加入细沙、草木灰、纤维质材料等。特点是夯层清晰、近平，厚度接近，夯窝明显，墙体致密坚实。采用此形式筑成的城垣一般坡度较陡，墙体较高，有的在墙体或墙基两侧或一侧筑有护坡，防御洪水功能要弱于军事防御功能。

夯筑形式是早期都邑城垣建造的一项重要技术，多见于黄河中下游地区，以王城岗、偃师商城等城址为代表，新砦城址、望京楼城址、郑州商城的城垣也为夯筑而成。王城岗大城和小城的城垣均是夯筑技术建造，采用河卵石为夯具，但小城城垣夯层厚薄不均，厚度1—20厘米不等，夯窝有圆形圜底、椭圆形圜底、不规则形等多种形状，且大小不一。大城城垣夯层清晰，质地坚实，夯窝呈直径约5—7厘米的圆形，在夯层之间还用细沙进行处理[①]。此外，南方地区城垣也有部分用夯筑法筑成，如三星堆城址仓包包小城各道城垣均采用夯筑方法建造，与二期建造的北城垣的堆筑建造方法有

---

① 北京大学考古文博学院、河南省文物考古研究所：《登封王城岗考古发现与研究（2002—2005）》，大象出版社2007年版，第64页。

很大差异①。盘龙城遗址的城垣厚度7—8米，夯层清晰，每层厚度为8—10厘米，城垣内坡缓斜，外坡陡峭。

3. 版筑

版筑是在夯筑技术上发展起来的较为先进的建造技术。与一般夯筑法不同，版筑是指用木板模具夯筑城垣，即是先利用绳索固定模板，之后在模板中间填土用夯具夯实，待垣体建造完毕再将模板拆除，无须切削两侧城垣，然后分段逐层加宽、加高墙体。分小块、多次版筑墙体是小版筑，分大块或不分块通体版筑墙体即大版筑。在城垣具体建造过程中可以根据实际情况结合其他建造方法共同使用，还可增加护坡用以加固城垣。版筑的特点是各版筑体块大小接近，夯层较平，层理清晰平整，厚度均匀，夯窝明显，大小一致。利用版筑技术可以实现大型城垣的区段化、层位化建造，且工期短，建造效率高。版筑技术的发明为城垣向高耸发展提供了重要条件。采用此形式筑成的城垣一般高大陡立，墙体坚固，军事防御效果较好。

版筑形式多见于黄河中下游地区，仰韶时代晚期就已出现，龙山时代以后得以推广，夏商时期较为常见，以陶寺城址、郑州商城等都邑为代表。属于仰韶时代晚期的河南郑州西山城址就已发明小版筑技术，其城垣地面墙体系用黏性土采用小方块版筑技术建造而成②。陶寺城址城垣多采用小版筑，其东墙小版筑技术尤其独特，先在内外两侧分段版筑夯土挡土墙，再于挡土墙之间填土夯打成墙芯。挡土墙每段长约1.4米，宽0.8—0.9米，残高1.5米，夯窝直径5厘米，夯层厚10—25厘米，版模痕迹长1.4米，宽0.25米，夯土质量高，夯打坚实。河南偃师二里头宫城城垣使用的是大版筑技术，其东城垣和北城垣的部分地段发现有夯筑时所用木夹板和固定夹板的木柱遗痕，东北角城垣交接处应是一次性夯筑而成的整体性结构，

---

① 四川省文物考古研究院：《四川广汉市三星堆遗址马屁股城垣发掘简报》，《四川文物》2017年第5期。
② 国家文物局考古领队培训班：《郑州西山仰韶时代城址的发掘》，《文物》1999年第7期。

可以使城垣的转折点结构更加坚固①。郑州商城外城垣及内城主墙体是用黏性土分段、分层大版筑而成。城垣由主体墙和护坡两部分组成，城垣与护坡的接缝处有近乎垂直的壁面，壁面上留有木板痕迹。夯层厚约8—10厘米，从夯层表面的密集型圆形尖底或圜底的夯窝可以看出，城垣应是采用断面为圆形夯棍集束夯打而成，夯窝口径约2—4厘米，深约1—2厘米，也有个别长方形和三角形的夯窝。根据南城垣解剖可以看出墙体建造时先在平整过的地面上预设基槽，基槽口宽底窄、底部平坦。在基槽内填土夯筑至槽口部时加宽夯层，并在墙体两侧固定木制模板，利用模板逐层夯筑出主体墙，墙体内壁与地面接近垂直。同时，在紧靠主体墙版筑壁面的内侧，夯筑内高外低的倾斜护坡，并在其顶面铺一层料礓石碎块加以保护。东城垣的主体墙两侧壁面均与地面近于垂直，系采用分段版筑，每段长约3.8米，两段交接面处保留有横列的木制模板痕迹。内外两侧分别有底宽约7.25米和4米的护坡，且顶面用碎料礓石铺设。西城垣还发现有用圆本棍重叠横列代替木制模板的现象②。此外，河南焦作府城城址城垣系夹木板夯筑而成③；湖北黄陂盘龙城城址南城垣系分段版筑而成，版块长约10米，宽约7米④。

4. 砌筑

砌筑是以块料作为建造材料，按照一定的技术要求在地面或墙基础之上层层垒筑城垣。一般多用较为整齐的石块垒砌城垣，也有墙体内外两侧用石块砌筑，中间填土或小石块。个别为土坯垒砌城垣，明清时期多用陶砖垒砌城垣。这种建造工艺相对复杂，耗时长，

---

① 中国社会科学院考古研究所二里头工作队：《河南偃师市二里头遗址中心区的考古新发现》，《考古》2005年第7期。

② 河南省文物考古研究所：《郑州商城——1953—1985年考古发掘报告》，文物出版社2001年版，第223页；中国社会科学院考古研究所：《中国考古学·夏商卷》，中国社会科学出版社2003年版，第220页。

③ 河南省文物考古研究所等：《河南焦作府城遗址发掘报告》，《考古学报》2000年第4期。

④ 武汉市文物考古研究所等：《盘龙城遗址宫城区2014至2016年考古勘探简报》，《江汉考古》2017年第3期。

但建成的城垣更为坚固。采用砌筑形式筑成的城垣相对较窄，坡度较陡，城垣坚固，军事防御功能较强，较土质城垣更容易保存下来。

砌筑形式多见于北方地区，在早期都邑中发现较少，以石峁等城址为代表。陕西神木石峁城址内城、外城城垣均由经过加工的砂岩石块砌筑，交错平铺并间以草拌泥加固。城垣两侧多用打磨平整的石块砌筑，墙体内石块多为从母岩直接剥离的石块。城垣因地势开挖基槽筑基，尤其是靠向城外方向下挖深约1米的基槽，基槽内砌上石头之后，再与面向城内的地面持平，从而向上继续砌筑城垣[①]。最新考古发掘表明，土坯砌墙技术在仰韶文化晚期就已发明，河南郑州大河村遗址发现有土坯砌墙的现象[②]，若此判断不误，则为目前所知最早用土坯砖砌筑城垣的实例。龙山时代土坯砌墙技术较多出现，河南淮阳平粮台龙山文化城址发现有用土坯垒砌的门卫房[③]。四川广汉三星堆城址的城垣上部发现有利用土坯进行砌筑的现象[④]。

5. 混合技术形式

夯筑+版筑：一些早期都邑城垣的全部或部分地段的建造形式，下层是夯筑，上层是版筑；或主墙体是版筑，一侧或两侧护坡是夯筑，从而形成夯筑+版筑技术形式。夯筑+版筑技术形式多见于黄河中下游地区。古城寨城址的城垣基部大多先夯筑几层，然后版筑上部墙体。郑州商城内城主城垣系版筑而成，但两侧护坡则多为夯筑而成。

夯筑+堆筑：少数早期都邑城垣的全部或部分地段，下层、上层分别是夯筑、堆筑形式；或下层、上层分别是堆筑、夯筑形式；

---

① 陕西省考古研究院等：《发现石峁古城》，文物出版社2016年版，第49—55页。
② 杨猛：《郑州大河村遗址考古发掘新收获》，河南郑州"2022年度河南考古工作成果交流会"，2023年1月。
③ 河南省文物研究所等：《河南淮阳平粮台龙山文化城址试掘简报》，《文物》1983年第3期。
④ 陈德安、罗亚平：《广汉三星堆遗址发掘获重大成果》，《中国文物报》1989年9月15日。

也有主墙体是夯筑，两侧或一侧护坡是堆筑，从而形成夯筑＋堆筑技术形式。如三星堆城址部分城垣主墙体是夯筑，两侧护坡则为堆筑。

夯筑＋砌筑：李家崖城址东城垣内层主墙墙基为夯筑，墙基之上用石块砌筑，石块间的垫土也经过夯打。

堆筑＋砌筑：据有关材料，三星堆城址城垣一般是斜向堆筑，个别地段在墙顶使用土坯砖砌墙。

二　城垣附属设施的建造

城垣附属设施主要是指在城垣之上或内、外两侧建造的各类军事防御设施。中国早期都邑的城垣附属设施主要有城门、马面、瓮城、马道等，建造技术复杂多样，具有发展演变性。

（一）城门的建造

城门既是城内外居民出入的交通要地，也是都邑军事防御的重要部位。城门一般包括大门、门道、门卫房、城门楼等构件，有些城门外侧或内侧修筑有瓮城。大门一般为坚固厚重的木门，可以开启关闭，闭合时以门闩固定，以保障都邑的闭合性。门道即大门内的过道，是城门的必备构成。门卫房或称作"塾"，左右两侧分称"左塾""右塾"，用于守城士兵居住、戍守。城门楼多建在城门之上，用于瞭望和居高临下射杀来犯之敌。此外，由于某些特殊的自然条件，如城市附近有可通行的河道、湖泊，有些早期都邑专门设置有供水路交通的水门。

中国早期都邑均设置有一定数量的城门。与规模宏大的城垣相比，城门的规模一般较小，这主要是便于军事防御。除了北方地区部分都邑城门系用石块砌筑而成，大部分早期都邑城门皆为土木结构。考古发现的门道遗存多表现为坚硬的踩踏面或路土，也有在门道处铺设石头的，多较为狭窄，根据城门的规模不同有1—3个门道。有的门道下还修建有水道，以满足城内给排水需求。至少商代已建造有城门楼，多为土木结构。

龙山时代都邑之城门数量相对较少，且每个城门只设置有一个门道，且相对狭窄。建筑技术形态以山西襄汾陶寺城址的土城门和陕西神木石峁城址的石城门为代表。

陶寺宫城垣的南墙东部以及东城垣和南城垣相接处各发现一处城门。南墙东门仅残余基槽。该城门址呈门阙形，从南墙东、西两侧各向外延伸出夯土短墙。其中西侧夯土基址长21米、宽8米，年代为陶寺文化晚期。二短墙之间残留有一小块明显的路土，说明其应为出入门道，门道宽约5米。宫城东南角有一缺口，宽6.8米，当为角门。该门址结构较为复杂，表现在东墙内侧建造有长约10米、宽约11米的夯土墩台；南墙在拐角处又向外延伸出约15米东折形成短"L"形；南墙基槽外侧发现有礓墩类柱础[1]。

石峁城址在"皇城台"和内、外两城城垣上均发现有城门，尤其外城东门体量巨大、结构复杂，建筑技术先进。该城门地势较高，可有效利用自然地势排水。城门结构复杂，由外瓮城、两墩台、门塾、门道、内瓮城等部分组成。规模巨大，总面积超过2500平方米。其中门道呈"「"形，宽约9米，有上、下两层地面。其中下层地面为东门建造层，下铺垫有30厘米厚的硬土；上层地面为城门再建层[2]。城门南、北两侧各有一"墩台"，可有效保护门楼和城门。这两座墩台结构相似，皆为外包砌石墙，内部版筑夯土建造，靠城外一侧再加筑厚约1.3—2.5米的护墙。皇城台发现的一座城门，其结构大体和外城东门址的类似，有内瓮城、外瓮城、南北墩台、石砌台基、门道、护墙等，另有城门外的广场。主门道位于内瓮城北侧，平面亦呈"L"形。门道石墙内壁发现多处"壁柱槽"，对称分布，底部以大型平整石块为础，大部分壁柱槽内留有朽木，以此分析，皇城台门址主门道应是一覆顶的封闭空间。广场处于门址的最

---

[1] 张建华：《2017春季陶寺遗址考古：廓清宫城》，《临汾日报》2017年6月7日。
[2] 陕西省考古研究院等：《陕西神木县石峁遗址》，《考古》2013年第1期；国庆华、孙周勇、邵晶：《石峁外城东门址和早期城建技术》，《考古与文物》2016年第4期。

外面，范围广，面积超过2100平方米①。

夏商时期都邑城门数量增多，城门道仍大多狭窄，城门结构较为复杂，一般有门墩、城门楼建筑。建筑技术形态以河南偃师二里头宫城东门、新郑望京楼商城东门和偃师商城大城城门为代表。

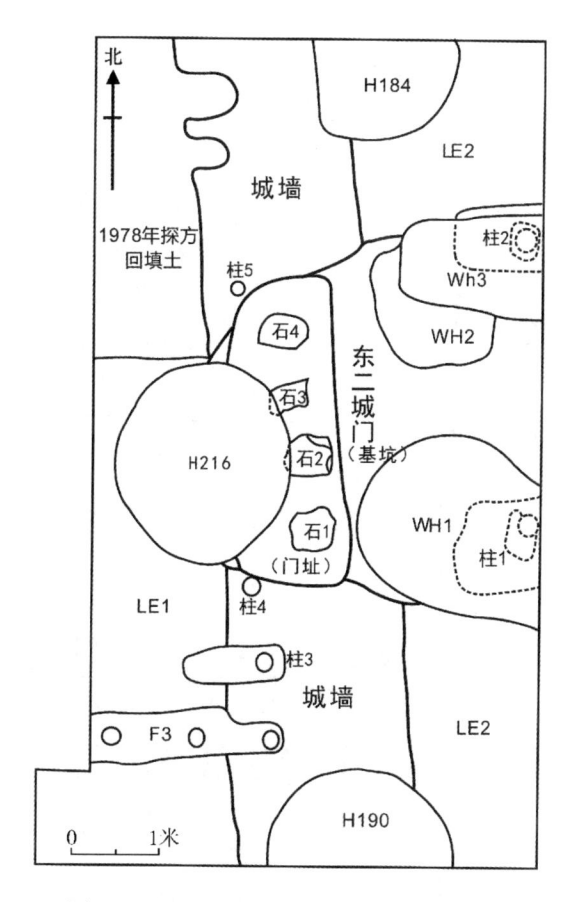

图 7-15 二里头遗址宫城东二城门平面图

二里头遗址宫城东城垣发现有3座城门，但是都被晚期灰坑、墓葬等遗迹破坏。其中东一城门位于东城垣北段，目前仅残存路土、

---

① 陕西省考古研究院等：《陕西神木县石峁城址皇城台地点》，《考古》2017年第7期。

门柱等部分；东二城门位于东城垣中段，残存叠压在东城垣上的门址及门址两侧的柱洞，其中东侧有柱洞2个，西侧有柱洞3个（图7-15）；东三城门位于东城垣南段，仅残存路土、基槽和门柱（图7-16）①。

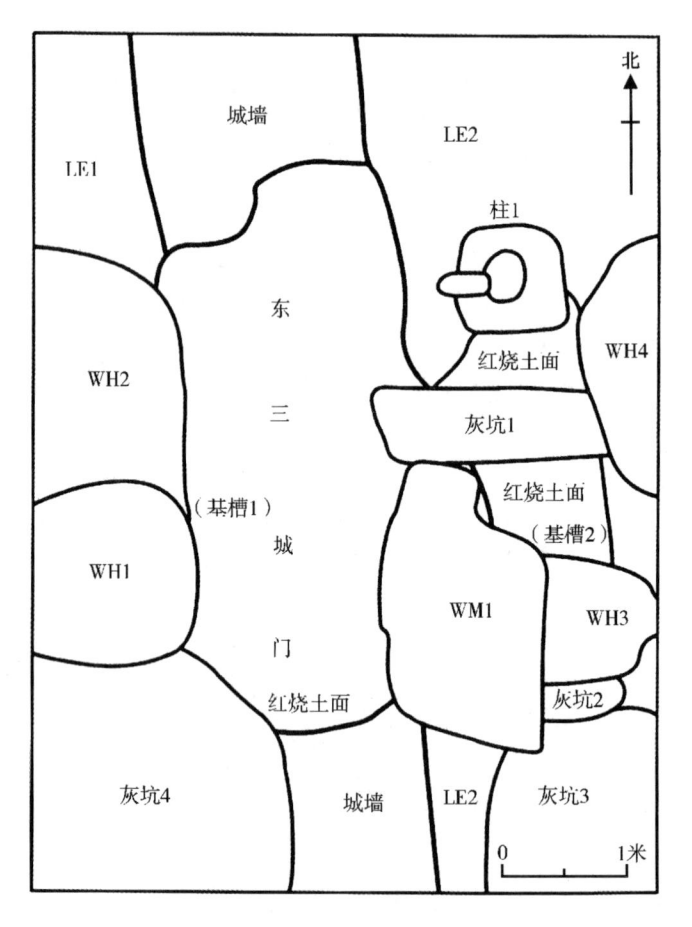

图7-16 二里头遗址宫城东三城门平面图

望京楼商城内城四面城墙应皆有城门。其中东城墙发现的东一城门为东西向，平面形状为"凹"字形，占地面积约2000平方米，

---

① 许宏：《河南偃师二里头遗址宫殿区》，《中国社会科学报》2005年3月22日。

由城墙、城墙护坡、门墙、门道、门墙内护坡、道路及附属建筑组成。城门处的主体城墙宽7.8米。在主体城墙的内、外两侧均匀分布着护墙墩，南北间距约17.5米。护墙墩东西长3米、南北宽2米，平夯而成，其保存高度与主体城墙等同。护墙墩的外面被护坡所环绕，其中外护坡宽7.5—8米，内护坡宽2.2—2.5米。城墙用土与护墙墩相同，土色为纯净的酱红色，土质紧硬，夯层整齐。城门以门道为核心，左右两侧对称。东城墙在城门处向内（向西）拐折15.5米，而后修筑门墙。门墙长7.7米、宽5.8米，门道长5.8米、宽3—3.3米。门道南、北两侧各有一条东西向的窄墙，夯打而成，紧贴门墙，宽约0.9—1米，残高1米。其夯层、夯窝与主体城墙相同，但土色与主体城墙有差异。窄墙内有排列密集的柱洞痕迹，形成暗柱，其中南侧窄墙内发现柱洞10个。柱洞底部有础石，础石上原本应有立柱，现仅存少量木炭。柱洞周壁规整，柱洞直径0.1—0.2、间距为0.1—0.2米。柱础石为砂质岩石，均埋藏较深，一般距路面0.6米，最深0.9米。城墙与门墙底部均有护坡，坡底宽于坡顶，坡底东西宽18.8米。门道有坚实的路面（L1），路面厚20—40厘米，一直向东延伸至护城河西边。门道处的道路宽3—3.3米，门道之外增宽至6—7.5米。路土分为5层，每层厚约3—8厘米，可分为黄褐色、黄灰色及黑褐色，每层均含有碎石子和料礓石。第③层与第④层之间夹有垫土层，垫土内含大块料礓石。东城墙在城门拐折处，南北各有一块凸出的长方形转角，长3.3米、宽2.5米[①]（图7-17）。

偃师商城外大城共有城门9座，包括东垣、西垣各3座，南、北垣近中部各1座[②]，另外还在西城墙南段又发现一西城门。此外，小城北墙中部、东墙中段也发现有城门。大城西二城门、西三城门、

[①] 郑州市文物考古研究院：《河南新郑望京楼二里岗文化城址东一城门发掘简报》，《文物》2012年第9期。
[②] 中国社会科学院考古研究所河南第二工作队：《河南偃师商城西城墙2007与2008年勘探发掘报告》，《考古学报》2011年第3期。

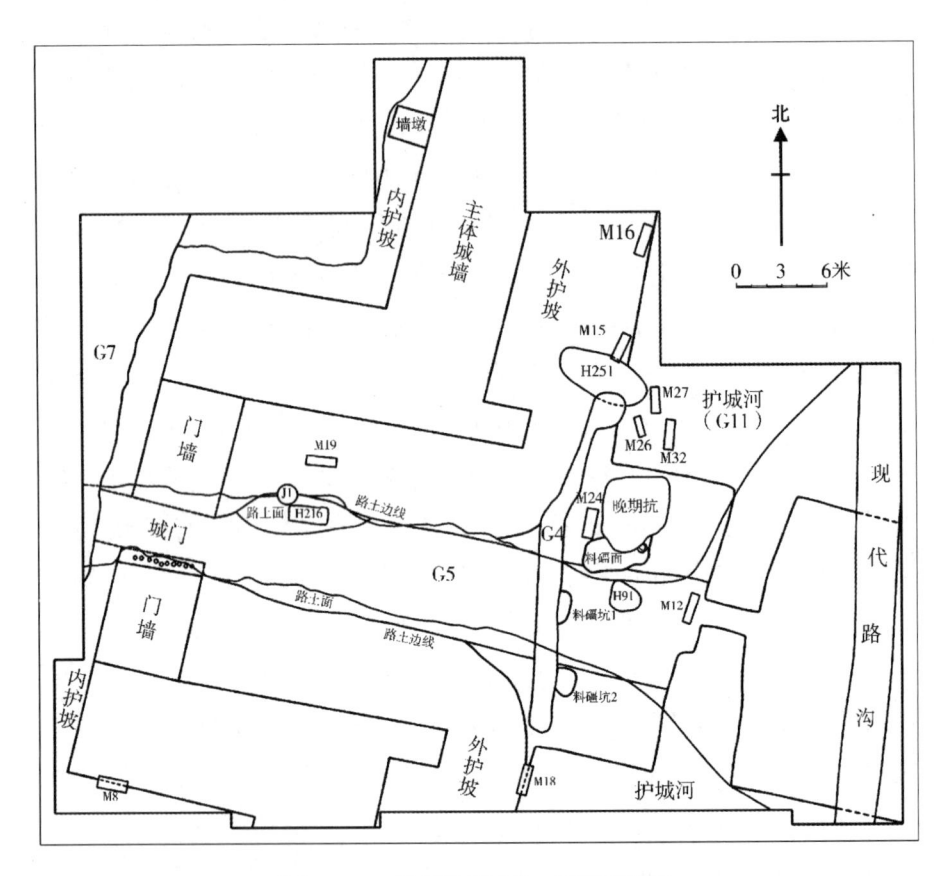

454　中国早期都邑的形成与都邑形态研究

图7-17　望京楼商城东一城门平面图

东一城门最具代表性。西二城门位于西垣中部偏北处，呈东西向，发掘表明存在上、下两层城门。上层城门门道全长约16.5米，与西城垣的厚度相等，宽2.3—2.4米，门道中为坚实纯净的紫褐色路土，厚约40—50厘米，中间略高两侧略低。门道两侧各有一条夯土筑成的窄墙，紧贴城垣两端，宽0.75—0.9米，残高约0.9米。窄墙内保留有排列密集的木柱洞痕迹，共发现柱洞34个，其中南侧16个，北侧18个。这些柱洞直径约20—25厘米，最大的32厘米，两柱洞的间距约20—40厘米，可见墙内的木柱排列密集而有规律，有的柱洞不能直达墙顶，呈"半截桩"形态。柱洞下多有埋置较深的

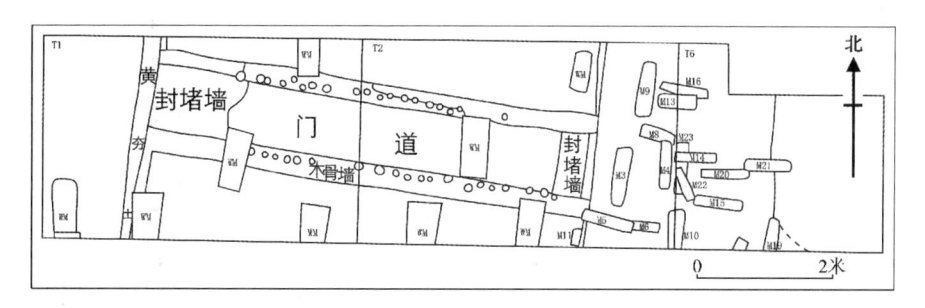

图 7-18　偃师商城西二城门平面图

柱础石，上距门道路土 1—1.65 米，材质为砂质岩石①（图 7-18）。下层城门遗迹包括南、北两侧墙基及墙基间夯土、早期路土，墙基内木柱下有柱础石②。门道两侧密集的木柱洞和础石的发现，说明城门之上应建造有城门楼或亭之类设施。西三城门位于西垣北段，由门道和南北侧的木骨夯土墙构成，形状呈向东（内）凹。门道东西长约 16 米，南北宽约 3.35 米，两侧的木骨夯土墙内共有柱洞 37 个，其中北墙内 18 个，南墙内 19 个，除东、西第一个柱洞较浅、没有柱础石外，其余均有柱础石且柱洞较深（图 7-19）。门道西部距墙头约 3.5 米处，有南北向烧土坑和长条状烧土遗迹，根据位置和形状判断，似与木门有关③。东一城门门道全长 19.4 米，宽 2.4 米，门道两侧也有木骨泥墙，墙内残留有柱洞，城门内还有石砌水道设施。该石砌水道的建造应是先根据规划设计开挖沟渠，沟渠的两壁之间栽置等距的木桩骨架，然后在沟渠底部铺设石板，木桩之间用石块垒砌，口部用木板覆盖，木板之上叠压着一层灰褐色草泥

---

① 中国社会科学院考古研究所河南第二工作队：《1983 年秋季河南偃师商城发掘简报》，《考古》1984 年第 10 期。

② 中国社会科学院考古研究所河南第二工作队：《1983 年秋季河南偃师商城发掘简报》，《考古》1984 年第 10 期；曹慧奇、谷飞：《偃师市商城西城垣遗址》，《中国考古学年鉴·2009》，文物出版社 2010 年版。

③ 中国社会科学院考古研究所河南第二工作队：《河南偃师商城西城墙 2007 与 2008 年勘探发掘报告》，《考古学报》2011 年第 3 期。

土，其上再铺设路土①，便于城内外出入（图7-20）。发现的小城东门为单一门道，宽约3米，门道两侧有夯土柱槽和柱洞，门道下方铺设有宽约2.3米、深约1米的石砌暗渠。

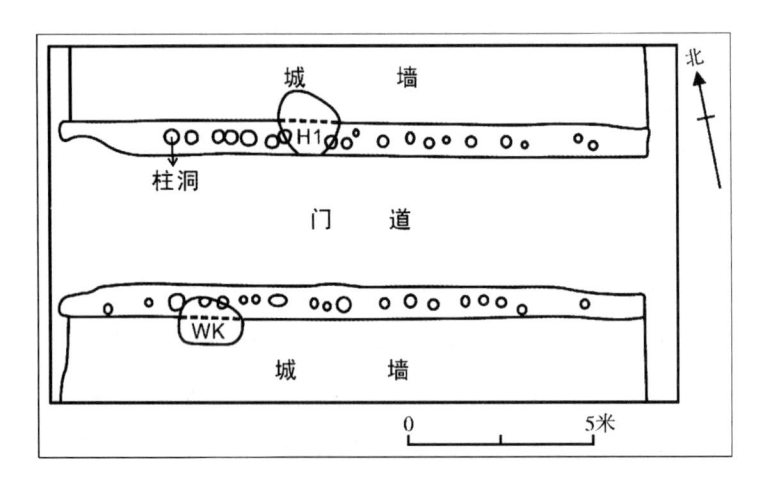

图7-19 偃师商城西三城门平面图

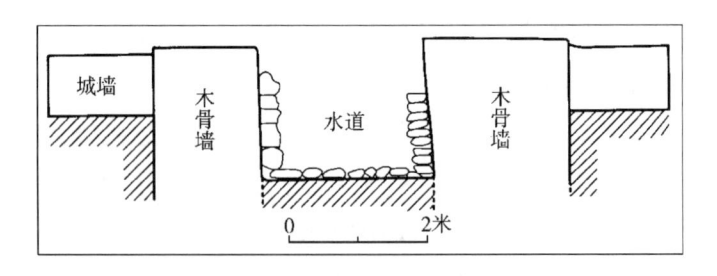

图7-20 偃师商城东一城门剖面图

湖北黄陂盘龙城城址有四座城门，均位于各面城垣中部。各城门门道现存宽度5—8米不等，进深27—30米，门道两侧墙体向下斜收，截面呈倒梯形。城门外侧有超出城垣的夯土平台，可能原有相应的建筑设施②。每座城门两侧均置有方石，今西城门外侧

---

① 黄石林：《关于偃师商城的几个问题》，《中原文物》1985年第3期。
② 武汉市文物考古研究所、盘龙城遗址博物院：《盘龙城遗址宫城区2014—2016年考古勘探简报》，《江汉考古》2017年第3期。

石块尚存①。

浙江杭州良渚古城在东城垣、南城垣、北城垣各发现了2个城门，均为水城门。通过对北城垣靠东的火溪塘城门的发掘，显示城门宽度为30余米，对应城垣中部位置有成排木桩。

(二) 马面的建造

目前材料表明，中国早期都邑最早的马面遗存见于石峁城址。2012—2015年的石峁城址考古调查与发掘，发现至少存在7座马面遗迹，并集中分布于外城东门附近。这些马面为"凸"字形，修建于直线城垣外侧，凸出于墙体，相互之间有一定的间距，间距集中在30—40米，多与城垣同时起建②（图6-2）。此外，良渚城址城垣也有类似的马面建筑，王城岗小城、盘龙城城垣、偃师商城小城等发现一些具有马面功能的遗存。

一般来讲，马面的建筑技术可分为石砌、版筑及夯筑三种，北方地区石城类马面多用石砌的建筑方法，而黄河中下游地区史前及夏商周时期城址的城垣多采用夯筑和版筑而成③。

石砌又可细分为包土法和不包土法两种。包土法是指马面外侧用石块错缝砌筑，一种是中间填以黄土并可能经过夯打，还有一种是中间以黄土与石块并用填充，多不夯打。不包土法是指马面整体以石块砌筑，为使其坚固耐用，有时用多层石墙套砌，石墙缝隙间填少量黄沙土。石峁城址马面设施采用的就是石砌法中的包土法修筑，即外侧用石头砌筑，内填黄土。其中的一号马面基本呈长方形，长11.7米，宽9.4—10.8米，高逾3米，形制规整，已完全具备后世马面的特征及功能。马面与石墙同时建造，其建造方法是：外围包砌石块，内芯用夯土版筑而成，南、北两侧的包石与城垣砌石逐层交叠。这反映出马面建筑技术在石峁地区已

---

① 湖北省文物考古研究所：《盘龙城——一九六三年——一九九四年考古发掘报告》，文物出版社2001年版，第14、16页。
② 孙周勇、邵晶：《马面溯源——以石峁遗址外城东门址为中心》，《考古》2016年第6期。
③ 张国硕、缪小荣：《先秦城址马面初探》，《中原文化研究》2015年第1期。

较为成熟。

(三) 瓮城的建造

从目前考古材料来看，已发现的与瓮城起源和形成有关的城址多在中国北方地区，龙山时代的陶寺城址、石峁城址等都邑都发现有瓮城遗存。商代瓮城遗存见于黄河中下游地区的大师姑、偃师商城等都邑。从平面布局来看，早期都邑具有一般所说的瓮城，即外瓮城，也有较为少见的内瓮城，更有内、外瓮城兼备者。

龙山时代的石峁城址发现了典型的瓮城建筑遗存，且内、外瓮城兼具，建筑技术先进，显现出瓮城建造的成熟性。石峁城址外城东门建造的内、外瓮城均为土石结构。其中外瓮城以一道南北向长墙和两道东西向平行短墙与南、北墩台在城门外侧围合成独立的空间，平面基本呈"U"形。而内瓮城是在门道西端内侧形成的曲尺形结构建筑与北墩台西壁围合形成独立空间[①]。皇城台城门也发现有与外城东门类似的内、外瓮城遗存。其中外瓮城位于广场内侧、南北墩台外侧正中，是平面呈"U"形的一座石砌单体建筑。内瓮城是在南墩台后侧连接的石砌建筑，平面呈"L"形，与外城东门址内瓮城整体结构类似。此外，陶寺中期大城北城垣的北门发现有瓮城，属于外凸的外瓮城；陶寺宫城东墙和南墙相交处城门，东墙、"内墩台"和南墙延伸墙体组成一处曲尺形空间，推测应是一处曲尺形的外瓮城[②]。

目前，还未发现夏代的瓮城，商代瓮城继续发展并趋于完善，且多见内瓮城，多为夯土筑成。偃师商城西三城门发现的瓮城遗存，系城垣整体内凹而成，凹进部分平面呈方形，整体与西城垣相连，在凹进部分南北向城垣中部设立门道。与此类似，望京楼商城东一门发现的内瓮城，其平面形状为东城墙在城门处向西（内）转折而

[①] 孙周勇、邵晶：《瓮城溯源——以石峁遗址外城东门址为中心》，《文物》2016年第2期。
[②] 王学涛：《山西陶寺遗址考古发现早期宫城》，《中国文物报》2017年6月27日；张建华：《2017春季陶寺遗址考古：廓清宫城》，《临汾日报》2017年6月7日。

后合拢呈"凹"字形，从而构成一道特殊的门墙，门墙中部设门道。垣曲商城西城门设置独特。在距西墙6—9米外侧自西门向南，有一堵与内墙平行的外城墙，两墙相距7—10米，形成一窄长的通道。外墙的北端东折与内墙在门道北侧相接，将门道封堵在内。城外人员若要进入城内，必须从西南城角外侧外墙缺口处，顺西城墙内、外墙之间通道北行，至西墙北段，穿西门而入。如此设计建造，可起到后世瓮城的部分防御功能[①]。

三 护城壕的建造

护城壕是围绕在城址外围深而宽的壕沟，多为人工挖筑。一些护城壕还与自然河流相连通。考古所见的中国早期都邑多因地制宜地建造护城壕，规模大，坡陡水深，对都邑的防御安全起着重要作用。

早期都邑护城壕的规模有大型、中小型之分。大型护城壕是指宽度在15米以上、深度大于5米的护城壕，如偃师商城大城、郑州商城等都邑的护城壕。中小型护城壕宽度一般在5—15米，深度在5米左右或小于5米，如王城岗大城、望京楼城址、大师姑城址、垣曲商城等都邑。

护城壕一般位于城垣外侧或内侧数米范围内，城垣与护城壕之间有一定的开阔地带，俗称"压脚台"。王城岗大城、大师姑城址、偃师商城大城、郑州商城、盘龙城等都邑的护城壕均与城垣保持有3—20米左右的距离（有压脚台），其中偃师商城大城护城壕墙、壕之间距约12米[②]，盘龙城环壕内侧距城垣约3米。也有部分护城壕紧邻城垣根基处开挖，不见压脚台或压脚台甚小，如古城寨、良渚、望京楼、三星堆等城址（表7-1）。其中三星堆城址每道城垣护城壕都是紧挨着城垣，没有压脚台。

[①] 董琦:《瓮城溯源——垣曲商城研究之一》，《文物季刊》1994年第4期。
[②] 高炜等:《偃师商城与夏商文化分界》，《考古》1987年第10期。

表 7-1　　　　　　　中国早期都邑护城壕建造形态

形态 城址	道数与规模	建造方式	结构	压脚台
王城岗大城	单道。西城壕宽 10 米，深 1.5—4 米；北城壕口宽 14 米，底宽 7.2 米，残深 2.4 米	人工开挖修筑与自然河流相结合	呈斗形，弧壁，圜底或近平	有
古城寨	单道。宽 34—90 米，深 4.5 米	人工开挖修筑与自然河流相结合	弧壁，底近平	无
石家河	单道。宽约 80—100 米，深达 9 米	人工开挖修筑与自然冲沟相结合		有
良渚	双道。内城东、西、北城垣内侧和外侧均设置有护城河	人工开挖修筑与自然河流相结合		无
宝墩	单道。城壕沟宽 10—15 米	人工开挖修筑		有
尧王城	单道。内城、外城外侧均有护城壕，壕口宽 30 米左右	人工开挖修筑	弧壁	无
新砦	双道。河底现宽 1—3.65 米，河底上距地表 6.95 米，其宽度推测均在 11 米以上	人工开挖修筑与自然河流相结合	弧壁圜底	无
大师姑	单道。城壕宽 5—9 米，深大于 3 米	人工开挖修筑	东壕斜直壁，平底；南壕壁上直下缓，圜底	有
望京楼	双道。二里头文化城址壕宽大于 10 米，深约 4 米；二里岗文化城址壕宽约 13—15 米，深 2.5—4.5 米；外城壕沟宽 6—25 米，深 3—4 米	人工开挖修筑与自然河流相结合	直壁圜底、弧壁圜底	无
郑州商城	双道。内城东城垣外侧护城壕规模较大，最深处大于 11 米；外城护城壕宽约 40 余米	人工开挖修筑与自然河湖相结合		有
偃师商城	单道①。大城城壕宽 18—20 米，深 5—10 米	人工开挖修筑	剖面近倒梯形，口宽底窄，直壁，外侧坡度陡，内侧坡度缓	有

---

①　偃师商城小城所谓的"护城壕"规模较小，新的考古勘探材料表明，小城可能不存在护城壕。

续表

城址＼形态	道数与规模	建造方式	结构	压脚台
垣曲商城	单道。西城垣外护城壕宽6—10米，深7米	人工开挖修筑与自然沟壑相结合	壁内直外斜，平底	有
盘龙城	双道。城垣环壕宽5米，深2.7—3米。北城垣外15—23米处壕沟，宽约14米，深4—5米	人工开挖修筑	环壕两壁向下斜收。北城垣外壕两侧沟壁向下斜收，口宽底窄，截面呈倒梯形	有
吴城	单道。城垣外护城壕口宽6.5米，深3.1米，壕底宽1.3米	人工开挖修筑	口大底小呈斗状，两岸斜直	有
牛城	单道。东、西、南三面城外护城河宽12—15米，残深1.5—3米左右	人工开挖修筑		有
三星堆	双道。大城壕沟宽20—30米；月亮湾小城壕沟宽40—55，深2.95米；三星堆小城南侧壕沟宽30—35米，深2.4米	人工开挖修筑与自然河流相结合		无

在建造方式上，早期都邑所见的护城壕，或为人工开挖、封闭的护城壕，也兼有人工开挖壕沟与自然河流、湖泊、冲蚀沟相连通的组合沟壕。地势相对平坦且周围无高山河流依托的都邑，一般修筑全封闭性护城壕，并将都邑环绕于护城壕之内，如宝墩、尧王城、大师姑、望京楼、偃师商城等城址。而那些周围有河流或地势起伏较大的都邑，常常借助当地的自然河流、湖泊或冲沟、断崖等充当护城壕的角色，将人工开挖的护城壕合理设计，与上述自然屏障有机结合，共同形成都邑的外围防护圈，如王城岗大城、古城寨、石家河、新砦、望京楼二里头文化城、郑州商城等都邑之护城壕。新砦城址地势略高于周围，三面环水。城垣外侧北、西、东三面开挖有护城壕，但不见南护城壕，很可能以城址南侧的双泊河代替。类

似情况见于新砦城址外围壕沟的建造中，城市建造者在北城垣之北人工开挖东西长1500米、南北宽6—14米、深3—4米的外壕，与南边的双洎河、西边的武定河、东边的圣寿溪河相连通，形成完整的外围防护圈。郑州商城内城东城垣外发现有护城壕，壕内有水[1]，南城垣外有熊耳河流经，北城垣外为金水河古道，壕沟与河流共同组成封闭的防御圈[2]。

早期都邑护城壕结构多为口大底小，剖面呈倒梯形或锅底形。大师姑城址东护城壕（G2）被商代壕沟（G1）打破，残存口部宽5米，推测原剖面应为近倒梯形，口大底小，壁斜直，底部近平（图7-21）。而大师姑城址南护城壕则为圜底或锅底形，外侧沟壁上直下缓，内侧沟壁被商代壕沟打破，现存宽度口部约为9米，沟深约2.8米[3]。垣曲商城等都邑的护城壕为直壁平底，王城岗大城护城壕为弧壁平底，望京楼城址护城壕有直壁圜底和弧壁圜底两种类型。剖面形状呈梯形者以内壁陡直、外壁稍缓类居多，也有一部分

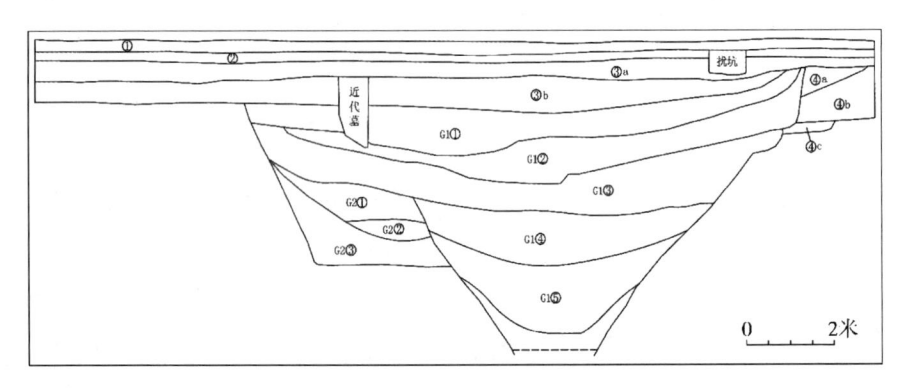

图7-21 大师姑城址东护城壕剖面图（TG2南壁）

---

① 宋国定：《1985—1992年郑州商城考古发现综述》，《郑州商城考古新发现与研究》，中州古籍出版社1993年版。

② 河南省文物考古研究所：《郑州商城——1953—1985年考古发掘报告》，文物出版社2001年版，第178页；河南省文物考古研究所：《郑州商城外郭城的调查与试掘》，《考古》2004年第3期。

③ 郑州市文物考古研究所、荥阳市文物保护管理所：《河南荥阳大师姑遗址2002年度发掘简报》，《文物》2004年第11期。

恰恰相反。偃师商城大城的护城壕剖面呈近倒梯形，口宽底窄，口宽18—20米，深5—10米，外侧坡度陡，内侧坡度缓。

目前所知早期都邑的护城壕按照建造的道数，可分为单道护城壕和双道护城壕。其中单道护城壕以王城岗大城、古城寨、石家河、大师姑、垣曲商城、吴城、牛城等都邑为代表。双道护城壕以郑州商城、新砦、望京楼、盘龙城等都邑为代表。郑州商城内城垣外侧有护城壕和自然河流组成的防御圈，外城垣外侧也有护城壕与湖泽组成的防御圈。盘龙城城垣外侧有护城壕，平行环绕于城垣四周，周长约1180米。据新的考古勘探材料，在距北城垣北侧15—23米处，还发现有一道北"城壕"，起于宫城西北杨家湾山体，向东延伸通向盘龙湖，发掘者推测这条壕沟主要功能是山体或城址之泄洪、排水[1]。此外，个别都邑如良渚城址，其城垣内、外两侧均开挖有护城河，属于较为独特的双道护城壕。

早期都邑护城壕对应的城门处，一般架设有桥梁。陶寺城址FJT2基坑的北端有一豁口，北部围壕ⅠHG9内底界面上有两个东西向排列的夯土小桥墩，豁口部位与夯土桥墩相互对应，发掘者认为应是搭小木桥板所用[2]。偃师商城西一城门外的护城河架设有桥面宽度不会少于9米的木桥[3]。

第二节 房屋建筑的建造技术

房屋建筑是人类定居生活的必备条件。房屋建筑遗存直接反映

---

[1] 武汉市文物考古研究所、盘龙城遗址博物院：《盘龙城遗址宫城区2014至2016年考古勘探简报》，《江汉考古》2017年第3期。

[2] 中国社会科学院考古研究所山西队、山西省考古研究所等：《山西襄汾县陶寺城址发现陶寺文化大型建筑基址》，《考古》2004年第2期。

[3] 曹慧奇、谷飞：《偃师市商城西城墙遗址》，《中国考古学年鉴·2009》，文物出版社2010年版；中国社会科学院考古研究所河南第二工作队：《河南偃师商城西城墙2007与2008年勘探发掘报告》，《考古学报》2011年第3期。

着人的居住形态,是居住形态研究的重点。从使用者所属的不同社会地位来分析,中国早期都邑房屋建筑可分为统治阶级使用的宫殿建筑和一般民居建筑两大类,这两类建筑在建造规模、规格和建造技术方面有着较大差别。

一 宫殿建筑的建造

统治者居住、开展政治活动的宫殿建筑是早期都邑的必备建筑,在考古学中表现为大型夯土建筑基址的存在,具有规模大、规格高、建造技术考究等特点。传世文献有关于早期都邑宫殿建筑形态的记载。如《周礼·考工记》:"夏后氏世室,堂修二七,广四修一,五室,三四步,四三尺,九阶,四旁两夹,窗,白盛,门堂三之二,室三之一。殷人重屋,堂修七寻,堂崇三尺,四阿重屋。"宫殿建筑作为判断早期都邑的重要物化标准之一,在早期都邑遗址中均有发现,为分析判断早期都邑宫殿建筑技术奠定了基础。从垂直结构上看,早期都邑的宫殿建筑主要包括三大部分:台基、屋身、屋顶。

(一) 台基

台基是建筑物的基座,夯土而制,主体结构一般包括台明、埋深和台阶三部分。台明是指存在于地面之上柱脚以下的可见部分,埋深则是指地下的不可见部分,台阶即作为台基垂直交通使用的踏道。

宫殿建筑的高台化特征是建筑等级的重要标志。考古资料表明,早期都邑的宫殿建筑都坐落于高大的台基之上。由于早期都邑的宫殿建筑体量较大,为保证建筑的稳固性,往往采取大面积连片同时夯筑,其受力承载效果与现代的"箱形基础"或"片筏基础"类似,台基则相当于承受房屋整个荷载的"块状基础"[①]。在使用上,经过夯打的台基可有效防止和减缓室内潮湿,高出地面的台基可避免因地面积水而对屋身造成的损害,且增强了宫室的防御性。在建

---

① 邓其生:《中国古代建筑基础技术》,《建筑技术》1980年第2期。

筑美学上，高大的台基使宏大的宫殿建筑更加巍峨庄严，起到调适建筑比例的作用，也为使用者创造了良好的视觉环境。

龙山时代的都邑中，宫殿建筑的高台化已经非常明显。如良渚城址的莫角山宫殿区大型土台建筑就充分展示了建筑的高台化特征。整个莫角山宫殿的土台东西长630米，南北宽450余米，面积近30平方米，基础高度约12米，由古尚顶土台和其上的大莫角山、小莫角山、乌龟山三座宫殿台基组成。大莫角山台基是古尚顶土台上三座宫殿台基中面积最大的一个，呈覆斗状长方体，台底东西长约175米、南北宽约88米，土台总面积约1.5万平方米，台基高达16.5米，在大莫角山顶上还发现了7个呈南北两排分布、面积约300—900平方米的台基。

夏商时期，宫殿建筑多成组出现，每一组宫殿的建筑地段普遍垫土加高。二里头遗址宫殿建筑所在地段，下部垫土加高形成大土台，建筑立之于台基之上。其中一号宫殿基址是一组规模宏大、结构复杂的夯土建筑基址，整体略作正方形。现存台基高出当时地面约0.8米，边缘呈缓坡状，斜面有坚硬的石灰石或路土面。盘龙城遗址的宫殿建筑F1、F2、F3及其两侧配殿遗迹所在地段普遍垫土夯实，使建筑群坐落在一个大面积的低矮夯土台上。安阳小屯殷墟宫殿区也有类似的做法。

为了方便人们进出高大的宫殿建筑，往往修建有满足台基垂直交通的夯土台阶。如偃师商城宫殿区四号宫殿建筑的台基高出庭院约0.4米，台基南侧有4处台阶，各有3级，以夯土筑成，两侧加石片保护。宫城东南隅的五号宫殿建筑，其主殿南面有4处台阶，且每处台阶两侧各有一埋有狗的土坑。西组的二号宫殿基址，其正殿南、北两侧各有5个夯土台阶。洹北商城一号宫殿基址正殿前发现有9个台阶，二号宫殿基址正殿前也有4个台阶。

地基是建筑基础以下的地层，其作用是承受建筑基础传递而来的全部建筑的重量，其强度与建筑质量息息相关。目前发现的早期都邑宫殿建筑均建设在夯土基址之上，采用素土夯打地基。所谓素土夯打地基指就地取材，单纯利用土壤，通过夯具的夯打达到一定的坚固程度而成为地基①。如二里头的宫殿夯土地基就采用纯黄土整片分层夯实，深入地层约 2 米，质地坚硬密实。安阳小屯殷墟宫殿建筑采用板块的素土夯土地基，用直径 4—5 厘米的木头为夯具，夯层 5—7 厘米。值得注意的是，殷墟时期人们对地基和基础已有明确的概念，表现在部分宫殿柱下设置有石质的磉础，柱与础间还加有铜或横纹木做的垫板即顿，如此则可使木柱的集中荷载通过石础能较均匀地扩散到夯土的地基上去②。

(二) 屋身

就建筑的承重结构来说，承重构件的数量越少，承重构件的断面尺寸越小，相同承重构件条件下空间跨度越大，就意味着建筑的建造技术越先进。夏商时期都邑中的大型宫殿建筑普遍带有擎檐柱（挑檐柱）。商代擎檐柱已经成为高级建筑的主要承檐方式，并且擎檐柱的营造技术也经历了逐步革新。有学者研究认为，早期擎檐柱为一檐柱对应二擎檐柱的组合方式，后经历一檐柱对应一擎檐柱、一檐柱对应二擎檐柱间隔布局组合方式，最终形成一檐柱对应一擎檐柱的制式③（图 7-22）。支撑构件的减少说明了建造技术的提升，这使得同样规模的建筑物一方面节省了相应的建造材料，另一方面也降低了维修数量和成本。到了殷商晚期，擎檐柱由之前的入地栽立式改进为明础立柱，柱脚的提升有效地减少了擎檐柱柱脚受潮导致的损坏。

木骨泥墙是建造宫殿的一项重要技术。在墙内利用"木骨"可增加墙体荷载力，提高建筑稳固性。早期都邑宫殿建筑多采用木骨泥墙建筑技术。如古城寨龙山文化城址揭露出的大型宫殿基址和大型廊庑式建筑就已经使用木骨泥墙。二里头遗址二号、四号宫殿也

---

① 杨国忠、闫超：《中国古代地基基础技术研究》，《岩土工程学报》2011 年增刊第 2 期。
② 邓其生：《中国古代建筑基础技术》，《建筑技术》1980 年第 2 期。
③ 杨鸿勋：《从盘龙城商代宫殿遗址谈中国宫廷建筑发展的几个问题》，《文物》1976 年第 2 期。

第七章　都邑建造技术形态　467

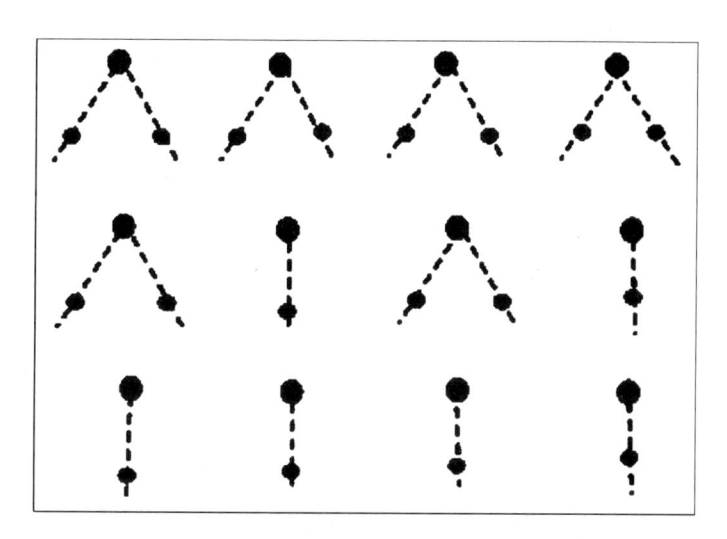

图 7-22　檐柱与擎檐柱关系发展平面示意图

说明：自上而下分别为二里头宫殿 F1 和湖北黄陂盘龙城宫殿 F1、殷墟宫殿乙 13、殷墟宫殿乙 8。

资料来源：杨鸿勋：《从盘龙城商代宫殿遗址谈中国宫廷建筑发展的几个问题》，《文物》1976 年第 2 期。

使用了木骨泥墙建造技术，木骨的墙基中间的柱洞细小而密集，直径 8—12 厘米，间距 8—22 厘米，立柱之间系以芦苇束涂泥成墙。这些木骨泥墙不仅作为空间分隔构件，还起到对廊庑顶部的承重作用。商代宫殿建筑中开始普遍应用木骨泥墙，盘龙城、偃师商城、洹北商城、小屯殷墟的宫殿建筑基址都发现有木骨泥墙遗存。洹北商城一号、二号宫殿基址外围均带有回廊，正殿各室墙壁均为木骨泥墙，扮演着支撑屋顶的角色①。偃师商城宫殿区东区发现的八号宫殿基址较为特殊，其宫室主体四周没有回廊而建造有木骨泥墙，此墙起到围合和支撑屋顶的作用②。安阳殷墟宫殿基址发现的木骨墙基，墙里面的柱子洞粗大而疏稀，直径 50 厘米，间距 2 米。

---

① 杜金鹏：《洹北商城一号宫殿基址初步研究》，《文物》2004 年第 5 期。
② 中国社会科学院考古研究所河南第二工作队：《河南偃师商城宫城第八号宫殿建筑基址的发掘》，《考古》2006 年第 6 期。

(三) 屋顶

"四阿重屋"是重檐四坡式庑殿顶的宫殿建筑，这种建筑制式是统治者崇高地位在建筑中的体现，是中国古代宫室建筑的最高等级形式。同时，重檐对于保护建筑墙体、檐柱和夯土台基有重要作用，对于建筑的室内防雨、采光也具有良好的效果。文献记载至少在商代就已经出现了"四阿重屋"的建筑形式，如《周礼·考工记》："殷人重屋……四阿重屋。"

从目前的考古发现看，二里头遗址中就已经出现"四阿重屋"形式的宫殿建筑。二号宫殿建筑正殿檐柱东西9排，南北4排，是一座面阔8间、进深3间的大型建筑。檐柱外侧60—70厘米还有一周挑檐柱，说明殿堂的屋顶应是四坡出檐式[1]。同二号宫殿基址相同，二里头遗址一号宫殿基址大柱洞外侧也发现有两个小柱洞，大柱洞是殿堂的檐柱洞，而小柱洞则是挑檐柱的柱洞。

商代"四阿重屋"形制在宫殿建筑中的使用更加常见。盘龙城内的三座大型宫殿建筑保存有较完整的墙基、柱础、柱洞和阶前的散水，其中后面一座F1是四周有回廊、中间分为四室的寝殿，与文献中记载的"四阿重屋"相吻合[2]。偃师商城宫殿区东区发现的四号、五号宫殿基址正殿的夯土台基四周均保存有大量的廊柱柱洞，内侧有木骨泥墙，有学者推断屋顶也应具有"四阿重屋"的特征[3]。

关于屋顶覆盖材料，《韩非子·五蠹》记载："尧之王天下也，茅茨不翦，采椽不斫。"所谓"茅茨"就是指茅草盖的屋顶。茅草作为一种较容易获得的建筑材料，在新石器时代就已被广泛应用于覆盖屋顶，以遮蔽风雨。由于茅草易腐烂的特性，目前在考古发掘中没有见到保存下来的茅茨实物，但据一些学者的复原研究，夏商时期的二里头遗址、偃师商城及盘龙城等都邑的宫殿建筑，都可能

---

[1] 赵芝荃、郑光：《河南偃师二里头二号宫殿遗址》，《考古》1983年第3期。
[2] 杨鸿勋：《从盘龙城商代宫殿遗址谈中国宫廷建筑发展的几个问题》，《文物》1976年第2期。
[3] 杨鸿勋：《宫殿考古通论》，紫禁城出版社2001年版，第48—51页。

采用的是"茅茨"的建筑形式①。部分早期都邑可能已使用陶瓦覆顶。《世本·作篇》载："桀作瓦屋。"《史记·龟策列传》亦载："桀为瓦室。"是说夏代末期已经出现在宫殿建筑的顶部覆盖瓦的建筑形式。考古发现的陶寺、二里头、郑州商城等都邑遗址发现有建筑使用陶瓦的遗迹现象。

陶寺遗址部分宫殿建筑可能使用陶板瓦。在宫殿核心区北边两探方陶寺文化中晚期地层中,曾出土104片陶板状器物的碎片。这些陶板多为夹砂陶,边缘整齐。正面有纹饰者居多,主要是篮纹、绳纹;素面者表面光平。大部分陶板背面粗糙,表面多没有抹平加工;少部分陶板背面光平,经过抹光加工。许多陶板背面附着有白灰浆或敷泥垢,附着力强。陶板形状可分为四边形和等腰梯形两种。四边形包括平行四边形和直角梯形。部分平行四边形者在中缝靠顶边处有一圆穿孔,圆穿孔径4厘米左右。陶板复原长度多在30厘米左右,宽20厘米左右,厚1—2厘米。此类器物无法盛纳物品,排除其为容器的可能性;器形独特,也非器盖类遗物。鉴于陶瓦出土相对集中,数量大,上有穿孔,附着力强,故发掘者推断其很可能就是陶寺文化宫殿建筑使用的陶板瓦②。这些陶瓦至迟在陶寺文化中期出现,年代大约为公元前2100年前后。若对陶板瓦的判断无误,则其为目前所知最早的陶瓦。

二里头时代可能制作使用陶瓦。二里头遗址出土过一块陶片85YL5Q(6B),泥质灰陶,筒片状,在其一个侧面有陶胎未干时切割的痕迹,表面是绳纹,内壁有大麻点③。与此类似,在二里头宫殿区还出土另外两件所谓的"陶水管",泥质灰陶,剖面呈半圆形,一端为子母口,另一端平口,外壁饰中绳纹,内壁有中型麻点,其中

---

① 杨鸿勋:《从盘龙城商代宫殿遗址谈中国宫廷建筑发展的几个问题》,《文物》1976年第2期。
② 何驽:《陶寺城址宫殿区发现的陶板功能试析——陶寺文化的陶瓦》,《中原地区文明化进程学术研讨会文集》,科学出版社2006年版。
③ 中国社会科学院考古研究所:《中国考古学·夏商卷》,中国社会科学出版社2003年版,第119页。

一件2005VT111④A∶1，长66.3厘米、高23.8厘米、厚11.4厘米，边缘切割整齐①。从技术上讲，将二里头文化陶水管一剖为二即可得瓦。从出土筒片状、半圆形陶器的形状和切割情况看，不排除其为筒瓦的可能性。

郑州商城曾出土一些造型和规格不统一、制作方法较原始的板瓦。发掘者根据出土的板瓦量判断，此时的板瓦很可能多用于屋脊和两侧歇山或前后屋檐附近易被风吹松动或开裂的部位，而并非覆盖整个屋顶。根据出土情况还可以看出，那些个体较大的板瓦也可能是用来围护木质房柱的根部，即地面以下埋于土里的部分，从而起到防潮、防水和防腐的作用②。

二　民居建筑的建造

早期都邑中的民居建筑分布普遍且较为分散，依据形制结构可以分为半地穴式和普通地面建筑两大类。此外，个别都邑建造有窑洞式建筑。

半地穴式房屋建筑规模较小，建造工艺相对简单。平面形状有圆形、椭圆形、方形和不规则形等。通常修建有台阶状的门道。半地穴式房屋建筑多存在于手工业作坊区。其建造方式一般是开挖坑穴，再对地面和坑壁进行一定的修整和处理，有的采用火烧技术使地面硬化，用白灰涂抹地面和坑壁。坑穴周围有柱洞用于立柱，多以茅草、苇杆类的材料修建屋顶。半地穴式房屋建筑可能是都邑之下层居民的居住之所，有些可能是手工业者的临时栖身之处，还有部分"可能属于类似'亭'或'棚'一类"的建筑③。陶寺遗址发现较多的半地穴式房基基址，其平面大多作圆角方形，个别为圆形。

---

① 中国社会科学院考古研究所：《二里头（1999—2006）》，文物出版社2014年版，第513页、彩版二四三。
② 河南省文物考古研究所：《郑州商城宫殿区商代板瓦发掘简报》，《华夏考古》2007年第3期。
③ 中国社会科学院考古研究所：《中国考古学·夏商卷》，中国大百科全书出版社2003年版，第329页。

规模较小，长度和宽度一般在2—3米之间。室内地面一般涂抹一层草拌泥，并经压实或焙烧。用白灰涂抹地面，也用白灰涂墙裙。居住面中央有柱洞和灶坑，有的还在室内一侧设置灶台。二里头遗址发现一座属于二里头第二期的半地穴式建筑80YLVIF1，平面为长方形（图7-23）。从生土直接开挖建造，穴深0.94米。东西长2.9米，南北宽2.15米，面积6.23平方米。门道朝南，宽0.9米。居住面中部略低，整体较平坦，上面有一薄层路土。屋内东北角有近圆角方形灶坑，其下为生土。居住面中央有直径0.34米、深0.47米

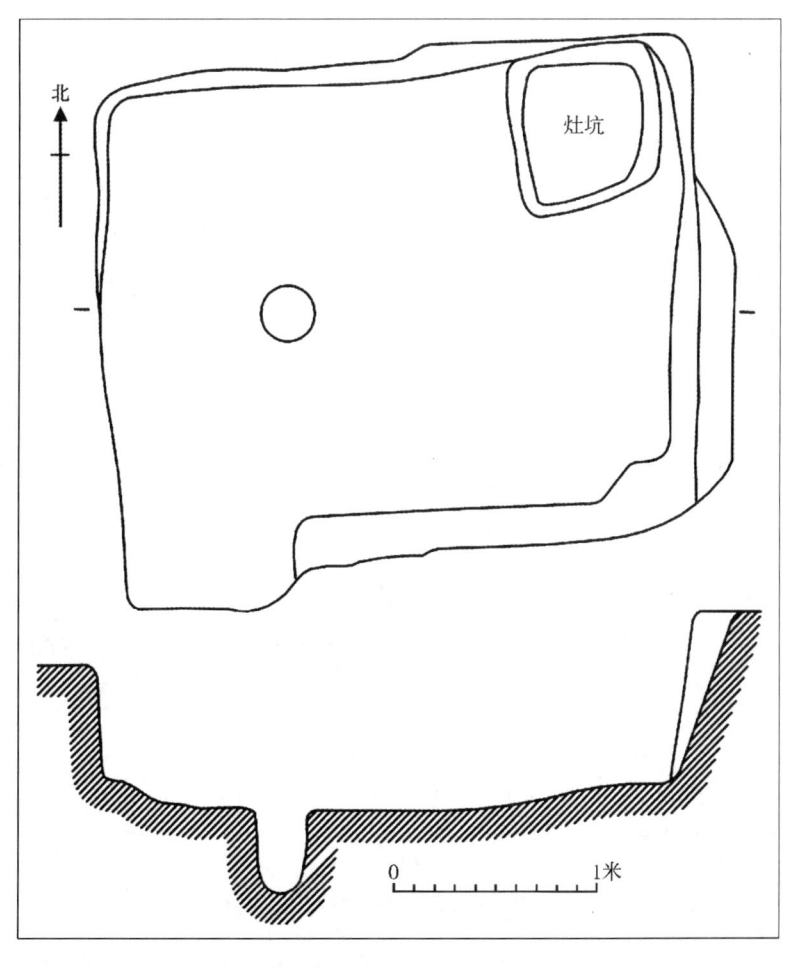

图7-23　二里头遗址房基80YLVIF1平剖面图

圆柱洞，洞内有加固柱基的小卵石。这座房屋应是一座简陋的"窝棚"类建筑①。二里头遗址小型房址 82 秋 YLTXF1 是一座半地穴式居址。穴深约 1 米，穴壁经过拍打，上有厚约 5 厘米的草泥墙皮。居住面由东西长约 4 米、南北宽约 3.3 米、厚约 0.1 米的红夯土构成，其下用厚约 0.5 米的黄灰土夯筑，东南部有门道。穴内南壁处有一个宽 0.7—1.1 米、长 2.95 米、高 0.4 米的草泥平坦土台，居住面偏北部有二个柱洞，其外围均有柱洞。二次修建时，填平了原有居址的穴坑，并毁坏原墙壁，重新挖宽 0.2—0.3 米的基槽，并立柱、起墙，平地起建木骨泥墙式房屋，平面近正方形，面积略小于前者，室内中部偏东有一道与北墙垂交的隔墙，其南端未同南墙相连②（图 7-24）。

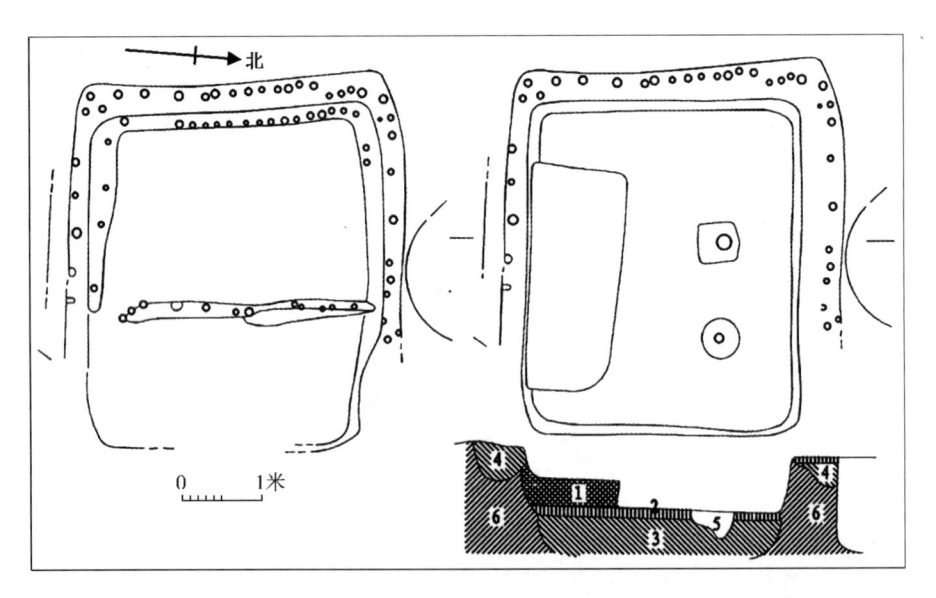

图 7-24　二里头遗址房基 82 秋 YLTXF1 平剖面

说明：左 F1 上层及部分下层建筑平面图；右 F1 下层平剖面图（1. 草泥台　2. 居住面　3. 夯层　4. 墙槽与墙基　5. 柱洞　6. 原堆积）

---

① 中国社会科学院考古研究所二里头队：《1980 年秋河南偃师二里头遗址发掘简报》，《考古》1983 年第 3 期。

② 中国社会科学院考古研究所二里头队：《1982 年秋偃师二里头遗址九区发掘简报》，《考古》1985 年第 12 期。

第七章　都邑建造技术形态　473

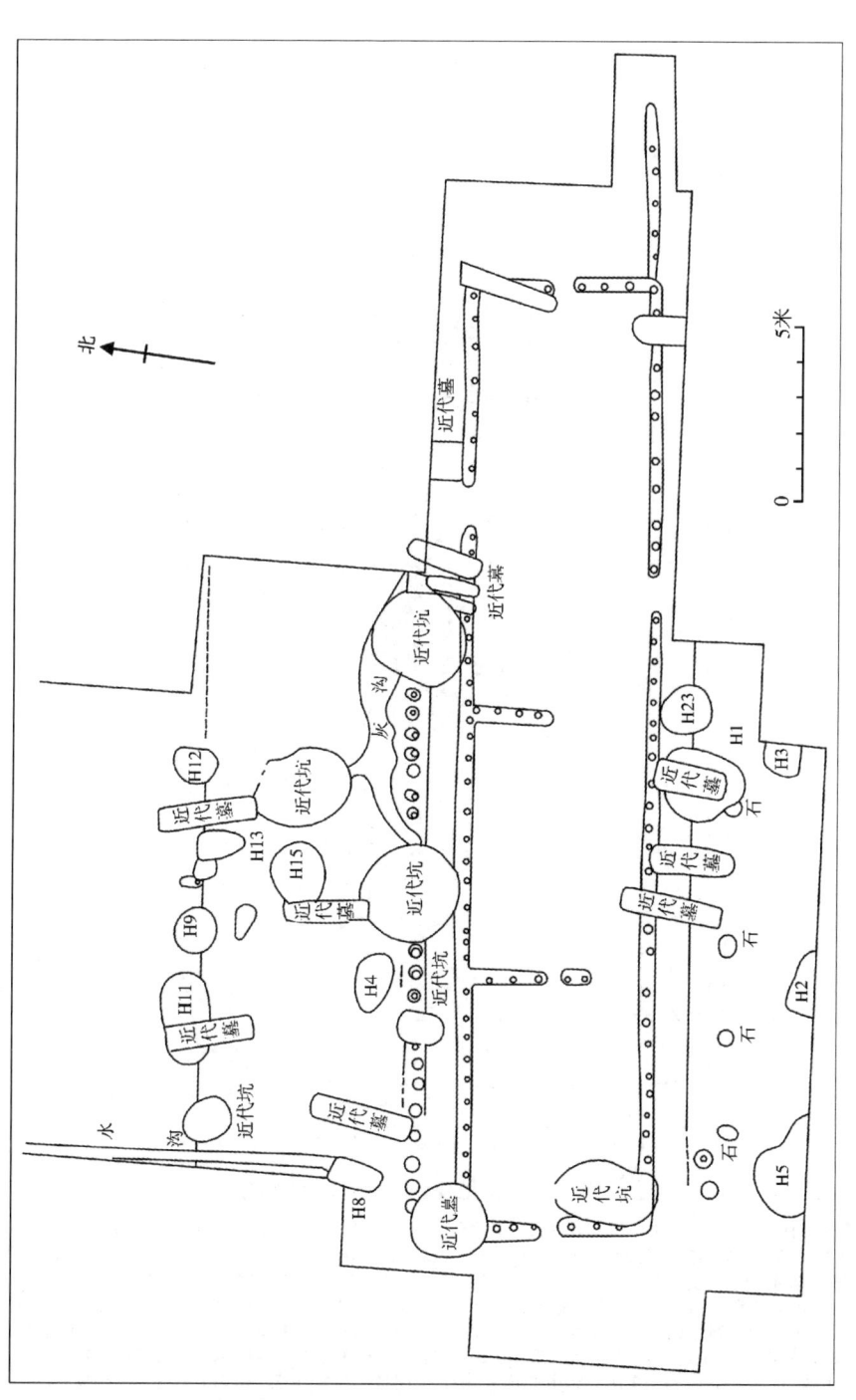

图 7-25　二里头遗址房基 80—81ⅢF1 平面图

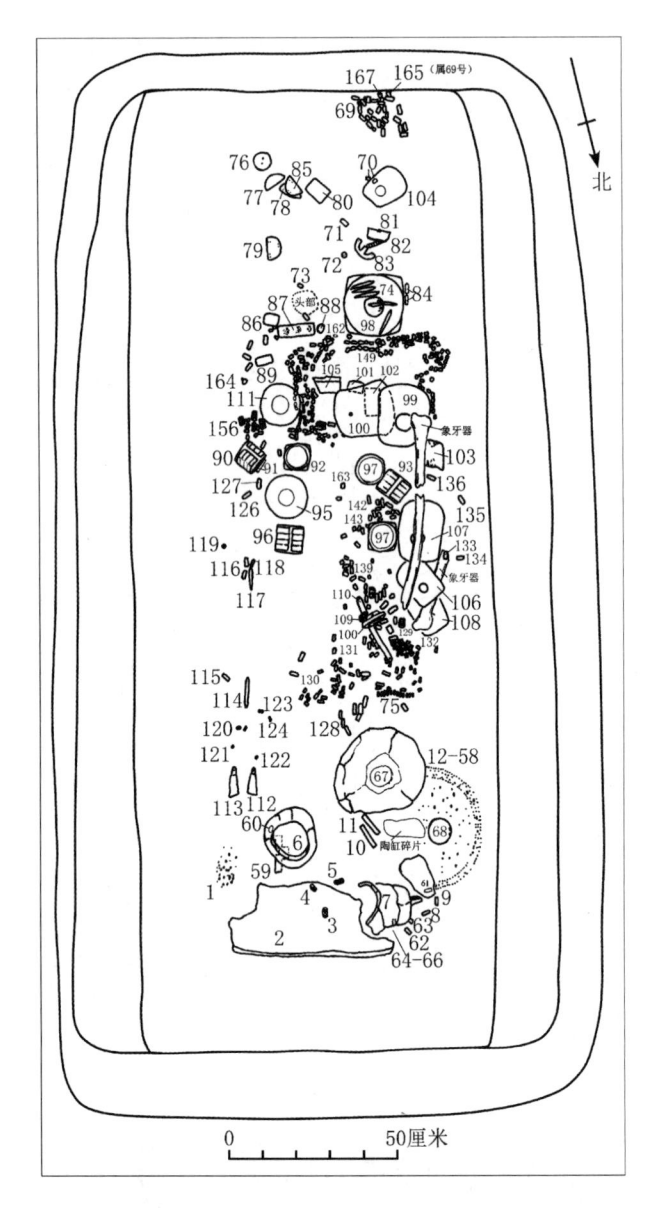

474　中国早期都邑的形成与都邑形态研究

图 7-26　良渚遗址墓葬反山 M12 平面图

1. 嵌玉漆杯　2. 陶大口缸　3—5、109. 琮式管　6. 陶罐　7. 陶鼎　8、9、60—66、70、71、73、84、115、116、126、127、133—136、165、167. 管　10、11. 长管　12—58、120—124. 粒　59. 镶插端饰　67. 陶豆　68. 嵌玉圆形器　69、75、128—132、139、142、143、149、156. 管串　72. 半球形隧孔珠　74、114、117. 锥形器　76. 柱形器盖　77—79、85. 半圆形饰　80.（带盖）柱形器　81. 冠状饰　82. 特殊长管　83. 三叉形器　86、119. 贯孔端饰　87、89、102. 柱形器　88. 镶嵌端饰　90、92、93、96—98. 琮　91. "权杖" 镦　94. 镯形器　95、111. 璧　99、104、106—108. 石钺　100. 钺　101. 卯孔端饰　103. "权杖" 瑁　105. 钺瑁　110. 柄形器　112、113、164. 榫头端饰　118. 锥形器套管　162、163. 鼓形珠（未注明质地者均为玉器）

普通地面建筑多属于一般民众的居住所，在建造技术上要比半地穴式居址考究一些。这类房子平面形状多为长方形，坡屋顶，有单间和多间之分。其建造方法，一般是先挖基槽，填土夯打，再筑墙体，最后用茅草覆顶。墙体多是木骨泥墙。地面和墙体一般都涂抹白灰。门道多开于房屋的正面，呈阶梯状。二里头遗址Ⅲ区房基F1是一座夯土台基建筑基址。台基南北略有斜坡，北部较陡直，复原东西长应超过28.5米，南北宽约7.8—8米。台基上的住宅是木骨泥墙结构、东西走向的三室排屋。三间房屋从东向西面积依次减小，南北两面均有宽约0.9米的檐下廊。北廊外有一排挑檐柱洞，柱洞直径约0.12米，间距约在0.6米，与墙的距离约1.4米。立柱方法应是先在廊外斜坡上挖直径约0.3米的柱坑，坑内放置鹅卵石作柱础，再立柱[①]（图7-25）。

所谓窑洞式建筑，一般是指横向开凿的居穴，多见于北方黄土高原地区。早期都邑窑洞式民居建筑主要发现于陶寺遗址。该遗址发现一些窑洞式住宅，面积一般小于10平方米，有的地面经过火烤硬化，有的地面涂抹一层白灰浆。四壁向上弧形内收形成穹窿顶，高约2米。

第三节 墓葬的建造技术

墓葬是安置死者的建造物，包括放置尸体的固定设施和安置尸体的方式。进入复杂社会之后，墓葬存在着严格的等级差别。中国早期都邑中的墓葬从等级上可以分为大型墓葬、中小型墓葬两大类，两者在建造技术上也表现出较明显的差异。

[①] 中国社会科学院考古研究所二里头队：《偃师二里头遗址1980—1981年Ⅲ区发掘简报》，《考古》1984年第7期。

一 大型墓葬的建造

大型墓葬规模大、规格高，建造技术复杂，一般是统治阶层的墓葬，多为王陵，也包括部分高等级贵族的墓葬。不同时代、不同地域、不同族属的王陵及高等级墓葬在形制和建造方式上也各不相同。

龙山时代的都邑中已经出现规模大、随葬品（尤其是铜器、玉礼器）多的贵族墓葬。这些贵族墓葬有的群聚于特定区域，呈现出一定的排列顺序，有的仍与中小型墓葬杂而处之，体现了这一阶段王陵的设置尚未形成较为统一的规范。

浙江杭州良渚城址中发现有瑶山、反山大型墓地。根据发掘资料得知，瑶山为一规模宏大的祭坛，祭坛主体是依托山顶沙性红土修筑的一处垒石包边的长方形覆斗状土台，东西长约40米，南北宽约19米。在土台西半部中央，有一周东西约9米、南北约11米的灰土方框。祭坛上发现南、北两列排列整齐的13座良渚文化大墓，出土随葬品2660件，其中玉器2582件[①]。反山墓地为大型人工堆筑的长方形土墩，东西长约130米，南北宽约60米，相对高度约5—6米，总面积约2700平方米，人工堆筑工程的土方量达2万立方米，共发掘出大型墓葬11座，出土随葬品1200件[②]。墓葬格局、结构和出土随葬器物显示了一定的等级规范，彰显墓主人所拥有的神权、经济和军事权力。这些贵族墓葬都位于祭坛与墓葬合一的人工土台上，为长方形竖穴土坑墓，墓圹尺寸较大，长3米以上，宽1.5米以上。有独木刳成的棺，还发现有椁的痕迹。随葬品以玉礼器为主，数量多，品种齐全。瑶山M7长3.2米，宽1.6米，深0.64—1.3米，有随葬品160件，其中玉器就多达148件。M12是反山墓地等级最高的墓葬，长3.1米，宽1.65米，深约1.1米。墓底筑有凹弧

[①] 浙江省文物考古研究所：《良渚古城综合研究报告》，文物出版社2019年版，第236页。
[②] 浙江省文物考古研究所：《浙江余杭反山良渚墓地发掘简报》，《文物》1988年第1期；浙江省文物考古研究所：《良渚古城综合研究报告》，文物出版社2019年版，第77页。

状棺床，两侧的浅沟约深10厘米（图7-26）。出土随葬品170件，其中玉器158件，主要种类有冠状饰、三叉形饰、半圆形饰、大玉琮、带有神人兽面雕刻的玉钺、璧、权杖等。

考古发现的山西襄汾陶寺中期小城西北存在一个面积约1万平方米的墓地，根据墓葬的规模可分为大、中、小三种，其中大型墓葬2座。另在遗址东南部发现一处面积约3万平方米的大型公共墓地，清理墓葬1300多座，其中大型墓葬8座。这些大墓墓坑宽大，长2.9—3.2米，宽2—2.75米，多数深0.7—2.1米，有的深达3.55米；有木质的棺椁，部分棺内铺撒有朱砂；随葬品十分丰富，包括成组的陶器、玉石器、木器等，凸显墓主人生前显赫的身份地位。其中ⅡM22的遗迹、遗物比较丰富，推测墓主人应为当时的高级贵族首领（王墓）。该墓葬平面呈圆角长方形，竖穴土坑墓，开口长5米，宽3.65米，底长5.2米，宽3.7米，深达7米。墓圹内东北角距墓口1.4米处填土中有人牲骨架1具，墓壁陡直，墓底平坦，有用一根整木挖凿的船形棺。墓的四壁有不明用途的嵌入式手抹草拌泥宽带五圈。墓室四壁底部均有用于放置随葬品的壁龛共计11个，包括东壁1个、西壁2个、南壁4个、北壁4个，壁龛大小不等（图7-27）。墓主身上残留有绿松石片、绿松石珠、货贝等随葬品46件。棺外还有随葬品72件（套），其中彩绘器8件，玉石器18件（套），漆木器25件，形象地显示了墓主人的富有和权势[①]。

夏代都邑中目前没有发现明确的王陵区。至商代后期，在小屯殷墟遗址中首次出现了明确无误的王陵区。殷墟王陵区位于遗址西北部洹水北岸的武官村北、西北岗一带，东西长约450米，南北宽约250米。新近考古勘探表明，围绕王陵区东区、西区分别发现有围沟，两者相距40米。东围沟围绕在东区大墓和大量祭祀坑周围，东西间距大致246米，南北236米，近正方形。沟的宽度不一，口

[①] 中国社会科学院考古研究所：《中国考古学·新石器时代卷》，中国社会科学出版社2010年版，第573页。

图 7-27　陶寺遗址墓葬ⅡM22

部最宽处超过 10 米，东段中部深 3.5 米。在西段中部、南段中部各发现一缺口。西围沟已发现北、东、南三段，分别长 190、230、90 米，其中东段口部最宽处超过 12 米，深度与东围沟相近。东段中部发现一个缺口①。陵区内共发现带墓道大墓 13 座，其中西区 8 座，东区 5 座，带有四条墓道的墓葬 8 座。另有 1 座不带墓道的"假大墓"。墓室面积均超过 100 平方米，墓室及椁室作方形或"亞"字形，墓室口大底小，底部多带有腰坑、角坑。M1001 位于王陵区西区，是殷墟墓葬中规格最高的商王陵。墓口呈"亞"字形，有东、西两耳室。上口南北长 18.9 米，东西（连耳室）长 21.3 米，面积达 260 平方米，墓室深 10.5 米。椁室由木板筑成，高约 3 米。椁底以 92 块柏木板铺成，室壁也用木板搭成，自底至顶高约 3 米。底板

---

①　牛世山：《2021 年殷墟商王陵区及周边考古勘探取得重要成果》，《中国文物报》2022 年 5 月 13 日。

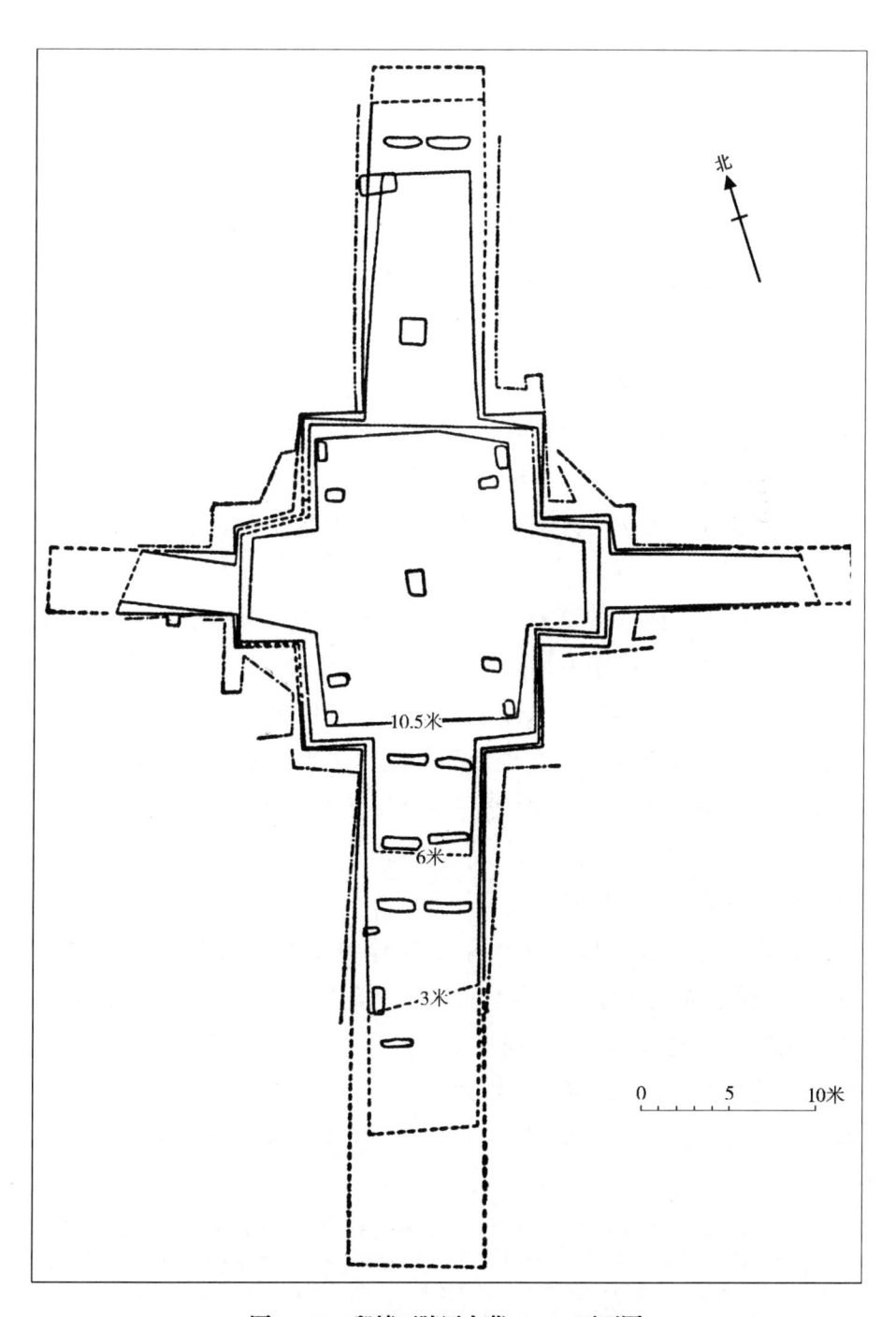

图 7-28　殷墟王陵区大墓 M1001 平面图

之下有规律地分布长约1.1米、深约1.2米的方坑9个，其中墓底正中1个，四角4个，每坑内埋有1戈、1犬和1人（其中一坑无犬）。椁外侧西南角、椁顶附近有殉人12具。开挖有4条坡状墓道，长宽不一，东、西、南、北分别长14.3米、11米、30.7米、19.5米，有大量殉人。其中南墓道宽7.85米，填土中埋有人头骨14组42个，无头人骨架8组59具[1]（图7-28）。

二 中小型墓葬的建造

中小型墓葬在中国早期都邑中发现较多，是供一般贵族或平民使用的。建造形式多样，可分为土坑墓和瓮棺葬两种。从平面形状上来看主要有长方形、近方形、圆形、椭圆形和不规则形等，不带墓道。

陶寺遗址东南部的墓地墓葬数量众多，大多为中小型墓葬，皆为土坑竖穴墓。其中中型墓数十座。一般长2.2—2.5米，宽0.8—1米，深约1米，有的深2米以上。有的有二层台，头端有壁龛，或有脚坑。多有木质葬具。有少量随葬品。小型墓数量达1000余座，多成排成组分布。墓圹宽而浅，一般长2米左右，宽仅0.4—0.6米，深0.5—1米。无葬具，或为草编织物裹尸，一般无随葬品，部分有少量石器、骨器随葬[2]。

湖北天门石家河城址的中小型墓葬主要有土坑墓和瓮棺葬两种[3]。根据土坑墓的墓坑结构不同，可分为普通土坑墓、带有二层台的土坑墓两大类型。墓圹平面多为长方形，少数墓圹坑口大于坑底，墓底一般加工平整。带有二层台的土坑墓均为长方形墓圹，二层台的位置主要有以下几种情况：一边有二层台，两边有二层台，三边

---

[1] 中国社会科学院考古研究所：《殷墟的发现与研究》，科学出版社1994年版，第103页。
[2] 中国社会科学院考古研究所山西工作队等：《1978—1980年山西襄汾陶寺墓地发掘简报》，《考古》1983年第1期；中国社会科学院考古研究所：《中国考古学·新石器时代卷》，中国社会科学出版社2010年版，第573页。
[3] 石河考古队：《湖北省石河遗址群1987年发掘简报》，《文物》1990年第8期。

有二层台和四周都有二层台。瓮棺葬的土坑平面大多为圆形，也有少量椭圆形、不规则形和近方形，口径一般不超过1米，坑壁有的较直，有的向下内收，坑底有平底、圜底、锅底状等。

良渚城址中的汇观山清理出较多的良渚文化中小型墓葬。均为长方形竖穴土坑结构，墓圹也比较宽大，有些有打破祭坛的现象。现存的墓坑深浅不一，墓底多有小于坑穴的板灰痕迹，有的可见"回"字形的双重板灰痕迹。墓葬M4规格较高，墓坑略呈梯形竖穴结构，长4.75米、宽2.3—2.6米、残深0.2米。"回"字形棺椁，棺椁的两侧板略出头，椁长3.87米、宽1.76米，棺长2.7米、宽1米。随葬品72件（组），除3件陶器放于棺外椁内，余皆放置于棺内。其中玉器主要有琮、璧、钺、镯、三叉形器、冠状器、带钩、锥形器、管珠串饰等。墓葬M3墓坑残长2.4米，宽1.54米，深0.9米。有木质葬具。随葬品放置于棺内，残留53件（组），其中玉器有47件（组）[1]。

夏代都邑中的中小型墓葬主要为土坑竖穴墓，面积1—2平方米。二里头遗址出土的中小型墓葬以土坑竖穴式为主，多为长方形或圆角长方形墓圹、浅竖穴。中型墓葬长度在2米以上，保存宽度多超过1米；小型墓葬宽度在0.5米左右或不足0.5米。墓壁较直，墓底较平，有的有二层台。有的墓中铺撒有较厚的朱砂。墓葬2002VM3墓口长2.24米，宽1.19米，深0.72—0.79米。墓主人位于墓西部，西南部被晚期灰坑破坏。墓内出土随葬品丰富，达37件，包括铜器、玉器、绿松石器、白陶器、漆器、陶器和海贝，其中绿松石龙形器最为引人注目，由2000余片绿松石镶嵌而成[2]（图7-29）。墓葬80VM3墓圹长2.15米，宽1.3米，深1.3米。有二层台，漆棺。随葬玉器钺1件、璋2件、坠饰1件，绿松石串珠2件，

---

[1] 浙江省文物考古研究所、余杭市文物管理委员会：《浙江余杭汇观山良渚文化祭坛与墓地发掘简报》，《文物》1997年第7期。

[2] 中国社会科学院考古研究所：《二里头（1999—2006）》，文物出版社2014年版，第998—1005页。

陶器爵、盉、单耳罐、瓮、卷沿盆、圆陶片等各1件①。

  商代都邑中小型墓葬也多为竖穴土坑墓，设置有二层台，部分墓室底部开挖腰坑，坑内多殉一狗。使用木质葬具，部分墓内施放有朱砂。郑州商城发现的墓葬均为单人土坑竖穴墓，绝大多数为小型墓，中型墓较少。白家庄墓葬C8M3墓圹长2.9米，残宽1.17米，深2.13米。墓底铺有朱砂。似有棺椁。腰坑长1.1米，宽0.39米，深0.2—0.3米，坑底平铺朱砂，坑内殉狗。西二层台上有殉人1具。随葬器物有青铜器10件、玉器2件、石器3件以及玛瑙器、象牙梳、涂朱陶片、蚌片各1件②（图7-30）。殷墟遗址发现数千座中小型墓葬，以大司空村、殷墟西区较为集中。这些墓葬都为直壁的长方形竖穴土坑墓，超过半数以上的墓葬墓底开挖有腰坑，少数墓有生土二层台，有的墓葬有壁龛。规模大多在1.8×0.8米至3.5×2米。绝大部分墓中有一棺，部分一棺椁，少数棺椁全无。中型墓面积3—10平方米，都有棺，多数有椁，通常随葬青铜礼器，少数还有殉人。如殷墟戚家庄东墓葬M269，长3.03米，宽1.53米，深3.45米。有二层台，墓底开有腰坑。葬具有棺有椁，还有帷帐和竹席。墓内出土陶器、铜器、玉器、骨器73件，其中青铜礼器23件③。小型墓面积多在3平方米以下，一般只有棺，没有椁。通常也无殉人。随葬品主要是陶器。如殷墟大司空村北地墓葬M50，墓口长2.6米，宽1.08米，深2.3米。未见腰坑。有木棺。随葬有陶器鬲、簋、豆、罍等④。

---

  ① 中国社会科学院考古研究所二里头队：《1980年秋河南偃师二里头遗址发掘简报》，《考古》1983年第3期。
  ② 河南省文物工作队第一队：《郑州市白家庄商代墓葬发掘简报》，《文物参考资料》1955年第10期；河南省文物考古研究所：《郑州商城——1953—1985年考古发掘报告》，文物出版社2001年版，第583页。
  ③ 安阳市文物工作队：《殷墟戚家庄东269号墓》，《考古学报》1991年第3期。
  ④ 中国社会科学院考古研究所安阳工作队：《1984—1988年安阳大司空村北地殷墓发掘报告》，《考古学报》1994年第4期。

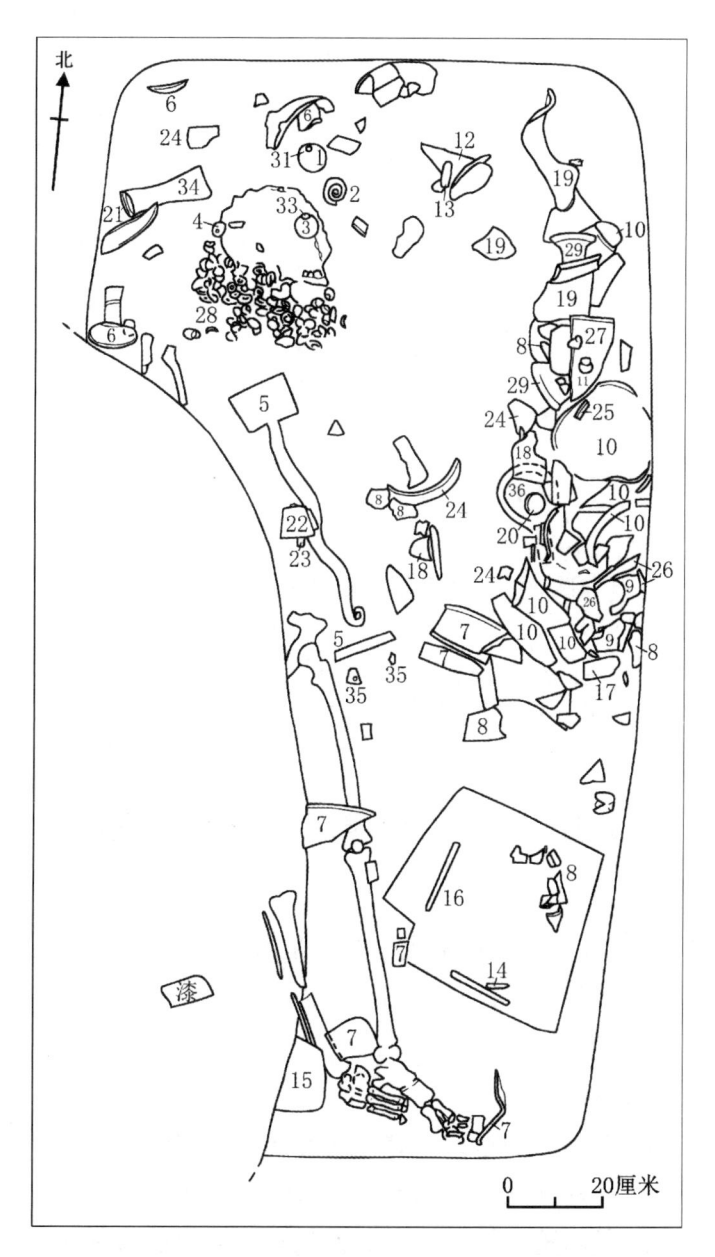

图 7-29　二里头遗址墓葬 2002VM3 平面图

1—3. 白陶斗笠形器　4、31—33、37. 绿松石珠　5. 绿松石龙形器　6、26、29. 陶豆　7、25. 陶平底盆　8、9、30. 陶盉　10、18、19. 陶高领尊　11、27. 螺壳　12. 陶鼎　13. 玉鸟形器　14、20、21. 圆陶片　15. 圆形圈底漆器　16. 漆匣　17. 陶器盖　22. 铜铃　23. 铃舌　24. 陶爵　28. 海贝串饰　34. 漆觚　35. 绿松石片　36. 漆勺

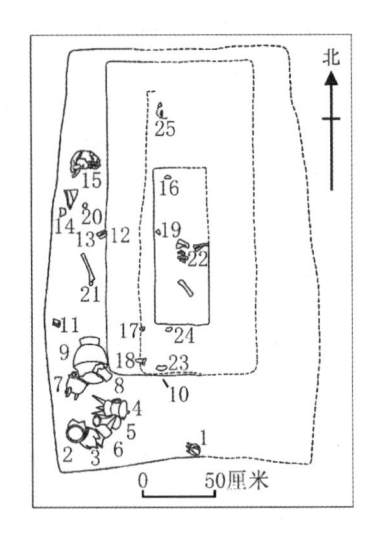

484　中国早期都邑的形成与都邑形态研究

图7-30　郑州商城白家庄墓葬 M3 平面图

1. 铜爵　2、3. 铜鬲　4、6. 铜斝　5、8. 铜觚　7. 铜鼎　9. 铜罍　10. 铜簪　11. 象牙梳　13. 玉玦　14. 石器　16. 涂朱蚌壳　17. 涂朱圆陶片　18. 青铜爵残流部　19. 加工石　20. 玛瑙块　23、24. 玉璜　12. 碎骨片　15、25. 人牙　21. 人骨　22. 狗骨

第四节　仓储建筑的建造技术

仓储设施指用于储存物资（主要是粮食和其他食物）的建筑，在考古学中主要表现为窖穴、囷仓、府库等形式。

一　窖穴的建造

窖穴是早期都邑中形式和建造方法较为简单的仓储建筑，其基本建造方式是在地面向下挖掘出一定空间容积的坑穴，根据需要对坑壁和坑底加以修整，较大的窖穴还会修筑坡道以方便物资的搬运，顶部置有覆盖设施。早期都邑中基本都发现有窖穴，从平面形状上看主要有矩形（包括圆角方形、长方形）、圆形、椭圆形等，可分为有坡道和无坡道两类。

山西襄汾陶寺城址城内东南部设置有仓储区，范围长约100米，宽约10余米，面积近1000平方米。这个区域内窖穴密集，大的窖坑容积约400立方米，小的容积约100立方米。窖穴口部多为长方形或圆角方形，边长一般在5—10米，深4—5米。坑底多为锅底形，部分坑底有几块大石头，用于铺设木板，在木板上存放粮食。从坑口至坑底常见螺旋坡道。窖坑上面有草拌泥做顶，用来防雨①。陶寺城址范围内还零星发现一些规模相对较小的窖穴，形制有圆形或椭圆形带螺旋形斜坡道、圆形袋状无坡道两类，可能为储藏粮食之用。如IJX5为椭圆形，长约4.25米，宽约3米，深约2.5米。穴壁较平整，略向外凸弧，平底，北部稍凸。西侧有逆时针方向螺旋坡道，坡道较陡，长约5米、宽约0.6米（图7-31）。

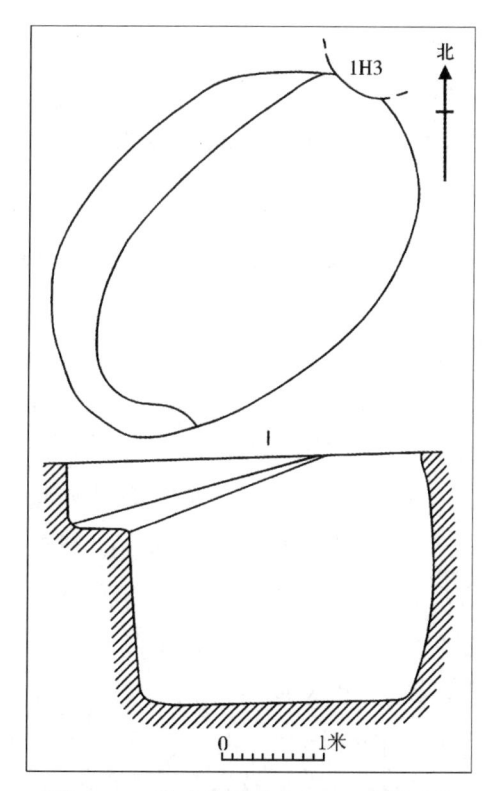

图7-31　陶寺遗址窖穴 IJX5 平剖面图

---

① 何驽、严志斌：《黄河流域史前最大城址进一步探明》，《中国文物报》2002年2月8日。

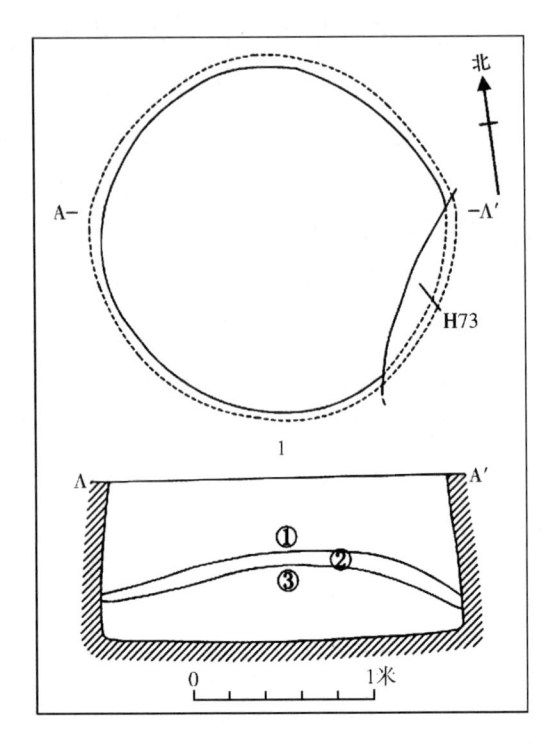

图 7 - 32 新砦遗址窖穴 2000T2—T3H113 平剖面图

河南新密新砦城址的考古发掘也有大量窖穴出现。窖穴通常大而深，形制规整，口小底大，坑底平整，坑壁多有工具加工痕迹，有直壁、弧壁、坡壁等。如窖穴 2000T2—T3H113，坑口呈圆形，口径 1.9 米，底径 2.1 米，深 0.9 米，整体略呈袋状，坑壁有竖形凹槽状加工痕迹（图 7 - 32）。还有的窖穴坑壁处理较为讲究，基本做法是窖穴坑挖成之后，先用木棍对坑壁进行夯打，使坑壁凹凸不平（类似于现在的壁面"拉毛"），之后涂抹黄胶泥再进行夯打，使坑壁与黄胶泥皮紧密结合，如 1999T2H52、1999T2H101 等窖穴都是此类做法[1]。2013—2014 年的考古工作中，在新砦城址中心区浅穴式建筑以南区域发现了大量的窖穴遗存，这些窖穴有圆形袋状，也有

---

[1] 北京大学震旦古代文明研究中心等：《新密新砦——1999—2000 年田野考古发掘报告》，文物出版社 2008 年版，第 162、36 页。

平面为矩形的，坑壁多有人工加工的痕迹①。

河南偃师二里头遗址发现大量窖穴遗存。平面一般为圆角长方形或圆形，直壁或斜壁，平底或圜底。两侧有对称脚窝。窖穴2000ⅢH1平面为圆角长方形，直壁，平底。长0.82米，宽0.66米，深2.36米。东壁上有3个脚窝②。

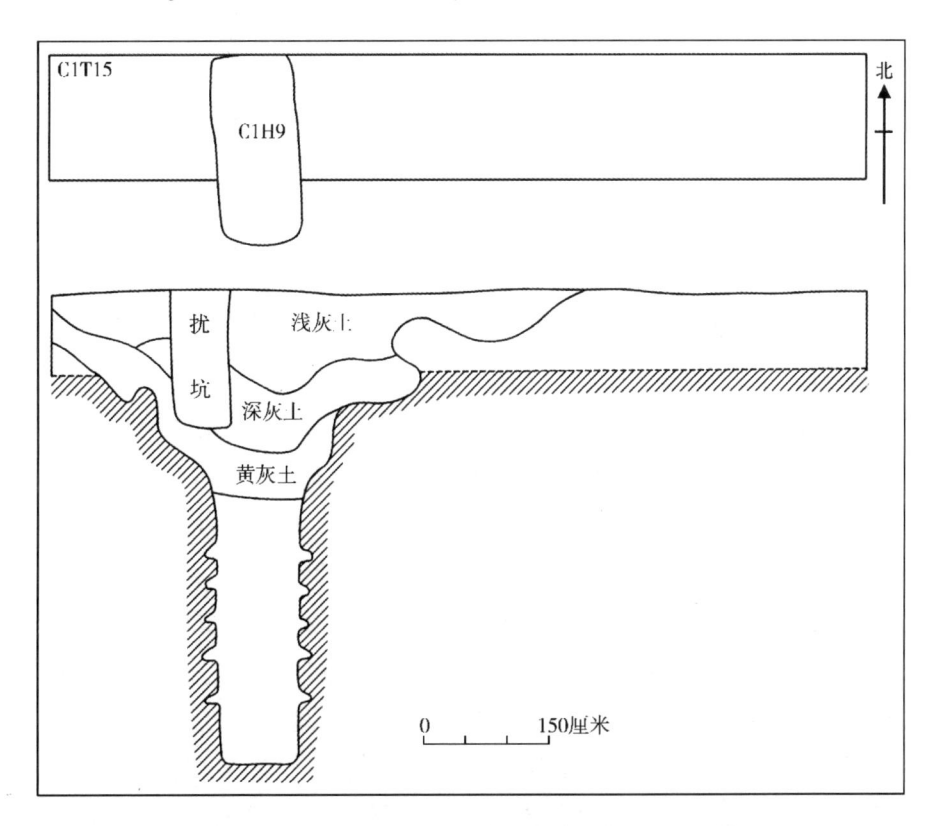

图7-33 郑州商城二里岗遗址窖穴C1H9平剖面图

郑州商城发现的诸多窖穴，平面形状主要有长方形、圆形或方形、圆角方形等，深达8—9米，穴壁一般较直而光滑，有对称的脚

---

① 赵春青、顾万发、耿广响：《河南新砦遗址发掘再获重要发现》，《中国文物报》2017年6月2日。
② 中国社会科学院考古研究所：《二里头（1999—2006）》，文物出版社2014年版，第220页。

窝可供上下，多用于储藏粮食。二里岗遗址窖穴 C1H9 呈南北向长方竖井平底形，坑口略大于坑底，坑口长 2.29 米，宽 1.1 米；坑底长 2.14 米，宽 0.98 米，坑深 3.2 米。坑壁平齐，四壁近于垂直，底部平坦规整。东、西两壁中间各挖有一行 5 对可供上下的对称脚窝，每对脚窝上下间距为 0.3—0.4 米。另在东、西两壁靠上部偏南处，还挖有东、西相对称的圆口横洞，可能与穿置横木棍以供悬挂东西有关[①]（图 7-33）。

二 囷仓的建造

囷是圆形仓廪建筑。《说文解字》解释："囷，廪之圜者……圜谓之囷，方谓之京。"囷是会意字，从禾、从囗。"囗"即"围"，"禾"指"五谷"，"囗"与"禾"合起来表示圆筒形的谷物存放处。囷仓建造是早期城市中主要的活动之一。《礼记·月令》云："（孟秋之月）筑城郭，建都邑，穿窦窖，修囷仓。"这里把"修囷仓"与"穿窦窖"以及筑城郭、建造都邑诸种行为并列。

早在龙山时代，囷仓建筑就可能已经开始建造。河南淮阳时庄遗址发现 29 座属于龙山时代造律台文化的仓储遗迹。该遗迹建造时大多先平整垫高地面，再以土坯建造土墩或墙体，外侧涂抹细泥。仓储建筑分为两类：一为圆形地上建筑，共 13 座，面积 5.50—21.60 平方米。建筑方式是用土坯垒砌成多个圆形的土墩作为立柱，高出地面，其上铺垫木板作为仓底，再用土坯、藤席类材料围砌成仓壁，上部封顶。二是圆形或方形地面建筑，共 16 座，面积 5—12 平方米，在地面上直接以土坯垒砌墙体[②]。

属于商代二里岗文化时期的山西夏县东下冯商城遗址，在其城内西南部发现了大量圆形建筑。这些建筑排列有序，总数量约在四五十座。多为平地起建，平面形状近圆形，直径 8.5—9.5 米，高出

[①] 河南省文物考古研究所：《郑州商城——1953—1985 年考古发掘报告》，文物出版社 2001 年版，第 148 页。

[②] 刘亚玲、余洁：《2020 年度河南省五大考古新发现》，《华夏考古》2021 年第 3 期。

地表0.3—0.5米，各基址之间距为13—17米。每座建筑基址的中心有直径1.2米左右的圆形圜底柱坑，中间立柱，柱洞直径0.2—0.3米。基址面上有宽0.5—0.6米、深0.2米的十字形埋柱沟槽，槽内有1—4个柱洞。基址边缘有较为密集的小柱洞[①]。

2007—2009年偃师商城西二城门以南、西城墙东侧30米范围内勘探发现的Ⅷ号基址群为我们提供了商代都邑囷仓建造技术的实物资料。该基址群由数十座圆形夯土建筑基址组成。各建筑基址整体构造基本类似，残存有台基夯土、基槽夯土以及台基表面的柱洞。夯土台基平面近似圆形，直径8—13米左右，现存厚度0.15—0.4米左右，夯筑质量稍差。基槽平面近似圆形，剖面近似倒梯形，口大底小，槽内填土经夯打，厚约0.4—0.7米。

建筑群东北角基址2019YSⅢF1，直径8—8.3米，夯土保存厚度约0.5—0.75米。基槽口大于台基直径。夯土面中间有中心柱，直径约0.3米。周边是不甚规律的小柱洞，分布较密，直径约10厘米。该基址未见十字形沟槽，周边也未见木骨墙槽，基址表面又多见不规则分布的柱洞，有学者推断其为干栏式构造的可能性很大。其中建筑基址表面不规则分布的柱网可能是使用中维修所留，柱洞内柱子共同支撑仓底的铺板，基址边缘内侧的小型柱洞立柱后形成格栅，内侧可放置木板或者围以芦席，围合的空间用以存储粮食。而中心大立柱和基址周缘立柱共同支撑顶部的盖护设施，形成攒尖顶[②]。

建筑群西北部基址2019YSⅢF2与2019YSⅢF1建造结构有所不同。该基址表面存有十字形沟槽，沟槽中心有1个较大柱洞，沟槽内有多处小柱洞，台基边缘还见有一圈小型柱洞。该区域另一基址2019YSⅢF3与2019YSⅢF2建造结构类似，也有埋柱沟槽。此类基址可能也为干栏式建筑，十字形沟槽可能为木骨墙基槽，木骨墙与

[①] 中国社会科学院考古研究所、中国历史博物馆、山西省考古研究所：《夏县东下冯》，文物出版社1988年版，第150—153页。

[②] 陈国梁：《囷窌仓城：偃师商城第Ⅷ号建筑基址群初探》，《中原文物》2020年第6期。

中心柱、边缘柱共同支撑仓底，上部结构可能为筒形，顶部则可能为攒尖顶[①]。

三　府库的建造

府库是国家储藏粮食、兵甲以及其他物资的处所。由于府库直接关系到国计民生和都邑的食物安全，故早期国家对于建造府库非常重视。《孟子·梁惠王下》云："君之仓廪实，府库充。"《周礼·天官·大府》："凡万民之贡，以充府库。"因府库建筑遗存与一般建筑、甚至宫室建筑遗存难以辨别，故目前能够确认的早期都邑府库遗存较少，偃师商城发现有两座较为明确的府库遗址（JⅡ、JⅢ）。

偃师商城Ⅱ号建筑群遗址位于大城内西南隅，是一相对独立、封闭的"城堡"。围垣平面大体近方形，边长200余米，墙基槽宽3—3.5米，墙体宽2—2.2米，可区分为早、晚两期，用夯土筑成。围垣内建筑基址遗存有东西向6排排房，排列规整，各排一般有狭长方形基址18座（最北一排只有16座），规划建筑106座，部分地点按照建筑基址的规模修造了水池等设施。建筑平面南北向狭长，大小、间距都基本相等（图7-34）。这些建筑基址均建造于夯土台基之上，为木骨泥墙结构。多数建筑基址都明确存在上、下两层建筑，部分存在着上、中、下三层建筑遗迹，说明在原址上统一翻建过。下层建筑基址台基间距约4.5米，中间层台基间距约5.5米。同一层的建造工艺和结构一致，不同层的则有所不同。下层建筑主要建于原生土之上，其建造程序是：按照事先设计好的方案挖掘一长方形斗状大坑（基槽），然后对基槽底部施夯，再逐层均匀垫土夯实，出地面后四面收缩夯筑地面台基，在台基四周挖坑立柱、筑墙，并埋置室内柱和檐柱，搭建屋顶。中层建筑修建时，先对残破的下层建筑基址铺垫土夯打成台基，在台基的四面边缘按照设计要求挖柱坑置础立柱，再夯筑台基至设定的高度，同时修筑室内墙槽，然

[①] 陈国梁：《囷窌仓城：偃师商城第Ⅷ号建筑基址群初探》，《中原文物》2020年第6期。

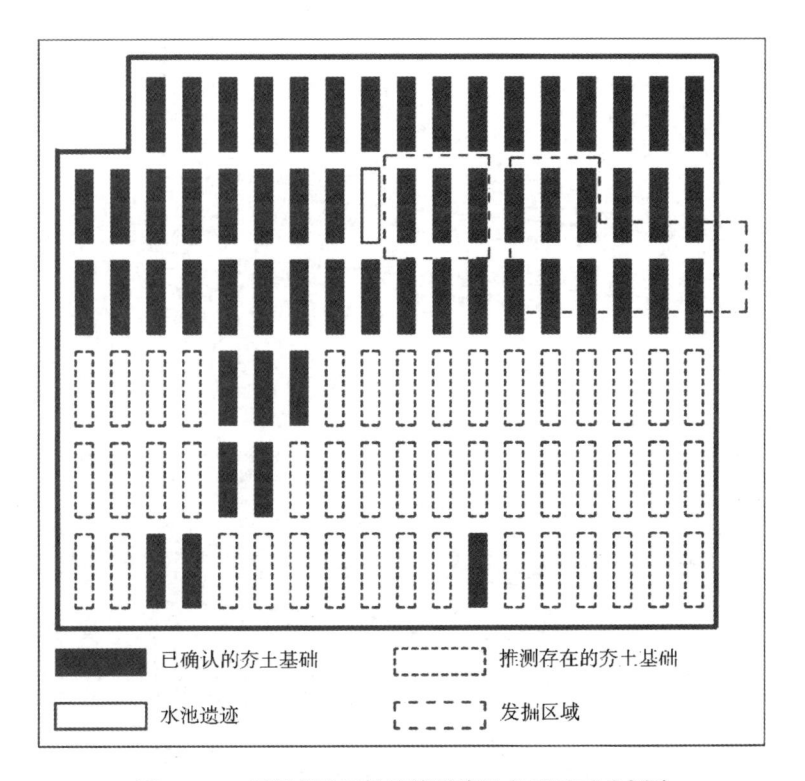

图 7-34　偃师商城 II 号建筑群遗址布局平面示意图

后修正台基的边缘，并修筑墙体，最后埋置檐柱，搭建屋顶。上层建筑修建时，对残破的中层建筑基址进行修整，夯筑新台基，建造程序与中层、下层建筑相似。根据柱洞判断，建筑的屋顶为两面坡式，各层建筑之间均有互相贯通的排水沟，并有道路相通[1]。F1003 建筑基址可分上、下两层。上层建筑位于下层建筑残存台基的正上方，比下层建筑略小，发掘部分残存南北长 12.5—12.75 米，残宽约 10.06 米，夯土残存厚度 0.3—0.4 米。在台基的东侧发现带础石的柱洞 4 个。基址的中部南北向并排有两道墙槽，将基址分割为三部分，墙间距约 2 米。墙基东侧距离台基 1—1.2 米发现柱洞 7 个，

---

[1] 中国社会科学院考古研究所：《偃师商城》（第一卷），科学出版社 2013 年版，第 233—310 页。

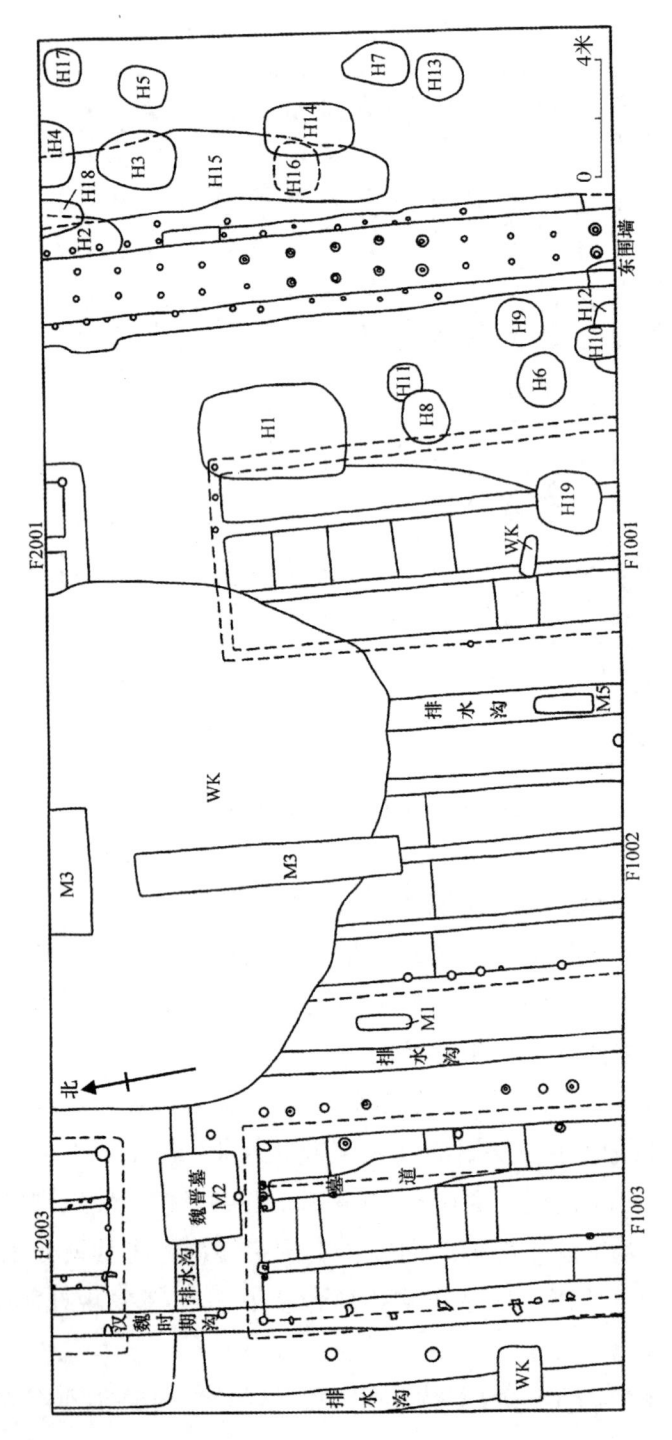

图 7-35　偃师商城 92YSJ2 围墙和 F1001、F1002、F1003 上层建筑基址平面图

分布没有规律（图7-35）。Ⅱ号建筑群西距大城西垣约4米，南距大城南垣约8米，东北距宫城约90米；分布规律，结构紧凑，建筑式样基本一致，功用相似；周围路土相对较薄且较纯净，围垣内部区域无杂物堆积和用火痕迹，发掘者推测它应是当时国家最高级别的仓储建筑。

偃师商城Ⅲ号建筑群遗址位于大城东部偏中位置，西南距宫城约200米。该遗址布局和结构与Ⅱ号建筑群遗址基本相似，只是规模略小。原考古勘探材料称基址群外围有平面大体呈方形、墙宽约3米的夯土围垣，但新勘探材料显示该基址群并未修建围垣。大型建筑基址横成排、纵成列，结构紧凑。以东西横向为排，南北共有5排，同一排的建筑基址东西排成一线，排与排间距相同，理论上每排由16座基址组成，可设置80座大型建筑基址，实际上最多有77座建筑基址。单体建筑平面布局和结构类似于第Ⅱ号建筑群遗址之上层建筑，性质也应相同[①]。

第五节 水利设施的建造技术

水是人类赖以生存的重要资源，也是早期都邑发展的必备基础。考古材料显示，中国早期都邑对给水、排水等水利设施进行了精心的规划与建造。

一 都邑供水设施的建造

都邑供水设施是提供都邑生产与生活用水的系统设施。中国早期都邑中迄今已发现的供水设施有引水管道及沟渠、蓄水池、水井等。这些设施或单独使用，或联合发挥功用，共同构成了早期都邑

[①] 中国社会科学院考古研究所：《偃师商城》（第一卷），科学出版社2013年版，第330—312页。

的供水体系。

（一）水渠与管道

在早期都邑的城市供水设施中，供水资源引入的引水管道与注水渠最具代表性。引水管道与注水渠是用于将水资源引入城中的重要水利设施，和蓄水池相结合完成了水资源的引入与储存。

长江流域都邑城内外开挖有诸多水道，有的还在城墙处设置有水门。浙江杭州良渚城内共发现古河道51条，大多是人工开挖而成。其中在莫角山遗址的北、东、南三面各分布一条主河道，在内护城河和主河道之间开挖支河道，共同形成古城的河道网[1]。其中位于良渚古城东部的钟家港古河道（编号为古河道17），是城内的南北向主干道，大致呈西北—东南走向，总长约1000米，宽约18—80米[2]。

山西襄汾陶寺早期宫城大概有两条重要的供水系统，一是宫城北侧的南门沟，另一是宫城东南角门的供水渠。在宫城北墙Q15中部，很可能人工开挖了一条"L"形水渠，今称"南门沟"，向宫城内引水，进入宫城北部的池苑区。宫城东南角门外、仓储区南侧有一条人工渠壕沟，总长约300米，宽约10米，深约3—4米，引水到宫城东南角门附近，可能向宫城内供水[3]。

商代都邑中发现有水渠遗迹。偃师商城宫城北部的池苑东、西两端各有一条渠道，用于水池的引水与排水[4]。西渠与城外的护城河连接，从大城的西一城门门道下通过，从宫城西墙下穿出，最终与水池相连通。因此，发掘者认为西渠为注水渠道，东渠为排水渠道。多年的考古勘探发掘表明，偃师商城建造有东西横贯整个城址的"几"字型水渠，西端起于护城壕外200余米的南北向古河道，向东

---

[1] 浙江省文物考古研究所：《良渚古城综合研究报告》，文物出版社2019年版，第66页。
[2] 浙江省文物考古研究所等：《杭州市余杭区良渚古城钟家港中段发掘简报》，《考古》2021年第6期。
[3] 何驽：《陶寺遗址的水资源利用和水控制》，《故宫博物院院刊》2019年第11期。
[4] 中国社会科学院考古研究所河南第二工作队：《河南偃师商城宫城池苑遗址》，《考古》2006年第6期。

经过两次拐折后流入宫城北部池苑水池西端，经宫城大水池，再沿其东端向东又经两次拐折流入大城东城墙外护城壕内，整条水渠不计宫城大水池全长约1500米[1]。整条水渠设计巧妙而严谨，是一条经过整体规划并实施的人工水利设施。近年考古勘探发现，偃师商城西城墙西一城门往南135米处还存在穿城而过的东西向石砌水渠[2]。此外，宫城墙外很有可能也都存在着各自一条的水渠把宫城内流出的水汇聚起来，这些水渠围绕着宫城西墙、南墙和东墙分布[3]。

郑州商城也见有残长30多米的石砌渠道，其功能是给蓄水池供水[4]。其筑法是先在地上挖出一条口宽底窄的平底壕沟，然后在壕沟底部平铺青石板，并用石板砌出两侧渠壁，再用大石板覆盖顶部，从而形成高和宽各约1.5米的水道，且每隔8米与一座水井连接，最后流入石板铺设的蓄水池。这条石砌水渠的引水腔断面较大，可以容纳较大的水流量。至于这些水井的打水方式如何，还有待深入研究。

小屯殷墟有着规模宏大、延用时间较长的大型人工引水渠，其开凿时间不晚于殷墟文化第二期，并沿用至殷墟文化第四期。1997—2008年先后发掘了多段水渠，这些水渠实际是同一条大型人工引水设施的不同渠段，整个引水渠总长约2500米，从西北向东南贯穿殷墟遗址，方向约120度，宽5—6米，局部地段宽度达到10米左右。其中东南区段则相对较窄而深，而西北区段相对较宽且浅，一些区段还设置有蓄水坝。勘探发掘可知，水渠的截面基本呈倒梯形，口部宽3—6米，底部宽在4.5—5米，深为2.8—4米。此引水渠从洹河引水东南流，在宫殿区南部之外约1500米处向东南分出多条支渠，将水源从较高的西北区域引至东南较低区域（图5-12）。

---

[1] 中国社会科学院考古研究所：《偃师商城》（第一卷），科学出版社2013年版，第216页。
[2] 谷飞、陈国梁、曹慧奇：《偃师商城2018—2020年田野工作的新收获》，《中原文物》2020年第6期。
[3] 曹慧奇：《对偃师商城遗址水利设施及城址布局的新认识》，《南方文物》2021年第6期。
[4] 曾晓敏、宋国定：《郑州商城考古又有重大收获》，《中国文物报》1995年7月30日。

这些支渠几乎覆盖半个殷墟遗址，穿行诸多居民点，形成规模庞大的都邑引水网络①。

（二）蓄水池

商代都邑蓄水设施除了宫殿区的池苑，还存在为生产、生活或其他需要人工建造的蓄水池。在一些大型灰坑或灰沟底部有淤泥或黏土堆积，它们或有可能曾作为蓄水设施使用。

偃师商城Ⅱ号建筑群遗址发掘区西部发现一个长方形坑状遗迹，南北长约25米，东西宽约8米，深1.2—1.4米，应是一处蓄水池遗迹②。

殷墟发掘过程中屡屡遇到的巨型灰坑，其中许多都可能与蓄水有关。根据钻探试掘材料，宫殿区西侧、南侧的大壕沟，宽度并不一致，有一连串相互连接的蓄水坑组成。2006年以来，在安钢大道以南、刘家庄附近多次发现陂池遗迹。如位于刘家庄北地西端的06ALN-H1，平面呈不规则形，面积约2000平方米，深3—8米不等。另一蓄水坑08ALN-H698，平面呈圆角方形，南北长约50米、东西宽约20米，总面积约1000平方米。再如蓄水坑10ALN-H2456，面积近400平方米，坑深约8米，坑旁有3座夯土房基，其中F69、F79内均埋置有陶水管把生活污水直接排到蓄水坑内的现象③。

（三）水井

水井的出现使人类从对地表自然水资源的完全依赖中解脱出来。在中国古代历史上，水井是城市供水的一种主要形式。中国早期都邑大都发现有水井遗存，种类多，结构复杂。从平面形状看，有矩形、圆形、椭圆形、不规则形。从结构上看，主要有不带附属构件

---

① 唐际根、岳洪彬、何毓灵等：《洹北商城与殷墟的路网水网》，《考古学报》2016年第3期。
② 中国社会科学院考古研究所：《偃师商城》（第一卷），科学出版社2013年版，第216页。
③ 唐际根、岳洪彬、何毓灵等：《洹北商城与殷墟的路网水网》，《考古学报》2016年第3期。

的水井和附加木架构的水井两大类。

龙山时代都邑发现的水井遗迹，平面多呈圆形或方形，以圆形者数量较多，极个别都邑中发现有带木架构的水井。山西襄汾陶寺遗址发现有多眼水井，井口为圆口，深13—15米。底部有不到两米的木架构，用于保护水井，防止井壁坍塌。其中一眼井口为圆形平面，直径3米，深约15米，近底保存有高1.6米的木架构痕迹，以圆木搭叠呈近方形平面的木架构。浙江杭州良渚城址的庙前遗址发现有水井J1，以两端带凹槽的扁方木套合成"井"字形。木构井圈现存高约2米，内围是95×95厘米的正方形，单根扁方木长约160厘米，厚约15厘米。为使木构稳固，在底部挖凹坑以固定最底下的井架，木构间的缝隙则以碎陶片等填塞。井框外填质地较疏松的黑土、大量碎陶片及大石块，最后填压砂砾层，推测能起到过滤作用[1]。

夏商都邑中发现的水井以长方形为主，圆形者较少，少量附有木架构，井壁上多见有脚窝。二里头遗址水井均为长方形或近长方形，长度多在2米以内，深7—10余米不等，井壁上有脚窝，且多呈马蹄形。如宫殿区水井2001VH465，平面呈圆角长方形，长1.75米，宽1.35米，深7.3米，东、西两壁有成排的马蹄形脚窝，均为9个，左右基本对称[2]。郑州商城遗址水井主要包括两种类型：一类是带有井坑与井框、结构较为复杂的水井；另一类则是不带井坑、结构简单的普通水井，井口形状多为矩形，也有少量为椭圆形或不规则形[3]。其中宫殿区水井建造工艺讲究，均有井坑。如电力学校内水井89ZJD3平面为圆角长方形，井口长约2.1米，宽约1.3米，距井底深约7.8米（图7-36）。水井由外侧的椭圆形井坑包覆，坑内填土

---

[1] 浙江省文物考古研究所：《浙江良渚庙前遗址第五、六次发掘简报》，《文物》2001年第12期。

[2] 中国社会科学院考古研究所：《二里头（1999—2006）》，文物出版社2014年版，第932页。

[3] 宋国定：《试论郑州商城商代水井的类型》，《郑州商城考古新发现与研究》，中州古籍出版社1993年版。

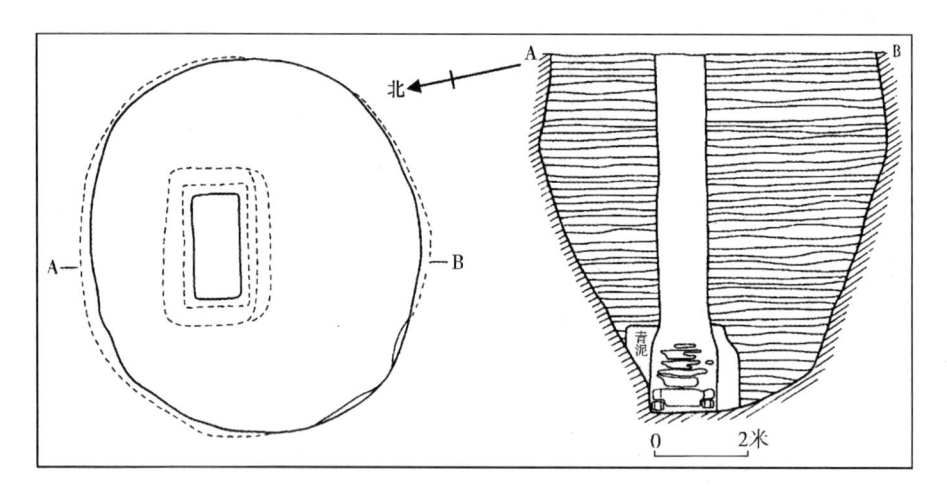

498　中国早期都邑的形成与都邑形态研究

图 7-36　郑州商城电力学校内遗址水井 89ZJD3 平剖面图

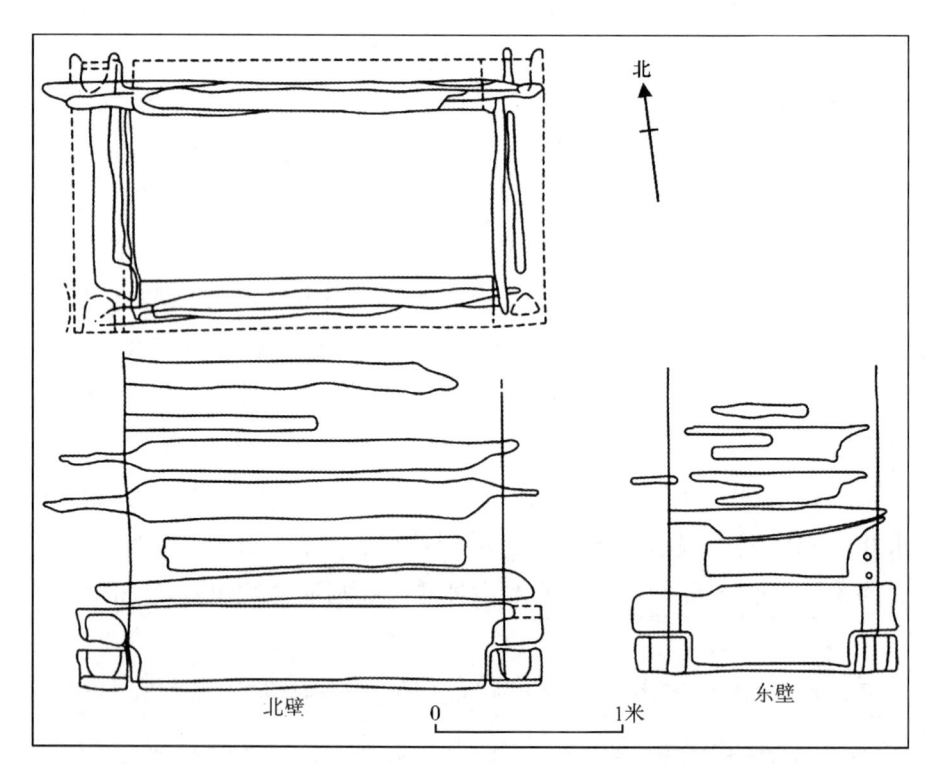

图 7-37　郑州商城电力学校内遗址水井 89ZJD3 井框结构平剖面图

分层夯打，在接近井底部2米处发现有木结构井框（图7-37）。井框为榫卯结构的原木纵横套叠成"井"字形，底部还有制作工艺考究的木结构井盘（图7-38）。井盘外侧及井框周围以青膏泥层维护，用以加固井框。井盘内侧的沙土层上铺垫碎陶片，厚度为0.2—0.25米，起到过滤作用，整个水井结构设计巧妙、别致①。

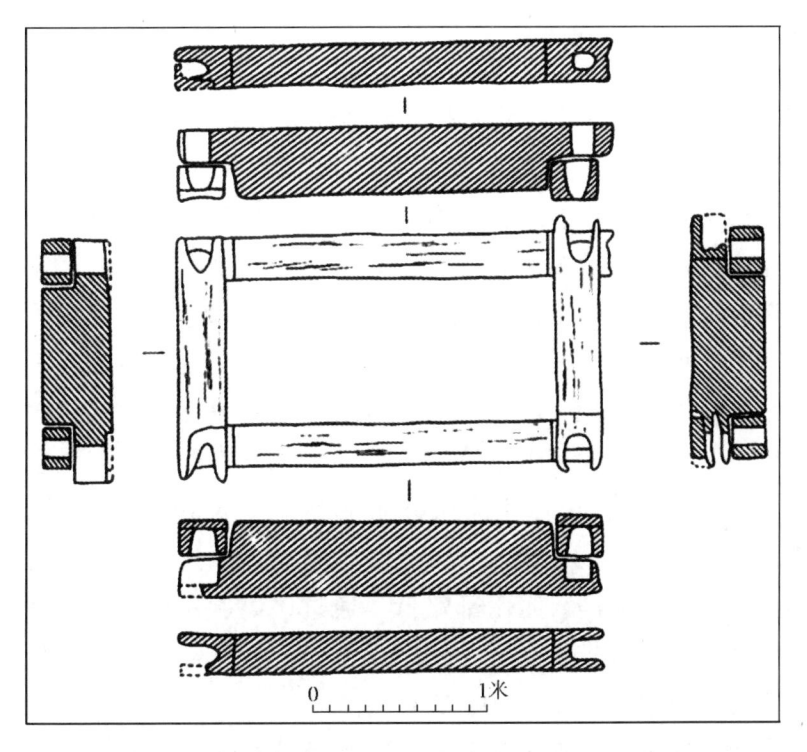

图7-38 郑州商城电力学校内遗址水井89ZDJ3井盘结构图

资料来源：河南省文物研究所：《郑州电力学校考古发掘报告》，《郑州商城考古新发现与研究（1985—1992）》，中州古籍出版社1993年版。

二 都邑排水设施的建造

都邑排水是指利用一定的设施排除、处理都邑废水的措施。早期都邑中的排水设施主要有地下铺设的排水管道和建造的排水暗渠，

---

① 河南省文物研究所：《郑州电力学校考古发掘报告》，《郑州商城考古新发现与研究》，中州古籍出版社1993年版。

还有地面开挖的排水明沟。

属于龙山时代的河南淮阳平粮台城址考古发现有排水渠和排水管道[1]，但龙山时代都邑中尚未见到类似遗存，可能与都邑的保存情况及考古工作开展范围有限有关。山西襄汾陶寺遗址发现有人工开挖的都邑排水设施。陶寺中期宫城排水渠有两条：一条流出宫城西墙Q11北段，向西北而去，流向今南河，残存长度约300米，开口宽约3—4米，深约2米；另一条排水渠在宫城西南部，在宫城西南角向西南拐，流向今中梁沟，残长约200米，宽约6米，深约1.5—2米[2]。

夏代都邑二里头遗址已具有相当完备的排水设施。该遗址既有陶质排水管道、石砌排水管道，也有木结构排水暗渠。一号宫殿基址发现有陶水管[3]。二号宫殿基址庭院内发现两条水道，一条为陶制排水管道，另一条为石板水道暗渠[4]。基址庭院东北部发现有表面带有绳纹的陶管，共11节，一端粗一端细，相互套接安装在预先挖好的沟槽中，向东连续穿过东廊和东一门。二号宫殿基址庭院东南部有一条石板水道暗渠，采用较小的石板铺砌，水道较窄。渠之断面为矩形，宽约12—20厘米，残高约7—10厘米。这条石板水道暗渠整体上是西北部略高、东南部略低，通过该渠道完全可以将庭院内的污水和雨水向外排出。木结构暗渠位于三号宫殿基址和五号宫殿基址之间通道的下面，长100多米[5]。

商代都邑排水设施较为完备。偃师商城发现有开挖的地下暗排

---

[1] 河南省文物研究所等：《河南淮阳平粮台龙山文化城址试掘简报》，《文物》1983年第3期。

[2] 何驽：《陶寺遗址的水资源利用和水控制》，《故宫博物院院刊》2019年第11期。

[3] 中国社会科学院考古研究所：《偃师二里头——1959年—1978年考古发掘报告》，中国大百科全书出版社1999年版，第146、166页。

[4] 中国社会科学院考古研究所二里头工作队：《河南偃师二里头二号宫殿遗址》，《考古》1983年第3期。

[5] 中国社会科学院考古研究所二里头工作队：《河南偃师二里头二号宫殿遗址》，《考古》1983年第3期。

水渠及明沟排水渠遗存①。四号宫殿基址发现有3处石砌排水沟。其中位于正殿东北的排水沟，地势西高东低，东端正对水沟洞口。位于基址东南部的排水沟保存较完整，自基址东南部向东通到宫墙外，沟内宽约0.3米，高约0.47米。水沟底面以片状石材平铺，水沟两侧为叠石砌壁，并用大型石块覆盖于沟壁上，形成断面为矩形的排水道。偃师商城宫城长方形斗状石砌水池的东、西两侧各有一条石砌水道与之相连，分别通向东、西城垣外的护城河中，其中东侧石砌水道当具备排水功能。该石砌水道底部和侧壁皆用石板砌筑，顶部用木板覆盖，以草拌泥固定（图7-39）。水道所通路线的地势是自西往东倾斜，水流可从宫殿区北部池苑往东流，通过宫殿区东一城门门道下继续向东流入城垣外壕沟陂池。此外，偃师商城Ⅱ号建筑群遗址中的排水设施主要是简易的明道浅沟，在每座建筑的四周开挖小沟，形成网格状排水系统。在各期水沟建造位置上，中层建筑排水沟是在原已废弃的下层水道上重新开挖浅沟；而上层建筑排水沟设计依然如此，只是位置稍加变动②。

郑州商城宫殿区内发现有诸多大大小小的水沟，推测其中部分水沟应与排水有关。宫殿区中有与偃师商城宫殿区相仿的池苑系统，还有汲水井和控制水量的插木板闸阀等输水设施，蓄水池东南面发现石砌水渠和配套管道，可以将宫殿中的积水排向城外③。内城东部和东南部发现有大型排水沟，通向东城墙外护墙壕。郑州商城遗址中的陶管道工艺进一步复杂化，出现了新的组成部分如"漏斗形器""方筒形器"，这样的衔接结构便于蓄水池和水井及水道的连接。

小屯殷墟遗址曾出有16米长的陶水管道，宫殿区基址发现30多条纵横交错、相互贯通的水渠，总长达650余米。这些水渠主要

---

① 中国社会科学院考古研究所：《中国考古学·夏商卷》，中国社会科学出版社2003年版，第209页。
② 中国社会科学院考古研究所：《偃师商城》（第一卷），科学出版社2013年版，第223、224页。
③ 曾晓敏：《郑州商代石板蓄水池及相关问题》，《郑州商城考古新发现与研究》，中州古籍出版社1993年版。

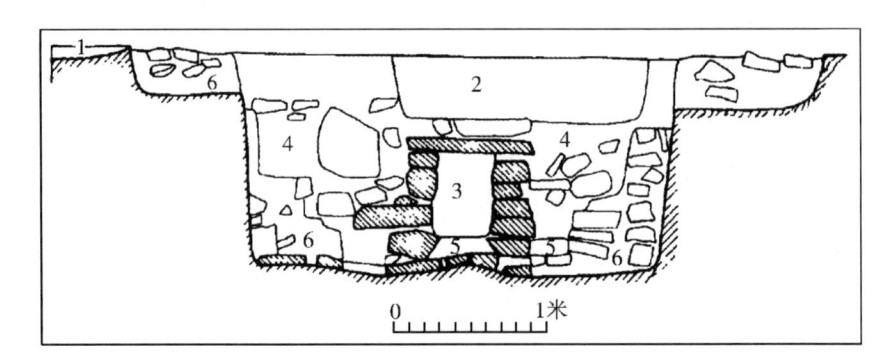

图 7-39　偃师商城宫城池苑东水道剖面图

1、2. 灰土层　3. 改建后水道　4. 改建部分　5. 早期水道内淤泥　6. 早期水道石壁

资料来源：中国社会科学院考古研究所河南第二工作队：《河南偃师商城宫城池苑遗址》，《考古》2006 年第 6 期。

位于乙组基址范围内，丙组范围内也有少量分布。发掘者推测这些水渠应当是宫殿区的排水设施①。在殷墟白家坟发现一段呈东西向的陶水管道遗存②。殷墟苗圃北地 PNT232 基址的第三层中发现一段地下水道，长 2.75 米，宽 0.25 米，深 0.4 米，水道内放置有陶质的圆筒形水管，套合的痕迹清晰可见③。此外，殷墟宫殿区西北侧发现的"大黄土坑"，面积原推断有 5 万平方米以上④，近年新勘探发掘表明其达 6 万多平方米，深达 16 米，属于池苑性质⑤。该巨型水坑北部向北伸出两条水道，与洹河南缘相通，向南伸入宫殿区内。黄土坑所在处地势较低，地势较高的宫殿区数条水沟都汇入该黄土坑及

---

① 石璋如：《河南安阳小屯的三组基址》，《大陆杂志》第二十一卷一、二期合刊 1960 年版。

② 中国社会科学院考古研究所安阳发掘队：《殷墟出土陶水管和石磬》，《考古》1976 年第 1 期。

③ 中国社会科学院考古研究所：《殷墟发掘报告（1958—1961）》，文物出版社 1987 年版，第 24 页。

④ 岳洪彬、岳占伟、何毓灵：《小屯宫殿宗庙区布局初探》，《三代考古》（二），科学出版社 2006 年版；中国社会科学院考古研究所安阳发掘队：《2004—2005 年殷墟小屯宫殿宗庙区勘探和发掘》，《考古学报》2009 年第 2 期。

⑤ 岳洪彬、牛世山、岳占伟：《2019 年殷墟宫殿宗庙区勘探和发掘收获及其学术意义》，《中国社会科学院考古研究所田野考古成果汇编（2019 年）》，2019 年。

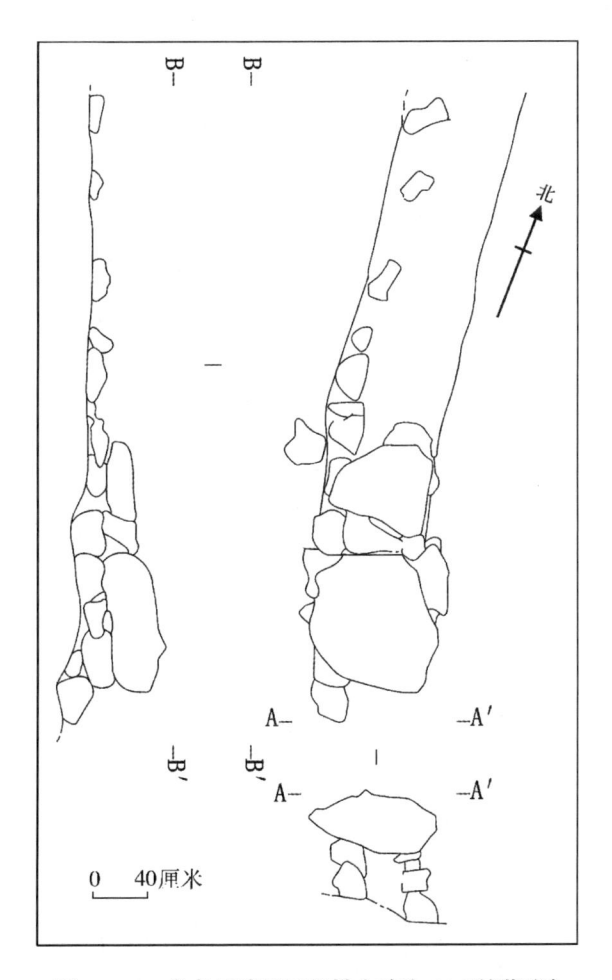

图 7-40　盘龙城遗址石砌排水暗沟 G3 平侧视图

与其相通的水道，故其当为宫殿区的排水设施之一。

部分夏商方国都邑中也发现有排水设施。郑州大师姑城址的灰沟 G5 和灰坑 H75 中出土了较多的残存陶水管，直管和弯管均有，管道既有素面，也有带绳纹的，直径约 16—19 厘米，应与排水有关[1]。盘龙城遗址南垣西段豁口偏北处有一青石筑成的石沟 G3，平

---

[1] 郑州市文物考古研究所：《郑州大师姑（2002—2003）》，科学出版社 2004 年版，第 95、96 页。

面呈长条形，残长3.3米，宽约0.6米，由大小不一的石块垒砌而成，形成方腔。沟顶部由2块大石块覆盖，石块间嵌以碎石，沟东、西两侧用碎石垒成沟壁，未见石块铺底（图7-40）。此类排水石沟构筑方式与郑州商城、偃师商城发现的石沟暗渠形制相近。根据其延伸趋势，发掘者推测其应是穿过盘龙城南城垣底部的一条较为完整的排水暗沟，可将该城内的积水向城外排泄出去[1]。

---

[1] 武汉市文物考古研究所、盘龙城遗址博物院：《盘龙城遗址宫城区2014至2016年考古勘探简报》，《江汉考古》2017年第3期。

第 八 章

都邑生活形态

中国早期都邑生活既是早期人类文明的重要组成部分，也是整个社会生产和生活形态的集中反映。由于早期社会的物质生产渐趋多样化、复杂化，从而带动精神文化生活更加丰富多彩，尤其是在都邑的手工业、农业、货物流通、精神生活等方面表现得更为鲜明。总体来看，中国早期都邑生活形态既表现出一定程度的原始性，也显示出一定的先进性和科学性，并具有突出的时代特点。

第一节 手工业形态

手工业是中国早期都邑重要的组成部分。早期都邑社会的手工业从农业中分化出来，成为独立的生产部门，职业的手工业者逐渐形成。这个时期，都邑手工业内部的分工越来越细，制陶业、玉石加工业、骨蚌器制造业、纺织业等传统手工业得到了进一步发展，生产规模不断扩大。同时，包括铸铜业、酿酒业、髹漆业在内的新兴手工业逐步出现，并显现出强劲发展的势头。在都邑手工业长期的发展过程中，手工业技术不断得到提高，表现出一定的先进性和科学性。为便于对手工业组织、管理，专门的手工业管理机构逐渐出现，使得早期都邑手工业具有较强的

"官营"性质。

一 手工业种类

从考古发现和文献记载可知，中国早期都邑手工业种类丰富，主要包括制陶瓷、铸铜、制骨、制玉（含绿松石）、石器加工、木漆器制造、酿酒、纺织、编织、缝纫、金器制作等业种，从而大大地丰富了都邑居民的物质生活。

（一）陶瓷器烧造业

陶器的制造是中国进入新石器时代的标志之一。经过新石器时代早、中、晚期的发展，制陶业已达到较高水平。至新石器时代末期的龙山时代以及夏商时期，制陶业已比较发达且达到较高水平。此时的陶器成为早期都邑社会中最基本、最常见的生活用具，制陶业也成为当时最为普遍的手工业生产部门。此外，在夏商时期，原始瓷器逐渐发明制造。

1. 龙山时代都邑的陶器烧造业

龙山时代的都邑中发现不少与制陶相关的遗迹。如山西襄汾陶寺城址发现有属于陶寺文化的陶窑遗迹[1]。石峁遗址城内的后阳湾、呼家洼等地点发现有窑址[2]。石家河城址三房湾遗址的陶窑、黄土堆积、黄土坑、洗泥池、蓄水缸等遗迹多与制陶活动有关，显示出制陶作坊的典型特征，结合出土的数以万计的红陶杯残件分析，推断这里应是一处石家河文化晚期至后石家河文化时期以烧制红陶杯为主的专业窑场[3]。良渚城址中的棋盘坟遗址[4]和朱村兜遗址[5]均发现

---

[1] 山西省考古研究所：《陶寺遗址陶窑发掘简报》，《文物季刊》1999年第2期。
[2] 陕西省考古研究院等：《陕西神木县石峁遗址》，《考古》2013年第7期。
[3] 湖北省文物考古研究所等：《湖北天门市石家河遗址2014—2016年的勘探与发掘》，《考古》2017年第7期。
[4] 施昕更：《良渚——杭县第二区黑陶文化遗址初步报告》，浙江省教育厅出版社1938年版，第5页。
[5] 芮国耀：《中华文明的曙光》，周峰主编：《南北朝前古杭州》，浙江人民出版社1997年版，第32页。

有制陶作坊遗存。

龙山时代各都邑中出土的陶器种类丰富，器形规整、质硬胎薄。陶色以灰陶、黑陶为主，纹饰以绳纹、篮纹和方格纹最为常见。除了普通陶器的烧造和使用，更加精细和贵重的薄胎泥质黑陶、白陶及印纹硬陶也在都邑生活中扮演了重要角色。

陶寺遗址出土陶器种类有炊器、工具、酒器、水器等。同时，还出土有大量独具特征的彩绘陶器。这些彩绘陶均以黑陶衣或红色为地，上施红、白、黄彩或黄、白彩。纹样复杂多样，有几何形纹、云纹、涡纹、圆点、条带、回纹、龙纹、变体动物纹等[1]。

另外，此时期制作的陶器亦有用于建筑工程领域的。如陶寺遗址发现有应用于房屋建筑的陶板瓦遗存[2]。在平粮台遗址南城门门道之下及南墙墙基处，发现多件用于城区排水的陶水管道[3]。

2. 夏代都邑的陶器烧造业

随着夏代都邑人口的增多和陶器需求量的不断增大，制陶业得以继续发展，陶窑遗存零散分布于都邑区域内。这一时期陶器种类繁多，以灰陶为主，也有红陶、黑陶。除了普通的陶器，白陶、硬陶得到较广泛流行。在新砦、二里头、望京楼等早期都邑中都发现有属于夏代的制陶遗存及陶器、白陶、硬陶等遗物，二里头遗址还可能存在原始瓷器。

二里头遗址尚未发现比较集中的陶窑群，陶窑散见于遗址中的多个地点。陶窑一般由窑室、窑柱、窑箅、火膛、火门等部分组成。窑室以圆形为常见，也有方形者。二里头都邑制造使用的陶器种类繁多，做工考究。按陶色分，有白、黑陶（包括黑皮陶）、红陶、褐陶等，按用途分有炊器、食器、容器、酒器、工具

---

[1] 李健民：《举世闻名的陶寺遗址》，《百科知识》2000年第11期。
[2] 何驽：《陶寺城址宫殿区发现的陶板功能试析——陶寺文化的陶瓦》，韩国河、张松林主编：《中原地区文明化进程学术研讨会文集》，科学出版社2006年版。
[3] 河南省文物研究所等：《河南淮阳平粮台龙山文化城址试掘简报》，《文物》1983年第3期。

等。此外，二里头遗址发现较多用作排水的陶水管，直径达三四十厘米，长在半米以上；还发现有筒状陶片[①]和半圆形"陶水管"[②]，从其形状和切割的情况看，不排除其用作筒瓦的可能性。从二里头遗址铸铜作坊出土大量陶范、坩埚来看，制陶技术还运用于青铜器制造业。

3. 商代都邑的陶瓷烧造业

商代的制陶业在夏代的基础上得到进一步的发展，陶器纹饰更加复杂，功用更加丰富，陶窑的生产渐趋专业化，部分都邑可能还烧造原始瓷器。目前，较多商代都邑中都发现有制陶作坊遗存。都邑中发掘所获遗物，也往往以陶器数量最多，凸显制陶业之发达。陶瓷器有普通的日用陶器（泥质陶、夹砂陶），还有较为珍稀的白陶、硬陶和原始瓷器（图8-1）。泥质和夹砂陶器的表面常见纹样有绳纹、弦纹、三角形划纹、三角形绳纹等。陶器按用途可分为生活用器、生产工具、建筑用陶、雕塑品等。此外，有些陶器还应用在金属冶炼领域，如陶范、陶模、坩埚（"将军盔"）等。

早商都邑遗址如郑州商城、偃师商城、垣曲商城、吴城、三星堆等，都发现有不少规模较大的陶窑。郑州商城的陶窑集中发现于内城西城垣以西约1300米处，即今铭功路西侧郑州第十四中学院内[③]。在已发掘的1500余平方米范围内，发现陶窑共14座，出土大量的日用陶器以及陶坯、陶器废品及各种制陶工具。其他都邑，偃师商城在1988—1996年曾发现陶窑15座[④]，在大城内东北部发现制

[①] 中国社会科学院考古研究所：《中国考古学·夏商卷》，中国社会科学出版社2003年版，第119页。

[②] 中国社会科学院考古研究所：《二里头（1999—2006）》，文物出版社2014年版，第513页、彩版二四三。

[③] 河南省文物研究所：《郑州市商代制陶遗址发掘简报》，《华夏考古》1991年第4期；河南省文物工作队第一队：《郑州发现的商代制陶遗迹》，《文物参考资料》1955年第9期；游清汉：《郑州市铭功路西侧发现商代制陶工场、房基等遗址》，《文物参考资料》1956年第1期。

[④] 刘忠伏：《偃师商城遗址》，《中国考古学年鉴（1990）》，文物出版社1991年版；中国社会科学院考古研究所河南第二工作队：《河南偃师商城东北隅发掘简报》，《考古》1998年第6期。

第八章 都邑生活形态 509

图 8-1 郑州商城出土商代青釉瓷尊

陶区；垣曲商城的窑场在城内东南部，1988—1989 年发现陶窑 9 座①；吴城遗址 1973—2002 年的发掘共清理陶窑 14 座，集中分布于 I 区，认为 I 区应为制陶区②；三星堆遗址也发现有陶窑遗迹③。

考古发现的晚商时期陶窑大多仍为圆形或近圆形、椭圆形，由火膛、火道、窑箅、窑室等部分组成，窑室增大。安阳殷墟小屯南地陶窑平面呈椭圆形，窑室南北长 1.7 米，东西宽 1.15 米，火膛高近 1 米④。2008 年在花园庄南地发现制陶作坊一处，发现 10 座陶窑。其附近分布有灰坑、房基，并在灰坑或房基填土内发现大量烧废的

---

① 中国历史博物馆考古部等：《1988—1989 年山西垣曲古城南关商代城址发掘简报》，《文物》1997 年第 10 期。
② 江西省文物考古研究所：《吴城——1973—2002 年考古发掘报告》，科学出版社 2005 年版，第 75 页。
③ 赵殿增：《三星堆考古发现与巴蜀古史研究》，《四川文物》1992 年第 1 期；屈小强、李殿元等：《三星堆文化》，四川人民出版社 1993 年版，第 307 页。
④ 中国社会科学院考古研究所安阳工作队：《1973 年小屯南地发掘报告》，《考古学集刊》第 9 集，科学出版社 1995 年版。

陶器和窑壁残块，还有许多制陶工具、次品或废品陶器，器类以陶豆最多、陶簋次之。该制陶作坊遗址的面积不小于6万平方米，使用时间贯穿于整个殷墟文化时期①。此外，殷墟遗址的刘家庄北地也发现一处面积超过6万平方米的制陶作坊，共清理陶窑30余座，出土一些制陶工具以及大量陶器和烧残的陶器②。洹北商城宫城北垣之北、韩王度村东北发现有制陶作坊遗址③。

（二）青铜冶铸业

青铜器作为人类社会进入文明时代的重要标志之一，被广泛用于早期都邑社会的生产、生活、礼仪、祭祀、丧葬等活动中。随着早期都邑社会对青铜器需求的不断增加，青铜冶铸业逐渐成为最具代表性和标志性的手工业生产门类。

1. 龙山时代都邑的铜器冶铸

相比仰韶时代铜器的零星出现，龙山时代铜器的分布范围扩大，诸多都邑遗址出土有铜器遗物，数量也有所增加，显示这个时期青铜冶铸业的初步形成。但宥于社会生产力发展水平，此时的青铜冶铸业具有相当的原始性。目前尚未发现确凿无疑的龙山时代铜器作坊遗址，显示此时青铜冶铸业还没有形成规模化生产。迄今发现的多为小件铜器，器形复杂者罕见，器类还相对单一，冶铸技术相对落后。

龙山时代的陶寺、石峁、王城岗等城址中发现有少量红铜、青铜锤锻或铸造成的小件工具、容器，也发现有冶铜和铸铜遗物。陶寺城址自1978年发掘以来，出土了铃形器、齿轮形器、环和口沿残

---

① 岳占伟、岳洪彬：《殷墟首次发现重要的商代制陶作坊区》，《中国文物报》2008年10月15日。
② 岳占伟、岳洪彬、何毓灵：《河南安阳市殷墟刘家庄北地制陶作坊遗址的发掘》，《考古》2012年第12期；何毓灵、唐际根、岳占伟等：《河南安阳市殷墟刘家庄北地2010—2011年发掘简报》，《考古》2012年第12期。
③ 中国社会科学院考古研究所安阳工作队：《河南安阳洹北商城手工业作坊区墓葬2015—2020年的发掘》，《考古学报》2022年第3期。

片等铜器，其中铃形器为红铜合范铸造、含砷青铜①。该铃形器系铸造而成，胎体不均匀，顶部与器壁各有一处残痕和透孔②。虽然不见专门的龙山时代冶铸作坊，但古城寨城址中发现有熔炉残块③，说明当时该都邑金属冶铸业已经存在。石家河城址南部的肖家屋脊遗址曾发现石家河文化早期的5块铜矿石④，并在其西北角的邓家湾遗址石家河文化地层中发现一件铜器残片，似铜刀，为长形薄片⑤，说明该城址也可能存在一定规模的铜器冶铸业。石峁城址的皇城台中出土了部分铜器和用于铸铜的石范，其中出土铜器包括刀、镞、锥，出土石范器形可辨者有直背刀、环首刀和锥。值得注意的是，王城岗城址西小城灰坑中发现有一片青铜容器残片，属锡、铅青铜铸件。该铜片残宽6.5厘米、残高5.7厘米、壁厚0.2厘米。参照陶鬶形制，推测应为铜鬶的残片⑥。铜鬶的发现，说明当时已能铸造青铜容器。

2. 夏代都邑的青铜冶铸业

古代文献有关于夏代铸造铜器的记载。如《左传·宣公三年》："昔夏之方有德也，远方图物，贡金九枚，铸鼎象物。"这是夏代地方上贡金属铸鼎的记载。《墨子·耕柱》篇称夏启曾派人"折金于山川而陶铸之于昆吾"，《左传·桓公二年》等文献中还有夏铸"九鼎"的传说。二里头等夏代遗址青铜器遗存的不断发现，表明文献记载的可靠性。与龙山时代相比，夏代以二里头遗址为代表的青铜冶铸业呈现出较大的进步性，不仅出现了专门的大型铸铜作坊，青铜冶铸技术取得较大的进步，而且青铜器数量、种类都有较大幅度

---

① 高江涛、何驽：《陶寺遗址出土铜器初探》，《南方文物》2014年第1期。
② 中国社会科学院考古研究所山西工作队等：《山西襄汾陶寺遗址首次发现铜器》，《考古》1984年第12期。
③ 河南省文物考古研究所等：《河南新密市古城寨龙山文化城址发掘简报》，《华夏考古》2002年第2期。
④ 湖北省荆州博物馆等：《肖家屋脊》，文物出版社1999年版，第236页。
⑤ 湖北省文物考古研究所等：《邓家湾》，文物出版社2003年版，第243页。
⑥ 河南省文物研究所等：《登封王城岗与阳城》，文物出版社1992年版，第99页。

的增加。这个时期，礼乐器等需要复合陶范铸造、工艺难度较高的铜制品出现在部分都邑，但大型的青铜容器如方鼎尚未发现，说明这一时期应处于早期青铜时代，尚未进入发达的青铜时代[①]。

属于夏代的新密新砦、偃师二里头、新郑望京楼、郑州大师姑等都邑中，不仅发现有较多的青铜器，还发现青铜冶铸作坊遗址等诸多与铸铜有关的遗物。二里头遗址的青铜冶铸作坊位于遗址的东南部（第Ⅳ区），遗址规模大，面积近万平方米，其使用年代长，从二里头文化第二期一直延续至第四期[②]。该冶铸作坊遗址以几座东西向长方形、大致南北排列的浇铸场为主体。F9为半地穴式场地，地面平整，原有非封闭性的顶棚，工作面上发现有红烧土硬面、铜液泼撒形成的铜渣层和熔炉碎片，应是一经过长期使用的铸铜场地。F9之南的Z1和Z2为浅穴式建筑，活动面上发现有柱洞和红烧土面以及溅泼铜液凝固面、熔炉残片、炼渣等，其性质应为浇铸青铜器的"工场"或"工棚"。值得一提的是，在F9的北侧，有一座编号为F2的建筑物，房内有火塘，火塘内还有用于支撑的土柱，推测其为用来烘烤、预热陶范的地方[③]。此外，二里头遗址还发现大量与冶铸铜器相关的遗物，主要有坩埚、熔炉、陶范、石范、铜渣、铜矿石（孔雀石）、木炭等，还有铜块、铜条、铜片、铜三棱形器、铜尖状器、残铜器等，部分陶范上有精美的纹饰[④]。迄今二里头遗址出土青铜器的数量达百余件，主要出土于墓葬、灰坑、建筑基址及地层之中。这些青铜器种类丰富，主要包括容器、乐器、武器、工具、装饰品等几大类。铜容器主要有爵、角、斝、盉、鼎、鬲等，并以铜爵数量最多、最具特色（图8-2）。容器多出土于墓葬之中，采

[①] 梁宏刚、孙淑云：《二里头遗址出土铜器研究综述》，《中原文物》2004年第1期。
[②] 郑光：《二里头遗址的发掘》，《夏文化研究论集》，中华书局1996年版。
[③] 中国社会科学院考古研究所：《中国考古学·夏商卷》，中国社会科学出版社2003年版，第112页。
[④] 中国社会科学院考古研究所：《偃师二里头——1959年—1978年考古发掘报告》，中国大百科全书出版社1999年版，第81、171、270页；中国社会科学院考古研究所：《二里头（1999—2006）》，文物出版社2014年版，第122—124页。

用较为先进的合范法铸成，可能具有礼仪方面的用途。铜生产工具主要有刀、凿、锥、钻、纺轮、鱼钩等，散见于铸铜遗址、墓葬和其他遗迹中。铜兵器类有戈、钺、戚、镞等，并以铜镞出土的数量最多。乐器目前仅见有单翼铜铃。铜质装饰品主要有铜牌饰（图8-3）、圆形器铜泡等，制作精细，具有较高的工艺水平。

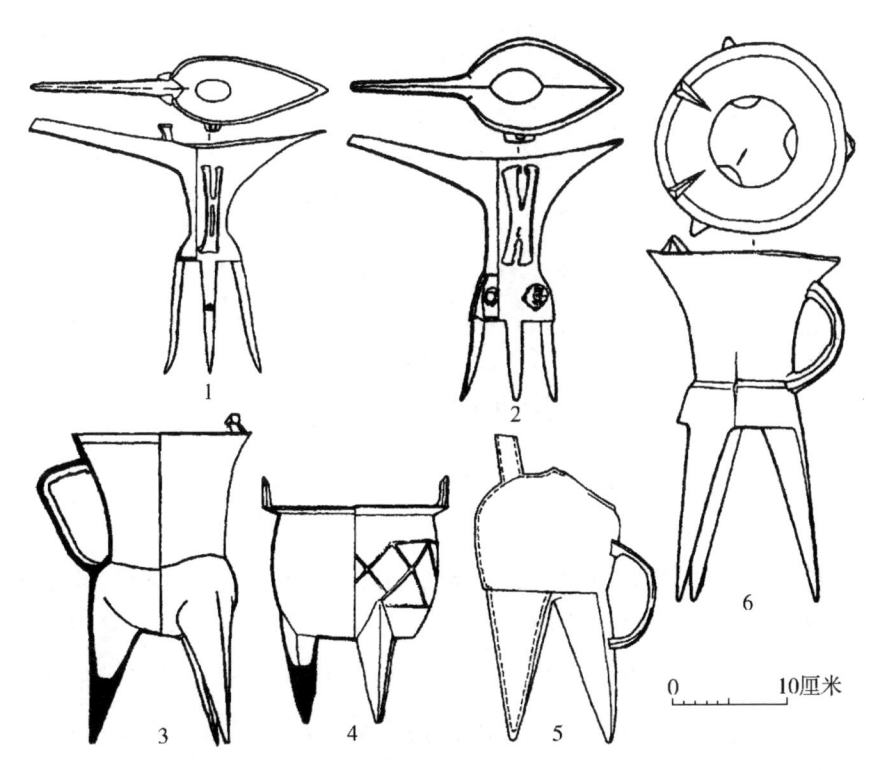

图8-2 二里头遗址出土青铜容器
1、2.爵　3、6.斝　4.鼎　5.盉

3. 商代都邑的青铜冶铸业

青铜铸造业是商王室直接控制的极其重要的产业。商王朝建立后，夏代的青铜冶铸工艺得到继承和发展。在不断的发展演变过程中，商代青铜冶铸技术逐渐走向成熟，并最终达到中国古代青铜手工业的顶峰。在郑州商城、偃师商城、洹北商城、小屯殷墟等商王朝都邑以及垣曲商城、望京楼商城、盘龙城商城、吴城城址、老牛

图 8-3　二里头遗址出土兽面纹铜牌饰

坡遗址、三星堆遗址等周边方国都邑中，普遍发现与铸铜有关的铜渣、陶范、石范、熔炉残块、铜矿石等遗物，一些都邑还发现有专门的大规模的铸铜作坊遗址。这些都邑遗址大多出土有制作精美的青铜器，数量多，种类齐全，铸造技术精湛，反映出当时高超的青铜冶铸工艺水平。

商代前期，在郑州商城、偃师商城等都邑以及望京楼、盘龙城、吴城等方国都邑中，考古发掘出土较多的青铜器，并发现确认出一些青铜作坊遗存。郑州商城发现的铸铜作坊遗址至少有两处：一处位于内城南城墙外约 700 米处的南关外；另一处位于内城北城墙外 300 米的紫荆山北今河南饭店一带[①]。偃师商城大城东北隅、东城垣

[①] 河南省文物考古研究所：《郑州商代二里岗期铸铜遗址》，《考古学集刊》第 6 集，中国社会科学出版社 1989 年版。

中段内侧及宫殿区都发现与铸铜相关的遗迹和遗物，研究者认为偃师商城内冶炼和铸造青铜器的作坊应不止1处，可能在不同时期有不同的铸铜作坊①。盘龙城城址除了出土大量精美的青铜器外，在城垣外西南方的小咀遗址发现了石范、铜渣等与铸铜相关的遗物和遗迹，证明城址附近可能存在铸铜作坊②。吴城遗址曾清理7个与青铜冶铸有关的灰坑、灰沟，主要分布于Ⅲ区和Ⅳ区，即高地岭东部。这一区域被发掘者划定为冶铸区，灰坑和灰沟内出土较多石范、铜块、炼渣等遗物③。

商代后期，洹北商城、小屯殷墟、老牛坡等都邑中，出土青铜器数量大幅上升，且发现有诸多铸铜作坊遗址。洹北商城宫城北垣之北发现一处铸铜作坊遗址，遗址范围内发现很多坩埚、铜渣、绿松石、鼓风嘴、熔炉残块及鼎、斝、爵等青铜礼器陶范等与铸铜有关的遗存④，还发现成排的随葬有青铜陶范的铸铜工匠墓葬⑤。这里历年出土至少40余件青铜器，种类有方鼎、圆鼎、甗、斝、镞、戈、爵等。小屯殷墟发现有多处铸铜作坊遗址，如苗圃北地⑥、孝民屯⑦、薛家庄⑧、小屯东北地⑨、辛店⑩、任家庄南地⑪等地作坊遗址。其中

---

① 中国社会科学院考古研究所：《偃师商城》（第一卷），科学出版社2013年版，第723页。
② 张昌平：《湖北黄陂盘龙城遗址又获重大发现》，《中国文物报》2016年4月8日。
③ 江西省文物考古研究所等：《吴城——1973—2002年考古发掘报告》，科学出版社2005年版，第83—86页。
④ 何毓灵：《河南安阳洹北商城铸铜、制骨作坊遗址》，《大众考古》2017年第1期。
⑤ 中国社会科学院考古研究所：《洹北商城作坊区内发现铸铜工匠墓》，《中国文物报》2019年6月21日；中国社会科学院考古研究所安阳工作队：《河南安阳洹北商城手工业作坊区墓葬2015—2020年的发掘》，《考古学报》2022年第3期。
⑥ 中国社会科学院考古研究所：《殷墟发掘报告》，文物出版社1987年版，第11—60页。
⑦ 殷墟孝民屯考古队：《河南安阳市孝民屯商代铸铜遗址2003—2004年的发掘简报》，《考古》2007年第1期。
⑧ 周到、刘东亚：《1957年秋安阳高楼庄殷代遗址发掘》，《考古》1963年第4期。
⑨ 石璋如：《小屯：殷墟建筑遗存》，台湾"中研院"历史语言研究所1959年版，第329—332页。
⑩ 孔德铭等：《河南省安阳市辛店商代铸铜遗址发掘及学术意义》，《三代考古》（七），科学出版社2017年版；孔德铭：《河南安阳发现迄今范围最大的商代晚期铸铜遗址》，《中国文物报》2020年1月3日。
⑪ 《安阳发现商代晚期大型铸铜遗址》，《河南日报》2018年2月28日。

苗圃北地铸铜作坊面积在1万平米以上，出土有大量的坩埚碎片、熔炉残渣、炼渣、陶范等遗物。历年来，殷墟出土青铜器数以万计①，种类丰富，器型多样，纹饰复杂，花纹繁缛，凸显商代晚期高超的青铜器铸造技术。其中司（后）母戊方鼎、司（后）母辛方鼎、三联甗、偶方彝、鸮尊等代表了中国青铜时代青铜铸造技术的高超水平。老牛坡遗址发现两处商代铸铜遗存：一处是冶铜炼渣堆积坑，另一处是铸铜陶范出土地点，二者相距约80米，应属于同一冶铜作坊的不同遗存②。同时，该遗址墓葬中出土有鼎、觚、爵、斝等青铜器③。三星堆遗址一号、二号祭祀坑中出土有大量青铜器④，其中的尊、瓿、罍、盘、觯等与中原晚商铜器相似，但细部有所区别，应为当地铸造，祭祀坑中发现的人物造型、面罩、神树等青铜器则为当地文化所特有。

商代青铜器大致可分为工具和生活用具、礼器、乐器、兵器、车马器、装饰品和艺术品等类别。工具和生活用具有斧、锛、凿、铲、钁、刀、削、锥、锯、钻、甗、鱼钩、镜、杖首、匕、勺、漏斗、箸、筭、角形器、器柄、器座等。礼器是商王和奴隶主贵族用来举行宴会、祭祀等重大仪式的器物，包括食器方鼎（图8-4）、圆鼎、鬲、甗、簋等，酒器觚、爵、斝、盉、尊、卣、壶、觯、觥、罍、瓿、方彝等，水器盘、盆、盂、瓿、缶等。乐器主要有铙、铃和鼓。兵器主要有钺、戈、矛、镞、戟、剑、铍、刀、鍪斧、戣、镈、胄、甲等。车马器有轭、衔、镳、策、节约、铜泡、軎、辖、辀、兽形饰、辕端饰、踵饰等。装饰品和艺术品主要有各类面具、虎、牛、尺形器等。此外，还有建筑构件（图8-5）以及其他功用不详铜器。整体而言，无论是铜器数量还是种类，晚商时期都大大

---

① 朱爱芹：《安阳馆藏殷墟铜器概述》，《安阳殷墟青铜器》，中州古籍出版社1993年版。
② 刘士莪：《老牛坡》，陕西人民出版社2002年版，第161—165页。
③ 刘士莪、宋新潮：《西安老牛坡商代墓地的发掘》，《文物》1988年第6期。
④ 四川省文物管理委员会等：《广汉三星堆遗址一号祭祀坑发掘简报》，《文物》1987年第10期；四川省文物管理委员会等：《广汉三星堆遗址二号祭祀坑发掘简报》，《文物》1989年第5期。

图 8-4 郑州商城出土杜岭一号方鼎

图 8-5 郑州小双桥遗址出土青铜建筑构件

多于早商时期，且晚商时期有不少新的器类出现。

(三) 骨牙蚌器加工业

制骨手工业是早期都邑中手工业生产形式的一种。骨器是利用动物（部分人）的骨、角、牙加工制造的器物。因材料易得，加工制作便利，生产成本较低，骨器被大量地使用于早期都邑中的生产、生活、武器、装饰等方面，并有专门作坊进行生产。骨器种类可分为渔猎工具、手工业工具、生活用具、装饰品、乐器和农具等。

1. 龙山时代都邑的骨牙蚌器加工业

目前龙山时代都邑大都发现有大量的骨器，但除了个别城址外，大都未发现专门的骨器作坊遗址。陶寺遗址发现有笄、匕、环、镞、凿、锥、针、卜骨、小骨饰和兽牙组成的项链等骨器[①]。王城岗遗址发现有属于龙山文化的镞、锥、凿、匕、簪等骨器[②]。新密古城寨遗址发现有匕、凿、针、镞等骨器以及卜骨[③]。石家河遗址群肖家屋脊遗址发现有石家河文化早期的镞、钻、针和鹿角等骨器[④]。石峁遗址发现的骨器有针、锥、镞、铲、凿、卜骨等以及数量较多的几何形骨、牙饰片，这里还发现有较为明确的制骨作坊。2016年从石峁遗址皇城台顶部发现大量制骨遗存，包括骨料、毛坯、残次品、成品、砺石等遗物，出土骨针超过250枚，各类骨器逾300件[⑤]，预示着该地可能存在着一处制造骨器的作坊。分析发现，该制骨作坊有着完整的"制作链"，产品以骨针为主，还有锥、铲等。

[①] 中国社会科学院考古研究所山西工作队等：《山西襄汾县陶寺遗址发掘简报》，《考古》1980年第1期；中国社会科学院考古研究所山西队等：《山西襄汾陶寺城址2002年发掘报告》，《考古学报》2005年第3期。

[②] 河南省文物研究所：《登封王城岗与阳城》，文物出版社1992年版，第50、90页；北京大学考古文博学院等：《河南登封王城岗遗址2002、2004年发掘简报》，《考古》2006年第9期。

[③] 河南省文物考古研究所等：《河南新密市古城寨龙山文化城址发掘简报》，《华夏考古》2002年第2期。

[④] 湖北省荆州博物馆等：《肖家屋脊》，文物出版社1999年版，第236页。

[⑤] 孙周勇、邵晶等：《石峁遗址：2016年考古纪事》，《中国文物报》2017年6月30日

2. 夏代都邑的骨牙蚌器加工业

夏代都邑内均发现大量的骨器，且可能存在多处制骨作坊遗址。新砦遗址发现的骨器有锥、簪、刀、针和骨饰，还发现有卜骨[1]。望京楼遗址发现二里头文化时期的骨器有簪、镞、铲、锥、凿、针、匕等，还有牛角、鹿角及卜骨[2]。大师姑遗址发现二里头文化时期的骨器有锥、镞、铲、簪等[3]。二里头遗址在1959—1978年期间共发掘出土各个时期的骨质生产工具728件[4]，1999—2006年发掘出土骨器535件，器形有刀、凿、铲、勺、匕、锯、镖、锥、簪、钗、针、镞等19类，骨料共发现317件，角质类134件，有牙质类41件，还有160件卜骨[5]。此外，二里头遗址还多次发现有制造骨器时遗弃的废骨料，说明该都邑原应存在制骨作坊。如1985—1986年在二里头遗址第Ⅵ区发现一个长约12米、宽近9米、深约4米的大型灰坑（H5），坑的上层堆积中非常集中地出土了一大批废骨料，以大型动物肢骨两端的关节骨为最多，上面遗留着锯割的痕迹。同时，还出土许多半成品和成品骨器（笄、镞、锥、铲、匕、针等共100多件）以及制造骨器时使用的一些砺石。在其南侧，曾同时出土过约20枚骨签。1985年，在该"骨料坑"东面的文化层和灰坑中也出土若干废骨料，据此推定，附近应当存在一处骨器制造作坊。

3. 商代都邑的骨牙蚌器加工业

商代都邑中的骨器生产已是高度专业化的手工行业，能够生产

---

[1] 北京大学震旦古代文明研究中心等：《新密新砦——1999—2000年田野考古发掘报告》，文物出版社2008年版，第214—223页。

[2] 郑州市文物考古研究院：《新郑望京楼——2010—2012年田野考古发掘报告》，科学出版社2016年版，第144—148、298—310页。

[3] 郑州市文物考古研究所：《郑州大师姑（2002—2003）》，科学出版社2004年版，第92—95页。

[4] 中国社会科学院考古研究所：《偃师二里头——1959年—1978年考古发掘报告》，中国大百科全书出版社1999年版，第42、85、181、284页。

[5] 中国社会科学院考古研究所：《偃师二里头——1959年—1978年考古发掘报告》，文物出版社2014年版，第136—149页。

出大量的骨器。此时期的都邑遗址中普遍发现有大量的骨器遗物。郑州商城发现的骨器有铲、凿、刀、锥、镞、匕、簪、针、梳等，还有卜骨、牛角及鹿角等①。偃师商城发现的骨器有铲、凿、锥、镞、匕、针、簪等，还有鹿角、牙饰品及卜骨②。殷墟发掘的骨器种类相当齐全，大致可分为工具、用具、武器、乐器、装饰品、雕刻艺术品以及其他等7类③。望京楼遗址发现有属于二里岗文化时期的簪、镞、凿、锥、匕、铲、针等骨器以及牛角、鹿角等角器和牙凿④。盘龙城外的杨家湾遗址出土一件骨匕⑤。垣曲商城发现的骨器有镰、锥、匕、镞、笄、针等，角器有角锥，牙器有牙锥，还有卜骨⑥。老牛坡遗址发现的商代前期骨质生产工具有铲、锥、匕，武器有镞，装饰品有笄，另有骨针、骨管和骨柄等，还有角锥、角镞；商代后期骨质生产工具有铲、镰、锥、匕，武器有镞，装饰品有笄，还有锥、铲、柄、镞等角器⑦。

商代都邑中还发现有一些制骨作坊遗存。在郑州商城内城北垣外约300米处的紫荆山北（新华社河南分社院内），发现一处大型制骨作坊遗址，遗址面积至少5000多平方米，出土有大量骨器成品、半成品、骨料及废料，还有制骨工具砺石、青铜小刀等。骨器的成品和半成品大半是镞和笄，也有少量的锥和针，可知这是以制造簪、匕、镞和锥等骨器为主的作坊。经鉴定骨料和半成品一半以上为人

---

① 河南省文物考古研究所：《郑州商城——1953—1985年考古发掘报告》，文物出版社2001年版，第158、173、608、676、695、829、852页。
② 中国社会科学院考古研究所：《偃师商城》（第一卷），科学出版社2013年版，第676—691页。
③ 中国社会科学院考古研究所：《殷墟的发现与研究》，科学出版社1994年版，第383—395页。
④ 郑州市文物考古研究院：《新郑望京楼——2010—2012年田野考古发掘报告》，科学出版社2016年版，第496—502页。
⑤ 湖北省文物考古研究所：《盘龙城——一九六三年——一九九四年考古发掘报告》，文物出版社2001年版，第296页。
⑥ 中国历史博物馆考古部等：《垣曲商城——1985—1986年度勘察报告》，科学出版社1996年版，第200—206、237—243页。
⑦ 刘士莪：《老牛坡》，陕西人民出版社2002年版，第65、95—100、150—158、215—231、311—313页。

的肢骨和肋骨，另外还有牛骨、猪骨、鹿角等①。1983年，在邻近的省保险公司院内又发现大量制骨原料和废骨料、骨器成品与半成品，多为牛骨、猪骨及鹿角，还出土一些砺石块②，这说明城北的制骨作坊规模很大。此外，在郑州商城城内东里路河南省文物考古研究院商城工作站院内一商代壕沟内，发现百余个人头盖骨，绝大多数的人头盖骨边沿处带有明显的锯痕，说明这里是商代一处以锯制人的头盖骨作为器皿使用的场地遗址③。偃师商城宫殿区、祭祀区出土不少带人工切割的骨料，多数为肢骨的两端，显示该都邑内也存在有专门制造骨器的作坊④。近年，在洹北商城也发现有制骨作坊区⑤。小屯殷墟发现的制骨作坊至少有5处⑥，主要有殷墟花园庄村、薛家庄村、北辛庄、大司空村和小屯村附近⑦。其中大司空村制骨作坊面积约1380平方米，已发掘工作间1座、骨料坑12个、灰坑3个。工作间位于整个作坊的中心部位，作地穴式，平面为圆角长方形，南北长4.4米、东西宽1.55米，东有一条长2.6米的斜坡通道供出入，房内留有大量骨料和若干制骨工具。位于工房南、北两端的圆形或椭圆形的骨料坑则存放有骨料、废料或半成品⑧。北辛庄制骨作坊则是以制骨笄为主，还有一些特殊的工艺品如仿礼器的骨牙容器和其他精制的雕刻品等，应该是技艺高超的专人制造⑨。花园庄

---

① 河南省文物考古研究所：《郑州商城——1953—1985年考古发掘报告》，文物出版社2001年版，第460—483页。
② 郑州市博物馆：《郑州商代遗址发掘简报》，《考古》1986年第4期。
③ 河南省博物馆：《郑州商城遗址内发现商代夯土台基和奴隶头骨》，《文物》1974年第9期。
④ 中国社会科学院考古研究所：《偃师商城》（第一卷），科学出版社2013年版，第723页。
⑤ 何毓灵：《河南安阳洹北商城发现铸铜制骨手工业作坊遗址》，《中国文物报》2016年12月16日。
⑥ 孟宪武、谢世平：《殷商制骨》，《殷都学刊》2006年第3期。薛家庄村南制骨作坊遗址资料尚未公开发表。
⑦ 中国社会科学院考古研究所：《新中国的考古发现和研究》，文物出版社1984年版，第225页。
⑧ 文物编辑委员会：《文物考古工作三十年》，文物出版社1981年版。
⑨ 中国社会科学院考古研究所：《殷墟发掘报告（1958—1961年）》，文物出版社1987年版，第79—89页。

南地发现有大型骨料坑，出土各种兽骨数十万块，以牛骨最多。发掘者认为这处废骨坑与殷墟内大型屠宰场有关，也可能附近存在一处制骨作坊①，也有人认为该制骨场所是专为宫廷选用占卜用骨（牛骨胛骨）所设立的作坊，兼作骨器与角器等骨质产品②。

（四）玉石器加工业

石器在旧石器时代就已广泛制造，新石器时代和夏商时期仍然不同程度地在制作使用石器，并应用于社会生活的各个领域。玉器制造在新石器时代开始出现，在中国古代文明起源发展中具有特殊的含义，被广泛用于礼仪、祭祀、宗教、装饰、丧葬等方面。玉石器制造业作为早期都邑中手工业门类中的一种，突出地表现在玉器、石器和绿松石器的加工与利用上，在都邑经济生活中占据重要地位。

1. 龙山时代都邑的玉石器加工业

龙山时代的陶寺、石峁、石家河、良渚等都邑中，都出土有大量的石器、玉器，预示着此时的都邑中可能还存在石器加工作坊，部分都邑还存在玉器作坊。大量玉器的发现和制玉作坊的存在，说明龙山时代都邑内的制玉手工业已经发展到一定的水平。

陶寺城址出土的玉、石礼器和装饰品较多。石器主要有磬、钺等。玉器主要有钺、圭、璧、复合璧、环、璜、琮、双孔刀、梳、笄、项饰、臂环、指环、璇玑等③。

石峁遗址发现的玉器较多。通过近年来的考古发掘可知，石峁城址玉器的出土位置独具特色。2012年，考古工作者在石峁外瓮城石墙北端堆积中发现多件玉铲和玉璜，其中有2件玉铲出土于垣体内，它们东西向间隔约2米，东侧玉铲平置于石块错缝间，石块间还有少许草拌泥。玉器插于城垣之中的现象在同一时期的其他都邑

---

① 中国社会科学院考古研究所安阳工作队：《1986—1987年安阳花园庄南地发掘报告》，《考古学报》1992年第1期。
② 孟宪武、谢世平：《殷商制骨》，《殷都学刊》2006年第3期。
③ 高炜：《陶寺文化玉器及相关问题》，《东亚玉器》，香港中文大学中国考古艺术研究中心1998年版。

中十分少见。石峁城址出土玉器包含了礼器、农业工具、装饰品和武器等，器型主要有刀、镰、斧、钺、铲、戈、璧、璜、牙璋、璇玑、玉人头像、玉鹰形器等。2016年在皇城台护墙外的"废置堆积"中，也发现有玉器，多破碎，可辨器形有玉钺、玉环等[1]。有人统计，现流散在海内外各大博物馆以及私人收藏的石峁玉器多达4000余件[2]。出土如此大量的玉器预示着石峁都邑中存在较为发达的玉器加工业。

石家河遗址群发现大量的玉器。其中罗家柏岭遗址出土属于石家河文化晚期的玉器44件，主要有长方形片状人头像10件、人头像坠饰1件、蝉7件、龙形环1件、凤形环1件、璧5件、管形饰10件，还有环、笄以及玉碎片等[3]。肖家屋脊遗址发现属于石家河文化晚期及后石家河文化时期的玉器157件，其中109件出土于瓮棺葬，33件出于文化层，1件出于灰坑，14件是从遗址上采集的，绝大部分属于装饰品[4]。2015年对谭家岭遗址东部高地进行发掘，在其中5座瓮棺中出土石家河文化时期的玉器多达240余件[5]。石家河城址发现的玉器大多出土于成人瓮棺之中，种类有人头雕像、鹰、虎、蝉、鸟等动物雕像，玦、璜形器等装饰品，代表了江汉平原地区史前玉雕的最高水平。

良渚城址中出土数量巨大、种类多样、制作精致的玉器。这些玉器大多出土于反山、瑶山、汇观山的高等级墓葬之中，仅反山发掘的11座墓葬随葬的玉器就达3200多件[6]。良渚城址的玉礼器上常镌刻动物面纹、鸟纹或神人兽面纹，显示出了浓重的宗教色彩。

---

[1] 陕西省考古研究院等：《陕西神木县石峁城址皇城台地点》，《考古》2017年第7期。
[2] 殷慧慧：《石峁遗址的玉器研究》，天津师范大学硕士学位论文，2016年。
[3] 湖北省文物考古研究所：《湖北石家河罗家柏岭新石器时代遗址》，《考古学报》1994年第2期。
[4] 湖北省荆州博物馆等：《肖家屋脊》，文物出版社1999年版，第314—317页。
[5] 湖北省文物考古研究所：《湖北天门市石家河遗址2014—2016年的勘探与发掘》，《考古》2017年第7期。
[6] 浙江省文物考古研究所：《反山》，文物出版社2003年版。

2002年在良渚遗址群内的塘山遗址（金村段）发现有一处良渚文化晚期的制玉作坊[①]，为了解良渚玉器手工业生产提供了重要线索。此外，城内钟家村台地可能也存在玉石器作坊，台地边缘堆积中出土较多的玉料与玉钻芯，另有石钻芯、石英石片等遗物[②]。

2. 夏代都邑的玉石器加工业

夏代玉器制作业较为发达，出现了一些影响较大的名器。文献记载有"夏后氏之璜"，曾被后世视为稀世珍宝，与"和氏璧"相提并论。如《淮南子·说山训》："呙氏之璧，夏后之璜，揖让而进之。"东汉高诱注："呙，古和字。"《左传·哀公十四年》记载宋人向魋逃奔到卫国时求"夏后氏之璜"。从考古发现来看，夏代都邑中普遍存在较多的石器，玉器制造业得到较大发展，不仅出土玉器种类多，还存在有较大规模的制玉作坊。

二里头遗址中出土有较多的石器、玉器及绿松石器。玉器种类主要包括刀、璋、琮、钺、戚、圭、戈、柄形饰等，其他还有铃舌、镞、铲、凿、环、管、镯、纺轮、坠饰等。该都邑善于制造大型礼器。如1975年出土于Ⅱ区的玉刀，长达65厘米，有扉齿和规整的几何花纹，同时出土的一件玉璋，高达48厘米。1980年Ⅴ区出土的玉璋，一件高54厘米，一件高48.1厘米，皆有扉齿。1987年Ⅵ区出土的玉刀宽5.5厘米、长53.5厘米，玉戈长43厘米。这些大型玉器，刃部大都不见使用痕迹，有的原本并未开刃，推测是特定礼仪场合使用的仪仗，气势非凡。

除了精美的玉器，二里头遗址绿松石器的制作工艺也达到了新高度。在二里头遗址中，绿松石器与玉器一样，多为贵族阶层所使用，具有身份象征的意义。二里头遗址宫殿区南侧的围垣作坊区内，发现有面积不小于1000平方米的大型绿松石器作坊区，并发掘了一处绿松石料坑，出土有加工工具、原料、成品、半成品、次品、废

[①] 王明达：《塘山遗址发现良渚文化制玉作坊》，《中国文物报》2002年9月20日。
[②] 浙江省文物考古研究所：《良渚古城城内考古发掘及城外勘探取得重要收获》，《中国文物报》2016年12月16日。

料、砺石等遗物。绿松石制品可大致分为两大类：一是小型管、珠之类人体装饰品，如耳饰和项饰等；二是用于玉器、漆木器和铜器上的镶嵌①。2002年，二里头遗址宫殿区的一座贵族墓2002VM3中出土一件由2000余片小型绿松石片组合而成的龙形器。该龙形器制作精美，磨制精细，充分反映了当时高超的绿松石加工技术水平②。

此外，新砦遗址出土属于新砦期的玉凿1件，二里头文化时期的玉琮2件③。望京楼遗址出土有二里头文化时期的玉柄形器和绿松石饰品④。大师姑城址出土二里头文化时期的玉杯1件⑤。这些玉器的出土，说明夏代都邑对玉器、绿松石器的加工制作和使用的普遍性。

3. 商代都邑的玉石器加工业

考古资料表明，商代各都邑仍然存在较多的石器，而玉器的大量发现和玉器作坊的发现以及玉器种类的增加，充分说明商代玉器加工业已经到达了相当高的水平。

商代前期，在郑州商城、偃师商城等都邑中都发现有一些玉器，但数量、种类不是很多。有学者对郑州商城出土二里岗期的玉器进行统计，总数量超过100件，包括礼器、武器、工具、装饰品和其他等四类，器形主要有璧、琮、牙璋、璜、戈、铲、凿、柄形器、簪等⑥。偃师商城出土的玉器主要有锛、璜、刀、柄形器和玉饰等⑦。商城东

---

① 中国社会科学院考古研究所：《二里头（1999—2006）》，文物出版社2014年版，第122、337页。
② 中国社会科学院考古研究所二里头工作队：《河南偃师二里头遗址中心区的考古新发现》，《考古》2005年第7期；
③ 北京大学震旦古代文明研究中心等：《新密新砦——1999—2000年田野考古发掘报告》，文物出版社2008年版，第119、126、213、249、432—434页。
④ 郑州市文物考古研究院：《新郑望京楼——2010—2012年田野考古发掘报告》，科学出版社2016年版，第272页。
⑤ 郑州市文物考古研究所：《郑州大师姑（2002—2003）》，科学出版社2004年版，第88页。
⑥ 宋爱平：《郑州商城出土商代玉器探析》，《中原文物》2004年第5期。
⑦ 中国社会科学院考古研究所：《偃师商城》（第一卷），科学出版社2013年版，第657—659页。

南部两院区白家庄期墓葬21ZGSM2随葬品种类多，其中玉器超过11件，有戈、钺、柄形器、猪（象）形器、鱼等①。

进入晚商以后，玉器数量大幅度增多，且制作工艺流程进一步发展、完善。殷墟遗址所出玉器数量之多难以计数。20世纪80年代初有学者统计，1950年以后考古发掘品就有1200件以上②。还有人统计，截至1986年，考古发掘出土殷墟玉器大约有2000多件（包括珠与镶嵌片）③。殷墟玉器可分为礼器、仪仗、工具、用具、装饰品、艺术品以及杂器等七类④。此外，1975年在殷墟小屯西北的宫殿区范围内发现一处制造玉石器作坊遗址⑤，应是属于商王室的玉石器加工场所。这处作坊与殷墟宫殿宗庙基址相距不远，包括地穴式和半地穴式房址各一座，出土有600多件圆锥形半成品和200多块砺石制品，还有少量经过不同程度加工的玉料和圆雕动物半成品，可见其规模之大，也说明商代玉器加工已作为独立的手工业部门存在。

商代的方国都邑中也发现一些玉石器。如盘龙城遗址第七期墓葬89HPCYM1出土1件玉平刃柄形器，盘龙城外的王家咀、李家咀、杨家湾和楼子湾遗址出土有二里岗文化时期的玉器，种类有戈、柄形器、璇玑、坠饰、绿松石器等⑥。垣曲商城出土二里岗上层文化时期的玉柄形器1件⑦。老牛坡遗址发现有属于商代前期的玉戈1件、玉璜2件；商代后期的玉璜4件，玉戈、玉璧、玉环、玉管各1件⑧。三星堆城址发现有大量玉石器。三星堆城墙外南侧发现的一号、二号祭祀坑出土大量玉器，多为礼器和兵器，有璋、戈、钺、

---

① 王珏：《"考古中国"重大项目发布新成果》，《人民日报》2022年9月19日。
② 郑振香、陈志达：《近年来殷墟新出土的玉器》，《殷墟玉器》，文物出版社1982年版。
③ 中国社会科学院考古研究所：《殷墟的发现与研究》，科学出版社1994年版，第323页。
④ 郑振香、陈志达：《近年来殷墟新出土的玉器》，《殷墟玉器》，文物出版社1982年版。
⑤ 中国科学院考古研究所安阳发掘队：《1975年安阳殷墟的发现》，《考古》1976年第4期。
⑥ 湖北省文物考古研究所：《盘龙城——一九六三年——一九九四年考古发掘报告》，文物出版社2001年版，第76、135、179、201、255、316、341、355、370、386、391页。
⑦ 中国历史博物馆考古部等：《垣曲商城——1985—1986年度勘察报告》，科学出版社1996年版，第237页。
⑧ 刘士莪：《老牛坡》，陕西人民出版社2002年版，第4—5、142、203、301—303页。

锛、凿、锄、斤、刀、环、瑗、珮、舌形器等器型，出土时多盛放在罍、尊之内。其中以数量众多的玉璋最具特色，种类颇多，根据前端射部的形状，可分双歧、斜直、圆鼓、鱼形诸类。玉戈均直内无胡，与铜戈相同[1]。这些玉器多为当地生产，显示出三星堆都邑玉器制造业较高的工艺水平。

（五）髹漆业

中国是世界上最早发明漆器的国家，至少新石器时代中期就已出现漆器，龙山时代至夏商时期的都邑中多有漆器出土。特别是在夏商时期，漆器应用广泛。髹漆业可能已经从木器加工业中逐渐独立出来，成为一项专门的手工业门类。

1. 龙山时代都邑的髹漆业

目前龙山时代的都邑中，至少陶寺城址、良渚城址发现有木漆器。

陶寺城址中发现有大量的彩绘木（漆）器。彩绘木（漆）器皆发现于大型墓葬中，器身外壁以红色为主调，再以白、黄、黑、蓝、绿等色绘出由条带纹、几何形纹、云纹、回纹、涡纹、变体动物纹以及圆点、弧线、折线等组成的各种花纹图案。一部分器物仅施单色红彩，部分木器表面多遗留炭黑色胶状物，很可能是生漆。器形主要有案、俎、几、匣、盘、斗（勺）、豆、仓形器、鼓等，以各种型式的木豆数量为最多[2]。

良渚遗址也发现了少量的木漆器。瑶山遗址出土有镶嵌玉朱漆觚，觚体作敞口圆筒形，喇叭形圈足细而弯，胎体虽朽，但内外通体原髹漆膜仍保持原朱红色[3]。反山墓葬区 M12 出土嵌玉漆器共 2

---

[1] 四川省文物管理委员会等：《广汉三星堆遗址一号祭祀坑发掘简报》，《文物》1987 年第 10 期；四川省文物管理委员会等：《广汉三星堆遗址二号祭祀坑发掘简报》，《文物》1989 年第 5 期。

[2] 中国社会科学院考古研究所山西工作队、临汾地区文化局：《1978—1980 年山西襄汾陶寺墓地发掘简报》，《考古》1983 年第 1 期。

[3] 浙江省文物考古工作队：《余杭瑶山良渚文化祭坛遗址发掘简报》，《文物》1998 年第 1 期。

件，一件为杯，一件为圆形器；M14 亦出土嵌玉漆器 1 件；M22 出土嵌玉漆器 3 件，种类有囊形器、不明嵌玉漆器和圆形器；M23 出土嵌玉漆器 1 件，为囊形器①。在良渚遗址群东部的美人地遗址，发现有木勺、漆盘等有机质遗物②。城内宫殿区以东的李家山台地边缘堆积中，出土有木器坯件等漆木器，显示出李家山台地可能存在漆木器作坊③。

2. 夏代都邑的髹漆业

夏代都邑发现的木漆器数量较大，种类增多，制作精美，应用范围广，反映出当时髹漆业制作技术已经具有较高水平。

夏代都邑中的木漆器主要见于二里头遗址。该遗址墓葬中出土有数十件漆木器，器型以觚最多，常与铜爵、陶盉配组。其他漆器还有匣、豆、盒、钵、匕、勺、瓢状器等，以及漆鼓和漆棺。如1981 年二里头遗址发现的 6 座墓葬，有 3 座墓（M3、M4、M5）的"棺木外表皆用朱红漆刷过"。在这三座墓中，有 2 座墓（M4、M5）发现有漆器，能辨认的有朱红色漆钵 2 件、漆觚 1 件、漆鼓 1 件④。在Ⅵ区墓葬 M58 中发现多件漆器，其中一件漆觚，口径约 0.2 米，高约 0.3 米，器体表面施饕餮纹，朱红底赭色花纹，线条圆润流畅，图案繁复美丽。值得注意的是，在Ⅸ区一座与祭祀有关的建筑基址上，发现一个直经约 0.11 米的带漆的类似"柱洞"的遗迹现象。"柱洞"内周圈有朱、黑两色漆，黑漆厚约 1 厘米。此遗存性质或为漆器埋进柱洞，或是用于柱子防腐。若是后者，则说明二里头时期髹漆工艺不仅应用于礼器、乐器、日常生活器皿、棺椁，而且还应用于建筑领域。

---

① 浙江省文物考古研究所：《反山》，文物出版社 2005 年版，第 88—90、135、291、338 页。
② 浙江省文物考古研究所：《杭州市良渚古城外郭的探查与美人地和扁担山的发掘》，《考古》2015 年第 1 期。
③ 浙江省文物考古研究所：《良渚古城城内考古发掘及城外勘探取得重要收获》，《中国文物报》2016 年 12 月 16 日。
④ 中国社会科学院考古研究所二里头队：《1981 年河南偃师二里头墓葬发掘简报》，《考古》1984 年第 1 期。

3. 商代都邑的髹漆业

商代髹漆业得到进一步发展，马车、棺椁、乐器、器具等诸多领域广泛应用漆器，漆器制作工艺更为精湛。考古发现的髹漆业遗存，商代前期发现较少，河北藁城台西遗址发现有漆器残片 26 块，器形可辨者有盘、盒①；商代后期漆器遗存发现较多，小屯殷墟、息县天湖墓地、新干商代大墓、三星堆遗址都发现有漆器遗存。

商代发现的漆器，不仅有木胎，还有陶胎、铜胎和以皮革为胎的漆器。小屯殷墟发现漆绘陶片 10 余片，均为泥质黑皮陶，表面磨光②。殷墟西北岗王陵区 HPKM1001 大墓椁顶端的圆形漆盘内，发现漆豆 7 件③；HPKM1004 大墓南墓道北段的最下层，发现有两件"皮甲"，其上用漆涂饰、用折线间开的菱形和卷枝纹图案④。殷墟车马坑的马车上也有漆痕，如梅园庄东南墓葬 M41 随葬车之毂内侧轴上，发现一块表面髹漆的梯形木板，上绘有蕉叶纹。考古发掘的罗山天湖墓地出土大量商代后期青铜礼器，其中 1 件铜卣和 8 件铜鼎上纹饰的阴线部位填充有黑漆⑤。江西新干大洋洲墓葬中，一些兵器表面有漆皮痕迹⑥。三星堆遗址曾发现有雕花木漆器，器表施土漆，推断当时人们已熟练掌握制作漆木器技术⑦。西安老牛坡遗址商文化第四期的多座墓葬中，发现了多件漆器纹饰残片，从其所呈现的器形来看，有的为圆形，有的为方形，有的则作不规则形，当为盒、盘、

---

① 河北省文物管理处台西考古队:《河北藁城台西村商代遗址发掘简报》,《文物》1979 年第 6 期。
② 中国社会科学院考古研究所安阳工作队:《1975 年安阳殷墟的新发现》,《考古》1976 年第 4 期。
③ 梁思永、高去寻:《侯家庄·第 1001 号大墓》,台湾"中研院"历史语言研究所 1962 年版，第 55 页。
④ 梁思永、高去寻:《侯家庄·第 1004 号大墓》,台湾"中研院"历史语言研究所 1970 年版，第 31 页。
⑤ 河南省信阳地区文管会:《罗山天湖商周墓地》,《考古学报》1986 年第 2 期；欧谭生:《河南罗山县天湖出土的商代漆木器》,《考古》1986 年第 9 期。
⑥ 江西省文物考古研究所等:《新干商代大墓》,文物出版社 1997 年版，第 6 页。
⑦ 巴家云:《试论成都平原早蜀文化的社会经济》,《四川文物》1992 年第 1 期。

案之类器物的漆皮残迹①。

（六）酿酒业

中国酿酒业历史悠久，自从农业产生后不久，便有了人工酿酒。属于裴李岗文化的河南舞阳贾湖遗址，出土陶器碎片上残存有沉淀物，经鉴定与酿酒有关②，这表明早在 8000 年前中原先民就已开始掌握了酒的酿造技术。中国古代的酒不仅是为满足食欲而制造的普通饮品，还常与祭祀和礼仪活动结合起来，这更进一步刺激了酿酒业的快速发展。

龙山时代各都邑大多发现有专门的酒器，如陶质的鬹、高足杯、斝、盉、觚等，说明当时应存在专门的酿酒业。如陶寺遗址发现有斝、尊等酒器③；石峁遗址发现有斝、盉等酒器④；古城寨遗址发现有斝、觚、澄滤器等⑤；宝墩遗址发现有宽沿平底尊、敞口圈足尊、盘口圈足尊等⑥。其他都邑，良渚城址四面城垣出土有实足鬹、袋足鬹等陶质酒器，城外的美人地遗址也发现有陶鬹⑦；石家河遗址群肖家屋脊遗址发现有属于石家河文化时期的鬹、盉等，罗家柏岭遗址发现有高圈足杯和澄滤器等，三房湾遗址发现有红陶杯堆积⑧。值得注意的是，王城岗遗址既发现有大量的盉、鬹、觚、斝、澄滤器等

---

① 刘士莪：《老牛坡》，陕西人民出版社 2002 年版，第 304 页。
② 蓝万里、李陈续：《中国八千六百年前已开始酿酒》，《光明日报》2004 年 12 月 15 日。
③ 中国社会科学院考古研究所山西队：《山西襄汾陶寺城址 2002 年发掘报告》，《考古学报》2005 年第 3 期。
④ 西安半坡博物馆：《陕西神木石峁遗址调查试掘简报》，《史前研究》1983 年第 2 期；陕西省考古研究院等：《陕西神木县石峁城址皇城台地点》，《考古》2017 年第 7 期。
⑤ 河南省文物考古研究所等：《河南新密市古城寨龙山文化城址发掘简报》，《华夏考古》2002 年第 2 期。
⑥ 中日联合考古调查队：《四川新津县宝墩遗址 1996 年发掘简报》，《考古》1998 年第 1 期；成都文物考古研究所等：《新津县宝墩遗址鼓墩子 2010 年发掘报告》，《成都考古发现（2012）》，科学出版社 2014 年版。
⑦ 浙江省文物考古研究所：《杭州市余杭区良渚古城遗址 2006—2007 年的发掘》，《考古》2008 年第 7 期；浙江省文物考古研究所：《杭州市良渚古城外郭的探查与美人地和扁担山的发掘》，《考古》2015 年第 1 期。
⑧ 湖北省荆州博物馆等：《肖家屋脊》，文物出版社 1999 年版，第 238 页；湖北省文物考古研究所等：《湖北石家河罗家柏岭新石器时代遗址》，《考古学报》1994 年第 2 期；湖北省文物考古研究所等：《湖北天门石家河遗址 2014—2016 年的勘探与发掘》，《考古》2017 年第 7 期。

陶质酒器，还发现有青铜容器残片，器形推测为鬹（或盉）①，说明当时专门的青铜酒器已经出现。

夏代都邑的酿酒业较为发达。古代文献中有一些夏代酿酒的记载，如《世本》称"杜康造酒""仪狄造酒"；《战国策·魏策二》云"帝女令仪狄作酒而美，进之禹"；《说文解字》解释"古者仪狄作酒，杜康作秫酒"，应反映一定的史影。夏代都邑尚未发现有酿酒作坊，但发现的酒具比较多，不仅有陶质酒具，铜质酒具也大量发现，还有部分漆木质酒具。酒具种类繁多，如饮酒的爵、觚、杯，温酒、斟酒的盉、鬹、斝，盛酒的各种壶、尊、罍等。新砦遗址出土一件属于新砦期的铜容器残片，可能为鬹或盉的流部，流部中间有一个小豁口；还出土有陶质酒具鬹、盉、觚、杯等②。二里头遗址出土有大量酒器，规格稍高的墓葬大多随葬有酒器，且常见成套酒器。酒器种类主要有爵、盉、鬹、斝、觚、杯、大口尊、罍等。酒具中除了大量的陶器外，还包括爵、盉、斝在内的铜酒器和属于漆木器的酒具觚，有的漆觚上装饰着华美的饕餮纹③，这些都反映出夏代嗜酒之风的盛行。此外，望京楼遗址出土有二里头文化时期的大口尊、小口尊和高领尊④，大师姑遗址出土有二里头文化时期的觚、盉、尊、罍等陶酒器⑤，说明夏代酿酒业的普遍性和兴盛。

商人嗜酒之风更盛，都邑酿酒业较为发达。《史记·殷本纪》记载商纣王"以酒为池，悬肉为林，……为长夜之饮"；《说苑·反质》引墨子称"纣为鹿台糟丘，酒池肉林"，反映出殷人嗜酒之习俗。在商代，一些族群的职业就是专门生产酒器。文献记载武王克

---

① 河南省文物研究所：《登封王城岗与阳城》，文物出版社1992年版，第99页。
② 北京大学震旦古代文明研究中心等：《新密新砦——1999—2000年田野考古发掘报告》，文物出版社2008年版，第223—311页。
③ 中国社会科学院考古研究所二里头工作队：《1984年秋河南偃师二里头遗址发现的几座墓葬》，《考古》1986年第4期。
④ 郑州市文物考古研究院：《新郑望京楼——2010—2012年田野考古发掘报告》，科学出版社2016年版，第180—181、369—372页。
⑤ 郑州市文物考古研究所：《郑州大师姑（2002—2003）》，科学出版社2004年版，第32—88页。

商后,以"殷民六族"分给鲁公,其中长勺氏、尾勺氏等二族,学者分析其应是酒器工氏族①。商代生产的酒器种类十分丰富,造型复杂多样,材质有陶、铜、象牙、漆等。其中陶质酒器主要有爵、斝、觚、盉、尊、罍,铜器主要有觚、爵、斝、尊、罍、卣、盉、瓿、方彝、角、觯、壶、杯子等,还有原始瓷尊、象牙杯、漆觚和漆杯等。都邑考古发掘材料反映出商人的确嗜酒。在郑州商城、偃师商城、洹北商城、小屯殷墟、盘龙城、吴城、牛城、三星堆、垣曲商城等商代都邑中,都有或多或少的陶质或铜质酒器的发现。商人墓葬中,大多随葬有酒器,其中一般平民墓葬常随葬陶酒器,如觚、爵、斝等;而贵族墓葬则普遍随葬青铜酒器。1976年发掘的殷墟妇好墓随葬大量铜器,在出土的210件青铜礼器中,有酒器155件,占比达73.8%②。商人墓葬十分注重青铜酒器的组合。在小屯殷墟遗址出土的青铜礼器中,觚、爵、斝等酒器占比始终高于以鼎、甗、簋为代表的炊食器的占比③,这既反映了商代王室贵族热衷饮酒的习俗,也从一个侧面体现出当时酿酒业的兴盛。由于难以保存,考古发现的酿酒遗存并不多。1953年发掘二里岗遗址时,在以灰坑H9、H10为中心的51平方米范围内,出土夹粗砂陶缸440多个。这类器物形体较大,敞口、深腹,底部多为圈足、假圈足,少数为尖底。陶胎较厚,胎内掺有较大的砂粒,烧制火候较高,陶质较硬。根据器形较大、器物内壁多黏附有白色水锈状的沉积物、器物外表常常抹泥、多带有烟熏痕迹等现象,有学者推测这类器物很可能就是用来酿酒的④。若此,这里就是一处专门酿酒的手工作坊。此外,殷墟郭家庄墓葬M160中发现1件竹篓,发掘者认为该器可能与过滤酒糟

---

① 郭宝钧:《中国青铜器时代》,生活·读书·新知三联书店1963年版,第45页。
② 中国社会科学院考古研究所:《殷墟妇好墓》,文物出版社1980年版,第15—114页。
③ 岳洪彬:《殷墟青铜礼器研究》,中国社会科学出版社2006年版,第304—305页。
④ 河南省文化局文物工作队:《郑州二里岗》,科学出版社1959年版,第28、29页;邹衡:《试论夏文化》,《夏商周考古学论文集》,文物出版社1980年版。

有关①。

(七) 制车业

关于中国使用车的时代，《太平御览》卷七七二引《释名》称"黄帝造车"。《墨子·非儒》《管子·形势》《荀子·解蔽》《吕氏春秋·君守》等先秦文献均有夏代"奚仲作车"的记载。从考古材料来看，至少夏商时代都邑内就已经有车，城邑区域当存在一定规模的制车业；而在夏代之前制车业可能就已出现。

在龙山时代的河南淮阳平粮台遗址，近年考古新发现有车辙痕迹。在城内南城门与北城门之间，发现有碎陶片铺垫的龙山文化时期道路，两端分别对应南、北城门，宽约3.25米，局部保存相对较好的路面之上，有四条疑似车辙的痕迹，车辙宽0.1—0.15米，深0—0.12米，其中一条比较明显，长3.3米。一组平行车辙间距0.8米，可能是"双轮车"车辙印迹②。若此判断不误，则说明在距今4000年前的龙山时代，制车业就已产生。

二里头遗址发现有车辙遗存。1994年，在二里头遗址Ⅻ区北部发现一段属于二里头文化时期的双轮车的辙印。辙印上口宽约40厘米，深约15厘米，轨距约1.2米，辙沟内的灰褐色土极为坚硬。2004年，在宫殿区南侧大路上又发现两道属于二里头文化第二期的车辙痕。两车辙大体平行，间距约1米，长5米多。辙沟经过长期碾压，呈凹槽状，内有层状堆积的路土和灰土③（图8-6）。这些车辙的发现，表明至迟到二里头文化时期都邑内已经开始使用双轮车。

商代制车业进一步发展，商代后期出现了马车。甲骨文中已有"车"的象形字，反映出当时的车可能为双轮独辀。偃师商城、洹北商城都发现有车辙遗存。在偃师商城东北隅城墙内侧护墙，曾发现

---

① 中国社会科学院考古研究所：《安阳殷墟郭家庄商代墓葬》，中国大百科全书出版社1998年版，第123页。
② 秦岭、曹艳朋：《中轴对称　布局方正　规划严整——河南淮阳平粮台龙山城址发掘取得重要收获》，《中国文物报》2020年3月6日。
③ 许宏：《河南偃师二里头遗址宫殿区》，《中国社会科学院院报》2005年3月22日；中国社会科学院考古研究所：《二里头（1999—2006）》，文物出版社2014年版，第582页。

两道车辙遗迹。该车辙痕东西向顺城墙并行，长 14 米，轨距宽 1.2 米①。洹北商城南城壕和东城壕外发现的商代道路中有车辙四道，西侧车轨距宽约 2.2 米，东侧车轨距宽约 2 米，车辙经长期辗压，呈圜底状②。小屯殷墟发现许多商代晚期车马坑和铜车马器，反映出商代后期制车技术的进步与制车业的繁荣。

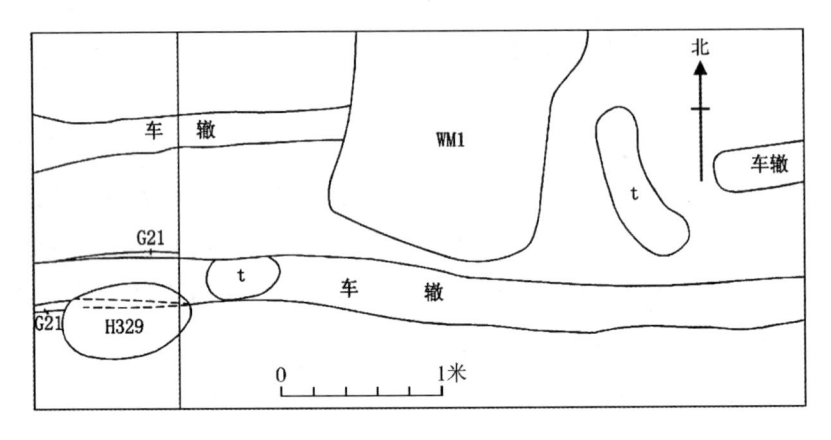

图 8-6 二里头宫殿区南侧道路与车辙平面

资料来源：中国社会科学院考古研究所：《二里头》，文物出版社 2014 年版，第 582 页。

在制车技术上，郑州商城南关外铸铜作坊遗址曾出土过两件铸造青铜车軎的陶范③，说明商代前期不仅有制车活动，而且还显示出当时已用青铜制作车构件。20 世纪 30 年代，在殷墟后岗、西北岗及小屯村共发现 9 座埋车的坑；20 世纪 50 年代以来，在大司空村、孝民屯南地、郭家庄、刘家庄北地、梅园庄东南等地，也多次发掘出车马坑④，从而能够了解一些商代后期的制车技术。其中郭家庄墓葬

---

① 中国社会科学院考古研究所：《偃师商城》（第一卷），科学出版社 2013 年版，第 500 页。
② 何毓灵、岳洪彬：《洹北商城十年之回顾》，《中国国家博物馆馆刊》2011 年第 12 期。
③ 河南省文物研究所：《郑州二里岗期铸铜遗址》，《考古学集刊》（6），文物出版社 1989 年版。
④ 中国社会科学院考古研究所：《中国考古学·夏商卷》，中国社会科学出版社 2003 年版，第 411—416 页。

M52 坑近方形，长 3.5 米，宽 3.3 米，深 1.8 米。在方坑底部挖出有轮槽、轴槽、辕槽和一长方形坑。共埋一车、二马、二人。两马侧卧于辕的两侧，腹部相对，衡压在二马颈部（图 8-7）。从出土情况来看，商代晚期的车为形态较大的独辀车，由两匹或四匹马拉载，结构上分为装载、运转和驱动三大部分。轨距均在 2 米以上，轮径尺寸约在 1.20—1.60 米，轮辐数量 10—26 根不等，车辀长度在 2.5—3.0 米，车轴长度均在 3 米左右。车舆平面为横向矩形，宽度均在 1 米以上，进深相对较浅。考古出土之商代马车的轮毂、轴、辕、衡、轭、箱舆等构件制做工艺和装配结构精巧，代表了当时生

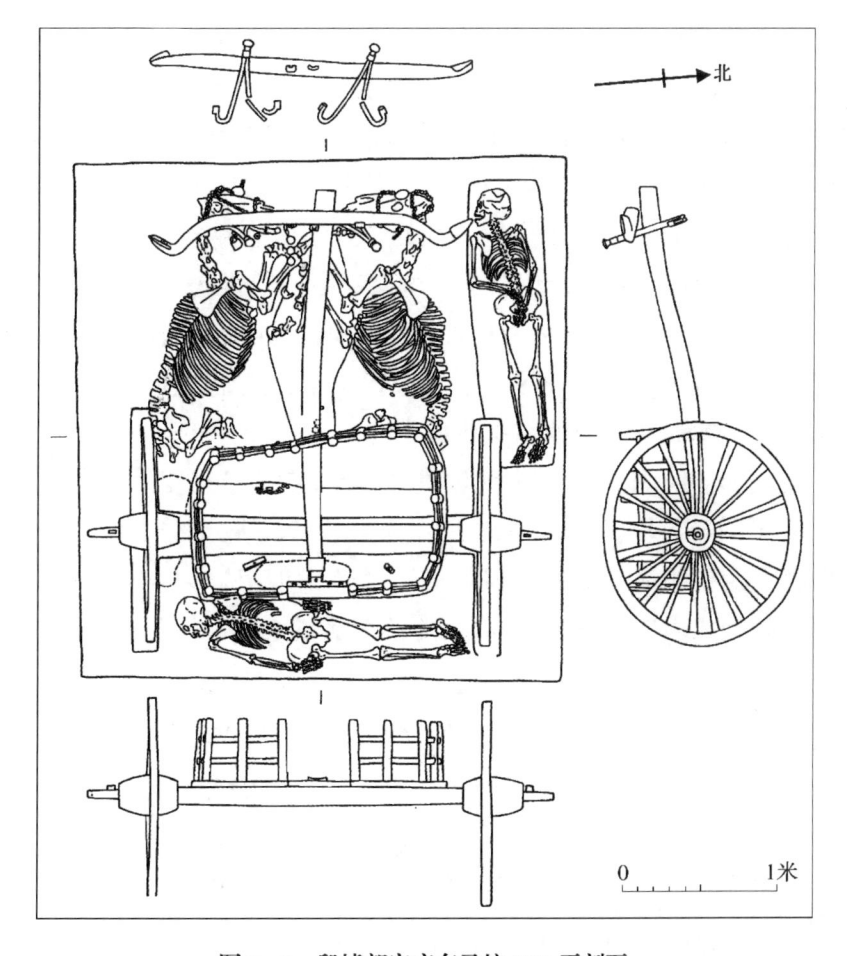

图 8-7　殷墟郭家庄车马坑 M52 平剖面

产力技术水平。商代车主要用木材制作，车轴、轭、衡、辕等部件尾端多附少量的青铜零件和饰件。

（八）纺织业

纺织是手工业的一个重要部门，它解决了人类穿衣的根本问题，在人的生活中占有极为重要的地位。因纺织品不易保存下来，故对早期都邑内纺织业的了解，主要依据考古发现的织物遗迹、纺织工具以及文献记载。

龙山时代，在一些早期都邑内发现有织物遗存和织物工具。陶寺遗址的纺织品主要有麻类织物，皆发现于墓葬中，或铺垫敛衾裹尸，或覆盖棺材、包裹随葬器物。陶寺遗址墓葬 M3165 有多处织物遗存，如棺内底板上铺一层网状麻类编结物，死者裹以平纹织物并覆盖多层麻类编织物，棺盖及两侧也覆有一层麻类编织物[1]。良渚都邑的丝麻纺织技术已达到较高水平。考古发掘的反山、瑶山墓葬中，出土有制作精致的玉质纺轮[2]，反山 23 号墓还发现有玉制纺织端饰[3]，有学者认为这些纺织端饰是丝织专用的织机[4]。在王城岗遗址龙山文化第四期灰坑 WT217H538 中，发现陶纺轮 44 件[5]。近年在石峁遗址皇城台东护墙北段的"废置堆积"中，集中出土万余枚骨针，这也从一个侧面说明当地纺织业的发达[6]。

夏代都邑纺织业已经达到较高水平。文献记载夏代有丝织品。如《管子·轻重甲》称夏桀之时，众人"无不服文绣衣裳"，即绣有图案、用丝织品制成的服饰。又如《帝王世纪》说夏桀之时"末喜好闻裂缯之声"，"缯"当是各类丝织品的总称。二里头遗址发现

---

[1] 中国社会科学院考古研究所等：《1978—1980 年山西襄汾陶寺墓地发掘简报》，《考古》1983 年第 1 期。

[2] 浙江省文物考古研究所：《余杭瑶山良渚文化祭坛遗址发掘简报》，《文物》1988 年第 1 期。

[3] 浙江省文物考古研究所：《反山》，文物出版社 2005 年版，第 312—313 页。

[4] 牟永抗、吴汝祚：《水稻、蚕丝和玉器——中华文明起源的若干问题》，《考古》1993 年第 6 期；赵丰：《良渚织机的复原》，《东南文化》1992 年第 2 期。

[5] 河南省文物研究所等：《登封王城岗与阳城》，文物出版社 1992 年版，第 85—86 页。

[6] 陕西省考古研究院等：《陕西神木县石峁城址皇城台地点》，《考古》2017 年第 7 期。

诸多用纺织品将铜器、玉器等珍贵物品包裹起来作为随葬品入葬的习俗，出土铜器和玉器上往往都有纺织品或纺织品脱落后遗留的痕迹。如1987年发掘二里头遗址Ⅵ区M57，出土随葬品有铜铃和铜爵，在铜铃上至少包裹2层纺织品，铜爵鋬上缠有麻制品[1]。在出土纺织品中，组织纤维较粗的可能为麻布，如1960年发掘出土的一件铜铃上发现的纺织品为平纹麻布[2]；1975年发掘出土的一件铜牌上发现至少6层粗细不同的麻布[3]；1980年发现的一件玉圭[4]、1981年发现的一件铜牌和一件铜铃[5]、1982年Ⅸ区M4中出土的铜铃上[6]，都发现麻布遗痕。有些纺织品的组织纤维较细，部分可能为丝织品，如1975年发掘出土的铜牌上发现的纺织品最细的为每平方厘米经纬线52×14根；1984年发掘出土的一件铜铃上发现纺织品残片每厘米纬线42根[7]；1994年在Ⅸ区M1出土的铜铃上发现的纺织品中有一种布的经纬线约32—36根，另一种达50×50根。二里头文化平纹丝织品（绢）的发现，证明古代关于夏人以丝织品为衣饰的传说是有一定依据的。此外，在新砦、望京楼、大师姑等遗址也出土有属于夏代的纺织工具，说明这些都邑当也存在一定的纺织业。

商代都邑内纺织业包括丝织业已经达到高度发达的水平。文献中有一些相关的记载，如《帝王世纪》称商纣王时"妇女衣绫纨者三百余人"；《说苑·反质》云纣王"锦绣被堂"；《管子·轻重戊》

---

[1] 中国社会科学院考古研究所二里头工作队：《1987年偃师二里头遗址墓葬发掘简报》，《考古》1992年第4期。

[2] 中国科学院考古研究所洛阳发掘队：《河南偃师二里头遗址发掘简报》，《考古》1965年第5期。

[3] 中国社会科学院考古研究所二里头工作队：《1980年秋河南偃师二里头遗址发掘简报》，《考古》1983年第3期。

[4] 中国社会科学院考古研究所二里头工作队：《1980年秋河南偃师二里头遗址发掘简报》，《考古》1983年第3期。

[5] 中国社会科学院考古研究所二里头工作队：《1981年河南偃师二里头墓葬发掘简报》，《考古》1984年第1期。

[6] 中国社会科学院考古研究所二里头工作队：《1982年秋偃师二里头遗址九区发掘简报》，《考古》1985年第12期。

[7] 中国社会科学院考古研究所二里头工作队：《1984年秋河南偃师二里头遗址发现的几座墓葬》，《考古》1986年第4期。

说商王"立帛牢"。商代都邑考古发掘出土较多的纺织物遗存，从而验证文献记载的可信性。商代都邑遗址纺织物遗存往往发现于大中型墓葬甚至小型墓葬中，如郑州商城白家庄商代墓葬内出土的铜爵、铜觚上，发现有包裹麻布的印痕①；盘龙城遗址商代墓葬89HPCYM1∶4出土的一件玉平刃柄形器，器身有一层黑色包裹痕迹，似麻织品②。晚商都邑殷墟遗址中曾发现不少丝、麻织品，其中丝织品的纺织技术已相当先进③，如花园庄东地商代贵族墓葬M54，随葬戈、矛之内部绑有丝线，用丝织物包裹青铜刀④；郭家庄东南商代墓2006WYLDM5，出土的铜甑足、鼎腹、铃身中部尚存少许纺织细密的丝织品，有的残存丝织品痕迹⑤；孝民屯墓葬M17人骨上发现有细密的经纬分明的丝织品痕迹⑥。此外，殷墟遗址曾多次发现圆雕的玉人和石人形象，其中多数都有衣裙，如西北岗王陵区大墓HPKM1004所出跪坐石人、妇好墓所出跪坐分尾玉人等，皆有华丽的着装。商人也习惯以织物包裹铜器用于随葬，如殷墟妇好墓随葬铜器中，有50余件的器表黏附有织物残片，多数为丝织品，部分属麻织品。其中丝织物至少包括5个品种，分别为平纹绢、朱砂染色的缟、缣类和绢类织物、回形纹绮、罗类织物；密度为每平方厘米经32根、纬12根，孔眼较大，经纬都是正手加拈，每米大约有1500—2000个拈，这是目前中国所知年代最早的绞经机织罗实物⑦。

（九）其他手工业

除了陶瓷器制作、青铜冶铸、制骨、玉石器加工、木漆器制造、

---

① 杨育彬：《郑州商城初探》，河南人民出版社1985年版，第40页。
② 湖北省文物考古研究所：《盘龙城——一九六三年——一九九四年考古发掘报告》，文物出版社2001年版，第76页。
③ 夏鼐：《我国古代蚕、桑、丝、绸的历史》，《考古》1972年第2期。
④ 徐广德、何毓灵：《殷墟发现商代贵族墓》，《中国文物报》2001年3月28日。
⑤ 安阳市文物考古研究所：《河南安阳市殷墟郭家庄东南五号商代墓葬》，《考古》2008年第8期。
⑥ 殷墟孝民屯考古队：《河南安阳市孝民屯商代墓葬2003—2004年发掘简报》，《考古》2007年第1期。
⑦ 中国社会科学院考古研究所：《殷墟妇好墓》，文物出版社1980年版，第17—18页。

酿酒、制车、纺织等主要手工业,中国早期都邑还存在编织、缝纫、金器加工等手工行业。

编织业因原材料来源比较广泛、廉价、技术要求不高而成为早期都邑较为常见的手工业。陶寺墓葬当中,常见有利用编织物铺棺、敛尸、覆棺以及利用编织麻绳束棺的现象①。郑州商代遗址中,席子和篮子两类编织物痕迹均有发现。在二里岗遗址出土的一块白灰面上,印有清楚的竹编篮子底部痕迹,郑州商城遗址内还发现有竹席的痕迹②。殷墟墓葬内也发现不少席子的残迹,有的覆盖在棺上,有的可能为以席裹尸,黏着于人骨架的上下,有的垫在棺的下面。殷墟还曾发现一些可能是用芦苇编席的痕迹,如孝民屯村西文化层中残存一处苇编遗迹,边长约5厘米③;安阳市体育中心一座商墓中残存有"人"字形苇编图案;郭家庄M160墓中发现一件器体呈圆锥形的竹篓④。诸多编织遗存的发现,说明编织业已经成为早期都邑日常生活中不可或缺的手工业部门。

缝纫在早期都邑的手工业中也占据一定的地位。各都邑制骨作坊的设置以及纺织业的发展,为骨针的制造以及缝纫业的发展进步提供了便利。早期都邑遗址发现诸多缝纫工具。陶寺、王城岗、古城寨等都邑发现有缝纫的工具,如骨针、骨匕等。石峁遗址皇城台东护墙北段"废置堆积"中集中出土万余枚骨针,寓示着当时缝纫业对骨针的需求很大。在石家河遗址群的肖家屋脊遗址,发现有石家河文化早期的骨针⑤。龙山时代各都邑内缝纫工具的大量发现以及骨针的集中出土,说明此时期缝纫业已经具有专业化水平,缝纫水平已经较高。夏代都邑内多发现有骨针、骨匕等。新砦遗址曾出土

---

① 中国社会科学院考古研究所等:《1978—1980年山西襄汾陶寺墓地发掘简报》,《考古》1983年第1期。
② 杨育彬:《郑州商城初探》,河南人民出版社1985年版,第40页。
③ 中国社会科学院考古研究所:《殷墟发掘报告》,文物出版社1987年版,第66页。
④ 中国社会科学院考古研究所:《安阳殷墟郭家庄商代墓葬》,中国大百科全书出版社1998年版,第123页。
⑤ 湖北省荆州博物馆等:《肖家屋脊》,文物出版社1999年版,第236页。

新砦期骨针5件，多通体磨光①。二里头遗址1999—2006年发掘共出土骨针20件、骨匕64件。其中骨针多为小动物长骨磨制而成，大体可分为两型：A型3件，两端磨制锋利，通体稍微弯曲，截面为圆形；B型2件，一端较为锋利尖锐，一端稍微圆钝，部分有穿线所用的针鼻，截面多为圆形②。望京楼遗址出土二里头文化时期的完整骨针1件，上部较粗，下半部细，两端均尖，长5厘米，最大径为0.25厘米③。商代都邑遗址出土骨针更多。郑州商城发现有属于二里岗上层一期的骨针（C5H3∶5），两端较尖，磨制精致，长5.95厘米、中径0.2厘米④。偃师商城出土的一件骨针（1984YSⅥT5H2∶2），器身细小，前细后粗，磨制较好，残长3.3厘米、直径0.2厘米⑤。殷墟发现的骨针数量比较多，出土地点也比较分散。如1958—1961年的发掘，在苗圃北地、大司空村、小屯西地、梅园庄等地都发现有骨针，共计30件，状似今针而稍粗大，近顶端处磨成扁平，镂刻有孔一个，通体光滑，尖端锐利⑥。在小屯殷墟宫殿区周围的村落里都发现有骨针，说明当时缝纫业已是家家户户所必备的。商代方国都邑中也多发现有骨针遗物，如盘龙城杨家湾遗址出土一件骨匕⑦；望京楼遗址出土商代一件细长条、两端均带尖的骨针（ⅣT1005F3∶2）⑧；垣曲商城发现4件商代骨针，其中一件（T2968∶

---

① 北京大学震旦古代文明研究中心等：《新密新砦——1999—2000年田野考古发掘报告》，文物出版社2008年版，第216—217页。
② 中国社会科学院考古研究所：《二里头（1999—2006）》，文物出版社2014年版，第140页。
③ 郑州市文物考古研究院：《新郑望京楼——2010—2012年田野考古发掘报告》，科学出版社2016年版，第307页。
④ 河南省文物考古研究所：《郑州商城——1953—1985年考古发掘报告》，文物出版社2001年版，第832页。
⑤ 中国社会科学院考古研究所：《偃师商城》（第一卷），科学出版社2013年版，第684页。
⑥ 中国社会科学院考古研究所：《殷墟发掘报告》，文物出版社1987年版。
⑦ 湖北省文物考古研究所：《盘龙城——一九六三年——一九九四年考古发掘报告》，文物出版社2001年版，第296页。
⑧ 郑州市文物考古研究院：《新郑望京楼——2010—2012年田野考古发掘报告》，科学出版社2016年版，第598页。

4A∶4）磨制精细，细尖，尾残，残长4.9厘米①；老牛坡遗址也出土有商代前期和后期的骨针②。

黄金是珍贵的稀有金属，因其独特的质地和光鲜的颜色，很早就被人们认识和利用。目前考古发现所知，甘肃火烧沟遗址曾出土有金银环、金耳环等小件饰物，其年代相当于夏代，这可能是中国境内发现最早的人工制成的金银器③。目前，中国早期都邑中与金器加工业相关的遗存发现较少，仅见于商代都邑之中。郑州商城二里岗上层墓葬内出土有金叶制成的夔龙纹装饰品④。郑州商城东南部书院街白家庄期墓葬21ZGSM2出土有金覆面、金箔、金泡⑤等。白家庄殷墟遗址小屯、薛家庄、侯家庄、刘家庄等地10余座商墓均出土有金片、金叶、金箔等⑥。殷墟西北岗大墓M1004盗坑中出土一枚径长3厘米的金泡，M1003盗坑中有6枚径长2.3—3.7厘米的包金铜泡⑦。三星堆遗址两个祭祀坑出土金器较多，主要有金杖、金面罩、金虎形饰、金鱼形饰、金叶形饰等⑧。其中金杖系用纯金皮包卷而成，杖长142厘米，直径2.3厘米，重700多克，金杖上刻饰有人头、鱼、鸟三组平雕图案。金面罩为纯金皮模压而成，双眉、双眼及嘴部镂空，鼻部凸起。总体来看，郑州商城和小屯殷墟出土的金器多为金叶和金箔片等小件装饰品，数量较少；三星堆遗址金器

---

① 中国历史博物馆考古部等：《垣曲商城——1985—1986年度勘察报告》，科学出版社1996年版，第200—206、237—243页。

② 刘士莪：《老牛坡》，陕西人民出版社2002年版，第98、221页。

③ 甘肃省博物馆：《甘肃省文物考古工作三十年》，文物编辑委员会编：《文物考古工作三十年（1949—1979）》，文物出版社1979年版。

④ 河南省博物馆等：《郑州商代城遗址发掘报告》，《文物资料丛刊》（一），文物出版社1977年版。

⑤ 王珏：《"考古中国"重大项目发布新成果》，《人民日报》2022年9月19日。

⑥ 郭宝钧：《一九五〇年春殷墟发掘报告》，《中国考古学报》第五册，1951年；河南省文化局文物工作队：《河南安阳薛家庄殷代遗址、墓葬和唐墓发掘报告》，《考古通讯》1958年第8期；安阳市博物馆：《安阳铁西刘家庄南殷代墓葬发掘简报》，《中原文物》1986年第3期。

⑦ 中国社会科学院考古研究所：《殷墟的发现与研究》，科学出版社1994年版，第332页。

⑧ 四川省文物管理委员会等：《广汉三星堆遗址一号祭祀坑发掘简报》，《文物》1987年第10期；四川省文物管理委员会等：《广汉三星堆遗址二号祭祀坑发掘简报》，《文物》1989年第5期。

多是作为祭祀道具和权力象征的大件器物，数量较多，可见当时金银器在不同都邑和不同文化区域的使用和地位有较大差异。

二 手工业技术

龙山时代手工业开始从农业中分离出来，部分手工业者专门从事某种特定的职业，从而形成专门的手工业技术。到夏商时期，都邑内各种手工业技术水平逐渐提高。不同时期、不同地域都邑内的手工业技术水平也存在一定的差异。

（一）陶瓷器烧造技术

早期都邑陶瓷器烧造技术主要包括制陶技术的发展变化和进步以及制瓷技术的开创和初步发展。陶器制作技术主要表现在陶器的陶土选择、陶坯的制作与陶器的烧制等方面。

1. 制陶技术的发展

制陶技术发明于新石器时代早期。经历新石器时代中期、晚期的发展，至龙山时代，制陶技术有了划时代的变化和提高，主要表现为用快轮制坯代替手制，普遍使用了在高温时封顶渗水的还原法来烧制灰陶以及渗炭法烧制黑陶的技术[①]，用拍印纹饰或打磨光滑的方法来代替画彩，红陶和彩陶急剧减少，灰陶不断增多。陶窑结构进一步完善，窑室呈半球形，窑内热力分布更均匀，烧成温度可达1000℃左右。从考古发掘遗物可知，陶寺遗址陶器生产中已使用了轮制技术，陶胎匀称，质地坚硬，造型复杂，器类繁多，其中既有高达100多厘米的大型器物，也有胎壁薄至1毫米以下及一些造型轻巧精致的器物。制陶业已经有了专门化的礼器制作及发达的彩绘技术。

至夏代，制陶业进一步发展。二里头遗址陶器以灰陶为主，陶坯成型工艺兼采手制、模制、轮制三种方法。其中盆、盘、豆、簋、瓠等多用快轮成型，空三足器的足部为模制，瓮、缸等大型

---

① 季如迅：《中国手工业简史》，当代中国出版社1998年版，第18页。

器物多为泥条盘筑，耳、鋬、流等附件为捏制，器物口沿一般都经过轮修。陶器装饰，运用了磨光、滚压、拍印、刻划、堆塑等手法。花纹有植物、动物、天象、几何图案等。二里头遗址尚未发现比较集中的陶窑群，陶窑散见于遗址中的多个地点。陶窑一般由窑室、窑柱、窑箅、火膛、火门等部分组成。窑室以圆形为常见，也有方形者。窑柱则是支撑窑箅和窑室顶部的窄墙，并将窑室和火膛一分为二。

商代的制陶技术在夏代的基础上得到进一步的发展。陶器纹饰更加复杂，功用更加丰富，陶窑的生产渐趋专业化。目前，较多商代都邑中都发现有制陶作坊遗存。陶器有泥质、夹砂陶。陶器按用途可分为生活用器、生产工具、建筑用陶、雕塑品等，有些陶器还应用于金属冶炼领域，如陶范、陶模、坩埚等。郑州商城遗址铭功路西侧第十四中学院内发现的陶窑均为圆形或近圆形，由火门、火膛、窑箅、窑室、窑前操作坑几部分组成。从残存的窑室看，原窑室上部略呈馒头形，火膛均低于当时的地面，是由地面下挖而成的。多数在窑箅之下、火膛的中间设有窑柱。从窑壁烧烤温度和窑场散布的陶泥和废品等遗存看，这些陶窑大都是烧制普通陶器所用[①]。晚商时期陶窑大多还盛行"升焰窑"，即由火膛、火道、窑箅、窑室等部分组成，结构变化不大，只是窑室增大。如安阳殷墟小屯南地发现的陶窑平面呈椭圆形，窑室南北长1.7米，东西宽1.15米，火膛高近1米[②]。

2. 制瓷技术的开创

夏商时期釉陶和白陶的广泛烧造，促进人们寻找出更多的瓷土原料。而高温窑的发明成功，对釉的认识和利用以及还原焰技术的运用，从而催生了原始瓷器烧造技术。

[①] 游清汉：《郑州市铭功路西侧发现商代制陶工场、房基等遗址》，《文物参考资料》1956年第1期；河南省文物研究所：《郑州市商代制陶遗址发掘简报》，《华夏考古》1991年第4期。

[②] 中国社会科学院考古研究所安阳工作队：《1973年小屯南地发掘报告》，《考古学集刊》第9集，科学出版社1995年版。

二里头遗址出土的器物，除了普通陶器，还发现有一些"特殊陶器"——白陶、硬陶和原始瓷器。白陶早在大汶口文化即已出现，早期都邑多能见到。印纹硬陶在南方地区新石器时代文化中也广为流行，吴城、牛城等早期都邑也多有发现。二里头遗址出土的白陶可能源自本区域，登封南洼遗址①发现有大量白陶遗存，当为制造白陶之基地；而硬陶可能来自南方地区。二里头遗址还出土部分原始瓷器，这些器物以高岭土为胎，胎薄，器表挂有薄薄的青釉或酱色釉，器表多有印纹，其胎质、釉色当属于原始瓷器的范畴。其中"瓷胎的晶体中存在有高温方石英，并且还生成了莫来石，具备了一般瓷器胎的主要特征，其烧成温度应该在1100℃之上"；除了少部分原始瓷与二里头遗址泛灰色的白陶关系密切，大部分胎料组成"属于南方瓷石的高硅低铝特征"；二里头遗址原始瓷釉"存在富铁釉和富钙釉两种类型，并且釉中都含有一定量的锰和磷，釉层成分均匀性较差，显微结构实验表明原始瓷胎和釉之间没有形成发育良好的中间层，符合早期原始瓷的一般特征，反映了当时施釉和烧制技术的原始性"②。

　　商代原始瓷制作技术有所提高。郑州商城等都邑发现的商代原始瓷器数量增多，器类主要有尊、罍、罐等。这些器物胎大多用高岭土作成，细腻坚硬；器表和部分口沿内施有一层光亮的釉，颜色以青绿为主，有的呈褐色、黄绿色；烧成火候较高，温度一般在1000—1200℃；胎质基本烧结，没有十分明显的吸水性，这些特征都与一般瓷器所应具备的基本条件相近。但仔细分析发现，这些瓷器遗物的确有一定的原始性，与后代较为成熟的瓷器相比还有一些差异，如瓷土原料不够精细，有一定的杂质，胎色没有透光性，釉层较薄且易剥落。郑州附近盛产高岭土和釉料，郑州商城

---

① 郑州大学历史学院考古系等：《登封南洼2004—2006年二里头文化聚落发掘简报》，《中原文物》2011年第6期。
② 中国社会科学院考古研究所：《二里头（1999—2006）》，文物出版社2014年版，第1427—1481页。

遗址内曾发现两片烧裂的残瓷片，故推断郑州商城出土的原始瓷器很有可能是在当地烧制的[1]。殷墟遗址居址和墓葬中出土较多的原始瓷器，其制法与郑州商城相同。发现的原始瓷器胎较厚，多呈灰白色；釉多呈深浅不同的绿色，多施于器表，也有器的表里都施釉的；器表装饰有小方格纹、弦纹等；器形有豆、瓿、尊、罐、壶、器盖等[2]。

（二）玉器加工技术

玉器的制作工序，首先是玉料的开采和获取，之后是对玉料的精准加工，需要经过开料制坯、切割成型、打磨抛光、雕刻钻孔等工序。龙山时代，都邑内的玉器制作技术参差不齐。夏代都邑内玉器制作技术有所进步和提高。至商代，其前期玉器制作技术和夏代无太大差别，后期玉器制作技术达到高度发达的水平。

部分龙山时代都邑出土大量精美的玉器。石峁遗址出土的玉器一般无纹饰，打磨光洁圆润，形制规范简单，钻孔的孔洞规整，说明石峁遗址先民已经熟练地掌握了制作玉器的开料制坯、钻孔打眼、研磨抛光等技术。良渚城址出土的玉器制作精细，纹饰图案复杂，并采用浮雕、镂孔透雕、阴线细刻等多种技法雕刻繁简不一的神人兽面纹、鸟纹、云雷纹等纹饰和符号。据学者研究，良渚玉器的制作可能已使用原始砣机、夹具、钻头等简单的机械[3]。石家河遗址出土玉器绝大多数为微型片状玉器，通高（长）不过3—5厘米。纹饰以减地凸弦纹为主要特征，雕琢细致均匀，常以勾头的凸弦纹表示玉凤和玉鹰的羽翎，阴线纹饰应用也较为普遍。从陶寺城址出土的玉器来看，一些难度很大的技术，如钻孔、镶嵌、复合等技术已逐渐成熟。

二里头遗址出土玉器反映出夏代都邑已经形成较为成熟的制玉

---

[1] 安金槐：《谈谈郑州商代瓷器的几个问题》，《文物》1960年第8、9期。
[2] 中国科学院考古研究所安阳工作队：《1975年安阳殷墟的新发现》，《考古》1976年第4期。
[3] 朔知：《良渚文化的初步分析》，《考古学报》2000年第4期。

技术。开片技术可能采用片切割开料加工①，玉器制作过程采用琢制、锯切割、管钻穿孔和研磨抛光等技术。该都邑玉器加工技术发展主要体现在两个方面：一是运用先进的工艺技术，在玉器上雕刻精美的花纹，如1975年出土的柄形饰长17.1厘米，上面雕刻着三组饕餮纹，有专家认为是使用能够高速旋转的"砣子"制作的②；二是具有高超的镶嵌工艺，如1984年Ⅵ区M11中出土的铜牌饰，用200多片绿松石镶嵌出一个兽面图案③。

商代玉器生产技艺日趋成熟、工序复杂，须经过选料、开料、造型设计、钻孔、琢纹、抛光等步骤④。小屯殷墟出土的玉器，其选料和开料都十分讲究，会根据玉料不同的形状和大小进行设计。一些被称为"俏色"玉器的作品，选材时就考虑了玉石天然的材型和色泽。如1975年发现于小屯村西北的2件"俏色"作品均为圆雕动物鳖。玉鳖的头、颈和腹部均呈灰色，但背部呈黑色；石鳖的双目、背甲以及爪呈褐色，微发黑，腹部呈肉色。两件鳖不仅形态生动，更兼色调逼真⑤。钻孔方式主要有桯钻和管钻两种。多数玉器如兽形佩饰和其他动物形艺术品都要经过琢纹，即将动物的口、耳、鼻、目等雕出。玉器花纹有阴线刻、减地阳刻、浮雕和镂孔等。商代如何对玉器进行抛光，目前尚无物证。有学者推测可能用兽皮或丝织品蘸水加细沙进行打磨⑥。

（三）青铜器铸造技术

龙山时代的都邑中已经发现有少量小件铜器。如陶寺遗址

---

① 邓聪、许宏等：《二里头文化玉工艺相关问题试释》，中国社会科学院考古研究所考古科技中心编：《科技考古》（第二辑），科学出版社2007年版。
② 中国社会科学院考古研究所：《中国考古学·夏商卷》，中国社会科学出版社2003年版，第117页。
③ 中国社会科学院考古研究所二里头工作队：《1984年秋河南偃师二里头遗址发现的几座墓葬》，《考古》1986年第4期。
④ 陈志达：《殷墟玉器的工艺考察》，"中国考古学研究"编委会编：《中国考古学研究——夏鼐先生考古五十年纪念、论文集》，文物出版社1986年版。
⑤ 中国社会科学院考古研究所安阳发掘队：《1975年安阳殷墟的新发现》，《考古》1976年第4期。
⑥ 陈志达：《殷墟玉器的工艺考察》，"中国考古学研究"编委会编：《中国考古学研究——夏鼐先生考古五十年纪念、论文集》，文物出版社1986年版。

M3296中出土了一件浇铸成形的铃形铜器，经定量分析，含铜量为97.86%，系纯度较高的红铜。据此可以推知，此时人们已经掌握了铜的冶炼和铜器的铸造技术，并有了一定程度的发展。夏商时期都邑青铜器铸造逐渐发展，冶铸技术不断提高，二里头遗址中发现有中国最早的成组青铜容器，商代都邑青铜器铸造进入鼎盛时期。

一般来说，青铜器的铸造要经过制模、翻范、熔铜锡、浇铸、打磨等重要工序。制模即预先制作待铸青铜器的模型。铸范有石范和陶范两种，分单范和复合范。用来制作陶范的材料均经过选择和处理。一般外范土质细腻，含泥量多，砂粒小，植物茎叶少；内范土质较粗，含泥量少，砂粒大，植物茎叶相对较多。而范的泥料一般就地取材[1]。制范又分制模、制型、合范等步骤。熔铜工具一般用陶质坩埚。郑州商城铸铜遗址发现用来熔铜的熔炉主要有三种：一是大口尊，均将口沿打掉，内外糊草拌泥；二是以陶缸为外壳的缸熔炉；三是由泥条盘筑法特制的泥质熔炉[2]。殷墟铸铜遗址发现熔炉分土炉式和地炉式两种。土炉式建于地面，用泥和麦秸筑成，呈圆形，直径1米左右。地炉式系直接在地面挖一个圆形或椭圆形土穴，穴壁以草泥加工，直径也在1米以上。青铜器的浇铸主要有正浇、倒浇两种。凡是实心青铜器，浇口和冒口都设在范体的上部，采用正浇法。凡是青铜容器，浇口和冒口都设在器物底部一端，采用倒浇法。只有个别器物采用侧浇的方法[3]。一般来说，器形较简单的器物如圆鼎、甗、觚、觯、罐等通常采用浑铸法一次浇铸而成。器形较复杂的则采用分铸法，即分别铸成器物的主体和附件。

早期都邑青铜冶铸技术的发展有一个由低级到高级、由简单到复杂的发展过程。从龙山时代晚期到二里头文化早期为草创期，使

---

[1] 谭德睿：《商周青铜器陶范处理技术的研究》，《自然科学史研究》第5卷第4期，科学出版社1986年版。

[2] 李京华：《河南冶金考古的发现与研究》，河南省文物研究所编：《河南考古四十年（1952—1992）》，河南人民出版社1994年版。

[3] 李京华：《河南冶金考古概述》，《华夏考古》1987年第1期。

用石质和泥质的单面范、双面范铸造形制简单的小件器物。从二里头晚期到郑州二里岗期为形成期，已能使用多块范、芯装配而成的复合范，出现重近百千克的大鼎，出现锡青铜和铅青铜之分。殷墟时期青铜冶铸技术进入鼎盛时期，已经能娴熟地使用分铸法等先进技术，掌握各类青铜器合金成分的配比，大型熔铜炉炉温高达1200℃左右，能够制作各类大小不一的青铜器。

（四）其他手工业技术

随着早期都邑内的骨器、木漆器制造以及纺织等手工业的发展，制作技术不断得到提高。

骨器制造技术方面，龙山文化时期都邑内发现的骨器器型多比较简单，造型复杂、雕刻有纹饰的产品非常少。坯料制作主要有割锯、砍斫、锤击等方法。在骨器制作工艺上，一般使用刮削、切割、钻孔、打磨抛光等方法。夏商时期都邑制作骨器数量多，种类丰富，制作精美。从偃师二里头遗址废骨料上遗留的锯割痕迹看，当时截取骨料是先把无用的关节部分锯掉，然后根据需要再用锯横向或纵向截剖，截割骨料可能使用青铜锯。小屯殷墟截取骨料多是用锯纵向截剖，但洹北商城发现有用锯斜向选取骨料的现象。骨料备好后，要进行粗加工，大约是用刀刮削出器物的大体形状。最后是精加工，即用砺石磨光[1]。有的骨器上雕刻花纹。如1980年在二里头遗址Ⅵ区H4中出土的一件骨匕上即刻着鱼的图形[2]。郑州商城遗址出土的一件象牙觚（C8M2∶5），其制作十分精致；出土骨梳上雕刻有细密的花纹。殷墟出土有一批工艺精湛、精美绝伦的骨牙器制品，如妇好墓出土的3件象牙杯是满身刻饕餮纹、夔纹，并镶以绿松石片[3]。

在早期都邑木漆器制作上，彩绘、雕刻、镶嵌和贴金箔等技术

---

[1] 中国社会科学院考古研究所：《中国考古学·夏商卷》，中国社会科学出版社2003年版，第121、122页。

[2] 中国社会科学院考古研究所二里头工作队：《1980年秋河南偃师二里头遗址发掘简报》，《考古》1983年第3期。

[3] 中国社会科学院考古研究所：《殷墟妇好墓》，文物出版社1980年版，第215—218页。

纷纷出现。陶寺遗址出土的漆器种类多，漆皮以红色为地，上面用白、黄、黑、蓝、绿等色画出美丽图案①，这说明当时人已突破了单色漆的装饰工艺，开始在漆器装饰上使用纹饰技法。夏代都邑发现的漆器纹饰精美。如二里头遗址Ⅵ区墓葬 M58 中发现的漆觚，其上的饕餮纹保存完好，为朱红地赭色花纹，线条圆润流畅，图案繁复美丽②。商代漆器工艺应用广泛，制作技术水平更加先进。这个时期的漆器不仅有木胎，还有陶胎和铜胎。木胎雕花工艺、镶嵌技术得到应用，彩绘花纹普遍，部分漆器贴金箔。贴金箔需要将金料捶打成薄片，然后贴在漆器上。小屯殷墟遗址屡有金箔发现，多见于大中型墓葬之中，金箔形状主要有圆形、梯形、菱形以及长条形③。

早期都邑内纺织业的发展，推动了纺织技术的改进。龙山文化都邑生产的平纹麻布纹理已较为细密，例如襄汾陶寺遗址墓葬中出土铜铃外包布为平纹织法，密度为每平方厘米 16×20 根，属于较细的麻布④。某些织物的痕迹上还可见黄、白、红、灰等多种颜色，可知当时的织染技术也已经达到一定水平。夏商时期，在纺织原料的种植和加工方面，麻的种植、植桑养蚕更为普遍，葛麻和蚕丝的脱胶技术早已普及，所得葛麻纤维和蚕丝顺滑、干净，更便于纺织。纺线的纺轮已普遍应用，新出现了实用的铜纺轮和玉纺轮。商代丝织品的织法多样，既有普通的平纹组织和畦纹的平纹组织，还有地纹是平纹组织、花纹是三上一下斜纹组织的文绮⑤。商代丝织物上常见彩绘图案，色彩鲜艳，印染技术先进，种类丰富。

---

① 中国社会科学院考古研究所山西工作队：《山西襄汾陶寺遗址首次发现铜器》，《考古》1984 年第 12 期。

② 中国社会科学院考古研究所二里头工作队：《1987 年偃师二里头遗址墓葬发掘简报》，《考古》1992 年第 4 期。

③ 中国社会科学院考古研究所：《殷墟的发现与研究》，科学出版社 1994 年版，第 322 页。

④ 中国社会科学院考古研究所山西队：《山西襄汾陶寺遗址首次发现铜器》，《考古》1984 年第 12 期。

⑤ 夏鼐：《我国古代蚕、桑、丝、绸的历史》，《考古》1972 年第 2 期。

三 手工业组织管理

手工业生产组织是社会组织结构的重要组成部分。龙山时代至夏商时期都邑手工业的组织与管理主要体现在以下三个方面。

第一，都邑手工业已经分为官营手工业和民间手工业。官营手工业由王室或官府直接控制，其原料、生产和产品由王室或官府直接管理和控制，产品主要为王室、贵族服务，多具有非商品生产的性质。《国语·晋语四》有"工商食官"的记载，即手工业和商业隶属于官府，由官府直接控制，手工业者的粮食由国家配给。陶寺遗址大城内西南部设置有专门的手工业作坊区，生产陶器、石器和其他产品。作坊区内发现的ⅢFJT2是一处规模宏大、形制规整、结构特殊的大型夯土建筑。基址南北最长约45米，东西残宽约27米，面积1200余平方米。建筑整体呈"回字形"，西侧可能还有廊庑建筑，应为四面合围中庭的"四合院式"建筑形式。其中主体建筑基址呈圆角长方形，东西长约27米，南北宽约19米，面积达500平方米以上（图8-8）。该建筑距宫殿区和下层贵族居住区较远，应不是贵族的生活居址。其处于陶寺都邑的手工业作坊区，建筑形制考究；规模大，是目前钻探所知手工业作坊区内规模最大的夯土基址；坐落的地势明显较高，似可俯瞰整个手工业作坊区，因而推测其功能与陶寺都邑的手工业生产管理有着一定的内在关系[①]。良渚城址西北方向不远的塘山遗址（金村段）制玉作坊，多生产玉礼器，是一个具有明显规模化、专业化、分工化特征的玉器生产作坊[②]，应是直接为良渚都邑内贵族阶层服务的制玉机构。石峁城址皇城台东护墙北段发现的骨器作坊，以生产骨针为主，同时也兼及其他骨器[③]，因该作坊位于宫室区，其产品显然是专供最高统治者使用。夏商时期都

[①] 中国社会科学院考古研究所山西队等：《山西襄汾县陶寺遗址Ⅲ区大型夯土基址发掘简报》，《考古》2015年第1期。

[②] 王明达等：《塘山遗址发现良渚文化制玉作坊》，《中国文物报》2002年9月20日。

[③] 陕西省考古研究院等：《陕西神木县石峁城址皇城台地点》，《考古》2017年第7期。

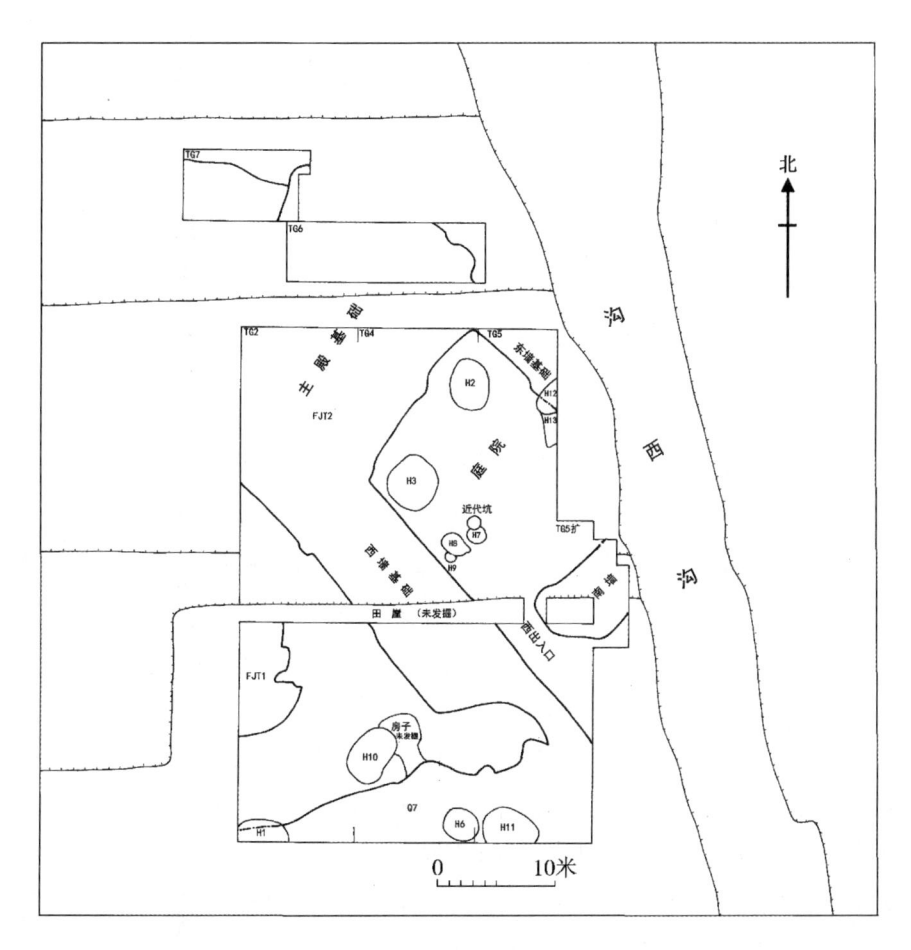

图 8-8　陶寺遗址房基 IIIFJT2 平面图

邑遗址内发现的铸铜、制玉、绿松石等手工业作坊多位于宫殿区周围，大多应为官营性质。二里头遗址宫城以南由夯土围墙圈围起来的手工业作坊区，主要设置青铜铸造、绿松石器制作等手工业，应是二里头都邑的官营手工业区。把主要手工业作坊置于紧邻宫殿区的位置，体现了当时官营手工业集中管理和直接监督的管理理念[①]。

[①] 杜金鹏:《偃师二里头遗址都邑制度研究》，《夏商周考古学研究》，科学出版社 2007 年版。

甲骨卜辞中有"工""百工"和"多工"等，应是直属于官府的手工业工人；"司工"可能是商王朝设立的管理手工业工人的官职名称。如"壬辰卜，贞叀彔令司工"（《合集》5628）。有学者认为，该条卜辞中的"叀"即"惟"，起强调语气作用；"叀彔令"，即"令彔"；"令彔司工"即商王任命彔担任"司工"这一官职，主管商王朝的手工业生产①。殷墟苗圃北地铸铜作坊遗址面积达1万平方米以上，分为生产区和居住区，很可能是由商王室直接控制以生产礼器为主的铸铜作坊②。

除官营手工业外，民营手工业在早期都邑中也大量存在。都邑内或都邑外围发现的较小规模的制造陶器、骨器场所，一般位于都邑边缘地带或城外，并与一般居民区、墓葬区杂处，其性质应为民间手工业。如石峁内城、外城中发现有多处与居民区、墓葬集中分布的陶窑。殷墟遗址范围内发现多处制陶、制骨遗址，这些作坊显然并非皆为官营性质，应有一定的民间手工业存在。

第二，手工业以族群为单位进行生产。《周礼·考工记》曰："知者创物，巧者述之，守之世，谓之工。"是说智慧的人创造器物，心灵手巧的人循其法式，守此职业世代相传，称之为"工"。手工业者的知识和技能通过世代相传而不断积累，使手工业产品的制作日益熟练和精细。龙山时代都邑手工业者的族群身份不详。夏代可能存在手工业职业族群。《左传·昭公二十九年》记载："陶唐氏既衰，其后有刘累，学扰龙于豢龙氏，以事孔甲，能饮食之。夏后嘉之，赐氏曰御龙。"这里是说夏代孔甲时期，御龙氏刘累以"豢龙"为业。昆吾以制作陶器著称，也善于铸铜。《吕氏春秋·审分览·君守》载："昆吾作陶。"是说昆吾族群善于制作陶器。由于昆吾擅长制作陶器，"昆吾"一词后来遂成为一些陶器的别称。《说文》云："昆吾，圜器也。"又云："壶，昆吾圜器也。"段玉裁注："古者昆

---

① 杨升南：《商代经济史》，贵州人民出版社1992年版，第578页。
② 郑振香、陈志达：《殷墟青铜器的分期与年代》，中国社会科学院考古研究所编著：《殷墟青铜器》，文物出版社1985年版。

吾作陶。壶者，昆吾始为之。"史载夏启曾命人在昆吾铸鼎。《墨子·耕柱》："昔者夏后开使蜚廉折金于山川，而陶铸之于昆吾……九鼎既成，迁于三国。"这里是说昆吾铸造九鼎，传之夏、商、周三代。由于昆吾善于冶铸，后代昆吾一词又成为掌管冶铸之官之专称。如《逸周书·大聚解》："乃召昆吾，冶而铭之金版，藏府而朔之。"商代手工业者多以族群为单位进行生产。《左传·定公四年》记载，周武王克商，以"殷民六族"分鲁公，……以"殷民七族"分康叔。有学者考证周所得的十三族商遗民中至少有九族是手工业氏族，索氏应即绳工氏族，长勺氏、尾勺氏应即酒器工氏族，陶氏应即陶工，施氏应即旗工，繁氏应即马缨工，锜氏应即锉刀工或斧工，樊氏应即篱笆工，终葵氏应即椎工氏族①。许多商代青铜彝器上的图形文字为古代氏族的名号②，且这些徽号中有许多族名描绘了他们专门的职业③，其中有不少职业分属于各种门类的手工业，进一步说明商代手工业者以职名氏，有些家族已经世代从事某一职业。殷墟辛店铸铜遗址晚商和周初墓葬出土青铜容器铭文以"戈"居多，说明这里是戈族控制下，以铸铜为主业，"居、葬、生产合一"的大型聚落遗址④。有学者根据甲骨卜辞、殷墟墓地分区以及出土铜器上族徽铭文的分析，认为殷墟都邑的布局是由若干小族邑簇拥着王族邑而构成的，每一族邑（包括王族邑）都是一个相对独立的聚落单元，是居住区、生产区和墓地的综合体，"各族邑内部都存在着相似的或独具的手工业生产区域"⑤；而且这种情况在夏、商、周三代都邑及一般聚落中具有普遍性⑥。

第三，夏商时期官营手工业作坊虽有一定的规划布局，但尚未

---

① 郭宝钧：《中国青铜时代》，生活·读书·新知三联书店1963年版，第45页。
② 郭沫若：《殷彝中图形文字之一解》，《殷周青铜器铭文研究》，科学出版社1961年版。
③ ［美］张光直：《商代文明》，毛小雨译，北京工艺美术出版社1999年版，第215页。
④ 孔德铭：《河南安阳发现迄今范围最大的商代晚期铸铜遗址》，《中国文物报》2020年1月3日。
⑤ 郑若葵：《殷墟"大邑商"族邑布局初探》，《中原文物》1995年第3期。
⑥ 许宏：《先秦城市考古学研究》，北京燕山出版社2000年版，第82页。

形成固定的模式。总体来看，早期都邑手工业作坊一般位于宫城之外、外城之内，但手工业作坊在都邑的具体位置各个时期不尽相同。如陶寺遗址手工业作坊区位于宫城之外、大城之内的东南部。石峁城址内城、外城中发现多处与居民区、墓葬集中分布的陶窑。石家河城址城内西南部三房湾一带为烧制红陶杯为主的专业窑厂，城址外面东部偏南的罗家柏岭是一处大型玉石作坊，可能还铸造小型铜工具。二里头遗址的手工业作坊区主要分布于宫城之南，宫城之北也可能有手工业作坊区。郑州商城手工业作坊分布于内城外、大城内的南部、西部和北部。安阳殷墟手工业作坊多位于宫殿区之外的南面、西面和北面。据《周礼·考工记》等文献记载，中国古代早期都城中宫殿与包含手工业作坊在内的商业区"市"的相对位置关系是"面朝后市"，即手工业区位于宫殿区的北面。早期都邑内手工业作坊的位置并非固定在宫殿区之北，显然"面朝后市"这一定制在中国早期都邑时期尚未形成。值得注意的是，主要铸铜作坊位于宫殿区之南的现象较为多见，如二里头遗址铸铜作坊、郑州商城南关外铸铜作坊、殷墟遗址苗圃北地铸铜作坊等。

四　手工业的地位和作用

龙山时代至夏商时期，手工业经历了一个快速发展的过程，并达到了一定高度。手工业在早期都邑的形成、社会发展和文明进步中扮演着重要角色。

(一) 手工业生产在改善人们物质生活方面具有不可或缺的地位

在蒙昧和野蛮时代，出现了不同种类的手工制作和生产，以满足人类最基本的衣食住行之需。至龙山时代，人类已经迈入文明社会的门槛，农业得到发展，粮食有了一定的剩余，食物来源更加多样，从而为手工业的兴起奠定了基础。各类手工业技术的进步和新兴手工业部门的兴起，为人们提供了更加丰富的各种物质产品，较大地便捷了人们的生产生活。

首先，手工业对人们衣着的影响。原始的纺织业和缝纫业经过仰韶文化时期的发展，已经具有一定的水平。在龙山时代，各都邑内大都设置有纺织手工业，人们的服饰已初具文明形态。在纺织原料和加工方面，龙山时代的人们已经种植大麻纺织麻布、种桑养蚕抽丝纺线。石峁皇城台遗址东护墙北段的"废置堆积"中集中出土万余枚骨针，说明此时期缝纫业高度发展。夏商时期，随着王朝国家的建立和都邑规模增大，纺织业分工更细，组织和管理更加严密，生产效率更高，因而纺织品数量多、品种多、质量高。纺织原料麻和丝的产量较龙山时代有较大提高，还出现有毛织品，这一切为人们的穿衣戴帽提供了便利。都邑内阶级的分化以及礼制的出现和推行对服饰的影响较大。统治阶级在服饰方面极尽奢侈之风，人们的衣着服饰与礼制挂钩，成为标识不同阶级以及统治者不同等级的重要特征。

其次，手工业对人们饮食的影响。龙山时代，早期都邑内制陶业、酿酒业和木漆器制作业都有一定发展，使人们的饮食生活丰富多彩。陶瓷制造业中生产的陶器器类多，质地较好，应用于炊煮、饮食和储藏各个方面，方便了人们的生活。酿酒业的发展使人们的饮食习惯更加多样化，各种酒具的出现即是最好的证明。铸铜业的发展还促使铜制酒具的出现。木漆器也广泛应用于饮食，如陶寺遗址出土的木漆器就有家具和炊厨用具、盛器和食器、饮器等类别，器类主要有几、匣、俎、案、豆、盘、斗、勺、觚、杯等。夏商时期，制陶业、酿酒业和木漆器制作业较前期都有较大的发展，加之铸铜业的发展，手工业对人们的饮食生活影响更大。各类手工业生产工具在农业、畜牧业生产中的应用，提高了生产效率，增加了产量，直接改变人们的饮食生活。人们对饮食器具选择的材料更多，虽然陶器仍是人们饮食生活的主要器具之一，但青铜器、白陶、硬陶、原始瓷器、玉石器和漆木器等饮食器具较多出现，特别是青铜饮食器在贵族阶层中得到最广泛的使用，器类逐渐丰富并出现配套器具，不仅满足日常炊煮和饮用之需，还成为财富、身份和地位的象征，促进了饮食礼仪的形成。

最后，手工业对人们出行的影响。铸铜业和木漆器制作业推动了人们用车出行和船载交通运输业的发展，也推动了造桥技术的进步，使人们的出行更加方便。夏商时期，统治者借助国家权力规划道路交通，车辆被较多运用于交通运输，二里头、偃师商城、洹北商城、小屯殷墟等都邑都发现有车辙遗存，小屯殷墟、老牛坡等遗址还发现大量车马坑。据统计，截至20世纪90年代初，小屯殷墟共发现16座车马坑，出土马车18辆，大多数车马坑埋一车二马，个别有一车四马的①，充分反映出商代制车业的发达。尽管木质器具因时间久难以保存，但考古工作者仍在陶寺遗址、偃师商城、盘龙城、小屯殷墟等都邑中发现有木桥遗迹②，说明公共桥梁成为都邑交往生活中的重要组成部分。

（二）手工业生产在推动生产力发展方面具有决定性的作用

传统手工业的发展和新兴手工部门的出现，使生产工具得到极大改善，生产技术得以快速发展，生产效率大大提高，社会生产能力极大增强。产品的丰富和技术的进步不但反过来进一步推动手工业本身的发展，而且先进手工业工具在农业和渔猎等经济部门的使用，更加推动了整个经济的发展和社会的进步。早期都邑内手工业的发展在促进科学技术的进步和生产工具的改进方面发挥着重要作用。

早期都邑内的制陶业、铸铜业、制骨业、制玉业和木漆器制作业等的技术水平都有所发展。各手工业在发展的过程中，人们对自然界和自然规律的认识逐步加深，各项技术不断发展和进步，手工业成为推动科学技术发展的重要动力。

早期都邑内的手工业在推动农业工具、渔猎工具和手工业工具的发展与改进方面发挥着重要作用。首先，手工业在生产过程中制

---

① 陈振中：《先秦手工业史》，福建人民出版社2008年版，第584页。
② 宋镇豪：《夏商社会生活史》，中国社会科学出版社2005年版，第296—299页。

造的多种农业工具，大大提高了农业生产效率。龙山时代，石质农业工具不仅有之前已经产生的石斧、石铲、石锄、石镰等，还新出现了石耜，即装上木柄的大型石铲，也发现了少量的石犁。石质农具制作技术比较先进，如锋刃磨制愈加锋利，穿孔技术更加熟练。夏商时期，由于青铜等手工业工具的使用，石器制作技术较前期更为高超，石器工具更精细。在早期都邑的都市生活中，骨角蚌器是人们从事农业生产最常用的工具。陶器虽然一般作为生活用具，但也有用于农业生产的，如陶刀、陶镰等。木质农业工具，在农业生产中或单独使用，或装在石质和骨质等工具上使用。夏商时期，虽然青铜农具出土不多，但是此时农业生产中应该有青铜农具的较广泛使用。如在郑州南关外青铜器作坊遗址中，二里岗下层二期和上层一期共出土镈的陶范100件，占出土陶范总数的28%[1]，表明当时曾大量铸造青铜镈，也说明商代农业生产中曾较多地使用青铜镈进行农业生产。其次，早期都邑内大量的石质镞、球和弹丸，骨质的鱼钩、镖、镞，还有陶质的球等渔猎工具，都离不开制陶业、制骨业等手工业的发展。此外，手工业生产不仅为农业、畜牧业和采集业生产出大量的生产工具，也为手工业部门生产出更多、更精细的工具，从而提高了手工生产技术和制作效率。早期都邑的手工业工具主要有斧、锛、凿、锤、锥、砺石等。龙山时代的石器手工业工具，种类和规格已经十分齐全，石锛可分为大、中、小不同的规格；石凿也有方刃、圆刃或圭形刃等区别。在陶寺3002号墓葬中就随葬了13件长宽大小各异、刃部宽度依次递减的石锛，属于典型的系列工具[2]。这些石制手工业工具，既可用于石器的生产，又可用于骨蚌、陶器、木器乃至建筑等手工业生产领域，制作出较高质量的各部门手工业生产工具。除石器之外，早期都邑内其他手工业部门的生产工具也取得较大发展。例如，纺织手工业生产中的纺轮、骨匕、

---

[1] 河南省文物考古研究所：《郑州商城——1953—1985年考古发掘报告》，文物出版社2001年版，第346、365页。

[2] 李学勤：《中国古代文明与国家形成研究》，云南人民出版社1998年版，第104页。

织机，制陶手工业生产中的慢轮、快轮、陶拍，青铜冶炼和青铜器制作中的陶范和石范，木制手工业中常使用的各种石制、青铜等工具。

（三）手工业生产在推动生产关系变革方面功不可没

手工业生产的发展促进剩余产品的出现，手工业产品本身再进一步成为剩余产品，甚至是较为高档的奢侈品，则会有力地促进社会交换的发展、商品经济的出现、社会礼制的形成，进而推动整个社会阶级结构的变化和调整。此外，手工业生产在促进新的行业产生、新的职业群体出现、新的阶层分化等方面具有十分重要的作用。

手工业的发展促进了早期都邑社会生产关系的变化。龙山时代，早期都邑内财产私有和社会贫富分化的现象已经非常明显。如山西襄汾陶寺遗址发掘的近700座墓葬，可分为大、中、小三型，近90%的小墓几乎一无所有，而少数大墓（约占1%）不但有棺木，随葬品更多达一二百件，主要有龙盘、鼍鼓、特磬、陶鼓、彩绘木案、俎、匣、盘、豆、"仓形器"、彩绘陶器、玉（石）钺、瑷、成套石斧、石锛、石镞、整猪骨架等。其中，龙盘、鼍鼓、特磬为个别大墓所仅有[①]。同时，手工业的发展也推动了农业的进一步发展，使得男子逐渐成为社会生产的主力。因其从事更多的劳动，且拥有一般社会成员所不具有的专业技能，所以受到社会尊重，社会地位逐渐上升，成为财富甚至权力的拥有者。此外，随着生产力的发展，剩余产品逐渐增多，持有私有财产成为普遍现象，财产私有观念被普遍接受，社会财富分配更加不均，社会逐渐出现阶层分化和阶级对立。至夏商时期，手工业成为统治阶级的重要物质基础。首先，官营手工业生产居于主要地位，重要的手工业部门为统治阶级所垄断。如铜器冶铸、玉器制作和丝织业等属于官营手工业，这些手工业集中于王都，其生产由王室贵族直接控制，产品专门为王室贵族

---

① 中国社会科学院考古研究所山西工作队等：《1978—1980年山西襄汾陶寺墓地发掘简报》，《考古》1983年第1期。

服务。占有和把持这些重要的手工业生产部门，对于维护统治阶级的统治具有重要的意义。其次，手工业应用于军事战争和军事防御，壮大了统治者的军事力量。夏商手工业对军事战争产生了重要影响，主要表现在青铜铸造的武器更具杀伤力，战车的使用一定程度上改变了早期国家战争的方式，城邑的建设使军事防御具有了坚固的物质基础。此外，为维护王权统治，统治者建立起具有鲜明等级色彩的礼制，而手工业生产不仅为建立和维护礼制提供了物质基础，而且手工业产品成为礼制的重要内容和标志。

（4）手工业生产在推动社会文明发展进程中具有非凡作用

中国早期都邑范围内手工业的发展繁荣，不仅孕育了文字、城邑、青铜技术、国家等文明要素，推动人类社会走向文明时代，而且更推动着各种文明要素不断发展、壮大和成熟。可以说，手工业的生产，在人类文明起源和初始发展过程中起了巨大的推动作用。

青铜冶铸业生产出的器类中最重要的是青铜兵器和礼器。青铜兵器的使用，对于早期国家政权的巩固与维护有着重要的作用。礼器则成为身份等级和权力的象征。青铜器制作，需要严密的组织管理。而青铜器的制作技术较为复杂，代表了当时的生产力发展的最高水平。

手工业的发展推动了农业和畜牧业的发展，促进了剩余产品和私有制的出现，奠定了礼制产生的社会基础。礼制的产生和存在，是私有财产出现和阶级分化的结果，本质上是为了维护上层阶级的利益，具有阶级性、压迫性特征。但礼制的出现也有其积极意义，它是建立在较为高级的经济基础之上的上层建筑，它改变了社会组织管理上的原始性和低效性，使社会在更高级的组织和管理水平上运转，使社会成为有别于"自然状态"的文明状态。而手工业不仅是这种文明状态产生和存在的重要动力，更是这种文明状态的重要表现形式和内容。

早期都邑内手工业和农业、畜牧业等一起作为物质基础，促进了文化艺术的发展。手工业、农业、畜牧业等生产活动，为文化艺术的创造提供了素材。手工业生产过程本身，就是文化艺术的创作过程。早期都邑内的手工业产品不只作为实用工具，还有一部分产品追求艺术与美感，如青铜器以及陶器的造型、纹饰、色彩，服饰的样式、搭配以及色彩，一些不同材质的饰物和艺术品等，使早期都邑的文化生活丰富多彩。

第二节　农业形态

农业经济的持续、稳定发展作为早期国家产生与发展的重要基础条件之一，也是早期都邑生活形态的重要组成部分。农业在中国早期都邑都市生活中仍然占据重要地位。这一时期都邑居民生活中食物的种类较为丰富，主要有粮食、畜禽、果实蔬菜、狩猎产品等；都邑居民的饮食多为粒食，还存在火食、面食、食肉和食用菜蔬瓜果、饮酒等饮食习惯。

一　农业在都邑经济中的地位

早期都邑社会的经济形态，一般仍是农业与手工业相结合的综合经济。农业经济是人类自身繁衍和发展的基础与根本。通过在都邑内外及郊野进行农业劳动，不仅可以生产自己所需的食物，而且也为手工业提供相应的原材料，还促进了社会的进一步分工，最终推动交换和商业的形成。农业的发展，使人们的生活稳定性增强，促进了都邑的产生、发展和稳定，从而支撑早期国家的长治久安。

（一）龙山时代都邑的农业

随着新石器时代农业的产生和持续发展，至龙山时代，农业进入繁荣兴盛时期，并在都邑经济生活中占据重要地位。考古发现的中国早期都邑遗址，如陶寺、石峁、王城岗、古城寨、石家河、良渚、宝墩等，都发现有较多的农业生产工具、已炭化的农作物、粮食窖穴、动物骸骨等遗存，表明这一时期都邑农业经济之繁荣。这个时期的都邑，农业工具有较大的改进和创新，农作物种植种类增多，对畜禽养殖业更加重视，说明龙山时代都邑农业已具有较高的发展水平。

陶寺遗址发现有大量的农业生产工具，还出土一些炭化粟、诸多动物骨骼，清理出诸多粮食窖穴等遗存。生产工具有石质铲、斧、锛、刀、骨铲以及石镞、骨镞等，以石铲最为多见[1]。发掘的粮食窖穴 IJX6，壁龛内底部残留一层小米朽壳；IJX7 底部平坦，底平面上有灰烬，估计为炭化植物残留[2]。动物考古表明，陶寺遗址家畜种类至少有猪、狗、黄牛等[3]。在陶寺大中型墓葬中，随葬猪下颌骨、经肢解的整头猪的现象十分普遍，不仅显示出当时人们对猪财产的重视，而且也表明牲畜养殖业的发达[4]。有研究者通过对陶寺遗址和西安半坡、宝鸡北首岭两遗址出土骨骼了解当时的食谱，认为陶寺人食用小米比陕西地区仰韶人显著增多，且当时用小米或谷糠喂食猪[5]。

石峁遗址也发现有大量的农业生产工具和动物遗骸，说明此都邑种植业和畜禽养殖业得到大力发展。如 1981 年在遗址范围内发现有凿、斧、刀、锛等石质生产工具[6]；2016 年在皇城台护墙外发现有斧、刀、杵、锄等石质生产工具[7]。2012—2013 年石峁遗址又出土大量动物遗存，至少有 15 个属种，包括扬子鳄、环颈雉、褐家鼠、中华鼢鼠、草原鼢鼠、草兔、狗、马、家猪、山羊、绵羊和黄牛[8]，显

---

[1] 中国社会科学院考古研究所山西工作队等：《山西襄汾县陶寺遗址发掘简报》，《考古》1980 年第 1 期。
[2] 中国社会科学院考古研究所山西队等：《山西襄汾县陶寺城址 2002 年发掘简报》，《考古学报》2005 年第 3 期。
[3] 中国社会科学院考古研究所山西队等：《1978—1980 年山西襄汾陶寺墓地发掘简报》，《考古》1983 年第 1 期。
[4] 任式楠：《中国史前农业的发生与发展》，《学术探索》2005 年第 6 期。
[5] 蔡莲珍、仇士华：《碳十三测定和古代食谱研究》，《考古》1984 年第 10 期。
[6] 西安半坡博物馆：《陕西神木石峁遗址调查试掘简报》，《史前研究》1983 年第 2 期。
[7] 陕西省考古研究院：《陕西神木县石峁城址皇城台地点》，《考古》2017 年第 7 期。
[8] 陕西省考古研究院：《2012—2013 年度陕西神木石峁遗址出土动物遗存研究》，《考古与文物》2016 年第 4 期。

示出家养动物是石峁人的主要肉食来源,野生动物仅起着补充作用。

王城岗遗址发现有大量属于龙山文化的农业生产工具,按材质可分为石器、骨器、蚌器、陶器。其中石质工具最多,有铲、刀、镰、锛、凿、镞等;骨质工具有锥、镞、凿等;蚌质工具有刀、镰、镞等;陶质工具发现有刀。此外,这里还发现有属于龙山文化的橡籽、粟粒、动物遗骸等遗物。橡籽已炭化成黑色,壳已不存在,只保留核。粟粒出土于一件陶鼎内,颗粒形状为圆形体,已经炭化,呈黑色,每颗粒直径0.1厘米。出土动物遗骸有鹿角、羊骨、牛骨、猪骨和猪牙等①。

古城寨遗址发现的石质生产工具主要有斧、铲、镰、镞、杵、凿等,骨质生产工具有凿、镞等,蚌质生产工具有刀;还发现大量陶壶等酒器及牛、猪、羊等动物骨骼②,说明此时期农业已有较大的发展,粮食已有一定的剩余,家畜饲养较为普遍。有学者曾在古城寨遗址龙山到殷墟时期的土样中收集到了粟、黍、小麦和藜四种农作物炭化种子,通过种子数量的统计分析,认定当时的农业是典型的以粟为主的早期旱作农业,农业在整个社会经济中占有重要的地位③。

良渚遗址群范围发现有大量的农业生产工具、碳化稻米以及动物骨骼。如反山遗址地层中发现有石镞、石凿、石刀等工具④。城外美人地遗址出土有锛、斜柄破土器、钺等石器,还有动物遗骸(主要是猪的遗骸,少量为鹿、鸟、鱼骨等)和植物遗存⑤。2011—2012

---

① 河南省文物研究所等:《登封王城岗与阳城》,文物出版社1992年版,第44、63、68、87、99页;北京大学考古文博学院等:《河南登封王城岗遗址2002、2004年发掘简报》,《考古》2006年第9期。
② 河南省文物考古研究所等:《河南新密市古城寨龙山文化城址发掘简报》,《华夏考古》2002年第2期。
③ 陈微微、张居中:《河南新密古城寨城址出土植物遗存分析》,《华夏考古》2012年第1期。
④ 浙江省文物考古研究所:《反山》,文物出版社2005年版,第20页。
⑤ 浙江省文物考古研究所:《杭州市良渚古城外郭的探查与美人地和扁担山的发掘》,《考古》2015年第1期。

年在莫角山遗址东坡的发掘中,发现一填满大量碳化稻米的灰坑,估算稻谷为1万—1.5万千克[①],由此可见当时的良渚都邑存储有大量的粮食。

在石家河遗址群也发现有大量的农业生产工具、陶塑动物等遗物。如肖家屋脊遗址出土有屈家岭文化时期的石斧、石钺、石杵和石家河文化时期的斧、锛、镰、凿、刀、研磨器等石质农业生产工具,还发现属于石家河文化早期、由7处厚胎筒形陶臼相互套接的遗存[②]。罗家柏岭遗址发现的农业生产工具,有屈家岭文化时期的石斧、石锛、石凿、石刀等,石家河文化时期的半月形双孔石刀、石镞等[③]。邓家湾遗址不仅发现有属于屈家岭文化和石家河文化时期的农业生产工具斧、锛、凿、刀、铲和砍砸器等石器,而且还发现有大量的陶塑动物,种类甚多,其中家畜有狗、绵羊、山羊和猪,野兽有大象、猴、兔、狐狸等,家禽有鸡,飞禽有雉、猫头鹰、短尾鸟、宽长尾鸟和分叉长尾鸟等,水族有龟鳖类和鱼类[④]。大量农业生产工具和陶臼的发现,说明石家河都邑种植业仍然比较发达。而大量陶塑动物的发现,则说明该都邑畜禽养殖业和渔猎业都比较发达。这是因为人们只有对这些动物有了充分的了解,才能制造出如此精美的动物形陶塑。

宝墩遗址考古发现的农业生产工具也较多,还见有诸多碳化的植物种子。如1996年的发掘,发现有斧、锛、凿、铲、刀、镞等石质生产工具[⑤];2009—2010年的发掘中,发现有石锛、石斧等生产

---

① 刘斌、王宁远:《2006—2013年良渚古城考古的主要收获》,《东南文化》2014年第2期。
② 湖北省荆州博物馆等:《肖家屋脊》,文物出版社1999年版,第53—56、223—225、338页。
③ 湖北省文物考古研究所等:《湖北石家河罗家柏岭新石器时代遗址》,《考古学报》1994年第2期。
④ 湖北省文物考古研究所等:《邓家湾》,文物出版社2003年版,第78—83、236—243、184—226页。
⑤ 中日联合考古调查队:《四川新津县宝墩遗址1996年发掘简报》,《考古》1998年第1期。

工具①；2010年鼓墩子地点的发掘，发现有斧、锛、凿、刀等农业生产工具②。此外，在2009—2010年发掘中，采集了一批土样进行浮选，提取的植物遗存可分为炭化木屑和炭化植物种子两大类。炭化植物种子数量较多，其中以稻谷种子最多，还有粟、薏苡属种子、野生物种及杂草种子③。在鼓墩子北部以及南部内城与外城之间发掘获取的植物样品，经鉴定，谷物类主要包括稻、粟、黍等④。对田角林和鼓墩子地点采集土样进行浮选，认定作物种子都是以稻为主，其次是粟，还有少量黍⑤。从这些发现可以看出，宝墩都邑农业比较发达，农作物以稻为主，还有部分粟和黍。

(二) 夏代都邑的农业

夏代是"中国的温和气候时代"⑥。夏人生活的主要区域是豫中、豫西和晋南地区，这里气候温和，土壤肥沃，降水丰富，非常适合农业的发展。夏代的主要生产方式是以农业生产为主，农业在都邑经济生活中依旧占据重要地位。夏代都邑农业中，以种植业为主，农作物种类增多，种类至少包括粟、黍、豆、稻、麦等，其中小麦、水稻并存。

夏代都邑遗址发现有诸多农作物，清理出诸多粮食窖穴遗存。如通过对新砦遗址第二期11个遗迹单位的浮选，确认出的农作物至少有稻、粟、黍、豆⑦；二里头遗址Ⅳ区属于二里头文化第三期的灰

---

① 成都文物考古研究所等：《新津宝墩遗址调查与试掘简报（2009—2010年）》，《成都考古发现（2009）》，科学出版社2011年版。
② 成都文物考古研究所等：《新津县宝墩遗址鼓墩子2010年发掘报告》，《成都考古发现（2012）》，科学出版社2014年版。
③ 姜铭等：《新津宝墩遗址2009年度考古试掘浮选结果分析简报》，《成都考古发现（2009）》，科学出版社2011年版。
④ 北京大学考古文博学院等：《新津县宝墩遗址2010—2011年出土植物遗存分析报告》，《成都考古发现（2013）》，科学出版社2015年版。
⑤ 成都文物考古研究所：《新津县宝墩遗址2013—2014年出土植物遗存分析报告》，《成都考古发现（2013）》，科学出版社2015年版。
⑥ 竺可桢：《中国五千年来气候变迁的初步研究》，《考古学报》1972年第1期。
⑦ 北京大学震旦古代文明研究中心等：《新密新砦——1999—2000年田野考古发掘报告》，文物出版社2008年版，第419页。

坑中，浮选出炭化的大米粒①；二里头遗址第二期地层中出土有炭化的粟②。此外，在距离二里头都邑不远的洛阳市关林镇皂角树遗址，发现有二里头文化时期的水稻、大豆、小麦、高粱和粟等③；河南驻马店杨庄遗址曾发现大量二里头文化时期的水稻植硅体和炭化稻粒④；山西夏县东下冯遗址发现大量属于二里头文化时期的炭化粟粒⑤。关于粮仓遗存，新砦遗址发现大量圆形、椭圆形袋状壁灰坑⑥，部分性质当为储存粮食的窖穴。二里头遗址 1999—2006 年发掘，发现有 21 处窖穴，其中一些形状比较规整的窖穴，如 2000ⅢH1 平面为圆角长方形，长 0.82 米，宽 0.66 米，深 2.36 米，四壁规整，坑壁有多个脚窝，出土有粟、黍等作物遗存和羊、猪、狗等动物遗存⑦。东下冯遗址 H417、H525 等遗迹单位都应为储藏粮食的窖藏，其中 H417 坑内发现有厚 40—73 厘米已炭化的粟，H525 坑内发现有 10 厘米厚、已炭化的粟粒⑧。夏代都邑粮仓的大量建造，说明此时期农业已较为发达，人们已经有意识地去储存粮食，以备不时之需。

夏代都邑畜禽养殖业也有一定程度的发展。如新砦遗址发现属于新砦期的动物骨骼猪、羊、牛、鹿、狗等，家畜在各类哺乳动物中的总量占主导地位，以家猪最多，次为绵羊或山羊，黄牛占

---

① 中国社会科学院考古研究所：《中国考古学·夏商卷》，中国社会科学出版社 2003 年版，第 107 页。
② 仇士华、蔡莲珍等：《有关所谓"夏文化"的碳十四年代测定的初步报告》，《考古》1983 年第 10 期。
③ 叶万松、周昆叔等：《皂角树遗址古环境与古文化初步研究》，《环境考古研究》（第二辑），科学出版社 2000 年版。
④ 北京大学考古学系等：《驻马店杨庄》，文物出版社 1998 年版，第 204 页。
⑤ 中国社会科学院考古研究所等：《夏县东下冯》，文物出版社 1988 年版，第 100、106—107 页。
⑥ 北京大学震旦古代文明研究中心等：《新密新砦——1999—2000 年田野考古发掘报告》，文物出版社 2008 年版，第 162、169 页。
⑦ 中国社会科学院考古研究所：《二里头（1999—2006）》，文物出版社 2014 年版，第 42、220 页。
⑧ 中国社会科学院考古研究所等：《夏县东下冯》，文物出版社 1988 年版，第 106—107 页，第 225 页附表一二。

第三位[①]；二里头遗址出土大量兽骨，以牛最多，还有猪、羊、鹿、狗等。此外，在陕县七里铺[②]、荥阳竖河[③]和驻马店杨庄[④]等二里头文化遗址中，也出土有牛、羊、猪、狗等家养动物骨骼。

（三）商代都邑的农业

农业在商代都邑经济生活中仍然占据主导地位。农业是商代最重要的生产部门，种植业、畜禽养殖业都得到较大程度的发展，其中种植业是农业经济中最重要的组成部分。商王朝庞大的军队、频繁的对外战争、城市的崛起、酿酒业的兴盛以及商业的繁荣等，无不需要强大的农业作支撑。

从文献、甲骨卜辞可以看出，商代统治者十分重视农业生产。文献有较多反映商人重视农业生产的史料。如《孟子·滕文公下》记载商王派亳都的人民去帮助邻近的葛国耕作，说明当时商人农业发展的水平已经较高，甚至有能力去邻国耕作。《尚书》商史篇的《汤誓》记载成汤伐夏前，一些士兵怕耽误农事而不愿去伐夏，商汤对他们进行劝阻，这说明在商都居民的心目中，农业耕作极其重要；《盘庚》篇盘庚要求族众要像农夫一样辛勤耕作，才会有谷物收获。殷墟甲骨文中有千条以上关于农业生产的卜辞，常出现"求禾""求年""受年""求雨""告秋"等与农事有关的记载。商人反复占卜，目的是向鬼神祈求农作物丰收。如："戊戌卜：贞：求禾于帝"（《合集》40114），"贞：于王亥求年"（《合集》10105），"乙丑卜，王贞：今岁受年？十二月"（《合集》9650），"自今庚子至甲辰，帝令雨"（《合集》900 正），"甲申卜，宾贞：告秋于河"（《合集》9627），从甲骨卜辞可以看出，无论商王还是平民，都非常重视

[①] 北京大学震旦古代文明研究中心等：《新密新砦——1999—2000 年田野考古发掘报告》，文物出版社 2008 年版，第 390—419、4534—59 页。

[②] 黄河水库考古工作队河南分队：《河南陕县七里铺商代遗址的发掘》，《考古学报》1960 年第 1 期。

[③] 河南省文物研究所：《河南荥阳竖河遗址发掘报告》，《考古学集刊》第 10 集，地质出版社 1996 年版。

[④] 北京大学考古学系等：《驻马店杨庄》，文物出版社 1998 年版，第 194 页。

种植业收成的好坏，足见商代种植业在居民生活、都邑经济发展中占据的重要地位。

考古发掘资料表明，农业在都邑经济生活中的确占据重要地位。商代都邑遗址普遍发现有大量与种植业相关的生产工具、生活用具等遗物以及储藏粮食的窖穴。种植业生产工具质料有铜、石、木、蚌和骨等。由于铜工具较少见，木质工具易腐朽不易保存，故都邑遗址中发现的多是石、骨和蚌质生产工具。郑州商城遗址发现的农业生产工具可分为石器、骨器和蚌器等。石器有铲、刀、镰、臼、杵和砺石等；骨器有匕、锥、镞和鹿角等；蚌器有镰、刀和铲等[①]。在郑州商城内城之南约700米处发现的一陶罐中，有18件大型石镰和1件小镰等农具[②]。对郑州商城2009—2010年度考古发掘采集土样浮选分析发现，农作物遗存在各类炭化遗存中占有主体地位，其中又以粟的出土概率和绝对数量为最高，水稻、小麦次之，黍最少[③]。偃师商城发现的农业生产工具有刀、镰、铲、锄、斧、锛、凿等石器，铲、凿、锥等骨器，镰、镞等蚌器[④]。望京楼遗址发现大量属于二里岗文化时期的农业生产工具，包括刀、镰、铲、斧、锛、凿等石器，凿、锥等骨器，镰、刀等蚌器[⑤]。垣曲商城遗址发现二里岗文化时期的生产工具有陶镰、石斧、石刀、石铲、石镰、石镞、骨镰、骨锥、骨匕、骨镞、蚌刀、蚌镰等[⑥]。盘龙城遗址城外的王家咀遗址、李家咀遗址、杨家湾遗址、杨家咀遗址、楼子湾遗址等，

[①] 河南省文物考古研究所：《郑州商城——1953—1985年考古发掘报告》，文物出版社2001年版，第1028、1029页。

[②] 河南省文物研究所郑州工作站：《近年来郑州商代遗址发掘收获》，《中原文物》1984年第1期。

[③] 贾世杰、张娟等：《郑州商城遗址炭化植物遗存浮选结果与分析》，《江汉考古》2018年第2期。

[④] 中国社会科学院考古研究所：《偃师商城》（第一卷），科学出版社2013年版，第659、676、691页。

[⑤] 郑州市文物考古研究院：《新郑望京楼——2010—2012年田野考古发掘报告》，科学出版社2016年版，第438、489、571、660页。

[⑥] 中国历史博物馆考古部等：《垣曲商城——1985—1986年度勘察报告》，科学出版社1996年版，第167、215页。

出土大量属于商代的石质农业生产工具如锛、铲、凿、斧、刀、镰、杵等，铜质生产工具如锛、斧、臿、凿、钁等①。吴城遗址发现的商代农业生产工具有石质的锛、斧、刀、凿、镰、铲等以及铜质的斨、锛、凿、锸、刀等②。新干牛城遗址发现有属于商代的石镞、石锛、石刀和陶刀、陶网坠等农业生产工具③；浮选发现的农作物主要包括水稻、粟和黍，其中粟是数量最为丰富的谷物，占农作物总数的72.7%④。三星堆遗址也发现有斧、锛、凿、刀、杵等石质生产工具⑤，一号祭祀坑内发现有石质的斧、铲、凿等生产工具⑥。老牛坡遗址发现大量属于商代前期和后期的农业生产工具，包括石斧、石刀、石铲、石镰、骨铲、骨镰、蚌刀、蚌镰等⑦。洹北商城内也发现有石锛、石刀等农业生产工具⑧。小屯殷墟遗址1929—1932年发掘的7处灰坑，出土石镰达3640件，其中一个灰坑就出土444件⑨。20世纪50年代末期对小屯殷墟多处遗址的考古发掘，在出土的209件石器中，有铲、镰、刀（铚）、磨石等农具144件，占比达68.9%；在205件蚌器中，有镰、铲、刀（铚）等农具179件，占比达87.3%⑩。商

---

① 湖北省文物考古研究所：《盘龙城——一九六三年——一九九四年考古发掘报告》，文物出版社2001年版，第78、147、217、300、361页。
② 江西省文物考古研究所等：《吴城——1973—2002年考古发掘报告》，科学出版社2005年版，第91、367页。
③ 江西文物工作队等：《江西省新干县牛头城遗址调查与试掘》，《东南文化》1989年第1期；江西省文物考古研究所等：《新干县湖西、牛城遗址试掘与复查》，《江西文物》1991年第3期。
④ 陈雪香、周广明等：《江西新干牛城2006—2008年度浮选植物遗存初步分析》，《江汉考古》2015年第3期。
⑤ 四川省文物管理委员会等：《广汉三星堆遗址》，《考古学报》1987年第2期。
⑥ 四川省文物管理委员会等：《广汉三星堆遗址一号祭祀坑发掘简报》，《文物》1987年第10期。
⑦ 刘士莪：《老牛坡》，陕西人民出版社2002年版，第91—96、142—150、203—215、310—313页。
⑧ 中国社会科学院考古研究所安阳工作队：《河南安阳市洹北商城遗址2005—2007年勘察报告》，《考古》2010年第1期。
⑨ 石璋如：《第七次殷虚发掘：E区工作报告》，《安阳发掘报告》第四期，中央研究院历史语言研究所1933年版。
⑩ 中国社会科学院考古研究所：《殷墟发掘报告（1958—1961）》，文物出版社1987年版，第300—316页。

代各都邑遗址都发现有大量的窖穴遗迹，这些窖穴中大多是储藏粮食的粮仓。只有在种植业发达、粮食充足的情况下，人们才会考虑建造粮仓用于储藏粮食。此外，酒具在商代都邑墓葬中普遍出土，其中贵族墓多出土铜觚、铜爵组合，而平民墓多出土陶质的觚、爵，证实了文献所载商人嗜酒的习俗。酿酒的主要原料是粮食，只有在粮食充足的前提下，才会将其用于大量酿酒。

商王朝时期，家畜养殖和渔猎业也得到较大发展。在商代前期和后期的都邑遗址中，都曾发现有牛、马、猪、狗和羊等动物的骨骼。如20世纪50年代发掘郑州二里岗遗址，出土大量动物骨骼，其中灰坑中出土12802件，探沟出土20116件，以猪骨最多，牛、羊骨次之，狗、马、鹿及禽兽骨较少[1]。小屯殷墟遗址也发现有大量的动物骨骼，如1960年大司空制骨作坊遗址出土的骨器半成品、骨料及废料35000余件[2]；1959年和1973年北辛庄遗址清理兽骨数万件[3]；1986年和1987年花园庄南地一座灰坑中清理出各种兽骨数十万块[4]。出土的动物骨骼以牛骨和猪骨为主，其次为马、羊、狗。小屯殷墟墓葬中，无论贵族墓葬还是平民墓葬，多用狗随葬。在西北岗王陵区的祭祀坑中使用狗、马、牛、羊等动物祭祀。甲骨卜辞中有殷人大量使用猪、牛、羊等动物进行祭祀的记载，用牲数量动辄数十头、数百头甚至上千头。如："兄丁廷三百牢"（《合集》22274），"五十牛于王亥"（《合集》722正），"乙亥卜，贞，今日尞三羊，二豝三犬"（《合集》738）。大量用动物进行祭祀活动，也说明当时动物养殖业的发达。

---

[1] 河南省文物局文物工作队：《郑州二里岗》，科学出版社1959年版，第35页。
[2] 中国社会科学院考古研究所：《殷墟发掘报告（1958—1961）》，文物出版社1987年版，第82页。
[3] 中国社会科学院考古研究所：《殷墟的发现与研究》，科学出版社1994年版，第93—96页。
[4] 中国社会科学院考古研究所安阳工作队：《1986—1987年安阳花园庄南地发掘报告》，《考古学报》1992年第1期。

二　主要粮食作物

中国早期都邑的农产品主要是粮食作物。粮食作物在古代称为"五谷",如《论语·微子》:"四体不勤,五谷不分,孰为夫子?""五谷"包括哪些作物,历来对此解释不一,主要有两种:一种指稻、黍(黄米)、稷(粟)、麦、菽(豆),如《孟子·滕文公上》:"树艺五谷,五谷熟而民人育。"赵歧注:"五谷谓稻、黍、稷、麦、菽也。"另一种指麻、黍、稷、麦、菽(豆),如《周礼·天官·疾医》郑玄注:"五谷,麻、黍、稷、麦、豆也。"。但事实上,"五谷"应当是对古代主要粮食作物的泛称。依据文献记载和考古发现可知,早期都邑的粮食作物主要有粟、黍、小麦、稻、麻、豆等。如二里头遗址浮选出的23900粒炭化植物种子,大部分为农作物遗存,包括粟、黍、稻、小麦、大豆等五种[①]。中国早期都邑考古发现的粮食作物多为炭化的籽粒,粮食种类并不单一,且有区域差异。大体而言,北方黄河流域都邑以粟、豆、麦等干旱作物为主,兼有水稻;南方长江流域都邑则以水稻为主,辅助有粟和黍类作物。

(一)粟

粟是从狗尾草驯化而来的,脱粒后称"小米"。甲骨文有"禾"字,即指粟。粟是北方黄河流域都邑最为常见的粮食作物。粟种植较早,距今7000年前的磁山文化之磁山遗址中,有80多个灰坑(窖穴)发现有粮食粟堆积,一般厚0.5米,有的厚达2米[②],足见当时存储粮食之多。龙山时代都邑如陶寺、王城岗、古城寨、宝墩等,皆发现有粟类遗存,说明粟在当时是人们的主要粮食作物。夏代都邑新砦、二里头也都发现有粟遗存。二里头遗址浮选出的农作物籽粒包括粟、黍、稻、小麦和大豆等,其中炭化粟11059粒,占

---

① 中国社会科学院考古研究所:《二里头(1999—2006)》,文物出版社2014年版,第1667页。

② 河北省文物管理处:《河北武安磁山遗址》,《考古学报》1981年第3期。

出土植物种子总数的46.6%，占出土农作物总数的60%[1]。郑州商城遗址2009—2010年度浮选结果，以粟的出土概率和绝对数量为最高[2]。在商代甲骨卜辞中，除了黍和稻，粟出现的频率较高，如"我受粟年?"（《合集》10026正），说明粟应为当时重要的粮食作物之一。小屯殷墟遗址后岗圆形祭祀坑出土一堆谷物，据观察应为粟类[3]。一般情况下，南方都邑中粟发现数量较少，所占比例远低于水稻。但2006—2008年牛城遗址土样浮选发现有粟，是数量最为丰富的谷物，占农作物总数的72.7%[4]，足见牛城都邑的特殊性。

（二）黍

黍为一年生草本植物，叶子线形，子实淡黄色，去皮后叫"黄米"，煮熟后有黏性，是古代中国北方重要的粮食作物之一。在龙山文化时期，黍的分布地域也比较广泛，各都邑大都发现有黍类遗存，如古城寨、宝墩、石家河等城址都出土有黍。根据石家河城址三房湾和谭家岭遗址出土植物遗存浮选结果来看，该都邑出土黍计57粒，占所有植物遗存的0.72%[5]。到了夏代，黍遗存虽然发现不多，但可以肯定夏代黍依旧广泛存在。《夏小正》五月记载："种黍、菽、糜时也。"新砦、二里头遗址都发现有黍类遗存。二里头遗址曾浮选出土有炭化黍粒1542粒，占出土植物种子总数的6.4%，占出土农作物总数的8.3%[6]。商代遗址中发现有黍类遗存，郑州商城、牛城遗址的土样浮选中发现有黍，另在河北邢台曹演庄、藁城台西

---

[1] 中国社会科学院考古研究所：《二里头（1999—2006）》，文物出版社2014年版，第1300页。

[2] 贾世杰、张娟等：《郑州商城遗址炭化植物遗存浮选结果与分析》，《江汉考古》2018年第2期。

[3] 中国社会科学院考古研究所：《殷墟发掘报告（1958—1961）》，文物出版社1987年版，第278页。

[4] 陈雪香、周广明等：《江西新干牛城2006—2008年度浮选植物遗存初步分析》，《江汉考古》2015年第3期。

[5] 邓振华、刘辉、孟华平：《湖北天门市石家河古城三房湾和谭家岭遗址出土植物遗存分析》，《考古》2013年第1期。

[6] 中国社会科学院考古研究所：《二里头（1999—2006）》，文物出版社2014年版，第1301页。

遗址都曾发现过炭化的黍[①]。

(三) 稻

稻起源于中国南方地区，是长江流域及其以南地区的主要粮食作物，后逐渐发展到黄淮流域及北方广大地区。石家河古城乃至其所处的江汉平原地区稻作占绝对优势，良渚遗址、宝墩遗址等长江流域都邑也见有大量水稻遗存。商代的新干牛城遗址也发现有稻作遗存。水稻在北方黄河流域早期都邑粮食作物中占比虽然较小，但也有一些发现，如陶寺、新砦、二里头、郑州商城、小屯殷墟等都邑都发现有水稻遗存。陶寺遗址曾浮选出大米粒[②]。二里头遗址曾浮选出土有炭化稻米5687粒，占出土植物种子总数的23.9%，占出土农作物总数的30.8%[③]。郑州商城白家庄遗址中发现有稻壳遗迹[④]，安阳小屯殷墟也发现有稻谷遗存[⑤]。

(四) 小麦

小麦在中国种植稍晚。目前发现的年代较明确的早期麦作遗存均为龙山时代晚期到二里头文化时期。

龙山时代晚期至夏商时期，小麦已遍布黄河流域，长江以北的江淮地区也是重要的麦作区。新砦城址发现有河南龙山文化到二里头文化早期的小麦植硅石[⑥]。二里头遗址曾浮选出土有8粒炭化小麦，其中属于二里头文化第四期的3粒，属于二里岗文化晚期的5粒[⑦]。经过土壤检测，登封王城岗[⑧]、新密古城寨[⑨]等都邑遗址都发现有属于

[①] 唐云明：《河北商代农业考古概述》，《农业考古》1982年第1期。
[②] 蔡莲珍、仇士华：《碳十三测定和古代食谱研究》，《考古》1984年第10期。
[③] 中国社会科学院考古研究所：《二里头(1999—2006)》，文物出版社2014年版，第1301页。
[④] 许顺湛：《灿烂的郑州商文化》，河南人民出版社1957年版，第7页。
[⑤] 李济：《安阳最近发掘报告及六次工作之总结》，《安阳发掘报告》第四期，中央研究院历史语言研究所1933年版。
[⑥] 姚政权、吴妍、王昌燧、赵春青：《河南新密市新砦遗址的植硅石分析》，《考古》2007年第3期。
[⑦] 中国社会科学院考古研究所：《二里头(1999—2006)》，文物出版社2014年版，第1303页。
[⑧] 赵志军、方燕明：《登封王城岗遗址浮选结果及分析》，《华夏考古》2007年第2期。
[⑨] 陈微微、张居中等：《河南新密古城寨城址出土植物遗存分析》，《华夏考古》2012年第1期。

二里头时期和二里岗时期的炭化小麦。商代都邑中，郑州商城发现有小麦遗存。在殷墟白家坟和孝民屯遗址晚商地层中，多次获得炭化的农作物，经鉴定有小麦，与该遗址出土的甲骨文中所记载的农作物相印证[1]，足见晚商时期小麦的广泛种植。

（五）大豆

大豆即古代文献中的"菽"。大豆在中国驯化栽培更晚，夏商时期开始种植。目前所见，新砦遗址发现 2 粒完整大豆，可能是尚保留野生形态的栽培大豆。二里头遗址曾浮选出土有炭化大豆 126 粒，占出土植物种子总数的 0.5%，占出土农作物总数的 0.7%[2]。商代都邑也发现有完整的大豆遗存。有学者通过对比现生野大豆和现生栽培大豆的尺寸大小，认为二里头期和二里岗期的大豆尺寸介于野生和栽培之间[3]，尚处于栽培的早期阶段。

（六）麻

古人曾以大麻籽作为粮食。麻既可作为纺织品制衣，其果实麻籽又可作为食物食用。《诗经》中有多处提到麻，如《豳风·七月》"禾、麻、菽、麦"；《礼记·月令》记载孟秋、仲秋之月"食麻与犬"，可见麻与谷、麦、菽同是重要的作物，大概以麻子为饭。通过考古发掘可知，中国至迟在新石器时代晚期已经开始种植大麻，并且已被用于织物主要的原料来源。陶寺遗址考古发现有一些麻制品遗存。如一座属于陶寺文化的墓葬 M1650，出土有绳、网状编织物、平纹织物等麻制品[4]，其制作原料当为大麻。商代大麻种植较为普遍。在河北藁城台西商代早期遗址中，发现一卷麻布，展开时已断

---

[1] 中国社会科学院考古研究所：《中国考古学·夏商卷》，中国社会科学出版社 2003 年版，第 372 页。

[2] 中国社会科学院考古研究所：《二里头（1999—2006）》，文物出版社 2014 年版，第 1304 页。

[3] 吴文婉、靳桂云、王海玉等：《古代大豆属（Glycine）植物的利用与驯化》，《农业考古》2013 年第 6 期。

[4] 中国社会科学院考古所山西队、临汾地区文化局：《1978—1980 年山西襄汾陶寺墓地发掘简报》，《考古》1983 年第 1 期。

裂成 13 片，经鉴定是属于平纹组织的大麻纤维①。小屯殷墟后岗圆祭坑内共发现麻布 12 片，最大的一片长 5 厘米、宽 3.5 厘米；还有一块类似麻布口袋之类的遗物，上连接有一段麻绳②。

三　都邑居民的饮食习惯

食物是人类生存的基本条件。有了食物的营养，人们才能生长、壮大并孕育后代。人类的饮食往往在总体上体现出一个时代和一个地区的社会经济发展状况和人们消费水平的高低。龙山时代至夏商时期，随着生产力和农业经济的不断发展，在都邑生活中形成了一些饮食习惯。如此时人们对火的认识和利用已经有较大提高，除了部分蔬菜、瓜果之类仍旧沿用生食习惯之外，已经灵活掌握烧烤、烘焙、蒸煮、温饮等"熟食"方法。人们的饮食习惯已由之前的以火食为主，变为以蒸煮、粒食为主，辅以火食、面食、动物肉食、菜蔬瓜果食用和饮酒。

（一）火食与蒸煮之食

在旧石器时代中晚期，远古先民已经开始火食，距今约 70 万到 20 万年的北京猿人，已能够自主用火和火食③。先秦文献中记载最初的熟食方法主要是燔、炙、炮，如《诗·小雅·瓠叶》"有兔斯首，燔之炙之。……有兔斯首，燔之炮之"。"燔"乃是直接把食物加于火上烧；"炙"是指用树枝之类把食物串起来近火烤之；"炮"是指用草泥涂包生物烧烤之法。《礼记·内则》云："涂之以墐涂，炮之。"郑玄注："炮者以涂烧之为名也。"孔颖达疏："涂之以墐涂，谓穰草相和之涂也。"火食主要盛行于以采集狩猎经济为主的社会时期，进入新石器时代晚期后，随着陶器广泛进入人们的日常生活、农业的迅速发展，火食逐渐被蒸煮之食所取代。《史记·五帝本

---

① 高汉玉、王仁曹等：《台西村商代遗址出土的纺织品》，《文物》1979 年第 6 期。
② 中国社会科学院考古研究所：《殷墟发掘报告（1958—1961）》，文物出版社 1987 年版，第 278 页。
③ 张森水：《中国旧石器文化》，天津科学技术出版社 1987 年版，第 108—110 页。

纪》记载"黄帝作釜甑",谯周《古史考》称"黄帝始蒸谷为饭,烹谷为粥"。龙山时代至夏商时代,各都邑出土遗物中,皆存在大量的釜灶、鼎、斝、鬲、甗、甑等炊器,足见蒸煮之食的广泛推行。需要指出的是,虽然蒸煮之食是都邑人们日常饮食的主体,但火食依旧存在。

(二) 粒食与面食

粒食就是人们食用脱去皮壳的稻米、麦粒,用煮熬、蒸等法烹制成的饭食。在中国早期都邑的都市生活中,人们在饮食上主要还是食用粒食,农产品有黍、稻、粟、麦等,可蒸可煮,蒸成干饭或煮成米粥。小麦在面食技术产生以前,主要是熬成麦粥。煮器一般为鼎和鬲,蒸器为甗、甑。无论是龙山文化时期盛行的粟和黍,还是夏商时期的黍、稻、粟、小麦等粮食,其主要食用方法还是粒食,粒食在人们的日常饮食习惯中占据着主导地位。

面食主要是指以面粉制成的食物。2002年,在青海喇家遗址出土一个盛有面条的陶碗,显示出当地古人曾以粟、黍为主制作成面条[1]。该面条的发现,说明至迟在龙山时代,人们已经开始制作并食用面食。由于面食不易保存,所以夏商时期的面食类遗物尚未发现。有学者依据商代有加工粮食的石磨盘、石磨棒和杵臼舂捣具,有蒸器如甗、甑等,推断殷墟商代人很可能已经学会了吃麦面食物[2]。有理由相信,在早期的都市生活饮食习惯中,食用面食应是饮食中的一种。

(三) 调味与饮酒

随着生产力的发展,人们逐步发现可以用某种物质来调配食物的味道,随之出现最初的调料,盐、梅、饴等调味品应运而生。咸以盐调。相传夏禹时期已开拓盐田,商代盐已成为基本的调料。酸以梅调。《尚书·说命》有商王武丁与大臣傅说对话:"若作和羹,

---

[1] 吕厚远等:《青海喇家遗址出土4000年前面条的成分分析与复制》,《科学通报》2015年第8期。

[2] 李民主编:《殷商社会生活史》,河南人民出版社1993年版,第411页。

尔惟盐梅。"

新石器时代晚期，农业的大力发展、陶器的广泛使用与推广，为酒的酿造奠定了基础。距今八九千年的河南舞阳贾湖遗址，就已存在以稻米、蜂蜜和水果为原料混合而成的发酵酒①。至迟在新石器时代晚期酒已较多出现。仰韶文化遗址发现的小口圆肩小底瓮、尖底瓶、细颈壶等，或认为曾作酿酒、盛酒或饮酒之用②；大汶口文化墓葬出土有高柄陶酒杯以及硕大的滤酒缸、储酒用的陶瓮等③。龙山文化以及夏商时期一些都邑流行陶鬶，不排除其为酒器的可能性。《世本》称"仪狄始作酒醪变五味"；《战国策·魏策二》云"帝女令仪狄作酒而美，进之禹，禹饮而甘之"，看来酒为饮料及调味品至少在夏禹时已相当流行。新砦、二里头、望京楼等夏代都邑酒器的发现，说明夏王朝时期人们已广泛饮酒。二里头遗址发现的铜酒器有爵、斝、盉，陶酒器有觚、爵、盉、鬶等。殷民族是个嗜酒的民族，商王朝是个尚酒的国家。古文献有许多记载，如《尚书·酒诰》："在今后嗣王酗身……惟荒腆于酒……庶群自酒，腥闻在上。""殷之迪诸臣惟工，乃湎于酒。"《诗经·大雅·荡》："咨汝殷商……无不湎尔以酒。"郑州二里岗曾出土大量陶缸，缸内壁黏附有白色水锈状沉淀物，有学者推测这类器物就是用来酿酒的④。殷墟郭家庄一座殷墓出土的铜卣，残存白色透明液体，内含植物纤维状杂质，估计是酒⑤。其他商代和西周初遗址，如河南罗山蟒张天湖商墓⑥、鹿邑太清宫长子口墓葬⑦等，也见有酒的实物。甲骨文中"酒"字频频出现，加

---

① 河南省文物考古研究院等：《舞阳贾湖》（二），科学出版社2015年版，第489页。
② 李健民：《大汶口墓葬出土的酒器》，《考古与文物》1984年第6期。
③ 王树明：《大汶口文化晚期的酿酒》，《中国烹饪》1987年第9期；张瑞玲、巩启明：《清醴之美，始于耒耜》，《考古与文物》1990年第5期。
④ 河南省文化局文物工作队：《郑州二里岗》，科学出版社1959年版，第28—29页；邹衡：《试论夏文化》，《夏商周考古学论文集》，文物出版社1980年版。
⑤ 孟宪武：《安阳郭家庄的一座殷墓》，《考古》1986年第8期。
⑥ 信阳地区文管会等：《河南罗山县蟒张商代墓地第一次发掘简报》，《考古》1981年第2期。
⑦ 韩维龙、张志清：《鹿邑太清宫长子口墓出土铜器》，《中原文物》2000年第1期。

之商代都邑内外都发现大量青铜酒具和陶酒器，又出土有酒的实物，足可反映殷商都邑居民嗜酒之俗。

第三节　货物流通与商业形态

龙山时代至夏商时期，随着农业、手工业的快速发展和社会分工扩大，社会产品有了一定的剩余，社会需求不断增加，必然出现了货物的流通与交换，进而产生了商业和商人。这一时期的货物流通和贸易形式，既有以物易物的交换，同时也有货币贸易。前者可能通过粮食等农产品或部分自产的手工产品进行交易，后者则通过货贝来进行。

一　物物交换

物物交换是商业起源的基础，即人们用自己的物品去换取所需物品的一种交易方式。随着农业、畜牧业和手工业生产的发展，产品不断增多，交换也开始发生。

据文献记载，氏族社会晚期已经出现物物交换的贸易形态。如《易·系辞下》："包牺氏没，神农氏作……日中为市，致天下之民，聚天下之货，交易而退，各得其所。"这是中国文献中关于贸易活动的最早记载。这种贸易活动是一种以自然经济为基础的贸易方式。《孟子·公孙丑下》："古之为市者，以其所有，易其所无。"古代聚落、早期都邑的兴起，人群的聚居，为物物交换提供了基础条件。《史记·五帝本纪》记载虞舜"渔雷泽，雷泽上人皆让居……一年而所居成聚，二年成邑，三年成都"。此外，人们活动范围的增广，文化交流与互动的增强，为互通有无创造了条件。《尚书·禹贡》和《史记·夏本纪》记载，大禹治理洪水，开发九州土地，明确各地所交贡赋，从而促进了各地之间贸易和交换的开展。

龙山时代，各聚落之间已经出现了不以货币为媒介的物物交换。

在良渚都邑棋盘坟遗址发现有器型单一的窑址①，可能专门生产某一类陶器。另在该都邑朱村兜遗址曾发现200余件完整的未见明显使用痕迹的黑陶器，器类单一，仅见圈足盘（豆）、双鼻壶等，推断该遗址应为良渚都邑地区另一处制陶作坊遗址②，其陶器产品是用以货物交换的形式进行流通的可能性很大。石崤遗址曾出土2件玉鹰形器（鹰形笄），这种以弦纹技法和鹰鸟为主题的玉器主要流行于长江中游地区的石家河文化，不排除其可能为出自华中或华东地区的外来物③。

商王朝时期的贸易与交换在其立国前即已出现。《周易·大壮》《竹书纪年》等文献记载，商先祖王亥曾与有易部落进行牛羊交换。此外，《管子·轻重甲》记载伊尹曾以自己族群生产的"文绣纂组"等产品去换取夏人的粮食。

考古发现商代都邑存在物物交换的迹象。郑州商城发现多处制陶作坊遗址，其中铭功路西侧郑州第十四中学院内制陶作坊遗址，规模大，产品单一，主要烧制泥质的盆、甑之类陶器，说明早商时期都邑内的制陶业内部有进一步的分工，各作坊的产品用来从事货物交换。

三星堆城址出土完整未加工的象牙数百根和数千枚海贝，晚于三星堆的成都金沙遗址也出土大量象牙，这些物品均非当地所产，学界多认为可能来自中国南方或印度洋一带。三星堆遗址出土的贝，大多背部有穿孔，便于串系携带而用于商品交易。三星堆遗址所在的成都平原一般不出产象牙，《史记》等记载印度（身毒）等地盛产大象。因此，不排除三星堆和金沙遗址出土的大批象牙是从古代南亚地区引进而来的④。此外，三星堆遗址出土的牙璋，与陕西神木

---

① 施昕更：《良渚——杭县第二区黑陶文化遗址初步报告》，浙江省教育厅出版社1938年版，第5页。
② 芮国耀：《中华文明的曙光》，《南北朝前古杭州》，浙江人民出版社1997年版，第32页。
③ 邓淑萍：《晋、陕出土东夷系玉器的启示》，《考古与文物》1999年第5期。
④ 吴晓铃：《三星堆出土古印度象牙的秘密》，《四川日报》2017年3月25日。

石峁，河南巩义花地嘴、偃师二里头、新郑望京楼等遗址出土牙璋十分接近。同样的牙璋，在中国香港和越南等地也有出土。这些说明在夏商时期，古蜀文明不仅通过各种途径与南亚地区展开经济和文化交流，而且与北方地区各都邑之间的物质交换也较为频繁。

二　货物配给

货物配给形式也是早期社会物资流通的一种重要方式。在当时商品经济还不发达和社会组织力量已经有了较大提高的背景下，都邑内部大部分用于公共需求的矿产资源、燃料能源、建筑材料及各类生活用品等，基本上都应当是通过公共权力调动配给到位的。传世文献有货物配给方面的记载。如《诗经·豳风·七月》："七月食瓜，八月断壶，九月叔苴，采荼薪樗，食我农夫。"壶：同"瓠"，葫芦。叔：抬起。苴：秋麻籽，可吃。荼：苦菜。薪：砍柴。樗：臭椿树。此诗句是说，不同月份采摘、收获各种食物，用于养活那些为我种田的农夫。又《诗经·小雅·甫田》有"我取其陈，食我农人"的诗句，意思是说拿出库存陈粮，供那些为我耕作的农人食用。

夏王朝时期可能已出现粮食配给的现象。《史记·夏本纪》记载禹让益给民众分发稻种种植水稻，又让后稷赈济吃粮艰难的民众。当粮食匮乏时，"调有余相给"，就让一些地区把余粮调济给缺粮地区。禹通过货物配给，来协调王室和邦国、族群之间的关系，以此来稳定其统治秩序。

商王朝时期，各项产业中的劳动者、为商王朝服务的人员以及武装人员，他们通过为国家服务，得到一些货物供给，以此来维持其基本生活；而国家通过货物配给方式，让这些人不断为王室服务。甲骨卜辞中有关于货物配给方面的记载，如"贞禽隹……食众人于泞"（《合集》31900），意思是让禽在泞地供给众人以饭食。国家采取供应饭食这种方式，让人民在不同的地点从事农业劳动、作战等，以此来保证国家各项机制的正常运转。甲骨卜辞中有"新射"（《合集》5784、5785、32996、32997），即还没有经过训练的射手；还有"耤射"（《合集》5770、5771、5772），就是训练射手，被训练的射手一次多达300人（《合集》5772）。射手和一些为商王朝驾车的驭手等，他们都是有专门技能的武装人员，其衣食由国家提供，以此来维持其生存①。

商代铸铜业的原料来源一直是备受关注的问题之一。从考古发现和文献记载来看，商代铜料产地应是多源的。有学者对小屯殷墟出土铜器进行检测，发现大部分铜器无磁性，而少部分铜器则有较弱的磁性，由此说明殷墟的铜料应不是单一来源，也非单一类型的铜矿石所炼就②。殷都附近尤其是晋南地区古代有铜矿，不排除部分铜料是该地开采的可能性。但至少自商代开始，我国铜矿的主要产地是长江中游地区，江西瑞昌③及湖北大冶、阳新④等几处商代铜矿遗址的发现，有力地说明商代铜料来源的主渠道当在南方地区，长江中游地区是当时重要的采铜中心⑤。关于锡原料的来源，可能来自更远的南方，研究者认为商代开采锡矿的可能性最大的地点应为今江西赣州和广东汕头一带⑥，甚至到达云南永善金沙⑦，这有待进一步探索。个别学者还研究了商代开采北方锡矿的可能性⑧。这些获取的铜、锡等原料由商王朝统一调配，分散到商王朝都邑及各地，用于铸铜工业的运行。

---

① 师东辉：《试析早期都邑货物流通与商业形态》，《黄河·黄土·黄种人》2019年第8期。
② 申斌：《商代科学技术的精华》，《全国商史学术讨论会论文集》，《殷都学刊》增刊1985年版。
③ 江西省文物考古研究所铜岭遗址发掘队：《江西瑞昌铜岭商周矿冶遗址第一期发掘简报》，《江西文物》1990年第3期。
④ 湖北省文物考古研究所等：《阳新大路铺遗址东区发掘简报》，《江汉考古》1992年第3期；港下古铜矿遗址发掘小组：《湖北阳新港下古铜矿井遗址发掘简报》，《考古》1988年第1期。
⑤ 华觉明、卢本珊：《长江中游铜矿带的早期开发和中国青铜文明》，《自然科学史研究》1996年第1期。
⑥ 申斌：《商代科学技术的精华》，《全国商史学术讨论会论文集》，《殷都学刊》增刊1985年版。
⑦ 金正耀：《晚商中原青铜的矿料来源》，《第三届国际中国科学史讨论会论文集》，科学出版社1990年版。
⑧ 闻广：《中国古代青铜与锡》，《地质评论》1980年第5期。

三 进贡与赏赐

早期都邑实质是早期国家政体的政治中心，它们周边分布着大大小小、不同层级的社会聚落，这些聚落都是相互关联的社会组织。国家各种政令的畅通及其与方国、周边被征服地区关系的联络，部分是通过地方特色资源进贡到都邑和王室珍贵物品赏赐给诸侯的形式进行的。这类物质流通是公共权力的一种外在的物化形式。

文献有尧舜禹时期周边族群首领来到都邑朝贡的记载。如《竹书纪年》："帝尧陶唐氏十六年，渠搜氏来宾。"《尚书·禹贡》《史记·夏本纪》记载禹划九州，各州要将当地土特产进贡给夏王朝。此外，《左传·宣公三年》明确记载远方族群"贡金九枚，铸鼎象物"，即地方上贡金属，用于夏王朝铸九鼎。

商王朝都邑也有诸多进贡活动。《诗经·商颂·殷武》记载商王成汤时期，周边氐羌等族群"莫敢不来享，莫敢不来王"，郑笺曰："远夷之国，来献来见。"又《诗经·商颂·玄鸟》记载商王武丁时期"四海来假，来假祁祁"。《逸周书·王会解》记载伊尹曾受成汤之命，对各族群应纳贡物作出明确规定。殷商甲骨卜辞中有"来王""来献""来朝"和"氏"（致）与"工"（贡）等，显示出周边族群方国与商王朝之间存在着某种朝贡关系[1]。殷墟甲骨卜辞中有关进贡活动的记载可分为三类：第一类是方国、臣僚向商王室进贡各类物品，用词有"氏（致）、供、入、献、登"等，如"□未卜，贞禽氏（致）牛"（《合集》8975）、"登羊三百"（《合集》8959）；第二类为商王室向方国、臣僚征集贡物，用词有"取"，如"贞呼取马"（《合集》8814）；第三类为商王室对方国、臣僚贡物的收取，有签收之意，用词有"来、至"等，如："望乘来羌"（《合集》237）、"贞百牛至"（《合集》9214）。商王室收取的贡物品种丰富，涉及人员、谷物、畜牧产品、手工业产品、贝、占卜所用龟骨等，

---

[1] 黎虎：《殷代外交制度初探》，《历史研究》1988年第5期。

如："乙未卜，贞……致羌六"（《合集》258）、"癸丑卜，王，丁秌入，其登于父甲"（《合集》27455）、"致牛四百"（《合集》8965）、"我来贮骨"（《合集》6571反）、"戈允来豕二、贝……"（《合集》11432）。方国、臣僚等向商王室进贡的物品是商王朝一项重要的经济来源，它不仅反映出商王朝时期各地经济的繁荣，也反映出商王朝时期进贡制度的完善①。

夏商时期，王室对地方、上级对下级赏赐珍贵物品是一种常见现象。殷商晚期的甲骨卜辞、青铜铭文甚至玉器刻铭均有赏赐的相关记载。赏赐动词主要有赐、赏、光、贶、宾，赏赐物品见有贝、玉器、农产品及自铭物，施赏者有商王、子、王后等，受赏者有小臣、武职人员、寝官、宰官等，赏赐地点有寝、宗庙、大室等②。商代甲骨文和青铜器铭文中常见"赐贝"和"取贝"方面的记录。商王赐贝于臣属时，通常都是赐贝若干"朋"。如"贞易多女又贝朋"（《合集》11438）、"易贝二朋"（《合集》40073）。晚商时期的青铜铭文中，记赏贝之事者很多。被赏赐者受贝以后，往往以贝为资金铸造一件铜器并作铭记事以示永久存念。如殷墟西区1713号墓③，出土铜鼎之铭文："壬申，王易亚鱼贝，用作兄癸尊。在六月，佳王七祀翌日。"出土铜爵、铜簋之铭文："辛卯，王易囗鱼贝，用作父丁彝。"殷墟后岗祭祀坑出土戍嗣子鼎④，其铭曰："丙午，王赏戍嗣子贝二十朋，在阑宗，用作父癸宝鼎。"上述保存于甲骨卜辞和铜器上的文字记录，反映了贝在晚商时期具有特殊的价值和用途，且与《尚书·盘庚中》"兹予有乱政同位，具乃贝玉"的记载是一致的，即贝既可作为等价物，又是财富之象征。

---

① 章秀霞：《殷商后期的贡纳、征求与赏赐——以花东卜辞为例》，《中州学刊》2008年第5期。
② 闫志：《商代晚期赏赐铭文》，《殷都学刊》2012年第1期。
③ 中国社会科学院考古研究所安阳工作队：《安阳殷墟西区一七一三号墓的发掘》，《考古》1986年第8期。
④ 中国社会科学院考古研究所：《殷墟发掘报告（1958—1961）》，文物出版社1987年版，第270页。

四 战争掠夺

早期都邑时期，不同氏族、部族、国家之间征伐不断，战争胜利一方对战败一方的掠夺也是货物流动的一种特殊形式。《竹书纪年》记载："柏杼子征于东海及三寿，得一狐九尾。"是说夏王通过征伐东海及三寿，得到一只九尾的狐狸作为战利品。

在陶寺遗址居住区曾发现少量小型墓和一些灰坑中埋葬有一些非正常死亡的尸骨，其性质可能与战争掠夺有关。如宫殿区的 IHG8 堆积第一层内发现多层包括 30 多个个体的人骨堆积[1]。其中头骨为多，分布杂乱，多数有砍切痕迹。年龄大多是青壮年，还有未成年人 9 名和老年人 1 名。显然这些人属于非正常死亡，从头骨上的砍切痕迹来看，他们是被人杀死后埋葬在沟内的，很可能是战争中的俘虏。由此推测，战胜一方因战争掠夺而来的物品当不在少数。

郑州商城东北部发现一条近南北向的商代壕沟，壕内填土中发现有近百个残人头骨，绝大部分是头盖骨，不少的人头骨上遗留有明显的锯痕，一般是从人头骨的眉部和耳部上端横截锯开[2]。有学者研究认为这些人头骨应是被遗弃的废物，这些人被杀的可能性较大，其身份应为俘获的异族战俘[3]。

据文献记载，商王朝曾发动过多次对东夷族的征伐。《竹书纪年》所载"仲丁即位，征于蓝夷"即是其中最典型的一次。郑州小双桥遗址作为商代中期的重要遗址，除了发现丰富的商文化遗存，还发现有近 40 件不见于商文化的方孔铲形石器[4]。这类石器长 22 厘米、宽 11 厘米、厚 1.6 厘米左右；为沉积岩质，颜色稍呈灰绿色，器表磨光；器体均作长方形，中部偏上有一方孔。这种在小双桥遗

---

[1] 张雅军、何驽、张帆：《陶寺中晚期人骨的种系分析》，《人类学学报》2009 年第 4 期。
[2] 河南省博物馆：《郑州商城遗址内发现商代夯土台基和奴隶头骨》，《文物》1974 年第 9 期。
[3] 郝本性：《试论郑州出土商代人头骨饮器》，《华夏考古》1992 年第 2 期。
[4] 河南省文物考石研究所等：《1995 年郑州小双桥遗址的发掘》，《华夏考古》1996 年第 3 期。

址出土量大而又分布集中的石器，却是山东境内岳石文化所特有的典型石器①，当不属于商文化遗物。研究表明，小双桥出土的方孔石器是战争导致的结果，"是商征东夷的战利品"②。这种石器在小双桥遗址多发现于祭祀遗迹之中，故在当时又充当了商人的一种祭器。这种对方国进行征伐、将战利品带回都邑进行祭祀的现象，在殷都更为常见。甲骨卜辞记载："羌二方白（伯），其用于且（祖）丁，父甲"（《京津》4034）、"其报三邦白（伯）于父丁"（《明续》621）、"小臣墙比伐，擒危髦□廿，人四，馘千五百七十……车二丙，橹百八十三，函五十，矢□又白□于大乙，用惟白印……于祖乙，用髦于祖丁□甘京，易……"③（《合集》36481正）、"乙卯卜，㞢，贞献羌，其用妣辛□"（《合集》26954）、"甲辰卜，覒俘马，自大乙"（《合集》32435）。商王朝将战利品献祭于先祖，主要是炫耀自己战功的卓越和对诸神的崇拜。

五　商业萌生

自手工业从农业分离后，便出现了以货物交换为目的的生产。货币出现之后，又出现了以货币为媒介的交换，这就是商业的萌生。

部分龙山时代都邑可能已经有原始商业的萌芽。有学者研究认为，玉璧和石钺可能作为良渚城址的货币，被用于商业交换，通常也被称为"石币"④。也有人认为良渚遗址大量使用石钺，已经表明其已成为一种特殊商品，具备原始货币的功能⑤。此外，良渚遗址反山、瑶山墓葬中出土有制作精致的玉质纺轮和原始腰机部件，这些墓葬具有女性特征；服装衣料主要是为丝、麻（苎麻）和葛三大类，其中麻的数量较大，有学者认为，由少数专业人士纺织的衣料，主

---

① 任相宏：《岳石文化的农具》，《考古》1995年第10期。
② 任相宏：《郑州小双桥出土的岳石文化石器与仲丁征蓝夷》，《中原文物》1997年第3期；张国硕：《商王伐东夷之考古学佐证》，《中国文物报》1998年2月4日。
③ 刘钊：《"小臣墙刻辞"新释》，《复旦学报（社会科学版）》2009年第1期。
④ 周世荣：《浅谈良渚文化玉璧的功能》，《中国钱币》1998年第2期。
⑤ 王心喜：《良渚文化时期原始商业的初步考察》，《宁波大学学报》2011年第3期。

要是用其来交换其他物品的①。

文献有夏代萌生商业的记载。如《盐铁论·错币》篇："夏后以玄贝，周人以紫石，后世或金钱刀布。"《说文·贝部》："古者货贝而宝龟，周而有泉，至秦废贝行钱。"《管子·山权数》："禹以历山之金铸币。"这些说明当时存在着以货币为媒介的商品流通。考古工作者在新密新砦遗址发现有属于新砦期的蚌贝一件，以蚌壳切割、磨制而成，似贝壳，背部中间有凹槽②。二里头遗址多次发现海贝、骨贝、石贝、蚌贝③，二里头遗址墓葬 M3 中用绿松石片摆塑龙的龙头前发现有一堆海贝串饰。这说明贝在当时不仅仅作为装饰品，或已具有一般等价物的社会功能。

种种迹象表明，商代都邑的货物流通已不仅仅是以物易物的方式，而是进入了使用"等价物"即货币作为交易中介的阶段，商业随之产生。从商代后期的甲骨文和金文所记载可知，商代是用海贝作为交换中的"等价物"即货币④，多数研究者认为海贝是晚商时期的通行货币⑤。作为货币的贝，其计算单位是"朋"，通常认为每朋为 10 贝⑥。商代出土的青铜器铭文中，常见赏赐贝若干或若干朋、受赏者用以制作一件铜器的记载。卜辞中贝也作为祭祀用品，是给死去的人在另一个世界里使用，可见货币意识已浸染到了神的世界。从考古资料来看，以贝随葬的现象在商代墓葬中十分普遍，少则一枚，多者达数千枚。在郑州商城发现诸多贝遗物。标本 C5.1H118：

---

① 王心喜：《杭州史前文化研究》，人民出版社 2007 年版，第 163 页。
② 北京大学震旦古代文明研究中心等：《新密新砦——1999—2000 年田野考古发掘报告》，文物出版社 2008 年版，第 223 页。
③ 中国社会科学院考古研究所：《偃师二里头——1959 年—1978 年考古发掘报告》，中国大百科全书出版社 2016 年版，第 68、122、240、259、333 页；中国科学院考古研究所洛阳发掘队：《1959 年河南偃师二里头试掘简报》，《考古》1961 年第 2 期；中国社会科学院考古研究所二里头工作队：《1981 年河南偃师二里头墓葬发掘简报》，《考古》1984 年第 1 期；中国社会科学院考古研究所二里头工作队：《1987 年偃师二里头遗址墓葬发掘简报》，《考古》1992 年第 4 期。
④ 杨升南：《贝是商代的货币》，《中国史研究》2003 年第 1 期。
⑤ 程德祺：《殷代奴隶制与商品经济》，《殷都学刊》1989 年第 1 期。
⑥ 王国维：《说珏朋》，《观堂集林》卷 3，中华书局 1959 年版；郭沫若：《释朋》，《甲骨文字研究》，科学出版社 1962 年版。

8系用蚌壳磨制而成，磨制精致光滑，呈一面圆鼓、一面内凹的扁椭圆形，上下两端各钻有一孔①。郑州白家庄墓葬M7中随葬海贝达460多枚②。老牛坡遗址商文化四期的灰坑88XLI2H35中出土贝12枚，形制系天然状态，无任何加工痕迹；另在墓葬中出土海贝106枚③。殷墟郭家庄100多座商墓中，有80多座墓随葬302枚贝④；大司空村发掘的166座殷墓中，其中的83座墓出土海贝234枚和铜贝3枚⑤；妇好墓一座墓即随葬有海贝6800多枚⑥，可见贝使用之普遍。除自然海贝之外，商代还有少量贝的仿制品，仿制材料包括铜、骨、蚌、石等数种，足见贝的货币功能。如殷墟西区墓葬M620墓道发现铜铸贝2枚，长度1.6厘米左右，背部铸出小孔，与自然贝币相仿⑦。此外，三星堆城址也出土有大量海贝，其中一、二号祭祀坑里发现数千枚海贝，反映出贝币使用范围相当广泛。除了海贝，三星堆遗址中还出土4件仿真青铜海贝，其中3枚成套，上端有并联的三个环钮。研究者推断这些海贝及仿造的铜贝应是当时的货币⑧。商代后期存在专门从事远程商品贸易活动的商人。《尚书·酒诰》告诫商遗民发挥先辈之所长，"肇牵车牛，远服贾"，即赶着牛车远出经商，充分说明商代有专门的商业和商人。分析可知，小屯殷墟发现的许多遗物都非本地所产，如铜锡与铅原料、玉料、海贝、海龟、鲸鱼等皆来自遥远的外地。这些物品除了通过物物交换和进贡渠道进入殷都之外，相当一部分应是通过商品贸易方式获得的。

---

① 河南省文物考古研究所：《郑州商城——1953—1985年考古发掘报告》，文物出版社2001年版，第683页。
② 河南省文化局文物工作队第一队：《郑州商代遗址的发掘》，《考古学报》1957年第1期。
③ 刘士莪：《老牛坡》，陕西人民出版社2002年版，第231—232、303—304页。
④ 中国社会科学院考古研究所：《安阳殷墟郭家庄商代墓葬》，中国大百科全书出版社1998年版，第66、67页。
⑤ 马得志、周永珍、张云鹏：《一九五三年安阳大司空村发掘报告》，《考古学报》1955年第1期。
⑥ 中国社会科学院考古研究所：《殷墟妇好墓》，科学出版社1980年版，第220页。
⑦ 中国社会科学院考古研究所：《殷墟的发现与研究》，科学出版社1994年版，第322页。
⑧ 张善熙、陈显丹：《三星堆文化的贝币试探》，《四川文物》（三星堆遗址研究专辑）1989年S1期；屈小强：《试说"三星堆"文明的货币》，《成都文物》1993年第4期。

需要指出的是，中国早期都邑的都市生活中，商业活动并不十分显明、突出。迄今为止，没有任何迹象表明早期都邑设置有专门的商业区。在邦国都邑和夏代都邑，海贝的发现并不十分普遍，作为装饰品的功用要远大于交换的职能。虽然商代海贝已具有货币的某些职能，加之专业商人的出现，使得商业有一定程度的发展，但总体来看，当时的商业活动仍然处于初始阶段，发达的商业贸易始终在中国早期都邑中未能形成。

第四节　精神文化形态

精神文化是人类在物质文化基础上产生的一种人类所特有的意识形态，是人类各种意识观念形态的总和。在中国早期都邑都市生活形态中，不同时期的人们的精神文化形态也有所不同。人们的信仰与崇拜，既有万物有灵说，也有对上帝、自然、祖先的崇拜和图腾崇拜。人们和神之间通过占卜的方式进行沟通。都邑居民在文字、音乐与舞蹈、美术与雕塑等方面都有所发展，从而使人们的精神文化世界丰富多彩。

一　信仰与崇拜

总体来看，龙山时代都邑社会形成万物有灵和鬼神信仰等原始宗教，存在自然崇拜、图腾崇拜，夏商时期又出现了天地崇拜、祖先崇拜以及上帝崇拜。

在氏族社会时期，由于生产力水平比较低下，远古先民对大自然的客观物质世界及人类本身缺乏认识，对大自然的各种现象无法解释，抗御大自然的能力也十分微弱。比如对黑夜的恐怖、火山的爆发、暴风雨的来临等都无法解释，也无法克服这些威胁，加上饥饿、寒冷、疾病、猛兽等时刻威胁着人类。因而，在原始人的意识中，逐渐产生了神秘感和恐惧感，并且幻想借助超自然力量来摆脱现实中的困难。于是，古代先民就把自然力和自然神物化起来，形成了万物有灵观和多神崇拜，由此就形成了原始宗教。又因为相信万物有灵，所以信仰的对象就极其广泛，对多神都有崇拜心理。这种崇拜可分为对自然的崇拜和对鬼神的崇拜两大类。对自然的崇拜，既有对山川、土石等地神的崇拜，也包括对日、月、星、云、风、雨、旱、雷、虹、雪等天象或气象的崇拜，以及对各类动物和植物的崇拜。对鬼神的崇拜就是人类对自身构造或梦境、生死的思维探索。

考古材料证实，中国龙山时代都邑就存在对大自然的崇拜，并产生了原始宗教。如良渚都邑中的原始宗教就较为发达，表现在数量众多的玉制礼器、精细繁缛且颇具神秘色彩的玉器刻纹、规模宏大而高耸的祭坛、完全脱离了生产的专职祭司集团等方面①。良渚人发挥了极其丰富的想象力，创造了神的形象，通过玉器等神器将其表现出来，并修筑起崇高的祭坛，举行一些复杂仪式来祭祀祈祷。

夏商时代仍然盛行自然崇拜，其在都邑居民的精神生活中占有突出地位。对日、月、星、风、雨、云等自然物的祭祀和尊崇，成为夏商先民攘灾求福的主要表现形式。出于崇拜日神的信仰观念，在发生日食时有击鼓"声闻于上"的祈求平安之祭，又有祭出日、入日的祭礼②。殷墟甲骨卜辞中，常见商人祭祀四方神的记载。在对四方神的祭祀中，或综合祭祀四方诸神，有时还单独祭祀某一方之神。殷人通过向四方神"求年"，祈求给予充足的雨水，不要有风灾，以保障殷人有好的年成③。

"图腾"特指人们把某一种动物、植物或某种自然现象认作自己的祖先或亲属并认作自己守护神的一种文化现象。史前时期图腾崇拜产生，崇拜对象多为动物。相传禹为熊的化身。夏商时期的图腾崇拜对象也离不开动植物。史料显示商人的图腾崇拜就有"玄鸟"，

---

① 王奇志：《良渚文化经济形态与社会形态试说》，《东南文化》1998年第2期。
② 宋镇豪：《夏商社会生活史》，中国社会科学出版社1994年版，第468—477页。
③ 常玉芝：《商人的四方神崇拜》，《考古学研究》（六），科学出版社2006年版。

如《诗经·商颂·玄鸟》："天命玄鸟，降而生商。"《史记·殷本纪》也有玄鸟生商的记载。商周青铜器纹饰常见的兽面纹，应是某种动物的正面形象。此外，殷墟后期一些青铜器上也有鸟纹图样。这些应该都是商人图腾崇拜的部分反映。

在商人的宗教信仰中，尊崇的重点是祖先神。小屯殷都出土卜辞显示，殷人绝大部分祖先都受到隆重的祭祀。据有学者早年统计，在其所见的全部殷墟卜辞里，明确为祭祀祖先的卜辞有1.5万条之多，以祭祀上甲、成汤、祖乙、武丁的卜辞最多①。在所有殷墟甲骨卜辞中，祭祀祖先的卜辞超过其他任何一类辞例的数量，用牲数量多，祭典的规模大，充分反映出殷人对于祖先的尊崇。

夏商时期，随着王权的建立和强化以及生产力发展水平的提高，人们对大自然有了一定的认识，社会生活中逐渐产生了超自然色彩的上帝崇拜。夏商时期的上帝崇拜在文献中有所反映，如《尚书·汤誓》有"予畏上帝"；《尚书·盘庚下》有"肆上帝将复我高祖之德"；《诗经·商颂·玄鸟》有"古帝命武汤"；《墨子·非乐上》有"上帝弗常……上帝不顺"；《楚辞·天问》中有"帝降夷羿"。此时期的上帝有较大的权威，为管理自然物和人间事物的主宰，具有超自然的力量。"帝"或"上帝"在殷墟卜辞中多见，如"贞，今三月帝令多雨"（《合集》14136）、"癸卯，帝不令风，夕雾"（《合集》672正）。有学者研究认为，甲骨卜辞反映的上帝权能可分为善义、恶义两类，其所管事项主要有年成、战争、作邑、王之行动，其权威或命令所及对象有天时、王、我、邑等②。

二 祭祀与占卜

早在原始社会，先民们已经有了朦胧的宗教意识，他们怀着敬畏之心对自然万物、氏族图腾和祖先灵魂都加以崇拜与祭祀。随着

---

① 晁福林：《论殷代神权》，《中国社会科学》1990年第1期。
② 陈梦家：《殷虚卜辞综述》，中华书局1988年版，第571页。

早期国家的建立，宗教信仰逐渐统一，祭祀仪式的规模越来越大，程序越来越复杂，并出现负责祭祀的专门人员。中国早期都邑都举行一定规模的祭祀活动，祭祀成为都邑精神生活的重要组成部分。

龙山时代都邑，如陶寺、石峁、王城岗、瓦店、石家河、良渚等城址，均发现有祭祀遗存。陶寺遗址早期大型夯土建筑 IFJT3 的主体殿堂，发现有 5 处奠基性的人骨遗存，多是肢体残缺或散乱的人骨；陶寺文化中期小城很可能就是专门的宗教祭祀区[1]。石峁城址外城东南方向的樊庄子发现有祭坛、祭祀遗迹。王城岗大城城内东部偏东发现一龙山晚期祭祀坑，坑内北部有一儿童骨架。瓦店遗址西北台地环壕内中部偏南处发现两处呈东、西相对分布的大型建筑基址，东面的建筑基址上发现用于奠基或祭祀的身首分离的人骨架、动物骨骼数具，西边的建筑基址上发现有用于奠基或祭祀的人骨和动物骨骼。石家河城址西面环壕外围的印信台应该是石家河都邑鼎盛时期的一处重要祭祀遗存。良渚城址周围分布有 10 余处祭坛，其中级别最高者有反山、瑶山和汇观山，均设置于高大的人工堆筑土台上。

夏商时期都邑居民祭祀活动更加普遍、频繁。新砦城址内城大型浅穴式露天建筑基址，发现有完整的猪骨架和埋有大量兽骨的灰坑，当属于祭祀遗存，可能与文献所载的"坎"或"墠"有关。二里头遗址发现多处与祭祀有关的建筑基址，其中一号宫殿基址中庭位置发掘出一些人骨架和兽骨的坑，人骨架皆为非正常埋葬，其性质应为祭祀坑；还发现多处可能是文献记载的坛、墠类祭祀场所的近圆形和半地穴式露天建筑基址。郑州商城发现多处掩埋人骨架和兽骨架的祭祀坑，较为集中的祭祀区域位于内城东北隅靠近北垣的东端，应是商代早期的社祀遗址[2]；张寨南街、向阳回族食品厂、南

---

[1] 高江涛：《陶寺遗址聚落形态的初步考察》，《中原文物》2007 年第 3 期。
[2] 郝本性：《试论郑州出土商代人头骨饮器》，《华夏考古》1992 年第 2 期；谢肃：《简论商代的社》，《中原文物》2008 年第 5 期；常玉芝：《商代宗教祭祀》，中国社会科学出版社 2010 年版，第 149 页。

顺城街3个青铜器窖藏坑与祭祀类窖藏坑的特点颇为符合，祭祀对象应该是城垣与护城壕[1]。新近发掘材料显示，内城内西南地带也可能是一处祭祀场。偃师商城宫城北部发现有专设的祭祀区，祭祀内容多样，祭祀对象可能为农神、社神[2]。殷墟宫殿区南部的丙组基址，发现大量埋有人骨、兽骨和玉器的祭祀坑，应是社神祭祀之所在；西北岗王陵区、后岗、苗圃北地、孝民屯铸铜遗址还发现数以千计的祭祀坑，祭祀规模庞大。此外，一些方国都邑也有大量的祭祀遗存，如垣曲商城城内房址的周围发现不少埋有完整猪骨的祭祀坑，三星堆西南小城8个器物坑和坑内埋藏的具有浓厚宗教祭祀色彩的遗物表明那里很可能是该都邑的宗教祭祀区，吴城的中心位置分布有规模浩大的祭祀区。

除了祭祀，占卜和巫术也是当时都邑社会十分流行的宗教活动。《左传·桓公十一年》称"卜以决疑，不疑何卜"，即通过占卜之术，达到"决嫌疑，定犹豫"（《礼记·曲礼上》）的目的。原始社会后期出现了占卜之术，当时人们逐渐形成了一种观念，认为任何事物发生之前都会有先兆，如果能够解读这种先兆便可以预知将来可能发生的事情或者是某件特定事物的结果。故在一些重要的活动，如战争、狩猎等进行之前，便会进行占卜，以预知吉凶。

考古资料证明，龙山时代都邑占卜遗存十分丰富，表明当时当有大量的占卜活动。占卜工具通常是牛、羊、猪的肩胛骨，能明显看出经过了灼烧。如1978年陶寺遗址发掘，发现一件属于陶寺晚期文化的卜骨，为猪的肩胛骨，骨臼骨脊均未加工，有灼无钻[3]。1998—2000年新密古城寨遗址发掘，发现的一件卜骨可见4个烧灼痕，残长10.5厘米[4]。2016年在石峁遗址皇城台护墙外发现有卜

---

[1] 张国硕：《郑州商城铜器窖藏坑性质辨析》，《中原文物》2018年第1期。
[2] 魏建震：《先秦社祀研究》，人民出版社2008年版，第101—102页。
[3] 中国社会科学院考古研究所山西工作队：《山西襄汾陶寺遗址发掘简报》，《考古》1980年第1期。
[4] 河南省文物考古研究所等：《河南新密市古城寨龙山文化城址发掘简报》，《华夏考古》2002年第2期。

骨①，近年又集中出土百余片卜骨②。此时期的卜骨，多有灼痕，一般不见钻、凿，表明龙山时期的占卜还处于初期阶段。

占卜之术在夏商时期都邑生活中占据重要地位。《汉书·艺文志》记载有《夏龟》二十六卷，列入蓍龟类，是一部圣人用来占卜吉凶的书，今已亡佚，不排除其与夏代占卜存在某种联系。在夏代都邑考古中，出土诸多牛、羊、猪等动物肩胛骨卜骨。如 1999 年新砦遗址发现有新砦期卜骨 9 件，多为鹿、羊和牛的肩胛骨，上有灼痕③。截至 2006 年，二里头遗址出土卜骨数量已达 600 余件④，其中 1999—2006 年发现卜骨 160 件⑤。这些卜骨属于猪、牛、羊和鹿科动物的肩胛骨。其中牛、猪肩胛骨制作的卜骨大体有三种情况：不整治、轻微整治、整治较甚；羊、鹿科动物肩胛骨制作的卜骨数量较少，没有进行整治。卜骨仅有灼痕的占总数的一半以上，部分卜骨施钻和施灼。新郑望京楼二里头文化城址出土卜骨 5 件，为牛、羊肩胛骨制成，多有钻有灼⑥。

殷商时期都邑占卜之风盛行，几乎做任何事情都要进行占卜。这一时期的占卜，除了用兽骨之外，还大量使用龟甲。殷墟出土的卜骨数量多，出土地点广，其中最为重要的有三处：1936 年小屯北地 127 坑共出刻辞甲骨 17096 片，是殷墟历次发掘出土刻辞甲骨最多的一次⑦；1973 年小屯南地出土刻辞甲骨 5335 片⑧；1991 年花园

---

① 陕西省考古研究院等：《陕西神木县石峁城址皇城台地点》，《考古》2017 年第 7 期。
② 《陕西石峁遗址发现距今 4000 年左右大型陶鹰》，《文物鉴定与鉴赏》2018 年第 5 期。
③ 北京大学震旦古代文明研究中心等：《新密新砦——1999—2000 年田野考古发掘报告》，文物出版社 2008 年版，第 219 页。
④ 陈国梁、李志鹏：《二里头文化的占卜制度初探——以二里头遗址近年出土卜骨为例》，《三代考古》（五），科学出版社 2013 年版。
⑤ 中国社会科学院考古研究所等：《二里头（1999—2006）》，文物出版社 2014 年版，第 146 页。
⑥ 郑州市文物考古研究院：《新郑望京楼——2010—2012 年田野考古发掘报告》，科学出版社 2016 年版，第 148、309 页。
⑦ 董作宾：《殷墟文字乙编》上辑，商务印书馆 1948 年版；《殷墟文字乙编》中辑，商务印书馆 1949 年版；《殷墟文字乙编》下辑，台湾"中研院"历史语言研究所 1953 年版。
⑧ 中国社会科学院考古研究所安阳工作队：《1973 年小屯南地发掘报告》，《考古学集刊》第 9 集，科学出版社 1995 年版。

庄东地坑穴 H3 出土甲骨 1583 片[①]。从小屯殷墟出土的大量占卜甲骨可以看出，商人占卜内容涉及社会生活的各个方面，例如祭祀、战争、农业、狩猎，甚至包括天象和饮食。占卜用的主要材料，主要是龟腹甲和牛肩胛骨，都经过整治。龟甲要刮磨平整，牛肩胛骨要切去臼角和削去骨脊。经过整治的甲骨的背面都要先"钻"，而后在钻痕底部施"凿"，"钻""凿"排列整齐，有一定的间距。占卜时用烧红的木条烧灸甲骨板上的"钻""凿"处，使其正面出现"卜"字形的裂纹，名曰"兆枝"。占卜者即根据兆枝情况判断凶吉，最后把占卜过程用文字刻在甲骨之上，即今天所见甲骨文和甲骨卜辞。

三　文字与典册

文字的出现和典册的使用，是人类迈入文明时代的重要标志之一。中国早期都邑文字和典册的推行，为文化交流和政令的畅通提供了重要工具。

（一）符号文字

龙山时代，刻划在陶器的符号大体有几何形图案和象形图画符号两种类型。一般认为，几何形图案不能算是文字，而象形图画符号则有可能是汉字或汉字的源头。早期都邑已发现的一些陶器符号具有明显的文字特征，有的已被释读。如陶寺遗址 H3403 出土的陶扁壶，腹部朱书"文"字和另一字符[②]，多数学者认为此朱书"文"字与殷墟甲骨文和现在通行的汉字属同一系统[③]。早年曾在良渚遗址发现 5 个刻划符号[④]，有学者认为其时代比甲骨文早，为初期象形文

[①]　中国社会科学院考古研究所安阳工作队：《1991 年安阳花园庄东地、南地发掘简报》，《考古》1993 年第 6 期。

[②]　李健民：《陶寺遗址出土的朱书"文"字扁壶》，《中国社会科学院古代文明研究中心通讯》2001 年第 1 期。

[③]　冯时：《文字起源与夷夏东西》，《中国社会科学院古代文明研究中心通讯》2002 年第 3 期。

[④]　施昕更：《良渚——杭县第二区黑陶文化遗址初步报告》，浙江教育厅出版社 1938 年版，第 25 页。

字，与古越族文化相关①。王城岗遗址灰坑 H473 出土 1 件龙山时代晚期陶片，上有一刻划字符，或释为"共"字②；还出土有刻划符号的陶器 4 件，其中陶豆（WT96H210：13）柄部刻划"///"形符号，陶杯（WT221H550：2）口沿刻划"/"形符号，陶瓮（WT120H291：53）肩部刻"\ \"形符号③。古城寨遗址发现有属于龙山文化时期的刻符陶片 8 件，主要是丅、＜、ヽ、〃等符号④。在石家河遗址群肖家屋脊遗址，发现有石家河文化早期的刻划符号 41 个；邓家湾遗址发现刻划符号 14 个，属于单体符号，一般线条较深而流畅，是器物烧制前刻成的；印信台遗址部分套缸有牛角形、圆形等刻划符号⑤。

夏代都邑也发现一些文字符号。新砦遗址发现有新砦期的单"十"字纹、双"十"字纹和"日"字形纹⑥。二里头遗址陶器上发现的刻划符号（图 8-9），主要出自大口尊的口沿内侧和其他器物内侧的口部，有粗细不同的竖线、十字形、交叉形、簇形、树枝形、交角形、井字形、锯齿形等，"有的近似象形文字"⑦。曹定云先生通过与甲骨文和金文的对比考证，明确指出这些陶器刻划符号与后来的甲骨文有十分密切的渊源关系，"绝大多数都出自二里头文化第三期和第四期，它们均应是文字"⑧，并释出"矢""井""皿"

---

① 何天行：《杭县良渚镇之石器与黑陶》，吴越史地研究会丛书之一，1937 年；西安半坡博物馆：《史前研究》，三秦出版社 2000 年版，第 552—557 页。
② 李先登：《试论中国文字的起源》，《天津师范大学学报》1985 年第 4 期；李先登：《关于中国古代文明起源的若干问题》，《天津师范大学学报》1988 年第 4 期。
③ 河南省文物考古研究所等：《登封王城岗与阳城》，文物出版社 1992 年版，第 55—59 页。
④ 河南省文物考古研究所等：《河南新密市古城寨遗址龙山文化城址发掘简报》，《华夏考古》2002 年第 2 期。
⑤ 湖北省荆州博物馆等：《肖家屋脊》，文物出版社 1999 年版，第 218—223 页；湖北省文物考古研究所等：《邓家湾》，文物出版社 2003 年版，第 233 页；湖北省文物考古研究所等：《湖北天门石家河遗址 2014—2016 年的勘探与发掘》，《考古》2017 年第 7 期。
⑥ 北京大学震旦古代文明研究中心等：《新密新砦——1999—2000 年田野考古发掘报告》，文物出版社 2008 年版，第 237—239 页。
⑦ 中国社会科学院考古研究所：《偃师二里头——1959 年—1978 年考古发掘报告》，中国大百科全书出版社 1999 年版，第 202、304 页。
⑧ 曹定云：《夏代文字求证——二里头文化陶文考》，《考古》2004 年第 12 期。

"丰""道""行"等象形字。有学者明确指出这些刻划符号"有的确实就是早期文字"①。

图 8-9 二里头遗址出土陶器上的刻划符号

商代都邑发现的陶文,据粗略统计至少有数百件。除了极少数为书写的文字外,其余都是刻划的。大多是在入窑烧制之前刻在陶坯上,少数是陶器烧成后刻或朱书而成。陶文的部位,大多是在陶器的口部、肩部、腹部,少数在器内壁、器底;书写的陶文多在器之内壁,也有少量书在器物外壁。陶文内容简单,主要有族名、人名、数字、方位、干支、卦辞及记事等②。郑州商城曾发现二里岗文化上层一期的刻纹陶片5件,系在陶片面上刻划符号或纹样③。偃师商城宫殿遗址一处夯土建筑基址(YSJ1D4)出土陶器上发现2个刻

---

① 中国社会科学院考古研究所:《中国考古学·夏商卷》,中国社会科学出版社2003年版,第126页。
② 刘一曼:《殷墟陶文研究》,《庆祝苏秉琦考古五十五年论文集》,文物出版社1994年版。
③ 河南省文物考古研究所:《郑州商城——1953—1985年考古发掘报告》,文物出版社2001年版,第827—828页。

划符号①。小屯殷墟发现的陶文比较多。1928—1937年殷墟遗址15次发掘，出土有陶文陶器82件，每器大多刻1字，多字者少见。1958—1959年殷墟发掘出土3块带字陶片，其中有一"良"字保存较好②。1986—1987年殷墟花园庄南地发掘，获带字陶片6片，共8字③。1987年小屯东北地发掘，获朱书文字共6字④。2000—2001年殷墟孝民屯东南商代铸铜作坊遗址发掘，获得一批刻字陶范，其中数字范4件，文字范8件，铭文芯1件⑤。2003—2004年殷墟孝民屯村考古发掘，获得2片带字陶范，有1个"大"字和6个数字陶文⑥。吴城遗址出土带刻划文字、符号和图像的石质、陶质器物120件⑦。其中文字类可分为记事性文字和记数性文字；符号类多为助记类符号；图像类1件，为刻划于带釉陶纺轮上的呈飞翔状的鸟形图案。老牛坡遗址商墓M43中发现一陶罐，外壁近底处有4个刻划符号⑧。

考古发现的商代有文字符号的玉石器大约近百件，字迹可辨的约30件，出土地点主要在殷墟遗址。玉石文字与铜器文字相似，铭文简短，内容也是族名、祖先名、卦辞、战争、祭祀及赏赐等。如20世纪30年代出土于安阳侯家庄西北岗王陵区HOKM1003大墓的一件残石簋，簋一耳的外壁啄刻文字两行、共13字⑨。现藏于天津

---

① 中国社会科学院考古研究所河南二队：《1984年春偃师尸乡沟商城宫殿遗址发掘简报》，《考古》1985年第4期；杜金鹏、王学荣：《偃师商城遗址研究》，科学出版社2004年版，第476—492页。
② 中国科学院考古研究所安阳发掘队：《1958—1959年殷墟发掘简报》，《考古》1961年第2期。
③ 中国社会科学院考古研究所安阳工作队：《1986—1987年安阳花园庄南地发掘报告》，《考古学报》1992年第1期。
④ 中国社会科学院考古研究所安阳工作队：《1987年安阳小屯村东北地的发掘》，《考古》1989年第10期。
⑤ 中国社会科学院考古研究所安阳工作队：《2000—2001年安阳孝民屯东南地殷代铸铜遗址发掘报告》，《考古学报》2006年第3期。
⑥ 安阳孝民屯考古队：《河南安阳市孝民屯商代铸铜遗址2003—2004年的发掘》，《考古》2007年第1期。
⑦ 江西省文物考古研究所等：《吴城——1973—2002年考古发掘报告》，科学出版社2005年版，第375—390页。
⑧ 刘士莪、宋新潮：《西安老牛坡商代墓地的发掘》，《文物》1988年第6期。
⑨ 梁思永、高去寻：《侯家庄第四本·1003号大墓》图版贰柒，台湾"中研院"历史语言研究所1967年版。

艺术博物馆的殷墟出土的"商玉版甲子表",现存部分残版,版上只有"庚寅辛"三字,是用刀刻在玉版上的①。1976—1977年小屯村北发掘的两座商代墓,随葬品有一件"朱书玉戈",通长20.5厘米,援的一面用毛笔书写朱红色的七个字②。

(二) 甲骨文与金文

甲骨文是当时人们占卜时在龟甲和兽骨上所刻的文字记录,又称之为卜辞,是商代一种较为成熟的文字。目前看来,甲骨文至少在商代前期就已经开始使用。考古工作者在郑州商城二里岗遗址西北部采集到一件刻有文字的牛肋骨残片(图8-10),陈梦家先生认为是在一片牛肋骨上刻写出练习契刻卜辞的10个字,和小屯殷代晚期的卜辞相似③;李维明先生提出郑州出土商代牛肋骨刻辞应为3行共11个字,即"又,乇(亳)土(社)羊乙丑贞从受,七月"④,内容是记录一次商代用羊侑祭亳社的活动,并在七月乙丑日贞问祭祀结果。殷墟出土的甲骨卜辞大约有15万片,其中属于正规考古发掘所获的有3万余片,能确定为汉字的有1700余字,未能认定的有2500余字,总共有单字4000余字,现在能释读1000余字。甲骨文虽然保存着某些原始性,但汉字的基本结构和造字方法,如象形、指事、会意、形声、假借等都已具备。从语法上看,甲骨文中有名词、代名词、动词、形容词等,其句子结构形式是主谓宾为序,与现代汉语语法结构一致⑤,已能完整地记录语言。甲骨卜辞的内容相当广泛,涉及当时的政治、经济、军事、宗教及天文历法等诸多方面。

---

① 陈邦怀:《商玉版甲子表跋》,《文物》1978年第2期。
② 中国社会科学院考古研究所安阳工作队:《安阳小屯村北的两座殷代墓》,《考古学报》1981年第4期。
③ 陈梦家:《解放后甲骨的新资料和整理研究》,《文物参考资料》1954年第5期。
④ 李维明:《郑州出土商代牛肋骨刻辞新识》,《中国文物报》2003年6月13日;李维明:《郑州出土商代牛肋骨刻辞补识》,《中国文物报》2006年1月6日;李维明:《"乇"辨》,《中原文物》2006年第6期。
⑤ 胡厚宣:《甲骨文》,《中国大百科全书·中国历史卷》,中国大百科全书出版社1992年版,第427页。

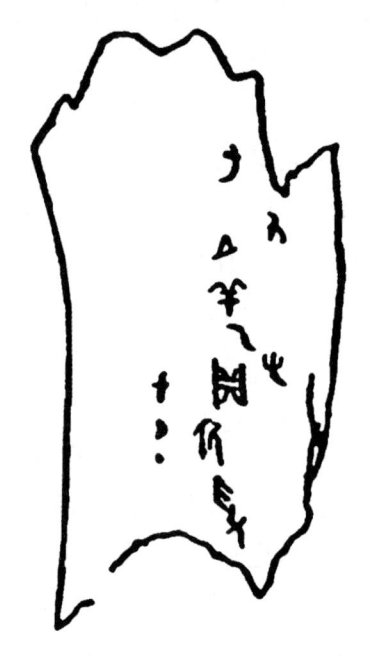

598　中国早期都邑的形成与都邑形态研究

图 8-10　二里岗遗址出土甲骨文字刻辞

　　金文又称铭文，是指铸刻在青铜器上的文字。目前材料显示，二里岗上层有少数青铜器上即铸有铭文。如郑州白家庄 2 号墓出土一件铜罍，肩部有三个龟形图案，有学者认为是"黾"字[1]。到商代后期，青铜铭文逐渐兴盛起来，有铭铜器数量显著增多，出土地点较广。每器所铸字数多寡不一，一般只有一两个字，多者四五个字，内容主要是族徽和被祭的祖先称谓，也有记官职和爵名的[2]。个别铭文字数多达数十字，如后岗遗址出土的《戍嗣子鼎》有 2 行 30 字[3]，铭文内容涉及祭祀、赏赐、田猎及战争等。铜器铭文在器物上的位置因器类不同而有所差别，但多数都铸在器物的不显著部位，如鼎、簋、卣的器内底或内壁，觚的圈足内壁，斝、盉、爵的鋬内

---

[1]　唐兰：《从河南郑州出土的商代前期青铜器谈起》，《文物》1973 年第 7 期。
[2]　马承源：《中国青铜器》，上海古籍出版社 1988 年版，第 351 页。
[3]　中国社会科学院考古研究所：《殷墟发掘报告（1958—1961）》，文物出版社 1987 年版，第 272 页。

侧，尊和罍的器口内、器内底或圈足内，觯的内底或盖内，铙的口沿内、柄部等。

（三）典册

龙山时代至夏代社会是否有典册，现有材料无法判断。商代已有成熟的文字，用以记录政府文告、法令法规、典章制度等文献。《尚书·多士》篇中周公就说"惟殷先人，有册有典"，说明商人有典册。甲骨文中有"册"字，如编简之形卌（《合集》7384）；也有"典"字，作手捧册形（《合集》5945），与考古发现的战国秦汉时期的竹简书籍实物形状相同。由此推断商代的文书典册必是同后世一样，是用竹木简编联起来的书册，只是多数可能已经腐朽无存，以致于我们今天还没有发现商代的典册实物。商代典册的内容无疑会比甲骨文、金文更为重要，文字篇幅也一定会更长一些。记事典册在商代都邑已相当盛行，殷墟卜辞有"作册"二字，如"作册西"（《合集》5658 反），应当就是起草文书的职官；商代青铜器"作册豊鼎""六祀邲其卣"分别铸有"作册豊"和"作册般"等职官名。商人运用典册文书较为频繁，如战争时有"称册"，祭祀时有"册祝"或"祝册"。"册祝"是将向祖先的祷告辞以及献祭的物品书写在册上、祭祀时在神祖前诵读册上的文辞。殷墟"周祭"卜辞中有"工典"，有学者认为其即是"贡典"，就是祭祀时献其典册，以致其祝告之辞①。祭祀的典册有新有旧，如《屯南》1090 便记有"惟新册用"。此外，商王和贵族间、贵族与贵族间往来以及分给土地等，也要使用正式的文书。由此可见，商代典册文书在都邑生活中的重要程度和运用的普遍性。

四 音乐与舞蹈

音乐与舞蹈作为艺术的重要组成部分，它们起源于生活。音乐和舞蹈是早期都邑生活尤其是社会上层王室、贵族生活的重要组成

---

① 于省吾：《释工》，《甲骨文字释林》，中华书局 1979 年版。

部分，无论是出土文物，还是文献记载或甲骨卜辞，都有关于早期都邑音乐、舞蹈方面的信息。

(一) 音乐

在中国早期都邑的都市生活中，音乐无处不在。都邑居民的音乐古朴、简洁，多与诗歌、舞蹈形式相结合进行，并与狩猎、农耕、祭祀、征伐、巫术等活动有着密切关联。所用乐器金、石、丝、竹、匏、土、革、木等"八音"基本齐全，考古还发现有骨质的笛、哨、埙等实物。从演奏形式而言，早期都邑生活中主要使用的是打击乐器和吹奏乐器。音乐题材丰富，形成一些著名的乐曲。

1. 乐曲

龙山时代至夏商时期的乐曲主要见于文献记载，且颇具神话色彩。《尚书·皋陶谟》《左传·襄公二十九年》《庄子·至乐》《墨子·三辩》等文献，称尧时代有乐舞名《咸池》，舜时代的乐舞名《韶》。《礼记·乐记》记载："《咸池》，备矣。"郑玄注："黄帝所作乐名也，尧增修而用之。"《韶》又称《箫韶》《九韶》《英韶》《九招》《大招》等。《楚辞·离骚》云"奏九歌而舞韶兮"，说明"韶"既可歌，亦可舞，通常韶乐和韶舞相伴而行。这个乐舞被视作早期乐舞艺术的最高典范。

夏代也形成一些著名乐曲。《楚辞·离骚》云"启九辩与九歌兮，夏康娱以自纵"；《楚辞·天问》也说"启棘宾商，九辩、九歌"，显示出"九辩""九歌"是夏代著名的乐曲。

商代的音乐已经达到相当高的水平，后世有"殷人尚声"之说。《礼记·郊特牲》记载："殷人尚声，臭味未成，涤荡其声，乐三阕，然后出迎牲。声音之号，所以诏告于天地之间也。"商代在祭祀、飨宴及庆功时通常要演奏乐舞。史载汤灭夏后命伊尹制作《大濩》等一系列乐曲。如《吕氏春秋·古乐》篇："汤乃令伊尹作为《大濩》，歌《晨露》，修《九招》《六列》，以见其善。"殷墟甲骨文中见有以《大濩》祭祀商王祖先的刻辞，如"乙丑卜，贞王宾大乙濩，无尤"(《合集》135500)、"乙卯卜，贞王宾祖乙濩"(《合集》35681）。有学者认为，"王宾大乙濩"的"濩"即是文献记载的商汤让伊尹制作的乐曲《大濩》①。商朝末年的殷纣王更沉迷于乐舞。《史记·殷本纪》载："（帝纣）好酒淫乐……于是使师涓作新淫声，北里之舞，靡靡之乐。"《吕氏春秋·侈乐》："夏桀、殷纣作为侈乐。大鼓、钟、磬、管、箫、之音……不用度量。"商代民众也十分喜爱音乐，商初就曾出现"酣歌""恒舞"的现象。《尚书·伊训》："（汤）制官刑，儆（警）于有位，曰：敢有恒舞于宫，酣歌于室，时谓巫风……其刑墨。"《墨子·非乐上》也有同样的内容。此外，商代后期已形成专门的乐官和乐人。《史记·周本纪》记载商末"太师疵、少师强抱其乐器而奔周"。这里的太师、少师都是专门管理音乐的乐官，而疵、强则应为演奏音乐的乐人。

2. 乐器

中国早期都邑乐器种类较多。《说苑·反质》引墨子的话说商纣王"钟、鼓、管、弦流漫不禁"；《诗经》中有"鼍鼓逢逢"（《大雅·灵台》）、"既和且平，依我磬声"（《商颂·那》）的记载。中国早期都邑出土的打击乐器主要有磬、鼓、铙，吹奏乐器主要有埙、哨，以及摇响乐器铃等。殷商都邑中可能还有管弦类乐器，但这类乐器一般用丝竹木制成，不易保存下来。

龙山时代都邑大都发现有乐器实物。陶寺遗址出土大量乐器，包括鼍鼓、土鼓、特磬、陶铃、铜铃、陶埙等20多件。其中铜铃呈合瓦状，长6.3厘米，高2.7厘米，壁厚0.3厘米，含铜量为97.8%，是中国已发现最早的金属乐器之一。石峁遗址皇城台东护墙北段上部的"弃置堆积"中出土20余件骨制口弦琴。其制作规整，呈窄条状，中间有细薄弦片，一般长8—9厘米，宽逾1厘米，厚仅1—2毫米②，是目前所见中国年代最早、数量最多的口弦乐器。良渚遗址中发现有数量众多大小不等的玉管。长的玉管在6—9厘米

---

① 邢文：《卜辞所见商乐〈大濩〉》，《古文字研究》第二十九辑，中华书局2012年版。
② 陆航：《石峁遗址出土4000年前骨制口弦琴》，《中国社会科学报》2018年5月23日。

之间，有的外面还绘刻着精美的花纹，有的管侧还开有小孔。其中反山遗址出土的一件长玉管，长 77 毫米，直径在 7.8—9.3 毫米，孔径约 5 毫米，有学者考证其中多数的长玉管与长江下游地区新石器时代常见的骨哨一脉相承，应当作为玉哨使用①，可能是良渚人的乐器。此外，石家河遗址发现一件陶钟，钟体呈椭圆形，无柄，斜弧壁呈梯形，上小下大，陶钟顶部有并列的穿孔，可悬挂敲击，钟面饰有兽面纹饰②。

二里头遗址中出土的乐器主要是铜铃和石磬（图 8-11），也有部分陶铃。这些铃体形较小，器壁较薄，铃体上窄下宽，横断面为合瓦形，一侧有扉棱，舞面为平面，上设有桥形钮。铜铃出土时，铃体皆被数层织物包裹，铃舌为玉质，保存完好，有的仍被置于铜铃腔内。

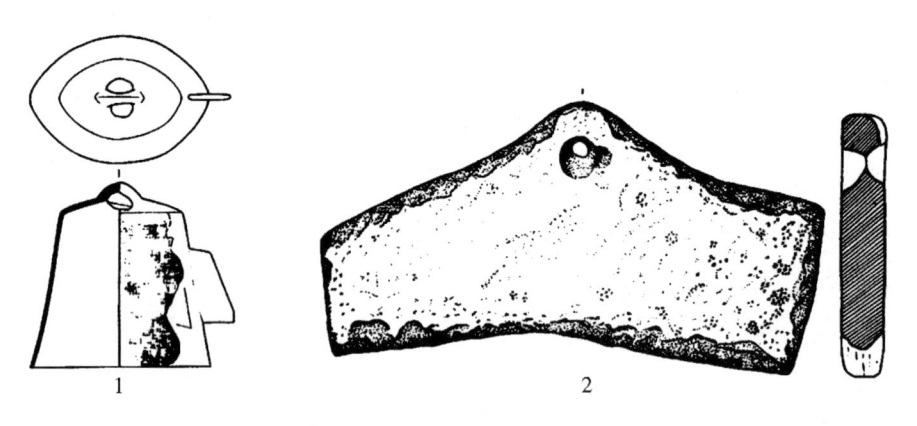

图 8-11　二里头遗址出土乐器
1. 铜铃　2. 石磬

商代前期都邑考古出土一定数量的乐器。郑州商城铭功路③、张

---

① 郑祖襄：《良渚遗址中透露出的音乐曙光》，《文化艺术研究》2009 年第 2 期。
② 中国社会科学院考古研究所：《新中国的考古发现与研究》，文物出版社 1984 年版，第 113、114 页。
③ 河南省文化局文物工作队第一队：《郑州商代遗址的发掘》，《考古学报》1957 年第 1 期；李纯一：《原始时代和商代的陶埙》，《考古学报》1964 年第 1 期。

寨南街①发现有商代前期的陶埙、石埙。铭功路的一条灰沟内出土的陶埙为灰褐色，残存高8.5厘米、腰径4.2—6.3厘米、壁厚0.4—0.7厘米。从残断痕迹推断，体为扁圆形，顶部有吹孔，口径1.5厘米。埙体一侧近吹口处有倒品字形音孔3个，孔径0.35—0.4厘米。与郑州商城关系密切的郑州小双桥遗址也发现有石磬②。偃师商城曾发现有铜铃。其中标本1988YSⅣT6M1：2保存完整，桥形钮，钮上有长方形镂孔，器身中部有二周阳文，器身一侧有一条扉棱，器身厚度较均匀③。

商代后期都邑考古发现的乐器数量、种类大量增加，铜铙、石磬出现成编使用的迹象，且有磬、鼓或磬、铙等不同乐器之间组合起来协同演奏的情况。曾有人统计，仅小屯殷墟出土的乐器总量就多达120余件，其中有铜铃22件、铜铙63件、铜鼓1件、铜缶1件、石磬27件、石埙1件、陶埙12件、陶缶5件、木鼓1件、骨埙1件、骨管1件④。殷墟小屯妇好墓出土编铙一组5件，这是商铙中编组件数最多、断代最为可靠且年代也较早的编组乐器。5件铙形制、纹饰相同，大小相次。器身上大下小，口内凹呈弧形，横截面呈椭圆形。舞平，舞中部向下有管状柄，中空与体相通。器身两面饰"回"字形弦纹。各铙通体布满绿锈，其中最大2件内壁均有铭文"亚弓"2字⑤。经检测，每件完整铙均可发正鼓音和侧鼓音两个基音⑥。小屯殷墟出土的石磬较多，其中1950年武官村出土的商代虎纹石磬个体较大，整体呈片状，长84厘米，宽42.5厘米，厚2.5厘米，器表雕刻张口獠牙虎形纹。石磬悬孔上侧有磨损痕迹，磬面多有敲击痕迹，说明它曾久经使用⑦。此外，殷墟西北岗M1217号

---

① 河南省博物馆：《郑州新出土的商代前期大铜鼎》，《文物》1975年第6期。
② 杨育彬：《郑州商城初探》，河南人民出版社1985年版，第80页。
③ 中国社会科学院考古研究所：《偃师商城》（第一卷），科学出版社2013年版，第655页。
④ 王秀萍：《殷墟出土乐器的分类及相关问题探讨》，《交响》2013年第3期。
⑤ 中国社会科学院考古研究所：《殷墟妇好墓》，文物出版社1980年版，第100页。
⑥ 王子初：《编铙（下）》，《乐器》2003年第1期。
⑦ 郭宝钧：《一九五〇年春殷墟发掘报告》，《中国考古学报》第五册，1951年。

大墓中曾同时出土有鼍鼓和大型石磬各1件，且发现有木质鼓架和特磬架遗迹①。鼓为木质鼓腔，鳄鱼皮鼓面。鼍鼓和特磬的组合是龙山时代直至东周时期王室、诸侯专用的礼乐重器②。

（二）舞蹈

在中国早期都邑的都市生活中，音乐与舞蹈是相伴而行、共同发展的。舞蹈是人类重要的娱乐和交流方式，是为了互相交流思想感情而产生的形体动作语言，长期伴随人们的生产生活。尽管还没有发现太多相关舞蹈方面的遗存，但种种迹象表明，舞蹈应在中国早期都邑生活中普遍存在。舞蹈种类，有普通民众所跳的自娱自乐性质的舞蹈，有各类政治、军事活动所扮演的大型舞蹈，也有在祭祀、礼仪活动中表演的舞蹈。

龙山时代舞蹈处于萌生阶段。《吕氏春秋·古乐》篇记载尧命人用麋鹿皮蒙在瓦缶的口上，用来敲击，这就是最早的"鼓舞"。《尚书·大禹谟》记载舜时有苗不服，禹率兵征伐不胜，后来听了益的建议，"舞干羽于两阶"，有苗乃服。《吕氏春秋·古乐》篇记载禹时命皋陶作《夏龠》，主要歌颂禹治水之功。《周礼·大司乐》云"舞《大夏》以祭山川"，可见《大夏》是在祭祀山川场合表演的舞蹈。考古发掘的石家河城址三房湾遗址，曾出土有一件舞蹈偶（IT1609⑦A：3），泥质红陶，头残，左臂屈于胸前，右臂手端残，左腿站立略弯曲，右腿提起并向后弯曲，呈舞蹈状③。

夏王朝舞蹈较为盛行。夏启把歌颂舜的集体舞《韶》作为王室享乐的乐舞。《竹书纪年》记载夏启巡狩时曾舞《九韶》于天穆之野。《楚辞·离骚》中有"启《九辩》与《九歌》兮，夏康娱以自纵"一语，道出乐舞的流行性和自娱性。《山海经·海外西经》描

---

① 梁思永、高去寻：《侯家庄·第一二一七号大墓》，中国考古报告集之三，台湾"中研院"历史语言研究所1968年版。
② 高炜等：《关于陶寺墓地的几个问题》，《考古》1983年第6期。
③ 湖北省文物考古研究所、北京大学考古文博学院：《湖北天门市石家河古城三房湾遗址2011年发掘简报》，《考古》2012年第8期。

绘了夏启观舞时的壮观场面。《墨子·非乐》中亦云夏启时期"万舞翼翼，章闻于天"，可见夏启的"万舞"已相当豪华侈靡。史载夏桀非常喜欢欣赏盛大壮观、人数众多的乐舞场面。如《管子·轻重甲》："昔者桀之时，女乐三万人，晨噪于端门，乐闻于三衢。"《吕氏春秋·侈乐》篇："夏桀、殷纣作为侈乐，大鼓、钟、磬、管箫之音，以钜为美，以众为观。"

到了商代，随着神权的加强和社会的发展，乐舞更加兴盛。据《史记·殷本纪》记载，殷纣王时特别喜欢欣赏"北里之舞"，当是一种非常奢华淫靡的舞蹈。卜辞中保存了相当丰富的商代祭祀舞蹈活动的资料。有学者认为商代的乐舞有七种，即翌舞、桑林之舞、傩舞、北里之舞、雩舞、奏舞、㝬舞[1]。商代还出现了专门从事乐舞活动的艺人。甲骨卜辞中有"舞臣"，如"贞：呼取舞臣廿"（《殷虚文字乙编》2373）。《吕氏春秋·古乐》篇记载："昔葛天氏之乐，三人操牛尾，投足以歌八阕。"甲骨卜辞有"舞"字，陈梦家先生认为"象两手持牛尾"[2]，说明这时期的舞蹈有以牛尾和武器作为舞蹈用具的现象。从考古实物也可窥见商代祭祀性舞蹈。1950年殷代武官村大墓出土的一件小戈上有鸟羽纹的锈痕，有学者认为"这是殷代舞干羽以祭的实证"[3]。有学者研究认为"玉戚、玉干头、仪仗等用在乐舞中有别于乐器，它们是舞人握于手中的道具"[4]。

五 绘画与雕塑

中国早期都邑的艺术成就还体现在绘画、雕塑等方面。这两种艺术形式主要是运用形、色、质以及点、线、面、体等造型手段构成艺术形象。其中绘画是在二维平面上表现，而雕塑则是在三维空间中塑造。

---

[1] 李民主编：《殷商社会生活史》，河南人民出版社1993年版，第303、304页。
[2] 陈梦家：《殷虚卜辞综述》，中华书局1988年版，第601页。
[3] 郭宝钧：《中国青铜时代》，生活·读书·新知三联书店1963年版，第156页。
[4] 夏麦陵：《考古所见商代的乐舞》，《中原文物》1986年第3期。

（一）绘画艺术

中国早期都邑生活中，人们已经学会利用壁画艺术装点建筑墙壁，美化居室环境。石峁城址发现有壁画遗存。该壁画主要发现于石峁古城外城东门址内曲尺形"内瓮城"的东、西、南三面墙体内侧石墙底部地面上，残存壁画100余块，部分壁画仍附着在墙体上[①]。这些壁画以白灰面为底，以红、黄、黑、绿四种颜色绘出各种几何形图案，为成层、成片分布，其中最大的壁画残块约30厘米见方。从壁画结构来看，石峁壁画自上而下均可分为颜料层、白灰层和草拌泥层。此外，陶寺遗址也出土了带有蓝彩的壁画残块[②]，小屯殷墟遗址房基F11出土绘有红色花纹和黑色圆点的壁画残块[③]。

除了壁画，中国早期都邑生活更多的绘画艺术来自器物表面的彩绘。这种彩绘技术应当源自新石器时代中期以来彩陶的制作技术。陶寺遗址随葬的陶器中，罐、壶、尊、瓶、盆、盘、簋、豆等陶器上均饰有朱绘或彩绘，尤以彩绘云雷纹陶壶和蟠龙纹陶盘最具代表性。陶寺遗址还出土有朱绘或彩绘的漆木器，器形有鼍鼓、案、俎、盘、豆、盆、勺、碗、杯、觚、仓形器等多种，器表大多经过朱绘或有红、白、黄、蓝、绿等多色精美的彩绘图案，纹样有条带纹、几何形钩连纹、云气钩连纹、多层回纹等。此外，在陶寺遗址的墓葬中，有些棺内外均施有红彩，例如2002年发掘的ⅡM22墓底有用一根整木挖凿的船形棺便是如此[④]。新砦遗址发现一件属新砦期的彩绘陶鸟，残长16厘米，残高7厘米[⑤]。小屯殷墟发掘获得的数处漆木器遗痕，保存有十分珍贵的商代后期的绘画图案，如西北岗大墓

[①] 陕西省考古研究院等：《陕西神木县石峁遗址》，《考古》2013年第7期。
[②] 高江涛：《陶寺遗址聚落形态的初步考察》，《中原文物》2007年第3期。
[③] 中国科学院考古研究所安阳发掘队：《1975年安阳殷墟的新发现》，《考古》1976年第4期。
[④] 中国社会科学院考古研究所山西队等：《陶寺城址发现陶寺文化中期墓葬》，《考古》2003年第9期。
[⑤] 中国社会科学院考古研究所等：《河南新砦遗址发掘再获重要发现》，《中国文物报》2017年6月2日。

M1217 随葬木鼓鼓腔表面绘有一对相向蹲座的饕餮（兽面），饕餮的周围是蚌贝嵌成的装饰，其上、下两端是红绿相间的水波以及平行的红色或黑色横条纹①。

（二）雕塑艺术

雕塑艺术在中国早期都邑生活中已经较为普遍地创作和使用，为早期艺术品中内容最丰富的一个门类。雕塑材质包括陶、玉、石、骨、青铜等类别。种类丰富，主要是动物、装饰品、礼器，也有一定数量的人像、人面等。

龙山时代都邑雕塑已有一定程度的发展。陶寺遗址发现一片线刻图案陶片，似用一种锋利的锥状工具在一陶钵残片的内壁上刻划成的。还发现有一磨光黑陶鸡，嘴部已残缺，颈部又有一嘴状凸起，头两侧为扁平耳，宽尾微上翘，背中部有小圆孔，下连一残筒状器，似一器盘上装饰物②。石峁遗址城门瓮城的南、北两墙外立面皆有石雕装饰，主要是浅浮雕和阴刻的波浪状绦索纹和阴刻人面像。王城岗遗址发现 3 件陶质鹰头，其中标本 WT215H535：7 鹰头为泥制灰黑陶，长喙，巨目圆鼓，底部有残损痕，应为某种陶器上的握手或附加装饰品③。良渚遗址反山墓地发现玉器种类繁多、造型优美，有玉琮、玉钺、玉璧、玉冠状器等，有大量的刻纹，充分说明此时期雕刻技术的发达。石家河遗址群的肖家屋脊遗址出土陶塑艺术品有陶质的人、鸡、鸟、狗、猪、羊、猴等；邓家湾遗址曾集中出土大批小型陶塑，有的一座坑中竟出土数千件之多，所塑形象有鸟、鸡、猪、狗、羊、虎、象、猴、龟、鳖以及抱鱼跪坐的人物等；近年在谭家岭遗址东部发掘中，瓮棺 W8 中出土有虎座双鹰玉饰、鹰纹圆玉牌、玉人头像、玉蝉和扇形透雕玉饰等；瓮棺 W9 出土有玉人头

---

① 梁思永、高去寻：《侯家庄·第一二一七号大墓》，中国考古报告集之三，台湾"中研院"历史语言研究所 1968 年版。
② 中国社会科学院考古研究所山西工作队等：《山西襄汾县陶寺遗址发掘简报》，《考古》1980 年第 1 期。
③ 河南省文物研究所等：《登封王城岗与阳城》，文物出版社 1992 年版，第 84—85 页。

像、玉佩、双人连体头像玉玦、玉虎等[1]。

夏代都邑雕塑既体现在陶器和玉器上，还体现在铜器纹饰上。新砦遗址发现有属于新砦期的图案，如兽面纹，刻在器盖顶部；花叶纹图案，刻在深腹罐口沿外侧；圈足器的圈足上部饰有夔龙纹；还有单"十"字纹和双"十"字纹等[2]；另有猪首陶器盖。二里头遗址出土大量陶塑（图8-12），其中单独雕塑的陶龟已发现多件[3]，还发现有陶鸮的残件和陶龙头[4]。出土陶器上装饰有饕餮纹，如Ⅱ区灰坑H1中出土的大口尊上的饕餮纹[5]，属于图案化的龙纹。二里头都邑开始在铜器上雕刻花纹，主要是乳钉纹、圆圈纹、方格纹等几何花纹，反映此时期人们朴素的审美意识。二里头遗址发现的诸多玉器雕刻有精美的花纹，雕刻技术较高。此外，望京楼遗址出土有属于二里头文化时期的泥塑陶俑头1件和泥塑鸭头1件[6]，部分反映了该都邑的雕塑艺术形态。

商代都邑雕塑品内涵更加丰富，质料有陶、玉、石、铜、骨、角、牙、蚌等类。这个时期，浮雕、圆雕的人物塑像和动物塑像形象生动、惟妙惟肖，显示出较高的艺术成就。郑州商城遗址发现有陶塑像，其中标本C1H10：420头部已残，作侧身跪坐状；还有动物塑像10余件，大多为残片，能看出动物形状的以陶龟片最多[7]；

---

[1] 湖北省文物考古研究所等：《湖北天门石家河遗址2014—2016年的勘探与发掘》，《考古》2017年第7期。

[2] 北京大学震旦古代文明研究中心等：《新密新砦——1999—2000年田野考古发掘报告》，文物出版社2008年版，第236—239页。

[3] 中国社会科学院考古研究所：《偃师二里头——1959年—1978年考古发掘报告》，中国大百科全书出版社1999年版，图151：1。

[4] 中国社会科学院考古研究所：《中国考古学·夏商卷》，中国社会科学出版社2003年版，第128页。

[5] 中国社会科学院考古研究所：《二里头陶器集粹》，中国社会科学出版社1995年版，图版447。

[6] 郑州市文物考古研究院：《新郑望京楼——2010—2012年田野考古发掘报告》，科学出版社2016年版，第322—323页。

[7] 河南省文物考古研究所：《郑州商城——1953—1985年考古发掘报告》，文物出版社2001年版，第175、827页。

图 8-12 二里头遗址出土部分陶塑
1. 羊头 2. 鸟 3. 狗头 4. 鱼头

其他雕塑品还有陶虎、龟、羊头（分正面和侧面）、鱼、陶猪等[1]。偃师商城发现泥塑陶足一件，泥制红褐陶，足前端有五条长的凹槽，另在足的边缘有两道在一直线上的短凹槽，右足为六趾，足底中部内凹[2]。望京楼遗址发现属于二里岗文化时期的泥塑陶足1件，足前端有四条宽而短的凹槽，足前端内凹，长5.3厘米，残高为2.9厘米[3]。盘龙城遗址采集到一件属于二里岗文化时期的陶鹰首（PYW:018），泥制灰陶，鹰鼻下勾，闭口，两目作圆窝状，通高4.6厘米[4]。小屯殷墟遗址晚商雕塑作品题材有怪诞动物、写实动物、人像、人面以及几何图案等。很多动物是用圆雕手法展示其形

---

[1] 河南省文化局文物工作队：《郑州二里岗》，科学出版社1959年版，第31页。
[2] 中国社会科学院考古研究所：《偃师商城》（第一卷），科学出版社2013年版，第699页。
[3] 郑州市文物考古研究院：《新郑望京楼——2010—2012年田野考古发掘报告》，科学出版社2016年版，第692—693页。
[4] 湖北省文物考古研究所：《盘龙城——一九六三年——一九九四年考古发掘报告》，文物出版社2001年版，第411页。

象的。常见的怪诞动物有饕餮、夔龙、怪鸟等。写实动物以圆雕为主，有虎、象、熊、鹿、猴、马、牛、狗、兔、羊头、蝙蝠、鹤、鹰、鸱鸮、鹦鹉、雁、鸽、鸬鹚、燕、雀、鹅、鸭、鱼、蛙、龟、鳖、螳螂、蚱蜢、蝉、蚕、螺蛳等。人像和人面以玉石质的小型圆雕为多，如玉石圆雕人像，多作跪姿，神态各异。此外，侯家庄出土有石鸮、妇好墓出土有鸮尊、四足觥，武官村出土有虎首人身虎爪象等。小屯村北发现的两件玉鳖，雕琢者巧妙地运用玉料的自然色泽，背甲是黑色的，头、颈、腹部是灰白色的，加上黑色的四爪和圆鼓的黑眼珠，给人以栩栩如生的感觉，增强了作品的艺术感染力[①]。殷墟出土的青铜容器，上面有浅浮雕的花纹，常见有饕餮纹（兽面纹）、夔纹、云雷纹、凤鸟纹和象纹、虎纹等，造型庄严神秘。小屯殷墟王陵出土的鹿鼎和牛鼎，鼎正面雕塑鹿、牛的形象极其真实生动。此外，还有诸多"虎食人"的浮雕作品，如司（后）母戊大鼎鼎耳、妇好墓出土铜钺钺体上纹饰。殷墟还出土有人面龙身盉，是具有极高艺术价值的精品。三星堆遗址出土大量青铜和黄金雕塑艺术品。其中二号祭祀坑出土的青铜立人像，器物形体高大，造型精美。通高 2.62 米，重 180 多公斤。器物整体由立人像和台座两大部分接铸而成，立人像头戴莲花状兽面纹和回字纹高冠，最外一层为单袖半臂式连肩衣，衣上佩方格状类似编织而成的"绶带"，绶带两端在背心处结襻。该遗址出土青铜神树 8 棵，其中一号大神树仅残高就达 3.96 米。全树共有果实二十多枚、太阳鸟九只。树的一侧有一条缘树盘绕而下的铜龙，造型怪异，头偏长类似马面，刀状羽翼显得威风凛厉[②]，可谓商代雕塑艺术之精品。

[①] 中国社会科学院考古研究所：《新中国的考古发现和研究》，文物出版社 1984 年版，第 327 页。

[②] 四川省文物管理委员会等：《广汉三星堆遗址一号祭祀坑发掘简报》，《文物》1987 年第 10 期；四川省文物管理委员会等：《广汉三星堆遗址二号祭祀坑发掘简报》，《文物》1989 年第 5 期。

第 九 章
结　语

综上所论可知，都邑或都城研究是中国考古学的重要组成部分，而早期都邑研究又是中国古代都邑研究的关键所在。对中国早期国家都邑的起源与都邑形态进行深入研究，具有重要的学术价值与现实意义。本书在对都邑等相关概念进行阐释界定、对本课题研究历史与研究现状进行回顾梳理的基础上，首先阐明本课题的研究目的、意义以及研究思路与方法，分析判定出中国早期国家的形成轨迹，继而重点对中国早期都邑的形成与发展演变及其类属、各都邑的具体延续年代、设都制度，以及都邑选址与规划布局形态、都邑军事防御形态、都邑建造技术形态、都邑生活形态等课题进行了深入研讨，从而得出如下主要结论。

一　有关概念定义

"国家"专指较大范围内的人群所形成的共同体形式，一般可解释为由人口、土地、军队、统治机构等构成的政治实体。国家是文明社会形成的最终标志。中国古代国家发展经历了史前时期的邦国—夏商周时代的王国—秦汉以后的帝国等三大阶段。早期国家是指社会发展已进入国家形态，但处在国家历史发展的早期阶段，与后世成熟的国家体制相比具有初创性和原始性。中国早期国家的孕育形成大致经历了新石器时代晚期社会复杂化的加剧、新石器时代末期邦国的出现、二里头时代王国的形成等三个阶段。中国早期国家应包括尧舜禹时代的邦国和夏商时期的王国、方国，年代大约距今4700—3000年前后。"方国"是指社会发展进入文明阶段以后形成的区域性政治实体，是与某一国家（主干王朝）相对应的地方国家。

文明是指人类在物质、精神和社会结构方面所达到的进步状态，是文化发展的高级阶段。虽然不能说文明与国家完全等同，但文明与国家的确有着密切的联系，"国家是文明的概括"。早期文明是文明社会的早期阶段，这个时期文明因素初步形成和发展。

"城"最初的含义是指聚落四周用土垒筑、用作防御的墙垣，后向"有城垣的大型聚落"即"城市"意义上转变。一般认为，城市最初是作为政治、军事中心，后逐渐发展成为经济、文化中心。在城市商业功能不甚发达的史前夏商时期，"城"与"城市"二者含义应较接近，有时甚至等同，二者无法截然区分开。"早期城市"是指古代先民在城市初创阶段建造的城市，这一阶段的城市在形态、布局等方面与后世的城市相比具有一定的原始性和初创性，年代范围应包括新石器时代晚期的仰韶时代、末期的龙山时代和王国时期的夏商时代，绝对年代上限可追溯到距今6000年以前，下限可至距今3000年前后。

都邑，也称"都城"，可简称为"都"，是指一种特殊类型的城市，是一个国家的政治、军事、经济、文化中心。中国古代的"都邑"是一个国家的最高首长（国王）对国家进行统治及其生活的地方，这里有宏伟壮观的宗庙、宫殿建筑，有大量的普通居民伴随最高统治者生活。早期都邑是早期国家的政治、军事、经济、文化中心，而方国都邑则是指夏商王朝时期诸区域性政治实体的政治、军事、经济、文化中心。中国早期都邑专指新石器时代末期至夏商时期的都邑，涵盖尧舜禹时期的邦国都邑、夏商王朝之都邑以及夏商时期的方国都邑。

都邑形态即都邑的样貌和表现形式，是指一个都邑的全面实体组成，是都邑产生、成长、形式、结构、功能和发展的综合反映。中国早期都邑形态主要包括都邑的形成发展与都邑类属、都邑的延续年代、设都制度以及都邑的选址与规划布局、军事防御、建造技术、都市生活等方面的样貌和表现形式。

二 中国早期都邑的孕育形成与都邑类属

中国早期都邑的确定是对其开展深入研究的前提和基础。除了文献明确记载的早期都邑外，确定一个遗址是否为早期都邑的物化标准，应以大型城垣、宫殿宗庙、王陵、高等级手工业作坊等四项条件作为主要标准，以大型青铜礼器和玉器等"贵重器"的使用、遗址的较大规模、辐射力与影响力等三项条件作为参考标准。宫殿与宗庙是中国早期都邑最基本的设施，是判定一个大型遗址是否为早期都邑的必备条件。高规格的手工业作坊主要包括铸铜、制玉、绿松石器制作等作坊，一般也为判断遗址是否具备都邑性质的基本条件。大型城垣虽然与都邑关系密切，但其不是都邑判定的必备条件，并非所有都邑皆修建有大型城垣。不能简单地以某一种遗存的发现为判断都邑属性的唯一标准，也不能一味地强调除了宫殿宗庙之外、没有某种遗存就一定不是都邑性质，应注重证据链的构建，分析观察各类遗存的情况综合判断，并注重具体问题具体分析。

都邑的出现经历了长时期的孕育过程。仰韶文化中晚期，随着农业的发展、人口的激增、筑城技术的发明应用、区域资源的集中及地区文化之间的交流与碰撞，聚落全面扩张，规模增大，出现了以庆阳西峰南佐、灵宝西坡与北阳平、郑州大河村、巩义双槐树等遗址为代表的大型环壕聚落，且部分聚落如澧县城头山、郑州西山遗址已开始修建城垣，一些都邑因素开始孕育，为都邑的形成奠定了基础。至龙山时代，伴随着社会贫富分化的进一步加剧，社会分层逐渐产生，加之筑城技术的广泛推广，越来越多的城邑聚落具备了政治、军事、宗教中心的功能，伴随都邑各项因素的出现，都邑在一些地方出现，形成以陶寺、石峁、王城岗、石家河、良渚、宝墩等遗址为代表的邦国都邑。进入夏商时期，社会生产力有了更大的提高，社会复杂化程度进一步加剧，人口资源更为集中地分布在大型聚落及其周围，伴随着广域王权国家的形成与出现，都邑在各地陆续建立，形成以偃师二里头、郑州商城、小屯殷墟等遗址为代表的王国都邑，以及以新郑望京楼、垣曲商城、广汉三星堆等为代表的方国都邑。

依据早期都邑的物化标准判断，中国境内目前已发现确认的早期都邑遗址至少有25处，其中龙山时代都邑遗址9处，即陶寺、石峁、王城岗、良渚、石家河、宝墩以及古城寨、瓦店和尧王城等遗址；夏商时代主要都邑遗址16处，即新密新砦、偃师二里头、郑州商城、偃师商城、洹北商城、小屯殷墟以及新郑望京楼、郑州大师姑、焦作府城、垣曲商城、黄陂盘龙城、樟树吴城、新干牛城、广汉三星堆、西安老牛坡、清涧李家崖等。这些都邑遗址可分为三大类，即邦国都邑、王国都邑、方国都邑。其中邦国都邑主要有陶寺、石峁、王城岗、石家河、良渚、宝墩等城址，瓦店、古城寨、尧王城等遗址也可能归属此列；王国都邑有新砦、二里头、郑州商城、偃师商城、洹北商城、小屯殷墟等遗址；方国都邑主要有望京楼、大师姑、盘龙城、吴城、牛城、三星堆、老牛坡、李家崖、垣曲商城、府城等遗址。此外，文献记载夏王朝时期还有商丘、斟灌、原、老丘、西河等都邑，商王朝时期还有隞、相、邢、奄等都邑，还有其他诸多方国都邑。夏商时期的都邑种类并非单一的，至少有王朝都邑、辅助性都邑（辅都）、方国都邑等三种类型。否认早期都邑具有不同的层级；或者只承认有一定的夏王朝或商王朝都邑，否定存在其他类都邑；或者说除了夏商王都之外，其他城址皆为一般城市或军事重镇甚至是离宫别馆属性，这与考古实际是不相符的。不同层级的都邑遗址，其规模、规格、延续期、所处的地理位置是不一样的，在都邑认定上应区别对待。

三 早期都邑的发展阶段与延续年代

都邑的延续年代（期），是指一个地方在当时作为国家（或方国）的政治、军事中心即都邑延续存在的年代或时期，包括始建年代、使用年代与废弃年代。延续年代的首端即都邑的始建年代，延续年代的末端即都邑的废弃年代，使用年代即都邑作为都邑所使用的年代。

以什么标准判断一个遗址哪个阶段进入都邑期，不同的学者认识不一。要详细认定一个都邑的延续年代是一项十分复杂而艰巨的工作。城垣的建造年代不一定是都邑的始建年代。仅仅以考古发现的大型夯土建筑（宫殿）基址的年代作为都邑的延续年代是不严谨的。以都邑中作坊、墓葬、居民区等的年代作为都邑始建年代的方法也是不可取的。在诸遗存中，宫殿区的延续年代更接近都邑实际的延续年代。部分宫殿扩建、改建以及废旧建新等现象，不应作为整个都邑被废弃或毁弃的依据。总体来看，在确定早期都邑的延续年代上，应该采纳使用"综合分析法"，注重"证据链"的构建，即以宫殿区的延续年代为基准，参考大型城垣的延续年代，还要注意那些与王室生活有关的高等级作坊、王陵及贵族墓葬等遗存的年代。

龙山时代是中国早期都邑的形成阶段。这个时期的都邑延续时间较长，发展变化特征明显，大都经历了始建、发展、兴盛、衰落、废弃等过程。以城垣和大型建筑的延续年代为基准，参考其他遗存的年代信息综合判断，其主要都邑的延续年代如下：陶寺都邑始建年代为陶寺文化早期，陶寺文化中期为都邑繁盛期，陶寺文化晚期都邑衰落，晚期之末该都邑最终被废弃；王城岗都邑的始建年代为王城岗龙山遗存第二期（或曰一段偏晚），大城的使用年代为龙山遗存第三期（或曰第二段），废弃于龙山遗存第四期（或曰三段偏早）；石峁都邑的始建年代为龙山文化中期或略晚，龙山文化晚期及二里头文化早期为其使用年代，废弃年代为二里头文化早期之末；良渚都邑应始建于良渚文化中期偏早，使用年代为良渚文化中晚期，废弃年代为良渚文化晚期之末；石家河都邑始建于屈家岭文化晚期，石家河文化时期为繁盛期，石家河文化晚期为衰落期，后石家河文化时期该都邑被废弃；宝墩都邑始建年代为宝墩文化一期早段的偏晚阶段，使用年代为宝墩文化一期早段的偏晚阶段至一期晚段，废弃年代为宝墩文化一期晚段之末；大汶口文化晚期为尧王城都邑的始建年代，（山东）龙山文化早中期为尧王城都邑的使用期，（山东）龙山文化中期以后该都邑被废弃。

夏代是中国早期都邑的初步发展阶段。这一时期的都邑延续时间较长，连续发展性较强。以城垣和大型建筑的延续年代为基准，参考其他遗存的年代信息综合判断，其主要都邑的延续年代如下：新砦都邑的始建年代为新砦期早段，都邑兴盛期为新砦期晚段，二里头文化一期前后为该都邑的废弃年代；二里头都邑应始建于二里头文化第一期，延续使用至二里头文化第四期，至第四期晚段之末该都邑被废弃；望京楼二里头都邑的始建年代为二里头文化三期早段，使用年代为二里头文化三、四期，废弃年代为二里头文化四期最晚阶段；大师姑都邑的始建年代为二里头文化二期偏早阶段，使用年代为二里头文化二期至四期偏早阶段，二里头文化四期偏晚阶段该都邑被废弃。

商代是中国早期都邑的进一步发展阶段。这一时期的都邑延续时间较为明确，长短不一，多数都邑延续时间较长。以城垣和大型建筑的延续年代为基准，参考其他遗存的年代信息综合判断，其主要都邑的延续年代如下：郑州商城都邑始建年代为二里岗下层一期之初，内城垣可能始建于二里头下层一期之末，外城垣始建于二里岗下层二期，二里岗下层二期至上层一期为该都邑的繁荣期，二里岗上层二期（白家庄期）之末接近殷墟文化一期被废弃；偃师商城都邑始建于二里岗下层一期之初，延续使用到二里岗上层一期，二里岗上层二期该都邑废弃；洹北商城都邑延续年代较短，该都邑始建于中商二期早段（洹北花园庄期早段），延续至中商三期（洹北花园庄期晚段），中商三期之末被废弃；小屯殷都始建于殷墟文化第二期早段（武丁早期），延续年代为殷墟文化二至四期，第四期之末（帝辛时期）为该都邑的废弃年代；盘龙城都邑始建年代相当于二里岗文化上层一期偏晚阶段，使用年代相当于二里岗文化上层一期、二期，二里岗文化上层二期偏晚阶段城内区域已基本被废弃，其权力中心可能转移至城外北部（或外城中），该都邑整体的废弃年代应为二里岗文化上层二期偏晚阶段之末；吴城都邑的始建年代相当于二里岗文化上层二期，兴盛期相当于殷墟文化一期、二期，废弃年代相当于殷墟文化第三期，殷墟文化第四期阶段该都邑完全废弃；三星堆都邑始建年代大约相当于二里头文化第四期至二里岗文化下层时期，二里岗文化上层、殷墟文化阶段都邑延续使用，殷墟文化第四期为都邑的废弃年代；商末西周早期该都邑被废弃，古蜀国都邑迁至成都金沙遗址；垣曲商城都邑始建年代为二里岗下层二期，延续使用至二里岗上层一期进入繁盛期，二里岗上层二期该都邑被废弃；老牛坡都邑始建年代为殷墟文化一期（盘庚至小乙时期），至殷墟文化第四期之末（帝辛时期）被废弃。

四 早期都邑的设都制度

设都制度即指国家在设置都邑方面形成的体系，主要是指在都邑设置方面应遵守的规则、规定，也包括在都邑运作过程中形成的一些模式、式样等。中国早期都邑部分阶段施行一都制，并长期施行主辅都制，基本不见地位相当的多都制。此外，作为都邑设置上的补充，离宫别馆在当时政治生活中扮演着重要角色。

一都制指的是国家仅仅设立一座都邑（都城）作为全国的政治、经济、文化、军事中心。它是在特定的时间和社会背景下施行的一种设都制度。龙山时代主要邦国如陶寺文化、良渚文化、石峁文化等所属邦国应施行一都制，其他邦国如石家河文化、宝墩文化等邦国也有类似的现象。至少在夏王太康、后羿代夏期间以及夏桀时期，夏王朝是以斟寻为唯一的都邑。夏王胤甲之后至夏桀时期，夏王朝也可能施行一都制。商代后期基本施行一都制，先后以洹北商城、小屯殷墟为唯一的都邑。从时间上来看，一都制大多施行于邦国时期、王朝后期和政局较为稳定时期。从空间上来看，一都制时期设立的都邑多位于国家控制的中心或近中心区域，都邑体现出规模较大、发展较为稳定的特征。

主辅都制是指一个国家以一座都邑（都城）为主都，另外设立一个或若干个辅助性的都邑，即辅都，二者共为国家之都邑（都城）。中国早期国家除了施行一都制，在一定时期内还推行主辅都制。文献所载中国早期国家都邑"屡迁"的实际原因，应与当时施行主辅都设都制度有关。主辅都制萌芽于大禹时期，形成于夏代，商代前期广泛推行。夏禹邦国应长期以王城岗城址为主要的都邑，出于政治需要和军事考虑又在晋南地区设置平阳和安邑等多个辅助性的政治中心。夏代早期的夏启时期存在阳翟、黄台之丘等两个都邑；夏代中期的帝宁、胤甲时期，在设置一个主要都邑斟寻的同时，另设置原、老丘、西河等辅助性的都邑。商代前期施行主辅都制，即以郑州商城为主都，偃师商城、隞、相、邢、奄等都邑皆为辅都。在施行阶段上，主辅都制主要推行于王国时期、王朝前期或社会动乱时期。从地理位置上来看，主都大都位于王朝控制的中心地区；而辅都则多位于周边地区。从规模和规格上来看，主都规划和修建更加的精心，设施齐全，规格高；而辅都各项设施较为简陋，规模和规格更无法与主都相提并论。在延续年代上，主都保持相对稳定，延续时间较长，不变迁或较少变迁；而辅都则根据国家政治、军事的需要经常性地进行调整，延续时间短，具有"屡迁"性。中国早期都邑推行主辅都设都制度的原因，既包括早期国家地域辽阔、交通不便等客观原因，也包括对全国进行有效统治、军事战争的需要等主观原因。

与都邑有关的离宫别馆滥觞于夏代，商代前期正式设置，商代后期为兴盛期。离宫别馆既可以为最高统治者举行游玩、田猎活动提供方便，同时也是都邑之外的政治活动场所，客观上具有都邑的部分功能。太康、后羿时期为方便其田猎游玩在洛汭修建一些建筑，已经具备了后世离宫别馆的一些特性。薲山在夏王朝时期也应建有近似离宫别馆的馆舍。商代前期，离宫别馆正式设置，突出表现在桐宫的建造和使用。桐宫应位于偃师商城之东某地。商代后期，离宫别馆设置进入兴盛时期，形成朝歌、邯郸、沙丘、沁阳田猎区等诸多离宫别馆。商代后期朝歌经历了由离宫别馆向实际上的辅都地位演变的进程。

五 早期都邑的选址与规划布局形态

注重选址及城市规划布局是中国古代都邑的重要特点。中国早期都邑自龙山时代形成伊始就注重对建城位置、生态环境、地貌条件的选择以及对城市规划布局的设计，并随着夏商时期都邑发展的不断成熟和完善，最终形成了一系列选址规划理论和原则。

中国早期都邑选址包括区位选择和具体位置选择两个方面。"居中"是中国早期都邑选址的重要原则。陶寺、良渚、王城岗、石家河、石峁等龙山时代都邑的选址一定程度上体现了"居中"的观念。新砦、二里头等夏都符合"居中"的原则。商王朝前期统治区的中心是在今河南郑州地区，其主都亳（郑州商城）正位于这一地区。商王朝后期的统治中心北移至今安阳洹水流域，豫北地区成为"天下之中"，故在这里设置殷都。早期都邑注重对都邑自然地理环境进行有意识的选择，选址条件有较大的一致性，包括气候适宜、土地资源丰富、山川险阻具备或形胜之地、水资源丰富等基本条件。对具体位置的选择，大多限定地势较高、濒临河流、利于军事防御等必备条件。

中国早期都邑的规划主要体现在都邑宏观设计方面，包括城垣规划、功能区规划等内容。由于早期都邑的选址注重利用自然地理环境，其城垣的平面形状不尽相同，总体来说可分为矩形和不规则形两大类，基本不见圆形，个别存在并存的两个城圈。其中矩形（方形、长方形）或近矩形（圆角方形、圆角长方形）城垣的数量最多，多集中出现在龙山时代、夏商时代的中原地区及附近。城垣道数可分为无城垣、单道城垣和多道城垣三大类，以双道城垣为主。有的都邑在城垣外侧的一个或两个方向建有双道城垣，其他方向则以自然存在的屏障代替城垣的功能。大部分都邑在城垣外侧开挖有大型护城壕防御设施，部分无城垣的都邑则在居址周围开挖有大型壕沟。中国早期都邑尤其是夏商时期都邑，宫殿宗庙区、手工业作坊区、墓葬（王陵）区、祭祀区等功能区的规划设置是必不可少的，但商业区不明显。其中宫殿宗庙区的规划与选址主要遵循"宫庙一体""居中"和"择高"三个原则。龙山时代贵族阶层和平民多共居于城内，贵族阶层主要居住在地势相对较高处，而平民则分散居于城内外。夏商时期，王朝都邑中独立宫城的出现使一般居民区与宫殿宗庙区被严格地隔离开来。早期都邑内皆设置有一定数量的、为都邑统治阶级和平民服务的手工业作坊，使都邑成为手工业制作中心。其中重要的手工业作坊通常被王室贵族所垄断，在位置上更靠近宫庙区，有的还用垣墙等圈围起来。目前，都邑考古中发现最多的手工业作坊是制陶、制骨、玉石器加工和铸铜作坊。龙山时代都邑内多发现有陶器、骨器和玉石器加工等手工业作坊，一般位于城垣之内的边缘地带，并与一般居民区、墓葬区杂处，也有少数位于都邑外围。夏商时期都邑铸铜、制玉、绿松石器等作坊多位于宫殿区周围，制陶、制骨等作坊则位于城外或分散于平民居住区。王陵区、高等级墓葬区是都邑必备的功能区之一。龙山时代都邑中已经出现高等级墓葬单独分布的现象，夏商时期专门的王陵区在都邑中出现。早期都邑王陵及高级贵族墓葬区大多位于都邑西部或西北部，其原因主要与古人的观念、天象和地理环境等方面的因素有关。不同于王陵区，一般墓葬区的选址较为随意，多散布于都邑外城之内，或与一般居民区杂处。早期都邑遗址包括方国都邑大都设置有专门的祭祀区和祭祀场所。夏代都邑发现有宗庙、社祭遗存，可能存在祖、社异位的设置。商代前期存在面向西方、南北方向上的"左祖右社"设置，商代后期可能形成面向南方、东西方向上的"左祖右社"布局。部分都邑如陶寺、偃师商城规划设置有储存物资的仓储设施。

中国早期都邑布局主要体现在宫室区布局、城门布局、道路布局等方面。龙山时代，都邑内各项设施已存在明显的布局特征，但并不十分规整。至夏商时期，都邑内部的布局更加严谨、规范。随着建筑技术的成熟和礼制的形成，宫殿宗庙区布局形成了一些制度和模式，包括中轴线设置、前朝后寝的布局以及池苑的设立等。早期都邑大多建造有城门。龙山时代都邑的城门数量相对较少，多设置2—4个城门，且南方地区的都邑通常设置有水门。夏商时期，都邑的城门数量有所增多，城门数量大多有4—6座，个别都邑达9座，门道大多仍较为狭窄，布局模式有四面各一城门或多城门对称等。早期都邑的道路包括主干道、环城路，还有一些小路，形成了复杂的都邑道路网。早期都邑在规划布局时多奉行宫殿宗庙区与平民区分离的原则，这一规划理念在龙山时代开始出现，但并不普遍，夏代较多施行，至商代严格遵循并得以推广。早期都邑通常对个别重要设施推行封闭性布局，封闭院落式单体宫殿建筑和手工业作坊围垣等都属于此类封闭性设施。当遇到特殊的地理环境与地貌条件时，早期都邑多奉行因地制宜的布局理念，根据具体情况制定出适宜的方案，在城垣与护城壕的布局、宫室（宗庙）区的布局和位置选择方面都具有因地制宜性。

六　早期都邑的军事防御形态

中国早期都邑大都设置有一定的军事防御设施。防御设施既有人工建造的城垣及附属设施、护城河与壕沟，还利用各类自然屏障进行防御，并在都邑外围、周边地区建造一系列军事重镇、方国用于围护都邑的安全。中国早期都邑的防御模式主要有"城郭之制"和"守在四边之制"。早期都邑并非皆为"大都无城"，除了部分时期施行"守在四边之制"的防御模式（或属于"大都无城"），在相当长的时段和相当多的都邑皆施行"城郭之制"的防御模式，多数大都皆"有城"，而并非"大都无城"。

城垣成为早期都邑中最常见、最重要的防御设施。由于不同时期、不同地域都邑的防御功能有所区别，城垣数量、布局、结构等方面也呈现出较大差异。城垣道数包括单道城垣、多道城垣两大类。城垣平面可分为内外城、并列城、拱卫城等不同形态。城垣宽厚是早期都邑城垣的普遍特点。

城垣附属设施是指在城垣之上或两侧建造的用于军事防御的各种设施，一般包括城门、瓮城、墩台、角台、马面、马道、大道等。早期都邑多有数量不等的城门设施，门道狭窄，一般设置有门塾、城门楼。瓮城一般建于城门外侧，也有部分瓮城建于城门内侧，个别城址甚至城门内外皆建有瓮城。目前所见年代最早的瓮城遗存是石峁城址外城东城门之外瓮城和内瓮城以及皇城台城门的内外瓮城，偃师商城西三城门、新郑望京楼商城东一门设置建造有内瓮城。马面雏形可能早在仰韶时代晚期城址已经出现，龙山时代都邑出现了较为成熟的马面，目前可以确定的早期都邑马面遗存主要发现于北方地区的石峁城址。

护城壕是中国早期都邑城垣之外常备的防御设施。有意人工开挖的、较为规整的护城壕在龙山时代都邑中较多出现，夏商都邑大多都在城垣外侧开挖有护城壕。少部分城垣外侧无护城壕，其原因可能与这些城垣本身是建造在早期壕沟之上有关。部分早期都邑未建造大型城垣，而是通过开挖巨型壕沟作为都邑的主要防御设施。为进一步提高都邑的防御能力，某些原本有城垣和护城壕的都邑，在其外围区域又另行开挖大型壕沟。

早期都邑既有大范围的自然防御，即利用大江大河、高山峻岭或陉口关隘等作为四周的防御屏障；也有小范围的自然防御，即利用自然河湖、沟壑峭壁作为都邑防御的一部分。利用自然河湖进行军事防御大致分为三种情况：一是利用自然河湖代替一部分城垣或护城壕的功能；二是利用自然河湖充当城垣；三是利用自然河流充当都邑外围的防御设施。利用自然形成的沟壑、峭壁进行都邑军事防御在高原、山地丘陵等地貌条件下比较常见。一些早期都邑建城时就考虑到对周围高山峻岭与关隘的倚重，建造者有意将都邑建在盆地之中和河谷地带，以便利用周边的高山峻岭等自然屏障进行军事防御。

早期都邑主要施行"城郭之制"的防御模式。城郭之制可分为城垣平面近"回"字形的"典型城郭之制"和二城并列或左右分置的"非典型城郭之制"。典型城郭之制须具备五项条件：一是必须具有二重甚至多重基本呈方形、圆形或不规则形的闭合的城垣或壕沟、自然屏障等大型障碍体；二是一圈城垣必须被另一圈城垣包围在内，形成内、外城布局形态；三是内、外两重城垣之间应有一定的距离，其空间足于供普通居民居住生活；四是内、外两道城垣必须有一定的共存期；五是内城、外城分别具备"卫君""守民"的功能。非典型城郭之制只要求达到上述条件的第一、第四、第五项条件，无须具备第二、第三项条件。城郭之制防御模式始于龙山时代，一些都邑如陶寺、石峁、良渚、宝墩等已达到上述城郭之制的条件。夏代城郭之制防御模式得以延续，新砦、望京楼等都邑遗址都有施行城郭之制的迹象。商代前期城郭之制防御模式得到推广，郑州商城、偃师商城、洹北商城等王国都邑以及垣曲商城、盘龙城、三星堆等方国都邑的防御模式都应属于典型城郭之制，而牛城都邑的防御模式可能为非典型城郭之制。城郭之制防御模式的推行原因，与当时的政局不稳、战乱频仍有直接关系。

早期都邑在相当长时期内还推行"守在四边之制"的防御模式。部分大型都邑未建造大规模的城垣，而注重都城的外围和周边防御。这种防御模式在中国早期都邑中出现年代稍晚，且多施行于王朝后期。夏代后期和商代后期的都邑，以二里头、小屯殷墟为代表，当施行守在四边之制的防御模式。其施行守在四边之制的原因，应与当时的政治、军事形势密切相关，如都邑远离与敌对势力斗争的前沿地区、国势强大、政局相对稳定等。

早期都邑大都建立起较为完备的军事防御体系。龙山时代都邑军事防御体系的构建已见端倪，陶寺、王城岗、石峁、良渚、石家河、宝墩等都邑都具备一定的军事防御体系。夏商王朝逐渐构建起较为完备的都邑军事防御体系。新砦都邑的军事防御体系较为复杂，包括城区防御、外围自然屏障、周边军事防御等三部分，以城区防御为重点，施行城郭之制的防御模式。二里头遗址施行"守在四边之制"的防御模式，通过加强都邑及其外围地区的安全、建立一系列军事重镇和方国等举措，逐渐构建起以都邑防御为中心，都邑外围自然山河、关隘为屏障，周边地区军事防御为重点，多重防御设施和手段相互结合的夏都军事防御体系。郑州商都则施行"城郭之制"的防御模式，通过建造都邑城郭、护城壕等多重大型防御设施和建立一系列军事重镇、方国等举措，逐渐构建起以都邑城区防御为重点，都邑外围自然山河、关隘为屏障，周边地区军事防御为重要支撑，多重防御设施和手段相互结合的早商都邑军事防御体系。小屯殷都并未建造大型城郭等防御设施，而是施行守在四边之制的都邑防御模式，通过加强都邑外围和周边地区的安全、建立一系列军事重镇和方国等举措，构建起以都邑防御为中心，都邑外围自然山河、关隘为倚重，周边地区军事防御为重点，较为完备的军事预警和信息传递系统为依托，多重防御设施和手段相互结合的晚商都邑军事防御体系。

七　早期都邑的建造技术形态

中国早期都邑的建造技术，经历了由简单到复杂、由原始到较为先进的发展进程，基本奠定了中国古代都邑建筑技术的基础。

城垣建造技术是都邑建造最为重要的组成部分。城垣的上下（纵向）形态结构体现出单独墙体、墙体+基槽、墙体+垫层等三大基本组合，左右（横向）形态结构可分为单独墙体、主墙+内外护坡、主墙+内护坡、主墙+外护坡等四大基本形态。墙基形态包括以王城岗大城城墙为代表的平地型（地面型）、以偃师商城大城城墙为代表的基槽型、以新砦城址城墙为代表的壕沟型、以石峁城址皇城台城墙为代表的依崖型等四种基本类型，另有一些混合型。城垣建筑形式主要有单一的堆筑、夯筑、版筑、砌筑等，还存在混合形式。

城垣附属设施建造技术复杂多样，具有发展演变性。城门规模一般较小。除了北方地区部分都邑城门系用石块砌筑而成，大部分都邑城门皆为土木结构。城门多较为狭窄，有1—3个门道，有的门道下还修建有水道，门道两旁建造门塾，至少商代已修建有城门楼。早期都邑目前可确定的最早的马面遗存见于石峁城址，已发现的与瓮城起源和形成有关的城址多在北方地区，说明这两种防御设施的建造技术可能来源于北方地区。

早期都邑大多因地制宜地建造规模较大的护城壕，壕沟坡陡水深。护城壕的规模有大型、中小型之分，可分为单道护城壕和双道护城壕。护城壕一般位于城垣外侧数米范围内，城垣与护城壕之间有一定的开阔地带（"压脚台"）。多为人工开挖、四面封闭的护城壕，也兼有人工开挖壕沟与自然河流、湖泊、冲蚀沟相连通的组合沟壕。壕沟结构多为口大底小，剖面呈倒梯形或近梯形、锅底形。

护城壕对应城门处，一般架设有桥梁或吊桥。

早期都邑的房屋建筑可分为供统治阶层使用的宫殿建筑、一般民居建筑两大类，这两类建筑在建造规模、建造技术方面有较大差别。宫殿建筑从垂直结构上应包括台基、屋身、屋顶三部分。台基是建筑物的基座，夯土而制，主体结构一般包括台明、埋深和台阶等三部分。宫殿建筑的高台化特征是建筑等级的重要标志，擎檐柱成为高级建筑的主要承檐方式，殿顶主要是"四阿重屋"即重檐四坡式，部分早期都邑可能已使用陶瓦覆顶或局部屋顶用瓦。都邑中的民居建筑分布普遍且较为分散，形制结构可分为半地穴式和普通地面建筑两大类。半地穴式房屋规模较小，建造工艺相对简单。普通地面建筑建造技术上要比半地穴式居址考究一些，多用白灰铺地面。此外，个别都邑如陶寺建造有窑洞式建筑。

早期都邑的墓葬等级可分为大型墓、中小型墓两大类，两者在建造技术上也有一定的差异。大型墓葬多为王陵，也包括部分高等级贵族的墓葬，规模大、规格高、建造技术复杂。龙山时代都邑已经出现规模大、随葬品（尤其是玉礼器）丰富的贵族墓葬。这些贵族墓葬有的群聚于特定区域，呈现出一定的排列顺序；有的仍与中小型墓葬杂处，体现出这一阶段王陵的设置尚未形成较为统一的规制。夏代和商代前期都邑中目前尚未发现明确的王陵区，但当时都邑地带存在王陵区当无疑问，只是有待今后考古发现确认。至商代后期，在殷墟遗址中首次出现明确无误的王陵区，墓葬规模大、规格高、建造技术复杂。一般贵族或平民的中小型墓葬发现较多，建造形式多样，可分为土坑墓和瓮棺葬两种，平面形状主要有长方形、近方形、圆形、椭圆形和不规则形等。

仓储设施指用于储存物资（主要是粮食）的建筑，在考古学中主要表现为窖穴、囷仓、府库等形式。早期都邑大都发现有窖穴遗存，平面形状主要有矩形（包括圆角方形、长方形）、圆形、椭圆形等，可分为有坡道和无坡道两类。目前能够确认的府库遗存是偃师商城发现的两座府库遗址JⅡ、JⅢ基址群，其中前者有垣墙围绕。J

Ⅱ建筑群分布规律、结构紧凑，建筑式样基本一致，功用相似，推测应是当时最高级别的仓储建筑。此外，偃师商城小城内西北部发现有多座与山西夏县东下冯遗址类似的平面呈圆形的囷仓遗存，形成专门的仓储区。由此推测其他早期都邑也应有圆形囷仓建筑。

早期都邑精心建造有给水、排水等水利设施。给水设施主要有水井、引水管道、沟渠、蓄水池等。这些设施或单独使用，或联合发挥功用，且大多与自然河流连通，共同构成了早期都邑的供水体系。水井遗存种类多，平面形状有矩形、圆形、椭圆形、不规则形；结构复杂，主要有不带附属构件的水井、附加木架构的水井两大类。商代都邑如偃师商城、郑州商城、小屯殷墟发现有大型水渠遗迹和蓄水池设施，形成规模庞大的城市引水网络。排水设施主要有地下铺设的排水管道和建造的排水暗渠，还有地面开挖的排水明沟，最终汇入自然形成的河流、湖泊之中。二里头夏都已具有相当完备的排水设施，商代都邑如郑州商城、偃师商城、小屯殷墟等排水设施较为完备，部分夏商方国都邑如郑州大师姑城址中也发现有排水设施。

八　早期都邑的都市生活形态

由于早期社会的物质生产渐趋多样化、复杂化，从而带动精神文化生活更加丰富多彩，尤其是在都邑的手工业、农业、货物流通、精神生活等方面表现得更为鲜明。总体来看，中国早期都邑生活形态既表现出一定程度的原始性，也显示出一定的先进性和科学性，并具有突出的时代特点。

手工业是中国早期都邑生活重要的组成部分。早期都邑社会的手工业从农业中分化出来，成为独立的生产部门，职业的手工业者逐渐形成。这个时期，都邑手工业内部的分工越来越细，手工业种类丰富，主要包括制陶、铸铜、制骨、制玉（含绿松石器）、石器加工、木漆器制造、酿酒、纺织、编织、缝纫、金器制作等业种。制陶业、玉石加工业、骨蚌制造业、纺织业等传统手工业得到了进一步发展，生产规模不断扩大；同时，包括铸铜业、酿酒业、髹漆业、制瓷业、制车业在内的新兴手工业逐步出现，并显现出强劲发展的势头，从而大大丰富了都邑居民的物质生活。在都邑手工业长期的发展过程中，手工业技术不断得到提高，凸显先进性和科学性。陶瓷器烧造技术主要包括制陶技术的发展变化和进步以及制瓷技术的开创和初步发展。夏商都邑遗址大多出土有制作精美的青铜器，数量多、种类齐全，铸造技术精湛，反映出当时高超的青铜冶铸工艺水平。玉石器制造业作为早期都邑中手工业门类中的一种，突出地表现在玉器、石器和绿松石器的加工与利用上。为便于对手工业组织、管理，专门的手工业管理机构逐渐出现，使早期都邑手工业具有较强的"官营"性质。手工业在早期都邑的形成、社会发展和文明进步中扮演着重要角色。

农业在中国早期都邑都市生活中仍然占据重要地位，是当时最重要的生产部门。这一时期都邑居民生活中食物的种类较为丰富，主要有粮食、畜禽、果实蔬菜等，其中粮食作物主要有粟、黍、小麦、稻、麻、豆等。大体而言，北方黄河流域都邑以粟、豆、麦等干旱作物为主，兼有水稻；南方长江流域都邑则以水稻为主，辅助有粟和黍类作物。都邑居民的饮食多为粒食，还存在火食、面食、食肉和菜蔬瓜果、饮酒等饮食习惯。

随着农业、手工业的快速发展和社会分工的扩大，社会产品有了剩余，社会需求不断增加，必然出现了货物的流通与交换，进而产生了商业和商人。早期都邑的货物流通和贸易形式，有粮食等农产品、陶瓷器等手工业产品的以物易物的交换，后期也有货贝贸易。商王朝的贸易与交换在其立国前即以开始，商代可能还有一定的远程商品贸易，至迟商代晚期已形成专门的商人和商业，但商业活动整体上还处于初始阶段，发达的商业贸易在早期都邑中始终未能形成。

在商品经济还不太发达和社会组织力量已经有了较大提高的背景下，早期都邑内部大部分用于公共需求的矿产资源、燃料能源、建筑材料及各类生活用品等，应当是通过公共权力调动配给到位的。都邑内外各种政令的畅通及其与周边被征服地区关系的联络，还通过地方特色资源进贡中央和王室珍贵物品赏赐给各方国、族群的形式进行，而这类物质流通也正是公共权力的一种外在的物化形式。早期都邑时期，不同族群、方国或国家之间的征伐不断，战争胜利一方对战败一方的掠夺也是货物流动的一种特殊形式。

早期都邑有着独特的精神文化形态。人们的信仰与崇拜既有万物有灵说，也有对大自然、上帝、祖先的崇拜和图腾崇拜。祭祀活动频繁，祭祀遗存在都邑遗址中普遍存在，祭祀形式有"坛"或"墠"等。占卜是当时都邑社会流行的宗教活动。都邑居民在文字、音乐与舞蹈、美术与雕塑等方面都有较大发展，从而丰富了人们的精神文化。其中文字和典册的出现为都邑文化的交流和政令畅通提供了重要工具。商代已有成熟的文字，用以记录政府文告、法令法规、典章制度等文献。都邑居民的音乐古朴、简洁，多与诗歌、舞蹈形式相结合进行，并与狩猎、农耕、祭祀、征伐、巫术等活动有着密切关联。舞蹈种类既有普通民众所跳的自娱自乐性质的舞蹈，也有各类政治、军事活动所表演的大型舞蹈以及在祭祀、礼仪活动中所表演的舞蹈。人们已经学会利用壁画艺术装点建筑墙壁，更多的绘画艺术则是器物表面的彩绘。雕塑艺术在都邑生活中较为普遍地创作和使用，雕塑材质包括陶、玉、石、骨、青铜等类别，种类主要有动物、装饰品、礼器以及人像、人面等。

主要参考文献

一 典籍

（西汉）司马迁：《史记》，中华书局1982年版。
（东汉）班固：《汉书》，中华书局1962年版。
（东汉）高诱注：《战国策》，上海书店1987年版。
（西晋）皇甫谧：《帝王世纪》，中华书局1985年版。
（宋）李昉：《太平御览》，中华书局影印本1960年版。
（宋）罗泌：《路史》，中华书局1985年版。
（宋）郑樵：《通志略》，上海古籍出版社1990年版。
（清）崔述：《夏考信录商考信录》，商务印书馆1937年版。
（清）阮元校刻：《十三经注疏》，中华书局影印本1980年版。
《国语》，上海古籍出版社1978年版。
李民等：《古本竹书纪年译注》，中州古籍出版社1989年版。
李民、王健：《尚书译注》，上海古籍出版社2000年版。
林正才：《守城录注译》，解放军出版社1990年版。
王国维：《水经注校》，上海人民出版社1984年版。
杨伯峻：《春秋左传注》，中华书局1981年版。

二 考古调查与发掘资料

北京大学考古文博学院等：《登封王城岗考古发现与研究（2002—

2005）》，大象出版社2007年版。

北京大学考古系等：《石家河遗址群调查报告》，《南方民族考古》第五辑，1992年。

北京大学震旦古代文明研究中心等：《新密新砦——1999—2000年田野考古发掘报告》，文物出版社2008年版。

成都市文物考古工作队：《四川新津县宝墩遗址调查与试掘》，《考古》1997年第1期。

成都市文物考古研究所等：《新津县宝墩遗址鼓墩子2010年发掘报告》，《成都考古发现（2012）》，科学出版社2014年版。

成都市文物考古研究所：《金沙淘珍》，文物出版社2002年版。

谷飞、曹慧奇：《2011—2014年偃师商城宫城遗址复查工作的主要收获》，《三代考古》（六），科学出版社2015年版。

顾万发：《河南郑州东赵遗址考古新发现及其重要历史价值初论》，《黄河·黄土·黄种人》2015年第12期。

国家文物局考古发掘领队培训班：《郑州西山仰韶时代城址的发掘》，《文物》1999年第7期。

河南省文化局文物工作队：《郑州二里岗》，科学出版社1959年版。

河南省文物管理局南水北调文物保护办公室、山东大学考古系：《河南博爱西金城龙山文化城址发掘简报》，《考古》2010年第6期。

河南省文物考古研究所等：《河南灵宝铸鼎原及其周围考古调查报告》，《华夏考古》1999年第3期。

河南省文物考古研究所等：《河南平顶山蒲城店遗址发掘简报》，《文物》2008年第5期。

河南省文物考古研究所等：《河南新密市古城寨龙山文化城址发掘简报》，《华夏考古》2002年第2期。

河南省文物考古研究所等：《郑州商代铜器窖藏》，科学出版社1999年版。

河南省文物考古研究所：《河南郑州商城宫殿区夯土墙1998年的发掘》，《考古》2000年第2期。

河南省文物考古研究所：《辉县孟庄》，中州古籍出版社2003年版。
河南省文物考古研究所：《郾城郝家台》，大象出版社2012年版。
河南省文物考古研究所：《禹州瓦店》，世界图书出版公司2004年版。
河南省文物考古研究所：《郑州商城北大街商代宫殿遗址的发掘与研究》，《文物》2002年第3期。
河南省文物考古研究所：《郑州商城——1953—1985年考古发掘报告》，文物出版社2001年版。
河南省文物考古研究所：《郑州商城外郭城的调查与试掘》，《考古》2004年第3期。
河南省文物考古研究所：《郑州小双桥——1990—2000年考古发掘报告》，科学出版社2012年版。
河南省文物考古研究院等：《河南淅川县龙山岗遗址2008—2009年发掘简报》，《华夏考古》2014年第4期。
河南省文物研究所等：《登封王城岗与阳城》，文物出版社1992年版。
河南省文物研究所等：《河南淮阳平粮台龙山文化城址试掘简报》，《文物》1983年第3期。
湖北省荆州博物馆等：《肖家屋脊》，文物出版社1999年版。
湖北省文物考古研究所等：《邓家湾》，文物出版社2003年版。
湖北省文物考古研究所等：《湖北天门石家河谭家岭城址2015—2016年发掘简报》，《江汉考古》2017年第5期。
湖北省文物考古研究所等：《湖北天门市石家河遗址2014—2016年的勘探与发掘》，《考古》2017年第7期。
湖北省文物考古研究所：《盘龙城——一九六三年——一九九四年考古发掘报告》，文物出版社2001年版。
湖南省文物考古研究所：《澧县城头山》，文物出版社2007年版。
黄水根、周广明、朱福生：《吴城与牛城文化分析》，《纪念王懿荣发现甲骨文110周年国际学术研讨会论文集》，社会科学文献出版社2009年版。

江西省文物考古研究所等：《吴城——1973—2002年考古发掘报告》，科学出版社2005年版。

江西省文物考古研究所等：《新干商代大墓》，文物出版社1997年版。

焦作市文物工作队等：《河南焦作温县徐堡龙山文化遗址发掘简报》，《焦作文博考古与研究》，中州古籍出版社2008年版。

雷兴山、张家强：《夏商周考古的又一重大收获——河南郑州东赵遗址发现大中小三座城址、二里头祭祀坑和商代大型建筑遗址》，《中国文物报》2015年2月27日。

梁星彭、严志斌：《山西襄汾陶寺文化城址》，国家文物局主编：《2001中国重要考古发现》，文物出版社2002年版。

刘斌、王宁远：《2006—2013年良渚古城考古的主要收获》，《东南文化》2014年第2期。

刘士莪：《老牛坡》，陕西人民出版社2002年版。

洛阳市文物工作队：《洛阳皂角树》，科学出版社2002年版。

陕西省考古研究院等：《发现石峁古城》，文物出版社2016年版。

陕西省考古研究院等：《陕西神木县石峁城址皇城台地点》，《考古》2017年第7期。

陕西省考古研究院等：《陕西神木县石峁遗址韩家圪旦地点发掘简报》，《考古与文物》2016年第4期。

陕西省考古研究院等：《陕西神木县石峁遗址》，《考古》2013年第7期。

陕西省考古研究院：《李家崖》，文物出版社2013年版。

石河考古队：《湖北省石河遗址群1987年发掘简报》，《文物》1990年第8期。

石璋如：《小屯·殷墟建筑遗存》，台湾"中研院"历史语言研究所1959年版。

四川省文物管理委员会等：《广汉三星堆遗址二号祭祀坑发掘简报》，

《文物》1989年第5期。

四川省文物管理委员会等：《广汉三星堆遗址》，《考古学报》1987年第2期。

四川省文物管理委员会等：《广汉三星堆遗址一号祭祀坑发掘简报》，《文物》1987年第10期。

四川省文物考古研究院：《四川广汉市三星堆遗址马屁股城垣发掘简报》，《四川文物》2017年第5期。

武汉大学历史文化学院等：《武汉市盘龙城遗址杨家湾商代墓葬发掘简报》，《考古》2017年第3期。

武汉市文物考古研究所等：《盘龙城遗址宫城区2014至2016年考古勘探简报》，《江汉考古》2017年第3期。

邢台东先贤考古队：《邢台东先贤商代遗址发掘报告》，《古代文明》第1卷，文物出版社2002年版。

袁广阔、秦小丽：《河南焦作府城遗址发掘报告》，《考古学报》2000年第4期。

张立、吴健平：《浙江余杭瓶窑、良渚古城结构的遥感考古》，《文物》2007年第2期。

赵新平、李一丕：《濮阳县戚城新石器时代和东周城址》，《中国考古学年鉴·2009》，文物出版社2010年版。

浙江省文物考古研究所：《反山》，文物出版社2005年版。

浙江省文物考古研究所：《杭州良渚古城外围水利系统的考古调查》，《考古》2015年第1期。

浙江省文物考古研究所：《杭州市余杭区良渚古城遗址2006—2007年的发掘》，《考古》2008年第7期。

浙江省文物考古研究所：《瑶山》，文物出版社2003年版。

郑州市文物考古研究所等：《河南巩义市花地嘴遗址"新砦期"遗存》，《考古》2005年第6期。

郑州市文物考古研究所：《新郑望京楼（2010—2012年田野考古发掘报告）》，科学出版社2016年版。

郑州市文物考古研究所：《郑州大河村》，科学出版社2001年版。

郑州市文物考古研究所：《郑州大师姑（2002—2003）》，科学出版社2004年版。

郑州市文物考古研究院：《河南新郑望京楼二里岗文化城址东一城门发掘简报》，《文物》2012年第9期。

郑州市文物考古研究院：《望京楼二里岗文化城址初步勘探和发掘简报》，《中国国家博物馆馆刊》2011年第10期。

中国历史博物馆考古部等：《垣曲商城（二）——1987—2003年度考古发掘报告》，科学出版社2014年版。

中国历史博物馆考古部等：《垣曲商城——1985—1986年度勘察报告》，科学出版社1996年版。

中国社会科学院考古研究所安阳发掘队：《2004—2005年殷墟小屯宫殿宗庙区勘探和发掘》，《考古学报》2009年第2期。

中国社会科学院考古研究所安阳工作队：《河南安阳市洹北商城的勘察与试掘》，《考古》2003年第5期。

中国社会科学院考古研究所安阳工作队：《河南安阳市洹北商城宫殿区二号基址发掘简报》，《考古》2010年第1期。

中国社会科学院考古研究所安阳工作队：《河南安阳市洹北商城宫殿区1号基址发掘简报》，《考古》2003年第5期。

中国社会科学院考古研究所安阳工作队：《河南安阳市洹北商城遗址2005—2007年勘察简报》，《考古》2010年第1期。

中国社会科学院考古研究所安阳工作队：《河南安阳殷墟大型建筑基址的发掘》，《考古》2001年第5期。

中国社会科学院考古研究所：《安阳殷墟小屯建筑遗存》，文物出版社2010年版。

中国社会科学院考古研究所等：《灵宝西坡墓地》，文物出版社2010年版。

中国社会科学院考古研究所等：《山东日照市尧王城遗址2012年的调查与发掘》，《考古》2015年第9期。

中国社会科学院考古研究所等：《夏县东下冯》，文物出版社1988年版。

中国社会科学院考古研究所等：《襄汾陶寺》，文物出版社2015年版。

中国社会科学院考古研究所等：《中国陶寺遗址出土文物集萃》，天津古籍出版社2018年版。

中国社会科学院考古研究所二里头工作队：《河南偃师市二里头遗址宫殿区1号巨型坑的勘探与发掘》，《考古》2015年第12期。

中国社会科学院考古研究所二里头工作队：《河南偃师市二里头遗址墙垣和道路2012—2013年发掘简报》，《考古》2015年第1期。

中国社会科学院考古研究所二里头工作队：《河南伊洛盆地2002—2003年考古调查简报》，《考古》2005年第5期。

中国社会科学院考古研究所：《二里头考古六十年》，中国社会科学出版社2019年版。

中国社会科学院考古研究所：《二里头（1999—2006）》，文物出版社2001年版。

中国社会科学院考古研究所河南第二工作队：《河南偃师商城宫城池苑遗址》，《考古》2006年第6期。

中国社会科学院考古研究所河南第二工作队：《河南偃师商城宫城第三号宫殿建筑基址发掘报告》，《考古》2015年第12期。

中国社会科学院考古研究所河南第二工作队：《河南偃师商城西城垣2007与2008年勘探发掘报告》，《考古学报》2011年第3期。

中国社会科学院考古研究所河南第一工作队等：《河南灵宝市北阳平遗址试掘简报》，《考古》2001年第7期。

中国社会科学院考古研究所河南新砦队等：《河南新密市新砦遗址东城垣发掘简报》，《考古》2009年第2期。

中国社会科学院考古研究所河南新砦队等：《河南新密市新砦遗址2002年发掘简报》，《考古》2009年第2期。

中国社会科学院考古研究所河南新砦队等：《河南新密市新砦遗址浅

穴式大型建筑基址的发掘》,《考古》2009年第2期。

中国社会科学院考古研究所河南一队等:《河南灵宝市西坡遗址南壕沟发掘简报》,《考古》2016年第5期。

中国社会科学院考古研究所河南一队等:《河南柘城孟庄商代遗址》,《考古学报》1982年第1期。

中国社会科学院考古研究所山西队等:《山西襄汾陶寺城址2002年发掘报告》,《考古学报》2005年第3期。

中国社会科学院考古研究所山西队等:《山西襄汾陶寺遗址Ⅲ区大型夯土基址发掘简报》,《考古》2015年第1期。

中国社会科学院考古研究所山西队等:《山西襄汾县陶寺中期城址大型建筑ⅡFJT1基址2004—2005年发掘简报》,《考古》2007年第4期。

中国社会科学院考古研究所山西队等:《陶寺遗址发现陶寺文化中期墓葬》,《考古》2003年第9期。

中国社会科学院考古研究所:《偃师二里头——1959年—1978年考古发掘报告》,中国大百科全书出版社1999年版。

中国社会科学院考古研究所:《偃师商城》(第一卷),科学出版社2013年版。

中国社会科学院考古研究所:《殷墟的发现与研究》,科学出版社1994年版。

中国社会科学院考古研究所:《殷墟发掘报告》,文物出版社1987年版。

中国社会科学院考古研究所:《殷墟妇好墓》,文物出版社1980年版。

中国社会科学院考古研究所:《殷墟花园庄东地甲骨》,云南人民出版社2003年版。

三 学术专著

安金槐:《安金槐考古文集》,中州古籍出版社1999年版。

北京大学考古系编：《纪念北京大学考古专业三十周年论文集（1952—1982）》，文物出版社1990年版。

北京大学历史系考古教研室商周组：《商周考古》，文物出版社1979年版。

常玉芝：《商代宗教祭祀》，中国社会科学出版社2010年版。

陈梦家：《殷虚卜辞综述》，科学出版社1956年版。

陈旭：《夏商文化论集》，科学出版社2000年版。

丁海斌：《中国古代陪都史》，中国社会科学出版社2012年版。

丁山：《商周史料考证》，中华书局1988年版。

董鉴泓：《中国城市建设史》，中国建筑工业出版社1989年版。

杜金鹏、王学荣主编：《偃师商城遗址研究》，科学出版社2004年版。

杜金鹏：《夏商周考古学研究》，科学出版社2007年版。

杜金鹏、许宏主编：《二里头遗址与二里头文化研究》，科学出版社2006年版。

杜金鹏、许宏主编：《偃师二里头遗址研究》，科学出版社2005年版。

杜金鹏：《殷墟宫殿区建筑基址研究》，科学出版社2010年版。

杜金鹏主编：《文化遗产保护与当代中国社会》第二卷，科学出版社2015年版。

顾万发：《文明之光——古都郑州探索与研究》，科学出版社2016年版。

郭沫若主编、胡厚宣总编辑：《甲骨文合集》)，中华书局1979—1982年版。

国家文物局主编：《中国文物地图集·河南分册》，中国地图出版社1991年版。

国家文物局主编：《中国文物地图集·山西分册》，中国地图出版社2006年版。

河南省文物考古研究所编：《华夏文明的形成与发展》，大象出版社

2003 年版。

河南省文物考古研究所编:《郑州商城考古新发现与研究》,中州古籍出版社 1993 年版。

河南省文物考古研究所:《河南考古四十年》,河南人民出版社 1994 年版。

霍巍、王挺之主编:《长江上游早期文明的探索》,巴蜀书社 2002 年版。

翦伯赞:《先秦史》,北京大学出版社 1999 年版。

井中伟、王立新:《夏商周考古学》,科学出版社 2013 年版。

李伯谦:《文明探源与三代考古论集》,文物出版社 2011 年版。

李伯谦:《中国青铜文化结构体系研究》,科学出版社 1998 年版。

李民:《夏商史探索》,河南人民出版社 1985 年版。

李民、张国硕:《夏商周三族源流探索》,河南人民出版社 1998 年版。

李学勤:《殷代地理简论》,科学出版社 1959 年版。

李学勤:《中国古代文明与国家形成研究》,云南人民出版社 1998 年版。

李雪山、郭旭东、郭胜强:《甲骨学 110 年:回顾与展望》,中国社会科学出版社 2009 年版。

吕思勉:《先秦史》,上海古籍出版社 2005 年版。

罗哲文等主编:《中国城墙》,江苏教育出版社 2000 年版。

马世之:《中国史前古城》,湖北教育出版社 2003 年版。

马世之:《中原古国历史与文化》,大象出版社 1998 年版。

孟华平:《长江中游史前文化结构》,长江文艺出版社 1997 年版。

钱耀鹏:《中国史前城址与文明起源研究》,西北大学出版社 2001 年版。

曲英杰:《古代城市》,文物出版社 2003 年版。

曲英杰:《先秦都城复原研究》,黑龙江人民出版社 1991 年版。

史念海:《中国古都和文化》,中华书局 1998 年版。

宋镇豪：《夏商社会生活史》，中国社会科学出版社 1994 年版。

宋镇豪主编：《殷商文明暨纪念三星堆遗址发现 70 周年国际学术研讨会论文集》，社会科学文献出版社 2003 年版。

孙淼：《夏商史稿》，文物出版社 1987 年版。

田昌五主编：《华夏文明》第三集，北京大学出版社 1992 年版。

田昌五主编：《华夏文明》第一集，北京大学出版社 1987 年版。

王宇信：《甲骨学通论》，中国社会科学出版社 1993 年版。

王宇信、杨升南主编：《纪念甲骨文发现一百周年国际学术研讨会论文集》，社会科学文献出版社 2003 年版。

王宇信、杨升南主编：《甲骨学一百年》，社会科学文献出版社 1999 年版。

王震中：《商代都邑》，中国社会科学出版社 2010 年版。

王震中：《中国古代国家的起源与王权的形成》，中国社会科学出版社 2013 年版。

魏建震：《先秦社祀研究》，人民出版社 2008 年版。

西北大学文博学院主编：《考古文物研究——纪念西北大学考古专业成立四十周年文集》，三秦出版社 1996 年版。

夏商周断代工程专家组：《夏商国断代工程报告》，科学出版社 2022 年版。

夏商周断代工程专家组：《夏商周断代工程 1996—2000 年阶段成果报告（简本）》，世界图书出版公司 2000 年版。

谢维扬：《中国早期国家》，浙江人民出版社 1995 年版。

徐湖平主编：《东方文明之光——良渚文化发现 60 周年纪念文集》，海南国际新闻出版中心 1996 年版。

徐旭生：《中国古史的传说时代》，科学出版社 1960 年版。

许宏：《大都无城：中国古都的动态解读》，生活·读书·新知三联书店 2016 年版。

许宏：《先秦城市考古学研究》，北京燕山出版社 2000 年版。

许宏：《先秦城邑考古》，金城出版社、西苑出版社 2017 年版。

许顺湛:《五帝时代研究》,中州古籍出版社 2005 年版。
许顺湛:《许顺湛考古论集》,中州古籍出版社 2001 年版。
严文明:《农业发生与文明起源》,科学出版社 2000 年版。
杨鸿勋:《宫殿考古通论》,紫禁城出版社 2001 年版。
杨宽:《中国古代都城制度史研究》,上海古籍出版社 1993 年版。
杨升南、马季凡:《商代经济与科技》,中国社会科学出版社 2010 年版。
杨升南:《商代经济史》,贵州人民出版社 1992 年版。
杨育彬、袁广阔:《20 世纪河南考古发现与研究》,中州古籍出版社 1997 年版。
杨育彬:《郑州商城初探》,河南人民出版社 1985 年版。
叶骁军:《中国都城发展史》,陕西人民出版社 1988 年版。
张国硕:《文明起源与夏商周文明研究》,线装书局 2006 年版。
张国硕:《夏商时代都城制度研究》,河南人民出版社 2001 年版。
张国硕:《先秦历史与考古研究》,科学出版社 2016 年版。
张国硕:《郑州商都文化》,河南人民出版社 2008 年版。
张国硕:《中原地区早期城市综合研究》,科学出版社 2018 年版。
张国硕:《中原先秦城市防御文化研究》,社会科学文献出版社 2014 年版。
张学海主编:《纪念城子崖遗址发掘 60 周年国际学术讨论会文集》,齐鲁书社 1993 年版。
张驭寰:《中国城池史》,百花文艺出版社 2003 年版。
赵春青、顾万发主编:《新砦遗址与新砦文化研究》,科学出版社 2016 年版。
浙江省文物考古研究所:《良渚古城综合研究报告》,文物出版社 2019 年版。
郑杰祥:《商代地理概论》,中州古籍出版社 1994 年版。
郑杰祥:《夏史初探》,中州古籍出版社 1988 年版。
中国大百科全书编委会:《中国大百科全书·考古学》,中国大百科全书出版社 1986 年版。

中国考古学会编:《中国考古学会第五次年会论文集》,文物出版社 1988 年版。

中国社会科学院考古研究所编:《中国商文化国际学术讨论会论文集》,中国大百科全书出版社 1998 年版。

中国社会科学院考古研究所:《小屯南地甲骨》,中华书局 1980 年版。

中国社会科学院考古研究所:《新中国的考古发现和研究》,文物出版社 1984 年版。

中国社会科学院考古研究所:《殷周金文集成》,中华书局 2007 年版。

中国社会科学院考古研究所:《中国考古学·两周卷》,中国社会科学出版社 2004 年版。

中国社会科学院考古研究所:《中国考古学·夏商卷》,中国社会科学出版社 2003 年版。

中国社会科学院考古研究所:《中国考古学·新石器时代卷》,中国社会科学出版社 2010 年版。

中国殷商文化学会编:《2004 年安阳殷商文明国际学术讨论会论文集》,社会科学文献出版社 2004 年版。

朱绍侯主编:《中国古代史》,福建人民出版社 1982 年版。

朱士光主编:《中国八大古都》,人民出版社 2007 年版。

邹衡:《夏商周考古学论文集》,文物出版社 1980 年版。

邹衡:《夏商周考古学论文集》(续集),科学出版社 1998 年版。

四 学术论文

安金槐:《试论登封王城岗龙山文化城址与夏代阳城》,《中国考古学会第四次年会论文集(1983)》,文物出版社 1985 年版。

安金槐:《试论商代"汤都亳"与"仲丁迁隞"》,《中原文物》1981 年特刊。

安金槐：《试论郑州商代城址——隞都》，《文物》1961 年第 4、5 期。

曹艳朋：《陶寺文化研究》，郑州大学硕士学位论文，2009 年。

晁福林：《论殷代神权》，《中国社会科学》1990 年第 1 期。

陈德安、杨剑：《三星堆遗址商代城址的调查与认识》，王震中等编：《夏商周方国文明国际学术研讨会论文集》，科学出版社 2015 年版。

陈旭：《郑州小双桥商代遗址即隞都说》，《中原文物》1997 年第 2 期。

陈云洪、颜劲松：《成都平原宝墩文化史前城址群初步分析》，《中国古都研究》第十九辑，四川大学出版社 2004 年版。

程平山：《论陶寺古城的发展阶段与性质》，《江汉考古》2005 年第 3 期。

程平山：《论新砦古城的性质与启时期的夏文化》，《考古与文物》2007 年第 3 期。

丁山：《由三代都邑论其民族文化》，《夏文化论集》，文物出版社 2002 年版。

董琦：《城门磔人——垣曲商城遗址研究之二》，《文物季刊》1997 年第 1 期。

董琦：《瓮城溯源》，《文物季刊》1994 年第 4 期。

董琦：《垣曲商城遗址始建年代研究》，《中原文物》1997 年第 2 期。

豆海锋：《从聚落形态看商王朝对长江中游地区的经略》，《商代盘龙城学术研讨会论文集》，科学出版社 2014 年版。

杜金鹏等：《试论偃师商城小城的几个问题》，《考古》1999 年第 2 期。

杜金鹏：《二里头遗址宫殿建筑基址初步研究》，《考古学集刊》(16)，科学出版社 2006 年版。

杜金鹏：《洹北商城一号宫殿基址初步研究》，《文物》2004 年第 5 期。

杜金鹏：《偃师二里头遗址都邑制度研究》，《夏商周考古学研究》，科学出版社2007年版。

杜瑜：《中国古代城市的起源与发展》，《中国史研究》1983年第1期。

段渝、陈剑：《成都平原史前古城性质初探》，《中国古都研究》第十八辑，国际华文出版社2001年版。

方燕明：《登封王城岗城址的年代及相关问题探讨》，《考古》2006年第9期。

方燕明：《登封王城岗遗址聚落形态再考察》，《中原文物》2007年第5期。

方酉生：《偃师二里头遗址第三期遗存与桀都斟寻》，《考古》1995年第2期。

高江涛、何驽：《陶寺遗址出土铜器初探》，《南方文物》2014年第1期。

高江涛：《中国文明与早期国家起源的陶寺模式》，《三代考古》（五），科学出版社2013年版。

高炜、杨锡璋、王巍、杜金鹏：《偃师商城与夏商文化分界》，《考古》1998年第10期。

郭宝钧：《一九五〇年春殷墟发掘报告》，《中国考古学报》第五册，1951年。

郭明建：《良渚文化宏观聚落研究》，《考古学报》2014年第1期。

郭玮：《新郑望京楼城址与郑父之丘》，《中原文物》2012年第2期。

何驽：《都城考古的理论与实践探索——从陶寺城址和二里头遗址都城考古分析看中国早期城市化进程》，《三代考古》（三），科学出版社2009年版。

何驽：《陶寺文化谱系研究综论》，北京大学中国考古学院、北京大学震旦古代文明研究中心编：《古代文明》第3卷，文物出版社2004年版。

何驽：《尧都何在——陶寺城址发现的考古指证》，《史志学刊》

2015年第2期。

何毓灵、岳洪彬：《洹北商城十年之回顾》，《中国国家博物馆馆刊》2011年第12期。

黄石林：《陶寺遗址乃尧至禹都论》，《文物世界》2001年第6期。

江章华、王毅、张擎：《成都平原早期城址及其考古学文化初论》，《苏秉琦与当代中国考古学》，科学出版社2001年版。

雷雨：《一年成聚二年成邑——对于三星堆遗址一期文化遗存的两点认识》，《夏商都邑与文化》，中国社会科学出版社2014年版。

李伯谦：《东下冯类型的初步分析》，《中原文物》1981年第1期。

李德方、吴倩：《夏末商汤居亳与韦地同域说——议新郑望京楼二里头文化城址性质》，《中国国家博物馆馆刊》2011年第10期。

李昆、黄水根：《吴城与三星堆》，《南方文物》2001年第3期。

李民：《安阳洹北商城性质探索》，《中原文物》2007年第1期。

李民：《释斟寻》，《中原文物》1986年第3期。

李民：《尧舜时代与陶寺遗址》，《史前研究》1985年第4期。

李民：《中国古代文明进程中的"万邦"时期》，《中原文物》2005年第1期。

李维明：《"乇"辨》，《中原文物》2006年第6期。

李维明：《郑州出土商代牛肋骨刻辞新识》，《中国文物报》2003年6月13日。

李鑫：《西山古城与中原地区早期城市的起源》，《考古》2008年第1期。

梁中合、贾笑冰：《尧王城遗址与尧王城类型再探讨》，《北方文物》2017年第3期。

刘庆柱：《中国古代都城考古学研究的几个问题》，《考古》2000年第7期。

刘绪：《论卫淮地区的夏商文化》，《纪念北京大学考古专业三十周年论文集》，文物出版社1990年版。

刘彦锋等：《郑州商城布局及外廓城墙走向新探》，《郑州大学学报》

2010 年第 3 期。

罗新、田建文：《陶寺文化再研究》，《中原文物》1991 年第 2 期。

马世之：《登封王城岗城址与禹都阳城》，《中原文物》2008 年第 2 期。

马世之：《新砦城址与启都夏邑问题探索》，《考古与文物》2007 年第 3 期。

马世之：《新砦遗址与夏代早期都城》，《中原文物》2004 年第 4 期。

缪小荣、张国硕：《试论龙山时代的依崖型城墙》，《南方文物》2018 年第 4 期。

钱耀鹏：《半坡聚落与黄河流域夯筑早期城市的发生》，《文博》2000 年第 2 期。

秦文生：《新郑望京楼城址性质初探》，《华夏考古》2012 年第 4 期。

邵晶：《试论石峁城址的年代及修建过程》，《考古与文物》2016 年第 4 期。

史念海：《中国古都概说（一）》，《陕西师范大学学报》1990 年第 1 期。

宋豫秦：《夷夏商三种考古学文化交汇地域浅谈》，《中原文物》1992 年第 1 期。

孙华：《三星堆遗址与三星堆文化》，《文史知识》2017 年第 6 期。

孙周勇、邵晶：《马面溯源——以石峁城址外城东门址为中心》，《考古》2016 年第 6 期。

唐际根等：《洹北商城宫殿区一、二号夯土基址建筑复原研究》，《考古》2010 年第 1 期。

唐际根、岳洪彬、何毓灵等：《洹北商城与殷墟的路网水网》，《考古学报》2016 年第 3 期。

唐际根：《中商文化研究》，《考古学报》1999 年第 4 期。

佟伟华：《我国史前至商代前期筑城技术之发展》，《古代文明研究》，文物出版社 2005 年版。

王克林：《晋西南龙山文化与有虞氏》，《文物世界》2002 年第 1 期。

王克林:《陶寺文化与唐尧、虞舜》,《文物世界》2001年第1、2期。

王立新:《从早商城址看商王朝的都与直辖邑》,吉林大学边疆考古研究中心编:《新果集——庆祝林沄先生七十华诞论文集》,科学出版社2009年版。

王青:《豫西北地区龙山文化聚落的控制网络与模式》,《考古》2011年第1期。

王睿:《垣曲商城的年代及其相关问题》,《考古》1998年第8期。

王巍:《中国古代国家形成论纲》,《中原地区文明化进程学术研讨会文集》,科学出版社2006年版。

王炜林、孙周勇:《石峁玉器的年代及相关问题》,《考古与文物》2011年第4期。

王学荣、谷飞:《偃师商城宫城布局与变迁研究》,《中国历史文物》2006年第6期。

王学荣:《偃师商城布局的探索和思考》,《考古》1999年第2期。

王月前、佟伟华:《垣曲商城遗址的发掘与研究》,《考古》2005年第11期。

魏兴涛:《中原龙山城址的年代与兴废原因探讨》,《华夏考古》2010年第1期。

许宏、陈国梁、赵海涛:《二里头遗址聚落形态的初步考察》,《考古》2004年第11期。

许宏:《二里头遗址"1号大墓"学案综理》,《中原文物》2017年第4期。

许宏:《关于二里头为早商都邑的假说》,《南方文物》2015年第3期。

许顺湛:《中国最早的"两京制"——郑亳与西亳》,《中原文物)1996年第2期。

严文明:《中国环壕聚落的演变》,《国学研究》第2辑,北京大学出版社1994年版。

杨宝成：《登封王城岗与"禹都阳城"》，《文物》1984年第2期。

杨鸿勋：《从盘龙城商代宫殿遗址谈中国宫廷建筑发展的几个问题》，《文物》1976年第2期。

杨建敏：《新砦城址是夏代早期都城》，《中国古都研究》第二十一辑，三秦出版社2007年版。

杨升南：《贝是商代的货币》，《中国史研究》2003年第1期。

杨锡璋：《安阳殷墟西北岗大墓的分期及有关问题》，《中原文物》1981年第3期。

杨锡璋、刘一曼：《殷墟考古70年的主要收获》，《考古学集刊》（15），文物出版社2004年版。

杨锡璋、徐广德等：《盘庚迁殷地点蠡测》，《中原文物》2000年第1期。

杨新改、韩建业：《禹征三苗考》，《中原文物》1995年第2期。

杨肇清：《略论登封王城岗遗址大城与小城的关系及其性质》，《中原文物》2005年第2期。

杨肇清：《原城考》，《河南文物考古论集》，河南人民出版社1996年版。

叶万松、李德方：《中国古代马面的产生与发展》，《考古与文物》2004年第1期。

袁广阔：《郑州商城始建年代研究》，《中原文物》2003年第5期。

岳洪彬、何毓灵、岳占伟：《殷墟都邑布局研究中的几个问题》，《三代考古》（四），科学出版社2011年版。

岳洪彬、岳占伟、何毓灵：《小屯宫殿宗庙区布局初探》，《三代考古》（二），科学出版社2006年版。

岳洪彬、岳占伟：《殷墟巨型土坑的发掘与都邑布局》，《甲骨学暨高青陈庄西周城址重大发现国际学术研讨会论文集》，齐鲁书社2014年版。

张光直：《关于中国初期"城市"这个概念》，《文物》1985年第2期。

张国硕：《从夏族北上晋南看夏族的起源》，《郑州大学学报》1998年第6期。

张国硕等：《中国早期城址城墙结构研究》，《考古学报》2021年第1期。

张国硕：《论二里头遗址的性质》，《二里头遗址与二里头文化研究》，科学出版社2006年版。

张国硕：《论夏末早商的商夷联盟》，《郑州大学学报》2002年第2期。

张国硕：《论夏商时代的主辅都制》，北京大学考古文博学院编：《考古学研究（五）：庆祝邹衡先生七十五寿辰暨从事考古研究五十年论文集》，科学出版社2003年版。

张国硕：《论殷都的变迁》，中国殷商学会编：《2004年安阳殷商文明国际学术研讨会论文集》，社会科学文献出版社2004年版。

张国硕、缪小荣：《先秦城址马面初探》，《中原文化》2015年第1期。

张国硕：《盘庚迁都来龙去脉之推断》，《郑州大学学报》2004年第6期。

张国硕：《试论夏商都城遗址的认定方法》，《江汉考古》2018年第5期。

张国硕：《试析洹北商城之城郭布局——兼谈大城城垣的建造》，《考古与文物》2015年第4期。

张国硕：《陶寺文化性质与族属探索》，《考古》2010年第6期。

张国硕：《望京楼夏代城址与昆吾之居》，《苏州大学学报》2012年第1期。

张国硕：《夏代晚期韦、顾、昆吾等方国地望研究》，《中国历史地理论丛》2015年第2期。

张国硕：《夏都老丘考略》，《中国国家博物馆馆刊》2014年第9期。

张国硕：《夏纪年与夏文化遗存刍议》，《中国文物报》2001年6月20日。

张国硕:《夏王朝都城新探》,《东南文化》2007年第3期。
张国硕、阴春枝:《我国新石器时代早期城市综合研究》,《郑州大学学报》1997年第2期。
张国硕:《郑州商城铜器窖藏坑性质辨析》,《中原文物》2018年第1期。
张国硕:《竹书纪年所载夏都斟寻释论》,《郑州大学学报》2009年第1期。
张立东:《夏都斟寻与商都亳合考》,《考古学研究》(五),科学出版社2003年版。
张文军等:《关于郑州商城的考古学年代及其若干问题》,《郑州商城考古新发现与研究》,中州古籍出版社1993年版。
张绪球:《屈家岭文化古城的发现和初步研究》,《考古》1994年第7期。
张玉石:《中国古代版筑技术研究》,《中原文物》2004年第2期。
赵春青:《长江中游与黄河中游早期城市的比较》,《江汉考古》2004年第3期。
赵春青:《新密新砦城址与夏启之居》,《中原文物》2004年第3期。
赵殿增:《三星堆考古发现与巴蜀古史研究》,《三星堆巴蜀文化研究专辑》,《四川文物》增刊1992年版。
赵俊杰:《河南柘城孟庄遗址性质分析》,《中原文物》2014年第2期。
赵晔:《良渚文化人殉人祭现象试析》,《南方文物》2001年第1期。
赵芝荃:《略论新砦期二里头文化》,《中国考古学会第四次年会论文集》,文物出版社1985年版。
赵芝荃:《论二里头遗址为夏代晚期都邑》,《华夏考古》1987年第2期。
赵芝荃、徐殿魁:《河南偃师商城西亳说》,《全国商史学术讨论会论文集》,《殷都学刊》增刊1985年版。
郑光:《二里头遗址的发掘》,《夏文化研究论集》,中华书局1996

年版。

郑杰祥:《关于偃师商城的年代和性质问题》,《中原文物》1984年第4期。

郑振香:《殷墟发掘六十周年概述》,《考古》1988年第10期。

竺可桢:《中国五千年来气候变迁的初步研究》,《考古学报》1972年第1期。

邹衡:《偃师商城即太甲桐宫说》,《北京大学学报》1984年第4期。

邹衡:《郑州商城即汤都亳说》,《文物》1978年第2期。

邹衡:《郑州小双桥商代遗址隞（嚣）都说辑补》,《考古与文物》1998年第4期。

后　　记

本书为 2021 年度国家社会科学基金重点项目"中国早期都邑的形成与都邑形态研究"结项成果。

先秦城市与都邑研究是我多年来主要的研究方向之一，先后发表一系列相关学术论文，出版《夏商时代都城制度研究》《郑州商都文化》《中原先秦城市防御文化研究》《郑州古代城池》《中原地区早期城市综合研究》等专著。2015 年，我以"中国早期都邑的形成与都邑形态研究"为选题，申报国家社科基金重点项目，并获准立项（项目批准号：15AKG001）。经过 5 年多的艰苦努力，该项目于 2020 年初春顺利结项。之后，我对结项成果又进行了部分修改，增加一些考古新材料，最终汇集成这部 50 多万字的学术专著。

本书由我负责制订全书的体例、格式、风格、总体框架和拟定研究内容详细大纲，确定专人分工负责各部分的撰稿工作，并对文稿初稿内容进行全面、认真、细致的增删、充实、调整和多次较大幅度的修订，撰写第九章"结语"，最终审定成稿。其他具体分工如下：第一章"绪论"、第二章"早期都邑的形成发展与分类"由李昶（河南师范大学）负责撰写；第三章"早期都邑的延续年代"、第四章"早期都邑的设都制度"由王琼（河南博物院）负责撰写；第五章"都邑选址与规划布局形态"由刘丁辉（河南博物院）负责撰写；第六章"都邑军事防御形态"由吴倩（郑州市文物考古研究院）负责撰写；第七章"都邑建造技术形态"由张婷（郑州大学）负责撰写；第八章"都邑生活形态"由汪培梓（郑州博物馆）负责撰写。项目进行的后期，赵腾飞（成都市金牛区文管所）参加了第二章"早期都邑的形成发展与分类"的撰写工作；赫素祯（郑州大学）参加了第五章"都邑选址与规划布局形态"的撰写工作；夏培朝（陕西省考古研究院）参加了第六章"都邑军事防御形态"的撰写工作；师东辉（河南省文物考古研究院）参加了第八章"都邑生活形态"的撰写工作。王琼（河南博物院）、张远（郑州大学）先后参加初稿的合成通稿工作。缪小荣（河南师范大学）也参加了本书的部分工作。

书中引用考古材料截止时间是 2020 年 12 月，增补的部分新材料截止时间是 2023 年 2 月。各都邑遗址平面图、相关遗迹遗物图等插图，除注明资料来源外，皆采自于相关的考古发掘简报、报告和考古专刊，恕不一一注明。

在项目进行和书稿修订、出版期间，得到了郑州大学哲学社会科学研究院（社会科学处）的大力支持。中国历史研究院为本书的出版提供了资助。中国社会科学院考古研究所的王巍、冯时、陈星灿、何驽、何毓灵等先生，中国社会科学院历史研究所的王震中先生，北京大学考古文博学院的李伯谦、杭侃、雷兴山等先生，山东大学历史文化学院的栾丰实、方辉等先生，首都师范大学历史文化学院的袁广阔先生，河南省文物考古研究院的方燕明、魏兴涛、李素婷研究员，以及其他多位同道，先后提出了诸多宝贵的意见和建议。中国社会科学院考古研究所的何毓灵、赵海涛、高江涛等研究员，河南省文物考古研究院的杨树刚研究员，郑州市文物考古研究院张家强研究员，为本书提供了部分图片和最新资料。中国社会科学出版社的领导和责任编辑为本书的出版做了大量有益的工作。在此，一并表示衷心的感谢！

由于一些材料的缺乏、部分考古发掘资料尚未公布发表，或由于中国早期都邑考古重大发现的不断涌现、材料的快速更新、发掘者对遗迹现象判断的前后差异，以及研究周期、研究者水平等因素所限，书中难免会有一些缺憾、不足甚至错误之处，希望各位同仁批评指正。

张国硕
2023 年 3 月于郑州大学盛和苑